王玉哲先生

王玉哲先生

王玉哲先生

南开百年史学名家文库

南开大学历史学科学术委员会　主编

王玉哲文集

朱彦民　编

南开大学出版社

天　津

图书在版编目(CIP)数据

王玉哲文集 / 朱彦民编. —天津：南开大学出版社，2019.9
（南开百年史学名家文库）
ISBN 978-7-310-05843-3

Ⅰ.①王… Ⅱ.①朱… Ⅲ.①中国历史－古代史－文集 Ⅳ.①K220.7－53

中国版本图书馆 CIP 数据核字(2019)第 157630 号

南开大学出版社出版发行
出版人：刘运峰
地址：天津市南开区卫津路 94 号　　邮政编码：300071
营销部电话：(022)23508339　23500755
营销部传真：(022)23508542　　邮购部电话：(022)23502200

*

河北鹏润印刷有限公司印刷
全国各地新华书店经销

*

2019 年 9 月第 1 版　　2019 年 9 月第 1 次印刷
240×170 毫米　16 开本　39.75 印张　6 插页　690 千字
定价：160.00 元

如遇图书印装质量问题，请与本社营销部联系调换，电话：(022)23507125

"南开百年史学名家文库"编委会名单

总　序

为庆祝南开大学建校一百周年，南开大学统筹策划一系列庆典活动和工作。其中，借机整理人文社会科学学科百年历程，特别将各学科著名学者文集的编辑和出版列为代表性成果之一予以确定。2017 年底，时任南开大学副校长朱光磊教授主持部署此项工作，将历史学科相关著名学者的选择及成果汇集工作交予了历史学院。

2018 年 11 月，历史学科学术委员会集体商定入选原则后，确定 1923 年建系以来已去世的、具有代表性的十位著名学者入选"南开百年史学名家文库"，他们是：1923 年历史系创系主任蒋廷黻，20 世纪 20 年代在文学院任教的范文澜，明清史专家郑天挺，世界上古史专家雷海宗，先秦史专家王玉哲，亚洲史暨日本史专家吴廷璆，唐元史专家杨志玖，美国史专家杨生茂，史学史与史学理论专家杨翼骧，北洋史、方志学家暨图书文献学专家来新夏。

随即，历史学科学术委员会委托江沛教授主持此事，并邀请退休和在岗的十位学者（依主持各卷顺序为：邓丽兰、王凛然、孙卫国、江沛、朱彦民、杨栋梁与郑昭辉、王晓欣、杨令侠、乔治忠、焦静宜）参与此项工作，分别主持一卷。此后，各位编辑者按照统一要求展开编辑工作，克服重重困难，并于 2019 年 1 月提交了各卷全部稿件。南开大学出版社莫建来等编辑，精心编校，使"文库"得以在百年校庆前印刷问世，这是对南开史学九十六年风雨历程的一个小结，是对南开史学学科建设的一个有益贡献，更是对南开大学百年校庆奉上的厚重贺礼。

十位入选学人，均为中国史、世界史学科的著名学者，创系系主任蒋廷黻，是中国近代外交领域和世界史学科的开拓者之一；范文澜是中国较早的马克思主义史学家；郑天挺、雷海宗先生是南开史学公认的奠基人，是学界公认的史学大家，其影响力无远弗届；王玉哲（先秦史）、吴廷璆（亚洲史暨日本史）、杨志玖（唐元史）、杨生茂（美国史）、杨翼骧（史学史）、来新夏（北洋史、方志学、图书文献学）在各自学术领域辛勤耕耘、学识深厚、育人精良，誉满海内外。他们几十年前的论著，至今读来仍不过时，仍具有启示意义；他们所开创的领域仍是南开史学最为重要的学术方向，他们的学术成就及言传身教，引领了南开史学的持续辉煌，他们是南开史学的标志性人物。

学术传承，一要承继，二要创新。九十六年来，在这些史学大家引导下，逐渐凝聚出南开史学的重要特征：惟真惟新、求通致用。近四十年，已发展出"中国社会史""王权主义学派"等具有重要引导作用的学术方向。在当今历史学国际化、跨学科、复合型的发展潮流中，南开史学更是迎难而上，把发展方向定位在服务国家战略及社会需求上，定位在文理交叉、多方融合上，承旧纳新，必将带来南开史学新的辉煌。

值此"南开百年史学名家文库"即将付梓之际，特做此文，以为说明。

魏晋嵇康有诗曰："人生寿促，天地长久。百年之期，孰云其寿？"衷心祝福母校在第二个百年发展顺利、迈进世界一流大学的行列，恭迎南开史学百年盛典！

南开大学历史学科学术委员会主任：江沛

2019 年 8 月 26 日

试述王玉哲先生治学特点

（代序）

玉哲师百年诞辰，同门聚会，缅怀先生。主持人要我谈一下先生治学的成就和特点，其实师兄弟中，我大概是最没有资格评价先生学术的。但既然有命于我，我就简略地谈谈对先生治学特点的一些认识。

一、严谨求是，富于创新

先生治学的最大特点，无疑是学风极为严谨。先生强调历史贵在求真，他说："搞历史科学，起码的必要条件之一是求其真实。只有历史的真实，才可以起到借鉴作用。史实不真实，历史就成为毫无意义的东西了。"（《古史集林》跋）这个话很多学者都在讲，先生却是少数以极其认真的态度去实现这一追求的人。先生治史逾一甲子，仅有著作四种，论文数十篇。晚年将主要成果集为《古史集林》，不过 37 篇，先生在后记中说"所得仅区区若此"，似乎比我这个中道弃学的不才学生还少。但先生的每篇文章，无不是详尽梳理前人工作，充分占有各种材料，考证绵密，厚重有见。范文澜先生有"文章不写一字空"的名言，玉哲师是完全当得此言的。

因为严谨求是，所以先生治学便有不迷信盲从的特点。先生中学时写的第一篇学术文章《司马迁作史记的年代考》，就挑战了梁启超和王国维。在西南联大，撰《评傅斯年先生〈谁是《齐物论》的作者〉》，以充分证据将傅先生驳得体无完肤，以至引起一场风波，而赢得罗常培等先生"爱做翻案文章"的评价。平心而论，先生所有文章中，这一篇是最尖锐生猛的，难怪以"大炮"著称的傅先生一时亦难以接受。后来先生听从师长劝诫，为文转向敦厚平实，但骨子里仍然是自有主见，不肯轻易从人。"文革"前先生关于"让步政策"和古代社会分期的见解，当时都是要面临政治风险的，但他竟然"顽固"地坚持。20 世纪 90 年代他有一篇《西周国家的历史作用》，明确提出国家的主要作用是缓和社会冲突而不是镇压和统治，可见即使是对于所服膺的马克思主义经典理论，他也不是无保留地接受。先生 80 岁时赋诗云："文风不惯随波转，学海滔滔一钓垂。"这是先生一生治学的真实自写照。

严谨认真、不迷信盲从，加上深厚的学养支撑，使得先生的先秦史研究富于创新。先生的先秦史研究，主要集中在古文字和古文献、历史地理和民族问题、社会形态和分期研究三方面，无论长文短章，必有新意胜见，成一家之言。试举几个例子：

20 世纪 80 年代先生作《商族的来源地望试探》，从图腾信仰，商的远祖居地近海，王亥、王恒与有易的斗争，从商和亳的地望，亳地名之蔓延与远古商族移徙之迹，大汶口文化、龙山文化的考古发现等方面，考证先商族起源于河北的中南部；差不多同时又有《先周族最早来源于山西》一文，根据山西汾水流域自商至西周一直留有周族的根据地，姬姓之古国在山西省者独多，姜姓之祖原亦在山西，古有易与先周的关系，周原一地原在山西的太原，先周族的迁徙是自东而西等证据，考证先周族起源于山西。

1977 年陕西凤雏周原先周宫殿遗址发现甲骨文，当时几乎所有人都认为其属于周人无疑，但先生根据这批甲骨文祭祀商汤、太甲等商王，商末商周关系极其敌对，和其有"甼周方伯"记载，提出这批甲骨是商王室的东西（《陕西周原所出甲骨文来源试探》）。

这些观点都是先生非常独到的见解，一经提出，即为史学界所重视。它们并非不可讨论，但先生的观点却是后来的研究者不能不认真面对的，从而在学术史上留下了自己的地位。

二、精于文字音韵训诂之学

先生在《中华远古史》序言中说，他的书力求"尽量将历史文献与田野考古、民族学、古文字学等有关的资料结合起来，交相印证，并注意吸收近年来学术界研究的成果，尽量使其不落后于现代新的学术水平"。的确，综合运用多种手段进行古史研究是先生的特点和强项，但相比之下，我以为文字学尤为先生所擅长。

先生在西南联大受教于冯友兰、刘文典、闻一多、罗常培、魏建功等先生，打下了文字声韵训诂之学的基础。在北大文科研究所攻读研究生期间，师从唐兰先生，古文字的学养更加深厚，《宋代著录金文编》上下册就是这一时期的成果，并完成了以金文和文献互证、受到学界广泛好评的学位论文《猃狁考》。

由于精通文字音韵训诂，先生治史常能发人所不能发。典型的例子如：将古文献中河北、山东等地"亳""薄""蒲""番吾""蒲姑""薄姑""蒲吾"等众多地名汇集联系起来，指出其均为商族最早居地"亳"的一音之变，复结合"商""滴水""漳水"和"滹沱河"的考证，论证商族起源于河北中南部（《商族的来源地望试探》）；通过对甲骨文中"明""朝"二字的考释区分，提出《易经》"箕子之明夷"，"明夷"当为"朝夷"之讹，反映的正是箕子入朝鲜的史事（《甲骨、金文中的"朝"与"明"字及相关问题》《"箕子之明夷"与朝鲜》）；考释"大卤"为"大周"之讹，论证"太原"即古周原；根据甲骨文中"周"常写作"用"，指出《易经·未济》"用伐鬼方"应释为"周伐鬼方"，并以此为周族源于山西的有关证据（《先周族最早来源于山西》）。这些，都是先生运用古文字学工具考证古史的范例，给人以凿破鸿蒙之感。

必须指出的是，先生长于古音韵学，但坚决反对随心所欲滥用音韵手段，强调必须和文献及考古资料相互参证，这使他的有关考证稳当难移，而和一些略知皮毛、逞才使气的学人形成了鲜明对比。今天回想起来，我们入学后先生唯一正式开设的课程就是"古音韵学"，他说这是口耳相传之学难以自学，必须通过授课才能领会，其实这也是因为他对此特别看重。先生门下，在这方面都有一定的基础，可谓受益匪浅。

三、注重对先秦史的宏观把握

这一特点，以往的评价似乎不曾提及，我想特别加以指出。

传统的治先秦史者，专注于古文字的辨识和史实的考证。随着马克思主义的传入，社会结构和阶段演进受到重视，对中国上古历史的宏观把握成为马克思主义史学家的普遍特征。就先生而言，他既具有马克思主义史学家的共同点，也有自己特殊之处。

其一，特别关注社会结构和阶段演进。我们知道，王先生对中国古代历史分期问题有深入研究，他是坚决主张西周封建说者，并曾强调要注重"过渡阶段"研究。他还曾研究了禅让制、商代王位的兄终弟及、商周民族迁徙、西周民的身份、西周政体和国家的历史作用、"点"与"面"——先秦都邑、领土扩展过程等问题。实际上，先生研究这些具体问题时，始终是围绕着先秦社会的总体进程和演进这样一个中心来进行的。我这里想着重提及先生对"点"与"面"——先秦都邑、领土扩展过程问题的研究，先生不仅把这层窗户纸捅破，廓清了历史真相，而且意义重大。因为先秦史的很多大问题，比如分封制、国野制、华夷关系、诸侯关系等等，都和这一问题密切相关。这种做小中见大的宏观问题意识，是先生与传统古史学家的一个重要区别。从另一方面说，这种对先秦社会的宏观把握，又对先生的考据颇有助力。

其二，重视通史的写作。先生一生有两部通史性著作，即 20 世纪 50 年代的《中国上古史纲》和 2004 年出版的《中华远古史》。后者是原定《先秦史稿》的上半部，可惜未等完成下半部，先生就去世了。现代治先秦史学者中，有两部先秦通史著作者，还是很少有的。这既显示了先生对先秦史宏观把握的看重和学术功力，也使他与当代同行有所不同。还应指出的是，先生在《中华远古史》自序中叙述该书写作的三原则，第一条就是"新的断代史要侧重介绍历史研究方面如何思考问题的过程，意在给予读者这方面能力的锻炼"。这种强调通史著作重在思维启迪而非简单知识介绍的思想，是非常重要和难能可贵的，这和他重视对历史的宏观把握有着内在的联系。

先生曾自述学习马克思主义的历史辩证法受益很大，比较他早期的文章，我以为这个说法是实事求是的，也是评价先生学术成就时值得注意的。

四、于史地民族之学尤有创获

在先生多方面的史学成就中，我以为最为精彩也最具特色的还是史地民族研究（先生对此也是认可的，所以他将有关成果撰集成为《中华民族早期源流》一书）。我每读先生的有关论文，常常是既叹服先生读书之细，亦感佩其见解之高。上面已经举出了不少例子，这里我想再举《平王东迁乃避秦非避犬戎说》和《楚国故地及其迁徙路线》两文以为说明。

周平王东迁系因犬戎逼迫并得到秦襄公护送，见于《史记》，早已是学界常识。但先生从《史记》《国语》记载的矛盾，犬戎、秦国和平王、幽王之间的相互关系，有关古籍对晋、郑两国在平王东迁中起主要作用的记载等入手，有力地证明《史记》的记载是错误的，并认为其系沿袭《秦记》，绝非实录。我以为，此问题先生考证确凿不移，可谓发千古之覆。

关于楚国故地，历来史家均以为在江汉流域。胡厚宣先生提出楚国出于东方苏鲁之间，为一重要新说。但胡先生并未能对楚人西迁的历史细致梳理。王先生《楚国故地及其迁徙路线》一文，根据"祝融八姓"和"陆终六子"的分布，"楚丘"地名遗存及"有熊"居新郑的记载，推断楚族本居于河南；根据周公东征伐熊、伐楚及东奔于楚的记载，以及楚熊丽居睢山、睢水所在，推断商末楚人东迁至苏鲁之间；根据苏皖间有丹阳、荆山、九江，以及《汉书·地理志》熊绎居丹阳郡丹阳的记载，周人南征楚国、太伯奔吴和楚攻徐偃王的史迹，推断周初楚人确曾居住于苏皖境；根据《史记》《左传》所记庸、杨越、鄂和舒、桐、豫章等地名的考证，推断楚人系西周后期夷王时才溯江西上，到达今湖北。坦率地说，我以为先生的考证还不能完全打破陈说，但他的论证却能自圆其说，特别是他指出的大量现象尤其不能忽视，值得深思。

在学术史上经常有这样的现象，有些学者的标新立异虽可能不能成立，但其所提出的问题却从此为人所注意并不能不加以面对和研判，这种贡献同样可贵。近年清华楚简《楚居》面世，学者们几乎是一边倒地在湖北及与陕豫毗邻地区打转，几乎忘记王先生的主张。其实，倘能够通过这一新史料证明先生的错误，不也是有意义的吗？

玉哲师已经辞世多年，作为弟子，我们无法再当面聆听教诲。但先生留下的著述，及其所体现出来的治学精神、理念和方法，仍足以长久地教导和启发我们。借用凤瀚、伯雄两位师兄的话，先生的著述，"对于我们，对于我们的学生，以及我们学生的学生，应该是一个检验的标尺和学习的榜样"（《〈宋代著录金文编〉前言》）。学习、继承和发扬光大先生的治学精神和理路，在各自的工作领域里有所成就，是我们对先生最好的纪念和报答。

邵鸿

2018 年 8 月 24 日于北京

目 录

一、早期民族探源

二、古史分期争论

三、史学理论思考

四、孔子思想研究

五、先秦历史探索

六、甲骨金文考释

七、著作自序

八、附录

一、早期民族探源

猃狁考

一、绪论

战国以前，中原大地上华戎杂处，他们之间有斗争、有交融。古史传说中如黄帝之战蚩尤、舜禹之征有苗，虽不必尽信为实录，但其夷华交争之迹，或有其部分史实为之素地。盖族类殊，则性情异，族与族相凌，国与国相伐，以今例古，亦属可能。殷商时之异族，尸方、鬼方、羌方、土方等族，均为殷人劲敌。周人遂于彼等征伐之际，乘间兴起，挟新兴民族之朝气，一举克商而有天下。于是迁殷顽民而营东都于洛，大封宗室，以藩屏周。殷之后裔乃俯首帖耳，服事周人。惟戎夷之族，因其俗营游牧生活，居无城郭，飘忽无定。利则进，不利则退。对强大而营定居生活的周人说，他们成为极难控制的民族。西周王师，虽年年屡事挞伐，然其叛服无常，难奏永逸之功。下至春秋，戎狄驰突中原，灭国掠地，莫之敢撄，赖桓、文攘伐之力，华夏诸国，于焉不坠。孔子曰："微管仲，吾其被发左衽矣。"其痛戎夷之祸，可以想见。戎夷民族对华夏为祸最烈者，莫如猃狁。自周初至周亡，亘七八百年间与诸夏经常处于斗争中，其影响周世之兴衰，亦云巨矣。

猃狁一名文献中昉见于《诗经》，《小雅》有四篇涉及猃狁事迹[1]，西周吉金中记述征伐猃狁者有四铭[2]。截止到今，猃狁之事迹见于先秦资料者仅此而已。吾人欲考猃狁之族类、地望及其兴衰沿革，大有文献不足之感。故前人对此族之历史，颇多猜测之辞。有谓来自甘肃者，顾（炎武）、胡（渭）、陈（奂）诸氏之说也；有谓来自绥远者，朱氏（右曾）《诗地理征》是也。《诗毛氏传》谓猃狁为北狄，而王国维以猃狁当西戎。异说纷纭，迄无斠若划一之论。盖前人对此类问题，实未作系统之董理。其中惟王氏国维用卜辞金文以证故书，作

---

[1] 古文献上最早出现猃狁记事的是《诗经·小雅》中的《采薇》《出车》《六月》《采芑》。

[2] 记载猃狁之青铜器铭，1949 年以前只有《虢季子白盘》《不娶簋》和《兮甲盘》三器。在 1980 年陕西长安县斗门公社下泉村发现《多友鼎》，铭文 275 字，纪征猃狁事。

《鬼方昆夷猃狁考》一文，所得较多。如证古太原当在大河之东，虽未能指实其地，但较之前人谓太原在宗周之西者为近实；又如证周之泾阳在泾水之委，非汉安定郡之泾阳县。这些均王氏之最大贡献。然其阙漏违迕之处，仍未能免。诸如论猃狁与鬼方、昆夷误为一族，误谓金文中之"洛"为陕西渭北之洛水。又如论焦、获地理误从郭璞说，认为在池阳瓠中，误释高陶为高陵，误谓嚻廬即春秋之彭衙。又如误谓西俞一地在宗周以西等等，皆有可议。我们将于下面各专论中，作进一步探讨。现在首先应当分析辨明的则是猃狁与其他少数族的有关问题。

（一）论鬼方、昆夷与猃狁

《诗经·大雅·绵》述先周文王时少数民族混夷，曰："混夷駾矣。"许氏《说文》"駬"字下引诗作"昆夷"，而"𠵼"字下引诗则作"犬夷"，是谓混夷、昆夷、犬夷乃异名同实。《孟子·梁惠王篇》有"文王事昆夷""大王事獯鬻"。《史记·五帝本纪》谓黄帝"北逐荤粥"，《史记·匈奴传》谓唐虞以上有"山戎、猃狁、荤粥居于北蛮"。又谓周西伯昌"伐畎夷氏"，秦穆公时所臣之西戎八国中有"绲戎"。王国维所作《鬼方昆夷猃狁考》即以混夷、昆夷、畎夷、犬夷、獯鬻、荤粥、猃狁等诸名均一语之变。并且，把见于《易经》中《既济》和《未济》《诗经·荡》中的"鬼方"也认为与獯鬻、猃狁在音韵上有通转流变的关系，谓"鬼方之名当作畏方"，因周时畏字汉人以隶书写定经籍时改为鬼字，改畏方为鬼方。畏、鬼自然与昆、混在古声韵上可以通转。王氏便以此推论曰：

> 余谓（昆、混、猃等字）皆畏与鬼之阳声，又变而为荤粥、为薰育、为薰鬻，又变而为猃狁，亦皆畏、鬼二音之遗。畏之为鬼，混之为昆、为绲、为畎、为犬，古喉牙同音也。畏之为混、鬼之为昆、为绲、为畎、为犬，古阴阳对转也。混、昆与荤、薰非独同部，亦同母之字（古音喉牙不分），猃狁则荤、薰之引而长者也。故鬼方、昆夷、薰育、猃狁自系一语之变，亦即一族之称，自音韵学上证之有余矣。

按音韵通假，在史实考证上，只可作为辅证。若无其他史料足证两者之为一，即令在声音上完全相通，亦无当于史实。我们且看看王氏所提出史地上之证据：

> 昆夷之地，自太王之迁，自北而南观之，则必从豳北入寇。又《史记》

谓自陇以西有绵诸、绲戎、翟獂之戎。杨恽亦谓安定山谷之间，昆夷旧壤。则其地又环岐周之西，与上所考鬼方疆域，若合符节。而自殷之武丁讫于周之成王，鬼方国大民众，常为西北患，不容太王、文王之时绝不为寇，而别有他族，介居其间。后世獫狁所据之地，亦与昆夷略同。故自史事及地理观之，混夷之为畏夷之异名，又为獫狁之祖先，盖无可疑，不独有音韵上之证据也。

按从各族疆域上看，并不如王氏之所云。盖昆夷乃周西之异族，与獯鬻、獫狁之在北者非一姓族，《逸周书·武称序》："文王立，西距昆夷，北备獫狁。"《诗经·采薇》序亦云："文王之时，西有昆夷之患，北有獫狁之难。"《史记·匈奴列传》谓绲戎在陇以西。颜注绲戎曰，"混夷也"。从诸文献上看，是昆夷在西。据近人蒙文通氏考证，谓昆夷当即昆仑之裔[①]，其地望当然应在西方。而獫狁则在北（详后）。两族显非一族。战国时孟子答齐宣王问，谓："惟仁者为能以大事小，是故汤事葛、文王事昆夷；惟智者为能以小事大，故大王事獯鬻、勾践事吴。"（《孟子·梁惠王下》）盖周初期，周之国势大于昆夷而小于獯鬻，故举而分别言之。獯鬻若是獫狁，则与昆夷有大小之不同，二者亦不宜视为一族，极为明晰。

獫狁本为北方之族（详本篇第三节《獫狁之地望及其出没地域》），清儒崔东壁据《诗经》论獫狁与西戎连举，而主獫狁为西戎之说，其《丰镐考信录》卷之七云：

> 余按大原（原注：即今陕西固原）及方皆在周之西北，獫狁之国，当在凉、巩之间。所谓西戎，盖即獫狁变其文以叶韵耳……厉、宣间能为周患者，惟西戎，然则诗之獫狁即西戎也。是以一篇之中，或称獫狁或称西戎，非两事也……朱子疑既却獫狁而还师以伐昆夷，亦沿郑、孔之误。

王国维与崔东壁同，也主张獫狁为西戎，其言曰：

> 《诗序》所言（谓诗采薇序）亦由误解经语，案《出车》诗云："赫赫南仲，獫狁于襄。"又云："赫赫南仲，薄伐西戎。"既云獫狁，复云西戎。郑君就《尚书大传》据之，遂云南仲一行，并平二寇。序诗者之意，殆亦以昆夷当之西戎，与郑君同。不知西戎即獫狁，互言之以谐韵，与《孟子》

---

① 见蒙文通《周秦民族史》（铅印讲义本），"昆夷与羌族"节。按本书 1958 年龙门书局出版，书名改为《周秦少数民族研究》。

之昆夷、獯鬻错举之以成文无异也。

可见崔、王二氏皆主猃狁即西戎。崔氏由于误置古之太原于陕西固原，故疑猃狁之国，当在凉、巩之间。其实古之太原乃晋之平阳（详下面论猃狁与太原节），则猃狁之所在，不得在周西。《穆天子传》称猃狁为陵翟，其居地距漠泽不远（详下）。又春秋时之"允姓之奸"，王国维已断其为猃狁之族，极是。其居地瓜州，余据群书考之，亦在晋境（亦详后）。可见我们定猃狁为北狄非西戎，当无可疑。按《诗经·出车》云"赫赫南仲，猃狁于襄"，又云"赫赫南仲，薄伐西戎"。郑玄谓"南仲一行，并平二寇"，甚是。其句法可参看《采芑》一诗。《诗经·采芑》云："征伐猃狁，荆蛮来威。"猃狁与荆蛮亦非一族，荆蛮指南方之楚[1]。从无人以此而言猃狁为荆蛮。由之《出车》诗中猃狁与"西戎"连举，亦未必指同一族矣。

至于鬼方之名虽然从音韵学上可以与昆夷、猃狁相通转，在地域上说，鬼方与猃狁又同处于晋南，但却为不同的两族。我们后面在《鬼方考》中已详之，在此就不再重复了。

（二）卜辞中之邛方与猃狁

商代在位于殷都（今安阳）的西北部，即晋南地区的古方国，在甲骨文中主要的有鬼方、羌方、周方、土方、呂方等。鬼方、羌方和周与古文献所记的无大差异，他们的来龙去脉是已清楚的。其中"土方"最近胡厚宣先生已证明其为夏族[2]，大概可以成为定论。现在只剩下"呂方"，到底是古史上的什么方国，还不清楚。通过本人的研究，我认为即西周史中的猃狁。下面正式提出，就正于当世之方家学者。

殷墟武丁时期卜辞中有"呂方"，"呂"字过去有人释昌、释苦、释吉，均未取得学术界的承认。于省吾先生从林义光释为《说文》中之由字，篆文或作塊，塊以鬼为声。于先生因此证明此即殷周时之鬼方[3]。从文字学角度看，释由似有些道理，但谓为鬼方，除音相近外，可说无其他任何线索和理由。并且卜辞中明明有"鬼"字，又有"鬼方"之族，则其非鬼方，完全可以断言。唐立厂先生认为呂字上部之乛为工字，呂从口、工声，是邛之本名，呂方就是邛

---

① 《郑语》史伯之言，有当成周者，南有荆蛮，金文中称楚为楚荆。

② 胡厚宣：《甲骨文土方为夏民族考》，殷墟博物苑、中国殷商文化学会合编《殷墟博物苑刊》创刊号，中国社会科学出版社，1989 年 8 月出版。

③ 于省吾：《双剑誃殷契骈枝三编》，1943 年，第 5-6 页。

方①。从字形言，唐先生说法更为合理。但又谓邛方地望即在四川之邛县（今名邛崃县），则仍有未安。李孝定先生非之曰："卜辞呂方不下数十百见，其为殷边患实至频数，以地望言，邛县之去殷都且数千里，以当时交通情形言之，呂之寇殷，似不能若是其数也。"②其言诚是。邛方距殷决不会如是之远。那么，这个邛方到底是文献上的什么方国？由于资料有限，确实不易推定。从卜辞中邛方在当时活动的地域，大概是在商王都的西部和北部。陈梦家先生推测在中条山，东界沚而西邻唐，大约在安邑与济源之间③。李学勤先生综合与之有关的地名，考证邛方当在太行山北的山西的东南隅和中部④。两人推测的地望，大致相合。卜辞中记载商王朝征伐邛方的次数非常频繁，而且所动用的武力，有的多达三千人⑤。则其为殷的强大敌人可知。这样一个强大的方国，为什么到周代竟看不到她的一点踪迹呢？很可能商人所称之邛方到周代又改称别的什么名字，后人对他们名字的前后转变关系，已经失传。于是，邛方的后裔，便不为人所知了。

我们看到周代在今山西南部有一强大的方国，古文献和金文中称之为"猃狁"，其活动的地域是比较清楚的。可是说到猃狁的先世，却也有些渺茫。近来我们考校卜辞、金文、文献中有关资料，觉得卜辞中的邛方，到周代可能就是猃狁。

周代的玁狁的"玁"，金文作"𤞤"（《不娶簋》）、"𤞷"（《虢季子白盘》）。此字明显从敢得声。而"敢"字据《说文》篆作"𠭖"，许慎谓"从受、古声"。从谐声原则看，许氏此说是错误的。因为"敢"与"古"二字古音不同部（"古"在五部，而"敢"则在八部）。因此"敢"字决不可能是从古得声。按《说文》中籀文"敢"字作"𣌾"，不从古而从月。凡从"敢"之字如厰、嚴等字，《说文》均从籀文的敢，从月，不从古。当然这也就不会有从古得声之可言。籀文敢字所从之"月"，段玉裁《说文解字注》认定是冒字所从之月，恐未是。因月、冒二字古音在三部，而敢字则在八部，古音相距太远。按籀文"敢"所从之"月"，实为"甘"字之倒，金文中有其例⑥。金文敢字从甘作"𢾿"（《大簋》），或从口

① 唐兰：《天壤阁甲骨文存考释》，1939 年，第 54 页。

② 李孝定：《甲骨文字集释》第二卷，第 420—421 页，对唐说所作之按语。"中研院"历史语言研究所 1970 年 10 月版。

③ 陈梦家：《殷虚卜辞综述》，第 274 页，科学出版社 1956 年 7 月版。

④ 李学勤：《殷代地理简论》，第 64 页，科学出版社 1959 年。

⑤ 参看《殷虚书契续编》有卜辞称："贞，登人三千乎伐邛方，受业又。"（1·10·3）。

⑥ 按"甘"字在古文字中有时倒书，如《毛公旅鼎》之"𣆪"，《友簋》即作倒书为"𣆪"，即其例。

作"𢦏"（《番生簋》）。《说文》敢字篆作"𣀤"，形体与金文差不多，从"𡥈"从"ㅂ"（许慎作从"古声"是错误的），所从之𡥈象两手争一物。所从之"ㅂ"，也就是"甘"，为声符①。甘、敢古音同部。古文献上二字可以互相假借②。由此更可证明"敢"字之从甘得声了。

敢、玁等字古时既是从甘得声，则此字古音在段氏八部，其《切韵》音为〔kʌm〕，上古音应为〔*kam〕。卜辞邛方之邛从工得声，"工"在段氏九部，其《切韵》音为〔kiuŋ〕，上古音应为〔*kiuəm〕③。"玁狁"之"玁"与"邛方"之"邛"，二字上古音同为见纽，同为闭口韵，只是元音有稍微差异而已。"邛方"之"方"和"玁狁"之"狁"均为附加字（"方"意为方国，"狁"乃其族之姓氏），称其族时可以省略。所以，从古音通转上说，卜辞中的"邛方"，后来称为"玁狁"，完全可以讲得通。

再从地望上看，过去从清儒到王国维等多数学者，均以为玁狁在今陕西的西北境，称为西戎。其实这是不正确的。根据《诗经》和出土的有关金文资料，我们重新作过研究才知道玁狁在周代应当是位于山西中南部一带的一个少数民族④。这就和前面我们所谈到的邛方的地望若合符节。

现在，我们综合起来，从两族族名声音演变上的合一，与两族活动地望上的前后一致，很自然地会推论出，殷商时的邛方，可能就是周代的玁狁。当然这仍是一个假说。截止到今日，这也许是一个较合理的假说。由于材料的缺少，只有留待以后论定了。

---

① 按古文字往往甘、口不分，如"𥇤"字金文作"𥇤"（见《穆公鼎》《竟卣》《屯鼎》），从口，而多数则从"甘"。《说文》中"甚"字，篆作从"甘"，而古文作"口"；《说文》中"昏"，篆从"口"，而古文从"甘"，可见甘、口二字通用。

② 按近发现的"阜阳汉简"中，《诗经》残字，有"甘与子同梦"之"甘"，作"敢"。可见"敢"字从甘得声，段玉裁的从古得声乃臆说。"阜阳汉简"见《文物》1984 年第 8 期。

③ 根据音韵学理论，上古音〔-m〕尾因避合口介音（由于 u 或 w 与-m 同类相避）而异化为〔-ŋ〕或〔-n〕尾。例如"风"字《切韵》音〔piuŋ〕，而其所从之"凡"，则读〔b'iwem〕。在《诗经》中"风"与"心"〔siəm〕、"林"〔liəm〕字押韵，则其上古音应读〔*pium〕，殆无可疑。又如"熊"字《切韵》音为〔jiuŋ〕，而其所从"炎"〔iəm〕省声应为〔-m〕尾。其由〔jium〕变为〔jiuŋ〕，恰与"风"字演变相似。现代厦门及汕头两地方言，仍读"熊"为〔him〕，盖因元音由〔u〕变〔i〕，已无合口作用，故得保存〔-m〕尾。又按《诗经》中"侵部"与"东部"押韵者颇不乏例。如"参"与"中"（《小戎》），"阴"与"冲"（《七月》），"饮"与"宗"（《公刘》），"音"与"膺""弓""兴"（《小戎》），"林""心"与"兴"（《大明》）。都可以证明侵部〔-m〕与东部〔-uŋ〕互转。

④ 关于玁狁地望的详细考证。请参看拙稿：1.《西周时太原之地望问题》（《纪念李诞教授从事学术活动五十周年史学论文集》，云南大学出版社 1992 年 9 月出版）；2.《西周莽京地望的再探讨》（《历史研究》1994年第 1 期）；3.《嚚虘与余吾》；4.《玁狁起于晋北》；5.《瓜州、九州与坖由》。后三题均见于本书《玁狁考》中"玁狁之地望及其出没地域"一节中均有专题讨论。

（三）有易、狄、獯狁、犬戎及"允姓之奸"

我国古文献上谓夏、商时北方有一古国，名曰有易。最早见于《周易》有云："丧羊于易"（《大壮》六五爻辞）、"丧牛于易"（《旅》上九爻辞）。爻辞简略，所含确义，不易理解。其中之"易"字，顾颉刚先生首先指出，不是难易之易，而是指古有易之国[①]。战国时的文献，如《楚辞·天问》《竹书纪年》《山海经》等虽有记载有易与殷王子亥的片断关系，由于支离破碎，其原委若明若暗，不为人注意。自王国维从甲骨卜辞中发现殷先公先王的王亥、王恒，并与上提到的诸文籍，综合加以整理，互相印证。则知《山海经》《竹书纪年》中之"有易"，盖即《天问》中之"有扈"或"有狄"，《天问》中之"昏微遵迹，有狄不宁"，昏微即上甲微，有狄即有易。王国维《古史新证》第三章中，对此问题解释得非常明白，王氏云：

> 《山海经》《竹书》之有易，《天问》作有扈，乃字之误。盖后人多见有扈，少见有易，又同是夏时事，故改易为扈。下文又云："昏微遵迹，有狄不宁。"昏微即上甲微，有狄即有易也。古狄、易二字同音，故互相通假。《说文》辵部逖之古文作逷，《牧誓》："逖矣西土之人。"《尔雅》郭注引作："逷矣西土之人。"《书·多士》："离逖尔土。"《诗·大雅》："用逷蛮方。"《鲁颂》："狄彼东南。"《曾伯霖簠》："克狄淮夷。"《毕狄钟》："毕狄不龚。"此逖、逷、狄三字异文同义。《史记·殷本纪》之简狄，《索隐》云：旧本作。《汉书·古今人表》作逷，《白虎通·礼乐篇》："狄者，易也。"是古狄易二字通，有狄即有易。上甲遵迹，而有易不宁，是王亥弊于有易，非弊于有扈，故曰扈当为易也。
>
> 狄易二字不知孰正孰借。其国当在大河之北，或作（按作盖在字之讹）易水左右。（王氏此说，又见其所著《殷卜辞中所见先公先王考》）

按易、狄二字，古音同部（段玉裁第十六部，江有诰支部），其《切韵》音据高本汉（B.Karlgren）构拟"狄"为〔d'iek〕，"易"为〔iɛk〕。高氏《分析字典》（Analytic Dictionary of Chinese and Sino-Japanese）中之绪论谓喻纽字古时有舌尖前声母〔d〕，后世失落（见原书 19-20 页）。则定、喻二纽古时可以通

假[1]。在古文字谐声字中，定、喻二纽通转之例更多至不可胜数，则狄、易二字古时完全可以互用。所以《天问》之“有狄”，即《竹书纪年》《山海经》中之“有易”，亦信而有征矣。至于王氏谓“狄、易二字，不知孰正、孰借”，余谓当以“易”为正。盖“有易”在《天问》中所以讹为“有扈”者，正缘“易”古文字作“[illegible]”，而“户”作“[illegible]”，二字形极相近。“易”讹为“户”，后来地名又加邑旁则为扈矣（按吴其昌《殷卜辞中所见先公先王三续考》已先我有“易”讹为户之说），并且“狄”字出现较晚[2]。若古本作“有狄”，则无由讹为“有扈”。盖原名“有易”，后世才演变为“有狄”。又因“有”为语助词[3]，“有狄”自然可以省称为“狄”。正如“有夏”可省称为“夏”，“有周”可省称为“周”也。然则，此狄国盖即殷商晚世周太王居邠时“狄人侵之”之“狄人”。其后易名为“獯鬻”或曰“薰育”或曰“犬戎”。今举各书所载周之先公古公亶父之同一事证之：

> 昔者大王居邠，狄人侵之。去之岐山之下居焉。非择而取之，不得已也。
>
> 大王居邠，狄人侵之，事之以皮币，不得免焉。……
>
> 惟智者为能以小事大，故大王事獯鬻。（上引均出《孟子·梁惠王下》）
>
> 古公亶父……薰育戎狄攻之……乃与私属遂去豳……止于岐下……（《史记·周本纪》）
>
> 及武乙暴虐，犬戎寇边，周古公逾梁山而避于岐下。（《后汉书·西羌传》）

以上各文籍同记周古公居豳，其侵周者一作“狄人”，一作“獯鬻”，一作“薰育”，一作“犬戎”，四者实为一族之异名。獯鬻音同薰育，而历史上犬戎之地望与狄人相同（详后，《玁狁起于晋北》节）。这些不同的称呼，其实是指一族极为可能。

---

① 按谐声系统上，定、喻二纽通转之例：由喻转入定纽者：如“攸”喻纽字，而“莜”“条”为定纽；“甬”喻纽，而“筩”定纽；“舀”喻纽，而蹈、稻定纽；“俞”喻纽，而“緰”“毹”定纽；“昜”喻纽，而“惕”“荡”“砀”定纽；“弋”喻纽，而“代”定纽；“由”喻纽，而“迪”“笛”定纽。由定纽转入喻纽者：如“翟”定纽，而“躍”“燿”喻纽；“兑”定纽，而“说”“阅”“锐”喻纽。总观以上诸证，则古时定、喻二纽可以互转也。

② 卜辞未见“狄”字。《田野考古报告》第一册，董作宾先生谓有一从犬从大之“狖”字，用作史官名，曾谓即小篆之“狄”字（见《安阳侯家庄出土之甲骨文字》）。今按此说未可信。盖“狄”字已见于周之铜器（《毕狄钟》《曾波簋》）字形与小篆相合。则从犬从大之“狖”不得为“狄”。并且“狖”系从犬大声，而“大”与“狄”古音不同部（大在段氏第十五部，狄在十一部）。

③ 如《尚书·召诰》之“有夏”“有殷”“有周”；《尚书·君奭》之“有周”等之“有”，与“有易”“有狄”之“有”为同例语。

又《史记·三王世家》："荤粥氏虐老兽心。"《淮南子·齐俗训》："故四夷之礼不同，皆尊其主而爱其亲，敬其兄。猃狁之俗相反，皆慈其子而严其上。"猃狁所谓"慈子严上"亦即《史记》荤粥之"虐老"。《史记·匈奴传》谓："唐虞以上有山戎猃狁、荤粥，居于北蛮。"《史记·五帝本纪》谓黄帝"北逐荤粥"。《逸周书·武称序》云："文王立，西距昆夷，北备猃狁。"这里所说的荤粥，实即前面我们提到的獯鬻、薰育。因为"獯""薰""荤"三字同为"许云切"，"鬻""粥""育"三字同在"屋韵"。故荤粥、獯鬻、薰育乃一语之转。《史记·骠骑霍去病传》谓去病"率师躬将所获荤粥之士，约轻赍、绝大幕"。裴骃《集解》引徐广曰"粥"一作"允"。而《汉书·霍去病传》正作"作获荤允之士"。然则，荤粥亦即《诗经》中獫狁，《史记》《汉书》之猃狁也。獫狁之异名獯鬻、荤粥、薰育者，盖"獯""荤""薰"及"獫狁"或"猃狁"二字之合音。至其发生时代之先后，犹有可得而说者，按"獫狁"二字不见于《说文》（按只在犬部有一"猃"字）。王念孙：《读书杂志》中之"汉书第十二"云：

> 猃狁最强，宋祁曰：狁《浙本》作允。念孙案《说文》无狁字，则《浙本》是也。凡经传中作猃狁者，皆因猃而误。《卫青传》《匈奴传》《叙传》并作猃允。
>
> 今《诗》作獫狁，獫字亦《说文》所无，当作猃。《小雅·采薇》释文亦云：獫，本或作猃，狁本亦作允。《大雅·韩奕·笺》为獫狁所逼，《释文》作猃允。（王氏自注）

王念孙这里是以版本定"猃允"二字最早。然后世文籍，各本异文，甚难定孰先孰后。西周青铜器铭文中，獫狁作"厰玁"（见《虢季子白盘》《兮甲盘》）、又作"厰妟"（见《不娶簋》），厰或作"廞"。以形而论作"厰玁""厰妟"均西周当时人所记，应为最早。"妟"从女，古文字从人从女不分，妟可为允。则《诗经》中之獫狁，旧当作厰允，后世孳乳而为獫狁。至"獯鬻"二字最初见于《孟子》。殆在"厰允"之后。荤粥一词至汉籍始有，其出当更后。王国维虽然也承认黄帝时之荤粥、太王时之獯鬻，皆后世追记之辞，但最后仍说："然以理势度之，尚当为犭严狁以前之称。"最后又说道：

> 殆先有獯音而后有犭严狁之二合音也。然则旧说之先獯鬻而后犭严狁或非无据矣。[①]

---

① 见王氏《鬼方昆夷犭严狁考》。

王氏谓"獯"为"猃狁"二字之合音，甚是。然未必先有"獯"而后有"猃狁"二字合音。因为若先有"獯"字一音，缓读为二音时，必不使用一闭口韵的"猃"字居于其中。故余颇疑先有"猃狁"〔xjiɛmiuên〕二音，急读之，则近"獯"〔xjiuən〕。（猃、獯二音同纽，狁在准韵，獯在文韵，古音二字同部。清江有诰即均列入文部）。然则猃狁之本称，当为厥允，孳乳为猃狁，或又作猃狁（按猃、猃二字同为虚检切）。其次又由猃狁变为獯鬻、荤粥及薰育也。

东周以后，猃狁之名不见，而犬戎、允姓戎之名出于春秋、战国之际[1]。《左传》昭公九年曰："允姓之奸，居于瓜州。"允姓戎所居之瓜州，及犬戎之地望，均在今之山西境内。（详后《猃狁之地望及其出没地域》节）其为居山西境内猃狁之后裔，皎然明白。王国维曰："鬼方之为媿姓，犹猃狁之为允姓"甚是。猃狁之"狁"，盖即指其为允姓也。

二、猃狁之兴衰

（一）有易与先商之关系

远在殷商有天下以前，大河之北，曾有易这一古国，由于自汉以来，史书失载，久已不为人所知。《周易》中"丧羊于易""丧牛于易"诸辞之"易"字，历代注疏家均不知其为一古代方国。如《象传》解作"丧牛于易，位不当也""丧牛于易，终莫之闻也"，解辞模糊不明。三国时王弼注曰："能丧壮于易，不于险难，故得无悔。"（《大壮》下）"以旅处上，众所同嫉。故丧牛于易，不在于难。"（《旅》下）宋朱熹《周易本义》注《大壮》曰："易，容易之易，言忽然不觉其亡也……"这些对"易"的注释，都解为容易之"易"。盖前修久已不知此"易"为"有易国"矣。自殷墟卜辞出土后，王国维氏从中发现殷之先公先王有王亥、王恒二人，并取《竹书纪年》《天问》《山海经》《吕览》《世本》《史记》诸书有关资料，把殷先王与"有易"的交往事迹，阐释出来。有易之名，又重为近人所道。然学者都集中目力于殷之先公先王，而对有易这一古老的少

---

[1]《诗经》《尚书》及古器物铭文均未见犬戎之名，至战国以后所成之书始有之。是知此名号之起，必不能早于战国以前。《穆天子传》虽记述周穆王征犬戎之事，并非周穆王时即已有犬戎之名。正如《逸周书·伊尹朝献四方令》内已有代翟、匈奴、东胡等名，非事实也。盖此乃战国间人以当时异族名追纪以前之历史，不足为据。又按卜辞中有"犬"及"犬侯"，或谓此即殷商时之犬戎，恐非。因此犬侯若为犬戎之族，何殷时屡见，而自殷至春秋七八百年，所有书籍，无一及之者。而至战国以后文籍始纪犬戎为祸于周。可见卜辞中之"犬""犬侯"，与后世之犬戎绝无关系。郭沫若先生《卜辞通纂》谓"犬侯"为人名，是也。

数民族，未有专篇论及之者。所以有易国之大小兴衰以及其后裔存亡的历史，更无人过问矣。现在我们首先将古籍中记述有易之资料，按其先后摘录之，然后再适当地加以讨论：

> 丧羊于易，无悔。（《周易·大壮》六五）
> 鸟焚其巢，旅人先笑后号咷，丧牛于易。凶。"（《周易·旅》上九）

这是《周易》中的两爻辞。据顾颉刚先生说，这就是指殷王子亥与有易构成的故事。顾先生解释说：

> 这里所说的"易"便是有易，这里所说的"旅人"便是托于有易的王亥。这里所说的"丧羊"和"丧牛"便是《天问》"胡终弊于有扈，牧夫牛羊"，也即是《山海经》"有易杀王亥、取仆牛"。这里所说的"鸟焚其巢，旅人先笑后号咷"，便是《天问》"干协时舞，何以怀之？平胁曼肤，何以肥之？有扈牧竖，云何而逢？击床先出，其命何从？"也即是《竹书》"殷王子亥宾于有易而淫焉，有易之君绵臣杀而放之。"想来他初到有易的时候，曾经过着很安乐的日子，后来家破人亡，一齐失掉了。所以爻辞中有"先笑后号咷"的话。……①

顾先生用《天问》《竹书》和《山海经》所述王亥的事迹，解释《周易》这两爻辞的内容，我们便看出这个故事的若干史影。现在我们且把有关材料继续录出一些：

> 简狄在台，喾何宜？玄鸟致贻，女何嘉？该秉季德，厥父是臧，胡终弊于有扈（扈为易之讹），牧夫牛羊？干协时舞，何以怀之？平胁曼肤，何以肥之？有扈牧竖，云何而逢？击床先出，其命何从？恒秉季德，焉得夫朴牛？何往营班禄，不但还来？昏微遵迹，有狄不宁，何繁鸟萃节，负子肆情？眩弟并淫，危害厥兄，何变化以作诈，而后嗣逢长？（《楚辞·天问》）
> 殷王子亥，宾于有易而淫焉。有易之君曰绵臣，杀而放之。是故殷上甲微假师于河伯以伐有易。克之，遂杀其君绵臣也。（郭璞《山海经注》括《竹书纪年》之文）
> 有困民国，句姓，而食。有人曰王亥，两手操鸟，方食其头。王亥托于有易河伯，仆牛。有易杀王亥，取仆牛。（《山海经·大荒东经》）

　　这几乎是现存"有易"的全部文献史料，也就仅仅如此。经王国维、顾颉刚两先生的搜集和阐明，我们对有易的历史，才有个大概轮廓。王国维认为有易国是在今河北省北部易水流域的一个氏族。她与先商的先公先王王恒、王亥、上甲微三世发生了长期斗争的关系。先商族本来也是一个在山东省西部和河北省北部、沿渤海湾一带的古老氏族：（参看本书第七篇《商族的来源地望试探》），与在今河北省北部易水流域的有易氏族为邻国。两族自然会发生交往。《天问》中所引之"该秉季德"之"该"即王亥，"胡终弊于有扈"之"有扈"即"有易"，"有狄不宁"之"有狄"亦即"有易"（均已详前）。自"该秉季德"以下十二韵，既为述有易与殷先王之故事，其前两韵"简狄在台，喾何宜？玄鸟致贻，女何嘉？"余疑亦与有易有关系。《史记·殷本纪》："殷契母曰简狄，有娀氏之女，为帝喾次妃。三人行浴，见玄鸟堕卵，简狄吞之，因孕生契。""简狄"二字《汉书·古今人表》作"简遏"，《索隐》云：狄"旧本作'易'，易狄音同。又作'遏'。"《诗经·商颂》亦云："有娀方将，帝立子生商。"从《史记》《诗经》与《天问》所记合观之，则知殷之始祖。母系为"易"。殷之与易，正如周之与姜。《周本纪》谓："周后稷名弃，其母有邰氏女曰姜原"，是周之始祖，母系为姜也。盖《天问》中"该秉季德"以前两韵，乃述殷始祖与有易之婚姻关系史。以后十二韵述殷先公亥、恒及微三世与有易斗争关系史。末后两韵"眩弟并淫，危害厥兄，何变化以作诈，而后嗣逢长？"吴其昌谓"眩"亦为"亥"字之讹，也是述说王亥与有易事，其言曰：

　　　　同一《世本·作篇》，《初学记》卷二十九引作"胲作服牛"，而《太平御览》卷八百九十九引作"鲧作服牛"。"胲"可误为"鲧"，斯宜"胲"之误为"眩"矣。王亥故事，先民久忘，而从"月"从"亥"从"玄"，所差几微。非明此数事，决不能分晰明白；此"眩弟"即"胲弟"，亦即"亥弟"，亦即王恒之明证也。[①]

　　吴氏之说以《天问》中"眩弟"为"胲弟"之讹，甚是。然则"眩弟并淫……而后嗣逢长"四句，仍应为王亥之事。而王逸《章句》则以舜、象兄弟事释之，是错误的。唯《天问》中谓王亥被杀事，与《竹书纪年》《山海经》所记稍有出入。《天问》谓王亥与弟恒同淫有易女，弟"危害其兄"，兄亥死，弟恒之后世反而得以延续，如此则上甲微又似为王恒子。盖上古每一故事，因同源异流之

---

① 吴其昌：《卜辞所见殷先公先王三续考》，《燕京学报》第十四期。

故，愈后则其分歧愈多。傅孟真先生谓："当系一件故事之不同说法，《竹书》归罪于王亥，《天问》归罪于其弟耳。"[1]又曰："不过据《天问》之发问者，'微'不是王亥之子，而是亥之弟之子，故有天道难知之感，以并淫作诈，害及于兄之人，其后嗣乃能长盛为不平也……盖此故事至晚周已有不同之面目。然其中有一点绝无异者，即汤之先世在此期中历与有易斗争，卒能胜有易，故后世乃大。"[2]不同的说法可以并存，书缺有间，不宜妄定是非。要之，上甲微确曾因王亥被杀，乃假师于河伯以征有易，而使"有狄不宁"。有易战败乃举族迁往他处。《大荒东经》云：

> 河念有易，有易潜出，为国于兽方，食之。名曰摇民……

有易为国于"兽方"，这个兽方到底是方国名还是地名不可知，其地望也不知道。殷之末世，有易或已从易水流域西迁于今山西境。根据古书记载，先周之古公亶父居邠时（此邠在山西汾水流域），曾被"狄人"攻之。此"狄人"盖即有易。然则有易当日或不胜殷族之压迫，乃西迁入山西境也。

（二）克商前后周族与狄人猃狁之强弱转化

周族之发祥地，旧说以为在今陕西泾、渭二水之上游，至文王、武王始东徙于毕、程、沣、镐之域。而钱穆先生始创周人发迹于晋，在大河之东。公刘居豳，乃滨汾之邑。其言云：

> 邠则滨汾之邑，犹因岐而邑者为郊，因沣而邑为酆矣。《逸周书·度邑解》"维王克殷……九牧之师，见王于殷郊。王乃升汾之阜，以望商邑，永叹"云云。汾一作邠。《史记·周本纪》引作豳，豳、邠古今字，而汾、邠亦相通。如滈鄗、沣酆之例……[3]

又曰：

> 然则，临汾有古山、古水，公亶父本居其地，故称古公，犹公刘之称豳公也。由此推之，公刘居邠及于亶父。盖在临古水之滨。此邠邑地望之可推者二也。[4]

① 傅斯年：《夷夏东西说》。
② 傅斯年：《夷夏东西说》。
③ 钱穆：《周初地理考》，《燕京学报》第十期。
④ 见顾颉刚《周易卦爻辞中的故事》，《燕京学报》第六期，此文又收入顾颉刚《古史辨》第三册。

稽之古籍，验之情理，周先发迹于晋说，实无可易①。以古公、太王居邠为狄所攻事论之，盖周之远祖原本居在今之山西境，与有易后裔徙晋者为邻，被其侵袭极有可能。其具体经过，古文籍上记之稍详：

> 昔者太王居邠，狄人侵之，去之岐山之下居焉，非择而取之，不得已也。②

> 昔者太王居邠，狄人侵之，事之以皮币不得免焉；事之以犬马，不得免焉；事之以珠玉，不得免焉。乃属其耆老而告之曰：狄之所欲者，吾土地也。吾闻之也，君子不以其所以养人者害人，二三子何患无君？我将去之。去邠逾梁山，邑之于岐山之下居焉③。

> 太王亶父居邠，狄人攻之，事之以皮帛而不受，事之以犬马而不受，事之以珠玉而不受，狄人之所求者土地也。大王亶父曰："与人之兄居而杀其弟，与人之父居而杀其子，吾不忍也。子皆勉居矣。为吾臣与为狄人臣，奚以异？且吾闻之，不以所用养害所养。"因杖筴而去之。民相连而从之，遂成国于岐下。④

上面引文所述说的故事，还并见于《吕氏春秋》的《审为篇》《淮南子》的《道应训》《诠言训》《泰族训》等篇，仅详略不同而已。其中所说的"狄人"，《史记·周本纪》作"薰育"，其文云：

> 古公亶父复修后稷公刘之业，积德行义，国人皆戴之。薰育戎狄攻之，欲得财物，予之。已复攻，欲得地与民。民皆怒，欲战。古公曰："有民立君，将以利之。今戎狄所为攻战，以吾地与吾民。民之在我与在彼何异？民欲以我战，杀人父子而君之，予不忍为。"乃与私属遂去豳。度漆沮、逾梁山，止于岐下。豳人举国扶老携弱，尽复归古公于岐下。

从这段文字上看，太史公认为侵袭古公亶父之狄人即薰育，而薰育即獯鬻，即狁狁，前既已证之矣。关于周之先公古公亶父，下至文王时，其整个氏族的势力尚弱小，故被狄人侵逼，而西徙岐下。《诗经·大雅·绵》有记载云：

---

① 详证可参看本书第六篇《先周族最早来源于山西》。
② 《孟子·梁惠王下》。
③ 《孟子·梁惠王下》。
④ 见《庄子·让王》。

古公亶父，来朝走马，率西水浒，至于岐下，爰及姜女，聿来胥宇。

下面接着述文王之世，混夷惧周，乃奔突他去。《诗经》原文曰：

肆不殄厥愠，亦不陨厥问。柞棫拔矣，行道兑矣，混夷駾矣，维其喙矣。

盖当周太王、文王时，其国势小于狄，而大于混夷，故对狄人只有迁而远之，以避其锋。对混夷则伐之，使之奔突他去。《孟子》谓："惟仁者为能以大事小，是故汤事葛，文王事混夷；惟智者为能以小事大，故大王事獯鬻，句践事吴。"①观此，乃知当日狄人之势力确大于周矣。

周太王之子季历时，曾伐燕京之戎，《竹书纪年》云：

太丁二年，周人伐燕京之戎。周师大败。②

按"燕京之戎"大概是居"燕京"的戎狄。燕京一地当在今山西北部。《淮南子·地形训》："汾出燕京"，汉高诱注："燕京山名也，在太原汾阳。"汉汾阳在今山西阳曲县西北，有燕京山，为汾水所出。此山在《山海经》中则名管涔山。《山海经·北山经》："北次二经之首，在河之东，其首枕汾，其名曰管涔之山……汾水出焉。"是汾水所出之山不名"燕京"，而名"管涔"。《水经注》卷六也说："汾水出太原汾阳县北管涔山。"注引《十三州志》曰："出武州之燕京山，亦管涔之异名也。"是燕京山即今宁武县、静乐县之管涔山。按其地望，燕京之戎或即周太王所事之獯鬻也。《竹书纪年》称周人伐之，而"周师大败"③。可见殷末此种狄人仍甚强盛。

但是，周人自武王克商而有天下，国势渐大，声威已远被四裔。这时与狄人强弱相较，已发生了明显的转变。周穆王时所征之犬戎，实即其先太王所事之獯鬻。《国语·周语》记载穆王征犬戎事云：

穆王将征犬戎，祭公谋父谏曰："……今自大毕伯士之终也，犬戎氏以其职来王，天子曰：'予必以不享征之，且观之兵。'其无乃废先王之训，

---

① 《孟子·梁惠王下》。
② 见《后汉书·西羌传》章怀太子注引古本《竹书纪年》。
③ 见《后汉书·西羌传》注引《竹书纪年》："大丁二年，周人伐燕京之戈，周师大败。"

而王几顿乎？吾闻夫犬戎树①，惇帅旧德，而守终纯固，其有以御我矣。"王不听，遂征之。得四白狼四白鹿以归。自是荒服者不至。

《穆天子传》卷一亦云：

> 乙酉，天子北升于□，天子北征于犬戎，犬戎□胡觞天子于当水之阳……

征犬戎之地望，约在今山西雁门、代县之间（详后《猃狁与太原》节），即燕京戎所出没之燕京山区域内。穆王征之，取其五王。遂迁戎于太原②。后世太原戎祸，或即伏于此矣。

（三）夷、宣时之猃狁

犬戎原居今山西北部，至周穆王时曾迁之于内地太原（按古太原在今山西临汾，详下《猃狁与太原》节）。于是遂开猃狁祸周之端。犬戎在西周铜器铭文和《诗经》中称为"猃狁"。其史迹见于《三百篇》者，有如下的记载：

> 曰归曰归，岁亦莫止。靡室靡家，猃狁之故。不遑启居，猃狁之故……③
> 王命南仲，往城于方……天子命我，城彼朔方，赫赫南仲，猃狁于襄……④
>
> 六月栖栖，戎车既饬，四牡骙骙，载是常服，猃狁孔炽，我是用急。王于出征，以匡王国……猃狁匪茹，整居焦、获，侵镐及方，至于泾阳……⑤

以上三诗之时代，异说颇多。《诗序》以《六月》为宣王时诗，《采薇》《出车》为文王时诗，其言曰：

---

① 《国语》："吾闻夫犬戎树"断句，从王引之说。《经义述闻》卷20"国语犬戎树"条下云："吾闻夫犬戎树，惇帅旧德而守终纯固（俗本帅上衍能字，辨见陈氏芳林《春秋外传考正》）。韦以树惇绝句。注曰：树，立也，言犬戎立性惇朴。旧音曰：树惇，盖是犬戎主名。引之仅案：上文大毕伯士注，以为犬戎君，盖犬戎之先君也。其曰今自大毕伯士之终也，辞意显然。此句盖指犬戎今君而言。则旧音之说是也，而未尽也。树者其主名，惇字当属下读。犬戎树者，先国而后名。犹曰郲娄颜耳。惇帅旧德者，惇《史记·周本纪》作敦，勉也。言勉循旧德也。《晋语》曰：知籍偃之惇帅旧职而共给也，是其证。下文单襄公曰：懋帅其德。韦注言勉帅其德，文义亦与此同。"按王氏此说甚为精确，故今从之。

② 见《后汉书·西羌传》。王国维疑《西羌传》此数语当系隐括《竹书纪年》语。

③ 《诗经·采薇》。

④ 《诗经·出车》。

⑤ 《诗经·六月》。

> 文王之时，西有昆夷之患，北有猃狁之难，以天子之命，命将率遣戍役，以守卫中国。故歌《采薇》以遣之，《出车》以劳还……①
>
> 《六月》宣王北伐也。②

《诗序》之说，不知何所本。班固所述，则与此异。《汉书·匈奴传》曰：

> 至穆王之孙懿王时，王室遂衰，戎狄交侵，暴虐中国。中国被其苦，诗人始作疾而歌之曰："靡室靡家，猃允之故，岂不日戒，猃允孔棘。"至懿王曾孙宣王，兴师命将以征伐之，诗人美大其功曰："薄伐猃狁，至于太原，出车彭彭，城彼朔方。"

班氏是以《采薇》为懿王时诗，以《出车》《六月》为宣王时诗也。《毛传》同于《诗序》，亦以《采薇》《出车》为文王时诗。察诸家之说，以《六月》为宣王时诗，世无异论。其所不同者，惟《采薇》《出车》二诗。今按《出车》有"王命南仲，彼城于方"之语，而南仲之名，又见于《诗经·大雅·常武》，曰："王命卿士，南仲大祖，大师皇父。"《毛传》曰："王命南仲于太祖，皇父为大师。"是《毛传》本以南仲为宣王之将，故王命之于太祖之庙。而《出车》一诗，《毛传》又以南仲为文王时人，《郑笺》亦谓南仲为皇父之太祖，系文王时人③。清梁玉绳《人表考》亦云：

> 案《常武·毛传》以南仲为宣王之时，故表与方叔、召虎并列，然非也。宣王时太师皇父，已于南仲称太祖，安得为宣王时哉！毛误解太祖为命将于太祖之庙，故有此说。考《采薇》序言，文王以天子命命将遣戍，拒昆夷猃狁之患，故《出车传》云："王，殷王；南仲，文王之属。"《郑笺》云："西伯以殷王之命命其属为将率。"《常武·笺》云："南仲，文王时武臣。"《竹书》："帝乙三年（周文公之五年）王命南仲西拒昆夷，城朔方！"其非宣王时将甚箸……④

按梁氏谓南仲为文王时将，除《诗序》与《出车传笺》之言，别无有力之证。其所引之《竹书》乃伪本《竹书纪年》，王国维以为此条系袭自《诗经·小

---

① 《〈采薇〉序》。
② 《〈六月〉序》。
③ 见《诗经·大雅·常武》郑笺。
④ 梁玉绳：《人表考》南仲下。

雅·毛传》之文杜撰而成（见《今本竹书纪年疏证》），其不足据明矣①。惟戴震始怀疑南仲为文王时人。其言曰：

> 成、康以后，昭、穆、共、懿、孝、夷、厉、宣八王，而宣王命吉甫北征，曰：狁孔炽。则前此二百余年间，亦有狁崛起之事矣。宣王之臣皇父，谓南仲为太祖，岂必远求南仲于文王时乎！汉世有谓《采薇》为懿王时诗者，虽未为通证，其非文王时则决然可知。文王之臣亦不闻有南仲也。②

此虽不信南仲为文王时人，然仍泥《郑笺》之说，而以皇父为宣王之臣，南仲乃皇父之太祖。今按此均误解《大雅·常武》之诗。诗所谓"王命卿士，南仲太祖，大师皇父"者，其义实为王命卿士南仲于太祖之庙。《白虎通》卷一上释"爵人于朝封诸侯于庙"条下云：

> 爵人于朝者，示不私人以官，与众共之义也。封诸侯于庙者，示不自专也（自一作敢），明法度皆祖之制也，举事必告焉。《王制》曰："爵人于朝，与众共之也"（众当从本书作士）。《诗》："王命卿士，南仲太祖"，《礼·祭统》曰："古者明君爵有德必于太祖（本作大庙）……"

可见《白虎通》亦解"大祖"为"太祖庙"，非谓南仲为皇父之大祖也。南仲为宣王时人，王国维言之最详，其言曰：

> 《汉书·古今人表》系南仲于宣王时，在方叔、召虎之下，仲山甫之上。而文王时别无南仲。《后汉书·庞参传》载马融上书曰：昔周宣，狁侵镐及方。孝文，匈奴亦略上郡。而宣王立中兴之功，文帝建太宗之号。非唯两主有明叡之姿，抑亦扞城有虓虎之助。是以南仲赫赫，列在周诗，亚夫赳赳，载于汉策。是班固、马融皆以南仲为宣王时人。融且以《出车》之南仲为《常武》之南仲矣。今焦山所藏《许惠鼎》云："司徒南中入右许惠。"其器称九月既望甲戌，有日月而无年。无由知其为何时之器。然其文字不类周初，而与《召伯虎敦》相似。则南仲自是宣王时人，《出车》亦宣王时

---

① 清人有些学者均因误信《今本竹书纪年》为真品，故据《今本竹书纪年》而非《汉书·古今人表》。除梁玉绳外，雷学淇《竹书纪年义证》亦误认为《汉书》《人表》列南仲于宣王时为非是。

② 见《毛郑诗考证》"小雅·出车"下。

诗也[①]。

王氏以《古今人表》《马融上书》及西周铜器铭文证南仲为宣王时人，其精且确。然则，诗曰："王命南仲，往城于方"，又曰："猃狁孔炽，我是用急"，皆咏宣王时猃狁入侵周京之情况审矣。

记猃狁战争之铜器，过去仅有《虢季子白盘》《不娶簋》和《兮甲盘》三器。1980 年 11 月在陕西长安县斗门公社下泉村，又发现《多友鼎》一件，铭文二百七十多字，亦纪述征猃狁事[②]。这四器的制作时代，学术界有不同意见。《兮甲盘》之作者为"兮白吉父"，实即《小雅·六月》："文武吉甫"之"吉甫"，故知其为宣王时器，世无异说。唯《虢季子白盘》与《不娶簋》旧说亦以为宣王时器，郭沫若则据《后汉书·西羌传》："夷王衰弱，荒服不朝，乃命虢公率六师伐太原之戎，至于俞泉，获马千匹。"（注云："见《竹书纪年》"）而定此二器为夷王时器。并谓虢公即虢季子白，俞泉即《不娶簋》之"西俞"。又谓《虢季子白盘》称"折首五百"，则获马自可多至千匹。又曰："且此言（谓《虢季子白盘》）先行，知必有后殿，与《不娶簋》言先归献禽相符。"[③]按郭氏所论极是。盖将《虢季子白盘》《不娶簋》《竹书纪年》三文对读，知其必系同一事无疑。《虢季子白盘》谓虢季子白搏伐猃狁于今河南洛水之北。（按《虢季子白盘》之洛为河南洛水，非指陕西渭北之洛，详后）而《竹书纪年》之俞泉，即《不娶簋》之西俞，正在《虢季子白盘》"洛之阳"区域之内。《虢季子白盘》云："不显子白……搏伐猃狁于洛之阳。折首五百，执讯五十，是以先行。"而《不娶簋》则称白氏曰："不娶駁方猃狁广伐西俞。王令我羞追于西，余来归献禽，余命女御追于䣊。"盖虢公与猃狁战洛水北之西俞，即返京献俘述职，而命其部将不娶追戎于䣊也。故定二器为夷王时是可信的。

或谓《虢季子白盘》字体颇类《石鼓文》，而疑《虢季子白盘》不能早至夷王之世。郭沫若在同文里解释说道：

> 本铭（虢季子白盘）字迹在宗周彝器中较为规整则有之，若举与《石鼓文》相较，则其结构之间大有年代之悬隔。如四字本器作三，而石鼓文作四，尃字本器傅字所从作𤰆，而石鼓文趞搏字所从𤰆作从寸，辛字本器字𩁹所从作𦧴，而石鼓文作𨮯，献字本器作𤜛，而石鼓文作𤞷，所从犬字与小

---

① 见王氏：《鬼方昆夷猃狁考》。

② 参见田醒农、雒忠如《多友鼎及其铭文考释》，《人文杂志》1981 年第 4 期。

③ 郭说见其所著《两周金文辞大系考释》，第七册，第 104-105 页。

篆同。其它獣兽字所从亦如是。朝字本器庙字所从作🐏，而石鼓文作🐏。
此间时代之悬隔，置以百年左右，断无夸诞之处……而本器则与下出《不娶
簋》同作于夷世也。①

郭氏历举《虢季子白盘》与《石鼓文》诸字之结构不同，以证二器制作时
代早晚不同，说明《虢季子白盘》属于夷王时器，信而有征。关于字迹方面，
宗周彝器中《颂簋》《颂鼎》，其字形规整，亦不亚于《虢季子白盘》。（按《虢
季子白盘》字与字之间距离甚大，故较他器愈显其规整。若与他器字与字较之，
实与《颂鼎》相近。）《颂簋》《颂鼎》属于恭世，则列《虢季子白盘》于夷世，
并不为过。且尝观西周铜器，字迹之规整固然与时代之先后有关，但与地域风
格方面，恐亦不无关系。按《虢季子白盘》据罗福颐《三代秦汉金文著录表》
谓器出于宝鸡郿县。《汉书·地理志》称"西虢在雍州"，则此器当为西虢之器。
《石鼓文》《秦公簋》《秦公钟》均出西土，其字迹之规整，与《虢季子白盘》绝
相似，故《虢季子白盘》字迹规整，或由地域风格所致，非时代晚出之证也。

新出《多友鼎》的研究，现在刚刚开始，其时代据余所知有厉王说和宣王
说两种②。在西周晚期夷、宣之际描述周和猃狁战争历史，增加了一件可信的
实物资料，可以补充古文献史料之不足。器铭所述，其翔实程度，远远超过《诗
经》诸篇，弥足珍贵。

综合《诗经》、金文观之，猃狁的历史，其威逼西周，当以夷、宣之间为
最甚，或亦其较盛之时也③。

（四）猃狁之后裔

《左传》僖公二十二年曰："初平王之东迁也，辛有适伊川，见被发而祭于
野者曰：'不及百年，此其戎乎！其礼先亡矣！'秋，秦晋迁陆浑之戎于伊川。"
杜注曰："允姓之戎居陆浑，在秦、晋西北。二国诱而徙之伊川，遂从戎号，至
今为陆浑县也。"是春秋时之陆浑戎为允姓，而据《左传》昭公九年所云，则谓

---

① 见郭沫若《两周金文辞大系考释》，第七册。

② 主张《多友鼎》为宣王时代的有田醒农、雒忠如，见其《多友鼎及其铭文考释》（《人文杂志》1981
年4期），夏含夷《测定多友鼎的年代》（《考古与文物》1985年6期）。主张为厉王时器者有李学勤《论多友
鼎的时代及意义》（《人文杂志》1981年第6期），伍仕谦《多友鼎铭文考释》（1982年油印本），张亚初《谈
多友鼎铭文的几个问题》（《考古与文物》1982年3期）；刘翔《多友鼎铭两议》（《人文杂志》1983年第1期）。

③ 或谓犬戎既为猃狁之异名，而史称西周亡于犬戎，则此少数民族之势力不但是周人之劲敌，而且其武
力已盛过西周，故平王避犬戎难、放弃西京而东迁都于洛邑。按这种传统说法可疑之点甚多，实不足信。详
辨见本书第三十九篇《周平王东迁乃避秦非避犬戎说》。

允姓戎原居瓜州。我们且看一看原文记载：

> 周甘人与晋阎嘉争阎田。晋梁丙、张趯率阴戎伐颍。王使詹桓伯辞于晋曰：……先王居梼杌于四裔，以御魑魅，故允姓之奸居于瓜州，伯父惠公归自秦，而诱以来，使逼我诸姬，入我郊甸，则戎焉取之？……（《左传》昭公九年）

从这段记载看，则知允姓陆浑之戎，又名阴戎，本居瓜州（瓜州在山西中部，详后论"瓜州、九州及卆由"节）。允姓戎，西周猃狁之后裔也。至春秋时鲁僖公二十二年，晋惠公自秦归国，迁之于晋之南鄙阴地，故又名之为"阴戎"。非但此也，春秋时又有所谓"九州之戎"，实亦允姓戎之异名。《左传》昭公二十二年云：

> 晋籍谈、荀跞帅九州之戎及焦、瑕、温、原之师，以纳王于王城。

《左传》哀公四年又云：

> （楚）司马起丰、析与狄戎，以临上雒……使谓阴地之命大夫士蔑曰："晋、楚有盟，好恶同之……士蔑乃致九州之戎……"

杜预注曰："九州戎，陆浑戎"（《左传》昭公二十二年），又曰："九州戎，在晋阴地、陆浑者"（《左传》哀公四年）。可见允姓戎、陆浑戎又名九州戎也。再从盛衰形势上看，当时允姓之戎已趋微末路，是以晋可帅之以勤王室，又可任意招致之。此猃狁后裔当春秋时之略可考者也。

战国秦汉间，北部有一强梁民族，曰匈奴，盖亦为猃狁之后。刘宋裴骃《史记·匈奴传集解》引晋灼曰："尧时曰荤粥，周曰猃狁，秦曰匈奴。"是战国以后之匈奴盖即西周时之猃狁，近世学者多遵之。惟蒙文通先生所著《周秦少数民族研究》（按蒙氏书原稿名《周秦民族史》，解放后 1958 年由龙门联合书局出版，改成今名），则持异议，主张匈奴乃系西北戎人义渠。其主要依据，是以《战国策·秦策》与《史记·秦本纪》两种史料排比得出的结论。为了搞清楚此说之是非，且把这两种史料列出。《秦策》云：

> 义渠君之魏。公孙衍谓义渠君曰："道远，臣不得复过矣，请谒事情。"义渠君曰："愿闻之。"对曰："中国无事于秦，则秦且烧焫（获）君之国；中国为有事于秦，则秦且轻使重币而事君之国也。"义渠君曰："谨闻令。"

居无几何，五国伐秦。陈轸谓秦王曰："义渠君者，蛮夷之贤君，王不如赂之以抚其心。"秦王曰："善。"因以文绣千匹，好女百人，遗义渠君。义渠君致群臣而谋曰："此乃公孙衍之所谓也。"因起兵袭秦，大败秦人于李帛之下。

《秦本纪》则云：

（秦惠文君改元称王后）七年，乐池相秦，韩、赵、魏、燕、齐帅匈奴共攻秦。秦使庶长疾与战修鱼，虏其将申差，败赵公子渴、韩太子奂，斩首八万二千。

蒙氏据此二条记载即言曰：

《本纪》言匈奴，即《秦策》言义渠事。参互稽之，匈奴即义渠也。考诸《海内经》言："匈奴、开题之国、列人之国，并在西北。"与属于义渠之事最合。乃吴承志《地理今释》谓"此匈奴当从一本作猃狁，此乃《左氏春秋传》所谓允姓之戎，居于瓜州者，非《史记·匈奴传》居于北蛮之匈奴也。"则以习见秦汉时匈奴居于北荒之故，致有此误说也。①

这是蒙氏主张匈奴即义渠的全部证据。其中驳吴承志说，纵令驳倒，对其主张也帮不了什么忙。总而言之，蒙氏以义渠为匈奴说，其不足信约有三端：

按周慎靓王三年（秦惠文王后元七年）五国攻秦是哪五国？异说纷纭：《秦本纪》攻秦为韩、赵、魏、燕、齐及匈奴，而《六国年表》则增楚而无齐。《楚世家》谓："十一年苏秦约从山东六国兵攻秦，楚怀王为从长。至函谷关。秦出兵击六国，六国兵皆引而归，齐独后。"则谓六国攻秦，较《六国年表》多齐。《战国策·秦策》高诱注，则又谓："五国齐、宋、韩、魏、赵也。"无燕、无楚，而增宋。其纷歧如此，岂可因两处记载不同，而将不同的两国定为一国？且《六国年表》谓："五国共击秦，不胜而还。"②《楚世家》谓："秦出兵击六国，六国兵皆引而归，齐独后。"《秦本纪》又谓："秦使庶长疾与战修鱼，虏其将申差，败赵公子渴、韩太子奂，斩首八万二千。"当时六国及匈奴溃败之情，可以想见。可是《秦策》明明记载义渠"起兵袭秦，大败秦人于李帛之下。"是义渠大胜。岂可谓六国之师与匈奴合兵击秦，六国兵败，匈奴独胜乎？其说之不可通一也。

---

① 蒙文通：《周秦少数民族研究》，龙门联合书局1958年版，第107页。
② 见《六国年表》秦惠文王后元七年下。

再从风俗习惯方面而论，义渠与匈奴也决非一国。《后汉书·西羌传》云：

> 是时义渠、大荔最强，筑城数十皆自称王。

《史记·匈奴列传》谓：

> 义渠之戎筑城以自守，而秦稍蚕食，至于惠王，遂拔义渠二十五城。

由此可知义渠是城郭田畜之民，而匈奴则无城郭，营逐水草迁徙的生活。《史记·匈奴传》谓：

> （匈奴）逐水草迁徙，毋城郭，常处耕田之业，然亦各有分地。
>
> 中行说曰：匈奴之俗，人食畜肉，饮其汁，衣其皮，畜食草饮水，随时转移。故其急则人习骑射，宽则人乐无事。其约束轻，易行也……（中国）力耕桑以求衣食，筑城郭以自备也。故其民急则不习战功，缓则罢于作业。

可见匈奴为游牧民族，无城郭以自备也。与义渠的城郭居民不同。再由丧葬制度上也不相同，义渠人死火葬，《墨子·节葬下》云：

> 秦之西有仪渠之国者，其亲戚死，聚柴而焚之，熏上谓之登遐。然后成为孝子。

按义渠火葬风俗，与西方氐羌同。如《荀子·大略篇》云："氐羌之虏也，不忧其系垒也，而忧其不焚也。"《吕氏春秋·义赏篇》："氐羌之民，其虏也，不忧其系垒，而忧其死不焚也。"《庄子》佚文："羌人死燔而扬其灰。"（见《太平御览》卷七九四所引《庄子》。此系闻一多先生所提示的。）而匈奴之俗则异是。《史记·匈奴列传》谓匈奴人死则备棺椁而埋之。其文言：

> 其送死有棺椁金银衣裘，而无封树丧服。近幸臣妾从死者，多至数千百人。（按《集解》引张华曰："匈奴名冢曰逗落。"）

读此则知匈奴实行人死土葬，与义渠的人死火葬者完全不同。

根据民族学理论的研究，葬式代表一种根深蒂固的传统及宗教意识。任何一个民族在这方面都是不轻易改变的。所以学者多以葬式作为区别民族的标准之一。这是很正确的。总观匈奴与义渠两族，从生活方式上：一为游牧民族，一为城居民族；在风俗礼制上：一为人死土葬，一为人死火葬。二国习俗不同若此，而强谓为一族，其不可通二也。

再从两族所处的地域论之，匈奴在北与义渠在西者亦不当为一国。蒙文通氏据《山海经》谓匈奴在中国西北，与义渠同一地望。蒙氏所据为《海内南经》，其原文云："旄马其状如马，四节有毛，在巴蛇西北高山南。匈奴、开题之国、列人之国并在西北。"蒙氏盖误解经文，按此非谓匈奴在中国西北部，实乃谓匈奴等三国在旄马西北。郭璞注曰："三国并在旄马西北"是也。但由于旄马地望不可知，则匈奴之地望，亦必在不可知之列。考《战国策·燕策三》曰：

> 樊将军（指樊於期）亡秦之燕，太子容之。太傅鞠武谏曰："不可。夫秦王之暴而积怨于燕，足为寒心，又况闻樊将军之在乎！是以委肉当饿虎之蹊，祸必不振矣。虽有管、晏，不能为谋。愿太子急遣樊将军入匈奴以灭口。请西约三晋，南连齐、楚，北讲于单于。然后，乃可图也。"太子丹曰："太傅之计，旷日弥久，心惛然，恐不能须臾。且非独于此也，夫樊将军困穷于天下，归身于丹。丹终不迫于强秦，而弃所哀怜之交，置之匈奴。是丹命固卒之时也。愿太傅更虑之。"（此文又见《史记·刺客列传》内荆轲传中）

从这段话中可以推出匈奴之所在。燕国在今河北省北部，引文中说燕可以"西约三晋，南连齐楚，北讲于单于"。匈奴谓天子曰"单于"。（按《史记·匈奴列传》："匈奴单于"下司马贞《索隐》"案：汉书单于姓挛鞮氏。其国称之曰撑黎孤途单于，而匈奴谓天为撑黎，谓子为孤途。单于者，广大之貌也，言其象天，故曰撑黎孤途单于。"）可见当时匈奴地在河北之北边无疑。

另外，《逸周书·王会解》记载有成周之会。四方之国，各依其国之方位，列于台之四周。（即：北方国列于台之北，南向。南方国列于台南，北向。其他仿此。）匈奴列在台北，故知其为北方国。《伊尹朝献四方令》亦云："正北空同大夏……匈奴……"则匈奴之国在北不在西审矣。《逸周书·王会解》成周之会上，列义渠于台西。则义渠国在西。《墨子·节葬篇》下亦云："秦之西有仪渠之国"，是义渠国尚在秦之西，与在今河北省以北之匈奴远不相及，安能谓为一国？此蒙氏说不可通三也。

由上所论，我们可以断言，战国秦汉时之匈奴自匈奴，义渠自义渠，两族同时并存，各不相涉，其非一族明矣①。

旧说以秦汉时之匈奴为西周时獯狁或作猃狁之后②。盖自战国晚期，中原华夏诸国渐强。其他少数民族不逞于中原，大都走塞北，其中主要的为匈奴。从古史上看，獯狁亦在北，二族所处之地望颇合。再从习俗上论之，獯狁与匈奴亦同，《淮南子·齐俗训》：

> 故四夷之礼不同，皆尊其主而爱其亲，敬其兄。獯狁之俗相反，皆慈其子而严其上。

《史记·三王世家·燕王策》亦曰：

> 於戏！荤粥氏虐老兽心。

荤粥亦即獯狁，前已言之。獯狁之俗，贱老贵壮。匈奴亦然，《史记·匈奴列传》云：

> （匈奴）其俗……壮者食肥美，老者食其余。贵壮健、贱老弱……汉使或言曰："匈奴俗贱老。"中行说（原汉臣降匈奴者）穷汉使曰："而汉俗屯戍从军当发者，其老亲岂不自脱温厚肥美以赍送饮食行戍乎？"汉使曰："然。"中行说曰："匈奴明以战攻为事，其老弱不能斗。故以其肥美饮食壮健者，盖以自为守卫，如此父子各得久相保。何以言匈奴轻老也。"

综观上引史料，可知獯狁与匈奴之地望既相同，习俗又相同。故旧说二族为一，当可信据。《汉书·卫青霍去病传》云："上曰：骠骑将军去病率师躬将，所获荤允之士，约轻赍，绝大幕，涉获单于章渠。"③匈奴谓天子为"单于"，而"荤允"或"荤粥"即獯狁，是以獯狁必为匈奴矣。

又"匈奴"在战国时又称"胡"。从古音韵上说"匈"为晓纽，"胡"为匣纽，古晓、匣二纽可通转。而"奴"与"胡"又同为模韵字。则"胡"实即"匈奴"二字之合音也。秦始皇时的图谶有"亡秦者胡"，始皇即使蒙恬发兵三十万北击匈奴、并筑长城以御之④。足见秦时人即以"胡"为匈奴。又如战国时赵

---

① 蒙文通先生是近世国学大师之一，也是我们素所尊敬的学者。其说法当然在学术界影响很大。我们也不必为贤者讳，提出不同的意见，供商榷而已。

② 司马贞《史记·匈奴传·索隐》引应劭《风俗通》："殷时曰獯粥，改曰匈奴。"引服虔云："尧时曰荤粥、周曰猃狁、秦曰匈奴。"《吕氏春秋·审为》高诱注："狄人猃狁，今之匈奴。"

③ 《史记·卫将军骠骑列传》与此文略同，惟"荤允"作"荤粥"。

④ 见《史记》之《秦始皇本纪》及《蒙恬传》。

武灵王胡服骑射，实乃效法匈奴的习俗。《战国策·赵策二》：

> （赵武灵王）遂赐周绍胡服衣冠、具带、黄金师比，以傅王子也。

所赐胡服中有"师比"。按《史记·匈奴列传》谓汉遗匈奴有"黄金胥纰"。《集解》引徐广曰："或作犀毗。"《索隐》也云："汉书见作犀毗。"又云："此作胥者，胥、犀声相近，或误。"《索隐》并引《战国策》所述赵武灵赐周绍具带黄金师比，而谓"此带钩亦名师比。则胥、犀与师并相近，而误各异耳。"是师比、胥纰、犀毗声近，乃同一物而写法不同耳。但《战国策》说是"胡"服，而《史记》则称为"匈奴"，是"胡"即"匈奴"也。

西周猃狁之后裔，到战国、秦汉时为匈奴人，既已证明之矣。惟匈奴族在魏晋南北朝时，为五胡之一，一露史迹后，"匈奴"一词似乎到唐、宋以后即已湮没无闻。曾一度叱咤风云的匈奴民族是从历史上消灭了呢？还是转变为后代的什么人种？这确是近代中外学术界讨论最热烈的问题之一。但由于这个问题已超出了本书所应包括的范围之内，所以，我们不拟作过多的讨论。根据近人的研究，匈奴的族属，主要可以归纳为通古斯族（东胡、乌桓、鲜卑、契丹、肃慎、女真、满）、突厥族（乌孙、丁令、高车、回纥、坚昆等）和蒙古族三说[①]。另外，还有主张匈奴是芬兰族者，因赞成者少，已不见有人再提。西欧汉学家主张突厥族的极多，主蒙古族较少。日人白鸟库吉前主突厥，后来经过多年的苦心钻研，对比他搜集到的各族语言资料，发现匈奴语、蒙古语及通古斯语有很多共通的，而其中以蒙古语、通古斯语在匈奴语言中，多于突厥语。三族在历史上接触较多，尤其是匈奴自冒顿单于统一漠北后，其他二族尝隶属之，匈奴语言与其他两族之语言，互有交融，是势所必然的。但各族语言自有其特征。白鸟库吉氏从比较语言学上推测，构成匈奴族的基干为蒙古种，而非突厥或通古斯种[②]。我们赞成这一说法。

陈序经先生在《匈奴史稿》中又从匈奴体貌上考察[③]。他说汉时亲眼见过和接触匈奴人的司马迁、班固，在《史记》《汉书》里述说匈奴人的语言、风俗、习惯，与汉人如何不同，叙述甚详；而对匈奴人的形貌与汉人是否不同，却一字不提。假如当时的匈奴人的体貌与汉人差异很大，如像西胡有些高鼻、深目、

---

① 参看日本白鸟库吉《蒙古民族起源考》（见《史学杂志》第十八编，第二、三、四、五各号。何建民译改为《匈奴民族考》，中华书局 1939 年出版）；陈序经《匈奴史稿》，天津古籍出版社 1989 年出版。

② 傅斯年：《夷夏东西说》。

③ 见陈序经《匈奴史稿》第八章《匈奴种族的起源问题》，第 100—132 页。

多须等那样体貌，不会不引起他们的注意。陈先生说他们既然没有提到匈奴人的形貌，大概是因为匈奴与汉人大致相同。这是很合理的推断。又汉代霍去病墓前有马踏匈奴人的石雕像。匈奴头像一眼望去而知其非华夏人，但也决非深目高鼻等西方人之形象。其属于东方的蒙古人种是无可疑的。

公元三、四世纪时，匈奴人的武装曾一度西征，进到欧洲。当时入欧洲的匈奴王曰阿提拉（Attila），击走东哥特（East Goths）。两哥特互争，西哥特人亦举族西迁，致使西罗马灭亡。匈奴入罗马直抵西班牙半岛，威震全欧。匈奴人的形象、面貌，欧洲人当然是有所目睹的。据罗马皇帝使团成员中，有罗马的史学家普利斯库斯（Priscus）亲身到匈奴王庭，见到过匈奴王阿提拉（Attila），著有描写当日匈奴人的形象的残稿。由于稍后约六世纪人约但尼斯（Jordanes）写哥特史（Getica）时，简略采用而保存下来。约但尼斯说匈奴王阿提拉身材矮短、头大、眼睛小、鼻子是平的，脸是黑的。这可以说明，匈奴人与西方白种人不一样，倒颇似黄种人，属于蒙古种族。

总之，匈奴应是今日的蒙古人种。当然匈奴在历史的发展过程中，其血缘和文化也是在不断地变化中的。因为匈奴不论在强大或衰弱时，都是与其他不同的民族杂居的。各族必然在血缘和文化两方面互相渗透，这是民族史上必然的规律。陈序经先生说："匈奴这个国家灭亡之后，族人星散，同化于其他民族，历时既久，其民族特征遂因消失。尽管现在已很难找出一个典型的匈奴人，然而，在历史上这个民族，曾存在于蒙古人种中是无可置疑的。"①这种看法是合乎实际的。尤其在秦汉大一统之后，中原地区的少数族大都汉化。匈奴民族当然更不会例外。《论衡·恢国篇》："周时被发、椎髻，今戴皮弁；周时重译，今吟诗、书。"《论衡·宣汉篇》说："周家越赏献白雉，方今匈奴、鄯善、哀牢贡献牛马。周时仅治五千里内，汉氏廓土、收荒服之外。牛马珍于白雉，近属不若远物。古之戎狄，今为中国；古之裸人，今被朝服；古之露首，今冠章甫；古之跣跗，今履商舄……"于是，中原有些少数民族，渐变为华夏。《荀子·儒效篇》有云："居楚而楚，居越而越，居夏而夏。"信哉斯言也。

---

① 陈序经：《匈奴史稿》，第 132 页。

三、犭严狁之地望及其出没地域

（一）犭严狁的地域

1. 犭严狁起于晋北

从来治古史者，大都视夷狄为边裔之民族。实则，上古中原地带尚处于华、夷杂处的局面。诸族各自有首领，自成统系，居虽近邻，基本上各不相往还。《晋语》云："夫翟（狄）近晋而不通，愚陋而多怨。"盖平日因华、戎生活方式不同，各族自为政令，可以相安无事，故亦不为时人所注意，一旦发生衅端，始见之于记载耳。战国以后，中原诸夏国势渐强，而所谓夷、狄、蛮、戎之民，乃逐渐有远避而之四裔者。所以，认为夷狄为远方边鄙民族，实乃系战国以后之情形，而不能以之概论春秋以前也[①]。周初，今山西境内的晋邑四周均住有戎狄。见于《左传》者，试举二例以明之：

> （周景王）王曰：叔氏（此指称晋籍谈），而忘诸乎？叔父唐叔，成王之母弟也，其反无分乎？密须之鼓与其大路，文所以大蒐也；阙巩之甲，武所以克商也，唐叔受之，以处参虚，匡有戎狄。（《左传》昭公十五年）

> 分唐叔以大路、密须之鼓，阙巩沽洗，怀姓九宗，职官五正。命以《唐诰》，而封于夏虚，启以夏政，疆以戎索。（《左传》定公四年）

从这两段引文中可以看到，晋在周初所封夏虚周围，夷狄环之。故曰："匡有戎狄"，又曰："疆以戎索。"这种情况，一直延续至春秋之末。《国语·晋语》二云：

> 宰孔谓其卿曰：晋侯将死矣。景霍以为城，而汾、河、涑、浍以为渠，戎狄之民，实环之。

此晋侯乃指晋献公。当时晋国河、汾一带，都还住着大批戎狄等少数民族。这种情况还见于晋籍谈的话中。《左传》昭公十五年有云：

> 籍谈对曰：诸侯之封也，皆受明器于王室，以镇抚其社稷，故能荐彝器于王。晋居深山，戎狄之与邻，而远于王室。王灵不及，拜戎不暇，其

---

① 参阅本书第四篇《论先秦的戎狄及其与华夏的关系》。

何以献器？

据此，晋昭公时晋都一带，尚戎狄为邻，因而有"拜戎不暇"也。当时戎狄之种姓及其地望可考者，如隗姓之赤狄，有东山皋落氏[①]。其地望，一说谓在山西省昔阳县东南七十里之皋落镇（《太平寰宇记》）；一说谓在今山西省东南部壶关[②]；一说在今山西省垣曲县东南[③]。三说中以后说较胜。赤狄之潞氏[④]在今山西省潞城县地；赤狄甲氏[⑤]在今河北省鸡泽县；赤狄留吁[⑥]在今山西省屯留县东南；赤狄铎辰[⑦]在今山西省长治、潞城、屯留三县一带；赤狄廧咎如[⑧]在今山西省乐平县。此皆赤狄居地近晋之略可考者也。

《后汉书·西羌传》云："（周宣王时）王召秦庄公与兵七千伐戎破之。""后二十七年，王遣兵伐太原戎不克。后五年，王伐条戎、奔戎，王师败绩。后二年，晋人败北戎于汾、隰。戎人灭姜侯之邑。明年王征申戎，破之。"[⑨]太原戎、北戎近晋当无问题，可以不论。按条戎亦为近晋之戎，晋之安邑地区即有以"条"为名的中条山、鸣条等。又《左传》桓公二年谓晋穆侯之夫人姜氏，以条之役生太子，命之曰仇，其弟以千亩之战生，命之成师。杜注谓："条，晋地"，当即条戎之居地。申戎据蒙文通先生说，谓即《国语·周语》中之姜氏之戎[⑩]。而姜氏之戎在千亩附近：《国语·周语》曰："三十九年战于千亩，王师败绩于姜氏之戎。"千亩一地亦见于《左传》桓公二年，在今山西介休县南。是申戎近晋之明征。又《后汉书·西羌传》注引《竹书纪年》云："大丁二年，周人伐燕京之戎，周师大败。"燕京一地又见《淮南子·地形训》："汾出燕京。"高诱注曰："燕京，山名也。在太原汾阳。"汉汾阳故地在今山西省阳曲县西北。那里的燕京山为汾水的发源地。惟《山海经·北山经》则谓汾水所出的山为"管涔之山"。清郝懿行《山海经笺疏》谓"管"当为"菅"字。"燕""菅"二字同音通假，燕京山即管涔山。是燕京之戎在今山西省阳曲、静乐县西北。又《古本

① 见《左传》闵公二年。
② 此据刘昭《郡国志》注引《上党记》"东山在壶关城东南"。
③ 《水经注》："清水出清廉山，东流经皋落城北。"而皋落城据《读史方舆纪要》谓在今垣曲县西北六十里。
④ 《左传》宣公十五年为晋所灭。
⑤ 《左传》宣公十六年。
⑥ 《左传》宣公十六年。
⑦ 《左传》宣公十六年。
⑧ 《左传》成公三年。《公羊传》作"将咎如"，《穀梁传》作"墙咎如"。
⑨ 按章怀太子注谓"并见《竹书纪年》"。此当为古本《竹书纪年》之文，故可引用。
⑩ 见蒙氏《周秦民族史》（铅印本讲义），新中国成立后改名《周秦少数民族研究》第二、《西戎东侵》。

竹书纪年》谓"大丁四年，周人伐余无之戎，克之。周王季命为殷牧师。"（《西羌传》注引）。"余无"之戎当即《左传》成公元年所说的，刘康公败绩徐吾氏之"徐吾"。刘昭《郡国志注》引《上党记》曰："有余吾城，在县西北二十里"（《郡国志》屯留县下）。是余无之戎居地在今山西省屯留县西①。至于春秋时晋文公重耳母家大戎狐姬之国（见《左传》庄公二十八年）亦当近晋。据《左传》僖公二十三年谓，重耳"处狄十二年而行，过卫"。当时为卫文公都楚丘时。楚丘在今河南滑县东。按重耳从大戎狐姬之国，出来周游列国，第一站即到卫国。可见大戎根据地，距卫不会很远。史载重耳处狄时，曾"从狄君以田渭滨"（见《左传》僖公二十四年）。而《史记·晋世家》谓晋献公时"蒲边秦，屈边翟（同狄）"②。从这些史料看，则大戎狐姬之国在晋北明矣。凡此均戎狄近晋，史有明文。其他如"允姓之奸""隗姓之狄"以及商、周时古鬼方之根据地，征之故籍，大都也在今山西境内。盖今之山西，春秋以前，实为诸戎狄之渊薮也。

谈到猃狁之族属和地望，是否也与山西境内诸戎狄有关？或者说猃狁也是其中之一？根据西周历史情势看，这是极为可能的。《诗经》谓"薄伐猃狁，至于太原"，太原一地我们主张当于山西境内求之，自然，也就顺理成章了。这个问题，留待下面专节进行讨论。这里只从犬戎地望推论猃狁确实起于晋境。

周穆王时所征之"犬戎"与周先公居豳时，"狄人侵之"之"狄人"，及夏、商时之"有易"，前已证明均系猃狁之异名。③故吾人如能将穆王以前，此族之行迹，加以综合而探讨之，则猃狁最初之地望，不难推知矣。

王国维谓古有易国，"当在大河之北，或在易水左右"。如从其第二说，以易水证有易之所在，则古有易国处于今河北省的北部。当时有易曾遇到殷先公上甲微的攻伐，而有易因之"不宁"（见《天问》）。以当时地理形势度之，有易可能即西窜入今山西境内。于是便与周族先公先王居于当今山西中部汾水流域者为近邻。史籍所载周穆王所征之犬戎，既为有易之异名，则犬戎地望自当在今山西境内。然由来史家凡谈犬戎者，均无不谓为西戎、在宗周之西，几乎千载无异辞。至晚近吾师钱宾四先生始提出犬戎居地不在西，而在宗周之东，其言曰：

---

① 按"余无之戎"本为居住在"余无"的戎人，是戎的一族。清徐文靖《竹书纪年统笺》则谓为余吾及无皋两种戎之合称，非是。从《竹书纪年》体例上看，若为两种戎，则必如前引"王伐条戎、奔戎"例分书两"戎"字。今止书为"余无之戎"，正与"燕京之戎"例同，其必一戎明矣。

② 按"蒲"地杜预注谓在"今平阳蒲子县"，非是。当以韦昭《国语注》谓蒲为蒲坂为是。屈在今石楼县东南。详辨见拙作《晋文公重耳考》（载《治史杂志》第二期，1939年6月）

③ 参看本篇之"绪论"和"猃狁之兴衰"两节。

幽王遭犬戎之难，见杀于骊山下。似犬戎居地亦在周之东南：《左传》昭公四年，周幽为太室之盟，戎狄叛之。此等戎狄正近在河南省西南太室山一带，证一。犬戎由申侯召来，申在南阳宛县（《汉书·地理志》），今河南南阳（城北二十里）有申城故地。宣王时申迁于谢，在今南阳稍南。大率其国在周东南千数百里。如犬戎在周西北，相距辽远，申侯何缘越周附戎？戎亦何缘越周合申？形势不合，证二。据《郑语》当时申、西戎、缯相结，《左传》（哀公卅年）楚人致方城之外于缯关。则缯本亦在方城内，与申接壤，证三。幽王与申、缯、西戎之联军遇于骊山。其地在周镐京与申、缯之间，证四。（《国史大纲》第三章）

钱先生举此四证，可以破犬戎在周西之旧说而有余矣。然余犹有进者，犬戎之不在周西固是，然周之东南，当西周末至东周初年，似亦无戎迹。《国语·郑语》史伯曰："王室将卑，戎、狄必昌，不可逼也。当成周者……是非王之支子母弟甥舅也，则皆蛮、荆、戎、狄之人也。非亲则顽，不可入也。其济、雒、河、颍之间乎？"郑桓公又问曰："谢西之九州何如？"由此可知，西周末年，济、雒、河、颍四水附近，及谢西之九州，均尚无戎狄。又如《左传》僖公二十二年："初，平王之东迁也，辛有适伊川，见被发而祭于野者，曰：不及百年，此其戎乎？其礼先亡矣。秋，秦、晋迁陆浑之戎于伊川。"此又为当周平王初年，伊、雒地区尚无戎迹之明证。又《左传》昭公九年谓，周王使詹桓伯辞于晋曰："先王居祷杌于四裔，以御螭魅。故允姓之奸居于瓜州。伯父惠公归自秦，而诱以来，使逼我诸姬，入我郊甸，则戎焉取之？戎有中国，谁之咎也？"此为春秋以前伊、雒一带尚无戎狄之又一证。这样看来，说犬戎之国不在宗周之西固是，但亦必不在宗周之东南。那么，犬戎究在何地？余曰其方向约在宗周之东北。何以言之？且看《山海经·大荒北经》：

大荒之中有山名曰融父山，顺水入焉。有人名曰犬戎。黄帝生苗龙，苗龙生融吾，融吾生弄明，弄明生白犬，白犬有牝牡，是为犬戎。

有国名曰赖丘。有犬戎国。有神，人面兽身，名曰犬戎。

按与"犬戎"同在《大荒北经》中者有肃慎之国，有北齐之国。山有岳之山（可能即位于晋境之"大岳"），有齐州之山。这些古国、古山均在宗周之东北，而不在宗周之西。则犬戎之地望，亦可以踪迹矣。《海内北经》又云：

在昆仑虚北，有人曰大行伯，把戈。其东有犬封国。贰负之尸，在大行伯东。

> 犬封国曰犬戎国，状如犬。有一女子方跪进杯食，有文马缟身朱鬛，目若黄金，名曰吉量，乘之寿千岁。

这里把犬戎列入《海内北经》，则犬戎也应在北不在西为是。《山海经》一书，虽号称怪诞不经，但经近人研究，其中之神话故事，往往具有曲折反映部分古代真实历史的功用。从上面所引的几段文字看，犬戎国均列入北经，则至少《山海经》的作者已定其居地在中国北部，而不是一般传统说法在西部。上面说犬封即犬戎国在大行伯东，而大行伯又在昆仑虚之北。昆仑虚一地据[①]认为在今祁连山；日本学者[②]谓昆仑虚在今甘肃武威县南，实亦即在祁连山脉中。若以昆仑虚为基点，推犬戎之所在，必应于甘肃武威的东北方向去寻找。

《逸周书·王会解》述西周有成周之会，为台以会四裔诸侯。朝贡者之四裔方国，各依其族所处之方位列于台之四周：北方之国族即列在台之北，南方之国族则列于台之南。犬戎被列在台之北。又《吕氏春秋·求人篇》：

> 北至人正之国，夏海之穷，衡山之上，犬戎之国，夸父之野，禺强之所，积水积石之山。不有懈堕……

此亦谓犬戎之国在北。前说犬戎在甘肃武威的东北，这里又说在北方。具体地望到底在什么地方呢？

今据《穆天子传》述穆王北征犬戎事推论之，则犬戎之国，在周穆王以前，似确居今山西北部、山阴、代县一带。我们且引《穆天子传》有关段落，然后再加以分析阐述：

> 饮天子蠲山之上，戊寅天子北征，乃绝漳水。庚辰至于□，觞天子于盘石之上。天子乃奏广乐，载立不舍。至于钘山之下。癸未雨雪。天子猎于钘山之西阿。于是得绝钘山之队，北循虖沱之阳。乙酉天子北升于□，天子北征于犬戎。犬戎□胡觞天子于当水之阳……甲午天子西征，乃绝隃之关隥。（卷一。按此述天子由宗周洛邑出发，绝漳水、北征犬戎之路线。）

> 天子南还，升于长松之隥。孟冬壬戌，至于雷首。犬戎胡觞天子于雷首之阿。乃献食马四六。天子使孔牙受之，曰：雷水之干寒，寡人具犬马羊牛。爰有黑牛白角，爰有黑羊白血。癸亥，天子南征，升于髭之隥。丙

---

① 唐立厂师《昆仑所在考》（《国学季刊》第六卷第 2 号）。
② 小川琢治《穆天子传考》（江侠庵编译《先秦经籍考》商务印书馆出版）。

寅，天子至于轩山之隊……升于太行，南济于河。驰驱千里，遂入于宗周。
（卷四。此述天子南还宗周之路。）

细查穆天子西征路线，是从河南洛邑开始的。从洛邑出发，首先渡黄河、
北征，到达今山西北部才开始西征。在穆王回来时基本上也走的这同一条路线。
其间数地，来回皆亲身重复经莅。如卷一所记北征时所经之"当水"，即卷四记
载天子回归时所经之"雷水"。又如去时来时都经过同一轩山等等。"雷水"之
讹为"当水"，系根据清儒洪颐煊所校[1]。如果洪校不误，则知犬戎居地在雷水
流域之雷首。欲进一步搞清雷首、雷水之所在，必先考实雷首西之隃之关隘及
雷首南虖沱、轩山、漳水等地之确切地望。其中之漳水即今日流经山西、河南、
河北诸省之漳河，最无问题。若以此为坐标，则其他各地名都可以推想其大致
地望了。"轩山"，洪颐煊根据《太平御览》卷一百六十一及八十五所引旧注：
"燕、赵谓山脊为轩，即井轩山也。"洪氏又引钱大昕说曰："井轩即井陉，古读
轩如陉，宋铿即宋轩也。"按钱说甚是。《北堂书钞》卷十四帝王部、蒐狩四十
九及《史记·淮阴侯列传》"索隐"所引《穆天子传》之"轩山"正作"陉山"
可证。《史记·秦始皇本纪》："十八年，大兴兵攻赵。王翦将上地下井陉。"《集
解》引服虔曰："井陉，山名，在常山；今为县，音刑。"地在今河北省井陉县。
"虖沱"即源出山西繁峙县东大戏山之滹沱河。"隃之关隘"郭璞注："隘，阪也。
疑北（此字之讹）谓北陵、西隃……隃、雁门山也。音俞。"《尔雅·释地》："北
陵、西隃，雁门是也。"雁门山在今山西代县东北。根据以上所讨论的这几个地
名方位，推测雷首、雷水具体地望，当在今滹沱河以北，雁门、代县以东之地
域内。

小川琢治《穆天子传考》又以雷水即出于阴馆累头山之漯水[2]，《汉志》又
名治水（《汉志》雁门郡阴馆下注："楼烦乡……累头山治水所出"）。而《水经
注》卷十三，"漯水"又讹为"濕水"（清赵一清本已校正）。小川琢治并认为《山
海经·北山经·北次三经》之"潄水"亦"雷水"之异字。这些意见，都是正
确的。由此而知雷水、雷首在今山西省北部，滹沱河流域之内。奇怪的是博学
的王国维氏，却把《穆天子传》中之雷首、雷水错误地说在河东蒲坂县之雷首
山附近（见《鬼方昆夷猃狁考》），这就远离了穆天子西征所必经的路线了。

《穆天子传》卷一至卷四记载：穆王由河南洛邑出发北渡黄河，经太行山，

---

[1] 洪氏谓卷一之"犬戎胡觞天子于当水之阳"，当疑雷字之讹。

[2] 按《说文》水部"漯"字下云："漯水出雁门阴馆累头山，东入海。"

渡漳水，北渡滹沱河，至山西雁门的雷水上游，受犬戎寿胡之迎接宴飨，再向西北远征。穆王从西方东返时，再一次地来到雷水、雷首，受到犬戎之宴饮。自是南返经滹沱河上游，过钘山之井陉，渡黄河入于宗周洛邑。来回往返，经过河北、山西省路线极为明白。然则犬戎之国，当在今雁门、代县一带，毫无疑义。

犬戎既为猃狁之异名，则猃狁地望应先居晋北。其后不知何时又稍稍南移。《古本竹书纪年》谓穆王时曾迁犬戎于太原①。《诗经》称："薄伐猃狁，至于太原。"古之太原在今山西之临汾（详下"猃狁与太原"节）。《穆天子传》卷五云：

> ……宝处（按此不成辞，其上当有脱文）曰：天子四日休于濩泽。于是射鸟猎兽。丁丑，天子□雨乃至。祭父自圃郑来谒，留昆归玉百枚。陵翟致骆，良马百驷，归毕之宝，以诘其成。陵子寿胡□东牡……

《穆天子传》这里的"陵翟""陵子"，据唐立厂先生谓即猃狁②。按"陵"从夌得声，而"夌"从文字系统上看，即"允"字。故从允之字与从夌者相通③。"翟""陵子"，就是"允狄""允子"，所以，《穆天子传》这里所反映的是猃狁的一些历史信息，说穆天子从西方回到濩泽时受到猃狁的"致骆"。"濩泽"一地，据晋郭璞注，谓即平阳濩泽县。晋时的平阳即今山西省临汾县。由此可知猃狁在穆王西征后归返时已从山西北部南移于平阳一带，恐怕这就是《古本竹书纪年》所谓"迁戎于太原"的注脚了④。

2. 猃狁与太原

西周历史上一提到猃狁，会很自然联想到太原一地。《诗经·六月》："薄伐猃狁，至于太原"，太原的地望在哪里？一直是学术界争论不决的大问题。猃狁一族起于晋北，前面已有论述。则太原一地亦当于山西境内求之。而自宋以来，释太原者纷纭莫定，其最著者约有七说：

---

① 犬戎或猃狁何时从山西北部南迁，为什么南迁，古文献上已失记载。《后汉书·西羌传》有穆王时"乃西征犬戎，获其五王，又得四白鹿、四白狼。王遂迁戎于太原"。王国维《古本竹书纪年辑校》谓："考《西羌传》前后文（指上引《西羌传》这段话）皆用《纪年》，此亦当隐括纪年语。"王氏之意见甚确。既是"隐括"，就不是《古本竹书纪年》的原文，只是大意。其中"王遂迁戎于太原"，可能是《古本竹书纪年》中对犬戎于穆王时南迁的真实记录。

② 唐兰：《荟京新考》，"史学论丛"第一册。

③ 按《伯椃敦》《师餘敦》云"盷才立"，《追敦》《颂壶》《颂敦》之"盷臣天子"，并以盷为畯字，其证也。

④ 犬戎原居雁门、代县一带，自周穆王西征时迁戎于太原以后，于是太原（今临汾）区域遂有戎祸。《古本竹书纪年》谓夷王时曾"命虢公率六师，伐太原之戎"。宣王时"王遣兵伐太原戎，不克"。《诗经》更称猃狁"侵镐及方，至于泾阳"。周人则"薄伐猃狁，至于太原"。

（1）在平凉。（顾炎武《日知录》卷三"太原"条）

（2）在固原州。（胡渭《禹贡锥指》、戴震《毛郑诗考正》、俞正燮《癸巳存稿》）

（3）在镇原。（陈奂《诗毛氏传疏》）

（4）在汉之五原。（朱右曾《诗地理征》）

（5）在雍州。（阎若璩《潜邱札记》、王鸣盛《尚书后案·禹贡篇》）

（6）在太原府阳曲县。（朱熹《诗经集传》）

（7）在汉之河东郡。（王国维《鬼方昆夷猃狁考》）

以上七说可分四组，前三说平凉、固原、镇原三地均在今之甘肃东南部为第一组；汉之五原在今内蒙古为第二组；雍州在今陕西为第三组；太原府之阳曲与河东郡均在今之山西境内，为第四组。下面我们首先讨论第一组。顾炎武的《日知录》卷三"大原"条云：

> 薄伐猃狁，至于大原。毛、郑皆不详其地。其以为今太原阳曲县者，始于朱子。而愚未敢信也。古之言大原者多矣。若此诗则必先求泾阳所在，而后大原可得而明也。《汉书·地理志》："安定郡有泾阳县，开头山在西，《禹贡》泾水所出。"《后汉书·灵帝纪》："段颍破先零羌于泾阳。"注："泾阳县属安定，在原州。"《郡县志》："原州平凉县，本汉泾阳县地。今县西四十里，泾阳故城是也。"然则，大原当即今之平凉，而后魏立为原州，亦是取古大原之名尔。……若晋阳之太原在大河之东，距周京千五百里，岂有寇从西来，兵乃东出者乎？

顾氏以为古之太原在今之甘肃平凉，胡渭《禹贡锥指》非之，以为今平凉县乃古泾阳，于是改易顾氏说而以为古之太原当在固原①。胡氏曰：

> 渭按：汉安定郡治高平县，后废。元魏改置曰平高。唐为原州治。广德元年设吐蕃节度使，马璘表置行原州于灵台县之百星城。贞元十九年徙治平凉县，西去故州一百六十里。故州即元开城县，今固原州也（废县在州西南四十里）。《小尔雅》云：高平谓之太原，则太原当在州界，非平凉县，县乃古泾阳，在固原之东。猃狁侵及泾阳，而薄伐之，以至于太原。

---

① 谓古之太原在今固原者，除胡渭外，主要的尚有俞正燮及戴震二人。俞氏《癸巳存稿》卷一云："焦获薮在今三原，去丰镐不远。已侵镐及方，则宣王时事，西薄伐之至太原，则今固原州由三原迫之至固原，使之西去，今甘凉地是也。"戴震《毛郑诗考正》云："泾阳汉安定郡、朝那、泾阳之地，今平凉府平凉县，大原即安定郡高平，今平凉府固原州。后儒不审地形，以晋阳之太原、池阳之瓠中，牵合误证。"

盖自平凉逐之出塞，至固原而止，不穷追也。

陈奂则异于此，而疑古之太原当在镇原。《诗毛氏传疏》曰：

奂按：《方舆纪要》：陕西平凉府镇原县在府北百三十里，县西二里有汉高平故城，固原州在府西北百十里。镇原为唐之原州治，固原属原州界西之中，疑古太原当在镇原。平凉即泾阳地。从泾阳直北追至镇原，不更向西北矣。

顾、胡、陈三氏均以后世之"原州"当古之"太原"，别无其他有力证据，自属武断。故朱右曾《诗地理征》即非之曰："考固原于汉但名高平，无原之号。至元魏始置原州。且经以镐、方并言，明镐与方相近。上言至于太原，下言来归自镐，明太原又与镐相近。猃狁自焦获而至泾阳。兵锋焱忽蹂躏五六百里。自吉甫逐之，自泾阳至高平才百数十里，安得有武功之盛？即以为镐在高平，与子政所云'千里之镐'，亦不合也。"阎若璩亦驳之曰："近代说诗者，皆指原州言。然原州乃今固原州旧高平镇。后魏孝明帝正光五年置原州。盖取高平曰原为名。古此地未必以此名。"（《潜邱札记》）朱、阎二氏否定了传统说法，而各又提出自己的新说。朱右曾主张古之太原应在汉之五原，其说见《诗地理征》释"太原"条：

右曾按《地理志》曰：五原郡本秦九原郡，武帝元朔二年更名。《太康地理志》曰：自北地郡北行九百里，得五原塞。《通典》曰：汉五原县城在榆林县西。

朱氏以六国秦之九原说太原，从时代上讲虽然较以后魏之原州说太原为合理。但九原从无太原之名，且远在河套地带，揆之周夷王、宣王之世，猃狁居地，恐不能如是之远也。故陈奂非之曰："或谓汉五原郡本秦九原郡，即诗之太原，《史记》赵武灵王筑长城至高阙为塞。《汉书》卫青渡西河至高阙，远在大河之北，去镐京几二千里。而又以汉武帝所筑之朔方城即《出车》诗之朔方。因滋曲说，断不可从。"（《诗毛氏传疏》）陈奂之驳议甚是。阎若璩则认为古太原在雍州，《潜邱札记》曰：

按寇有来路，亦有去路。其逐而出之也，即从其来路可，必不引入我门庭之内，别从一路以出。猃狁侵镐及方，至于泾阳。镐等三地名，皆在雍州，则太原地名亦即在雍州。……惟郑注《禹贡》原隰厎绩云：《诗》度其隰原，即此原隰。其地在豳，近是。高平曰原。秦中地面以原名者，至不可胜数。今亦不能定指何地也。来归自镐，刘向曰：千里之镐，颜师古注：非丰镐之镐。至于太原，余亦谓雍州之太原。必非周并州之太原也。

按镐、方、泾阳三地均在雍州，仍不能定太原必亦在雍州。《诗经》述獫狁内侵，先镐方而至泾阳；述周师挞伐，则逐之至于太原。太原一地，必在周土之边无疑。獫狁居地前已证明，在山西境（见上节）。则太原当以其中之第四组说在今山西境内者为近实。四组中王国维说最后出，故能参酌诸家而别立一解。其言曰：

> 太原一地，当在河东。《禹贡》："既载壶口，治梁及岐，既修太原，至于岳阳。"郑注孔传均以太原为汉太原郡。然禹治冀州水，实自西而东。疑壶口、梁、岐而往至霍太山，其地皆谓之太原。《左》昭元年传："宣汾、洮，障大泽，以处太原。"则太原之地，奄有汾、洮二水。其地当即汉之河东郡，非汉太原郡矣。疑太原之名，古代盖兼汉太原、西河、河东三郡地。而秦人置郡，晋阳诸县遂专其名。以古书所纪太原地望证之，亦无不合。《后汉书·西羌传》穆王西伐犬戎，取其五王，王遂迁戎于太原。此事当出真本《竹书纪年》。穆王所迁者，盖即五王之众。郭璞引《纪年》云："取其五王以东，则所迁之地，亦当在东。"《穆天子传》："天子至于雷首。犬戎胡觞天子于雷水之阿。"此亦犬戎既迁后事。案雷首山在河东蒲坂县。《纪年》与《穆传》所记若果不谬，则太原在河东可知。后人或东傅之于晋阳，西傅之于平凉。皆与史事及地理不合者也。（《鬼方昆夷獫狁考》）

王氏谓"太原一地当在河东"，又曰："则太原之地奄有汾、洮二水，其地当即汉之河东郡，非汉之太原郡矣。"其说虽未能指实其地，然大体固是。惜误释《虢季子白盘》"洛之阳"之洛为北洛水（渭北之洛），又为旧说以今之晋阳当古之太原说所囿。故又云："疑太原之名，古代盖兼汉太原、西河、河东三郡地，而秦人置郡，晋阳诸县遂专其名。"则亦不免又走入附会陷阱。

按古之太原，先秦文献述之者，不一而足。欲寻其在今何地？非不可能。惟前人往往先有獫狁为周京以西的少数民族之成见，"薄伐獫狁"所至之太原，不得不在陕、甘之间去找。偶见后世地理中有"原"字者，即强谓为古之太原。《诗经》中之"太原"与《禹贡》中之"太原"本为一地，乃强析为二。沿此途径治理古代地理，是治丝而益棼也。今就先秦记"太原"之有关史料，爬梳抉择，比较参验，则知古之太原盖指河东之平阳（今临汾）。下面约举六证以明之：

首先以大夏、夏墟证之。按古之太原、大卤、大夏、夏墟、唐诸地，本为一地之异名，过去学者言之者已有多家[①]。我们同意这种说法，不准备多作讨论。至其具体地望，则分歧很大。如大夏（夏墟），正统的说法，多从晋杜预，谓在今山西北部的太原市[②]。其实，东汉服虔注《左传》，已较早地提出"大夏在汾、浍之间"。而浍水据《水经注》："浍水出河东绛县东，浍交东高山。"则大夏、夏墟不得如杜注北至今之太原矣。顾炎武《日知录》云：

> 《史记》屡言"禹凿龙门、通大夏"，《吕氏春秋》言"龙门未辟，吕梁未凿，河出孟门之上"。则所谓大夏者，正今晋、绛、吉、隰之间。《书》所云"维彼陶唐，有此冀方"，而舜之命皋陶曰"蛮夷猾夏"者也，当以服氏之说为信。又齐桓公伐晋之师，仅及高梁（原注在今临汾），而《封禅书》述桓公之言，以为西伐大夏。大夏之在平阳明矣。（卷三十一"唐"条）

按顾氏所说的平阳即今山西临汾县。顾炎武主张大夏在平阳是有说服力的。我们已知道，大夏又为太原之别名，则太原自然在平阳，其证一。

再以唐地证太原地望。《左传》昭公元年郑公孙侨曰："迁实沈于大夏，主参，唐人是因，以服事夏、商。其季世曰唐叔虞。当武王邑姜方震大叔，梦帝谓己：余命而子曰虞，将与之唐，属诸参，而蕃育其子孙。及生，有文在其手曰虞，遂以命之。及成王灭唐，而封大叔焉。"此谓唐叔虞封于唐，或曰大夏。而《史记·晋世家》之《集解》引《世本·居篇》云："唐叔虞居鄂。"宋衷注曰："鄂地今在大夏。"《史记正义》引《括地志》云："故鄂城在慈州昌宁县东二里。"按昌宁县即今山西乡宁县，东距平阳不远。与《晋世家》谓"遂封叔虞于唐，唐在河、汾之东，方百里"亦合。既知唐、大夏为太原之异名，则古太原在平阳附近，其证二。

战国时韩地有太原，《战国策·东周策》云："周最谓金投曰：公负令秦与强齐战。战胜，秦且收齐而封之，使无多割，而听天下之战。不胜，国大伤，

---

① 按太原、大卤为一地，见《春秋》昭公元年与《三传》和杜预《注》，说得极为明确，可以不论。夏墟、大夏、唐，见《左传》昭公元年和定公四年，谓周武王子叔虞初封在夏墟，而名之为唐叔。可见大夏、夏墟与唐为一地。又《初学记》州郡部、河东道下引《春秋地名》一书云："晋大卤、太原、太夏、太墟、晋阳、太康六名，其实一也。"又杜预《春秋释例》卷六："隐六年晋、大卤、太原、大夏、参墟、晋阳六名。太原，晋阳县。"据此，则太原、大夏、夏墟、唐为异名同实。并可知这种看法流行已久。

② 见《左传》昭公元年、定公四年杜注。

不得不听秦。秦尽韩、魏之上党、太原，西止秦之有已①。秦地天下之半也。"
太原与上党连举，知此太原必位于山西南部，距今长治、长子诸地不远。并且
此太原必在当时韩、魏二国疆域之内。读《战国策》之赵、燕二策，则确知太
原属韩，不属魏。下面我们看看具体的文辞：

> （苏代谓）秦举安邑而塞女戟，韩之太原绝。下轵道、南阳而伐魏，
> 绝韩，包二周，即赵自消烁矣。国燥于秦，兵分于齐，非赵之利也。（《赵
> 策》四）
> ……秦正告韩曰：我起乎少曲，一日而断太行。我起乎宜阳而触平阳，
> 二日而莫不尽繇。我离两周而触郑，五日而国举。韩氏以为然，故事秦。
> 秦正告魏曰：我举安邑塞女戟，韩氏太原卷。我下轵道、南阳、封、冀，
> 包两周。乘夏水，浮轻舟，强弩在前，铚戈在后。决荥口，魏无大梁。决
> 白马之口，魏无济阳。决宿胥之口，魏无虚、顿丘。陆攻则击河内，水攻
> 则灭大梁。魏氏以为然，故事秦。（《燕策二》）

说上面这两段话时，正当周慎靓王三年五国攻秦不胜之际。魏都已由安邑
徙大梁，而韩都已久徙郑。两国疆域均跨大河南北。秦若举安邑、塞女戟，（按
司马贞《索隐》云："女戟，地名，在太行山之西。"）则太原与韩之都邑将失去
联络。度此情势，则此太原一地必在安邑、女戟两地之北无疑。故一则曰"韩
之太原绝"，再则曰："韩氏太原卷。"（按此卷字，据《史记正义》谓："卷犹断
绝。"）足见太原为韩之邑，而且又关系于韩、魏之废兴矣。当时晋之北部今太
原市一带为赵地；晋南安邑属魏，既云"韩之太原"，则此古之太原必在此两地
之中部可知。韩之大都在大河之北者，只有曾一度为都之平阳，因之古之太原
非平阳莫属。盖春秋战国时韩邑太原之名渐替，故或言平阳，或言太原，其实
一也②。其证三。

《左传》昭公元年记郑子产之言曰："昔金天氏有裔子曰昧，为玄冥师，生
允格、台骀。台骀能业其官。宣汾、洮，障大泽，以处大原。帝用嘉之，封诸
汾川。沈、姒、蓐、黄，实守其祀。今晋主汾而灭之矣。由是观之，则台骀，

---

① 曾、钱、集诸本作"西止"，钱本一作"而止"，鲍改"止"为"土"。黄丕烈《札记》云：所改未是。
按此句必有脱误。

② 唐司马贞知战国时韩、魏地达不到今山西太原市一带，故疑秦正所言之太原为京字之误。其言曰："太
原者，魏地不至太原，亦无别名。太原者盖太衍字也，原当为京。京及卷皆属荥阳，是魏境。"（见《史记·苏
秦列传·索隐》）张守节《史记正义》也引刘伯庄谓："太原当为太行。"彼等不知古太原在平阳，而臆改史文，
自属不当。

汾神也。"由此可知古之太原在汾水、洮水二河流域境内。汾水即今之汾水,古今无大变动,勿需考证。洮水为今涑水上游之一支。清沈钦韩《春秋左氏传地名补注》卷九有云:"《续汉书志》河东闻喜县有洮水。《水经注》涑水至周阳与洮水合。水源东出清野山。《一统志》洮水源出绛州绛县横岭山、烟庄谷,入闻喜县界,与陈村峪水合。按陈村峪水即涑水也。齐召南据《水经注》以洮水即涑水非也。"古太原既在汾、洮二水流域内,则决不会北到今之太原市矣。其谓"封诸汾川",必为滨汾之邑,则此"以处太原"之古"太原",南不及安邑矣。综合所论各点,古之太原一地,惟平阳足以当之,其证四。

《禹贡》:"冀州,既载壶口,治梁及岐,既修太原,至于岳阳。"壶口即孟门山,在今山西吉县。先儒以为梁、岐皆雍州渭北之山。故谓此言自壶口而西之所至,实非也。所谓"两河间曰冀州"(《尔雅·释地》),方治冀州之水,决不能踰河而西,又至雍州。壶口既在今河东之吉县,梁、岐必亦在河东冀州之内。按"梁"乃指吕梁山,《尔雅·释山》:"梁山,晋望也。""岐"为今孝义县之狐岐山。《水经注》卷六云:"文水又东南流与胜水合。水西出狐岐之山……"①吕梁、狐岐二山均纵亘南北。盖《禹贡》述地理,乃自壶口而东至梁、岐,又东至太原,再东至岳阳。则古太原应在壶口东与岳阳之间,北距汉之太原郡即今之太原市三四百里,南距安邑亦近二百里,均远不相及。如此,则位于壶口东与岳阳间之古太原,必在平阳附近,其证五。

《禹贡》前引之"既修太原,至于岳阳",又于导山下有云:"逾于河,壶口、雷首,至于太岳。"按其中岳阳、太岳之岳,乃指霍太山,在今山西霍县东南。《禹贡》此言首从西河说起,自西而东,以至霍山。中有吕梁、狐岐等较小山,汾、浍、洮等水。古之太原正处于壶口、吕梁之东,霍山之西的一片盆地中。霍山山脉附近之地,山峰高者名曰太岳,地广平者名曰太原②,是符合地态形势的。平阳正位于此区域之内,故平阳盖即古之太原,其证六。

综以上六证所述,则《诗经》称"薄伐狁狁,至于太原"之"太原",我

---

① 《禹贡》治梁及岐,前修多据《尚书》孔安国传以为陕西凤翔之岐山,实非也。宋蔡沈《书经集传》云:"梁、岐皆冀州山。梁山,吕梁山也,在今石州离石县东北。《尔雅》云:梁山晋望,即冀州吕梁也。"又谓:"春秋梁山崩,《左氏》《穀梁》皆以为晋山,则亦指吕梁矣。"又谓:"岐山在今汾州介休县狐岐之山。"最后谓:"先儒以为雍州梁、岐者,非是。"按蔡氏此说,亦前有所本,王应麟《困学纪闻》卷十一:"《禹贡》冀州,治梁及岐。先儒皆以为雍州之山,晁氏谓冀州之吕梁、狐岐山也。蔡氏《集传》从之。"

② 《尔雅·释地》谓地"广平曰原",《水经注·汾水》引《春秋说题辞》曰:"高平曰太原。"又引《尚书大传》:"大而高平者谓之太原。"按高广义近,可通用。这就是说,凡是山谷间土地宽博而平正之地区,即可称之为"原"或"太原"。

们认为其地约在山西平阳，即今临汾附近一带，固足以证明之矣。

上面所论原稿，基本上写于 1942 年。这次整理改定时才看到台湾学者赵铁寒先生所著之《古史考述》①。书内有《晋国始封地望考》和《太原辨》两篇论文，所述均极精辟。有些论断与余说不谋而合。赵氏也认为古太原既不在晋北并州晋阳县，也不在陇东泾北一带，而应位于山西省南部，这都是正确的。古之太原既本在晋南的平阳，为什么后来会有在晋北并州晋阳的说法？其致误的根源何在？对这个问题赵氏论证极有说服力，他曾分析说，由于古之平阳因平水得名，而平水又名晋水②，则平阳自可又名晋阳。晋国始封之晋阳，以及传说帝尧旧都之唐，原本指平阳之晋阳，《汉书·地理志》以汉时太原晋阳为叔虞始封国之说起，于是，唐、晋阳、夏虚、太原诸名，均错误地放在晋北并州之太原（见赵氏《晋国始封地望考》）。其实，并州太原之名是较后才出现的。赵氏说："越是古老的太原，越在山西南部，到秦才北移其名于并州。遂历汉、唐迄明、清二千余年其名不废，虽然或郡或州或县，地位升降不同，而始终在于并州晋阳县原地，二千年来并无移易。于是北名大显，南为北夺，隐没不彰。时代越晚，观念越加模糊，各家习而不察，莫不以北当南，正合了周景王评籍谈的一句话，所谓'数典忘祖'了。"（见《太原辨》）按赵氏之说是合乎实际的，今特补引于此。

3. 焦、获

西周时猃狁出没之地域，见于记载的，主要有《诗经》中之焦、获、镐、方和金文中之"荤京"等地，下面我们将依次进行讨论。《诗经·六月》云："猃狁匪茹，整居焦获，侵镐及方，至于泾阳。"首先谈谈猃狁所整居焦、获。

焦获是一地还是焦和获两地？焦获之地望又位于何处？学术界久无定说。《尔雅·释地》谓："周有焦护。"郭璞注曰："今扶风、池阳县、瓠中。"邢昺《疏》引孙炎曰："周，岐周也。《诗·六月》猃狁匪茹，整居焦获是也。时人谓之瓠中也。"可见孙炎、郭璞和邢昺同以焦获为一地，并认为在汉扶风池阳县。

至清郝懿行《尔雅义疏》对《尔雅》所说"周有焦护"持怀疑态度。其言曰："其薮之名数，则《淮南》本于《吕览》，无大野，焦护，而以赵之钜鹿与

① 赵铁寒：《古史考述》，正中书局 1965 年出版。

② 按《水经注·汾水》叙平阳县时引应劭曰："县在平河之阳，尧、舜并都之也。"而平河或平水又名晋水，郦道元说："平水出平阳县西壶口山，俗以为晋水，非也。"平水俗名晋水虽然遭到郦道元的批驳，但还是有些学者承认此说。魏王泰《括地志》："平阳河水，一名晋水。"乐史《太平寰宇记》："平水，《冀州图》云：平阳故县西南十五里有平水，即晋水也。"顾祖禹《读史方舆纪要》也说："平水在府西南，源出平山，一名晋水。"

晋之大陆并称。《说文》本于《职方》，其方九薮，全袭彼文，而青州孟诸，雍州絃蒲、幽州奚养、冀州阳纡与《尔雅》乖违。岂此之薮名，为从殷制，而周有焦濩非可预言。疑殷有九州，亦当九薮，焦濩一薮，或后人所增。"唐立厂先生《莽京新考》（《史学论丛》第一册）亦曰：

> 按《尔雅》有十薮……而《吕览·有始》《淮南·地形》并只九薮，俱无周之焦获，则《尔雅》此文盖后据《诗》所增。

今按此说是也。盖《尔雅》本无"周有焦护"之文，后人见《毛传》"焦获、周地……"乃窜之于《尔雅》，极为可能。且焦获之地，揆之诗中辞意，乃应在泾阳、镐、方之外。猃狁内侵，先占据焦获，而始侵镐、方以至泾阳，其非池阳之瓠中，甚为明晰。

今察远离镐、方的晋之南境有焦与获二地名，则《诗经》之"焦获"，可能是指焦与获二地。因为"焦获"连续为一地，于古无征。首先看看晋南之名获者，古有濩泽一地，《墨子·尚贤》：

> 古者舜耕历山，陶河滨，渔濩泽。（今本"濩"字讹作"雷"字。毕沅谓：《太平御览》《玉海》引作"濩泽"。按：《元和郡县志》河东道下，《太平寰宇记》卷四十四阳城县下，《太平御览》一百六十三泽州下所引《墨子》并作"濩泽"，是《墨子》自作"濩泽"，不作"雷泽"，故今据改。）

又于《古本竹书纪年》：

> （梁惠成王）十九年，晋取玄武、濩泽。（《水经注·沁水》引文）

《穆天子传》卷五：

> 天子四日休于濩泽。

《水经注》：

> 沁水又南与濩泽水合，水出泽城西白涧岭下，东迳濩泽。（《水经注·沁水》卷九）

上面诸书所记之"濩泽"均指一地，晋郭璞注《穆天子传》谓："今平阳濩泽县是也。"（按《诗经》之获当为濩字之讹）盖此濩泽即《诗经》中猃狁"整居焦获"之"获"矣。唐立厂先生《莽京新考》就说：

兰谓焦获者薎泽也。《穆天子传》云：天子四日休于薎泽。郭璞注：今平阳薎泽县是也。《传》又云：陵翟致赂，良马百驷，归华之宝，以诘其成。陵翟当即獫狁，陵、獫狁字相通，陵翟与薎泽相近，则即獫狁之居焦获可知也。

"获"若果为"薎泽"，则诗中所指"焦获"之"获"地，就是《汉书·地理志》河东郡之"薎泽"，原注谓："《禹贡》析城山在西南。应劭曰'有薎泽在西北'。"由此可知《诗经》中的"获"，大概在今山西的临汾与阳城之间。

下面再讨论"焦"在何处？

《汉书·地理志》弘农郡陕县下原注谓："故虢国有焦城，故焦国。"《括地志》云："故焦城在陕县东北百步，古虢城中东北隅，周同姓也。"（《史记·魏世家·正义》所引）

这个古焦国在河南省的陕县。这也就是《左传》僖公三十年烛之武对秦伯说，晋惠公曾"许君焦、瑕，朝济而夕设版焉"的"焦"。而这个"焦"正是晋"赂秦伯以河外列城五"（见《左传》僖公十五年）河外的五城之一。当然这也是指的陕县的古焦国。另如《史记·秦本纪》秦惠文王九年"与魏王会应，围焦，降之"，"十一年归魏焦、曲沃"，《魏世家》谓襄王五年秦"围我焦、曲沃"，"（六年）秦取我汾阴、皮氏、焦"，"八年秦归我焦、曲沃"。以上有关秦魏历史上对"焦"的争夺，都是指位于大河南岸陕县古焦国的这个焦地。古的注疏已说得很明白。可是，近来有的学者却在山西省西南的荣河与河津之间硬说另有一个"焦"，并认为这才是《诗经》中獫狁"整居焦获"之"焦"[①]。其实这是误解，主要是由于《魏世家》的一句造成的。我们且看看《史记》原文，《魏世家》云：

（襄王六年）秦取我汾阴、皮氏、焦。

因为汾阴在今山西荣河县北，皮氏在今河津县西，而焦既与之"骈肩连书"，则"焦"必在荣河、河津之间。只从《魏世家》这句话看，似乎很有道理，最初我也被这句话引错了路。后来与《秦本纪》对读，才发现《魏世家》所述有些不妥当。《秦本纪》原文是这么说的：

（秦惠文君）九年，渡河，取汾阴、皮氏。与魏王会应，围焦，降之。

---

① 主张春秋战国时在今山西省西南荣河、河津之间有一焦邑，见赵铁寒《古史考述》，台北正中书局1965年版，第289-291页。

这是说在秦惠文君九年这一年内秦与魏国有两次战役：一次说秦军渡过黄河，占领了汾阴和皮氏，二地当然是在河东；再一次与魏王会于应，降服了焦。应地，据《史记正义》所引《括地志》谓："故应城，因应山为名，古之应国，在汝州鲁山县东三十里。"因而这个"焦"，肯定也是指河南陕县那个古焦无疑。《魏世家》只叙述在魏襄王六年（根据《古本竹书纪年》实为魏惠王后元六年）这一年秦占领了汾阴、皮氏和焦三个地方，没有说明这三个地方是由不同的两次战役占领的。于是引起了读者的误解。总之，历史上的焦邑主要的就是这一个焦。

经过上面的讨论，焦和潐的地望既明，则《诗经》中记载的战争路线也就清楚了。大概玁狁武装来自太原（今临汾附近），先在山西省南部和大河左右的焦和潐两地"整饬师徒"[①]。之后乃沿河水、渭水西向侵周，于是周之镐、方和泾阳相继告警也。

（二）镐、方与莽京之关系

西周金文中的莽京到底位于何处？金文研究者争论了几十年，仍然是莫衷一是。这个难题几乎成了古史界千古之谜。谜底如何揭开？本人在此试图从另外几个角度去探索。对于这个问题的最后解决，不知能否有所帮助，谨以芹献之意，就正于方家。

1. 从《诗经》镐与方的地理说起

西周时玁狁犯周所及之地域，文献中主要的有"镐"与"方"两地。其确实地望，古今学者尚有不同的争论。《诗经》称："玁狁匪茹，整居焦、获，侵镐及方，至于泾阳。"焦在今河南陕县。获在今山西阳城县西。（详上文）进一步欲知被侵的镐、方地望，必须首先考泾阳所在。由来注疏家多以为泾阳即汉时安定郡之泾阳县。然而西周之泾阳，揆诸当时情势，恐不能如是之远。因汉之泾阳与玁狁之出没路线，绝不相合也。王国维则谓周之泾阳当在泾水下游之北，即今之泾阳县[②]。其说较旧说为合理。现在我们根据已知之焦、获、泾阳，度玁狁内侵途径，则镐、方二地，应于河南陕县（即《诗经》之焦）西至泾阳，

---

① 《诗经》称"玁狁匪茹，整居焦获"二句的解释，我们觉得赵铁寒《太原辨》的看法，很正确。他采用清人马瑞辰《毛诗传通释》对"茹"的训诂，认为"茹，弱也"。赵说这就体现出首章"玁狁孔炽"的情况。"整居焦获"就是记述玁狁在焦、潐两地整饬师徒，是入侵之前的准备工作。

② 王国维《鬼方昆夷玁狁考》谓先儒以汉时泾阳县属安定郡，在泾水发源之处，为《诗经》之泾阳。而秦时秦灵公所居之泾阳则在泾水下游。秦昭王同母弟曰高陵君、泾阳君，盖一封高陵，一封泾阳，均当在今日之泾阳县。故王氏谓周之泾阳不是汉之泾阳，而似指为秦之泾阳，是也。

沿渭水流域一带以求之。①

镐、方二地，最初注释者为郑氏《笺》，谓北方地名。王肃以为是镐京。王基则据《诗经》有"来归自镐，我行永久"二语以驳之，认为镐、方不可能是镐京之镐，实则《小雅》之"镐"②。我们还是同意为周之镐京，王肃说不误（详下）。

镐京作为西周王朝的政治和文化中心，经历了二三百年的兴衰历程。自然，这就构成了中国的古代名城。但是，这个城市的具体规模、范围和确切的地址，无论是古文献记载，还是近代的田野考古，只能说提供了一些线索，还不能说都已搞清楚了。

古文献上镐京之镐或作鄗③。以鄷、沣古只作丰例之，则镐、鄗本字亦当只作高④。按战国时秦地有高陵，《秦策》三有高陵君即封高陵。《汉志》左冯翊有高陵，《元和郡县志》二："高陵本秦旧县，孝公置。"是高陵之名始自秦孝公。孝公以前固不名高陵。秦地高陵处于泾阳与渭水之间，正在我们前面所推测镐、方二地应在陕县西至泾阳区域之内。因此。我们颇疑心此地附近或即古镐京原址。高陵即承袭镐京或高京之名而来。镐京最初或本在渭北，后来由于形势发展，才逐渐扩大而及于渭南。

按《尔雅·释地》："大阜曰陵。"《释名·释山》："大阜曰陵，陵，隆也，体隆高也。"《尔雅·释丘》："绝高为之京，非人为之丘。"京与丘对言。《说文》云："京，人所为绝高丘也。"可见陵、丘、京三字同义。不过丘、陵为自然形成高地，不假人力；而京则多经人力而成之高地，或引申为人力经营而成人居之城市。周之镐京（或高京）逮周东迁，秦人居之。秦都咸阳，渭北之高京之"京"，乃以同义之"陵"字代之，则为高陵矣⑤。周时最初之镐京原在渭北，还可以杜伯射杀周宣王事证之。此事见之于下列各记载：

---

① 獫狁老根据地太原在今山西临汾一带，非晋北之太原。详证见前"獫狁与太原"节。

② 王基驳王肃说见《诗经·六月》孔颖达疏所引云："王肃以为镐京。故王基驳曰：据下章云：来归自镐，我行永久。言吉甫自镐来归……故知向日（当作刘向曰：来归自镐，我行永久。言吉甫自镐来归……故知向日（当作刘向曰。卢文弨云：刘向曰，是也）'千里之镐，犹以为远'，镐去京师千里。长安、洛阳代为帝都，而济阴有长安乡，汉有洛阳县，此皆与京师同名也。"

③ 《国语·周语上》："射王于鄗"，黄丕烈《札记》云："丕烈案：《说苑》作镐。"

④ 《汉志》常山郡："鄗，高祖即位，更名高邑。"

⑤ 杨守敬：《嬴秦郡县图序》云："余以为秦县之名率本于前，其有地见春秋战国，而汉又有其县者，诸家虽不言秦县，安知其非秦置……使读者知秦之立县，皆有所因，而《汉志》之不详说者，可消息得之矣。"按此说甚是。秦之立县皆有所因，今秦所立之高陵，其本于渭北之高京极为可能。

周宣王合诸侯而田于圃①。田车数百乘，从（徒）数千，人满野。日
中，杜伯乘白马素车，朱衣冠，执朱弓，挟朱矢，追周宣王，射之车上，
中心折脊，殪车中，伏韬而死。（《墨子·明鬼下》）

宣王杀杜伯而无辜。后三年，宣王会诸侯，田于圃。日中，杜伯起于
道左，衣朱衣冠，操朱弓矢，射宣王，中心折脊而死。（《周本纪·正义》
引《周春秋》文②）

传曰：周宣王杀其臣杜伯而不辜，宣王将田于圃（圃），杜伯起于道
左，执彤弓而射宣王，宣王韔而死。（《论衡·死伪篇》）

此言周宣王田于圃，为杜伯所杀。而《国语·周语上》记此事则云：

杜伯射（周宣）王于鄗。

是则"圃"即"鄗"，而鄗，韦昭注谓："鄗，鄗京也。"清黄丕烈《韦氏解
国语札记》曰："案《说苑》作镐。"《风俗通·怪神篇》引董无心云："杜伯死，
亲射宣王于镐京。"是《国语》之鄗为镐京也。然则《墨子》所云之圃即指镐京。
即不尔，至少圃或为镐京区域内之一小子邑无疑，如吾人能寻圃之所在，则周
时镐京之地望，可以踪迹矣。

《左传》僖公三十三年有记云：

郑之有原圃，犹秦之有具圃也。

此处"具囿"当系"具圃"之讹③。具圃一名阳纡，《淮南子·地形篇》："秦
之阳纡"，高诱注曰："阳纡盖在冯翊、池阳，一名具圃，《左传》作具囿，疑字
误。"阳纡又作杨陓，《尔雅·释地》："晋有大陆，秦有杨陓。"而《吕氏春秋·有
始览》作"秦有阳华"。然则，圃、阳纡、杨陓、阳华等为一地之异名，实即战
国时秦地瓠口④，在今三原、泾阳之间。《史记·河渠书》："韩闻秦之好兴事，
欲罢之毋令东伐。乃使水工郑国间说秦。令凿泾水，自中山西邸瓠口为渠。并
北山，东注洛，三百余里，欲以溉田……"瓠口者阳陓、阳华之简称耳。《尔雅》
十薮中，周之"焦护"乃后人窜入（说见前文）。郭璞不知此，乃误以瓠口（或
名瓠中）当焦护。于是"秦之杨陓"不得不另寻一地以充之，乃谓杨陓在扶风

---

① 按此当从《史记·封禅书》"索隐"所引《墨子》于"圃"字断句。
② 按韦昭《国语·周语上》注所引《周春秋》文略同，惟"圃"作"囿"。恐系字误。
③ 洪亮吉《春秋左传诂》云："《吕览》《淮南》《水经注》《初学记》并作具圃。圃，后讹为囿。"此说是。
④ 按圃、纡、陓、华、瓠五字古音均在段氏第五部，例可通假。

县西。后人循其说乃名瓠中为焦获泽。《大清一统志》焦获泽下云："《尔雅·释地》十薮周有焦护。注：今扶风池阳县瓠中是也。《水经注》中山西瓠口所谓瓠中也。《括地志》焦获薮亦名瓠口、亦名瓠中，在泾阳县城北十数里。"此即误从郭说。实则瓠口即阳陓，在今三原、泾阳间。阳陓既为圃，而圃又为镐京之异名，或说在镐京区域之内，则周之镐京当在渭北高陵附近，此又一证也。

又金文中有"京师"一地，既称之曰"京"，盖亦为镐京之别名[①]。《克钟》云："王才周康剌宫，王乎士曶召克。王亲令克遹泾，东至于京师。"立厂师云："夫既云王在周康剌宫，则王在宗周也。"遹字据《尔雅·释言》曰："遹，述也。"《释诂》又曰："遹……循也。"铭文谓王在宗周命克循泾水东至京师，则此京师必在泾水之东，与前所考镐京在高陵、泾阳之间者正合，此三证也。

根据以上三证，则知西周之镐京原来本在渭水北岸泾水之委。后来形势的需要，才逐渐发展而扩大到渭南。《诗经》称狎狁"侵镐及方"之"镐"，就是指滨渭之镐京，本无可疑。只是由于汉刘向引用《诗经·六月》的几句话，而引起后人的疑窦。《汉书·陈汤传》载刘向上疏极言陈汤破郅支单于，立千载之功，建万世之安，勋莫大焉。并引《诗经·六月》所述尹吉甫为宣王诛狎狁事以喻之，其言曰：

> 吉甫之归，周厚赐之。其《诗》曰："吉甫宴喜，既多受祉，来归自镐，我行永久。"千里之镐，犹以为远，况万里之外，其勤至矣。

《诗经》中之"镐"，王肃以为是指"镐京"。王基就根据刘向上面这段话，批驳王肃的说法，曰：

> 据下章云："来归自镐，我行永久。"言吉甫自镐来归，犹《春秋》"公至自晋""公至自楚"，亦从晋、楚归来也。故知向日（当作"刘向曰"。卢文弨云：刘向曰，是也）"千里之镐，犹以为远"，镐去京师千里。长安、

[①]《克钟》铭中之"京师"一地，郭沫若认为是晋之首都，又谓即《汉志》太原郡之京陵，《礼记·檀弓》之九京（见郭氏《两周金文辞大系考释》"克钟"下）。按此说非是。因京师若在晋地，与宗周中隔渭水及大河，决无令克遹泾水至晋地之理。另外，虽还有两件晋器也有"京师"之文，也同样不能证明其为晋地。如《晋姜鼎》的"谱覃京师"，据孙诒让《古籀拾遗》上云："谱覃京师，未详其义。以臆求之，当是奉职王室之意。孳我万民……言因有事于京师而带劳民，故王嘉遣之，锡以旅贲千两。"按孙氏之说是也。《晋邦盎》云："晋公曰：我皇祖鄾（唐）公□受大命，左右武王□□百蛮，广司四方，至于大廷，莫不事□□命，唐公□宅京师。"揆其上下文意，盖亦言命唐公辅翼京师也。

洛阳代为帝都，而济阴有长安乡，汉有洛阳县。此皆与京师同名也。[①]

王基的意思是说，尹吉甫征狁狁胜利后，从"镐"来归于王所，有千里之遥。周王居宗周，则此"镐"必然不会是指滨渭之宗周镐京，极为明显。

从表面上看，王基此说似乎比王肃说有道理，易于为人接受。那么，此"镐"既非宗周之镐京，后之学者自然要在距宗周千里之外的远方去找。如清朱右曾即认为此"镐"或为汉朔方郡临戎县北之高阙。其言曰：

> 镐通作鄗，高阙其即镐欤？《方舆纪要》曰：临戎城在废夏州西北，夏州周一千三四百里也。刘向欲言其近，故约举千里耳。[②]

王国维也缘此而说"镐"在河东之太原。王说曰：

> 案《小雅》云："薄伐狁狁，至于太原。"又曰："来归自镐。我行永久。"极其所在之地曰太原，著其所由归之地曰镐。则镐与太原殆是一地。或太原其总名，而镐与方皆太原之子邑耳。[③]

王氏把镐与太原混为一谈，更为离奇。学者们之所以不相信王肃对狁狁所侵之"镐"为"镐京"者，主要是由于与《诗经》"来归自镐，我行永久"和刘向说"千里之镐，犹以为远"之语不合。但是，考较当时西周之形势，我们却仍然认为王肃以镐方之"镐"为滨渭之镐京为可信，下面我们将作进一步解释。

要解决这个问题，关键在于当时征伐狁狁以何处为根据地？周王是在什么地方发号施令？按周幽王以前，渭滨之宗周与洛邑成周，实为东西二都。帝王有时住宗周，有时居洛邑。孙海波氏曾著有《成王时已都成周辩》[④]。略谓："周自成王以来，宗周与成周实为东西两都，非平王以前周都镐京，平王遭犬戎之难，始东迁洛邑。东迁者春秋以后之传说。"其言诚是。尤其是在西周中晚期，周王经常驻守东都成周。这是因为成周洛邑位于黄河中游，是"天下之中"，形势险要，进可以攻，退可以守，实为天然的军事战略要地。而且西周时成周陈有重兵，即"成周八师"，为周王直接指挥统率之军事力量。所以，西周时征伐其他少数族，往往是从成周出发的，从下面几个器铭中可证：

---

① 王基驳王肃说，见《诗经·六月》孔颖达疏所引。
② 朱右曾：《诗地理征》卷四。
③ 《周莽京考》，《观堂集林》卷十二。
④ 见孙海波《周金地名小记》，《禹贡》第七卷，六七合期。

佳王十月，王在成周。南淮尸（夷）迁及内，伐溟昂、参泉、裕敏，阴阳洛。王令敔追御于上洛怒谷，至于伊班马。（《敔簋》）

王令戎曰：叔淮尸敢伐内国，女其以成周师氏戍于拜启。（《录戎卣》）

佳白犀父以成师即东，命伐南尸。正月既生霸，辛丑才靬。（《竞卣》）

虢仲以王南征伐南淮尸，才成周。（《虢仲盨》）

凡此均可证，周王征伐南夷或淮夷都是从成周出发。这些史实有力地证明，洛邑是巩固王室统治的军事战略要地和堡垒。他如《穆天子传》称周穆王北征犬戎，亦系自成周出发，史具明文。犬戎即狎狁，以此推之，西周其他帝王征狎狁亦当不例外。郭沫若先生早就说过，周之伐狎狁"乃王在成周所命"[①]。宣王初年盖即居成周，当时狎狁侵周，乃自山西之太原南犯，循河、渭西指，镐京、泾阳乃被其威胁。王命吉甫先战之于太原，后又曾西追，败敌于泾渭，保护了镐京，大功告成，凯旋返成周，故《六月》之诗曰："薄伐狎狁，至于太原"，又曰："来归自镐，我行永久。"而刘向则说"千里之镐"。此均描述当时实情。前人不知周王当时调兵遣将的根据地是在东都成周，大部分学者都以在西都宗周说之，当然讲不通。于是，有的学者把镐方之镐与镐京误析为二地，或说镐为汉临戎县北之高阙；王国维更把镐方与河东之太原误合为一地；还有的学者干脆"存而不论，不便强作解人"[②]。盖皆由于不知周王当时所居为成周之故也。

镐方之镐既确知在泾渭之会地区，这就大有助于"方"和"荞京"地望问题的解决。因为《诗经》镐与方相连属，二地必相邻，而"方"盖即金文中之"荞京"也。

2. 荞京地望的争论

"荞京"一辞见于西周铜器铭文者，至今已不下二十多器。而京之地望则众说纷纭。按"荞"字不见于《说文》，字从舛从旁，而旁从今、方声，甚为明显。故清人方濬益首先指出："荞京"即《诗经·小雅》中之"方"，荞、方古今字也[③]。"荞"或释为"旁"[④]，王国维谓："当是从舛旁声之字。荞京盖即《诗

---

① 《两周金文辞大系考释》之《不娶簋》下。

② 台湾学者赵铁寒，由于对周军出征狎狁之根据地不明，认为若从镐京出发，则"千里之镐"一语不可解。于是只得存而不论。其说详见所著《太原辨》，载《古史考述》，台北正中书局1965年版。

③ 《缀遗斋彝器款识考释》13·7。

④ 最早见阮元《积古斋钟鼎彝器款识》卷五，《小臣继彝》《继彝》，卷六《召伯虎敦》《卯敦》等铭，均释为"旁"。其后学者一直到郭沫若，也多释"旁"。

经·小雅》'往城于方'及'侵镐及方'之方。"①这些解释都是中肯的。至于"葊京"的具体地望在何处？从其称"京"推测，似乎应与周的京都联系起来。文献上周的京都称"京"的，除镐京外，就只有丰京。于是郭沫若主张金文中之葊京即是文献上的丰京。丰、葊古同纽，音亦相近。至于铜器铭文中出现的丰字，他却认为不是丰京之丰，而是丰、沛之丰②。按郭氏此说虽也曾得到一部分人之同意，但实未可信。因铜器中有铭文称"王在丰"，实即文献上的"丰京"③。这些丰字均不能解释为丰、沛之"丰"，是很明确的。那么，金文中既已有丰镐之丰，而丰、葊二字写法又不同。则金文中之"葊京"必非丰镐之"丰"明矣。

　　葊京既不是丰京，是不是镐京呢？

　　葊京称京，而且从大批铭文记载，又知京为周王常居之地，则其确似周人京都之一。现在既已排除其为丰京的可能性，在文献上称京的，就只剩下镐京一地了。因此，不少的学者主张京就是镐京④，不能说没有这种可能。但是，我们若与《诗经》"侵镐及方，至于泾阳"，联系起来观察，葊京就是《诗经》的"方"，不会是镐京，而只是与镐京同位于近泾渭二水相会区域之内。"葊"与"镐"二字之形、声、义均无可通，故不能说成葊就是镐，或认为二地为一。只有说是相临的两地，才合乎逻辑。所以关于这个问题，我们认为刘雨同志较早提出"葊京是镐京附近的地方"，最为中肯。刘雨同志很谦虚，把此问题正确的解答，归功于唐立厂先生和清人方濬益两人⑤，方氏的葊京为《诗经》之"方"说，确不可易。立厂师早年所作《葊京新考》中说，"镐及方之所以称镐京或葊京者，总言之为京或京师，析言之，为高及方，是盖其子邑也"⑥。后来又曾明确地指出："这个葊京是和镐京在一起的，是宗周的一部分。""镐和方是一地，所以铜器铭文一般称葊京。"⑦

　　综合方、唐、刘三家论述，完全可以证明葊京不是丰京，也不是镐京，而

---

①《观堂集林》卷十二，《周京葊考》。

②见《两周金文辞大系考释》之《臣辰盂》下。

③详见刘雨《金文葊京考》（《考古与文物》1982年第3期），文中列举了不少证据。

④主张葊京为镐京的学者们，最初为清吴大澂《说文古籀补附录》，谓："古器多葊京，旧释旁京……其为镐京无疑。"以后如容庚说见《金文编》卷十四，"镐"字下所列之金均为"葊"字；丁山说见《中央研究院历史语言研究所集刊》第五本一分册；陈梦家说见《西周铜器断代》（二），《考古学报》1955年第10期。近期还有陈云鸾《西周京新考》（《中华文史论丛》1980年第1辑），也同此说。

⑤见刘雨《金文葊京考》，《考古与文物》1982年第3期。

⑥《史学论丛》第一期，北大潜社1934年版。

⑦见《西周青铜器铭文分代史征》，中华书局1986年版，第251页。

是位于镐京（宗周）附近的某个地方。我们认为这确是一个很大的收获。

荃京已经知道是在距宗周不远的地方。这个不远的所在，能不能再具体一些呢？刘雨同志寄希望于从事田野考古的同志，"期待着考古工作者对荃京的发现"①。这当然很对。1949 年以来，陕西丰镐地区进行过一些考古发掘，荃京遗址还没有明白的确定，也可能发现而尚未被认识。搞古史研究的学者，在这个问题上对田野考古，理应给予大力协助和配合。我们觉得过去的考古发掘集中在沣河以西，而最关键地区沣河以东发掘得还很不够，并且发掘的墓葬较多，而发掘遗址较少。再加以渭河后来曾经多次北移，今天渭河南岸的西周地貌已被冲毁。因而，荃京的具体位置，截止到现在，依然是个谜。

下面我们重新检查金文和文献中有关镐京、荃京的史料后，觉得若从以下三方面去推证，对荃京具体位置的解决，似乎可以向前大大地推进一步。

3. 从秦阿房宫的得名推测荃京地望

秦之建阿房宫在秦王政三十五年，《史记·秦始皇本纪》："（始皇）三十五年……始皇以为咸阳人多，先王之宫廷小。吾闻周文王都丰，武王都镐。丰、镐之间，帝王之都也。乃营作朝宫渭南上林苑中。先作前殿阿房……周驰为阁道，自殿下直抵南山。表南山之颠以为阙。为复道，自阿房渡渭，属之咸阳……作宫阿房，故天下谓之阿房宫。"这就是说，阿房宫建筑在渭水南岸的上林苑中。《正义》引《括地志》谓："秦阿房宫亦曰阿城，在雍州长安县西北一十四里。按宫在上林苑中，雍州郭城西南面，即阿房宫城东面也。"以前考古学家曾对周都有过实地考察②。那时汉武帝建造的昆明池遗迹尚存。昆明池北面是丰镐村、镐京观。镐京观东北约二公里是阿房宫村，相传秦阿房宫遗址就在这附近。

阿房宫的得名，据《史记正义》引颜师古云："阿，近也。以其去咸阳近。"按"阿"字有近义，又见《广雅·释诂》卷三，也解释"阿"字谓"近也"。所以，颜说"阿"义为近说可取，但他又说近咸阳则纯系推测。因为"阿房宫"字面上明明说的是近于"房"的宫殿，何干于咸阳？这个宫既是近于"房"，而"房"实即《诗经》所称"侵镐及方"的"方"，二字同为《广韵》阳部字。同声、同韵（均为符方切），完全可以通假。如《史记》称商汤之贤臣"女房"，

① 见刘雨《金文荃京考》，《考古与文物》1982 年第 3 期。
② 见《传说中周都的实地考察》，《中央研究院历史语言研究所集刊》第二十本下册。

而《书序》则作"汝方"①。"房"既与"方"相通,我们又同意方濬益、王国维等以金文中莽京之"莽"即《诗经》中镐方之"方",则秦之阿房宫便是近于"方"或说近于"莽京"的宫殿。这样的推论应该说是合乎情理的。秦阿房宫遗址已知是在渭水南岸,沣河入渭处。现在我们回过头来,再从近于阿房宫地区内去找莽京,那也就是说,莽京的具体地址,当不出今沣水以东、滈水与皂河之间的渭河南岸。

4. 镐京、莽京同建有辟雍的启示

据较早文献记载,西周有两处建有辟雍,均见于《诗经》。《诗经·灵台》称"于乐辟雍",此周文王在丰邑所建之辟雍也。《诗经·文王有声》称"镐京辟雍",则为武王都镐京时,在镐京所建之辟雍。这种说法历代经学家无异辞。而从金文中我们知道,除了《麦方尊》清清楚楚地记载着莽京有辟雍,无须阐明外,其他尚有多器也同样透露出,莽京确有辟雍一类的建筑存在(详下)。因此,如果搞清什么是辟雍?其功用又是什么?对莽京地址问题的理解,会有很大帮助。

辟雍的功用、设置、地形状貌等问题,在经学史上争论两千年,往往各执一端,以蔽众说,终难归于一是,使这一问题的研究,几成绝学。其实若从发展上看,这个问题虽不能说不复杂,但并非不能解决。

"辟雍"是什么?《礼记·王制》解释说:"天子命之教,然后为学。小学在公宫南之左,大学在郊。天子曰辟雍,诸侯曰泮宫。"郑玄注谓"学所以教士之宫。"《白虎通义》"辟雍"条也说:"小学经艺之宫,大学者辟雍乡射之宫。"又曰:"天子立辟雍何?辟雍所以行礼乐、宣德化也。"《大戴礼·盛德》:"明堂者所以明诸侯尊卑,外水曰辟雍。"汉末的经学家根据他们所见到的古资料,认为辟雍、大学、大庙、明堂,灵台等,是性质相近或同一体的建筑。如郑玄在《驳五经异义》中说道:"大学在郊,天子曰辟雍,诸侯曰泮宫。天子将出征,受命于祖、受成于学。出征执有罪、反释奠于学,以讯馘告。然则大学即辟雍也。"卢植《礼记注》也谓:"明堂即大庙也。天子太庙上可以望气,故谓之灵台。中可以序昭穆,故谓之太庙,圆之水似辟,故谓之辟雍。古法皆同一处,近世殊异,分为三耳。"他如蔡邕、颖容更从型制和功用上加以说明。蔡邕《月令论》谓:"取其宗庙之清貌则曰清庙,取其正室之貌则曰大庙,取其室则曰明

---

① 《史记·殷本纪》谓伊尹去汤适夏。后复归于亳,"入自北门,遇女鸠、女房"。而《书序》则作"入自北门,乃遇汝鸠、汝方"。可见女房即汝方。《诗经·小雅·大田》:"既方既皂"。郑氏笺:"方,房也。"足证方、房通用。

堂，取其四门之学则曰大学，取其周水圆如璧则曰辟雍。异名而同耳，其实一也。"颍容（字子严）《春秋释例》则说："大庙有八名，其体一也。肃然清静谓之清庙。行禘祫，序昭穆，谓之太庙。告朔行政，谓之明堂。行飨射，养国老，谓之辟雍。占云物，望气祥，谓之灵台。其四门之学谓之大学。其中室谓之大室，总谓之宫。"①贾逵、服虔注《左传》，其说也大致相同。汉代学者去古未远，所论周代礼制，谓太庙、大学、明堂、灵台，其用虽不同，但其体为一，可能合乎实际。后世儒者对此却有持反对意见者，认为太庙为鬼神所居，而使众学相处，飨射其中。人鬼慢黩，死生交错，实不可能。因谓曰："明堂者大朝诸侯，讲礼之处；宗庙，享鬼神，岁觐之宫；辟雍，大射养孤之处；大学，众学之居；灵台，望气之观；清庙，训俭之室。各有所为，非一体也。"②这对秦汉以后发展了的宫室制度来说，虽然可能是正确的，但这样以后世繁密的制度去衡量较简朴的西周，则未必合理了。

盖历史上任何礼制或事务，皆非振古如兹，几乎都是由原始的质朴粗陋形式，逐渐进化发展而成为繁华、严密的完美形式。周之"明堂""辟雍"等建筑，素为封建统治者极端重视，其源流经过也无不如此。最初在远古氏族社会时期，建造一所仅足以御寒暑、避风雨的简单居室，已属不易。只是后来，社会进化，物质文明日昌，生活条件相应向前发展。宫室制度也由一室变为多室。当时氏族领袖或部族首长所居，为宽敞、明亮的大房子，后来到商周名之为"大室"（甲骨、金文中已有"大室"之名）。更后或因其光线充足明亮而名曰"明堂"③。西周初物质文化尚属简陋（周先古公亶父时，尚处于"陶复陶穴"阶段，开国初期，其简朴可以想象）。当时的"大室""明堂"也不过是一间大房子，天子祭祀上帝、祖先，行禘祫、序昭穆，朝见诸侯，处理政务在此；燕飨宾客、养老尊贤，教育国子、习礼学射，亦莫不在此；战时发号施令在此，献俘馘、赏功臣亦在此。一室多用，这是文化简朴的局限性。稍后，文明发展，建筑由简趋繁。各类事务于是分散于不同的室去执行，各室的名号亦因其功用不同而异。经常用来祭祀之室，乃名之为"大庙"；经常用于燕飨、行政、朝见诸侯之室，名曰"大室"或"明堂"；经常用于养国老、习礼学射求知之宫，则曰"小学""大学""学宫"，又取其建筑形式，"水旋丘如璧曰辟雍"（《诗毛传》）。从历史

---

① 汉末诸经学家郑玄、卢植、蔡邕、颍容、贾逵、服虔等人之著作，大半散佚。前所论均见之于唐孔颖达《诗经·大雅·灵台》疏所引。

② 此论为晋泰始中袁准《正论》，见孔颖达《诗经·灵台》疏所引。

③ 参看王宁生《释明堂》，《文物》1989 年第 9 期。

发展上看，诸室、诸名及诸室之分合，是自然出现的，义本甚简，而历代经学家却争论不休，实无多大意义。清阮元之言曰：

> 自汉以来儒者惟蔡邕、卢植实知异名同地之制，尚昧上古中古之分。后之儒者执其一端，以蔽众说，分合无定，制度鲜通。盖未能融洽经传、参验古今。二千年来遂成绝学。[①]

其言诚是。我们综合先秦文献及两汉学者的讨论，得知所谓西周的辟雍、大学、明堂、大室、大庙诸名，从历史发展上和功用上说，可以称为异名同实，当然可以说是一体；但又由于其功用各有重点，所以也可以分立。正由于此，我们也就不能说"辟雍"等于"大室"，或说等于"大庙"。它们之间不能画等号。分合现象是源与流的变化，还代表着用途的差异不同而已。

总之，"辟雍"是在镐京所设的"大学"，是习艺、学射、行饗射礼之宫，而性质又同于"明堂""大室"和"大庙"。因而辟雍又是朝诸侯、献俘馘和祀祖考之处所。辟雍的造型，"水旋丘如璧"（见《毛诗传》），圜之以水。所以又是帝王贵族等在水中射猎游宴之地。辟雍的建造，与一般堂殿不同，不是很普遍的。从辟雍这些功能、特点看，是与金文记载相合的。西周青铜器《麦方尊》：

> （邢侯）迨王饗荼京，酹祀。于若翌日，在辟雍，王乘于舟，为大丰。王射大龏禽，侯乘于赤旂舟从……

铭文大意是说，邢侯协助周王在荼京举行裸祭（饗释裸；从立厂师说）和彤祭。第二天王在辟雍的水中，坐在船上举行大丰礼。邢侯坐在红色的船里随从。王捕获了大量禽兽……从这段记载中可以看出：第一，辟雍建筑有池有水。第二，王侯可以在这里举行大丰礼和游乐活动。第三，荼京是建有辟雍的。另外还有一些铜器铭文，称"王在荼京"，虽然没有提到"辟雍"二字，但有"王渔于口池"（《攸鼎》）、"乎渔于大池"（《遹簋》）、"王令静司射学宫""夷仆学射""射于大池"（《静簋》）、"夸舟""临舟龙""用射兕""于嘀池"[②]等语辞。其中所谓"大池""学宫""学射"，我们就完全可以理解，这也是指周王在荼京的辟雍中，从事射猎、游宴等活动。

前已说到从文献中的反映，除丰邑外，只有镐京有辟雍建筑。从铜器铭文中又知，只有荼京一地有辟雍。我们又确实知道镐京虽与荼京临近，又不是一

---

① 《研经室集》一集卷三，《明堂论》。
② 见于新出土的《唐伯父鼎》，《考古》1989 年 6 期。

地。最合理的解释就只能是：镐京之辟雍，也就是莘京的辟雍，是同一个辟雍，两京处在辟雍池水周围，那么，莘京具体的地理位置，也就可以从这里追踪了。

5. 从古都建置的形势上得到的启示

历史上的名都大邑，为了经济生活和交通的需要，大都建立在江河的岸边。还有一些城市，由于政治和军事上的发展，往往由河的一岸扩大到河的对面。使城市分为两区，横跨河的两岸。现在我们举西周的东都洛邑、虢国首都和秦的咸阳为例，借以说明这种形势。

西周初的东都洛邑建立在洛水、瀍水之会，《逸周书·作雒》篇说："周公……乃作大邑成周于土中……南系于雒水，北因于郏山，以为天下之大凑。"《尚书·洛诰》叙述周公往营成周，选择地址时，也说："我乃卜涧水东，瀍水西，惟洛食；我又卜瀍水东，亦惟洛食。"可见东都洛邑的整体建筑规划，是在洛水支流的瀍水，横跨水的东西两岸。自灭殷后，周公辅成王建立的东都洛邑，成为控制东土的政治和军事中心。大规模的朝会诸侯、发号施令，一般的都在此举行。东都也建有王宫、太庙，驻有"成周八师"，周王及大臣经常有人驻守，其城市建筑规模一定不会很小。当时这个新都一开始即占据瀍水东西两岸，统名之为洛邑，或成周、或东都[①]。

再一个横跨河水两岸的历史都城，就是虢国。

虢国的历史始自周文王之弟虢仲和虢叔。《左传》僖公五年："虢仲、虢叔，王季之穆也，为文王卿士，勋在王室。"《国语·晋语四》胥臣说周文王"孝友二虢""咨于二虢"。韦昭注："二虢，文王弟虢仲、虢叔"。有关虢的地望，东汉班固《汉书·地理志》弘农郡"陕"下自注曰："北虢在大阳，东虢在荥阳，西虢在雍州。"班固这里虽说虢有三处，但他只在陕县（与河东的大阳同为北虢）一地注有"故虢国"三字。可见班氏认为三虢中只有位于今山西南部的"虢"为"故国"。许慎《说文》在陕字下也注曰"古虢国"。可见此虢立国最早。

过去我曾对山西省姬姓古国特多的现象作过研究。认为姬姓的周族原本为山西境内的古老部族，当周太王率众西迁陕西时，难免有一部分或好多部分族

---

① 按东都洛邑本为一都，战国秦汉间人才开始把瀍水东者名成周，认为即今之洛阳，而把瀍水西部分名王城，一个都城分而为两都（如汉班固、郑玄等以汉之河南为王城，以雒邑为成周）。其实王城即成周，是一非二。《左传》僖公二十五年"（襄）王入于王城"，而《国语·周语》则作"（襄）王入于成周"。可见春秋时人认为王城就是成周。"王城"一词，尚未见于西周的记载（有人把西周金文的"自王""归自王"认为是指王城，系推测）。把东都洛邑分为东西二区是正确的，不要把一都的两区说成是王城与成周并立的两个都城就对了，盖成周乃东都之总名而已。近人童书业《春秋王都辨疑》（《中国古代地理考证论文集》，中华书局1962年版）及《春秋左传研究》（上海人民出版社1980年版）对此问题辨之详矣。

众，没有跟着迁移，而仍留守在原地未动，于是才出现姬姓之国在山西者独多的现象①。

这个山西省南部的姬姓"虢国"，恐怕也和同处山西南部虞国的开国史差不多。周太王之子太伯、虞仲兄弟，当太王西迁歧山时，没有跟随西走陕西，而仍留在原来的旧地，成了山西南部虞国之祖。兄弟二人同以虞为名，一为吴太伯（吴、虞二字古通用），一为虞仲。同样，当周太王之孙文王跟随太王西迁时，文王的两弟弟虢仲、虢叔则仍留原地未走，成了山西南部虢国之祖。由于兄弟二人同居虢，故同以虢为名，一名虢仲，一名虢叔。所以，这个虢国可能在周武王克商之前，即已立国于山西了。

克商之后，为了统治扩大的地盘，周武王、周公、成王曾先后广泛地"封建亲戚，以蕃屏周"。周初大分封时，似乎形成一个不成文的传统，往往是哥哥外封，而弟弟留原地，并在王朝为卿士，辅佐王室②。大概虢仲、虢叔也循此例，虢仲东封荥阳，为子男之国，是为"东虢"。虢叔仍留在大阳，因地处荥阳之西，自然便被称为"西虢"了③。这个"西虢"的虢叔，世代为王朝卿士，称为虢公。如周夷王时率六师伐太原之戎的"虢公"（《古本竹书纪年》），周厉王时的"虢公长父"（《吕氏春秋·当染》，《墨子·所染》误作"厉公"；《荀子·成相》作"埶公长父"，埶或作郭，郭、虢同音），周宣王时谏宣王不修籍千亩的"虢文公"（《史记·周本纪》），周幽王时为人"谗谄巧从"的"虢公石父"（《国语·郑语》），及幽王既死，立王子余臣为携王的"虢公翰"（《古本竹书纪年》）等一系列的"虢公"，大都是留大阳为西虢的虢叔的后代。

西虢虢叔之后的历代虢公，既多为王朝卿士，山西的虢距镐京王朝稍远，且中隔大河、渭水，来往不便。不知哪代的周王，为解决虢公的交通问题，大概在王畿内赐虢公一采地。这个采邑自然也称为"虢"，或称"小虢"（《史记·秦本纪》）。因为这是虢国最西的一地，故也称"西虢"，此即班固所谓西虢在雍州者也。然则，雍州这个"小虢"，不过是山西南部"西虢"（班固称之为"北虢"）

---

① 参看拙著《先周族最早来源于山西》，《中华文史论丛》1982年第3辑。

② 鲁、燕等均为长子外封而成立的封国。周公长子伯禽封于鲁为诸侯，次子仍在原地，并世世辅王室称周公。燕也是召公长子封为北燕国，次子留相王室，世世称召公。

③ 关于周文王弟虢仲、虢叔的分封，我们认为东汉贾逵、三国时韦昭和晋时杜预的主张是对的。据《左传》僖公五年孔颖达《疏》引贾逵说："虢仲封东虢，制是也；虢叔封西虢，虢公是也。"《郑语》史伯说的山西南部虞、虢之虢（按此指大阳之虢），韦昭注："虢，虢叔之后，西虢也。"史伯所言虢、郐之虢（即荥阳之虢），韦昭注："虢，东虢也，虢仲之后。"贾、韦、杜三氏都主张虢仲封东虢、虢叔封西虢，而且这个"西虢"指的是山西南部与虞为邻的"虢"。我们认为这一说法是正确的。但这与传统的说法不同，问题也很复杂，余将别有《虢史钩沉》一文详论，这里就不细辨了。

的一个采邑而已。两虢本系一国，同为虢叔之后嗣①。这也就可以说明，为什么小虢地区的陕西，与北虢地区的河南三门峡，都出土有虢季氏的青铜器，而且两地区又出现了同一人作的青铜器②。

山西省南部这个虢国（班固称北虢），前面我们已说过，可能在商朝末年就已出现，是三虢中成立最早的一个。地在今山西平陆县，南面逼近黄河，即班固所称在大阳的北虢。大阳取名于大河之阳，即黄河北岸，《汉志·地理志》列在河东郡。又《后汉书·郡国志》谓"大阳"有"下阳城"，故又称"下阳"。《古本竹书纪年》（《水经注·河水》引）谓晋献公十九年献公会虞师伐虢，灭下阳。这个虢都下阳发展扩大，即从黄河北岸扩大到南岸的上阳，《水经注·河水》："河南即陕城也……东城即虢邑之上阳也。虢仲之所都为南虢。"《左传》僖公五年孔颖达《疏》引马融云："虢仲封下阳，虢叔封上阳。"从这些史料中即可看出：山西南部近于虞的这个虢国都城，地跨黄河南北两岸，所谓北虢、南虢不是两个虢国，而是指虢国都城的两个区域③，也是一个以河水划分为两半的都城。

再举一个例子，是秦都咸阳。

秦都咸阳是以渭水划分为南北二区的城市。《史记·秦本纪》载秦孝公"十二年作为咸阳，筑冀阙，秦徙都之"。这是咸阳定都的开始。地因处于九嵕山之南、渭水之北，山水皆阳，故曰咸阳。秦统一后，都城规模急剧扩大。《史记·秦始皇本纪》谓："徙天下豪富于咸阳十二万户。诸庙及章台、上林皆在渭南。秦每破诸侯，写放其宫室，作之咸旧北阪上，南临渭，自雍门以东至泾、渭，殿屋复道，周阁相属。"又谓："作信宫渭南……自极庙道通郦山，作甘泉前殿。筑甬道，自咸阳属之。"又曰："乃营作朝宫渭南上林苑中。先作前殿阿房……为复道，自阿房渡渭，属之咸阳。"从上面这些史料中，可以看出，秦都咸阳是逐渐扩大的。由最初的渭北，发展到渭南。如咸阳旧城、咸阳宫在渭北，仿造六国宫室之大批建筑也在渭北；而兴乐宫、朝宫、上林苑、阿房宫、章台、信

---

① 按《史记·秦本纪》在秦武公十一年"灭小虢"下张守节《正义》引《舆地志》云："此虢，文王母弟虢叔所封，是西虢。按此虢灭时，陕州之虢，犹谓之小虢。"可见小虢与陕州北虢关系之密切。

② 一些传世的虢仲、虢叔、虢季的青铜器，据说大都出土于陕西，如"虢季氏子组"即出土于陕西凤翔。1957—1958年考古工作者在河南三门峡市上村岭发掘出土的"虢季氏子钖鬲"，与传世的"虢文公子钖鬲"是同一人之器。林寿晋说："因为同属虢而有两个子钖是不大可能的。"又说："二鬲的形制花纹也完全相同。"足证虢季子钖即虢文公，是同一人（见林寿晋《上村岭发掘的学术贡献》，香港中文大学中国文化研究所学报第七卷上册，油印本）。

③ 清人如雷学淇已谓南北二虢为一国，见雷氏《竹书纪年义证》。近人林寿晋《上村岭虢国墓地补记》（《考古》1961年第9期）阐释得更清楚了。

宫、甘泉皆在渭南。善乎王学理先生之言曰："秦都咸阳的发展是经过了由北而南的两个阶段，以渭水又可划为南北二区，其范围包括了以早期咸阳城为中心的渭河两岸一带的广阔地域。所以，《三辅黄图》有'渭水灌都以象天汉，横桥南渡以法牵牛'之赞。"①

我们探讨了西周的东都洛邑、虢国的都城和秦都咸阳这几个历史名都，均为横跨于河水两岸，或者是由水的一岸，发展扩大到对岸。一般的说，这也几乎构成了城市发展的一个规律。由此启示，我认为周郡镐京也是沿着此路发展变化的。最初，渭北的镐京发展扩大，而到达渭水南岸的"方"（或莽），因而出现了金文中的"莽京"，成为扩大的镐京之一部。扩大的镐京包有渭水南北两岸，即所谓"宗周"。

6. 小结

通过前面几节的研究，我们可以得到以下五点结语：

第一，镐京原址最初位于渭水北岸、泾水之委。

第二，"方"或"莽""莽京"则在渭水南岸，距秦阿房宫不远，与渭北镐京隔河相望。

第三，镐京、莽京同称"京"，又具有同一个"辟雍"。这就意味着镐、莽二地构成为南北二区的一个大京师。统名之为宗周。

第四，在这个大京师的形势下，一般地说，镐与莽任何一区都不等于宗周，其分别是大名小名的关系。这就是为什么宗周与莽京同见于一个器铭的原因。

第五，周京政治重心的历史发展，是从渭北镐京，逐渐转移于渭南的"方"，或称"莽京"。于是渭南的莽京、方之名为镐京之名所掩，并且取而代之。故较后文献中，莽京、莽与方之名式微，甚而湮没不彰。

（三）与猃狁有关的几个重要地名

1. 金文中"洛之阳"，附论西俞、高陶

《虢季子白盘》："搏伐猃狁，于洛之阳。"郭沫若云："此言搏伐猃狁于洛之阳，谓于北洛水之东也，地望正合。北洛水南流，称阳知必为东矣。"②由来其他学者，亦均谓此洛为渭北之洛水。然细审之，此说非是。"洛之阳"之"洛"，乃指河南豫州洛水。春秋战国以前，凡言洛者，大抵指河南豫州之洛水。并且字从水从各，汉时始改为从隹从各之"雒"字。至魏复变为"洛"。此字沿革最

---

① 王学理：《秦都咸阳与咸阳宫辨证》，《考古与文物》1982 年第 2 期。

② 《两周金文辞大系考释》，第 104 页。

初见于三国时鱼豢之《魏略》所引魏文帝诏和《典略》二处：

> 诏以汉火行也。火忌水。故洛去水而加隹。魏于行次为土，土，水之牡也。水得土而乃流，土得水而柔。故除隹加水，变雒为洛。（《三国志·魏志》中裴松之《注》引《魏略》）

> 洛字或作雒。初，汉火行忌水，故洛去水而加隹。魏为土行，土，水之母，水得土而流，土得水而柔，故去隹加水。（《初学记》卷六"地部"中引鱼豢《典略》）

张华《博物志》卷四亦云：

> 旧洛阳字作水边各，火行也，忌水，故去水而加隹。又魏于行次为土，水得土而流，土得水而柔，故复去隹加水，变雒为洛焉。

观以上所引诸条，则知伊、洛之"洛"，汉以前原作"洛"、不作"雒"，极为明白。唯清儒均对此持反对意见。最著者如王念孙《读书杂志》第六"逾于洛"条下曰：

> 逾于洛。念孙案洛本作雒，此后人以俗本《尚书》改之也。凡伊、雒、瀍、涧之"雒"字，从隹旁各，泾、渭、洛之"洛"，字从水旁各。一为豫州川，一为雍州浸。载在《职方》，不相假借。故《说文》水部洛字注内，但有雍州之洛，而无豫州之雒。今经传中伊雒之雒多作洛者，后人惑于魏文帝之言而改之也。《尚书》有豫州之雒，无雍州之洛，其字今古文皆作雒，而今本作洛，则又卫包以俗书改之也。……

又如段玉裁《说文解字注》隹部"雒"字下云：

> 自魏黄初以前，伊雒字皆作此，与雍州渭洛字迥判。曹丕云：汉忌水改洛为雒，欺世之言也。

段氏于《说文》水部"洛"字下又曰：

> ……此丕改雒为洛，而又妄言汉变洛为雒，以揜己纷更之咎，且自诡于复古。自魏至今皆受其欺。《周礼》《春秋》在汉以前，谁改之乎？《尚书》有豫州水、无雍州水，而蔡邕石经残碑《多士》作雒。郑注《周礼》引《召诰》作雒，是今文古文《尚书》皆不作洛，郑、蔡断不擅改经文也。

自魏人书雒为洛，而人辄改魏以前书籍，故或致数行之内，雒洛错出……

段氏还有《伊雒字古不作洛考》（载于《经韵楼集》内）辨之尤详。为了更清楚其立说的根据，不妨将此文要点再摘录一段：

今学者作伊雒字皆作洛，久无有知其非者矣。古豫州之水作雒字，雍州之水作洛字，载于经典者画然，汉四百年来未尝淆溷，至魏而始乱之……考之六经，《诗》曰：瞻彼洛矣。《毛传》曰：洛、宗周溉浸水。此则《周礼》之雍州，其浸渭洛，与伊雒了不相涉也。《周颂序》曰：周公既成雒邑，其字《释文》尚作雒也。《周易》曰：河出图、雒出书。王肃本未尝改也。王弼作洛，正魏人用魏字也。《春秋》文公八年雒戎，三经皆作雒。《左氏传》曰遂会伊雒之戎，曰楚子伐陆浑之戎，遂至于雒。曰杨拒泉皋伊雒之戎，同伐京师……八字皆作雒、不作洛。其在《周礼·职方》，雍州其浸渭洛，豫州其川荥雒。《逸周书·职方解》《汉书·地理志》述职方皆用《周礼》之文，二字皆分别皎然，而《淮南鸿烈·地形训》曰：洛出猎山。高注猎山在北地西夷中，洛东南流入渭。《诗》"瞻彼洛矣，维水泱泱"是也。雒出熊耳，高注：熊耳在京兆上雒西北。字一作洛，一作雒，亦分别皎然，与《周礼》合。是亦见古二水二字之分矣。或者谓《尚书·禹贡》洛字五见，《康诰》洛字一见，《召诰》洛字三见，《洛诰》三见，《多士》三见，《书序》再见。此非字本作洛之证邪？曰，此卫包不学无术，谓雒古字、洛今字，以今改古也……其他经史，如《国语》伊雒之皆为洛，《史》《汉》或一篇一简之内，雒、洛错出，皆写书者之讹乱，不可枚举也。……

段、王二氏为清代号称为博雅严谨的学者，并以考据名家。故其说一出，后人均从之而不疑①。然谛审其驳魏文帝之言，均未能举出切实反证。如段氏谓："《周礼》《春秋》在汉以前，谁改之乎？"按二古籍之作诚在汉前，然今日所见诸书，非汉前写本，安知非后人传写而改之也。至于举蔡邕《石经》之《周礼》郑《注》而谓："郑、蔡断不擅改经文"，实属武断。盖郑、蔡皆汉人，其改洛为雒，以合本朝行次，亦理所必然也。段氏又以六经证之，仍不能令人心折。亦因吾人所见之六经，均曾传抄千百年，岂能终保每字之原形？即以洛字而论，或作洛或作雒，参差不一，不能证孰先孰后。段氏见"其他经史，如《国

---

① 主张古时以"洛"为泾、洛之洛，以"雒"为伊、洛之洛者，尚有多人。如清汪远孙《汉书·地理志校本》、陈奂《诗毛氏传疏》、孙诒让《周礼正义》《职方氏疏》等是，文繁不具引。

语》伊雒之皆为洛，《史》《汉》或一篇一简之内，雒洛错出"，而谓"皆写书者之讹乱"。若主魏文帝之说者，亦据六经中凡作雒字处，亦谓"皆写书者之讹乱"，不知段氏又作何解？吾人今日欲考某地名古作某字，最善莫如取证于自赵宋以来出土之吉金铭文，不应据后世几经改易之古文献。盖古铜器铭文均当时人之原始记录，未经后人之窜改也。今考之有关器铭，则知确如曹氏之言，伊洛之洛，古时作水边各。如西周铜器《敔簋》：

> 隹王十月，王在成周。南淮夷□及内伐溟昴、参泉、裕敏、阴阳洛。王令敔追□于上洛、惄谷，至于伊班马。□□首百。执讯四十，雒孚人四百，畕于炎伯之所……隹王十又一月，王各于成周大庙……

此铭地名有"洛"字，"阴阳洛"与"上洛"，字从水旁各。然此洛决非雍州之洛。何以言之？盖铭文既述南淮夷内侵，河南境内首当其冲。察铭中地名均在今河南洛水左右。如"裕敏"盖即河南敏山附近之地。《山海经·中山经》云："又东三十五里曰敏山。"敏又作梅，《左传》襄公十八年谓楚师伐郑，"右回梅山"，敏、梅一声之转[①]，地在今河南郑州西南之密县境。铭谓王命敔追之，至于"上洛、惄谷"。这两个地名也位于河南地区。《左传》哀公四年谓楚围蛮氏，蛮子赤奔晋阴，"司马起丰、析与狄戎，以临上洛"。其中之析与上洛二地均在《汉书·地理志》弘农郡。《汉书·地理志》"析"下注曰："黄水出黄谷，鞠水出析谷。"铭文中之"惄谷"当即此"析谷"；"上洛"即弘农郡之"上洛"也。铭谓"至于伊班马"之"伊"，即河南省伊、洛之"伊"。铭中之"炎伯"，周金文屡见。即荥之原始字。《左传》成公十六年谓卫懿公与狄战，"败于荥"，荥又作"荥泽"（《左传》闵公二年）。荥、荥泽，西周时盖为荥伯封邑，地在今河南省荥泽废县之南，今荥阳县之东。综观上述诸地名，均不出今河南省的伊水、洛水流域。然则，《敔簋》之"上洛"确即汉弘农郡洛水上游之上洛县地。而此"洛"字从水边各，是西周时伊、洛之洛，原本作"洛"，不作"雒"明矣。

洛字又见于《嬰尊》（《浚县彝器》）云：

> 隹公□于宗周，隩从公币既洛于官，商嬰贝。用作父乙宝障彝。

此铭辞句，虽未能尽晓，然其中之洛与官似为地名则甚明。欲知此洛之地望，当先考官地所在。官又见于《竞卣》，其铭云："隹白綵父以成周即东，命

---

① 按敏、梅通转，本于孔广森《诗声类》。孔氏分古韵为十八部。阴声九、阳声九，两两相配，而可以对转。"敏"字阳声属真部，孔氏列在辰部；"梅"为阴声、灰韵字，属孔氏之脂类。故敏、梅二字阴阳对转。

伐南夷……辛丑在<ruby>亝</ruby>，白犀父皇竞，各于官。"<ruby>亝</ruby>，王国维谓乃《噩侯鼎》之矿，为一字，疑即大伓之山^①。郭沫若云："案大伓乃山名，有二：一在河南汜水县；一在河南浚县。二器（噩侯鼎与竞卣）均言南征事。一言往，一言还，而均经过此矿。则当说以汜水之大伓为是。"^②<ruby>亝</ruby>既知在成周东之汜水县，"官"地当距此不远。《左传》宣公十二年谓楚"改乘辕而北之，次于管以待之"。此"管"疑即《奱尊》《竞卣》之"官"。《后汉书·郡国志》河南尹下云："中牟有圃田泽、有清口水、有管城。"官或管城既在中牟，则此"洛"必指豫州洛水。此为伊、洛之洛，古时作水边各之又一证也。

抑余尤有进者。西周时陕西泾、洛之洛本名漆沮水，至战国末年始有洛水之名，故凡春秋战国以前之言洛水者，大多指东都洛水，如《禹贡》中洛水数见："逾于洛""伊、洛、瀍、涧""浮于洛，达于河""导洛自熊耳""东过洛"等等，其均指东都洛水甚明^③。至其述河渭间之水道，则云：

> 弱水既西，泾属渭汭，漆沮既从，沣水攸同。（雍州）
> 导渭自鸟鼠同穴，东会于沣，又东会于泾，又东过漆沮入于河。（导渭）

请注意，这里几次经过泾、渭、河之间，不著雍州洛水之一字。而一则曰："漆沮既从"，再则曰："东过漆沮"，是漆沮即雍州之洛水无疑。郦道元《水经注》卷十九渭水《经》："又东过华阴县北"，《注》曰：

> 洛水焉，阚骃以为漆沮之水也。^④

又《汉书·地理志》述《职方》："雝曰渭洛"，颜师古《注》曰：

> 洛即漆沮也，在冯翊。

此漆沮即洛水，前人已知之。而释漆沮者，众说纷纭。有谓漆沮各为一小水者。《说文》水部："泸"字下云："水出北地，直路西，东入洛。"《汉书·地理志》北地郡直路县下："沮水东西入洛。"《说文》水部"漆"字下云："水出右扶风杜陵岐山东入渭，一曰入洛。"《汉书·地理志》右扶风漆县下："水在县

---

① 王国维《观堂别集》卷二，有《鄂侯驭方鼎跋》谓矿、<ruby>亝</ruby>为同一字，亦即"坏"字，并谓即指在今河南之"大伓"。

②《两周金文辞大系考释》之《噩侯鼎》下。

③ 按《尚书》除《禹贡》篇外，其他如《康诰》《召诰》《洛诰》《多士》等篇言洛者，均指东部洛水。

④ 阚骃，后魏人，作《十三州志》，今已佚。郦道元《水经注》引阚氏之语，当出此书中。

西。"清段玉裁在其《说文解字注》滷字下辨之曰:

> 水经渭水又东过华阴县北。注云:洛水入焉,阚骃以为漆沮之水也。是则洛水之下流,古称漆沮,炳然可信。《尚书传》云:漆沮一水名,亦曰洛水。《正义》申之曰,孔以为洛水,一名漆沮。文理甚明。言一水名者,正恐人疑为二水也。今版本皆作二水名,然则亦曰洛水者,谓漆乎?谓沮乎?不可通矣。若《周颂》"传"云:漆、沮,岐周之二水也,皆泾西之漆、沮为二水,以别于泾东之漆沮为一水,《雅》《颂》皆举泾西之二水,《禹贡》举泾东之一水,各不同也。

段氏所云,虽未能尽如人意,但其谓漆沮为洛水则是也。且洛水为关中三大川之一,《逸周书·职方》《周礼·职方氏》均以之与泾、渭并列。《禹贡》作者不应舍此大水不志,而志漆、沮二小水。可知"漆沮"为洛水甚明。是则作《禹贡》时,洛水尚名漆沮水也。

《诗经·小雅·吉日》:"漆沮之从,天子之所。"《周颂·潜》:"猗与漆沮,潜有多鱼。"宋朱熹《集传》云:"漆沮,水名,在西都畿内,泾渭之北,所谓洛水,今自盐韦流入鄜坊,至同州入河也。"按此说是也。盖诗中之漆沮,与《禹贡》中所指者为一水,即今渭北之洛水,旧说以为在汉之右扶风者非也。又《诗经·小雅》:"瞻彼洛矣",毛氏《传》曰:"洛,宗周溉浸水也。"其意谓此洛即漆沮。余读而疑焉。盖《禹贡》之作,当在《小雅》之后,而《禹贡》作者当时尚不知漆沮有洛水之名。《小雅》诗作者何由而知之?足证旧《传》之说,必不然。考宋人说诗,每能得其实。朱熹《集传》在"瞻彼洛矣"条下云:"洛,水名,在东都会诸侯之处也。"王应麟《诗地理考》"瞻彼洛矣"条下引王氏曰:"洛,东都之所在也。"又引蔡氏曰:"洛水,《地志》云:出弘农郡上洛县冢领山。《水经》谓之讙举山,至巩县入河。"是宋人均以《诗经》之洛为东都之洛水。并且"瞻彼洛矣"为《小雅》中之诗,而《小雅》之诗凡涉及地名者,都在东都区域附近。傅斯年先生言曰:

> 就小雅论,说到地名、人名,涉及南国者不少。《出车》所记是北伐,而北伐之人是南仲。此诗是"獫狁于夷"后"薄言旋归"者之辞。如果这个南国不是南宫,仿佛当时移镇南之师以为北征。方叔之力应在西周境内,故獫狁东侵,则侵镐及方。薄伐獫狁,则往城于方。《采芑》中以方叔南征,又若移直北之师以为平南。《四月》所纪又是"滔滔江汉"。《鼓钟》又有"淮

水湝湝"之语。《鱼藻》有"王在在镐"之文。然这可是遥祝之辞。《小雅》中有地方性之诗，只"薄伐猃狁""瞻彼洛矣"涉及西周，其余皆在东周区域之内[1]。

傅先生以为《小雅》中地名，除"薄伐猃狁""瞻彼洛矣"涉及西周外，其余皆在东周区域之内。今已知猃狁之居地在晋境，周师征伐，出自成周，而"瞻彼洛矣"又是指成周洛水，则《小雅》之诗，言及地名者，似无涉及西周者矣。

《国语》《左传》中言洛者，大都指东都洛水。惟《郑语》史伯所述成周北之"洛"，及《左传》宣公十五年说晋侯"立黎侯而还，及洛"。这两个"洛"在今山西境内，不在豫州[2]。至于雍州水名"洛"者，二书均未之及[3]。周金文中之"洛"水，除见于《虢季子白盘》者外，还有《敔簋》《𪊽尊》二器，已见前述。其中《敔簋》有"阴阳洛"一辞。又见于1969年陕西蓝田县出土的《永盂》铭中。所谓"阴阳"，据《穀梁传》僖公二十八年云："水北为阳"，那就暗喻水南为阴了。河南豫州洛水，正为东西流向。所谓"阴阳洛"，当即指河南省洛水南北两岸之地域也。

截止至今，凡战国中叶以前所成之文献或器铭，还没有发现称渭北泾、洛之洛为"洛水"者（此渭北之洛，原本名漆沮水）。战国末年的《山海经》中有数条洛水。《西山经·西次四经》出于刚山之尾的，有条"洛水"，郝懿行《山海经笺疏》已谓"所未能详"。这一洛水不是指渭北洛水。另外，还有出于白於之山的洛水，其文称：

> 西次四经之首曰阴山，上多谷，无石，其草多茆蕃。阴水出焉，西流注于洛。北五十里曰劳山，多茈草，弱水出焉，而西流注于洛。西五十里曰罢父之山，洱水出焉，而西南流注于洛……北二百里曰鸟山……辱水出焉，而东流注于河……西二百五十里曰白於之山……洛水出于阳，而东流注于渭，夹水出于其阴，东流注于生水。

这条出于白於之山的洛水，郝懿行《山海经笺疏》在此"洛水"下曰："雍

---

① 《周颂说》，载《中央研究院历史语言研究所集刊》第一本一分册，1928年。

② 按黎侯国在今山西长治县西南。晋侯由黎还晋经洛，则此洛地当在长治县与晋都之间，正当成周之北。是此洛与史伯所言之洛为一地。《竹书纪年》中之"西落鬼戎"之西落亦此地也。余别有《鬼方考》一文详之。

③ 《国语·周语上》："幽王二年，西周三川皆震。"止言三川，未著水名。韦昭《注》曰："三川，泾、渭、洛，出于岐山也。"今本《竹书纪年》云："泾、渭、洛竭，岐山崩。"显系作伪者袭韦《注》为之。

州浸。《水经注》引阚骃以为漆沮水也。《说文》云：洛水出左冯翊归德北夷界中，东南入渭。《地理志》云：北地郡归德洛水出北蛮夷中入河。"可见郝氏认为这条出于白於山的洛水，即渭北泾、洛之洛水。但是，我们谛案其说非也。盖因从《西次四经》看，出于白於山这条洛水附近，有弱水、鸟山、辱水等地名，与弱水有联系的地名，见于《大荒西经》："西海之南，流沙之滨，赤水之后，黑水之前有大山，名曰昆仑之丘。有神，人面虎身，有文有尾，皆白。处之，其下有弱水之渊环之。"《禹贡》说："导弱水至于合黎，余波入于流沙。"又曰："弱水既西"，与《西次四经》"弱水出焉，而西流注于洛"，同为西流，即一水也。《淮南子·地形训》："河水出昆仑东北陬，贯渤海，入禹所导积石山。赤水出其东南陬，西南注于海，丹泽之东，赤水之东，弱水出穷石，至于合黎。余波入于流沙，南至南海。"由此可见距弱水不远，还有流沙、赤水、黑水、昆仑、积石等诸山水地名。

有些地名也见于《穆天子传》卷二，有云："天子饮而行，遂宿于昆仑之阿、赤水之阳，爰有鶉鸟之山。天子三日舍于鶉鸟之山口。吉日辛酉，天子升于昆仑之丘。"这里的鸟之山就是《西次四经》所说的鶉鸟山。《穆天子传》卷三，述天子西至昆仑见西王母，并谓"己酉天子饮于溻水之上"。上溻水即《西次四经》之辱水，《太平御览》卷八十五所引正作辱水可证。

从上面征引中，出于白於山的这条洛水附近、有联系的这些地名，如弱水、鸟山、辱水、昆仑、积石山、赤水、流沙、黑水等，据日本历史地理学家小川琢治的研究，认为弱水是从今之永昌北入于昌宁湖，而鸟山、辱水又近赤水、昆仑，而昆仑即在今之祁连山。其他如赤水、黑水、流沙等等山水地名，大都位于今天祁连山、武威、张掖一带河西之地[①]。所以，这条洛水也应在河西走廊一带求之，与黄河之东、陕西境内之泾水、洛水远不相涉。

案《山海经》中记载陕西渭北之洛水者，唯有《西山经·西次二经》出于泰冒山之"浴水"可以当之。其文曰：

> 西二百里曰泰冒之山，其阳多金，其阴多铁，浴水出焉，东流注于河。

此处之"浴水"乃"洛水"之字误。郝懿行《山海经笺疏》曰："懿行案：浴当为洛字之讹。《初学记》卷六及《太平御览》卷六十二俱引此经作洛水。又

---

① 参看日人小川琢治《穆天子传考》，见江侠庵编译《先秦经籍考》下册，商务印书馆1931年；又见于小川琢治《支那历史地理研究》续集第二篇《周穆王の西征》，第331-336页。唐兰《昆仑所在考》(《国学季刊》第六卷第二号。)

晋灼引《水经》洛水云：出上郡雕阴泰冒山过华阴入渭，即漆沮水。是此经浴水即洛水审矣。"按郝氏此说极是。

可是郝氏又说《西次四经》中出于白於山之洛水，也就是这条出于泰冒山之洛水。他把两地区本不相干的两条洛水，错误地混而为一。其言曰："盖洛水本出白於山，而东经泰冒山。二山：一是发源，一是所经。"表面上看，这似乎就解决这二水为一的问题。但事实上，这种牵强的说法，是讲不通的，绝对不可能的，因为《西次四经》中诸地名，包括出于白於山之洛水在内，均位于河西四郡之地，已见前述，与出于泰冒山的洛水，位于陕西的渭北者远不相干。而且两条洛水当中隔以黄河。发源于河西白於山的洛水，如何能东流超过黄河而到达泰冒山，再出而南流入渭或东流入河呢？

可见渭北泾、洛之洛水，只有《山海经》中仅见于《西次二经》一处。另外，就是见于《逸周书》《周礼》《韩非子》三书：

> 正西曰雍州……其川泾、汭，其浸渭、洛。（《逸周书·职方》与《周礼·职方氏》二书同文）

> 昔者文王侵盂、克莒、举丰三事，而纣恶之。文王乃惧，入洛西之地，赤壤之国，方千里，以解炮烙之刑，天下皆说。仲尼闻之曰："仁哉文王，轻千里之国，而请解炮烙之刑；智者文王，出千里之地，而行天下之心。"（《韩非子·难二》）

按此三书所述之"洛"，其为渭北泾、洛之"洛水"甚为明显，勿需推证。然则，最早称陕西渭北之洛水为"洛水"的，是《山海经》《逸周书》《周礼》和《韩非子》四书。四书成书年代也甚相近。《山海经》一书非成于一时一人之手，近人多能言之。盖《山经》之成，约在战国晚期，《海经》次之，《大荒经》又次之。善乎徐旭生先生之言曰：

> 吾人由《南山经》所载各水可以推知，《山经》之写定，不能早于战国后期及秦，《海外》及《海内经》写定期亦相差不远。《海外经》为《淮南子·地形训》所本，《海内东经》言：瓯居海中，闽在海中。则似仍以瓯、闽皆在海岛与半岛上。然则其写定至晚亦当在汉武帝以前。盖此后则汉兵已到，地理已明，不致错误。[①]

---

① 徐旭生：《中国古史的传说时代》附录三：《读山海经札记》，文物出版社 1986 年版。

其说诚是。然则《山海经》中最早部分，亦在战国晚期。《逸周书》与《周礼》二书之《职方》文字相同，材料当系同一来源。二书之时代，时人亦认为大致相同，或相近。《周礼》成书年代聚讼千载，近世学者才作出为大部学者公认的论断，认为该书乃战国末年人所为①。

至于《韩非子》之时代最无问题，当成于秦始皇十三年韩非使秦之前十余年中。这就是说，泾、洛之洛水，春秋战国以前原名漆沮水，至战国末年始有洛水之名。

综合以上所述，我们似乎可以作如下的结论：春秋以前所成的文献和器铭，凡谈到洛水，而洛字又作水边各的，大多指豫州洛水。现在我们回过头来，再看看《虢季子白盘》云："搏伐猃狁，于洛之阳"，这个洛字作水边各，因之我们便可确知，这次周师与猃狁之战争，战场确在今河南的洛水北岸了②。

附论

1. 论西俞、高陶

周与猃狁之战争涉及的地名，在周金文《不娶簋》中有西俞、高陶二地。《不娶簋》云：

> 唯九月初吉，戊申，白氏曰：不娶驭方，猃狁广伐西俞，王令我羞追于西，余来归献禽。余命汝御追于□。汝以我东宕伐猃狁于高陶……

按此两地，西俞为伐猃狁之所及，而高陶则为战场。首先谈西俞，王国维谓其地在宗周之西，其言曰：

> 凡此八地均在宗周东北，唯西俞一地，则在宗周之西。（《鬼方昆夷猃狁考》）

王氏在其《不娶敦盖铭考释》中也说：

> 此西俞者在丰镐之西，故云：王命我羞追于西，与《尔雅》之西隃，

① 参看钱穆《周官著作时代考》（《燕京学报》第十一期），谓此书作于战国晚世三晋人；郭沫若《周官质疑》（《金方丛考》）亦谓《周官》为战国末荀卿弟子所撰。

② 按郭沫若谓周师与猃狁战于"洛之阳"，是指战于陕西的北洛水。并谓"北洛水南流，称阳知必为东矣。"这完全是出于想象。因为渭北之洛水是南北流向，两岸只能称东岸西岸，不得谓之阴阳。只有东西流向的河流，谈到两岸才能称阴阳。所以，"洛之阳"这个洛必然是指东西流向的河水。专从这一点，也可以证明，这个"洛之阳"绝对不是指渭北之洛水。

《越世家》之先俞皆不相涉。以地望与字义求之，远在陇坻，近则《水经》扶风杜阳县之俞山，皆足当之。

按周之征伐狁狁实际上是发自成周洛邑，而王氏却误以为自宗周出发，故不得不说此西俞在宗周之西。郭沫若驳王氏说曰：

> 西俞即《纪年》之俞泉，《尔雅》所谓北陵、西隃、雁门是也。曰王命我羞追于西者，乃王在成周所命。王国维解为在宗周所命，遂疑西俞非雁门，而于宗周之西杜阳俞山，乃至陇坻以求之，并疑《尔雅》"雁门是也"四字乃汉人旁注之字误入正文者，非也。

按郭氏驳王氏说虽是，而又谓西俞即《尔雅》所谓"北陵、西隃、雁门是也"（《释地》），恐亦未安。按铭文明言"狁狁广伐西俞，王命我羞追于西"，则西俞必在成周之西可知。而《尔雅》之西隃、雁门则在成周之北千有余里，故知此与金文中之西俞决非一地。郭氏又谓西俞即《竹书纪年》之俞泉。按《竹书纪年》此文见《后汉书·西羌传》注所引，原文作"（夷王）命虢公率六师伐太原之戎，至于俞泉，获马千匹"。盖由太原内侵之戎，而名之曰太原戎。"俞泉"亦不见于其他古籍。余疑"俞泉"或即《山海经》中之"俞随"。《山海经·中山经》云：

> 《中次六经》缟羝山之首曰平逢之山，南望伊、洛，东望榖城之山……又西十里曰厘山……其西有谷焉，名藿谷……俞随之水出于其阴，而北流注于榖水。

郝懿行《笺疏》谓"平逢山"即北邙山，邙山之异名，"榖城"即《汉书·地理志》河南郡榖城，在洛阳西北。"厘山"在今河南新安县。而"藿谷"郝氏谓即《左传》昭公二十六年云"王次于藿谷"之"藿谷"，地与河南洛阳为近。而榖谷即《国语·周语下》谓周灵王二十二年载"榖、洛斗"之榖水。洛水在王城之南，榖水在王城之北，东入于瀍水之榖水。《水经注》卷十六也有"榖水又东，俞随之水注之"。引《山海经》与之互相印证，最后说："世谓之孝水也。""是水在河南城西十余里。"以此"俞随"所在约在成周之西，洛、榖二水流域之间。按"俞泉"或即"俞随"也。"泉"古音在"元部"，"随"为支韵，然字来自"歌部"，与"泉"字可以为阴阳对转。在二字声纽上，一为从纽，一为邪纽，发音部位相同（同为舌尖音）。所以，二字通转是没有问题的[①]。然则，《竹书纪年》之"俞泉"即《山海经》之"俞随"也。这就是说，金文中的"西俞"一地也在"洛之阳"区域之内。铭谓"王令我羞追于西"，以王在成周言，西俞自在西也。

下面再探讨"高陶"。王国维释"高陶"为"高陵"，谓即汉之高陵县，其言云：

> 不娶敦之高陵，亦当即《汉志》左冯翊之高陵县。其地西接池阳，亦在泾水之委。（《鬼方昆夷猃狁考》）

按《不娶簋》铭文"高"下之字作"陵"，右旁从两厽，与《散氏盘》"陵"字之作"陵"、《陵叔鼎》之陵字作"陵"迥异。则此字决非陵字可以断言。王氏以"高陶"为"高陵"县说，自不可从。又按《齐鎜氏钟》有"鎜"字，或谓即《齐镈》"鎜"字之异体。故陶应为陶字。然匋字与从匋之字，金文、匋文数见不鲜，均从缶不从土，谓陶为陶字，实乏证据。孙诒让则谓"陶"为"陉"字，又谓高陉为八陉之一。孙氏在《古籍余论》卷三曾说：

> 窃疑此当为陉字，右形盖重壬字。说文壬部壬从人土。一曰象物出地挺生也。许后一说，盖从土而上出为𠂆。今考金文从壬之字，唯廷字常见……此从勹而重之，与廷字所从偏旁壬字正同……此当为陉之变体。说文𨸏部陉山绝坎也，从𨸏巠声，川部巠从壬省声，古文作巠不省，故此变巠为两壬，其声类同也……此高陉当为八陉之一。但不能定其确为何陉，要与西俞相近，必在燕代之间，殆无疑义也。（《不娶敦盖下》）

按孙氏以金文"廷"字证"陶"为"陉"字，又谓即"陉"字之变体。于是说此地为"高陉"为"高陉"在燕、代间。从字形上论，其说较旧说似合理，但古文献上无"高陉"一地，所以，"陶"是否为"陉"，仍有可疑。且八陉之地与猃狁出没地域，仍似太悬远也。

铭文"高陶"之"陶"，余颇疑其右形为重氐或重乒、或重氏字。氐、乒、氏三字在《说文》卷十二。许氏说解不足信，段玉裁注亦牵强难信。从甲骨、

[①] 据高本汉（B.Karlgren）《分析字典》（Analytic Dictionary of Chinese and Sino Japanese）之《绪论》中有"普通定律"（General Laws），谓〔dz'〕与〔z〕可以相通。再据高氏《方言字典》（《中国音韵学研究》，商务印书馆译本），泉、随二字日本、汉音声母为〔s-〕，吴音同为〔z-〕，安南音同为〔t-〕，广州音同为〔ts'-〕，上海音同为〔dz-〕，可见二音声纽至今仍有混用的。

金文中此三字形体极相近，三字可以互用①。因之，"陶"也可释为"陕"或"陔"。按《杜伯盨》"杜"字，器作"杜"，盖则作"杙"，可见"土"也可作"丨"形，而"氏"或"氐"之古文字作"丨""丨"，自亦可释从人从土之"丨"。那么，"高陶"也可作"高陕"或"高陔"了②。古地名有"高氏"，也有"高氐"。《左传》成公十七年谓："卫北宫括救晋，侵郑，至于高氏。"杜注："高氏在阳翟县西南"，即今河南禹县。另外，我们在前面讨论"俞随"时所引《山海经·中山经》中有古山名"缟羝山"，已知此山在北邙山、郏山、穀城、穀水等成周附近，或成周以西之地。"缟羝"根据古文字演变规律，偏旁是后人加的原则，"缟羝"最早当作"高氐"。

按以上"高氏""高氐"二地，均有为铭文中"高陶"之可能，就以前对猃狁地理讨论内容观之"缟羝山"，也正在"洛之阳"之地域，则此地或即"高陶"尤为可能也。

2. 罟鱻与余吾

《兮甲盘》："佳五年三月，既死霸，庚寅，王初各伐猃狁于罟鱻。……"其中"罟鱻"二字为地名，但不见于今古地志，而且二字也不见于字书。王国维云：

> 罟字虽不可识，然必为从罒畕声。鱻则古文鱼字。《周礼·天官·廲人》，《释文》本或作敊，廲敊同字，知鱻鱼亦一字矣。古鱼吾同音，故往往假鱻廲为吾。《齐子仲姜镈》云："保鱻兄弟，保鱻子姓"，即保吾兄弟，保吾子姓也。《沇儿钟》云："廲以宴以喜"，即吾以宴以喜也。敦煌本隶古定《商书》"鱼家旄孙于荒"，日本古写本《周书》"鱼有民有命"，皆假鱼为吾。《史记·河渠书》"功无已时兮吾山平"，吾山亦即鱼山也。古鱼吾同音。(《鬼方昆夷猃狁考》)

此论谓"鱻"字从历史沿革上可以为鱼，而鱼与吾又同音，"罟鱻"自然也可以为"罟吾"。于是王氏便推论，"罟鱻"一转即春秋时之"彭衙"，其言曰：

> 罟鱻与春秋之彭衙为对音。罟、彭声相近，鱻衙则同母兼同部字也。《史记·秦本纪》武公元年伐彭戏氏，《正义》曰：戎号也。盖同州彭衙故城是

---

① 参看李孝定《甲骨文字集释》第 12 卷第 3723-3752 页 "氏""乐""氐"三字下所引各家之解说，及周法高《金文诂林》卷 12 所引各家之说。文繁这里不能具引了。

② "氏""乐"二字金文数见不鲜，惟氐字金文中以前没有见过。1957 年在河南三门峡市上村岭发现的虢国贵族墓地出土的一件铜盘，铭文有"虢金氐孙作宝殷，子孙永宝用"，始一见。并且此"氐"读氏还是读"氐"仍不可知。由此也可证明，金文中"氏""乐"等字可能久与"氐"字互用了。

也。戏盖虏之讹字矣。彭衙一地，于汉为左冯翊，衙县正在洛水东北。（同上文）

王氏既误以《虢季子白盘》之"洛"为泾、洛之北洛水，啚虏一地，故也在没有什么其他线索指引下，亦误于渭北求之。

余谛思"啚虏"实即《汉志》上党郡之"余吾"也。按"啚"字从𦥑啚声。而"啚"在《广韵》"模韵"之定纽，"同都切"，并于字下注："俗本音鄙"。余谓"啚"字古音即为"同都切"，并非俗读。"圖"字即从啚得声。试立四证以明之：

《碧落碑》铭文[1]有句曰："则岂啚昊天不惠。"啚字作"𱼞"，郑承规释文即释作圖，足见"啚"读如圖，此其一。

汉《韩勑修孔庙后碑》（见《隶释》卷一）云："改画圣像如古啚"。此亦以为图字，此其二。

又慧琳《一切经音义》卷二八《维摩诘所说经音义》在"所圖"下云："案《诏定古文官书》：圖、啚二形同。达胡反。"此"啚"应读如"圖"之证。此其三。

再求之于周金文，《敔簋》："啚于棫伯之所。"《雍伯鼎》："王令雍伯，啚于𡉼为宫。"此二啚字似均非人名或地名，而是动词，图谋之意，决不能读如鄙。此古读如圖之证，此其四。

"啚"古读既为"圖"，则从啚得声之"啚"字，字当在模韵。古地名中"余吾"之"余"在鱼韵以诸切，模、鱼二韵，古同在一部，是"啚""余"二字古音同部（段氏同列入第五部，江有诰同列入鱼部）。二字一为定纽、一为喻纽四等，定与喻四等二纽古时又互相通转[2]。如从"余"得声之字，有途、酴、駼、涂、塗、茶、郐、籊等字，均模韵同都切。又《广韵》鱼韵中有歟字，与从吾得声之齬、铻同为语居切。故知金文中"啚虏"实即"余吾"也。《左传》成公元年谓，刘康公败绩于徐吾氏。徐吾当即《后汉书·西羌传》注引《竹书纪年》谓太丁四年周人伐余无之戎。"余无"亦即"余吾"。凡此均"余吾"于春秋前之可考者也。又《山海经·北山经》云："又北百八十里，曰北鲜之山，是多马，鲜水出焉，而西北流注于涂吾之水。"《汉书·武帝纪》："（元狩）二年……夏，

---

① 《碧落碑》著录于《金石萃编》卷57，此篆文碑虽作于唐代，然其每字结体、偏旁多有根据。《潜研堂金石跋尾》及钱侗《跋》均极称许。

② 按曾运乾、钱玄同等声韵学家均主张喻纽四等字归定纽。瑞典汉学家高本汉（B.Karlgren）的《分析字典》在绪论中亦论定、喻二纽的通假。均可参看。

马生余吾水中。"应劭注曰:"在朔方北也。"按应说非是。清王先谦《汉书补注》驳之曰:"《匈奴传》匈奴闻公孙敖出,悉远其累重于余吾水北,则其水在匈奴北边。彼水生马,何关汉事?而史记之,应说非也。《汉书·地理志》上党郡有余吾县。《水经注·浊漳水》:涞水出发赐山,东迳余吾县故城北,又迳屯留县北入漳。所谓余吾水即此水也。余吾在今潞安府屯留县西。"王先谦说"余吾"在屯留县西,正位于前所考古太原(山西平阳)之东。《兮甲盘》谓:"王初各伐玁狁于𨇠臺。"这次战争场地,在今山西汾水下游,正与《诗经》称"薄伐玁狁,至于太原"相当也。

3. 瓜州、九州及厽由

《左传》昭公九年谓:周甘人与晋阎嘉争阎田,晋梁丙、张趯率阴戎伐颍。王使詹桓伯辞于晋,其言曰:

> ……先王居梼杌于四裔,以御螭魅。故允姓之奸居于瓜州。伯父惠公归自秦,而诱以来,使逼我诸姬,入我郊甸,则戎焉取之。戎有中国,谁之咎也?

按允姓之奸即西周时玁狁之苗裔也。晋惠公归自秦而诱来事,见于《左传》僖公二十二年:"秋,秦、晋迁陆浑之戎于伊川。"春秋时戎狄迁居瓜州者,尚有姜戎,亦谓为晋惠公招至晋之南鄙。《左传》襄公十四年云:

> 将执戎子驹支,范宣子亲数诸朝,曰:"来,姜戎氏!昔秦人迫逐乃祖吾离于瓜州。乃祖吾离被苫盖、蒙荆棘,以来归我先君。我先君惠公有不腆之田,与女剖分而食之。今诸侯之事我寡君不如昔者,盖言语漏泄,则职女之由。诘朝之事,尔无与焉。与,将执女。"对曰:"昔秦人负恃其众,贪于土地,逐我诸戎。惠公蠲其大德,谓我诸戎,是四岳之裔胄也,毋是翦弃。赐我南鄙之田,狐狸所居,豺狼所嗥,我诸戎除翦其荆棘,驱其狐狸豺狼,以为先君不侵不叛之臣,至于今不贰……"

读此可知姜戎与前所述的允姓戎同居过瓜州[1],遭秦人迫逐,于晋惠公时,

---

[1] 按姜戎与允姓戎为种姓各异之两族,晋杜预误为一族,注曰:"四岳之后,皆姜姓。又别为允姓。"清顾栋高《春秋大事表》之《四裔表》亦误从杜注,以为允姓戎与姜戎为一族。其实姜戎之姜是齐、许、申、吕之姜,而允姓戎本为玁狁之后裔,不得混而一之。盖当时居瓜州者有姜姓、允姓,还有其他姓氏之戎,由于生活方式相近,"饮食衣服,不与华同"。他们共同组成一个有机共同体或部落同盟,以与诸夏对立抗衡,同居瓜州一带。因而华夏视彼等为一国,但其内部自有分别。

晋始招之，入居中原。瓜州一地，杜预注曰："瓜州，今敦煌。"《汉书·地理志》敦煌郡敦煌下注云："中部都尉治步广侯官。杜林以为古瓜州地，生美瓜。"颜师古注曰："即《春秋左氏传》所云，'允姓之戎居于瓜州'者也。其地今犹出大瓜，长者狐入瓜中食之，首尾不出。"此说古瓜州之地，在今甘肃西北部。如此，则允姓戎、姜戎之入居中原，自然是自西而东。对此，余颇有疑。盖古代中原之少数民族，其迁徙之迹可考者，大都自东而西：若乌孙之徙、塞种之徙、大夏之徙、大月氏之徙、匈奴之徙、哒之徙、九姓昭武之徙、突厥之徙、回鹘之徙、蒙古之徙，莫不自东而西，即如玄奘所称窣利、睹贺逻二种，亦有西徙之迹（此本王国维《西胡考》）。允姓戎、姜戎何一反其例，而自西东迁？不能不令人生疑。且允姓戎若诚居今甘肃敦煌，秦师逐之，只能西避，何能越秦而东来中原？古瓜州其不能在秦之西北明矣。顾颉刚先生言曰：

> 夫秦都于雍，即今陕西凤翔，离敦煌三千余里，所谓"风马牛不相及"者，秦以何种需要而劳师迫逐之？且其间杂居戎族至多（《史记·匈奴传》云："自陇以西有绵诸、绲戎、翟𢇲之戎"），秦又安得越界而迫逐之？果有越界迫逐之举，则秦自凤翔抵敦煌，大军东来，姜戎亦当西窜今哈密等地，何以反东向秦都而逃遁，入于战胜者之腹地，乃从容为晋惠公所"诱以来"邪？窃意瓜州当在今凤翔之东，实居秦晋之间。故秦人得而迫之，晋人得而诱之耳。[①]

又曰：

> 又有一事足以补证瓜州之必不甚远者，《左氏》庄二十八年《传》云："晋献公……娶二女于戎：大戎狐姬生重耳，小戎子生夷吾。"此二戎女，《左氏》一著其姓曰姬。一则未著。杜预《注》云："小戎，允姓之戎；子，女也。"苟杜氏此注确有所据，则是秦人尚未逐戎，而瓜州诚在敦煌，则离晋四千余里，晋献公安得娶妻若是其远？且如杜氏说，晋惠公既为允姓之戎所生，则当因其外家为秦所逼，故迁其民而保护之。爱屋及乌，遂迁姜氏之戎也。即此一端，亦足证瓜州之不在秦西而在晋西，故得通婚媾于晋，与献公之伐骊戎而纳骊姬，其道路为略同也。

顾先生辨瓜州之不在秦西，极为精确，已成为颠扑不破的定论。古瓜州不

① 说见其所著《九州之戎与戎禹》，《禹贡》半月刊第七卷第六、七合期。

在秦西固是，然谓"当在今凤翔之东"，又谓"在晋西"。余谛思之，亦觉未安。盖遍检诸古文献，这一地带并无瓜州丝毫痕迹。按允姓之戎既为西周时之猃狁，而猃狁居地在晋，前已证明。则允姓戎所居之瓜州，亦当于晋境附近求之。《左传》庄公二十八年云："晋献公娶于贾，无子，烝于齐姜，生秦穆夫人及大子申生。又娶二女于戎。大戎狐姬生重耳，小戎子生夷吾。"重耳为姬姓戎所生，夷吾为允姓戎所生（据杜注谓，小戎允姓之戎）。至骊姬之乱，重耳奔狄（见《左传》僖公五年）。狄其外家姬戎之国也（古时戎狄可互称，已见前）。《左传》僖公六年又谓："晋侯使贾华伐屈。夷吾不能守，盟而行，将奔狄。郤芮曰：后出同走，罪也。"夷吾所奔之狄，亦必其外家允姓戎之国也。然此云："后出同走"，则允姓之小戎与姬姓之戎必居同地。且必为一国，或称之为一个有机体可知。春秋时之戎狄，种姓不一，名号丛杂。《左传》僖公八年："里克曰：惧之而已，无速众狄。"《左传》宣公十一年云："晋郤成子求成于众狄。众狄疾赤狄之役，遂服于晋。"盖当时诸戎狄，尚处于部落联盟的氏族社会末期，诸狄分为多种氏族，拥戴一族为共主，成为一个部落联盟，与中原诸夏对立。若其中一氏族之地望一明，他族之地理亦可大致推知。重耳居狄时曾"从狄君以田渭滨"（见《左传》僖公二十四年）。离狄时又出行先至卫（《左传》僖公二十三年）。卫文公时都楚丘，在今河南之滑县东。则姬戎之国当在晋地。《史记·晋世家》：献公曰："曲沃吾先祖宗庙所在，而蒲边秦，屈边翟。"（按蒲在蒲坂，屈为今之吉县）《晋世家》又云："晋强，西有河西，与秦接境，北边翟。"由此可知姬戎居晋之北。允姓戎既与之为一国，则其居地瓜州非晋北莫属矣。且史既称："蒲边秦""北边翟"，又明明说晋国"晋有河西，与秦接境"，是狄在晋北，而秦、晋之间无狄，允姓戎所居之瓜州，决不得在晋西或今凤翔之东，可以断言也[①]。

瓜州之在晋北，再以姜姓族之发祥地证之。《国语·周语下》云：

> 昔共工弃此道也……欲雍防百川，堕高堙庳，以害天下。皇天弗福，庶民弗助，祸乱并兴，共工用灭……其启伯禹念前之非度。厘改制量，象物天地，比类百则，仪之于民，而度之于群生。共之从孙四岳佐之，高高下下，疏川导滞……祚四岳国，命以侯伯，赐姓曰姜，氏曰有吕……申、吕虽衰，齐、许犹在。

---

① 按《左传》僖公六年述晋骊姬之乱，郤芮劝夷吾："不如之梁，梁近秦而幸焉。"揆之郤芮语意，乃谓梁近秦，不言狄近秦。梁地在今陕西省韩城县南二十二里之少梁城。若允姓戎所居之瓜州确如顾先生言在凤翔之东，则其距秦较梁距秦更近。郤芮劝夷吾之梁，不应以梁近秦为理由也。

这就是说，姜姓国之发祥地原于"四岳"。《周语》又谓"齐、许、申、吕由大姜"。盖因姜姓初封于四岳区域之内，故或谓其祖先号为四岳也。四岳一地，又见于《左传》昭公四年，司马侯之言曰："四岳、三途、阳城、大室、荆山、中南、九州之险也"，杜预注四岳曰："东岳，岱；西岳，华；南岳，衡；北岳，恒。"这完全是以后世五岳地理释之，非古代四岳之原义。且据《国语·周语》之文，谓祚有吕以四岳，其为吕国所居之一小区域甚明。吕为一小国，焉能祚以如杜注所定四岳、广包千数百里邪？四岳乃一地名（三途也同样系指一地），决非指四座山，又可以因其异文作"太岳"证之。《左传》云：

> 夫许，太岳之胤也。（《左传》隐公十年）
> 姜，大岳之后也。（《左传》庄公二十三年）

我们若以此与前面所引《国语·周语》之文相较，则"四岳"即"太岳"。古文字"大""太"一字，按"大"《说文》中有古文、籀文二形体，籀文作"𣴎"，与"四"字形体极相近，因而古文献上二字常由于形近而互讹[1]。盖古文献原作"太岳"或"大岳"，后来传写因形近而讹为"四岳"。古太岳地望则在今山西省境，《禹贡》云：

> 冀州，既载壶口，治梁及岐，既修太原，至于岳阳。
> 导岍及岐，至于荆山，逾于河。壶口、雷首，至于太岳。

按《禹贡》之"岳阳""太岳"亦即"嶽阳""太嶽"。"岳"在《说文》中乃"嶽"之古文。司马迁《史记·夏本纪》引《禹贡》即作"大嶽"。东汉郑玄《毛诗谱》（《诗经注孔疏》所引）谓"大岳"在河东虤县东名霍太山。据此可知四岳者乃今山西省中南部之霍太山甚明。而后人不引此，每滋曲说，或谓四岳为岱宗等四山，或谓为西方甘肃境之山者[2]，何哉？！

姜姓之发祥地四岳，既已证明在今山西省的中南部，则知申、吕二国，最早原居晋地，《诗经·大雅·崧高》之诗曰：

> 崧高维岳，骏极于天，维岳降神，生甫及申，维申及甫，维周之翰……

---

[1] 按大、四二字古书中因形近而互讹的例子很多。孙诒让《墨子间诂》中《非攻》篇下："乡制大极"，孙诒让谓"疑为'乡制四极'……'四'篆文作'𫲜'与'大'篆文亦相近，故互讹。"

[2] 杜注四岳为岱、华、衡、恒四山。顾颉刚《九州之戎与戎禹》以四岳为西方之山，即今甘肃东之汧山。皆未确。

甫即吕，《尚书·吕刑》于《礼记·表记》引作"甫刑"是其证。《毛诗传》谓："崧，高貌，山大而高曰崧。岳，四岳也……"赞美太岳山之高大灵异，故能生吕、申二国[①]。吕国其先在晋。吕甥之吕，地接太岳。钱宾四师《周初地理考》云：

> 晋有吕甥，其后有吕相。《续汉书·郡国志》注云："河东郡永安故彘，《博物记》曰，有吕乡吕甥邑。"

程恩泽《国策地名考》：

> 《左传》吕郤畏逼，今霍州西三里有吕乡，西南十里有吕城，或谓即阴邑。州东南十五里。又有阴地村。此吕氏之邑，近于霍山之证也。

凡此均为古吕国、吕地在山西省南部之遗迹也。连建国于东方的姜姓齐国，最初也可能是来自山西之吕国，故齐之始祖姜尚称吕尚，其子丁公称吕伋（见《史记·齐世家》及《尚书·顾命》）。周公第二次克商后，齐国才从山西真正东封于山东（山东太岳、泰山之名亦袭自于山西太岳而来）。

姜姓之申国，其先亦在山西省太岳区域之内，至周宣王时始改封申伯于南土。《诗经·崧高》曰：

> 亹亹申伯，王缵之事，于邑于谢，南国是式。王命召伯，定申伯之宅，登是南邦，世执其功。王命申伯，式是南邦，因是谢人，以作尔庸。……申伯信迈，王饯于郿，申伯还南，谢于诚归。王命召伯，彻申伯土疆，以峙其粮，式遄其行。……不显申伯，王之元舅，文武是宪。……吉甫作诵，其诗孔硕，其风肆好，以赠申伯。

《诗经》谓申伯徙封既曰"王命申伯，式是南邦"。又曰"申伯还南"，"南国是式"，"登是南邦"等等。而所封之地又是谢（在今河南南阳县），则其原住地必在其北无疑。山西省南部的太岳区域，正合乎其方向。

---

① 《诗经》之"崧高维岳"之"崧高"乃形容词，非指太室山为崧高为岳。清阎若璩《潜邱札记》云："金世宗大定间，或言今既都燕，当别议五岳名，不得仍前代。太常卿范拱辄援《嵩高·疏》数语以对，后不复改。明以来之人，独未读《金史》乎？因思崧高维岳，非当时以太室山为岳，乃诗人借岳来赞美之，曰：有崧然而高者，维是四岳之山。其山高大上至于天。维是至天之太岳，降其神灵和气以生甫国之侯，以申国之伯。《尔雅》撰于《三百篇》后，缘此遂实指'嵩高'为中岳，太史公又出于《尔雅》后，并补注《尧典》曰中岳嵩高也。是殆忘却《禹贡》之太岳矣。将尧有二中岳邪？汉武帝登礼太室易曰崈高中岳，名益显。皆为《尔雅》所误者。"此论极是。

《诗经》称"申侯信迈，王饯于郿"。王徙封申伯于今之河南省南阳之谢邑，于是在郿为之饯行。郿在何处？这成为经学家千百年来未解决之大问题。《毛传》只称"郿，地名"，不详其所在。后人均以汉右扶风之郿县说之。清陈奂《诗毛氏传疏》云："今据《方舆纪要》郿县在陕西凤翔府东南百四十里。而故郿城在县东北十五里。岐山县在府东五十里。而岐阳废县在县东北五十里。以此复之，则郿地在岐周之南，相去不过五六十里。"此郿在丰镐之西，而申伯还南，是往成周之南，途中绝对不会经过镐、岐京。《国语·郑语》史伯之言有："当成周者，南有申、吕。"此申、吕在春秋时属楚。《左传》成公七年云："子重请取于申、吕以为赏田，王许之。申公巫臣曰：'不可，此申、吕所以为邑也，是以为赋，御北方。若取之，是无申、吕也。'"《汉书·地理志》南阳郡宛下云："故申伯国。有屈申城，县南有北筮山。"《潜夫论·志氏姓》亦云："申城在南阳、宛北序山之下。"然则汉宛县为申伯之国。即宣王所封之谢。申伯赴谢，何不径直南行，而必西越丰、镐至岐山始东返，再南下；宣王不饯之于申伯必经之路，而也西至岐周之郿县。此不通之甚也。东汉郑玄已知其不通。郑《笺》故云："时王盖省岐周，故于郿云"，《正义》亦谓："申在镐京之东南，自镐适申，途不经郿。解其得饯郿之意，时宣王盖省视岐周，申伯从王至岐，自岐遣之，故饯之于郿也。"此乃故意穿凿，以为旧说弥缝，惜仍难令人信从。徐中舒先生作《殷周之际史迹之检讨》[①]，虽仍以郿为汉右扶风之郿县，而别立一新解，谓古代关中与江汉之通道，仅有由褒斜而南至江汉一途。故申伯还南，必西行至郿县，南由褒斜，而始能入巴、蜀、江汉之域。其言曰：

> 郿地远在丰镐之西，而与岐山为近。申伯还南，宣王不南饯之于近地之蓝田、子午，而西饯之于郿者，盖郿近在褒斜之北，此古代关中与江、汉流域之交通，不由子午、少习，而仅由褒斜之证。周自大王迁岐山之下，得与此道近，因得以经营巴、蜀、江、汉，蔚为大国，卒以灭商，其事决非幸致。

按徐先生此说，未可据信。因时秦晋通楚之路，并非褒斜，而实乃在其东的武关、少习一途。此见于《史记·楚世家》：

> 楚王……遂绝和于秦，发兵西攻秦。秦亦发兵击之。十七年春，与秦战丹阳，秦大败我军……遂取汉中之郡。楚怀王大怒，乃悉国兵复袭秦，

① 见《中央研究院历史语言研究所集刊》第七本第二分，1936 年 12 月。

战于蓝田，大败楚军……秦昭王遗楚王书曰……寡人愿与君王会武关，面相约，结盟而去，寡人之愿也，敢以闻下执事……（秦）昭王诈令一将军伏兵武关，号为秦王。楚王至，则闭武关。遂与西至咸阳。

从这段史料看，秦楚构兵，多取径于武关。《史记·屈原传》亦言："（楚）怀王怒，大兴师伐秦。秦发兵击之，大破楚师于丹淅。"《索隐》谓丹、淅"二水名，谓于丹水之北、淅水之南。丹水、淅水皆县名，在弘农。所谓丹阳淅"。《水经》卷二十亦谓："丹水出京兆上洛县西北冢岭山。"此水东入河南，经淅川东会淅水，东距申、吕二国甚近。由宗周东南前往申、吕，不取径近路，由少习、武关、丹、淅一线之近路至谢，反而遥远地西行越宗周、绕道至岐山南之郿县，再南下褒斜。以情理度之，必不如此。

晋、楚南北通路，又见于《左传》哀公四年云：

> 楚人既克夷虎，乃谋北方……袭梁及霍。单浮余围蛮氏，蛮氏溃，蛮子赤奔晋阴地。司马起丰、析与狄戎，以临上洛。左师军于菟和，右师军于仓野，使谓阴地之命大夫士蔑曰：晋、楚有盟，好恶同之，若将不废，寡君之愿也。不然，将通于少习以听命。

晋阴地，杜预注曰："阴地，河南山北，自上洛以东至陆浑"，是指陕西商县至河南嵩县一带，其地南阻终南，北临大河，皆称为阴地。丰析者，河南南阳、淅川西南有丰乡城，其地与郧阳相接。上洛即今陕西商县。《水经注》卷二十《丹水》引《竹书纪年》云："晋烈公三年，楚人伐我南鄙，至上洛。"菟和、仓野均在上洛附近，临丹水，《水经注》卷二十云："丹水自仓野，又东历菟和山。"少习一地则近武关。《水经注》卷二十又曰："丹水自商县东南流注，历少习，出武关。应劭曰：秦之南关也，通南阳郡。"《水经注》接着又引京相璠曰："楚通上洛阨道也。"按此则知当时楚可经南阳武关、少习临上洛，以威胁晋国；而不西至褒斜，道出郿县，再东面以临晋。申伯之国西与丰淅为邻，若申伯果由宗周赴谢，必取武关、少习以达之，这是极为清楚明白的事理。徐先生也知道少习为关中通江汉之路，不过他以为这是春秋以后的事，以前仅有褒斜一途，其言曰：

> 此少习似为关中通江汉之要道，但此在春秋以前迄无可征。

今考西周末年有一史事，可资证明春秋以前由宗周赴南封后之申、吕，不西经汉之郿县及褒斜，而径自东出骊山者。周幽王晚年嬖爱褒姒及褒姒所生子伯服。因欲废申后并去太子宜臼，以褒姒为后，以伯服为太子。《国语·晋语》纪其事曰："逐太子宜咎，而立伯服，太子出奔申"，《国语·郑语》史伯之言亦曰："申、缯、西戎方强，王室方骚，将以纵欲，不亦难乎？王欲杀太子以成伯服，必求之申，申人弗畀，必伐之。若伐申，而缯与西戎会以伐周，周不守矣。缯与西戎方将德申，申吕方强，其隩爱太子，亦必可知也。"《周本纪》谓："遂杀幽王骊山下。"盖当时太子宜臼避难出奔申，周幽王欲杀之以成伯服，因而出师伐申，申、吕联军迎之于中途骊山，幽王被弑，西周乃亡。骊山所在据张守节《史记正义》引《括地志》云："骊山在雍州新丰县南十六里。《土地记》云：骊山即蓝田山。按骊山之阳即蓝田山。"这些史料清楚地说明周幽王由宗周出发讨申，东出经骊山。若据徐先生的说法，由关中赴申，仅褒斜一路，则幽王之师应西出郿县，转褒斜，何能东出而死于骊山？即此一端，已足证春秋以前从关中赴申，决不会西越宗周，绕道汉扶风之郿县。徐先生的说法自难以成立了。

诗中所谓"王饯于郿"之"郿"既不可能是汉右扶风之郿县，已辨如前。那么，西周时的"郿"到底在何处？我认为这一郿地当在申原居地太岳区域之晋境，极可能就在潞城附近。

《嘉庆重修一统志》潞安府有微子岭、微子桥。《太平寰宇记》卷四十五潞城县下云："微子城，在县东北二十里。"按山西潞城县这个微子城，当即商末微子之食邑。此为殷商畿内地，东南去朝歌不远。古之"微"与"郿"二字古音为同部（按微在微韵，郿在脂韵，同在段氏第十五部），并且二字又同为明母，故得相通。《仪礼·少牢馈食礼》之"眉寿万年"，郑《注》谓古文郿为微。《左传》庄公二十八年："冬，筑郿"，《公羊传》《穀梁传》作"筑微"。古书上微、眉二字相通之例至多。所以我们可以理解《诗经》称"王饯于郿"，也即是"王饯于微"。山西潞城之微，西距太岳不远。申、吕原本居太岳区域，与微地近。我们说周宣王改封申伯于谢时，从东都成周，北去微地与申伯饯行，是顺理成章的[①]。

从上所论，姜姓之申、吕在周宣王封之于谢前，确在晋境太岳区域之内，无可怀疑。而前所引《左传》（襄公十四年）、《国语》（周语）又说明了姜戎氏之姜与齐许申吕之姜，同祖四岳，申、吕姜姓之族既发迹于晋，则春秋时未被

---

① 陕西也有"微"。20世纪70年代岐山区域出土一大批微氏家族的铜器，经学者研究，认为微史家族是商王室后代的一支，原居商畿内，为商王的史官。商灭亡后，微史烈祖就投奔了周。周武王在西方给他采邑，也名微。请参看王培真《金文中所见的西周世族》1983年油印本。

迁的姜戎氏亦必原居在晋。范宣子亲数戎氏言："昔秦人迫逐乃祖吾离于瓜州。"则姜戎氏所居之瓜州，必在晋境明矣。

瓜州一地在晋境，另有一事可资以为证者。《国语·周语上》曰：

> 宣王即位，不藉千亩。虢文公谏曰：……王耕一，班三之，庶民终于千亩……王弗听。三十九年战于千亩，王师败绩于姜氏之戎。

此姜氏之戎当即后来春秋时之姜戎也[①]。宣王之时姜戎尚未离瓜州。此云战于千亩，则此战地千亩当距其居地瓜州不远。欲寻瓜州地望，可先考千亩所在。《左传》桓公二年载有："晋穆侯之夫人姜氏，以条之役生大子，命之曰仇。其弟以千亩之战生，命之曰成师。"千亩一地，《史记正义·赵世家》引《括地志》谓在晋州岳阳县北九十里之千亩原。《续汉书·郡国志》太原郡界休有千亩聚。盖即古之千亩[②]。千亩既知，则"瓜州"似可以于此附近去追寻。

按山西介休附近有瓜衍之县，见之于《左传》宣公十五年，云："晋侯赏桓子狄臣千室，亦赏士伯以瓜衍之县。曰，吾获狄土，子之功也。微子，吾丧伯氏矣。"盖士伯对与戎狄竞争有功，而瓜衍之县乃晋人夺于狄手，故以之赏士伯。《太平寰宇记》卷四十一孝义县下云："虞、虢二城。相传晋灭虞、虢，迁其人于此，筑城以居之。"又说："瓜城在县北十里，此本虢城。"《嘉庆重修一统志》汾州府下亦云："虢城在孝义县北，亦名瓜城。"虢、瓜音近，虢城实即瓜城。很可能是春秋时的瓜衍之县。此城与千亩相距不远，疑即姜戎、允姓戎所居之瓜州。此瓜州位于晋中北部，或有以秦人远在河西，安能渡江越晋，深入晋北，追逐姜戎所居之地为疑。其实在整个春秋时期，秦师确尝出没于这一带。《左传》

---

① 按宣王时之姜氏之戎，即春秋时之姜戎，清雷学淇不以为然。其《竹书纪年义证》（卷二十六）云："此姜戎即穆王迁于太原蔓处介休等处者，非春秋时败秦师于殽之姜戎。彼姜戎在惠公时始自瓜州迁晋。"雷氏之误，在不知瓜州即在晋千亩附近，而仍以为瓜州在敦煌，故有此误也。

② 按宣王与姜氏之戎战于千亩，即在山西介休之千亩，惟清儒多谓山西之千亩离镐京太远为疑。如阎若璩《潜邱札记》即说，"按《国语》宣王即位不藉千亩，虢文公谏弗听，此千亩乃周之藉田，离镐京应不甚远。末云三十九年战于千亩，王师败绩于姜氏之戎。《左传》系此事，绝有深意。盖自元年至今将四十载，天子既不躬耕，百姓又不敢耕，竟久成舄卤不毛之地，惟堪作战场，故王及戎战于此。因悟《赵世家》周宣王时伐戎及千亩战，奄父脱王，正此地。《括地志》以晋州、岳阳其北千亩原当之，不应去镐京如是其远，殆非也。噫！安得尽举经传子史注地理者，一一厘正之哉？"汪远孙《国语发正》也说："孔以千亩为近郊，其说是甚。《史记·赵世家》周宣王时伐戎及千亩之战，奄父脱王。《史记正义》引《括地志》千亩原，在晋州岳阳县北九十里。王自伐戎而远战于晋地，必不然矣。"阎、汪二氏之误同。为什么王自伐戎，就不能远战于晋境？《后汉书·西羌传》注引《竹书纪年》谓宣王时"王遣兵伐大原戎不克。后五年，王伐条戎、奔戎，王师败绩"。大原戎、条戎、奔戎均在晋境。《赵世家》谓："缪王曰驰千里攻徐偃王，大破之，乃赐造父以赵城。"《史记正义》谓："晋川赵城县即造父邑也。"是奄父居晋。今为王御以战于晋，实情理之中，二氏疑之非也。

成公十三年晋之吕相绝秦，有言曰："入我河县，焚我箕、郜。"箕地又见《左传》僖公三十三年谓："狄伐晋，及箕。"《太平寰宇记》卷四十四榆社县下："古箕城在县东南三十里"，又辽山县下有箕山。在今太谷县东南三十五里有箕城，郜城在今祁县西七里。箕、郜均在晋地瓜州附近，秦师既可侵到箕、郜，则姜戎、允姓戎所居之瓜州，必亦在其兵威控制之下，又何疑也。

秦人进入晋中北部之瓜州，余疑其途径，可能是从陕西北部延安一带东渡黄河，而至晋。何以言之？《左传》成公十三年所载吕相绝秦之辞，有谓"白狄及君同州，君之仇雠，而我之昏姻也。"顾栋高《春秋大事表》之《四裔表序》谓白狄在陕之延安所谓西河之地。又按白狄别种如鲜虞（《左传》昭公十二年）、肥（《左传》昭公十二年）、鼓（《左传》昭公十五年）均在今河北省藁城、晋县一带。盖当时姜戎、允姓戎以及姬姓戎狄（戎与狄可以互称）这一个政治共同体因为营游牧生活，飘忽于西自陕西延安，中经山西太原，东至河北藁城、晋县一带广大地域。秦人驱逐戎人，首先逼迫居延安者，依次渡河侵逼居晋北居瓜州之部分。于是才有秦人逐之，晋人诱之，戎族始南下也。

春秋时戎狄中又有所谓九州之戎者，为河南陆浑戎、阴戎之别名。《左传》昭公二十二年有云：

> 晋籍谈荀跞帅九州之戎及焦、瑕、温、原之师，以纳王于王城。

又《左传》哀公四年曰：

> 士蔑乃致九州之戎，将裂田以与蛮子而城之，且将为之卜。蛮子听卜，遂执之与其五大夫，以畀楚师于三户。

这里"九州之戎"，杜预注曰："九州戎，陆浑戎。"又曰："九州戎在晋阴地陆浑者。"按《左传》僖公二十二年曰："秦、晋迁陆浑之戎于伊川。"杜注曰："允姓之戎居陆浑，在秦晋西北，二国诱而徙之伊川，遂从戎号，至今为陆浑县也。"是"陆浑"本为允姓戎过去所居之地名，后戎徙至河南，又用旧地名名其新地，于是河南也有陆浑地名。九州戎名之来源，可能与此同类。九州本为允姓戎、姜戎在未南迁前之旧地名，至徙晋阴地及陆浑后，仍以其旧地名其族曰"九州"之戎。若此推论不误，则"九州"一地，其先亦当来自晋境。

九州之地应在晋北，还可以因"九州"与共工、伯禹及姜姓之申、吕有密切之关系而知。《礼记·祭法》云：

　　　共工氏之霸九州也，其子曰后土，用平九州，故祀以为社。

　　此言共工霸九州，而共工却为姜姓，四岳之祖，见之于《国语·周语下》：

　　　昔共工氏弃此道也……欲壅防百川，堕高堙庳……共工用灭……其后伯禹，念前之非度，厘改制量……共之从孙四岳佐之……皇天嘉之，祚（禹）以天下，赐姓曰姒，氏曰有夏……祚（共之从孙以）四岳国，命以侯伯，赐姓曰姜，氏曰有吕……有夏虽衰，杞、鄫犹在。申、吕虽衰，齐、许犹在。

　　前既已证明四岳并非四座山，实为一地名，即太岳，申、吕原本为山西霍太山区域内之民族。故共工所霸之九州，也未必为九个州，也可能是一地名，此地必去太岳不远。

　　我们知道在河南西南部亦有"九州"一地。《国语·郑语》郑桓公曰："谢西之九州何如？"韦昭注云："谢，宣王之舅申伯之国，在今南阳。"此今南阳西之九州。这是由于申伯旧居在晋之太岳，即其祖共工所霸之"九州"地区。申伯由晋南迁后，九州之名亦由北而至南，用晋之"九州"以名谢西之地，于是南方也有九州之名。顾颉刚先生理解"九州"包有渭、雒、伊、汝诸水流域，其所作《九州之戎与戎禹》云：

　　　推测当时九州之区域，其地盖始自陕西之极西部，或今甘肃之东南部，北由陇山（四岳），南抵秦岭（中南）；及逾潼关，则北暨崤函（荆山），南及熊耳之东（三途），以迄于今河南中部之嵩山（阳城、太室），包有渭、雒、伊、汝诸水之流域。[①]

　　顾先生以《山海经》中之西岳、南岳、北岳，《周礼·职方氏》文中之岳山，《尔雅·释山》之岳证"四岳"在今陕西陇县。可惜没有想到以《禹贡》之"太岳"证"四岳"之在晋。至于"九州"之地望，郑桓公明言："谢西之九州何如？"谢既为一小地，则谢西之九州也必不甚大，盖即为申西部一小地域，而顾先生所推之"九州"，西至陇山，东至嵩山，横亘于谢的北面，与郑桓公所说谢西之方向不合。

　　在古文献和铜器铭文中，"九州"与"禹"和"土方"，"禹"与洪水，均有不可分性。《齐侯镈》："咸有九州，处禹之堵。"《左传》襄公四年："于虞人之

---

① 顾颉刚：《九州之戎与戎禹》，《禹贡》第七卷六七合期。

箋曰：芒芒禹迹，画为九州。"而《诗经·长发》称"洪水芒芒，禹敷下土方"。[①]
九州为禹所创，土方为禹所敷。"九州""土方"是否为一地之异名呢？《鲁语》
云："共工氏之伯九有也，其子曰后土，能平九土。"而《礼记·祭法》则作：
"共工氏之霸九州也，其子曰后土，用平九州。"一作九土，一作九州，则土方
与九州纵非一地，亦必有相当关系或为邻近之地无疑。卜辞中常见之方国土方，
甲骨学者均谓当在晋境，则九州亦在晋境内明矣。最近胡厚宣先生作《甲骨文
土方为夏民族考》[②]，考证土方既是夏民族。而古史传说中，夏迹、禹迹，又
以冀州为多。凡此可为九州应在晋之又一证也。

以上证明"九州"为在今山西境内之一小地名，但并非谓春秋战国间人心
目中之九州，只此一地。所以引以为说者，只在指明禹及共工与山西地域有密
切关系，而推想后来之大九州系由山西九州、戎居地之九州，演变扩大而来。
历史上地名之传说，由小变大，由虚变实之现象，本极普遍。如四岳本即太岳
一山，后人乃扩大为四座山，再后又由四岳演为五岳。此则九州本为山西境内
一小地名，后人扩而充之，为包有数省之大九州。最初或只有虚浮之观念，再
后乃实之以九地，如《禹贡》之九州，更后又有邹衍之大九州。均循此路而演
变者也。

按春秋战国之际，晋北有一戎国，名曰"厹由。"其异文又作"厹繇""仇
酋""仇由""仇犹"等，见于下列史料：

> 游腾谓楚王曰：昔者智伯欲伐厹由（汉高诱注：厹由狄国，或作仇酋），
> 遗之大钟，载以广车。因随入以兵，厹由卒亡，无备故也。（《战国策·西
> 周策》）

> 知伯将伐仇由而道难，不通。乃铸大钟，遗仇由之君，仇由之君大说，
> 除道将内之……七日而仇由亡矣。（《韩非子·说林下》；又见同书《喻老篇》）

> 中山之国有厹繇（高诱注曰："厹繇国之近晋者也，或作九酋"），智伯
> 欲攻之，而无道也。为铸大钟，方车二轨以遗之。厹繇之君将斩岸堙谿以
> 迎钟……（《吕氏春秋·慎大览·权勋》）

> 游腾为周说楚王曰：智伯之伐仇犹，遗之广车，因随之以兵，仇犹遂

---

① 郭沫若《中国古代社会研究》三版书后有云："禹敷下土方。句甚奇特。禹敷下土，可以为句，亦可
以为韵。因土与芒芒鱼阳对转。禹敷下方，可以为句，自亦可以为韵，然二者均不取，而独用五字为句曰：
禹敷下土方。此当非单为音节之故。余意土方当即卜辞中所常见之敌国名土方。"此说甚合情理，前人误以诗
之土方为下方之土地，误矣。

② 见《殷墟博物苑苑刊》创刊号，中国社会科学出版社 1989 年版。

亡。(《史记·樗里子列传》)

此戎国厹由，盖即春秋时九州之戎。按九州之戎又名陆浑之戎。"九州""陆浑"同为此戎未迁前之旧居。二地名自为戎狄所命之名无疑。戎狄与华夏因"言语不达"（姜戎氏之言），其地名，华夏人取其音近之汉字注出，于是有厹由、仇酋、仇犹、仇由诸名，实亦即"九有""九州""九域"①，乃一音之异写也。按此词之上字，"厹""内""仇""九"均尤部字；下字"由""酋""犹""繇""有""州"亦均为尤部字，而"域"与"有"古音同在之部②，故皆可相通③。厹由之地望，据《史记正义·樗里子列传》引《括地志》云："并州盂县外城，俗名原仇山，亦名仇犹，夷狄之国也。"《太平寰宇记》卷四十盂县下云："按此前盂县在今县西南阳曲县东北八十里，故盂县城是也。后魏有地属石艾县。隋开皇十六年分石艾县置原仇县属辽州。因原仇县故城为名即今县也。大业二年改原仇为盂县。"是厹由国在今山西阳曲与盂县之间，实即春秋时九州戎之旧居。然则，厹由与九州戎，异名同实也。

戎人族名、地名之"厹由""九州""九有"因系来自戎狄语言之华族译音，原义为何不可知，但决非汉字所代表之意义。其中"九州"一词，后人依汉字意义附会，以为天下之州有九。由一个小地域之"九州"，放大为禹迹之"九州"④。愈演愈远，其渊源亦随之而湮没不彰矣。

综以上论瓜州、九州及厹由诸节合而观之，此三名词有共同之点者三：

一、此三个地名或戎族名皆在今山西中部，且相距不远。一在今孝义县北，一在今阳曲、盂县之间。二地距离百里之遥。当时戎狄尚非城郭居民，因营逐水草而迁徙的生活，流动性强，经常游牧于较定居民族稍广阔的地区。

二、均与姜姓、四岳、共工有关。（见《左传》襄公十四年；《周语》《祭法》）

三、九州、瓜州同为允姓戎、姜戎之旧居。（见《左传》昭公九年，襄公十四年，昭公二十二年）

从这些共性看，我们怀疑，九州、瓜州可能是一地。从古音韵上说"九"

---

① 《文选》潘元茂《册魏公九锡文》有"九域"，李善注引《韩诗》也有"九域"二字。

② 即段氏第一部。例如从有得声之字有洧、鲔、痏、鲼等字俱在旨韵。

③ 按由、犹、繇三字古文献互通之例：如《荀子·富国》："由将不足以免也。"杨倞注："由与犹同。"《易经·豫卦》："九四，由豫大有得"，《释文》："由马作犹。"由、繇相通，如《战国策·赵策》"许由"，《汉书·古今人表》作"许繇"，《韩非子·十过》之"由余"，《汉书·古今人表》作"繇余"，《诗经·抑》之郑《笺》谓由与繇"音义同"。《文选》韦孟《讽谏诗》："非繇王室"，李善注"繇与由古字通。"《尔雅·释山》"繇膝以下为揭"。《释文》："繇"下云："古由字"，此其例也。

④ 如《禹贡》《吕氏春秋·有始览》《周礼·职方氏》《尔雅·释地》等书之"九州"。

古音在幽部，"瓜"古音在鱼部，二字古音虽不同部（段玉裁认为"瓜"在五部，而"九"则在三部），但在声纽上二字同为见纽字。古文辞中双声通转之例至多[1]。故"九州"即"瓜州"，并与厹由从形体演变上实一辞也[2]。"瓜""九"等字纯为声符，毫无瓜果或数目之义。而东汉杜林谓敦煌地生美瓜，而遂以为古瓜州。晋杜预和之，而唐颜师古也说"即《春秋左氏传》所云允姓之戎居之瓜州者也"[3]。今日视之，真乃郢书燕说也。

附图：西周地理及玁狁活动地域示意图

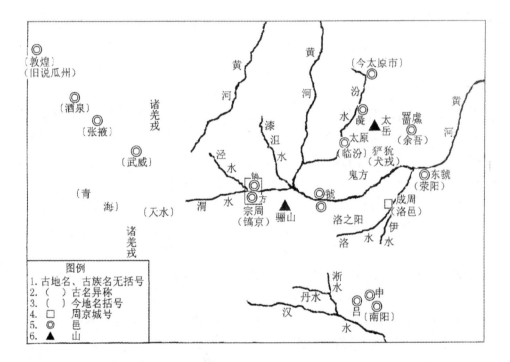

四、结论

通过上面三节对玁狁史料的讨论与分析，我们对玁狁的兴衰流变、活动地

---

[1] 古音韵大师钱玄同《文字学音篇》谓："籍谓古今言语转变，由于双声者多，由于叠韵者少。不同韵之字以同纽之故而得通转者往往有之。"

[2] 按"九州""瓜州"既然又作"厹由"，而"厹"字小篆作"禸"（见《说文》卷一四），"瓜"字小篆作"𤓤"（《说文》卷七），二形极相似。也有互误之可能。州、由二字同为幽部，则"九州""瓜州""厹由"三词从形体与声音上均可能为一词之变。

[3] 杜林、颜师古二氏说见《汉书·地理志》敦煌县下；杜预说见其所著《春秋左传集解》襄公十四年注。

望等复杂问题，已得出一些新的理解。简而言之，有以下五端：

一、《逸周书序》《诗序》及《孟子》均以狎狁、昆夷并举，且诸昆夷在西，而狎狁在北，又谓獯鬻（狎狁）大而昆夷小。故知二者决非一族。至于另一族鬼方在《诗经》及铜器铭文中，与狎狁分别甚严，亦无由定为一族。鬼方地域初在山西南部，至战国以后势衰乃北迁于大同一带或以北，与群处周西的昆夷远不相涉。狎狁之前身为殷商时之邛方，而邛方与鬼方同见于卜辞，是同时的两个方国。所以，鬼方、昆夷、狎狁实为三种不同之民族，王国维等认为一族，非也。

二、文献上狎狁之异称有荤粥、獯鬻、薰育，均一语之转。獯、荤、薰均为"狎狁"二字之合音。最早之辞为"厥允"，孳乳而为"狎狁""猃允"，其次又变为獯鬻、荤粥、薰育。东周以后之文献才出现犬戎、允姓戎之名。

三、夏商时北方有一古国名"有易"，实即后来之狎狁之前身。殷之先王王亥曾宾于有易，为有易之君所杀，殷上甲微率师伐灭有易。有易族乃从河北北部西迁，入居山西境内。"有易"古文献上又名"有狄""狄"。而狄人、薰育、犬戎三者本为一族之异名。周之先生古公亶父时居于山西汾水流域，与此狄人（狎狁）为邻。狄人常来攻伐，周族乃率众西迁陕西岐山下。

四、狎狁一族最盛于周夷、宣二世。古文献与铜器铭文中记载周人与狎狁之战争，曰："薄伐狎狁，至于太原。"古太原所在，经我们重新考定，当在今之山西临汾县。狎狁所"整居焦获"的"焦""获"非一地而为二地。焦在今河南陕县，获在今之山西阳城。曰："侵镐及方。"镐即镐京，原在渭北高陵附近，镐京地逐渐扩大，由渭北之镐，发展至渭南之"方"。镐、方乃由二地构成为一个城市，即宗周。"方"因而出于京名（金文作莽京）。金文中有："薄伐狎狁，于洛之阳。"旧说以为是指渭北之洛水，今考证此役，乃战于河南之洛水。当时渭北尚无洛水之名。金文中另一个战地罳鹵，乃汉时之余吾县，地在今山西屯留。根据这些地望的重新考定，我们眼中看到的狎狁历史，便会出现一种与过去完全不同的新图景了。

五、狎狁到春秋初叶，势已衰微。居于瓜州的"允姓之奸"，又名"九州之戎"，战国名"厹由"。所居之瓜州，多谓在敦煌，非是。实仍未离开其历世居处之晋境。瓜州、九州、厹由三词本为一戎语之音译。后人以汉字字义说为产瓜果之地，或以九个地域解之，均附会之说也。

附表：猃狁兴衰一览表

时代	夏商之际	殷商	西周	春秋	战国
名称	有易或称有狄	有易或狄人，卜辞称卭方	猃狁又称陵翟、狄人	犬戎又称允姓戎	戎狄或厹由、匈奴、胡
地域	今河北省北部，易水流域	山西省北、中南部	山西省中南部	山西省中南部、河南北部	与华夏融合者居中原，一部分居山西中部或华北北部
盛衰	有易被殷先王上甲微征伐，克之。有易族众西迁。	一直为殷人劲敌。	周太王居山西汾水流域，狄人侵之，周始西迁陕西以避之。周夷、宣二世时猃狁南居山西太原一带，南侵至河南洛水流域	允姓戎势衰，服属于晋，部分与华夏融合。	大部分与华夏融合，小部分保持游牧生活。势衰。
出处	《易经》《山海关》《竹书纪年》《天问》《史记》	《卜辞》《孟子》《庄子》《吕览》《穆天子传》《史记》	《诗经》《金文》《史记》	《春秋左氏传》《国语》《穆天子传》《史记》	《战国策》《史记》

（该文是王玉哲先生西南联大读研究生时的硕士毕业论文，1943 年 3 月 3 日通过答辩。后来收入王先生《中华民族早期源流》一书，第 152-251 页，天津古籍出版社 2010 年版）

鬼　方　考

　　鬼方，殷周时之一古国也。最早见于《易》爻辞与《诗经·大雅》，文辞均简略，故后世注家，对此族历史，类多猜测之言。晚近王国维氏，参以吉金器铭，作《鬼方昆夷猃狁考》。创鬼方、昆夷、猃狁为一族之异名，更证其地望在岐周之西[①]，旁征博引，其文甚辩。自此说出，并世学者，多视为定论。玉哲近年来喜治古代民族史地之学，对王氏之说，详加覆按，知其文虽时有弋获，而结论则颇有可议。余曩所草《猃狁考》一稿，对王氏之说，已有驳辨，以为鬼方、昆夷、猃狁为三种不同之种族，鬼方、猃狁之地望当在晋境，而昆夷则在周西。该文以猃狁命题，对鬼方之叙述，因限于体例，未能尽情发挥。今草兹篇，仍本夙见，专就鬼方一族，重加以探索焉。

　　王国维据古金文记鬼方之鬼古原作畏，又谓昆夷之昆，异文作"混""犬""绲""畎"诸字，皆畏与鬼之阳声，又变而为荤粥（《史记·五帝本纪》及《三王世家》）、为薰育（《史记·周本纪》）、为獯鬻（《孟子》）、又变而为猃狁，亦皆畏、鬼二音之遗。畏之为鬼，混之为昆为绲为畎为犬，古喉牙间音也。畏之为混，鬼之为昆为绲为畎为犬，古阴阳对转也。混昆与荤薰非独同部，亦同母之字（古音喉牙不分），猃狁则荤薰之引而长者也。因而断之曰："故鬼方、昆夷、薰育、猃狁自系一语之变，亦即一族之种，自音韵学上证之有余矣。"今按王氏谓诸名皆一语之变，以音韵核之，虽可通假，然音近之古名多矣，周时东南之异族曰淮夷，淮字与混夷之混字，古为双声（同为匣纽），二字且可阴阳对转（按混乃魂部字，为孔广森阴声辰类，淮在皆韵，为孔氏阴声脂类字，辰脂两类，正可对转），然不能合而为一者，以其无其他史料足证二者之异名同实也。第考王氏除以声韵通转外，其最大证据，在以下三条，其言曰：

---

　　① 王氏《鬼方昆夷猃狁考》云："我国古时有一强梁之外族……曰鬼方、曰昆夷，曰獯鬻，曰猃狁，曰胡，曰匈奴者，乃其本名。"又曰："故鬼方、昆夷、薰育、猃狁自系一语之变，即一族之种。"其言鬼方地理，则曰："鬼方地在汧陇之间，或更在其西，盖无疑义。"

唯其西汧、渭之间，乃西戎出入之道，又西踰陇坻则为戎地。张衡所谓陇坻之险，隔阂华戎者也。由是观之，鬼方地在汧、陇之间，或更在其西，盖无疑义……今陕西西安府韩城县，又在宗周之东，其北亦为鬼方境，故有争战之事。据此二器，则鬼方之地，实由宗周之西而包其东北，与下所考昆夷、狁正同。

又曰：

昆夷之地，自太王之迁自北而南观之，则必从豳北入寇。又《史记》谓自陇以西有绵诸、绲戎、翟獂之戎，杨恽亦谓安定山谷之间，昆戎旧壤，则其地又环岐周之西，与上所考鬼方疆域若合符节，而自殷之武丁讫于周之成王，鬼方国大民众，常为西北患，不容太王、文王之时，绝不为寇，而别有他族，介居其间。后世狁所居之地，亦与昆夷略同，故自史事及地理观之，混夷之为畏夷之异名，又为狁之祖先，盖无可疑……

又曰：

然由"羞追于西"一语（玉哲按此语出于《不㛐簋》，原文为"白氏曰不㛐駿方厥允广伐西俞王命余羞追于西"），可知狁自宗周之东北，而包其西，与鬼方昆夷之地，全相符合也。

总观王氏所云，不外以鬼方、昆夷、狁疆域相同，而定三族为一之证。今按昆夷确为周西之异族，已详于拙稿《狁考》中。而鬼方疆域则在晋境（详后），二族地域，远不相涉。何能谓若合符节邪！至于狁之地望，虽与鬼方同在今山西一地[①]，然二族非同种，可以证之者非一端。如《诗经》云：

内奰于中国，覃及鬼方。[②]
薄伐狁，至于太原。[③]

《诗经》中分别言之，二诗之著作时代，虽不同时，但亦相差不会太远，而一称鬼方，一称狁。非但此也，金文中如《小盂鼎》记盂伐鬼方献俘受锡之事，《梁伯戈》言魅方蛮。《小盂鼎》铭文末云："隹王廿又五祀"，王国维以为

---

① 狁地望在晋，详拙作《狁考》。
② 见《诗经·荡》。
③ 见《诗经·六月》，又见于《采芑》《采薇》《出车》等篇。

此王为成王，郭沫若以为康王。铭内有云："□□用牲啻（禘）周王□王成王□□卜有戕"，啻即禘祭也。禘周武成王，则当时王为康王为昭王不可知，然非成王，则可断言①。《梁伯戈》之时代，亦有异说，徐中舒先生以为出东周之后，其言曰：

> 《梁伯戈》鬼方之鬼作魃，与《王孙钟》《陈贻簋》同，乃春秋时代緟繁之字。其戈即戟，就形制言，亦出东周之后②。

吾师唐立厂先生则直以为出于西周。余按徐先生所推不免太晚，今定其必在《小盂鼎》之后东周之前，当无大过，然则鬼方之称，上至殷商下至西周之末，毫无变易。夷宣时之铭文如《不娶簋》《虢季子白盘》《兮甲盘》均言伐猃狁事，更足以明周时鬼方与猃狁分别甚严，无由定为一族之异名。至于王氏谓昆夷之昆、犬夷之犬、畎夷之畎"皆畏鬼之阳声，又变而为荤粥（《史记·五帝本纪》及《三王世家》），为薰育（《史记·周本纪》），为獯鬻（《孟子》），又变而为猃狁……"尤觉扞格难通，盖同一时代之音变，不应如是之巨也。周代群经诸子以及楚骚，其间用韵，虽略有出入，而大致不谬。一字之音韵递嬗，当经时而变，未有同时而其音即由"鬼方"之"鬼"，一变而为"昆"、而为"猃狁"者，知其实必不然矣。此鬼方与猃狁不当为一族之证一也。

春秋时有隗姓之狄与允姓之戎，《左传》僖公二十三年云：

> 狄人伐廧咎如，获其二女叔隗季隗。

又如《国语·周语中》和《左传》僖公二十四年谓周王狄后曰叔隗，又曰："翟，隗姓也"（翟即狄，古书通用）。其他如赤狄潞氏（《左传》宣公十五年），甲氏、留吁、铎辰（《左传》宣公十六年）均为隗姓，此隗姓之狄，王国维谓即鬼方之后，甚是。同时又有允姓之戎，如《左传》昭公九年云：

> 故允姓之奸，居于瓜州。

他如《左传》庄公二十八年之小戎，僖公二十二年之陆浑戎，杜预注并谓允姓，王国维谓即猃狁同族，实即猃狁之后也。此则春秋时有隗姓之狄与允姓之戎，其祖先一为鬼方，一为猃狁，分别为二，何可强谓为一族邪？此鬼方、

---

① 铭文内所禘之先王，成王下尚有二字不明，若为"康王"二字，则禘之者为昭王矣。
② 徐氏说在其《殷周之际史迹之检讨》一文中，该文刊《中央研究院历史语言研究所集刊》第七本第二分。

獯狁非一族之又一证也。

再就文化而论，鬼方、獯狁于此方面之史料虽极端缺乏，然亦有可得而略说者。鬼方于周初已知用车战，《小盂鼎》言盂伐鬼方有"孚车十两（辆）"，"孚车百□两"之文，则知其文化已至相当程度。至于獯狁似仍不知用车，读载伐獯狁之三件铜器，一则曰"博伐厰允，于洛之阳，折首五百，执嬲五十"（见《虢季子白盘》），再则曰："宕伐厰允于高陶，女（汝）多折首执嬲"（《不娶簋》），三则曰："兮甲从王，折首执嬲"（《兮甲盘》），不言俘车之一字。虽然无俘车之文，不能证其不用车战，然其后裔允姓之戎，尚不以车战。僖公十年《春秋经》曰："齐侯许男伐北戎"，杜注谓北戎即小戎，《左传》庄公二十八年小戎子生夷吾。杜注谓小戎允姓，若杜说不误，则北戎亦即獯狁之后允姓戎也。《左传》云：

> 北戎侵郑，郑伯御之，患戎师曰：彼徒我车，惧其侵轶我也。[1]
>
> 晋中行穆子败无终及群狄于太原，崇卒也，将战，魏舒曰：彼徒我车……[2]

无终当亦为晋地之北戎，獯狁之后也[3]。然则獯狁至春秋时尚徒手作战，而鬼方则在周初已知车战，二者文化差异若是。此又二族非族之证三也（玉哲按：此第三证误。因 1980 年在陕西长安县发现的西周铜器《多友鼎》铭文中已有獯狁用车战的记载，可见鬼方与獯狁在西周时都已达到利用车战的文化水平。但鬼方文化确似高于獯狁。我在《中华民族早期源流》一书中已另有论述）。

总之，王国维所举之音韵通转及地域，并不足以证明鬼方、獯狁之为一族。由以上三点观之，反足以证明二者必非一族，此又非王氏始料之所及也。

鬼方见之于甲骨文中截止到今日（1945 年），据余所见仅一处：

> 乙酉卜，鬼方囚。五月。[4]

仅此一条，对于当时种族之大小强弱，不能推知。据《易·既济》，辞谓"高

---

① 见《左传》隐公九年。

② 见《左传》昭公元年。

③ 北戎所在，当距今山西汾水不远。《后汉书·西羌传》引《竹书纪年》谓宣王三十八年，"晋人败北戎于汾隰"，此其证也。故无终子国证以《史记》《后汉书》、韦昭《国语注》《水经注》诸书，无终为今玉田县，无可疑者。然《左传》襄公四年谓"无终子嘉父使孟乐如晋，因魏庄子，纳虎豹之皮，以请和诸戎"，此事又见《晋语七》。又如《左传》昭公元年谓"晋中行穆子败无终及群狄于太原"。《汉书·樊哙传》谓击陈豨破，得綦母卬、尹潘军于无终、广昌，则去玉田千余里。顾炎武《日知录》卷三十一无终条即疑无终国先在云中代郡之境，而后迁右北平。

④ 见董作宾《甲骨文断代研究例》文中所引。

宗伐鬼方，三年克之"。高宗虞翻注以为殷王武丁。《孟子·公孙丑章上》云："由汤至于武丁，贤圣之君六七作，天下归殷久矣。久则难变也。武丁朝诸侯有天下，犹运之掌也。"干宝注《易》亦以为高宗殷中兴之君。是殷高宗武丁时，殷之国势甚盛，以极盛之国，攻克鬼方，尚须三年，则鬼方之强，从可知也。

《易·未济》云："震用伐鬼方，三年，有赏于大国。"徐中舒先生谓"此虽不注何人伐鬼方，但下文云有赏于大国。大国则指殷人言"①。此说是也。盖周初文献，凡周人自称，则曰"小邦周"（见《尚书·大诰》），称殷则曰"大国殷""大邦殷"（并见《尚书·召诰》），则伐鬼方者乃周人。《后汉书·西羌传》章怀太子注引《古本竹书纪年》云：

> 武乙三十五年，周王季伐西落鬼戎，俘二十翟王。（《通鉴外纪》二引"武乙三十五年周系狄王"十字）

古时戎狄可以互称②。《竹书纪年》此文盖与《易·未济》爻辞所纪为同一事，周王季伐鬼方有功，故殷人赏之也。

鬼方于殷之末叶，尚屈于服殷，其首领与鄂侯、文王为纣之三公，战国间文籍，纪之者颇多：

> 鬼侯腊，比干剖心，梅伯醢。③
> 刑鬼侯之女，而取其环。④
> 昔殷纣乱天下，脯鬼侯，以餐诸侯。⑤
> 昔者鬼侯[之]鄂侯文王（按之字系衍文。鲍本无。黄丕烈云：案《史记》无），纣之三公也。鬼侯有子而好，故入之于纣，纣以为恶，醢鬼侯。鄂侯争之急，辨之疾，故脯鄂侯；文王闻之，喟然而叹，故拘之牖里之车（按车鲍本作库，黄丕烈谓《史记》作库）。百日而欲舍之死（按舍鲍本作令，黄丕烈谓《史记》作令）。⑥
> 醢鬼侯之女，葅梅伯之骸。⑦

---

① 见《殷周之际史迹之检讨》文中。
② 鬼方即称鬼戎，而又称俘翟王，《梁伯戈》又称之蛮，诸名可以互称。余别有《戎狄观念转变考》一文，曾详论之。
③ 《韩非子·难言篇》。
④ 《吕氏春秋·过理》。
⑤ 《礼记·明堂位》。
⑥ 《战国策·赵策三》。
⑦ 《淮南子·俶真训》。

此"鬼侯"《史记》作"九侯"。《殷本纪》云："以西伯昌、九侯、鄂侯为三公"，鬼、九同为见纽字，可以相通。鬼侯当即鬼方服属于殷时之称。如甲文有"令周侯"一辞[①]，周国之君，臣服于商称周侯。以此例之，鬼方之君，臣服于商，自可称鬼侯矣。且《殷本纪》内鄂侯之"鄂"为一地名，在今沁阳县，西伯昌之"西"为西土之意（《今本竹书纪年》则直作周侯），鬼侯之"鬼"为鬼国亦明矣。又《诗经·荡》云：

> 文王曰咨，咨汝殷商，如蜩如螗。小大既丧，人尚乎由行。内奰于中国，覃及鬼方。

毛传仅训鬼方为远方，未能指实其事，今知纣所脯之鬼侯即鬼方之君，故吕思勉先生即谓诗之"覃及鬼方"正指脯鬼侯之事也[②]。

周人既代商而有天下，鬼方则改服属于周，《左传》定公四年云：

> 分唐叔以大路，密须之鼓，阙巩、沽洗，怀姓九宗，职官五正，命以《唐诰》，而封于夏墟，启以夏政，疆以戎索。

此"怀姓九宗"王国维以为怀姓为媿姓之讹。其言良是。晢按怀、鬼古音同在脂部（怀在皆韵，鬼在尾韵，二字同在江有诰脂部、段玉裁第十五部），故得相通。媿当即鬼方之姓。是武王克商后，鬼方臣服于周之明证也。然此族叛服无常，至康王时，又举兵内侵，康王命盂攻之，此事见于《小盂鼎》（此为康王时器，从郭沫若说），惜字残泐过甚，难以属读，然犹可窥其大略，其文云：

> 隹八月既望。辰才（在）甲申，昧丧（昧爽），三ナ（左）三又（右），多君，入服酉（酒），明。王格周庙，□□□□宾。征邦宾陙其旅服，东乡（向）。盂吕多旂佩□□□□□□王门，告曰：王[命]盂吕□□伐鬼方□□□□□[执兽]三人，隻[获]四千八百□二馘，孚（俘）人万三千八十一人。孚[马]□□匹，孚车十两（辆），孚牛三百五十五牛，羊二十八羊。盂或□□□□□□孚□我征。执兽（酋）一[人]，隻馘百卅七馘，[孚人□□□人]，孚[马]百四匹，孚车百□两……

此役实为周伐鬼方之一大捷，前后共分两次，周师之数虽不可知，但由其俘虏之多，当必为一大规模之战争。铭文内有"执兽"二字，郭沫若先生以为

---

① 董作宾先生《新获卜辞写本》。
② 吕氏说见其所著《中国民族史》，第267页。

兽假为酋长之酋，其言曰：

> 前后均有"执兽"，仅一二人，而叙在隻馘"孚人"之上，足见兽之重要，盖兽读为酋，言生擒其酋首也。[1]

信如其说，所获之酋长共四人，俘虏之数，仅第一次已至万三千八十一人，而车马牛羊不计。当宗周初期，而鬼方之众尚如此，其势力之强，亦可想见。《梁伯戈》除"魏方蠚"与"梁伯作"六字外，其余字迹皆磨灭。因此，其中述伐鬼方之史实，不可得而详。惟知周人在康昭以后，尚有此一次之挞伐也。

宗周之末尚有一隗国，《国语·郑语》载史伯告郑桓公之言曰：

> 王室将卑，戎狄必昌，不可偪也，当成周者……西有虞、虢、晋、隗、霍、杨、魏、芮。

隗国他书不见记载，王国维以为此隗国乃春秋隗姓诸狄之祖也。原其国姓之名，皆出于古之畏方，可得而征论也。按此族与诸夏通婚媾，《大戴礼·帝系篇》云：

> 吴回氏产陆终，陆终氏娶于鬼方氏，鬼方氏之妹，谓之女隤氏。

女隤之隤或作嬇，《路史·后纪八》注引《世本·帝系》亦云：

> 鬼方国君之妹女嬇（按此条又见于《水经注·洧水》）

《汉书·古今人表》则又作"聩"，实皆鬼之讹变，鬼、贵同声母同韵部，故从鬼从贵之字，得相通转。此女嬇之事，虽属神话，未可轻信，抑亦诸夏与隗姓之族通婚甚早之一暗示矣。据可信之记载，鬼方与诸夏通婚，当以《史记·殷本纪》载商纣娶九侯（即鬼侯）之女最早，降至东周，王室诸侯，均有与之通婚姻者，《左传》僖公二十三年云：

> 晋公子重耳之及于难也……遂奔狄……狄人伐廧咎如，获其二女叔隗、季隗，纳诸公子。公子取季隗，生伯儵、叔刘，以叔隗妻赵衰，生盾。

又如《国语·周语中》所载周襄王取狄后，谓"王德狄人，将以其女为后"，富辰谏曰："狄隗姓也"，又曰："王不忍小忿而弃郑，又登叔隗以阶狄，狄封豕

---

[1] 见郭氏《两周金文辞大系考释·小盂鼎》下。

豺狼也，不可厌也"（此事又见《左传》僖公二十四年）。此隗姓金文作媿，如《包君鼎》《包君盉》《郑同媿鼎》《芮伯作叔媿鼎》《郑公子敦》五器（此据王国维所举），皆有媿氏，此为诸侯娶隗氏女之证。又晋景公之姊，嫁赤狄潞子为夫人，《左传》宣公十五年曰：

> 潞子婴儿之夫人，晋景公之姊也，酆舒为政而杀之，又伤潞子之目，晋侯将伐之，诸大夫皆曰："不可，酆舒有三俊才，不如待后之人。"伯宗曰："必伐之，狄有五罪，才虽多，何补焉？不祀一也；耆酒二也；弃仲章而夺黎氏地三也；虐我伯姬四也；伤其君目五也……"六月癸卯，晋荀林父败赤狄于曲梁。

赤狄潞子即隗姓之狄①，是姬姓之女，亦有嫁隗姓者。凡此均隗姓之狄与诸夏通婚之明证也。

春秋时戎狄最为猖獗，僖、文、宣之间，鸱张尤甚，灭邢、灭卫、灭温、伐齐、伐鲁、伐郑、伐晋②，蹂躏殆数千里，所幸其间二三诸侯镇抚其间，故"南夷与北狄交侵，中国不绝如线"。晋始兴于曲沃，本戎狄之窟穴。籍谈曰："晋居深山，戎狄之与邻，而远于王室，王灵不及，拜戎不暇。"③故终春秋之世，晋与狄竞，未尝一日宁息。狄有赤狄白狄之别，顾栋高《赤狄白狄论》，说赤狄之种有六：曰东山皋落氏，曰廧咎如，曰潞氏，曰甲氏，曰留吁，曰铎辰。白狄之种有三：曰鲜虞，曰肥，曰鼓（《春秋大事表》卷三十九）。惟春秋时戎狄可以互称，如姬姓之戎，允姓之戎，姜姓之戎，亦可称为狄④。当时隗姓赤狄为群戎狄之首，自成一国，以与诸夏抗衡，至鲁宣公十一年，群狄疾赤狄之役，始脱离赤狄而即于晋，《左传》宣公十一年云：

> 晋郤成子求成于众狄，众狄疾赤狄之役，遂服于晋。

---

① 潞子为赤狄，而赤狄为隗姓，此由《左传》僖公二十三年"狄人伐廧咎如，获其二女叔隗、季隗"与《左传》成公三年"伐廧咎如，讨赤狄之余焉"而知也。

② 灭邢事见《左传》闵公元年，僖公元年。灭卫事见《左传》闵公二年，僖公二年。灭温事见《左传》僖公十年。伐齐见《左传》僖公三十年、三十三年，文公四年、九年、十一年，宣公三年、四年。伐鲁事见《左传》文公七年、十一年。伐郑事见《左传》僖公二十四年。伐晋事见《左传》僖公八年、十六年、三十三年，宣公六年、七年、十三年。

③ 见《左传》昭公十五年。

④ 春秋时戎狄可以互称，如《左传》庄公二十八年谓晋献公娶二女于戎，大戎狐姬生重耳。而《左传》僖公五年则云："及难，公使寺人披伐蒲，重耳曰，君父之命不校，乃徇曰，校者吾仇也。踰垣而走。披斩其祛，遂去，奔翟。"《史记·晋世家》曰："重耳遂奔狄，狄其母国也。"则重耳所奔之狄，即大戎狐姬之国，是戎狄互称之证，其详见余曩所作之《戎狄蛮夷转变考》一文。

狄人内讧，晋即乘机离间之，结白狄以图赤狄，赤狄灭后，乃从事于白狄焉。是群狄始以合而强，终以分而败也①。

鬼方之后，在春秋时为隗姓之赤狄，与华夏常通婚姻，已如前述。然春秋时戎狄之为中国患者，亦以赤狄为最，赤狄诸种族潞氏为最。晋人之灭潞也，其君臣合全力以胜之，晋荀林父败赤狄于曲梁，遂灭潞。而晋侯身自治兵于稷，以略狄土②。自潞氏灭后，赤狄之威稍杀。翌年晋人又灭赤狄甲氏留吁及铎辰③，此后乃不见赤狄为患矣。

至于鬼方之地域，诸说最为分歧。汉人见《诗经》鬼方与中国对举，以其为远方。然与中国对举者，未必为远方之意，实乃因鬼方为外族，故与中国对举耳。夷狄与中国对举之例至多，如《穀梁传》襄公三十年："澶渊之会，中国不侵伐夷狄，夷狄不入中国，无侵伐八年，善之也。"又《穀梁传》成公十二年："晋人败狄于交刚（按交刚在山西隰县），中国与夷狄不言战，皆曰败之。"此与中国对举之夷狄无远方意之例也。又有以为在北者，干宝注《易》云："鬼方北方国也。"（孙星衍《周易集解》引）有以为在西者，《文选》扬雄《赵充国颂》李善注引宋衷《世本注》云："鬼方于汉则先零戎也。"《诗序》以《殷武》之诗为祀高宗，《毛传》以"挞彼殷武，奋伐荆楚"为指武丁，乃有以鬼方为荆楚者。今本伪《竹书纪年》"武丁三十二年伐鬼方，次于荆"，即据此等说伪造。至王国维氏以真本《竹书纪年》称王季伐西落鬼戎及《小盂鼎》盂与《梁伯戈》梁之封邑，证鬼方在汧陇之间或以西，其言曰：

> 唯《竹书纪年》称王季伐西落鬼戎（自注：此条见《后汉书·西羌传》及章怀太子注，乃真《纪年》之文），可知其地尚在岐周之西。今征之古器物，则宣城李氏所藏《小盂鼎》与潍县陈氏所藏《梁伯戈》皆有鬼方字。按大小两《盂鼎》皆出陕西凤翔府郿县礼村沟岸间，其地西北接岐山县境，当为盂之封地。《大盂鼎》纪王遣盂就国之事，在成王二十三祀。《小盂鼎》纪盂伐鬼方献俘受锡之事，在成王二十五祀（玉哲按大小两《盂鼎》当属康昭之世，决非成王时器）。则伐鬼方事在盂就国之后，鬼方之地，自当与盂之封地相近。而岐山郡县以东，即丰镐，其南又限以终南、太一，唯西

---

① 顾栋高《春秋四裔表序》云："然狄之强莫炽于僖之世，残灭邢卫，侵犯齐鲁，其时止称狄，未冠以赤白之号。其后乃稍稍见于经传，意其种豪自相携贰，更立名目，如汉匈奴为南北单于，而后遂削弱易制。"按赤白狄之分裂，当起鲁宣公十一年，实因种姓不同而分，未可与南北单于并论也。

② 见《左传》宣公十五年。

③ 见《左传》宣公十六年。

汧渭之间，乃西戎出入之道。又西踰陇坻，则为戎地，张衡所谓"陇坻之
险，隔阂华戎"者也。由是观之，鬼方地在汧陇之间，或更在其西，盖无
疑义……《梁伯戈》虽仅有"魃方"及"梁伯作"数字可辨，然自为梁伯
伐鬼方时所铸，而梁伯之国，杜预谓在冯翊夏阳县。《史记·秦本纪》惠文
王十年更名少梁为夏阳，《汉志》亦云："夏阳故少梁。"其地在今陕西西安
府韩城县，又在宗周之东。其北亦为鬼方境，故有争战之事。据此二器，
则鬼方之地，实由宗周之西而包其东北……

王氏以《竹书纪年》称王季伐西落鬼戎，谓其地在岐周之西，实则"西落
鬼戎"之西落当是地名，并不在岐周之西（详后）。至于以两盂鼎出土于陕西郿
县，以为盂之封邑当在其附近，此固为考古家所常用之法，今王氏以之为说，
良易得人听信。然亦时有例外（如《禹邘王壶》出土于河南卫辉而确为吴器是
也），未可以仅据此孤证，即断定盂之封邑必在陕西也。今按《大盂鼎》铭谓：
"我䎽（闻）殷述（坠）令（命），隹殷㞷（边）厌田（侯甸）雩（与）殷正百
辟，率（率）肆于酉（酒），古（故）丧白（师）"，此周王述殷人衰亡事以戒盂。
吾人颇疑盂之封邑或在殷之旧地，故举殷人事以戒之，正如《左传》隐公元年
谓郑武姜为共叔段请制。郑庄公曰："制巖邑也，虢叔死焉。"此举以前居制者
为戒也。又按《大盂鼎》曰"令女（汝）盂井（型）乃嗣且（祖）南公"，"用
乍祖南公宝鼎"，盂之祖为南公，此南公与宣王时之南仲是否有先后关系，此亦
未尝不可注意也（按周时之南国在河南）。大小两《盂鼎》均有名㲃之人，案此
人西周金文屡见，《敔簋》《康鼎》《同簋》有㲃伯，《卯簋》有㲃季㲃伯、又单
称㲃，《同公簋》《盂爵》均单称㲃。余前曾考证之封邑在今河南荥泽[①]，疑盂之
封地，应与㲃之封地相近，故二人常相聚谋事。又《盂爵》铭云："隹王初㪤（㪤）
于成周，令（命）盂宁邓伯。"邓国在今河南邓县。今王命盂安抚之，则盂之封
邑必与邓国相去不远。凡此诸点，虽不足确证盂之封地必在今河南境，然总不
失为一合理之解释。梁伯之国在陕西韩城，位山西陕西之界，亦不能据以证鬼
方在岐周以西。即令吾人承认鬼方或曾侵及陕西，仍不能谓鬼方即周西之民族。
其实鬼方所在，《山海经》内已言及，取而理之，自可知其确实地望，后人均纷
纷臆测而不引此何邪？《海内北经》云：

　　鬼国在贰负之尸北……

---

① 见拙作《犭严狁考》稿《洛之阳》节（此篇曾抽出刊于《华中大学二十周年纪念刊》中）。

鬼国当即鬼方，著在《北经》，盖作者已视鬼方为北方国。王充《论衡·订鬼篇》所引，则直言"北方有鬼国"矣。《海内北经》又云：

> 贰负之尸在大行伯东。
>
> 西王母梯几而戴胜杖……在昆仑丘北，有人曰大行伯把戈，其东有犬封国。
>
> 犬封国曰犬戎国。

据此则知大行伯在昆仑丘之北，犬封国与贰负之尸在大行伯东，而鬼国更在贰负之尸北，试作一示意图如次：

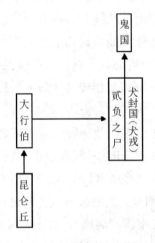

昆仑丘在今祁连山脉中[①]，如吾人可寻出犬封国之确实地望，则鬼国居地，亦可约略踪迹矣。犬封国即犬戎国（见前所引），而犬戎国余前据《逸周书》《山海经》《穆天子传》、古本《竹书纪年》及《吕氏春秋》诸书，证其先在今山西北部雁门代县一带，至后始渐次南移[②]，再据魏晋以后之鬼国在中国东北部视之（详后），则《山海经》内之鬼国当在今山西大同附近或以北，应不出今绥远、察哈尔、山西三省毗连之地域也。

《山海经》中之鬼国，虽在今山西北部，然殷周两代之鬼方，则似在山西南部，今试立五证以明之：

《后汉书·西羌传》章怀太子注引《竹书纪年》云：

---

① 昆仑山，唐立厂先生《昆仑所在考》谓为今之祁连山；日人小川琢治《穆天子传考》谓在今武威县南，实亦即在祁连山脉中。

② 详《猃狁考》《猃狁起于晋北》节。

武乙三十五年周王季伐西落鬼戎，俘二十翟王也。

王国维见西落有西字，以为在岐周之西，未免有望文生训之嫌。盖地名称西，未必在在岐周之西。如《穆天子传》卷四："吉日丁酉，天子入于南郑。"郭璞注引《竹书纪年》曰："穆王元年筑祇宫于南郑。"此南郑在今陕西华县北（即宗周之东北），能谓在周都之南乎[①]？实则"西落"乃地名，"落""洛"古通用，如《春秋经》闵公元年"公及齐侯盟于落姑"。《公》《谷》作"洛"，《左传》作"落"，故"西落"古可以作"西洛"。此西洛非指陕西洛水，所以知其不然者，陕西洛水古称漆沮水，战国末年以后，始有洛水之名[②]。考《左传》宣公十五年云：

伯宗曰：必伐之，狄有五罪，隽才虽多，何补焉……壬午晋侯治兵于稷，以略狄土，立黎侯而还，及洛……

黎侯国据《汉书·地理志》上党郡壶关注引应劭曰："黎侯国也，今黎亭是。"黎亭今在山西长治县西南，晋侯由黎还晋经洛，则洛地当在长治县与晋都之间。梁履绳《左通补释》云：

赤狄近晋东界。今略狄土而还，疑此雒在其东，有雒地。

又考《国语·郑语》曰：

当成周者……北有卫、燕、翟、鲜虞、潞、洛、泉、徐、蒲。

此文之洛在成周之北，正可与《左传》宣公十五年之洛，互相呼应。韦昭注云："潞、洛、泉、徐、蒲，皆赤翟隗姓也。"潞即春秋时潞氏。《春秋》宣公十五年曰："晋灭赤狄潞氏。"则韦氏此注必有所本。"洛"为赤狄隗姓，而隗姓之狄即鬼方之后，则《左传》《国语》两书之洛，即《竹书纪年》西落鬼戎之"落"无疑。又《左传》闵公二年云：

晋侯使太子申生伐东山皋落氏。

《史记·晋世家》集解引贾逵曰："东山赤狄别种。"旧书说皋落为今之垣曲

[①]《竹书》与《穆传》此处之"南郑"，余颇疑为"西郑"之讹，对其东迁后之郑在溱洧之间者而言，故云西耳。今按《汉书·地理志》京兆尹郑下注引臣瓒曰："周自穆王以下都于西郑"。此正作西郑可证。然虽名西郑亦不在周都之西也。

[②] 详《猃狁考》《洛之阳》节。

或谓在平定，均未可信。按《续汉书志》上党郡壶关下注引《上党记》曰："东山在城东南，晋申生所伐，今名平泽。"是皋落氏与《竹书纪年》之西落鬼戎、《郑语》及《左传》之隗姓洛在一地，则皋落氏即西落鬼戎之后。总之，周王季所伐西落鬼戎之西落即为《郑语》及《左传》宣公十五年之洛，亦即皋落氏所居之地。此鬼方地域应在晋之证一也①。

《史记·殷本纪》"以西伯昌、九侯、鄂侯为三公"，《集解》引徐广曰："一作鬼侯，邓县有九侯城。"《正义》："《括地志》云：相州洛阳县西南五十里有九侯城，亦名鬼侯城。盖殷时九侯城也。"今按唐之相州即清之彰德府，决不能远包洛阳。"洛阳"或为"滏阳"之讹，清张琦《战国策释地》卷下所引《史记正义》正作滏阳县可证。唐贞观初滏阳县属相州，则《括地志》所谓相州洛阳县必为滏阳县无疑也。鬼侯城盖在滏阳（今为磁县）、邺县（今在临漳县之西南）一带，应去其原来国土不远，此鬼方当在晋之证二也。

《左传》定公四年："分唐叔以大路，密须之鼓，阙巩，沽洗，怀姓九宗，职官五正，命以《唐诰》，而封于夏墟，启以夏政，疆以戎索。"王国维以为怀姓亦即隗姓之讹，甚是。唐叔所受之怀姓九宗既为鬼方，则其地当在夏墟附近，此鬼方周初时当在晋之证三也。

《国语·郑语》史伯答郑桓公友之言曰："当成周者……西有虞、虢、晋、隗、霍、杨、魏、芮"，此隗国当即春秋时隗姓狄，王国维谓隗国即鬼方之遗裔②，其说甚合情理，然又云："此隗国者殆指晋之西北诸族"，则非是。按此八国虽云成周之西，但决不能远至陕西境。何以言之？郑桓公为周司徒，惧王室多故，思远走以避之。因而问逃死之地于史伯，史伯何能复举宗周附近之地？且史伯既言"当成周者"，其意必以为此诸地距成周较距宗周为近。若谓此八国在陕西境，则距周都为近，应言"当宗周者"云云，何以今言"当成周者"邪？

---

① 王季所伐之西落鬼戎，今既考定其地在山西长治县西，或有疑此地距周太远，以为在王季国势未充之时，何能来此远征？今按《竹书纪年》云："太丁二年周人伐燕京之戎。"（《后汉书·西羌传》注引《竹书纪年》）又曰："太丁四年周人伐余无之戎，周王季命为殷牧师也。"（同上书《竹书纪年》）此均为王季之时，一伐屯留县西余无之戎；一伐静乐县北燕京之戎（案《淮南子·地形训》"汾出燕京"，高诱注谓"在太原汾阳"，在今静乐县北），亦不比长治县西之洛距周为近。故不能以长治西之洛距周远疑之也。

② 王国维《鬼方昆夷猃狁考》云："他书不见有隗国……春秋隗姓诸狄之祖也。原其国姓之名，皆出于古之畏方，可得而征论也。案《春秋》《左传》凡狄女称隗氏而见于古金文中，则皆作媿……然则媿、隗二字之于畏字，声既相同，形亦极近，其出于古之畏方无疑。畏方之畏本种族之名，后以名其国，且以为姓，理或然也。我国周后，国姓之别颇严，然在商世，则如彭祖之彭为彭姓，姜邳之姜为姜姓，皆以国为姓，况鬼方礼俗与中国异，或本无姓氏之制，逮入中国与诸夏通婚媾，因以国名为姓……鬼方之为媿姓犹猃狁之为允姓也……"按此说是也。《山海经》称鬼方为鬼国，则此隗国之为鬼方后，无可疑也。

即此一端已足以破王氏之说矣，今细考史伯所言成周西之八国，皆在成周之北或西北，不出山西河东之内，请分别论之。

虞国又见于《左传》桓公十年，谓虢公出奔虞，《左传》僖公五年谓灭于晋，《汉书·地理志》河东郡大阳下云：“吴山在西，上有吴城，周武王封太伯后于此，是为虞公……”故古之虞国在今山西平陆县东北六十里。虢当指北虢，《汉书·地理志》弘农郡陕下云：“北虢在大阳，东虢在荥阳，西虢在雍州。”盖周幽王时虢公石甫灭焦，徙都下阳，是即北虢，虢之宗庙社稷皆在焉。《春秋》僖公二年曰：“虞师、晋师灭下阳。”此后遂无虢事。此虢都下阳之明证[①]。故史伯所言，当指北虢无疑。此北虢大阳即下阳，地亦在今平陆县东北。盖虞在晋南，虢在虞南，故晋可“假道于虞以伐虢”也（见《左传》僖公二年）。晋封夏墟，在汾浍之间。霍又见于《左传》闵公元年，为晋所灭，在今山西霍县西南。杨又见于《左传》襄公二十九年，地在今山西洪洞县东南。芮又见于《左传》桓公三年、昭公九年及《水经注·河水》引《竹书纪年》，地在今芮城县西，后居河外。魏在今山西芮城县东北，《左传》桓公三年云：“芮伯万之母芮姜，恶芮伯之多宠人也，故逐之，出居于魏。”（又见《水经注·河水》引《竹书纪年》及《左传》闵公元年、襄公二十九年、昭公九年）。《诗谱》言魏国南枕河曲、北涉汾水、周时之魏近河、即汉晋时之河北县、今芮城东北七里有古魏城。以上史伯所言成周西八国、七国在河东，则隗国亦当在河东，此鬼方应在今山西之南部，证四也。

春秋时隗姓之赤狄既为鬼方之后，如吾人知赤狄所在，则其祖先鬼方地域亦因之而知。顾栋高《春秋大事表》谓赤狄之种有六：曰东山皋落氏，曰廧咎如，曰潞氏，曰甲氏，曰留吁，曰铎辰。东山皋落氏据《续汉书志》注《上党记》谓在壶关城东南，潞氏在今山西潞城县，甲氏在河北鸡泽县境，留吁在今山西屯留，铎辰在今山西长治县。廧咎如地望虽不能确指，然晋、卫与白狄均曾伐之，则其所在，亦当距其他赤狄不远。如此则隗姓赤狄之地域不出今山西、河北南部，大河以北之地，此又为鬼方地在山西南部之证五也。

综此五证，谓殷周时鬼方地域，在晋中南部，可以决矣。又按鬼方当系一

[①] 杜预因《左传》僖公五年谓晋围上阳，虢公出奔。遂从《公羊》《穀梁》之说以下阳为虢邑，其误。实则下阳为国都。雷学淇《竹书纪年义证·献公纪》辨之颇详，其言曰：“今书曰灭下阳，则下阳为国都可知。盖西虢灭焦后，即国于此，是为北虢。东迁后林父、忌父相继为周卿士，因下阳，阻于河，乃以焦都之上阳为虢之下都。时往居之，是为南虢。南虢在大河之南，北虢在大河之北……其实虢之宗庙社稷在下阳，不在上阳。《经》于此年书灭，即谓宗社已覆，虽有孽余，不可谓国矣……《左传》等不知上阳乃虢之下都，误谓僖公五年虢始灭，《纪年》与经文独合，则三传之误可知。”

游牧民族，《小盂鼎》铭文谓盂攻克鬼方有"孚[马]□□匹""孚牛三百五十五牛，羊廿八羊""孚[马]百三匹"之文，《淮南子·道应篇》有九方堙善相马（按《列子·说符》作九方皋，《庄子·徐无鬼》有九方歅，九方实即鬼方），凡此均足以说明鬼方尚为游牧社会。游牧民族，随畜牧而转移，居处无定。今所考鬼方地域有成周北长治县西南之洛，磁县西南之九侯城，怀姓九宗所居夏墟之周围，河东之隗国及春秋时山西南部之赤狄居地一带。鬼方民族即活动于此数地为中心之区域中。

余考鬼方地域在今山西南境，徐中舒先生已先我简略言及，其言曰：

> 经传书记说大王自豳迁岐，乃受狄人侵迫，狄或以为昆夷，或以为獯鬻，当即鬼方。盖鬼方之本据，原在山西晋地之近境，当武丁之世，鬼方不胜殷人之压迫，转而西侵，故豳地首当其冲。[①]

徐先生言鬼方本据原在山西，甚是。惜其着语不多，证据未充，且仍囿于王国维所说以为昆夷、獯鬻均鬼方之异名，故此说终未为大显于世也。

据以上所考，鬼方活动之区域，《山海经》谓在山西北部大同一带，而其他书述殷周时鬼方当在山西南部及河南省黄河以北之地。至其先后关系，只有两种可能性：其一，鬼方本居山西北部，至殷周时始南迁。其二，鬼方本居山西南部，至战国以后，渐不竞于诸夏，乃北迁至大同一带。今按《山海经》一书，出于战国之末，或作者即以当时鬼方所在，而误以为其原来地域耳。故余以第二说较第一说于义为长，即鬼方本据山西南部，战国末始北迁也。

秦汉以后之鬼方，亦有可得而略论者。《三国志·魏志》卷三十《东夷传》仅具鬼国之名，其时种族情形如何，与中原之关系又如何，一无可考。至唐以后之人所撰史籍，始稍为加详。唐杜佑《通典》卷二百北狄七，有鬼国，其文云：

> 鬼国在駮国西，六十日行，其国夜游昼隐，身著浑剥鹿皮衣。眼鼻与中国人同，口在顶上，食用瓦器，土无米粟，噉鹿豕及蛇……

此文又见于宋乐史《太平寰宇记》（卷二百北狄内）及马端临《文献通考》（卷三百四十八四裔考二十五）二书。"口在顶上"《通考》作"口在项上"，或此种人下腭较短，骤视之，似口在项上耳。此与"夜游昼隐"同为传闻之辞。

---

① 徐氏说见《殷周之际史迹之检讨》一文中。

盖俗人好奇，不奇则人不快其意，于是对于远人种种传说，均不免将真迹放大也。

唐宋而后，此族历史详情不可考矣。

后记：

此文乃 1944 年夏应美国哈佛燕京学社之约而作。身处滇西，参考书籍极端缺乏。屡作屡辍，设非藉助于余旧日读书笔记，几不能成篇，后虽幸已脱稿，疏漏自知不免，只能俟他日更当补正也。

1945 年 7 月 20 日
玉哲记于大理喜州

（原文载《华中大学国学研究论文专刊》第 1 辑 1945 年）

楚族故地及其迁移路线

一、引言

　　一个民族及其文化的来源，和这个民族的发祥地以及其迁移的路线有着重大的关系。民族的迁徙，犹如河水。当其由山上水源，下注于高原，再流于平原时，其主流有时杂以农田中之浊水，有时又有含石灰石高原之清水，同时复沿途接受两岸下崩之泥土。又或经干燥之沙漠地带，水为干燥之空气吸收不少。或为农夫转以灌溉农田。到此河水流入海口时，其水分含质，已经大异于前。我人欲分析此水之成分，不得不追寻其水源及其流经之地域。至于民族流动，与此绝相类，故有人称之为"人河"[①]。民族之人种及其文化，其始或甚纯粹，但沿途吸收异族之人种与文化而混杂之。所以我们若想研究某一民族及其文化的来源，只有从该民族现在所住的地方，上溯其所经之地方，以达到其原来的发祥地。而此三事，即代表三个连续的地理位置，都含有地理状况，足以影响民族及其文化的形成。所以无论在人种学、历史学、语言学或神话学上研究起源，每一次研究时，地理要素无不出现，现在我们要研究楚民族，第一步应当先把这一族的地理弄清楚。

　　楚族自春秋以来，就住在今日湖北省一带，史料明备，当无问题。但是她最初的地望在哪里呢？《史记·楚世家》只说周成王时封熊绎于楚蛮，居丹阳，并没有指明丹阳的所在。《集解》引徐广曰："在南郡枝江县。"郦道元《水经注·江水》则以秭归县之丹阳为楚子熊绎之始封。枝江与秭归都在现在湖北的大江沿岸。徐、郦二氏以后世楚地定楚祖居，易于得人听信。所以此后讲上古史的人，一提到楚族，总说他们最初的发祥地，就是在湖北省。可是我们知道

---

　　① 美国地理家孙朴尔女士（E. C. Semple）所著《地理环境之影响》（*Influences of Geographic Environment*）一书第四章称之为 "river of men"。

当周初武王、成王的时候，周的势力，虽然可能一度到达江汉流域①，但未必有力量在那样荒远的地方进行封建，并且较早的史料，和这种说法矛盾的地方很多（详后）。所以到清朝宋翔凤就开始怀疑这种传统的说法，而别有新解。他以为熊绎立国丹阳，在丹水之北，约当现在河南西南部的内乡县一带地，后乃迁于秭归②。近来一般史学家，颇多信者③。不过宋氏之说，虽较传统旧说为近情，但总觉得他没有较早的史料作证，还不能认为是最后的定论。晚近胡厚宣先生著《楚民族源于东方考》（《北大潜社史学论丛》第一册），详征博引，考定楚族最初当起于东方。他说：

> 惟据吾所考，则楚民族之疆土，自后世观之，虽在江汉流域，而其最初之来源，则当自东方，盖与殷商、夷、徐本为同族者也。

胡先生此论一出，确定了不少事实，于是久悬不决的难题，公认已告解决，故其文贡献于古史界，其功绩可谓不小。但自另一方面观之，胡先生此文只能证明商末周初时楚民族会一度停踪于苏鲁之间，至于在此以前，来自何地？自此以后，又迁移何地？在什么时候始南迁于江汉流域？古时交通未启，榛莽塞野，而能一迁即远走三四千里之遥，究竟取什么路线呢？这许多问题，胡先生的研究，全未涉及。现在我想将我近年来治此问题所得之结果及所用的方法提出来，颇愿海内方家给以严格的批判，俾使这个历久未决的难题，得向解决途径，前进一步。

二、楚族原于河南的推测

初民部落，迁徙靡常。大概因古代经济生活幼稚，须于各处寻觅食物，亦因社会不附着于土地之上，且古人喜小社会团体，容易分裂；或因他族来侵，徙居避戎。凡此等等均有助于迁移。并且当时地广人稀，土无主权，随意利用，有若今日之海洋。所以古代原始民族的流动恒较今日民族之流动为甚。我们还可以看出在民族迁徙的历史中，有一条通例。就是一个民族每迁至一地，往往

---

① 宋徽宗时汉水流域出土的六件铜器（薛尚功《历代钟鼎彝器款识》有著录）从字体及铭文上看，当为周初时物。是周初时周的国力远及江汉流域。

② 其说见其所著《过庭录》一书中"楚鬻熊居丹阳武王徙郢考"。

③ 近人信宋氏说者颇多，举其著者，如钱宾四先生《先秦诸子系年》第353页；顾颉刚先生《上古史讲义·周室的封建及其属邦》第27注；童书业先生《春秋史》第四章。

即以他们的旧居地名，名此新土。而其族相传的神话传说或故事，也随其族的足迹所到，递传而递远。例如亳地有三，是商民族迁移的结果，蔡有新蔡下蔡，也是民族迁徙的结果。郑初封在今陕西华县，至武公定虢桧之地而迁居之，国仍称郑，或名新郑，地在今河南新郑。晋原都绛，地在今山西翼城县，到景公时迁都新田，仍名曰绛，地在今山西绛县。其他若二息、二邾、二丰，也是民族迁徙的结果。郑德坤先生并考查上古三代的陵墓，发现有很多一人有二个以上而且散在两省的陵墓。他说："舜的二妃陪着帝舜葬于山西，当然也要陪着他葬在湖南。程婴与公孙杵臼同葬四处，那个是真那个是假，或者都是假而别有真的，这我不敢断定，可是他们同葬陕西，又同葬山西平阳，再同葬山西忻州，又同葬直隶。除了传说跟着人民而迁移，我想再也没有好的解释了。"[1]所以一个民族遗留于迁徙所经过地方的残迹，有似败军沿途所遗弃之辎重，在在都可藉此遗存追迹其来源与路线。关于楚族最初的地望及其迁徙途径，本文就想用上述暗示的方针去解释。

楚族在周初以前的历史，虽幽渺难稽，然看后世所有关于他们祖先的神话传说的地域，也可以推知他们在古代活动的范围。据传说，他们的始祖叫祝融。祝融的地望，《左传》昭公十七年说："郑，祝融之虚也。"则祝融原居，在河南中部新郑县境。他的后裔，分为八姓，见于《国语·郑语》。楚族的芈姓，就是其中之一。我们若想考察芈姓的最初地望，可以从其他七姓的地望去推测。现在我们就把这八姓及其地域列下：

己姓：（一）昆吾，据《楚世家》说，当夏代曾为侯伯，夏末为商汤所灭。昆吾有二虚：一在旧许，《左传》昭公十二年楚灵王说："昔我皇祖伯父昆吾，旧许是宅。"旧许即今河南许昌县境；一在濮阳，《左传》哀公十七年载"卫侯梦于北官，见人登昆吾之观，被发北面而噪曰：登此昆吾之虚"，此昆吾则在今河北濮阳县[2]。（二）苏。（三）温二国，杜注在"河内温县"（《春秋释例》卷五），即今河南温县。（四）顾，即《诗经·商颂》"韦顾既伐，昆吾夏桀"之顾。春秋时为齐地（《左传》哀公二十一年杜注），在今山东范县东南五十里有"顾"城。惟"顾"《潜夫论》作"扈"，《左传》文公七年杜注"扈，郑地。荥阳卷县西北有扈亭"，则在今河南源武县。二说未知孰是。（五）董，未知所在。

董姓：鬷夷豢龙都不详其所在。《书序》"遂伐三鬷"，《史记·殷本纪》作"三𡚁"，《后汉书·郡国志》济阳郡定陶县境，鬷夷氏去此，或不甚远。

---

[1] 见其所著《层化的河水流域地名及其解释》，《燕京学报》第11期。

[2] 濮阳今属河南。（编者注）

彭姓：（一）：彭祖，又名大彭，商时尝为侯伯。其居地后名彭城，即今江苏铜山县。（二）豕韦：豕韦也曾为商伯，傅孟真先生《夷夏东西说》以为豕韦即韦，即郼，即殷，亦即衣，其言极是。地在今河北的濮阳一带。（三）诸稽：未知所在。我疑心即禹娶于塗山之塗山（说详下），塗山据钱宾四先生考证，谓当在今河南嵩县西南。

秃姓：舟人：据《郑语》："若克二邑（按指虢、郐二邑），邬、弊、补、舟、依、𪥼、历、华，君之土也。"则舟与虢、郐为邻，当在今河南密县左右。

妘姓：（一）邬：《左传》隐公十一年杜注谓在河南缑氏县西南有邬聚，则在今河南偃师县境内。（二）郐：在今河南密县东北五十里有故郐城，即《诗谱》所谓郐，在《禹贡》豫州外方之北，荣波之南，居溱、洧之间者。（三）路：不知所在。（四）偪阳：杜注"今彭城傅阳县"（《左传》襄公十年），则在今山东峄县南，与江苏接境。

曹姓：（一）邹：邹即邾，在战国初年尚存，在今山东南境，邹、滕、峄三县境。（二）莒：即今山东莒县。

斟姓：斟姓无后，夏人以其地封同姓。故《世本》曰：斟寻氏姒姓（见《左传》疏及《夏本纪》《吴世家》索隐）。地之所在有三说：一谓在今山东潍县西南八十里之斟城，及寿光县东四十里之斟灌。此为《汉书·地理志》北海郡应劭注说，而杜氏《春秋传注》、京相璠《春秋土地名》、司马彪《续汉书·郡国志》，都同应说。一谓在河南巩县，地近洛水。《夏本纪》正义引臣瓒《汉书音义》云："斟寻，在河南。盖后迁北海也。"[1]此斟寻盖即《左传》昭公二十三年"郊鄩溃"之鄩，杜注："河南巩县西南有地名鄩中。"也就是《史记·张仪列传》正义引《括地志》谓巩县西南五十八里故鄩城。二说之外又有谓斟寻在卫者，《水经·河水篇》云："浮水故渎……又东迳卫国县故城南，古斟观。"此谓在东周时之卫地，也有斟地。玉哲按：三说当以臣瓒说谓在河南近洛水者于义为长。盖《古本竹书纪年》谓"太康居斟鄩，羿亦居之，桀又居之"（《夏本纪》及《周本纪》正义引），而太康与桀所居都近洛，《夏本纪》谓"太康失国，昆弟五人，须于洛汭"。洛汭即洛水入河处，须谓处于其地。《史记·吴起传》吴起说夏桀之居，左河济，右太华，伊阙在其南，羊肠在其北。又《逸周书·度邑篇》武王将因有夏之居。可知夏桀居河南。现在我们以太康、夏桀之居证斟地，则当以在河南近洛为是。

---

① 臣瓒此语出《夏本纪》正义所引，今《汉书·地理志》颜氏《集注》作"不在此也"。盖承应劭说言之，故易其文。

芈姓：（一）蘷：即夔，为楚熊渠子熊挚之后（《左传》僖公二十六年）。（二）越：按即熊渠子越章王执疵之后（详后）。（三）荆：即楚。（四）蛮芈：按此即楚熊严子避难于濮的叔堪之后。所以芈姓的夔、越、蛮、芈均出于荆楚。其地望可以不计（以上祝融八姓地理藉助于徐炳昶先生《中国古史的传说时代》一书的地方颇多）。

现在我们若把祝融八姓的地望，标在地图上，则知除芈姓不计外，其余大约相当于今日的河南一大部，河北顶南的一小部，与山东西南江苏西北的一小部。则芈姓的楚族最初居地，也应在此区域之内为是。

楚族的祖先，在传说系统中，除了祝融八姓之外，又有陆终六子，见于《大戴礼·帝系篇》《世本》及《楚世家》。六子为昆吾、参胡、彭祖、会人、曹姓与季连（芈姓），除了参胡以外，都在祝融八姓之中。所以学者以为陆终就是祝融的分化。陆终一名，见于《邾公鈁钟》铭，文曰："陆终之孙，邾公鈁……"，终字作鑫，王国维《邾公钟跋》释云："此字从蚰，章声。以声类求之，当是蠡字。陆蠡即陆终也"（《观堂集林》卷十八）；郭沫若先生《金文所无考》谓："蠡字从蚰，章声。求之声类，当以融字为近。陆祝古同幽部，终融古同冬部，疑陆终即祝融。"我们拿铭文与《国语·郑语》对照一下，就知道此论完全正确。

人类地理学不在狭小确定的区域找民族的起源，而于广大不分明的分散中心求民族的起源。现在我们既已知道祝融八姓或陆终六子的地望，而祝融、陆终在传说上为楚的祖先，并且八姓与六子均在夏商之世，则楚族在商末以前，我们很有理由推测他是住在河南中部一带。

现在再从古地名上看，也可以得同样的结论。春秋时在河南山东之间，有两楚丘。一在山东曹县东南，《春秋》隐公七年"戎伐凡伯于楚丘以归"即此；一在今河南滑县东六十里，即《春秋》僖公二年"城楚丘"之楚丘。这恐怕就是楚民族从前住过而遗留下的一点痕迹。宋代出土的周初铜器《季娟鼎》铭云："王在成周，王徙（？）于楚麓，命小臣夋先省楚应。""楚麓""楚应"或距成周不远，可能也是楚人住过的地方。甲骨卜辞中有"帚楚"（《殷墟卜辞》222页），帚即妇之初文，帚楚乃商王武丁之配，又有楚地（见《善斋藏拓本》）为殷王田猎所及之地。凡此诸以楚为地名，除了说是楚民族足迹到过的遗迹以外，也找不出更好的解释。而这许多地名，大约都在河南境，这又可以帮助我们说楚族最初起予中原。

按《左传》《史记》中所见楚之先公先王，大都以"熊"为名，如穴熊、鬻熊、熊丽、熊绎、熊恽、熊元、熊狂、熊章、熊悍、熊皆等，故知楚虽姓为"芈"，而氏则为"熊"。金文中"熊"作"酓",实一声之转,盖"熊"为东部字,其切韵音虽为[-iuŋ],而上古音则为[*-məui],与"酓"为盐部字,上古音。据李方桂先生构拟作[*-iam](见其所著《切韵 ɑ 的来源》)极相近,故可通转。如酓章即熊章。楚之先,大概曾居有熊国之虚,因而以"熊"为氏。谯周说少典是有熊的国君,皇甫谧说"有熊,今河南新郑是也"(《史记·五帝本纪》集解引),这是楚族当起于河南中部的又一证据。

现在我们要把前所举的这几点,合而观之。楚民族在商末以前,大致以河南为其活动的范围。我们能说他起于湖北的大江流域吗?能说他是在东方沿海一带吗?

三、楚族的东迁

上面我们说楚民族活动的范围,当在河南中部,只是就商末以前的情形说的。在此以后楚民族似乎转移到山东江苏之间。我们看周初周公东征时,熊姓的楚与东方徐、奄并列,如《逸周书·作雒解》云:

> 周公立,相天子。三叔及殷、东、徐、奄及熊盈以畔(原作略),周公、召公内弭父兄,外抚诸侯。……凡所征熊盈族十有七国,俘维九邑。……俾康叔宇于殷,俾中旄父宇于东。

熊姓的楚与奄、东、徐并举,知楚必在其近邻。现在来看徐之所在。《史记·鲁世家》:"顷公十九年,楚伐我,取徐州",《集解》引徐广曰:"徐州在鲁东,今薛县。"当即今山东滕县。《说文》郐字下也说在鲁东。又周初鲁伯禽时"淮徐戎亦并兴反"(《鲁世家》),伯禽征之,战于费地作《费誓》,费地即今山东费县。可见徐在周初时,一定在山东曲阜附近。当时楚必亦去此不远。周公东征时器,有《令簋》谓:"佳王于伐楚伯,在炎。"考炎即《春秋》"郯子来朝"之郯,《汉书·地理志》东海郡:"郯,故国,少昊后,盈姓",当即今山东郯城县。则当时楚伯之居,一定在郯邻近。又《晋语》八:"昔成王盟诸侯于岐阳,楚为荆蛮,置茅蕝,设望表,与鲜卑守燎,故不与盟。"韦注"鲜卑东夷国",黄丕烈《札记》谓"补音作牟。丕烈案牟字是。韦解云'东夷国',然则即宣九年之根牟也。杜注云:东夷国,今琅邪阳都县东有牟乡",按《左传》昭公四年:"成有岐阳之蒐",杜注"成王归自奄,大蒐于岐山之阳"。由此可知在周公东征践奄之后,而楚仍处东方,故得与东夷守燎。

又周初有"周公奔楚"事，或曰"周公居东"，或曰"周公东征"。我们综合《左传》（昭公七年）、《史记》（《蒙恬传》《鲁世家》）、《论衡》（《咸类篇》）、《尚书》（《金滕》）、《墨子》（《耕柱篇》）、《韩非子》（《说林篇》）诸书关于此事的记载，知道系指的一回事。因为当时楚在山东、江苏之间，故言居东。若把楚说成在江汉之间，无论如何也解释不通。

《墨子·非攻篇》云："昔者楚熊丽始讨此睢山之间。越王繄亏出自有遽，始邦于越，唐叔与吕尚邦齐晋。"按熊丽为周文王时人，他所讨的睢山，未知所在。《左传》僖公十九年谓宋公使邾文公用鄫子于次睢之社。杜注：谓睢水受汴，东经陈留、梁、谯、沛、彭城入于泗。《史记·项羽本纪》谓项王追击汉军，至灵壁东睢水上，杀汉卒十余万人，皆入睢水，睢水为之不流。《汉志》："睢水首受狼汤水，东至取虑。"是河南开封以东，有一条睢水东入于泗。以睢水求睢山之所在，当不出河南、江苏二省毗连之地。则楚熊丽居地，也可藉以约略推知。

好了，我们所举的证据，到此为止，这已经足够证明楚民族在周初时是在山东南境或江苏北境了。但是上面我们已经说过，楚族起于河南中部。是从什么时候东迁了呢？东迁的原因又是什么？要解决这个问题，应当在商的末年商与东夷战争一事上着眼。《左传》昭公四年"商纣为黎之蒐，东夷叛之"，昭公十一年"纣克东夷而陨其身"。铜器《小臣艅尊》铭云："丁巳，王省夔畠，王锡小臣艅夔贝。惟王来正人方。惟王十祀又五，肜日。"此人方即夷方。以文字之形体及叙述之章法看，知为商器。甲骨文记人方之卜辞屡见。据董彦堂先生《甲骨文断代研究例》（366—373），皆为帝辛时代之物。《小臣艅尊》铭文书体，亦与此期刻辞逼似，亦是帝辛时事。据此，则知夷方之征伐，或不仅限于帝辛十五年，但总以近于此年者为是。殷为大国，就是在殷纣时，国势还是很盛。《左传》宣公十五年"夫恃才与众，亡之道也。商纣由之，故灭"。则知殷商末世，其战伐之功，还是不小。我们看他对远方的东夷，尚且轻于用兵征讨，其邻近的楚族，或早已受到压力。所以楚族的东徙，可能是在殷末，与商纣穷兵黩武，或不无关系。又按《墨子·非攻篇》所述谓楚熊丽始讨睢山，又谓越王繄亏始邦于越，唐叔始邦晋，吕尚始邦齐。都是述说其始王徙居其国，则熊丽讨睢山，大概也是说楚自熊丽时，始东迁。熊丽又与商纣为同时代的人。

四、楚族徙居吴皖境的史迹

楚民族起于河南，东迁苏鲁之间，大概是不成问题了。但何能徙江苏北部，一迁即至汉水之委，相去殆三四千里？原始部落的移动，除山川天然障碍以外，古代的森林草莽，也大足以阻碍他们行动，所以其间仍大有问题在也。

我的意思，以为楚族在周初以后，又逐步南移于淮水流域。从淮水流域，再南移江苏、安徽的大江流域，最后始自江苏沿大江西上，到湖北省的汉水之委为止。世界上最早的民族，往往就近河流，如埃及的靠近尼罗河，巴比仑在两河流域，印度起于恒河。夏商周三民族的迁移，更不离黄河流域。这都是显著的例子。盖文明初启，农业幼稚，或尚不知施肥与深耕之术。惟有沿河流的地方，土壤肥美，适于灌溉，生活比较容易。民族流动，也多沿河流之天然拓地前进，无形中就减少了森林草莽的阻碍。所以古代的楚族长距离的迁徙，也应当用这种暗示去理解。

周初东方强国为徐，周公东征时以殷东徐、奄特别举出（见《逸周书·作雒解》），这是表示大国的意思，以别于其余的熊盈小国，足见当时楚的势力远不如徐。徐戎兴起，鲁伯禽征之，作《费誓》。战地在鲁。可是《诗经·大雅·常武》说："率彼淮浦，省此徐土"，则徐国在周宣王以前，已经南迁淮浦。或避伯禽的兵力，亦未可知。当时楚国的势力，还不如徐，其更感受到压迫，自在意中。所以我们推想，楚国在徐南迁时，也一定南迁了。

据《史记·楚世家》述说楚的先世，当周成王时，举文武勤劳之后嗣，而封熊绎于楚蛮，居丹阳。楚国是否受周封，虽不可知，但楚那时居丹阳应当是事实。我们看当时的情势，楚族大概已南迁江苏、安徽之境。那时楚所居的丹阳何在？我们若不为旧说所囿，则应当在江苏、安徽之间的大江之旁去找。今按《史记·秦始皇本纪》述始皇三十七年东巡，谓"过丹阳，至钱唐"。《正义》引《括地志》谓丹阳在江宁县东南五里。则在今江苏江宁县西南与安徽当涂县之东，秦时有丹阳一地，北临大江。楚之先王熊绎所居之丹阳，当以此地为最近情理。至于楚灵王所说："昔我先王熊绎辟在荆山，筚路蓝缕，以处草莽，跋涉山林，以事天子。"熊绎所辟的荆山，大概是指的安徽怀远县的荆山，《水经注·淮水》"淮水东过当涂"下云："出于荆山之左，当涂之右。"汉当涂属九江郡，即现在的怀远县。这个荆山，或疑距当涂东之丹阳太远，但旧说以湖北秭归或枝江为熊绎所居之丹阳，北距湖北的荆山，也不算近[①]。所以我们主张熊绎所居的丹阳，在今安徽当涂县东，没有什么可以怀疑了。

楚熊绎之居丹阳，是否果受周成王之封，不可考。但周初周的势力会一度

[①] 按在今安徽芜湖县东南十六里，介天成湖与长河之间，也有一荆山，距当涂东之丹阳不远。若以此荆山说之，更觉近理，惟此荆山不见于较早的史籍，未便引用。

波及此地，也是事实。《吕氏春秋·古乐篇》云："商人服象，为虐于东夷，周公以师逐之，至于江南"，此江南虽不能确指其地，但以东夷与江南连用，推其方位，大概就是这一带。楚人既已自北南迁于此，根基已定，周人顺便封之，亦即承认其势力范围之意，也非绝不可能。

还有一事，可以证明楚在周初以后，有南迁苏皖大江旁之迹象。就是周昭穆时代的南征楚的记载：

> 戜駿从王南征，伐楚荆。（《戜駿簋》）
>
> 昭王南征不复，寡人是问。（《左传》僖公四年）
>
> 昭后成游，南土爰底，厥利为何？逢彼日雉。（《楚辞·天问》）

戜駿簋的制作年代不详，以器之形制及文字论，似成于昭王的前后，很可能和《左传》僖公四年及《天问》所述，同为周昭王南征楚事。据我们的说法，当时楚已经从北方南迁安徽当涂一带，是在周京的正东偏南。为什么称南征呢？要解决这个问题，应当知西周是以何地为征伐的根据地。大概在周幽王以前，宗周、成周实为东西二都，帝王有时住成周，有时住宗周[1]。西周时代，王师出征，多以成周为根据地（金文中如《敔簋》《录威卣》《竞卣》《虢仲盨》等）。所以周代所征伐的方国，也多以成周来定其方位。金文中每以东夷南夷东国南国并举，《宗周钟》铭云："南国反子敢陷虐我土，王辇伐其至……南夷东夷具见廿又六邦。"又《戜鼎》铭云："噩侯驭方率南口（淮）夷东夷广伐南国东国。"这都是指的成周的东南。《竞卣》铭云："白犀父以成自即东，命伐南夷。"伐南夷而自成周东行，更可以看出虽名南夷，实是东南。《虢仲盨》铭文中，尤为明显，铭云："虢仲昌王南征，伐南淮尸，才成周……"淮夷当然是在淮水流域，相当于成周的东南，也曰"南征"。楚国在安徽当涂一带，更在其南。那末史料上说周昭王征楚而亦曰"南征"，这还有什么可以怀疑的呢？周的征楚，也可以说是东征，事见于《古本竹书纪年》。但诸书所引，极不一致。现在我们把它排在下面：

（一）周穆王三十七年，伐楚，大起九师，至于九江，比鼋鼍为梁。（《艺文类聚》卷九桥部引）

（二）穆王十七年，起师至九江，以鼋为梁。（《广韵》卷一、二十二元、鼋字注引）。

---

[1] 其详见孙海波《成王时已都成周辨》，《禹贡》半月刊第七卷第六、七合期。

（三）穆王三十七年征伐，大起九师，东至于九江，叱鼋鼍以为梁。（《文选》卷十二，郭璞《江赋》李善注引）

（四）四十七年伐纡，大起九师，至于九江，架鼋鼍以为梁。（《太平御览》卷三〇五）

（五）七年大起师，东至九江，架鼋鼍以为梁。（《太平御览》卷七十三）

（六）《竹书纪年》曰：周穆王伐纣，东至于九江，叱鼋鼍以为梁。（蜀刊本《文选》卷十六，江淹《恨赋》李善注引）

（七）周穆三十七年，东至九江，比鼋鼍为梁。（《初学记》卷七引）

（八）王起六师，至于九江，伐楚。（《通鉴外纪》于穆王三十七年下）

（九）穆王伐之，大起九师。东至九江，蚖蝉为梁，在江东矣。（《路史·国名纪》卷三"紓"条下）

以上诸书所引《竹书纪年》语，大同小异。作三十七年者四书，或以此为是。所伐有伐纣伐纡（紓即纡）伐楚。"纣"为"纡"字之误，极为明显，而"纡"字恐怕是征伐时所至之地。今本《竹书纪年》作"至于纡"，或有所本。《楚世家》熊渠伐庸、杨粤，《索隐》谓有本作杨雩。徐文靖《竹书纪年统笺》说纪年之纡即此杨雩（《竹书纪年统笺》卷八），正在九江附近（详后）。则穆王所伐之国，当以伐楚为近是。至于其他异同，尚无大关系。《竹书纪年》这条所可确定者，为周穆王三十七年有伐楚事，并且是东至九江。而九江在安徽寿春与大江之间（详后），伐楚而曰东至九江，则当时楚国不在苏鲁之间，尤其不能在汉水之委，而在安徽的大江之旁，极为明白。

我们说楚熊绎所居之丹阳，当在安徽当涂以东，即秦始皇东巡所过之丹阳。这是从当时情势上看，不得不如此。除此之外，是否在较早的史书上，也可以找到一点关于此事的记载呢？按《汉书·地理志》丹阳郡丹阳下班固自注曰：

楚之先熊绎所封。

汉之丹阳在安徽当涂县东（江苏江宁县西南），正和我们以前所推的，完全相合。这个问题，到此，总算得到正确的解决了吧！但是自来的读史者，如郦道元（《水经注》）、王楙（《野客丛书》）、方以智（《通雅》）、顾炎武（《日知录》）、何焯（《义门读书记》）、顾栋高（《春秋大事表》）、宋翔风（《过庭录》）、全祖望（《汉书地理志稽疑》）、吕调阳（《汉书地理志详释》）、钱坫（《新斠注地理志》）等人，没有一个不说班氏此注为误的。他们怀疑班固之说，也举不出坚强的反证。他们只说班氏所注的丹阳在吴境，距荆州的楚太远。郦道元说：

> 秭归盖楚子熊绎之始国（按赵一清引全祖望曰："既曰熊绎之始国，则非熊挚附庸所居矣。自相参辰何也。"）……楚子熊绎始封丹阳之所都也。《地理志》以为吴之丹阳，论者云：寻吴楚悠隔，蓝缕荆山，无容远在吴境，是为非也。（《水经注·江水》）

宋翔凤《过庭录》也说汉丹阳在扬州之域，视楚都郢中，东西窎远。他们因为习见于楚国自春秋以来即在湖北，现在班氏忽说楚的先王被封在江苏，当然要怀疑其辽远了。其实我们前面已经说过，楚族本在江苏北部，被迫南移，稍向南一流动，就可到班氏所说的丹阳。此地距湖北，的确很远。但历史通例，原始民族的移动，为了减少山川草莽的阻碍，多半沿着天然的河流，向前拓殖。楚族的自吴沿江西上，正合这条公例。如此，则诸人之疑，可以取消了。并且以博学的班固，绝对不会不知道，自春秋以来的楚族，是在江汉流域。他主张熊绎所居之丹阳在吴境，一定别有所本。后来以颜师古之博辨，《楚世家》岂能不读。可是他注《汉书》，对班氏此说，不吐一词。足见师古对此说，也早就信而不疑了。

五、由古地名证楚族曾居苏皖境

楚族在安徽、江苏之间，停留了一个时期。不知道为了什么缘故，后来又沿大江西上，留止在湖北的江汉流域。这可以从同一地名之蔓延上见之。盖古代地广人少，土地多无主权名称，初民迁徙无常，一族的人，散而之四方，他们就往往以其旧居名此新土。在西洋历史上，如十六七世纪，欧人发现新大陆，向美洲移民，西班牙人占据了中美南美，于是就名其地为新西班牙；英人占据了北美中部东陲，于是就号其地为新英伦；法人据今之加拿大，号新法兰西；荷人据今纽约州，号新荷兰。不但大地名如此，小的地名也是这样。欧人移居新陆的，就往往以其乡里旧名，称其新居。所以现在英、美同名的地名相当的多。如波斯顿人到新大陆，仍用其名为波斯顿；牛津、剑桥人到美国，也仍称其新地为牛津、剑桥。后来大西洋海岸，已没有空地。居民向西方迁移，则又以其东方故居，名其新地。于是牛津、剑桥、波斯顿等地名，多至百数[①]。中

---

① 此诸举例，系摘自齐思和先生《西周地理考》文中。

国历史上，这种例子更多，本文的第二节中曾举了一点，在此我们就无需乎再重举了。不过，我们看了中外历史上这种现象，就会使我们知道，从地名的蔓延上，可以考见殖民进展的路线和范围。

安徽、江苏之间，有很多和江汉流域的地名相同的。这也可以看出，楚族和这两个区域的关系。现在我们把这许多地名分述于下：

（1）丹阳：安徽当涂县东，江苏江宁县西南，古有丹阳，我们前面已经证明了。湖北区域之内，有丹阳，并且不只一个。《楚世家》集解引徐广谓南郡枝江县有丹阳，《正义》引《括地志》谓归州巴东县东南四里归故城，也叫丹阳。

（2）荆山：安徽怀远县有荆山，见于《水经注·淮水》（前已引过）。湖北的荆山在南漳县南，远安县北。《尚书·禹贡》"导嶓冢至于荆山"，郑康成曰："《地理志》：荆山在南郡临沮。"案临沮今湖北远安县。这是东西都有荆山。

（3）武陵：《述异记》卷下："武陵源在吴中，山无他木。尽生桃李，俗呼为桃李源。"这是吴中有地名武陵源[1]。可是汉之武陵郡在今湖南溆浦县南三里。后汉移治临沅，今湖南常德县。汉时又有武陵县，在今湖北竹溪县。汉之郡县，多沿用旧名，所以此地武陵之名，未必是在汉时才有的。

（4）九江：九江东西有二，俱见于《禹贡》："九江纳锡大龟"，"过九江至于傅浅原"。《史记·河渠书》谓"余南登庐山，观禹疏九江"。这都是指的扬州寻阳之九江[2]。《禹贡》"九江孔殷""过九江至东陵"二处，乃荆州之九江。陈乔枞谓"故其文在沱潜既道，云土梦作乂之前，如以寻阳之九江当之，则文当系之扬州，不当系之荆州矣"（《今文尚书经说考》）。这是很明显有两九江，一在扬州，一在荆州。后人习见于扬州之九江，不知荆州也有九江。故《禹贡》九江一地，成了经学家争论的一个大题目。

（5）五湖：《周礼·职方》："东南曰扬州：其山镇曰会稽，其泽薮曰具区，其川三江，其浸五湖。"《淮南子·齐俗训》说句践"胜夫差于五湖，南面而霸天下，泗上十二诸侯，皆率九夷以朝"。这是扬州有五湖之明证。可是《韩非子·初见秦篇》说秦"破荆袭郢，取洞庭五湖"，这个五湖是在江汉流域。

（6）衡山：《左传》襄公三年说楚子重伐吴，"克鸠兹。至于衡山"。按鸠兹在安徽芜湖县东，此衡山应当距芜湖不远[3]。《战国策·魏策》吴起说："昔者，

---

① 此条为顾颉刚先生函告。

② 按《汉书·地理志》下班氏自注曰："《禹贡》九江在南，皆东合大江。"是汉之寻阳在江北，东晋时始移于江南。

③ 杜注此衡山在吴兴乌程县南，即今浙江吴兴，恐不确。

三苗之居，左有彭蠡之波，右有洞庭之水，汶山其南，而衡山在其北。"吴起所说的衡山，不是指今日湖南省衡阳县的山，可以断言。西汉初年，吴芮初封衡山，都城在邾，即今湖北黄冈县。他以后改封江南，衡阳的衡山属于境内，却改称长沙王。又衡山王赐的封国，在今安徽六安一带。《史记·秦始皇本纪》始皇二十八年"乃西南渡淮水，之衡山，南郡。浮江，至湘山祠"。由此我们可以想见当日的衡山，应在江北淮南，大概就是今日的霍山。《尔雅·释山》："霍山为南岳"，郭氏注："即天柱山，潜水所出。"清魏默深已辨秦汉之南岳衡山，即指潜霍，在江北淮南。可见衡山在今大江以北的安徽境内。至于《禹贡》的衡山，大概是在湖北省的大江之北。现在湖南衡阳之衡山，恐怕是秦汉以后才起的。总之，衡山也分布在荆、扬二州。

（7）洞庭：《战国策·魏策》称吴起对魏武侯说：

> 昔者，三苗之居：左彭蠡之波，右洞庭之水，文山在其南，而衡山在其北。恃此险也，为政不善，而禹放之。夫夏桀之国：左天门之险，而右天溪之阳，卢睪在其北，伊洛出其南。有此险也，然为政不善，而汤伐之。殷纣之国：左孟门，而右漳釜，前带河，后被山。有此险也，然为政不善，而武王伐之。

这段文字，《韩非子》佚文所记与此不同，《太平御览》卷四百五十九引《韩非子》云：

> 魏武侯浮西河而下中流，谓吴起曰："美哉！山河之固，魏国之宝也。"对曰："在德不在险，昔者三苗氏左洞庭而右彭蠡，德义不修，而禹灭之。夏桀之居：左河济而右太华，伊阙在其南，羊肠在其北。修政不仁，汤放之。商纣之国：左孟门，右太行，常山在其北，大河经其南。修行不德，而武王灭之。王恃险而不修德，舟中之人尽敌国也。"

按《魏策》三苗之居，左彭蠡右洞庭，而《韩非子》则作"左洞庭而右彭蠡"，其他书若《史记·吴起传》《韩诗外传》三、《说苑》之《君道篇》《贵德篇》《水经注·湘水》《沔水》诸书所记，都作左洞庭右彭蠡，和《韩非子》同。由此可知《魏策》之作"左彭蠡右洞庭"，自系颠倒无疑。

现在我们可以根据吴起之言，推三苗之所在。三苗的左面是洞庭，右面是彭蠡。近人多以为左为西，右为东，谓即指今湖南岳阳的洞庭与江西的鄱阳二湖①。恐皆不确。因为古地理方向，多以面向南而分其前后左右。那就是说，前面为南，后面为北，左为东，右为西。现在我们可以举几条证据：班固《西都赋》述秦之丰美曰："左据函谷二崤之阻，表以太华终南之山。右界褒斜陇首之险，带以洪河泾渭之川。"函谷二崤在秦的东面，故言左。褒斜陇首在秦的西面，因言右。《汉书·翼奉传》："臣愿陛下徙都成周，左据成皋，右阻黾池，前向崧高，后介大河。"按以面向南，则成皋在成周之东，故言左。黾池在成周之西，故言右。崧高在南，故言前。大河在北，故言后。《淮南子·泰族篇》："纣之地，左东海，右流沙，前交陆，后幽都。"东海在东，言左，流沙在西，言右。交阯在南，言前，幽都在北，言后。《赵策三》："赵万乘之强国也。前漳滏，右常山，左河间，北有代。带甲百万，当抑强齐四十余年。"按赵之东有河间故言左，西有常山故言右。赵之南有漳滏二水，故言前。《秦策三》范睢说秦王曰："大王之国，北有甘泉谷口，南带泾渭，右陇蜀，左关阪。"按关阪在秦之东为左，陇蜀在秦之西为右。《国语·郑语》："若克二邑（虢与郐）……前华后河，右洛左济。"按此，也是济水在东称左，洛水在西为右。举凡古书言左右方向者，亦莫不以左为东，以右为西。现在我们先以此考验吴起所述夏桀与商纣的疆域。夏桀之居，左河济而右太华，按河济乃指山东一带，在东方故言左。太华在陕西华阴，位于西故言右。商纣之国，左孟门而右太行。按《淮南子·地形训》高诱注："孟门，太行之限。"《左传》襄公二十三年："齐侯遂伐晋，取朝歌。为二队，入孟门，登太行。"据此则知孟门距太行不远。齐在晋东，由齐伐晋，先入孟门后登太行。则孟门当在太行之东。所以这也是左为东，右西。现在我们回头再看三苗之国："左洞庭而右彭蠡。"我们若说三苗东边有洞庭，西边有彭蠡，应当无可怀疑。那末，洞庭决非指湖南的洞庭湖，可以断言了。

　　但是洞庭、彭蠡是现在的什么地方呢？彭蠡见于《禹贡》。然《禹贡》之彭蠡在江北，并非今日江南的鄱阳湖。宋以来的经学家若朱熹（《彭蠡辨》）、蔡沈（《尚书集传·禹贡篇》）、崔述（《夏考信录》卷一）、魏源（《书古微》卷五）、倪文蔚（《禹贡说续经解》）诸人，已经辨得很明白。即《史记·封禅书》汉武帝浮江自寻阳出枞阳过彭蠡，此彭蠡也在江北不在江南。所以我们不能说现在的鄱阳湖是古彭蠡。虽然诸家的考证尚无较若画一，但多数认为古彭蠡所在，当不出大江北岸，怀宁宿松一带。如此，则洞庭必在这个区域以东。《山海经·中山经》："又东南一百二十里曰洞庭之山。"郝懿行《笺疏》云：

_____

① 如徐炳昶《中国古史的传说时代》第二章；饶宗颐《魏策·吴起论三苗之居辨误》，《禹贡》半月刊第七卷第六、七合期。

　　　　懿行案：洞庭山在今苏州府城西太湖中。一名包山。《初学记》七卷引《史记·吴起传》裴骃《集解》云：今太湖中苞山有石穴，其深洞无知其极者，名洞庭。洞庭对彭蠡，即斯山也。

　　这是说江苏太湖中有山名洞庭。左思《吴都赋》："指包山而为期，集洞庭而淹留。"这是指吴都的洞庭，更为明显。《水经注·沔水》云："湖有苞山，《春秋》谓之夫椒山，有洞室，入地潜行，北通鄡邪东武县，俗谓之洞庭。旁有青山，一名夏架山，山有洞穴，潜通洞庭。"又引《吴记》云："太湖有苞山，在国西百余里，居者数百家，出弓弩材，旁有小山，山有石穴，南通洞庭，深远莫知所极。三苗之国，左洞庭右彭蠡。今宫亭湖也。以太湖之洞庭对彭蠡，左右可知也。"这都表明江苏太湖中有洞庭。《楚辞·九歌》："遭吾道兮洞庭。"王逸注："洞庭，太湖也。"洪兴祖《补注》曰："吴中太湖一名洞庭。而巴陵之洞庭亦谓之太湖。"这更说明了江苏、湖南两省的湖，既名洞庭，又名太湖。两湖的名称完全相同。

　　现在总起以上所举的丹阳、荆山、武陵、九江、五湖、衡山、洞庭七个地名，知道它们既出现于东方的江苏、安徽，同时又出现在西方的湖北、湖南。我们若以中外历史上地名蔓延起于民族迁徙的通例去理解，自然这就会使我们悟到楚民族在居留江汉流域之前，一定会有一个时期停踪于江苏安徽之间的大江流域。

六、从"太伯奔吴"与"楚攻徐偃王"二事证楚族曾居苏皖境

（一）太伯奔吴

　　吴为姬姓，我们只是说他的王室为姬姓。至于被统治的老百姓，乃是一种断发文身的土著民族。近来有许多史学家，根本否认吴为姬姓，以为句吴本南方蛮夷，冒姓姬[1]。但吴为姬姓，见于金文及旧籍者，非常的多[2]，似乎不容怀疑。那末周太王的儿子吴太伯逃荆蛮而为吴祖的传说，也未必为虚构了。现在先引《史记·吴太伯世家》的一段话：

　　　　吴太伯，太伯弟仲雍，皆周太王之子，而王季历之兄也。季历贤而有

---

[1] 如齐思和《燕吴非周封国说》，《燕京学报》第28期；及童书业《春秋史》第四章，第127页。

[2] 其详见徐中舒《殷周之际史迹之检讨》一文，《中央研究院历史语言研究所集刊》七本二分。

圣子昌。太王欲立季历以及昌。于是太伯、仲雍二人乃奔荆蛮。文身断发，示不可用，以避季历。……太伯之奔荆蛮，自号句吴。荆蛮义之，从而归之千余家，立为吴太伯。

同书《周本纪》也说：

长子太伯、虞仲，知古公欲立季历以传昌，乃二人亡如荆蛮，文身断发，以让季历。

其他的先秦旧籍，对太伯君吴的传说，也有暗示。《左传》载晋士蔿对申生说："为吴太伯不亦可乎？犹有令名。"（闵公元年）又载宫之奇对虞公说："太伯、虞仲，大王之昭也。太伯不从，是以不嗣。"（僖公五年）《论语》载孔子之言曰："泰伯其可谓至德也已，三以天下让，民无得而称焉。"（《泰伯篇》）可见太伯让位君吴的传说，很早就有了。不过《周本纪》与《吴世家》所述太伯弟弟的名字，各自不同。一称虞仲，一称仲雍。《左传》既称太伯虞仲为太王之昭，又说仲雍嗣太伯，是虞仲为仲雍为太王之子，毫无疑义。盖本名仲雍，由于曾为虞君，故又称虞仲。正如太子季历，因为王而称王季（按《吴世家》称季历又称王季），其例绝相似。所以仲雍之又名虞仲，也无可怀疑[1]。至于《论语》中所称逸民之虞仲，可能是另一人[2]。我们若把《吴世家》《周本纪》《左传》《论语》诸书合起来看，知道这件传说，不似凭空杜撰。则太伯、虞仲因让位而奔吴，并建一吴国，地在今江苏境，也当为事实。但《史记》述太伯、虞仲，一则曰："乃奔荆蛮。"再则曰："荆蛮义之，从而归之千余家，立为吴太伯。"荆蛮为中原人所指的楚族，世无异辞。则句吴最初的建立，可能还是楚国的赐予。由这件事实，又可以证明周初的楚国，是在今江苏境了。

（二）楚攻徐偃王

西周初年，还有一件事，也可以为楚曾居苏皖之一旁证。就是徐偃王的事。《韩非子·五蠹篇》内说：

徐偃王处汉东，地方五百里，行仁义。割地而朝者三十有六国。荆文

---

① 班固《汉书·地理志》以虞仲即仲雍甚是。但黄震（《黄氏日钞》）、顾炎武（《日知录》）、阎若璩（《四书释地续》）、毛奇龄（《论语稽求篇》）、汪琬（《尧峰文钞》）、梁玉绳（《史记志疑》）、李惇（《群经识小》）、崔述（《丰镐考信录》）均非之。

② 汪琬、梁玉绳、李惇、焦循皆以为古有两虞仲。

王恐其害己也，举兵伐徐，遂灭之。

《史记·秦本纪》内却说：

> ……周穆王……西巡狩，乐而忘归。徐偃王为乱。造父为缪王御，长驱归周，一日千里以救乱。

《后汉书·东夷传》中又说：

> 徐夷僭号，乃率九夷以伐宗周。西至河上。穆王畏其方炽，乃分东方诸侯命徐偃王主之。偃王处潢池东，地方五百里，行仁义，陆地而朝者三十有六国。穆王后得骥騄之乘，乃使造父御以告楚，令伐徐。一日而至。于是楚文王大举兵而灭之。偃王仁而无权，不忍斗其人，故至于败。乃北走彭城武原县东山下，百姓随之者以万数，因名其山为徐山。

这几种记载，矛盾之处颇多。灭徐的是周呢？是楚呢？是周楚合军呢？徐偃王是与周穆王同时呢？是与楚文王同时呢？《淮南子·人间训》又说灭徐的是楚庄王，这更叫我们对徐王的时代，摸不着边际了。所以由来学者如谯周（《古史考》，《史记正义》引）、崔述（《丰镐考信录》）、马骕（《绎史》）等人，都对这个故事，持了怀疑的态度。但是我们总认为这件故事，不像是无中生有。纵然这其中夹杂着不少的错误，但其大枝大节，必有史实存在。

现在我们先考较早期的史料《韩非子》《淮南子》所记，都说偃王之败和楚有关，所以徐炳昶先生说："偃王的败，不由楚殊难解说"[1]，这是很正确的。但楚文王、庄王都是春秋时代的人，灭徐为一大事，《春秋》《左传》不容一字不提。所以我们现在的看法，认为徐偃王确亡于楚，但不一定是楚文王或庄王时事。假如我们承认《史记》《后汉书》所记的时代，则徐偃王和周穆王同时，并与楚熊胜同时（据《史记·三代世表》）。旧说以楚为在湖北西南隅的民族，则与徐若风马牛之不相及，发生关系，殊无可能。但若说楚国熊胜时尚在今江苏、安徽之间的大江流域，北与淮水流域的徐国为邻，徐为楚败，在地理上说，极为可能。并且史称徐偃王败，"乃北走彭城"。楚在徐南，故徐一败，必北走。这又是楚在周初时曾居苏皖境的一个证据。

---

① 见其所著《中国古史的传说时代》第五章。

七、楚族的西迁与越国的成立

楚族在周初曾居苏皖境，熊绎所居之丹阳，在今安徽当涂，前面已经证明了。可是从什么时候始沿江西上，留止于江汉之间呢？关于这个问题，《史记·楚世家》记载得很明白，特后人都不曾注意。《楚世家》云：

> 熊渠生子三人。当周夷王之时，王室微，诸侯或不朝，相伐。熊渠甚得江汉间民和，乃兴兵伐庸、杨粤（谯周作杨越，按粤越古书通用），至于鄂。熊渠曰：我蛮夷也，不与中国之号谥。乃立其长子康为句亶王。中子红为鄂王，少子执疵为越章王。皆在江上楚蛮之地。

这是说楚到熊渠时，才伐庸伐杨越伐鄂，而到达江汉流域。把攻克的三个地方，分封他的三个儿子为王。大概某地就封为某王。在庸的叫句亶王，在杨越的叫越章王，在鄂的叫鄂王。鄂地据裴骃引《九州记》曰："鄂，今武昌。"杨越一地，或在扬州，故称杨越（扬杨古通用），杨越也就是越章，而越章又作豫章，"越""豫"一声之转（按二字均为喻纽字）。《左传》定公二年："桐叛楚，吴子使舒鸠诱楚人曰：以师临我，我伐桐……秋楚囊瓦伐吴，师于豫章。吴人见舟于豫章，而潜师于巢。"按桐在今安徽桐城境，舒在今安徽舒城境，巢在今安徽巢县境。豫章也应当在这个区域附近的大江北岸。杨守敬《春秋列国地图》把它放在桐城与潜山之间，是很合理的。至于庸地，《集解》引杜预曰："庸，今上庸县。"晋上庸即今湖北竹山县。按此说绝不可通，因熊渠用兵曰"伐庸、杨越，至于鄂"，是有旅途上的次序的。若说他先攻湖北省西北部的竹山，再用兵于安徽省的潜山与桐城之间，忽然又回师攻湖北的武昌，这样的来回奔驰，事实上是绝对不会有的。我们看看熊渠的用兵次第。先庸，次杨越，而至鄂。杨越在鄂之东，已如前述，则庸不但应当在鄂东，并且也应当在杨越以东。《春秋经》成公十七年："楚人灭舒庸。"杜预注：东夷国。其实就是春秋时群舒之一，也就是徐方别部。徐字金文多作"郐"（《沇儿钟》《郐王鼎》），而余字从舍省声（《说文》二），则余舍二字同音。古文字"邑"与"予"形近，易相混（按予篆文作🔣，而邑金文有作🔣者），所以舒就是郐①。这一族人别部甚众，住在某地即以某地为名，如住在蓼地的名舒蓼，住在庸地的叫舒庸。《左传》襄公十三

---

① 《春秋》僖公三年"徐人取舒"，《玉篇》卷二引作"徐人取郐"，盖离其宗邦稍久，所用字体或小有异同。因其异而记之，所以有舒有徐。

年谓吴侵楚，战于庸浦。这个庸或庸浦，应当就是熊渠所伐的庸，当在安徽的江淮流域之内。杨守敬《春秋列国图》把庸浦放在大江北岸安徽无为县南，大概是不错的。

看了上面所引的《楚世家》这段记载，我们就知道在纪元前九世纪上半纪（周夷王时），楚熊渠才沿江西上，顺着长江自东到西依次的进展，一直到现在的武汉一带。后百余年到若敖蚡冒的时候，还是蟠伏于今湖北省的西南隅，"筚路蓝缕，以启山林"（《左传》宣公十二年）。接着就是楚武王（前740—690）、文王（前689—677）。虽然仍是"土不过同"（《左传》昭公二十三年），不过自这时开始，便渐渐地意图北上争中原了。

但是当楚熊渠率楚族沿江西上的当儿，另有一件大事，就是越国的成立。越国王室的始祖，《越世家》以为是夏少康的庶子无余，封于会稽典守祭禹的礼节。这恐怕是后人的傅会，未可据为典要。因《越世家》记越事，始自春秋末年的允常，允常以前，完全是空白。《左传》记越事虽少，而《国语》中的《吴语》《越语》，也绝未提及大禹、少康只字。故夏后之说，殊难置信[1]。按《楚世家》记楚熊渠伐杨越而立其少子执疵为越章王，恐怕这就是越国的始封。越乃楚之一支族，大概当时楚熊渠大队的人西至江汉流域，而执疵即留于杨越（今安徽境）为越国，后来慢慢移于江东。由于民族的迁徙，一个民族而分裂成两个或两个以上的民族，在历史上，本极普遍。凯撒在比利时之高卢所发现六千阿杜亚提西人（Aduatici），即系如此。这是迁徙中的辛姆布利人的支队，在此照管多余的平原与行李。同时大队则继续走往意大利[2]。这种现象中外历史都不少。所以我们说越为楚的一个分支，并没有牵强的地方。

楚族分出来的，这在《墨子·非攻篇》记载得很清楚。其言云：

> 越王繄亏出自有遽，始邦于越，唐叔与吕尚邦齐晋。

唐叔为晋之始祖，吕尚为齐之始祖，则越之始祖为越王繄亏，又是出自有遽，极为明白。孙诒让《墨子间诂》说："有遽或当云出自熊渠，犹《帝系》云：娄鲧出自熊渠也。渠遽声近，古通用。"若有遽果为熊渠，则越王繄亏不是越章王执疵，即是执疵之子孙，可以断言。《国语·郑语》又曰："芈姓夔越，不足

---

[1] 怀疑越为夏少康后之说的学者，如臣瓒（《汉志》注引）、韦昭（《郑语》注）、梁玉绳（《人表考》《史记志疑》）诸人，均有申说。

[2] 见孙朴尔女士（E. C. Semale）所著《地理环境的影响》第四章。

命也。"夔为楚之一分支①，现在越与夔并列，且明言为芈姓，与楚同姓。《世本》亦云："越为芈姓，与楚同祖。"《汉志》注臣瓒引）韦昭更说："越王句践，祝融之后，允常之子。芈姓也。"（《吴语》注）则越之出于楚，似乎已无可疑了。

越出于楚，我们明白了，但是为什么又有为禹后的传说呢？这原来也有它的来历。《国语·周语上》："夏之兴也，融降于崇山。"融即祝融，这是说祝融降于崇山为夏族兴起之征。则夏族以祝融为宗神。《郑语》则说："融之兴者，其芈姓乎？芈姓夔越，不足命也。蛮芈蛮也。唯荆实有昭德。若周衰，其必兴矣。"这里又说祝融为芈姓夔越楚的始祖。当然楚越出于夏的传说，会很容易造出来的，何况楚的先公又曾居留于禹迹很多的河南呢！于是夏禹的故事，可能随楚越民族的迁徙，而越传越远。凡楚越民族停趾之地，都可能有夏故事的流传。按大禹故事，和会稽与涂发生了不能分离的关系。每次我们想到禹，就情不自禁地联想到会稽和涂山。这两个地名可能是指一地。《说文》盍字下云："会稽山也。一曰，九江当涂也。民俗以辛壬癸甲之日嫁娶……《虞书》曰：予娶盍山。"（卷九）这里许慎就以涂山为会稽山。《左传》哀公七年："禹合诸侯涂山。"而《国语·鲁语》则云："禹致群神于会稽之山。"段玉裁曰："二传所说，正是一事，故云盍山即会稽山。盍涂古今字，故《左传》作涂。"（《说文解字注》）这又是说涂山即会稽。按涂山许慎谓："一曰九江当涂。"汉之当涂即今安徽怀远县。郦道元《水经注·淮水》谓有禹墟。《夏本纪》索隐："杜预云：涂山在寿春东北。皇甫谧云：今九江当涂有禹庙。则涂山在江南也。"则今江南之当涂，也有禹迹②。郦道元则据《国语·鲁语》《左传》所记，以为禹迹当在浙江绍兴（见《水经注·淮水》）。而钱宾四先生则考证涂山最初当在河南，其言曰：

> 《水经注》伊水出陆浑县之西南。王母涧，涧北山上有王母祠，即古三涂山也。《方舆纪要》三涂山在河南府嵩县西南十里。《吕氏春秋·音初篇》谓涂山氏女歌曰：候人兮猗！实始作南音。周公、召公取风焉，以为《周南》《召南》。以二南地望推之，则涂山之近伊嵩可知也。（《周初地理考》）

则禹娶于涂山之涂山，最初当以在今河南境者为近是。大概古所谓涂山、

---

① 《左传》僖公二十二年夔子曰："我先王熊挚有疾，鬼神弗赦，而自窜于夔，吾是以失楚。又何祀焉。"熊挚为熊渠子，是夔为楚之一分支。

② 按东晋时虽然侨置当涂于江南，恐江南此地亦原有当涂之名，东晋时不过复旧名而已。

三涂、当涂、会稽以及祝融八姓中之诸稽实为一音之转①，本在河南中部，与古代楚族所居为近。楚迁移时，这个地名和故事，也跟着迁移。于是安徽怀远有当涂，又有禹迹。越出于楚，于是浙江有会稽、有诸稽等地（越大夫有诸稽郢，越王有诸咎粤滑）。这许多地名，既可以说明越楚同族，又可以帮助我们证明楚族迁移的路线。

八、结论

说到这里，我们综合以上各节，对于楚族停留之地及其迁徙路线，大致可以用下面极简单的一段话概括起来。

从楚族传说上的古代先公祝融八姓与陆终六子的地望，推证楚族最初当起于河南中部，大约在商的末叶始东迁江苏北部。到周的初年，再从江苏北部南迁于江苏、安徽间的大江流域。又经过了四五代，到熊渠时（周夷王时）才开始沿长江西上，停留于江汉之间。越国就是熊渠后裔留东方未西上的部分。

楚族前后居留的地域，大概可分三区。初期地望在河南，东迁后在江苏北部，以徐州（即彭城）为中心。南迁江苏吴境为一区，两地相邻，可以并为一区。西迁江汉流域，以江陵为中心，又为一区。这三个区域，一直到西汉初年，还都称之为楚。如项羽都彭城，即今江苏北部的铜山县（即徐州），而称为西楚霸王（《汉书·高帝纪》）。项羽败亡后，汉高帝更立韩信于下邳（今江苏邳县），而称楚王。高帝六年既废楚王信，乃分楚地为二：以故东阳郡鄣郡吴郡五十三

---

① 按"涂""盦"乃定纽字，而"诸稽"之"诸"为照纽，据高本汉（B. Karlgren）《分析字典》（*Anlytic Dictionary of Chinese and Sino-Japanese*）页二十三，证明古时定照二组相通转。又"涂"或"盦"从"余"得声，来自喻纽。而喻纽又与见纽互相通转：如"尹"字为喻纽，但从尹得声的有"君"字则为见纽；又如"羊"字喻纽，从羊得声的"姜"字为见纽；"勺"字为喻纽，从"勺"得声的"钧"字为见纽，所以涂或盦，古时可以转为舌根音的"会"字。我们再从上古音的入声分配上看，鱼部（段玉裁第五部）字，古时和[-K]尾的入声相配，故推知鱼部字古时当有一[-ɡ]尾，而"诸""涂""盦"等字均属鱼部，故"涂"或"诸"，也可以把尾音[-ɡ]用一个见纽的字，标出而成二字，于是涂或诸，可以写为"诸稽"，也可以写为"会稽"。这种例子在史书上很多，如《秦本纪》述秦之先公恶来，又作恶来革，按"来"字为之部字（江有诰为之部，段玉裁为第一部）与入声职、德相配，因知"来"之上古音有[-ɡ]尾，可作"来革"两字。又如《宋世家》宋文公名鲍，又名鲍革。按"鲍"字为宵部，江晋三以入声沃、药、铎之半，觉、锡三分之一相配，因推知鲍字古有[-ɡ]尾，故可作"鲍革"。以上诸例，盖均一音之变。1947年冬谭戒甫先生对我说他曾作《诸暨考》一文，也主张盦山、当涂、诸暨、会稽为一地之异名，其文尚未发表而稿散失。本文未克征引，诚为遗憾。

县，立刘贾为荆王，以薛郡东海彭城三十六县立刘交为楚王[①]。以上诸地，均不出山东南部与江苏一带，而名曰"荆王"曰"楚王"。《汉书·高帝纪》颜师古引孟康之言曰："旧名江陵为南楚，吴为东楚，彭城为西楚。"汉初的三楚，很可能是沿用先秦旧名。实即代表楚族三个停踪之地。这和我们以上所考楚族地域，若合符节。可见这决不是偶然了。

（1950 年 5 月 31 日晚初稿成于天津南开大学教职员宿舍，同年 6 月 2 日晚讲于南开大学历史系学术讲演会）

附记：

前面这篇东西，是我近数年来，对楚族迁徙的一个新理解。腹稿构成了多年，材料的大部分也是 1946 与 1947 两年在湖北武昌及湖南长沙时搜集的，总没时间整理。今年（1950 年）5 月底才算草率地把它写了出来。所得的结论，自以为发前人之所未发。但目前偶尔翻阅郭沫若先生的《金文丛考》，忽然发现已由郭先生道破了。郭先生说："然楚之先实居淮水下流，与奄人、徐人等同属东国……熊盈当即鬻熊，'盈''鬻'一声之转，熊盈族为周人所压迫始南下至江，为江所阻，后西上至鄂。至鄂而与周人之沿汉水而东下相冲突。《左传》所谓'汉上诸姬，楚实尽之'者是也。"（《金文所无考》）这种见解与鄙见不期而同，并且是先我而发的，故特补引于此。

1950 年 7 月 22 日补志

（此文收入周珏良、周一良、周艮良等编辑《周叔弢先生六十生日纪念论文集》，1950 年版）

---

①《汉书·楚元王交传》谓封交薛郡、东海、彭城三十六县。《高帝纪》则作砀郡、薛郡、郯郡三十六县。王先谦《补注》引钱大昕曰："纪有砀郡而传无之。考《地理志》梁国故秦砀郡，高帝五年为梁国。梁为彭越所封，楚元王不能得之，当从传为是。"

论先秦的戎狄及其与华夏的关系

　　我们中国是一个多民族的国家。写一部"中国史"，其内容应当包括所有中国境内各个民族，而不是任何一个统治者或统治民族的历史。可是我们过去所写的历史是把汉族当作中心的。打开以前人所写的几部通史，实际上只能说是汉族史。他们对少数民族，虽然有时也叙述几句，但多半是歪曲的、诬蔑的。所以现在我们来研究少数部族或民族的历史，是有着重大现实意义的，同时也是具体解决中国社会发展史的主要问题之一。

　　为了搞清中国各民族的起源和发展，研究古代诸部族的历史是个首要的任务。下面各节，我准备专就先秦的所谓"戎狄蛮夷"观念的演变，地域的分布及其与华夏的关系等问题，作一个初步的分析和阐述。

一、"戎狄"观念的演变

　　中国古文献上的"戎狄蛮夷"四个字，是常和"诸夏"或"华夏"两词对举的。因此，后人就把名之为"戎狄蛮夷"的人认为都是异族。战国末年的文献，又把这四个字，各加上了一个固定的方位。如《曲礼》与《大戴礼·明堂》都有"东夷""北狄""西戎""南蛮"的记载。于是后之治史者，都以此说为根据，认为这是四种不同的种族，并且夷族一定在东方，狄族一定在北方，戎族一定在西方，蛮族一定在南方。其实用这样分配法去研究古代部族，实在是个大错误，因为戎狄蛮夷本来未必是固定的种族称号。上自殷商下至秦汉，千余年间，戎狄的涵义，随时而变。执一贯不变的观念，以说此前后涵义不同的戎狄，是"治丝而益棼"，越弄越纠缠不清了。

　　古代部族称"戎"、称"狄"、称"蛮"、称"夷"，原无一定。历史唯物主义要求我们研究过去的历史，要从它辩证的发展中去研究。我们现在应摈弃前人对这四个名词解释的成见，专就各文献中求其各时代名称的涵义，再以某种史料还诸某名辞之下。这样，对于我们探讨戎狄蛮夷到底代表什么样的部族及其与华夏的区别在哪里，或者可以得到较为满意的结论。

考宗周初年，中国东部有所谓"东夷"，大概就是殷时的"尸方"，按"尸"即古"夷"字①。卜辞有记伐尸方之辞：

　　癸巳贞，王旬亡囚，在二月，在齐餗。惟王来征尸方。(《殷墟书契前编》2·15)

齐当即山东齐国地，征夷方在齐，是暗示着夷在东方。文献上则直称之为"东夷"。如《左传》昭公四年："商纣为黎之蒐，东夷叛之。"《左传》昭公十一年："纣克东夷而损其身。"西周铜器铭文中征伐东夷的记载，更是多不胜举②。"夷"而冠之以东字，是"夷"原为中国东部的一个部族，《说文》解释夷字，谓为"东方之人"，是很正确的。

周以前，"狄""蛮"两字或者还没有兴起，二字均不见于殷墟卜辞③。卜辞中有"易"字，而"易"与"狄"古音同部（按二字均在段玉裁第十六部），"易"喻纽，"狄"定纽，其切韵音，"易"为〔iεk〕"狄"为〔d'iek〕，喻纽字上古时有舌尖前声母〔d-〕，后世失落了（浊声纽易于脱落，中外文字史上，不乏其例）。所以定喻二纽，古时可以相通，谐声上定喻二纽通假的例子甚多④，可知"易""狄"二字在古时是可以互为通转的。

古时有"有易"国，《山海经·大荒东经》谓"王亥托于有易"，郭注引《竹书纪年》谓："殷王子亥，处于有易而淫焉。""有易"或作"有狄"，《天问》中的"有狄"，王国维以为即有易。地在今河北省北部易水流域。旧说谓"狄"属北方，与此所推亦合。

"戎"字虽然已见于卜辞（见于《前》8·11·3），但其义并没有种族的意思。

宗周的初叶和中叶，南方异族，有所谓南夷或曰淮夷或南淮夷的，见于宗

---

① 《王宜人甗》铭云："王囦夛方"，孙诒让《古籀余论》卷三谓："夛当为尸，读为夷。"是夷之古字作尸。《孝经》《仲尼居》《释文》本居作屄，谓古夷字，《汉书·高帝纪》上："司马屄将兵北定楚地。"师古曰："屄古夷字。""屄"字盖为"尸"字之重文。《兮甲盘》"淮尸"为重文作"淮=尸=，后人见"=尸="二字而误认成是一个古夷字。

② 见《毁鼎》《寽鼎》《小臣速毁》《翏鼎》及《宗周钟》等。

③ 甲文中有"狄"字，董作宾谓即"狄"字（前中央研究院《田野考古报告》第一册），不可信。"大"和"狄"古音不同部，大在十五部，狄在十六部。

④ 定喻二纽通转之例：由喻转入定纽者，"攸"喻纽，而"莜""瘨""条"定纽；"弋"喻纽，而"代"定纽。由定纽转入喻纽者："兑"定纽，而从兑得声之"说""阅""锐"喻纽。如此种种，多不胜枚举。

周的文献和铜器铭文的不一而足①，更有南夷与东夷同时并举的②。既名为淮夷，当是指的淮水流域的夷，对山东的夷而言，故称南夷或南淮夷。东夷、南夷或者本是一族，后来有一部分向南迁移，于是始分成两部。

宗周时西方似乎也有了"夷"的名字，如《诗经·皇矣》"串夷载路"，《大雅·緜》"混夷駾矣"，二夷是否为一族不可知。所可以定者，二者均在西方。西周铜器《师酉簋》有云："……王在吴，各吴大庙……王乎史䎱册命师酉，司乃祖啻官邑人、虎臣、西门夷、𩫏夷、𩰀夷、京夷、鼻身夷。"这许多夷的地望，全不清楚，当去师酉的封邑不远。假如"𩰀"解释为"秦"字，则此诸夷也在西方。秦族是从东方迁到西方去的，从文献上看得清清楚楚③，其他诸夷，很可能也是从东方来的。

至于"蛮"字，后人用以专称南方的外族，但春秋以前，南方的外族，还没有称之为蛮的。后世常以楚国为南蛮，其实楚在西周只称为"荆"或"楚荆"，如《䵼駿簋》："䵼駿从王南征伐楚荆"，《过白簋》《𩫜鼎》二器称楚为"荆"。南方另一异族曰"虎方"（见《中鼎》），也不称蛮。反之，这时称蛮的，倒是属于北方的外族，比如《虢季子白盘》称猃狁为蛮，其辞云："博伐猃狁，于洛之阳……王曰……白父……赐用弓、彤矢其央。赐用戉（钺），用征緐（蛮）方。"按此"蛮方"当包有猃狁在内，可是猃狁为北方的异族④。《梁伯戈》有"鬼方蛮"（王国维、郭沫若均谓此为西周时器），鬼方在今山西境内⑤。《诗经·大雅·韩奕》："溥彼韩城，燕师所完。以先祖受命，因时百蛮。王锡韩侯，其追其貊，奄受北国，因以其伯。"这里所指的百蛮，也在北方。则"蛮"之一字，是否代表一种族不可知，但决不代表南方种族，是可以断言的。观其以"蛮"称猃狁、鬼方两族，似乎不是代表种族的意思。

后世惯以称西方异族的"戎"字，这时也不代表西方。《不娶簋》："女以我车，宕伐猃狁于高陶。女多折首执嶲，戎大同从追女，女及戎大臺戴……"这里的"戎"字，是指北方的猃狁。《尚书·费誓》称东方异族有徐戎；《康诰》："天乃大命文王，殪戎殷。"《周语下》引《太誓》："朕梦协朕卜，袭于休祥，戎商必克。"这里的"戎"字又称东方的殷商（后人释戎为大为伐，太牵强）。这

---

① 见《尚书·费誓》及《无㝬簋》《虢仲盨》《兮甲盘》《敔簋》等。

② 见《宗周钟》《禹鼎》等。

③ 详拙稿《秦族的迁徙》。

④ 详拙稿《猃狁考》。

⑤ 详拙稿《鬼方考》。

是周族对商族的称谓。周初铜器《班簋》(《西清古鉴》13·12)又有"伐东国瘠戎"，这又是东方称戎的例子。藉此，可知西周时"戎"字似乎不是一个种族的称谓。

春秋战国时候，戎狄蛮夷名号的涵义，开始转变了。"夷"之一字，几乎变成四方异族的通名。孟子称舜为东夷，文王为西夷。又谓商汤东面而征，西夷怨(见《离娄》《梁惠王》等篇)，《尚书·禹贡》更谓冀州扬州有岛夷，青州有嵎夷、莱夷，徐州有淮夷，梁州亦有称夷的，楚四方都有夷名(按《禹贡》之作不能早于春秋)。楚国这时也被称为南夷，《公羊传》称齐桓公服楚为服南夷(僖公四年)。《楚辞·涉江》也有"哀南夷之莫吾知兮"之句，则知楚被称为"南夷"，当起于春秋战国夷字变为通名的时候。

"蛮"字在春秋战国时也不是一族之专名，同时也决不是专指南方的异族。这时晋器《晋邦盦》有"百蛮"二字，当与《诗经·韩奕》之"百蛮"义同，称蛮曰"百"，其非一族之专名，极为明显。《秦公簋》《秦公钟》都云："虩事蛮夏"；《吴语》："今伯父有蛮荆之虞，礼世不续。"《晋语》八亦言："昔成王盟诸侯于岐阳，楚为荆蛮，置茅蕝，设望表。与鲜牟守燎，故不与盟。"从以上诸句视之，则"蛮"含有卑视之意，或为某一族加于他族的一种恶名。称楚为"荆蛮"，有蛮夷化外之意。又《郑语》夔越叔熊及荆皆为芈姓，而只称叔熊"逃难于濮而蛮"，更可知蛮字为某族称另一文化落后的部族的一个通名，以蛮专指南方异族，为后起之说。

"戎"字在西周即已变为外族的通名，如称北方的猃狁与东方的徐戎及殷商为戎，是其显例。到这时西方有"西戎"(《禹贡》)，楚的西南、东南似乎也有戎(见《左传》文公十六年)，并且"戎"与"狄"可以互称。《古本竹书纪年》云：

> 武乙三十五年周王季伐西落鬼戎，俘二十翟王。(《后汉书·西羌传》注引)

既名鬼方为"戎"，又曰"翟"(按狄、翟二字古书多互用)，是戎、狄互称的例子。又如《左传》庄公二十八年谓晋献公娶二女于戎，大戎狐姬生重耳。可是《左传》僖公五年说："及难，公使寺人披伐蒲，重耳曰：君父之命不校，乃询曰，校者吾仇也。逾垣而走，披斩其袪，遂出奔翟。"《史记·晋世家》也说："重耳遂奔狄，狄其母国也。"则重耳所奔之狄，即大戎狐姬的娘家，这也是狄、戎互称的明证。后人常把"戎""狄"理解为两种各不相关的民族，实是极不正确的。

春秋战国时又时常以"蛮夷戎狄"中两字连用，作为一种异族的通名。这种例子举不胜举：如《左传》昭公十三年及《鲁语下》称邾莒为"蛮夷"，《榖梁》称莒为"夷狄"（成公九年），《公羊》称邾娄牟葛为"夷狄"（桓十五年）。又如《国语》（《周语上》）、《荀子》（《正论》）都说："蛮夷要服，戎狄荒服。""蛮夷"与"戎狄"均二字连言，也是通名。

我们尤其所应当注意的，就是春秋时所谓"戎狄蛮夷"，其与诸夏的区别，决不是指血统或种姓的不同。如《左传》姜戎自称为四岳的裔胄（《左传》襄公十四年），《周语》说四岳的苗裔有姜姓的齐许申吕四国，是姜戎与诸夏齐许申吕为同种。又如《左传》所说的晋献公所娶的大戎狐姬及骊姬（《左传》庄公二十八年）均和周为同姓。《国语·郑语》所说成周北有鲜虞国，章昭注："姬姓在狄者。"鲜虞在春秋为白狄，白狄也是姬姓。

由此，我们可以知道，春秋时戎狄观念并不是以种姓或血统为根据的，其与诸夏主要的分别，乃在社会性质与生活方式的不同。当时诸夏的文化比较高，大都已进至封建社会，而戎狄则仍滞留在氏族社会阶段；诸夏早已开始过着农业耕稼的生活，而戎狄还是营游牧逐水草而居的社会。

战国末年"戎狄蛮夷"的涵义变为好兼并、好侵略的国家的称谓。这可以从战国末年所写的文献上归纳出来。（《春秋》三传中《公羊》《榖梁》二传[①]，一直到汉代才垂之竹帛，然其渊源，可以推到战国末年。两家经说并非春秋作者本意，其中夷夏褒贬的义例，不妨视为战国末年人对"夷狄"的一种看法。

春秋时侵暴中原最厉害的当然是楚国，所以《公羊》《榖梁》的作者即称楚为"夷狄"[②]。除了楚以外，就是秦国，也被有夷狄之名[③]。最奇怪的是晋国因为攻鲜虞，也被称之为夷狄。《榖梁传》昭公十二年云："晋伐鲜虞，其曰晋，狄之也，其狄之何也？不正其与夷狄交伐中国也，故狄称之也。"晋为姬姓，春秋时及以前的人都目之为正统的华夏，现在也因了侵伐而被称为夷狄，反以号称白狄的鲜虞为中国，这真是此期戎狄观念的特色。

这时又有以蛮夷代表荒远僻陋之意的，如《战国齐·燕策一》："燕王曰：寡人蛮夷辟处，虽大，男子裁如婴儿。"《燕策二》又说："燕国有勇士秦舞阳……荆柯顾笑武阳，前为谢曰：北蛮夷之鄙人，未尝见天子，故振摺。"燕为姬姓，

---

① 传统谓《公羊传》与《榖梁传》为公羊高、榖梁赤所作，二人的时代未定。
②《公羊传》庄公十年、僖公四年、僖公二十一年、昭公十六年。《榖梁传》昭公十一年、定公四年。
③《榖梁传》僖公三十三年，《公羊传》僖公三十三年。

现在称之为蛮夷，其为僻陋的意思，是没有问题的。

至于如《大戴礼·明堂篇》："南蛮东夷北狄西戎"，把四种分属四方，乃战国末年及秦汉间的学者为整齐画一而分的。这种说法见于旧籍的（如《大戴礼·千乘属》《五帝德篇》《礼记·王制篇》等），都不能早于战国晚期以前。因为战国以前，中原尚为华夷杂处的局面，不容有这种观念出现。经春秋战国几百年间的战争，居中原的夷狄，偏于东及南的，见灭于齐楚；偏于西及北者，则并吞于秦晋，外族不竞于诸夏，乃逃窜于四裔，其仍居留内地的，则都为华夏所融合。《论衡》称："周时被发椎髻，今戴皮弁；周时重译，今吟诗书。"（《恢国篇》）所以在战国末年及秦汉，中国境内几乎看不到异族的踪迹。当时人于是把居住在四方边远地方的异族，每一方面给分配上了一个固定的名字。"东夷""北狄""西戎""南蛮"的说法，就出现了。

这时还有外族名上加数目字如"九夷""八蛮""六戎""五狄"的现象[①]，其中除"九夷"一词见于《论语》，时代较早外，其他则只见于战国末年及秦汉间的作品[②]。其九、八、六、五等数字，也并非固定的成数，并不是真有九种夷、八种蛮、六种戎、五种狄。这些数目字实是代表着一个意义，就是"多种"。所以换句话说，也就是很多夷、很多蛮、很多戎、很多狄而已。

现在我们总起来看，戎狄蛮夷观念有三大变。周初以前，东方夷北方狄（即易），蛮、戎二名还没有兴起。到宗周蛮戎始称北方异族，可是周人也视东方的殷与徐为戎，其含义似乎不是代表种族。这是戎狄蛮夷四字刚出现时的大概情形。

到春秋战国，四方异族统名曰夷，且戎狄可以互称，蛮字为野蛮者的通名。并且所谓"戎狄"，其与"诸夏"的区别，不是血统种姓的不同，而只是文化的不同。这是戎狄蛮夷观念的第一次转变。

战国末期"戎狄"变为性好侵暴的国家之名辞，所以秦、楚、晋等国都曾一度被称为夷狄，这是戎狄观念的又一变。

嬴秦统一的稍前，中原诸异族，多被驱逐到四塞的地方。戎狄蛮夷四个名词才开始分配到四个固定的方向，东夷、北狄、西戎、南蛮于是乎出现。另外又有九夷、八狄、七戎、六蛮，意思是指多种戎狄，这是第三大变。

---

① 见《逸周书·明堂》及《礼记·明堂位》，可是《周礼·职方氏》又称"四夷""八蛮""七闽""九貉""五戎""六狄"；《尔雅·释地》又称"九夷""八狄""七戎""六蛮"。

② 八狄、七戎、九夷之名见于今本《墨子·节葬篇》，然此不足为早出之证，《北堂书钞》《太平御览》所引《墨子》不如此作，今本《墨子》乃传抄之讹。

戎狄蛮夷的涵义，是这样随时代而变迁；我们首先若不分析清楚，研究先秦的部族历史，是不会得到正确的理解的。

二、"戎狄"与华夏文化上的差异

"戎狄"观念是随时变迁的，但基本上它与华夏总是有区别的。不过，其区别不是种姓的不同，而是文化上的差异。现在我们把戎狄的礼俗文化社会经济各方面提出来，看看与诸夏的有什么不同。所可惜的，是这方面的史料甚感缺乏。我们只能很粗疏地分成下列四点谈一谈：

第一，服饰。春秋时住在现在山西、河南、陕西、河北等地的戎狄，他们的发式是被发。《左传》僖公二十二年记"辛有适伊川，见被发而祭于野者曰：不及百年，此其戎乎！其礼先亡矣"。又如《论语·宪问》记孔子的话，说："微管仲，吾其被发左衽矣。"《淮南子·齐俗训》又说胡貉匈奴的风俗是"纵体拖发"。除头发的装饰以外，其他在"饮食衣服"方面，也是"不与华同"（见《左传》襄公十四年）。

东南的吴越族是断发文身。关于吴越族的种族，我们应先声明，就是统治者与老百姓不能看成同一种族。据作者的意见，吴的统治者是周人，确为吴太伯之后；越的统治者则为楚的一个分支[①]。可是吴越的老百姓则是一种土著部族（正和齐卫的统治阶级为周人，而老百姓为商人一样）。现在我们所说的吴越是专指这两国的土著人民。他们是断发文身。《史记·吴世家》说"太伯仲雍二人乃犇荆蛮，文身断发，示不可用"。《左传》哀公七年也说太伯仲雍"断发文身，裸以为饰"。这是说二人用了当地人的风俗。《左传》昭公三十年言吴灭徐，徐子章禹断了发去迎接吴子。《左传》哀公十二年又说"吴短发"。这都可以看出吴人是断发的。越人与吴人有同一风俗，《墨子·公孟篇》："越王勾践剪发文身。"《庄子·逍遥游》："越人短发文身。"《史记·越世家》："断发文身，披草莱而居焉。"《说苑·奉使》："越剪发文身。"在我国诸原始部族中，只有吴越有"断发"之俗[②]。所以吴越的土著为一族，是很显然的。

中国西南的部族有盘发或编发的风俗，《史记·西南夷传》谓自滇以北的部族如邛、都等皆"魋结"，其外西自同师以东，北至楪榆名为嶲昆明，皆"编发"。

[①] 详见拙稿《楚族故地及其迁移路线》，《周叔弢先生六十生日纪念文集》。

[②] 按越为断发，诸书所记均同，惟《战国策·赵策》言："被发文身，错臂左衽，瓯越之民也"。其中"被"恐系误字。

可以推定西南诸异族是盘发或编发的。

以上我们说的这三部分：一为被发，一为断发，一为椎发或编发。这和华夏头着冠、发着笄的风俗很不相同了。

第二，语言。古代各部落或部族，各有各的语言，族与族间的来往交涉，必恃舌人传达意见，始能彼此了解。《淮南子·泰族训》："夷狄之国，重译而至，非户辨而家说之也。"《齐俗训》："羌氏僰翟，婴儿生皆同声。及其长也，虽重象狄鞮，不能通其言，教俗殊也。"当时四方的舌人皆有专名，《礼记·王制》云："五方之民，言语不通，嗜欲不同，达其志，通其欲。东方曰寄，南方曰象，西方曰狄鞮，北方曰译。"这些寄、象、狄鞮及译都是古之专司翻译之人。由此也可以知道古时诸部族语言庞杂，必较今日为甚。《左传》襄公十四年姜戎氏言："我诸戎饮食衣服，不与华同，贽币不通，言语不达，何恶之能为？"姜戎初在山西中部，后来迁到河南北部，与诸夏杂厕其间，其语言仍不能通。

东南吴越两国的土著语言，是和诸夏不同的，从吴越君主的命名可以推知。《吴世家》中所见的吴君主名字，都是奇奇怪怪，毫无意义（吴越君主习俗言语已同化于土著）。如"疆鸠夷""余桥疑吾""柯卢""屈羽""禽处""转""颇高""句卑""去齐""寿梦""诸樊""余祭""余眜""夫差""夫概"等。越的君主的名字和吴一样，如"句践""鼫与""不寿""无疆"（以上见《越世家》），"鹿郢""朱句""诸咎粤滑""孚错枝""无余之""莽安次""无颛"（以上见《世家》注引《竹书纪年》）。这许多名字有四字的有三字的，有的毫无意义。还有含不吉利的意思的如"寿梦""不寿"，如越大夫"常寿过"，这决不是用华夏语言的人所应取的。《竹书纪年》谓越句践卒为"菼执"，不寿卒为"盲姑次"，无颛卒为"菼烛卯"，这许多词义，更不可晓。很像以华字标异族语音。又如《春秋经》襄公十二年称"吴子乘卒"，而《左传》则称"吴子寿梦卒"。这也像翻译时有的把每一音节标出，有的简作一音或省略之。吴越语言与华夏不同，从《说苑·善说篇》所载越人歌上表现得尤为清楚。鄂君子皙不懂越歌，召"越译"翻译。足见春秋末越土著语言与诸夏语不同。

先秦戎狄的语言与华夏不同，他们各属于现在的哪一种民族语言系统，因为全都缺乏当日的语言纪录，研究起来，极为困难，有的甚至于成了不可能解决的难题。现在中国境内民族语言系统，大致可以分为下面三大系：

（甲）汉藏语系：（1）汉语，（2）泰语（摆夷、黎人、侬家、僮家等），（3）苗傜语，（4）藏缅语（西藏语、彝族语、么些语、民家语……等）。

（乙）孟克语系：（1）崩龙语，（2）佧佤语，（3）台湾高山族语。

（丙）阿尔泰语系：（1）突厥语（维吾尔语、乌孜别克语、塔塔尔语、吉尔吉斯语、哈萨克语、塔吉克语等），（2）蒙古语，（3）通古斯语（达斡尔语、索伦语、赫哲语，满洲语等）。

先秦戎狄的语言，属于哪一个系统，根据近年来的研究，所可确定者只知道北方的獯狁（春秋时的允姓之戎，战国时的匈奴）属于阿尔泰语系。

我们再顺便谈古代的殷周两族是否属同一语系。据我的考查，虽然两族一在西方一在东方，但可以断定是用同一语言的。因为周灭商后，周人就继承了殷人的文字系统，一点也没有变动，就应用起来。我们比观甲骨卜辞与周初铜器铭文，其文法基本上是很相近或者说是相同的。假如两部族语言系统不同，文法不同，则周人用殷人文字，必略加变化。至少其文法应与卜辞不同。我们可以举出历史上异族借用汉字的例子来说明。如日本借用汉字，并别造一种假名与汉字相辅，其语尾变化，则以假名显之。越南借用汉字而略加改变，合两字为一字。一边明义，一边示音，如书"二"作"𡨸"，读为[hai]，书"三"作"𠀧"，读为[ha]，书"四"作"𦊚"，读为[bon]，书"五"作"𠄼"，读为[nam]。中国西南少数民族，属于藏缅语的民家[1]，也借用汉字，而改造为"僰文"。云南大理附近所存在的僰文碑还很多，最有名的如大理喜洲附近的圣元寺有词记山花咏苍洱镜碑，是明代的民家人杨黼作的，喜洲宏圭山上僰文碑也很多。根据这些僰文视之，则其辞句文法与汉语很不同，间或自造新字新词，如"掜""蒢"等字，及"丘矣""息波""息夜""嘴丘""阿方上光角""摩提"等辞，其读音和文法构造与汉文绝不一样，其含义亦不尽可晓[2]。日文、安南文及僰文都是借用汉字，但处处可以看出他们是与汉族不同语系而借用汉字的人。可是周人用商人的文字，很能得心应手，毫无改变，文法也几乎相同。从此我们可以推定殷周的语言是相同的。现在我们所用的汉字汉语，实是周的嫡派遗传。

第三，宗教信仰。文化质素以语言为较固定，故近来学者分别人种除考查体质外，大多依据语言。但古时诸族相互征服，及交互播迁，各族语言，难保其纯粹性。所以必须佐以其他文化质素，如宗教信仰方面，即其一端。盖宗教

---

① "民家"英人戴维斯（H. R. Davis）列入蒙克语系（见 Yun-nan, Link between India and the Yantze）；马长寿则列入泰语系（见其所著《中国西南民族分类》，刊《民族研究集刊》第 1 期）。不过其语言特征，有些地方，也接近藏缅语，并且民家的先世有父子连名之俗。而父子连名是藏缅族的文化特征，所以我把它列入藏缅语内。

② 友人傅懋勣将词记山花咏苍洱镜碑文请民家识僰文者以僰音读之，用国际音标记下，其记录惜已散失。

有保守性，由宗教信仰的研究，往往更能了解古代各部族的关系。

东夷有"用人于社"（《左传》昭公十年，僖公十九年）及以人殉葬的宗教礼俗（见《左传》定公三年）。

按西方的秦也为东夷，在殷末自东迁于西方，也有以人殉葬的宗教礼俗（《左传》文公六年），后来中原国家也间或有流行的[①]。

西方戎狄如仪渠（见《墨子·节葬下》）、如氏羌（见《荀子·大略篇》，《吕览·义赏篇》）有火葬的习俗。

人死后火葬，与华夏土葬者不同。他们一定有他们的宗教信仰，所以他们"不忧其系垒也，而忧其死不焚也"（《荀子·大略》《吕览·义赏》）。这种信仰，也是我们所难以了解的。

第四，社会经济。诸夏各国自西周以来，就已进入耕稼的封建社会。可是戎狄的社会一直到春秋战国时仍处在游牧的氏族部落和部落联盟的阶段。其中最进步的如赤狄也不过刚出现家长奴役制（详后）。

关于戎狄在春秋时还是在原始氏族社会这一点，太史公叙述他们的情况时就已经大致指了出来，他说：

> 各分散，居溪谷。自有君长，往往而聚者，百有余戎，莫能相一。（《史记·匈奴传》）

这种分散落后性，就是氏族社会组织的特点。当时没有阶级没有剥削，人人必须劳动。所以当时对于有劳动力的少壮者特别看得重。这一点是封建社会的华夏人所不理解的，而骂他们"贱长贵壮，俗尚气力"（《淮南子·原道训》）。又说："羿狁之俗相反，皆慈其子，而严其上。"（《淮南子·齐俗训》）太史公也说他们"壮者食肥美，老者食其余，贵壮健贱老弱"（《匈奴传》）。诸夏的经济生活是靠农业，所以对土地看得特别重；而戎狄营游牧以射猎为事，故视兽类货物重于土地。《国语·晋语》载魏绛之言曰：

> 且夫戎翟荐处，贵物而易土。与之货，而获其土，其利一也。边鄙耕农不儆，其利二也。（此文又见于《左传》襄公四年）

戎狄因营游牧生活，故其居处无定，常逐水草而迁徙。若"终岁不迁"，则"牛马半死"（《韩非子·十过篇》）。这和诸夏营农业居城郭的定居生活是迥然

---

① 《左传》昭公十三年楚灵王死，申亥以其二女殉而葬之。《左传》成公二年宋文公死，始用殉。又《左传》成公十年晋景公卒以小臣殉葬。

不同的。华夏与戎狄由于生产方式这一基本的条件不同，因而使各方面都有了差异。

现在我们再回头看看以上这四项——服饰、语言、宗教信仰与社会经济的不同，自然而然地就使当时中国境内的部族中划出了一道鸿沟，一边是诸夏，一边是戎狄。

三、"戎狄"的分布

戎狄与华夏在文化上存在着很大的差异，很容易令人误认为：凡是戎狄一定住在距华夏很远的地方。其实我们若仔细考究一下会发现，古代的所谓戎狄，都住在中原，是一种华戎杂处的局面。

现在我们研究戎狄分布的情形，也只能指出他们大概的地望。因为戎狄这种以游牧为生的部族，其居处是逐水草而居的，是流动性的。

上古的外族，据传说以苗民或名三苗为最早[1]。苗民的时代大概在夏商以前，其地点大概在中国南部[2]。三苗的传说多出于后人追记，不尽可信。惟三苗为古时一部族，并且曾和华夏有过战争，似为事实。其后裔是现在的哪一族，言人人殊[3]，尚难论定。

到了夏代，夷族崛起于东方。据《左传》襄公四年及哀公元年所云，夷族中有穷后羿曾与夏人相争数十年。这些夷族住在相当于今日的山东境，往南可以到江苏北部。一直到商代商人征夷方的记载还很多。不过商代初期的劲敌还不是东方的夷，而是商都西北的鬼方。《易·既济》爻辞："高宗伐鬼方，三年克之。"高宗据虞翻注以为即殷王武丁。干宝注《易》以高宗为殷中兴之主。以中兴之君，伐鬼方尚需三年，这无形中说明鬼方的强盛。

至于鬼方的地域，《诗经》毛氏传谓为远方之族；干宝注《易》以为北方国；宋衷《世本》注以为即汉时西方的先零戎（见《文选·扬雄赵充国颂》李善注引）；今本伪《竹书纪年》则又以为在南方；王国维以真本《竹书纪年》称"西落鬼戎"及《小盂鼎》之盂，《梁伯戈》之梁的封邑，证明鬼方在汧陇之间[4]。

---

① 见《尚书》之《吕刑》《尧典》《禹贡》等篇。

② 详说见拙作《楚族故地及其迁移路线》。

③ 梁启超《中国历史上民族之研究》以为三苗即春秋时之蛮。日本鸟居龙藏以为即今日之苗族。章太炎《排满平议》谓今苗族与古三苗非一种。

④ 见其《鬼方昆夷猃狁考》。

这许多说法，其证据都显得很薄弱。我从前作过一篇《鬼方考》①，曾立五证，说明殷周时鬼方大概活动于山西中南部一带，在这里不需要再赘述了。

与殷为敌的异族，除夷方与鬼方以外，最常见的是呂方及土方。殷代征伐呂方算是一件大事。所以甲骨卜辞中贞卜的次数特多②。这两族的地望，董作宾、郭沫若两先生都以为在殷都之西北③。郭沫若先生根据几片卜辞，推证土方距京约有十二三日的路程。他又根据每日行程平均以八十里计，则已在千里上下，则土方之地望，当在今山西北部。呂方或更在河套附近。今按若连续三五日每日行程八十里还可以，若连续十二三日每日平均决不能走八十里④。若以日行六十里计，则土方呂方均在今山西西北边境。

与呂方为邻的尚有羌方，在武丁时有"师获羌"（《后》上·30·4）的记载。又有盂方，在武乙时商人还常到那里去田猎。到殷末，盂方忽叛，所以有命多侯多伯征伐的记载。王国维以为盂即邢，在今河南沁阳县。其他若⻊方、屮方等，其地望不可考。

周代北方的异族曰猃狁，东南方的异族曰淮夷曰徐戎，都是周人的大敌。淮夷侵周，始于周初。《史记·鲁世家》谓成王命鲁侯伯禽伐之，与《尚书》家说同。这种人所住的地域，大约在山东的南部与江苏安徽北部的淮水流域。至于猃狁之为周祸，则始于商末。那时周的祖先周太王，还住在今山西汾水流域⑤。因了猃狁来攻，太王乃率族西迁于岐山之下。关于这件事，《史记·周本纪》云："古公亶父（即太王）……薰育戎狄攻之……乃与私属遂去豳……止于岐下。"此处所说的薰育，《诗经》作"猃狁"，《孟子》作"狄人"，同时又作"獯鬻"，《后汉书·西羌传》则作"犬戎"。记太王同一事，而攻周者之名号不同，实为一族之异名⑥。这种人的居地，大概距周太王所住的地方不会太远。周穆王所征的犬戎，据诸书记载，在今山西北部雁门代县一带，可以为证。不过后来又稍稍南迁，《诗经》称"薄伐猃狁，至于太原"（《六月》）。太原一地，当即今日之临汾⑦。可见猃狁已经进到中原腹地。其实山西境内，自古即为戎狄渊薮，

---

① 刊武昌华中大学《国学研究论文专刊》第一辑之三。

② 《殷虚书契菁华》第二版、第六版所记最清楚。

③ 董作宾：《甲骨文断代研究例》，郭沫若：《卜辞通纂考释》。

④ 古人行程里数，虽无明确记载，但去古未远的汉人曾说："吉行日五十里，师行三十里。"（《汉书》卷六十四下贾捐之罢珠厓对所引汉孝文帝诏语）据此则郭先生所定每日行程为八十里，未免太高。

⑤ 周人初居山西汾水流域，到太王时逾河而西（见钱穆《周初地理考》）。稽之两周史料，此说至确不可易。

⑥ 说详见拙作《猃狁考》第二《猃狁之种族与其名号》。

⑦ 犬戎在山西北部，古太原为今之临汾，说见拙作《猃狁考》第四《猃狁之地望及其出没地域》。

华夏与戎狄杂居着。这种情形，见于很多史料。如《后汉书·西羌传》注引《竹书纪年》云："大丁三年，周人伐燕京之戎，周师大败。"《淮南子·地形训》"汾出燕京"，高诱注："燕京，山名也，在太原汾阳。"《西羌传》注又引《竹书纪年》："大丁四年，周人伐余无之戎，克之。周王季为殷牧师。"余无戎当即《左传》成公元年败刘康公之徐吾氏。刘昭《郡国志注》屯留县下引《上党记》曰："有余吾城在县西北三十里。"是余无之戎住在今屯留县西。可见这两种戎狄都在山西境内。周初晋的周围即环以戎狄，《左传》昭公十五年云："（晋）唐叔受之，以处参虚，匡有戎狄。"《左传》定公四年也说："分唐叔以大路，密须之鼓，阙巩沽洗，怀姓九宗，职官五正，命以唐诰，而封于夏墟，启以夏政，疆以戎索。"夏墟周围，夷狄环之，故言"匡有戎狄"，又言"疆以戎索"。这种华戎杂处的情形，一直到春秋末年还维持着。

战国以前，黄河流域，除列国诸侯以外，在森林草原地带，尚杂有各种姓的戎狄。这些异类，在平时对诸夏是没有什么骚扰的。一直到春秋时代，由于兼并战争与诸夏土地的开拓，逐渐达到各国势力彼此接壤的程度。杂居的戎狄与华夏，由隐蔽的形式，变为面对面的关系。一到诸夏势弱，或是内部纷争的时候，他们也就对诸夏乘机入侵，进行虏掠。《公羊传》称"南夷与北狄交侵，中国不绝若线"。很可以想见中国境内戎狄狼奔豕突的情形了。当时戎狄的名称颇多。顾栋高《春秋大事表·春秋四裔表》把凡见于春秋时的戎狄，悉数辑出，给我们省了很多事。所以顾氏之表，对我们说，无疑是很有用的。不过它有极严重的缺点，也可以说是一种错误。就是他用战国末年的戎狄观念来区分春秋时的戎狄，其结果当然就极不正确了。因为我们知道春秋时"戎""狄"可以互称，决不能按戎狄的称谓，划为两种不同的种族（详前）。这一基本观点一错，则其中很多部分，完全靠不住。我们再看春秋时戎狄，往往随地异名，有时本来是一种，后因迁到另一新地，于是又以新地名名之。所以我们若划分类别，也不能以其名称划分。现在我们只能根据他们的种姓，把异名同族的归纳起来，再看看他们所处的地方在那里：

（一）西周狎狁之后，在春秋时为允姓之戎（《左传》昭公九年），因住在山西北部之瓜州，而"瓜"与"九"为双声，故"瓜州"变为"九州"，于是"九州之戎"（《左传》昭公二十二年，哀公四年）又为允姓戎之异名[①]，《左传》庄公二十八年之"小戎"，据杜注为允姓，则亦为狎狁之后。这一族又名陆浑之戎，

---

① 详证在拙作《狎狁考》第四《狎狁之地望及其出没地域》节，此不赘。

僖公二十二年秦晋把他们迁到伊川。这一带正是晋之阴地，故又名阴戎（《左传》昭公九年）。总之，允姓戎原住山西北部后来迁居河南后，即出没于陕西商县以东，河南嵩县及河南陕县一带，即所谓"河南山北"之阴地。

（二）殷周时鬼方之后，在春秋时为隗姓之狄[1]。赤狄为隗姓[2]。殷周时鬼方本居山西中部，其后裔之赤狄，也是住在山西一带。东山皋落氏（《左传》闵公二年），旧说皋落为今之垣曲，或说在平定，均不可信。其实《竹书纪年》西落鬼戎之"西落"，与《郑语》及《左传》宣公十五年所称之"洛"，即皋落氏所居之地，在今山西壶关城东[3]。潞氏在今山西潞城县，甲氏在今河北鸡泽县境，留吁在今山西屯留，铎辰在今山西长治县。廧咎如地望虽不能确指，但晋、卫与白狄都曾征伐过他，则其所在，也应当距其他赤狄不远。

（三）四岳之后的姜氏之戎，周宣王三十九年曾败之于千亩（《周语上》），此千亩当在今山西介休县境[4]。春秋时姜戎最初居山西北部的瓜州（与允姓戎联为一集团），后来秦晋迁之于伊川，与允姓戎同名为九州戎、陆浑戎或阴戎（见《左传》襄公十四年）。

（四）姬姓之戎狄，与周同姓。其见于《春秋》的有大戎（大戎狐姬生重耳见《左传》庄公二十八年），为晋文公重耳的外祖家。《晋世家》谓"蒲边秦，屈边狄"，蒲即蒲坂，今之永济县；屈在今石楼县东南[5]。《晋世家》又谓晋西"与秦接境，北边狄"，则大戎狐姬之族，大概在山西中北部。

春秋时之白狄，也是姬姓。白狄中如鲜虞，韦昭注即谓"姬姓在狄者"。《左传》成公十三年吕相绝秦曾说："白狄及君同州，君之仇雠，而我之婚姻也。"当指晋献公纳大戎狐姬事，则大戎亦称白狄。

又《左传》庄公二十八年说晋献公之骊姬是骊戎之女，可见骊戎也是姬姓。骊戎旧说在今陕西临潼县。顾颉刚先生则以为骊戎亦即《晋语四》晋文公所赂的丽土之狄，当在山西南部[6]，以当时情势观之，晋献公都绛，西未灭耿，西南未灭魏，南未灭虞虢，实在没有路可以让晋献公渡河转渭以伐居于骊山的戎人。并且平王迁洛以后，秦国势力已经及于岐东。当晋献公时，今之陕西华县，

---

① 见王国维《鬼方昆夷猃狁考》。

② 《左传》僖公二十三年谓："狄伐廧咎如，获其二女叔隗季隗"，而廧咎如为赤狄（见《左传》成公三年），是赤狄为隗姓。

③ 详说见拙作《鬼方考》。

④ 详证见拙作《猃狁考》第四《猃狁之地望及其出没地域》。

⑤ 说见拙作《晋文公重耳考》，《治史杂志》第二期。

⑥ 顾颉刚先生《浪口村随笔》"骊戎不在骊山"条，《责善》半月刊第二卷第一二合期。

已经成了秦的县，晋实不能有劳师远鄙，越秦境而伐居于今临潼县之戎。并且秦国也不容他国耀武于其腹地（以上顾颉刚先生语）。故旧说谬于当时情势，当以骊戎在山西南部为是。

综观春秋时诸戎狄的分布，大都与诸夏杂厕。其居地不出今陕西、山西、河北、河南、山东、江苏六省之地。也有远于诸夏的，如陇以西有绵诸、绲戎、翟豲之戎，岐、梁、泾、漆以北有义渠、大荔、乌氏、朐衍之戎（见《史记·匈奴传》），此即后世与秦为敌的西戎，一直到秦公时始霸西戎，辟地千里。惟戎狄因其俗无城郭，飘忽无定。居地时常转移，很难确指其地望。到了战国，住在中原的戎狄，逐渐为诸夏所征服，而与华夏融合。有的则逃向四塞，仍维持其固有生活。如北方强大的异族——匈奴，即其显例。

四、华"戎"对立到融合

中国境内自古就是华戎杂处，在平时各自成一个统系，一在耕稼地带，一在草原地带，居地虽然为比邻，他们之间很少往还。一到华夏统治势力薄弱，或有内乱的时候，四周的戎狄就想乘机向华夏进行掠夺了。

戎狄为患，在春秋时特别厉害。他们游牧于黄河两岸，纵横于河北、河南、山东、山西诸腹地，在闵、僖、文、宣之间，极为鸱张。曾两陷京师[1]、灭邢[2]、灭卫[3]、灭温[4]、伐晋[5]、伐郑[6]、侵齐[7]、伐鲁[8]。前后百年间，患不绝书。晋兴曲沃，本是戎狄田猎之区，故戎狄和晋交涉最多。籍谈说："晋居深山之中，戎狄之与邻，而远于王室，王灵不及，拜戎不暇。"[9]终春秋之世，晋戎相争，未尝一日宁息。晋初与白狄相结以图赤狄，赤狄灭后，再从事于白狄。诸狄之中，赤狄最强，而尤以潞氏为最。晋人灭潞，实合君臣全力始克之[10]。晋荀林父败赤狄于曲梁，遂灭潞。晋侯亲自治兵于稷，以略狄土。稷在山西闻喜，曲梁在

---

① 见《左传》僖公十一年及二十四年。
② 见《左传》僖公元年。
③ 见《左传》闵公二年，僖公二年、三十一年。
④ 见《左传》僖公十年。
⑤ 见《左传》僖公八年、十六年，宣公六年、七年、十三年。
⑥ 见《左传》僖公二十四年。
⑦ 见《左传》僖公三十年、三十三年，文公四年、九年、十一年，宣公三年、四年。
⑧《左传》文公七年。
⑨《左传》昭公二十五年。
⑩ 见《左传》宣公十五年。

河北鸡泽，东西绵亘数百里。当时赤狄之强，很可想见。不过潞氏灭后，赤狄余种遂不支。

总观春秋华夷的情形，已经形成了两个壁垒。一边是戎狄，一边是华夏。

我们前面已经说过，各种姓的戎狄在春秋战国时仍处在氏族部落和部落联盟的阶段。他们合诸部落而成立一个联盟。"常因暂时的紧急需要而结成，随着这一需要的消失即告解散。"（恩格斯叙述易洛魁人氏族时的话）在春秋历史上看来住在山西、河南等地的戎狄，就有这种情况。他们这个部落联盟包有允姓（允姓之奸及小戎）、姜姓（姜戎氏）、姬姓（大戎为姬姓，白狄亦姬姓）、隗姓（赤狄）四个种姓。下面我们根据《左传》的记载，加以推证。

《左传》僖公二十二年称秦晋迁陆浑之戎于伊川，襄公十四年又说范宣子数戎子驹支于朝，言曰："来，姜戎氏，昔秦人迫逐乃祖吾离于瓜州，乃祖吾离……来归我先君，我先君惠公有不腆之田，与女剖分而食之。"昭公九年又谓晋以阴戎伐颍，王使詹桓伯辞于晋，言曰："允姓之奸，居于瓜州，伯父惠公归自秦而诱以来。"我们若合三处的传文细细体会，僖公二十二年正为晋惠公归自秦后的九年，则自瓜州迁往阴地的陆浑之戎，至少包有允姓及姜姓两种。可见允姓戎与姜戎是合为一个团体的，故同时可以被迁。

《左传》庄公二十八年谓晋献公的夫人大戎狐姬生重耳，小戎子生夷吾。是重耳之外家姬姓戎。杜注谓小戎子允姓，则知夷吾的外家为允姓戎。后来晋国遭骊姬之乱，重耳于是乎奔狄（见《左传》僖公五年与二十三年）。《史记·晋世家》谓重耳所奔之狄，即其母大戎狐姬之国。可是《左传》僖公六年称夷吾也欲奔狄，却芮以"后出同走"为不可。夷吾所欲奔之狄，当然也是他外家允姓小戎子之国，现在说是"后出同走"，足证允姓之小戎与姬姓戎当在一处。前面我们已知戎狄中允姓与姜姓为一集团，现在又知允姓与姬姓亦为一团体，则戎狄中允、姜、姬三姓为一个集团了。

允、姜、姬三种可称为戎，也可称为狄（因戎狄二字可以互称）。又因为他们是些种姓不同的，所以往往称之为"众狄"或"诸戎"。如《左传》僖公八年里克说："惧之而已，无速众狄。"《左传》襄公十四年姜戎氏言："我诸戎饮食衣服，不与华同。"戎狄而以众或诸字名之，可见其种姓甚多，同时也可以推知他们是"联盟"的。《左传》宣公十一年又说："众狄疾赤狄之役，遂服于晋。"由此我们更可以知道，隗姓的赤狄也在此允、姜、姬三姓集体之内。并且因为赤狄在诸戎狄中最为强盛，想必为此集团的共主而役使众狄。后来赤狄跋扈太甚而为众狄所不满，他们这个联盟乃趋于瓦解，其中有一部分背赤狄而服于晋了。

这些戎狄的文化发展，各种姓间，也不是很平衡的。其中赤狄和允姓戎是殷周时的鬼方猃狁之后，其文化水平较其他戎狄要高些。他们在西周初年已经知道用战车作战[①]，足见其文化是很高的，时至春秋一定又有很大的发展。从史料上看，他已进到原始氏族社会的末期，也就是家长奴役制时代。

家长奴役的社会，矛盾逐渐显著，氏族的各种大小领袖，由于其富足的原故，已经同氏族中的各成员——人民大众发生了冲突。春秋时，有一次晋侯欲伐赤狄，中行桓子曰："使疾其民，以盈其贯，将可殪也。"[②]可见赤狄的首长已经不像原始部族的领袖，而成了"疾其民"的统治者了。

赤狄既已是家长奴役制阶段，在部落联盟里面，他逐渐开始奴役其他几个戎狄部落，或者强迫其负纳贡的义务。这当然就会引起其他部落的不满。《左传》宣公十一年云：

> 晋郤成子求成于众狄，众狄疾赤狄之役，遂服于晋。

众狄反对"赤狄之役"，于是使其部落联盟趋于解体。

现在我们再来谈诸夏集团。春秋时戎狄在中原地区的纷扰，我们上面大致已经叙述了。其中尤其是晋地，自古为戎狄的穴窟，晋人自谓"王灵不及，拜戎不暇"[③]，又言"狄之广莫，于晋为都"[④]。可见今山西一省，当晋霸未兴以前，实为戎狄势力范围。又蹂躏邢、卫，侵伐郑、鲁，甚至两陷京师。诸夏根据地之河南、山东，连年有狄难，其猖獗的情形，可以想见。南方的楚国，也是中原人心目中的夷狄，这时势力也强大了。楚成王之世，打败了随、鄾、郧、绞，又灭了权。其子文王继位，灭了申、息、邓，又攻入蔡，捉住蔡侯，接着又伐黄和郑（以上俱见《左传》）。他的势力就从江汉流域，到了淮水流域，现在又要到黄河流域了。其武力的锐利和兼并的急速，真像商末的周人一样。要没有人出来把这席卷世界的怒潮挡住，诸夏各国文化的正常发展，可能由于这些文化落后的部族的骚扰而受到阻碍。

在这个"南夷与北狄交侵"的春秋时代，华夏诸国，自己认为是有文化的

---

① 康王时器《小盂鼎》记盂受王命攻克鬼方，其战役前后凡两次，有"孚（俘）车十两（辆）""孚车百□两"之文。可见鬼方作战，是用战车的。猃狁用战车见《多友鼎》。

② 见《左传》宣公六年。

③ 见《左传》昭公十五年。

④ 见《左传》庄公二十八年。

国家，很怕这些文化落后的野蛮部族征服他们。于是有所谓"内其国而外诸夏，内诸夏而外夷狄"。诸夏团结一致的观念，很自然地就产生了。当时领导华夏集体的，前有齐国后有晋国。高揭"尊王""攘夷"的口号，和戎狄立在对立的地位。当时戎狄虽然大多数还没有进到阶级社会，不能有任何侵略的根据，但他们所行使的原始掠夺，也大大危害着诸夏各国人民的生活，因而诸夏联合去"攘"他们，便带有进步的性质。

戎狄和华夏虽然是经常对立着、战争着，但是由于双方经济生活的需要，他们是逐渐趋于融合的。即就战争来说，也是给他们互相融化的机会。因为战争也是复杂的社会生活现象之两方面往往由于战争，而互受影响，为各族人民相互间的经济合作与文化交流开辟了道路。特别是以先进的华夏的经济文化推动当时尚在原始公社制时代的戎狄前进，对各族历史的发展，起了推动作用。又由于华戎自古就错居杂处，戎狄必有一部分同化于华夏；华夏的习俗，也必有一部分是受戎狄的影响而形成的。

戎狄和华夏也有婚姻往还。当时华戎通婚的情形，见之于记载的，不一而足。如《周语》所载周襄王所娶的狄后又称隗后，又如晋献公所娶的大戎狐姬生重耳，小戎子生夷吾，骊戎之女骊姬生奚齐，其娣生卓子等。晋文公出亡狄时，狄人赠以二狄女叔隗、季隗。文公娶季隗，以叔隗妻赵衰生盾。所以赵国之后，也混有隗姓狄的血统。王国维曾举铜器《包君鼎》《包君盉》《郑同媿鼎》《芮伯作叔媿鼎》《邓公子敦》诸器，以为铭中有媿氏字样，即诸侯娶隗氏狄女之证。又考春秋时晋景公的姊姊，嫁给赤狄潞子为夫人[①]。可见诸夏姬姓之女，也有嫁与戎狄的。这些华戎通婚的例子，见之于记载的仅仅是少数贵族阶级，而当时广大的人民之间，像这样不同种族间的通婚情形，恐怕也不在少数。由于通婚的关系，更加速了诸族融合的过程。

总之，"戎狄"和华夏是由对立逐渐走向融合。特别是到战国末年，中原境内基本上看不出华夷的分别了。

1955 年 3 月 31 日晚改写

（此文发表于《南开大学学报》〔人文〕1955 年第 1 期）

---

① 见《左传》宣公十五年。

中国古代史上的民族问题

"民族"这个概念，可以区分为一般的"民族"（广义的民族）、"古代民族"和"现代民族"。中国统一的多民族国家，是自夏至清诸民族经过长期的经济、文化联系逐渐形成的，是各族人民共同缔造的。在阶级社会里，没有超阶级的民族意识。民族意识具有进步和落后的两重性：伴随着反对阶级压迫与民族压迫的民族意识有进步意义；反之则属于狭隘、落后的民族意识。

有关中国古史上的民族问题，历来是史学界意见分歧的重大问题之一。现在我想对这个问题作些探讨，请同志们批评指正。

一、什么是"民族"

"民族"一词，自辛亥革命以来，经常出现在时人的文字中或口头上。但若进一步追问，什么叫做民族？民族与种族有什么区别？恐怕有些人理解得就不是那么清楚了。

另外，在马克思主义经典著作的译文中，有"民族"与"部族"两个不同的名词。于是，有些人就据此提出不同意范文澜同志关于汉民族大约形成于秦汉时期的论点。他们认为，历史上的汉族不是"民族"，而是"部族"。只有在我国有了资本主义以后，汉族才形成为民族。以此推论，我国很多少数民族，在民主改革以前，都还没有出现资本主义因素，因而也只能称为部族。这和我国传统习惯都称之为民族是不合的。而"部族"又是什么？"部族"一词是怎样出现的？我们研究民族史，对这些问题是应当首先搞清楚的。

经典作家在讲到与汉文"民族"的意义相近的地方，是使用好几个不同的名词去表达的。马克思、恩格斯的德文原著，一般都用 volk（völker）和 nation。列宁、斯大林的俄文原著一般用 народ（народы）和 народность。这些德文和俄文名词，汉文一般都译为"民族"。其中 народность 一词有时又译为"部族"。汉文译名仅仅这一个词译法不一致。

如果我们细心地把经典著作的原文和汉文译本对照以后，便发现马克思、恩格斯、列宁、斯大林都说到"民族"在资本主义以前早已存在。在毛主席的著作里，在我们党的民族政策文献中，不管我国所有的民族它们在民主改革以前处于什么社会发展阶段，一律照我国传统习惯称为"民族"，是完全正确的。

但是，马克思主义经典作家凡表述民族意义时，在几个不同的名词中，也并不是随便选用的。这些外文名词虽然都具有某些共同的含义，但各名词间也各有其不同的特殊含义。最明显的，如斯大林的俄文原著中以 начия 代表"现代的民族"，亦即"资本主义上升时代的历史范畴"所产生的"资产阶级民族"①，而以 народность 代表资本主义以前的阶级社会所产生的民族，也就是有的地方译为"部族"的古代民族②。

至于马克思和恩格斯的德文原著中的 volk 和 nation 二词，有的同志认为，虽然名词不同，但含义却是相同的，都是指同一意义的"民族"③。用这种说法去读马克思和恩格斯的著作，有的地方是解释不通的。因为 volk 有时可以指原始社会的共同体④，而 nation 的产生则只能在原始社会解体以后。恩格斯说："绝大多数的美洲印第安人，并没有超过联合而为部落的阶段……但在个别地方，起初为亲族的但已分散的部落又重新团结而为永久的联盟，由此而为形成民族（nation）的第一步。"⑤又说："从部落发展成了民族（nationen）和国家。"⑥可见 nation 是到阶级社会才出现的。由此可知，volk 和 nation 是有区别的。在这一点上我们完全同意林耀华同志对经典著作中这几个词含义不同所作的具体分析⑦。

德文 volk（völker）与俄文 народность 指的是从原始社会到社会主义时代一般的民族。这和我国传统习惯所用的"民族"一词的意义是相同的。所以德文 volk 和俄文 народность 可以直接译为"民族"。这是指任何时代的一般的

---

① 《斯大林全集》第 11 卷，人民出版社 1955 年版，第 288-291 页。

② 《马克思主义与语言学问题》："往后，随着资本主义的出现、封建分割的消灭、民族市场的形成，于是部族（народность）就变为民族（начия），而部族（народность）的语言就变成为民族的语言。"（人民出版社 1953 年版，第 10 页）。可见 начия 是由 народность 进一步发展而成的。начия 与 народность 虽然都有民族的意思，但其时代范围是不同的。于是汉文译本不得不把 народность 改译为部族。

③ 章鲁：《关于"民族"一词的使用和翻译情况》，《人民日报》1962 年 6 月 14 日。

④ 恩格斯：《家庭、私有制和国家的起源》书中 volk 也表述蒙昧和野蛮时期的民族（人民出版社 1954 年版第 22 页和 127 页）或氏族部落结构的民族（95 页）。

⑤ 《家庭、私有制和国家的起源》，人民出版社 1954 年版，第 89 页。

⑥ 恩格斯：《自然辩证法》，人民出版社 1955 年版，第 143 页。

⑦ 林耀华：《关于"民族"一词的使用和译名的问题》，《历史研究》1963 年第 2 期。

"民族"，或者称之为广义的"民族"。

经典著作中德文 nation 与俄文 народность 二词的含义很近，一般地说，都是指奴隶社会和封建社会时代的民族，可以归为一类，我们译为"古代民族"。

斯大林所用的俄文 начия 是指资本主义产生以后的民族，我们可以译为"现代民族"。它是由"古代民族"发展而来的[①]。马克思、恩格斯有时也用 nation，指"现代民族"。

"民族"（volk-народ）"古代民族"（nation-народность）和"现代民族"（начия）三者都属于民族的范畴，而又各有区别。我们这样翻译经典著作中关于民族的这三类名词，从汉文的用字上就体现了它们之间既有联系又有区别的关系[②]。为了更明确这三类民族的意义和时代的概念，下面我们列一简单的图表：

民族的时代意义简表

社会阶段	原始社会	奴隶社会	封建社会	资本主义社会	社会主义社会
民族名称		"古代民族"（德 nation-俄 народность）		"现代民族"（德 nation-俄 начия）	
		"民族"（德 volk-俄 начия）			

民族的定名既已确定，下面我们就可以探讨民族的产生和涵义了。

斯大林在《民族问题和列宁主义》一文中，给"现代民族"（начия）下了个经典的定义。他说："民族是人们在历史上形成的有共同语言、共同地域、共同经济生活以及表现于共同的民族文化特点上的共同心理素质这四个基本特征的稳定的共同体。"又说，"现代民族"（начия）的要素，如语言、地域、文化共同性等等，"不是从天上掉下来的，而是还在资本主义以前的时期逐渐形成的。……这种潜在因素只有在资本主义上升并有了民族市场、经济中心和文化

---

① 按 начия 不能只译"民族"两字，因为它与汉文"民族"一词的传统含义不尽相同。汉文"民族"一词传统的用法，代表一个一定历史时期人们的共同体。这个历史时期不管是属于原始社会或是其他什么阶级的社会。而 начия 则只是限于资本主义产生以后的人们的共同体。翻译最贵"信""雅""达"。以 начия 译为"民族"，既不"信"也不"达"，所以不宜采用。

② 俄文 народность 一词，汉文译本一般译为"部族"，这个译法当然要比译为"民族"好，但"部族"两字又体现不出它和其他几个有关民族的词的联系。近来有人译为"原始民族"，这个译名又易于使人误认为是指原始社会时期的民族。又有人译为"古代民族"，这又容易使人误认为是指"近现代"以前的民族。我们知道，一直到今天还有处在奴隶制或封建制阶段的民族，叫他们为"古代民族"也不够妥当。因而，我们曾一度决定译为"初生民族"，但是，增加一个新名词，对读者也是个负担，所以，后来我又恢复采用了"古代民族"这一译法。

中心的时期才变成了现实"①。这已经很清楚地指出,"现代民族"的要素是在资本主义以前逐渐发展而来的。这些特征的雏形,的确在原始时代就已经有了。如在原始社会中,氏族已有自己的语言、文化、生活习惯,部落也初步形成了自己共同的语言、文化、生活习惯等。所以,从这个角度上看,氏族、部落也可以称之为一般性的"民族"(volk)了。

至于特定的"古代民族"(nation-народность)则是在原始社会解体之后,由部落发展而成的。

在原始社会末期,随着原始氏族、部落的分化和解体,旧的血缘关系被打破了。但是由于经济生活和物质关系的利益(例如对敌族侵犯的防御等),他们有必要重新组成新的联盟。这个新的部落联盟是在旧的血缘关系被打破之后,按共同地域、语言、经济生活和文化组合成的共同体。恩格斯说,这个新的联盟成立后,"由此而形成为民族(nation)的第一步"②。他又在《劳动在从猿到人转变过程中的作用》中说:"从部落发展成了民族(nationen)和国家。"③可见"古代民族"就是这样在原始公社制度到阶级社会的过渡时期形成的。恩格斯这些话科学地阐明了"古代民族"发生的历史和理论。

前些年有些人常把"种族"误为"民族",应该用民族的地方,往往以种族代替。"民族"固然与种族关系很密切,特别是研究民族起源时,往往要涉及种族问题,但是,民族和种族毕竟是两个概念。"民族"是人们在历史上形成的共同体,"民族学"是属于社会科学的范畴;而"种族"是纯粹生理或血统的问题,"人种学"是研究人类体质特征(皮肤、毛发的颜色、头部的形态等)的科学,属于生物学的范畴。所以二者在性质上是不相同的。

民族与种族的不一致,只须把欧洲现存的民族加以考察,便可证明。有的是一个民族可以包含若干种族。如法兰西民族是由阿尔卑系(Alpines)、地中海系(Mediterraneans)等几个种族组成的;德意志民族则包有北欧系(Nordics)、阿尔卑系等几个种族。还有的是一个种族分散在几个民族中,如斯堪地那维亚半岛的挪威、瑞典人都属白种人中之北欧系。但属于北欧系的并不限于挪威、瑞典人,英国和德国的一大部分人种也属于这一种系。另外,从历史上还可以看到,现代民族是由许多古代民族融合而成的。如英吉利民族包有古代的诺曼人(Normans)、盎格罗(Angles),萨克森(Saxons)、丹麦人(Danes)和其他

---

① 《斯大林全集》第 11 卷,人民出版社 1955 年版,第 286 页和 289 页。
② 《家庭、私有制和国家的起源》,第 89 页。
③ 《自然辨证法》,人民出版社 1955 年版,第 143 页。

少数民族。法兰西民族是由从前克洛马农人（Cro-Magnons）、高卢人（Gains）、罗马人、法兰克人、高德人（Goths）等所组成的。意大利民族是由罗马人、高德人、日耳曼人、阿拉伯人等所组成的。由此不但可以看出种族和民族的错综复杂不能一致，而且可知世界上没有一个民族或种族的血统是单纯的，历史上民族融合的次数太多了。

二、汉族"古代民族"的形成、民族意识的发展以及对民族意识的评价问题

我们中国不但历史悠久，而且自古以来就是个多民族的国家。除汉族外，有些少数民族的历史也是相当长的。毛泽东同志在《中国革命与中国共产党》一文中就曾经指出："我们中国……共有数十种少数民族，虽然文化发展的程度不同，但是都已有长久的历史。"[1]在这些民族历史中，最早形成为"古代民族"的是汉族，我所掌握的史料也是以有关汉族的为多。因此，下面我们谈"古代民族"的形成、民族意识的发展等问题时，也就首先以汉民族的历史举例说明。至于其他各少数民族的这类问题，等我们把材料搜集到可以说明问题时，再另写专文。

汉族的主干基本上说就是先秦的华夏族。

华夏族最早只称"夏"，本是夏族人的意思。后来书写时或以同声之"华"字代替[2]。有时两字合起来称"华夏"。华夏族在周以前，主要包有夏、商两族。至迟在商代盘庚迁殷的前后就已从原始部落阶段发展为阶级社会。根据恩格斯关于"民族"理论的启示，这时，华夏族的"古代民族"和原始国家也就在我国的历史上第一次出现了。

司马迁在《史记》中记述夏商的氏族说：

> 禹为姒姓。其后分封，用国为姓：故有夏后氏、有扈氏、有男氏、斟寻氏、彤城氏、褒氏、费氏、杞氏、缯氏、辛氏、冥氏、斟氏、戈氏。[3]
>
> 契为子姓，其后分封，以国为姓：有殷氏、来氏、宋氏、空桐氏、稚

---

[1]《毛泽东选集》合订本，第585页。

[2] 按"夏"与"华"在古韵部上同为麻部字，其声母又同为匣纽，但"华"有二读，除匣纽外，又读为晓纽。匣、晓二纽古时也可通转。

[3]《史记·夏本纪》。

氏、北殷氏、目夷氏。①

我们看到，夏和殷人大都是以其所居住的不同地域，作为不同的姓氏。这种称谓的时代虽不明确，但它却反映了地域的组织代替了纯粹的血缘组织。这就是"古代民族"组织已战胜了与纯血缘有更密切关系的部落联盟组织了。

周族自称是夏的后裔，所以自进入中原以后，华夏族就包有夏、商、周三族。春秋时，许多古老氏族的后代，如舜后的陈，尧后的唐、铸和杜，太昊后的宿、任和颛臾，少昊后的郯等族，都已和夏、商、周三族一样，称为"诸夏"了。到战国时，不单是中原地区的大多数民族融而为一，连中原以外，如楚、徐、吴、越、蜀、秦等，由于经济生活的需要，也几乎全化在华夏民族之中了。

"华夏"或"诸夏"的族名，到汉朝又开始改用"汉"这个王朝名作为民族名。所以说中国汉民族的形成已有两千多年的历史了。它成为世界上还存在的最古老的民族之一。

民族出现以后，由于在一定程度上，有了共同的语言、文化，又在共同的地域上营共同的经济生活，为了更好地谋求共同的利益，自然就产生了一种联结为一的思想。这种思想就是民族意识。所以，民族意识实是共同文化上的共同心理状态的一种表现形式。民族意识看来是个不可捉摸的东西，但它既然表现在一个共同的民族文化特点上，那它就是可以捉摸，不应忽视的东西了。

马克思和恩格斯说过："所有民族原是许多不同部落由于物质关系和利益，例如对他族之敌视等等而结成的。"②所谓"对他族之敌视"，就是由于一部分人想掠夺另一部分人的财富，被掠夺者为了维护本族的生活方式或物质利益，而产生的防御他族侵袭的心理。所以，民族意识一定要在阶级出现以后才能产生。

春秋时所谓"诸夏"与"戎狄"的倾轧，主要的也是民族意识的表现。我们说夷与夏主要的是民族上的分别，不是种族的分别，因为当时夷狄和诸夏有很多是种姓相同的。如姜戎自称是四岳之后，实为齐、许、申、吕的同姓。又如晋献公所娶的犬戎狐姬及骊戎骊姬和周同姓③。《郑语》史伯所说的鲜虞，在春秋为白狄，也是姬姓（见韦昭注）。都因为他们改从戎狄的礼俗和生活方式，因而被视为戎。这些戎狄和诸夏主要的区别：自生活上说，姜戎氏谓："诸戎饮

---

① 《史记·殷本纪》。

② 马克思恩格斯：《德意志意识形态》，转引自《马克思恩格斯论宗教》，人民出版社 1955 年版，第 7 页。

③ 《左传》庄公二十八年。

食、衣服，不与华同。"①自语言上说，是"言语不达"。自礼俗上说，则如平王东迁，辛有适伊川，见有被发而祭于野者，曰："不及百年，此其戎乎？其礼先亡矣。"②孔子恭维管仲说："微管仲，吾其被发左衽矣！"③这就可以看出，夷狄和华夏主要的分别是在于语言、生活习俗的不同。当时诸夏各国若改从夷狄礼俗，即被视为夷狄。故曰，诸夏用夷礼则夷之，夷狄用诸夏礼则诸夏之。所以"华夷之限"，确是民族意识的反映。

民族意识既是产生在阶级社会里，当然有阶级性。但民族意识不完全等于阶级意识，正如民族矛盾不完全等于阶级矛盾一样（民族矛盾只是阶级矛盾的一种表现形式）同一民族，不同阶级的人们，具有不同阶级的民族感情。民族感情也是一种民族意识，它具有进步的与落后的二重性。对本民族狭隘保守的盲目团结，对异民族的盲目排斥，属于落后性。一般地说，历代贵族统治阶级为了自己的利益，他们较多地具有或者经常利用落后的一面，对内麻痹人民，对外制造民族矛盾。至于在本族内为了更好地生活，为了共同的福利，大家团结一致所表现的民族意识，在阶级社会时代是有一定的进步性的。一般地说，历代劳动人民较多地具备这种性格。所以，不同阶级的人们具有不同的民族意识和民族感情。在阶级矛盾趋于缓和又在异族入侵的特定历史条件下，同一民族内的统治阶级与被统治阶级，在反抗异族入侵这件事上，也可以暂时联合起来，共同对外。这种暂时的联合，从表面上看，好像统治阶级与被统治阶级的感情统一起来了。其实，仔细分析一下，他们虽然共同抵抗异族，但各有各的目的和利益。统治阶级主要是为了卫护其阶级统治权，而被统治阶级则是为了卫护其生命财产免于被践踏或掠夺。所以，他们的联合，决不会有什么不分阶级的共同感情。在阶级社会里，阶级渗透着所有人的思想感情，是没有超阶级的民族意识作民族感情的。

汉族的祖先，虽然在秦就已经产生了民族意识，但是，那种落后的盲目排外性方面，一直没有很大的发展。春秋时霸主们所号召的"攘夷"，只在各国统治阶级中发生过一定的影响。因为民族间的隔阂大都是统治阶级造成的，各族间的劳动人民从来都是乐于互相交往的。战国期间，一般知识分子也都是"士为知己者用"，只知道报效于受知遇的君王。他们可以"朝仕秦，暮事楚"，也时常"北走胡，南走越"，民族观念也不强。秦始皇统一六国以后，形成了以汉

---

①《左传》襄公十四年。
②《左传》僖公二十二年。
③《论语·宪问篇》。

族为首的中央集权的统一大帝国。只有天下一家的观念，民族的国家自然不会产生。并且秦帝国以外的周围民族的武力，大都弱于汉族，经常受到汉族的侵袭。汉族很少受到外族的压迫，汉族的民族思想当然不会明显。到东晋时，五胡的统治阶级，虽然对汉族杀戮得也很厉害，但他们由于久居塞内，大半已汉化了。他们的兴起，固然带有民族斗争的性质，一半也可以说是政治上的内乱。民族意识的排外性，当然也不会有突出的发展。

一般地说，民族意识的增长是和民族压迫联系着的。唐宋以前，汉族的势力大体上说是大于其他少数民族的。汉族统治阶级压迫各少数民族的事例甚多，所以，汉族的民族意识也就不会突出。可是，唐宋以后，少数民族在中原建立了好几个王朝，汉族处于被统治被压迫的地位，于是汉族的民族意识自然就逐渐增长了。

宋、元、明、清期间，北方的契丹、女真、蒙古和满族各少数民族进入中原。他们的贵族统治阶级和前此五胡性质不同。五胡等少数民族，大都以弱小民族的身分入居塞内（例如远在西汉宣帝时匈奴五单于争立，而呼韩邪单于失其国，率其部落南来降汉；东汉光武帝时南匈奴降汉等等），他们怕被汉族歧视，故意取消其民族特征。俟胡汉杂居稍久，他们逐渐产生了自觉的汉化心理。他们对汉族的文化很崇拜，无不自附于汉族，甚至伪托其祖先出自汉族。如匈奴族冒称为夏后氏苗裔，羌族姚弋仲冒称先祖为有虞氏，鲜卑族冒称其祖先为封于鲜卑的黄帝之后等。五胡中都冒易为汉姓，袭汉衣冠，行汉政教。并且有一染汉化即视为汉人的。[①]到北魏孝文帝迁都洛阳后，更明令"禁国人胡服胡语"，改姓拓跋为元氏，鼓励胡汉通婚。后来竟至胡汉杂混，不可复别。可是自宋以后的少数民族，是以国家的姿态、以战胜民族的身分入居中原的，尤其是他们的贵族统治阶级的民族优越感很强，故意保持其民族特点，歧视异族。汉族的民族意识自然就突出了。

民族意识的消长，既是和民族压迫息息相关，我们为了说明汉族的民族意识，在唐宋以后发展的原因，也就不能不举出一些少数民族的贵族统治阶级对汉族压迫的史例。至于汉族的统治阶级压迫各少数民族的历史，将来我们在讲某一少数民族的民族意识发展时再详述。这里因为是专讲汉族的民族意识的发展，所以只能专举少数民族的贵族统治阶级对汉族的压迫，这一点是应当说明的。

---

① 《北史·源贺传》记载高阿那肱骂源贺玄孙源师多事，而曰："汉儿多事。"实源师乃鲜卑秃发氏之后裔。

下面我们首先看看在中原建立金国的女真族。

女真族原为东北一小民族，人口不多，而其属下的其他民族却极多。女真贵族为了统治异族，有意识地保持民族差异。如金世宗屡次告诫太子及宰相，不要忘了女真旧风；创设国语学校，命学士大夫学习女真文。又敕女真人不得译为汉姓。世宗之孙章宗时，又禁女真人不得学南人（宋人）装束。这件事，一方面可以反映女真统治者对民族界限看得很严；另一方面这也正好反映出女真的人民已经开始汉化，与汉族人民逐渐融合。至于那些游牧贵族"猛安""谋克"户则不然，他们在北中国实行民族压迫和掠夺，除把固有的官田荒田划归他们外，再加以临时名为互换，而实多强夺汉民田地。这些贵族占领了土地，又不肯耕种。汉族农民一方面缺少耕地，另一方面又被迫必须赡养许多不耕之人。《容斋随笔》也记载着，当时被女真贵族俘虏的汉人，大都变为奴婢，受尽残酷的虐待[①]。

蒙古族初入中原，其游牧贵族也是掠汉人为奴婢，动辄千万户[②]。元太宗时，近臣别迭甚至说："汉人无益于国，可悉空其人，以为牧地。"因耶律楚材力争乃止[③]。

满洲族原为建州女真，当明末入关建立清朝，他们的贵族统治阶级对汉人施以残酷的杀戮。一想到"扬州十日""嘉定三屠"，谁不寒心？他们曾强迫汉人悉数薙发易服，引起江南人民的反抗，死者无算。一些向来不关心政治的文人集团，也把他们的民族意识，故国情绪，寄之于诗文[④]。于是引起满族统治者大兴文字之狱，用高压手段，钳制言论。自顺治至乾隆时文字狱多至八十余起。一狱因牵连而被杀者达数百人。又屡下焚书之令，举凡明季野史，稍涉嫌忌者一律焚掉。编《四库全书》时被禁之书不可胜数。据兵部所报，自乾隆三十九年至四十七年各省毁书共二十四次，五百三十八种，凡一万三千八百六十二部。无论明清之际事，即上至关涉辽金元事，亦多所更易[⑤]。其用意之深可以想见。

---

① 见《容斋随笔·三笔》卷三，《北狄俘虏之苦》条。此条系引自《四部丛刊》本。按商务印书馆排印本无此条。

② 见《廿二史札记》卷三十，《元初诸将多掠人为私户》。

③ 见《元史·耶律楚材传》。

④ 如东越诸社，三吴诸社，均以抒写其旧国旧君之感（见杨凤苞《秋室集》卷一，《书南山草堂遗集》）见称。其他如"西湖八子""西湖七子""南湖九子""南湖五子"，也是同样性质（见全祖望《鲒埼亭集外编》卷六，《湖上社老晓山董先生墓版文》）。

⑤ 参看章炳麟《检论·哀焚书》。

女真、蒙古及满洲的贵族这种狭隘的民族岐视政策的推行，必然会激起汉族团结抗敌的民族意识的高涨。如南宋时汉族统治阶级中就出现了李纲、宗泽、岳飞、韩世忠等几个抵抗女真贵族压迫的英雄。他们都依靠人民的民族意识，团结抗拒异族统治者的力量，获得了辉煌的战绩，才算暂时保全了局促于江南的南宋小朝廷。不过，中原地区仍被践踏在女真贵族的铁蹄之下。当时大诗人陆放翁临死时，还念念不忘收复中原，他有一首诗写道："死去元知万事空，但悲不见九州同；王师北定中原日，家祭毋忘告乃翁。"这是何等强烈的民族意识！

南宋末年蒙古贵族统治阶级的军队逼近宋的京都临安时，汉族出现了不少爱国将领，如张世杰、文天祥表现了誓死抗暴的精神。公元1278年文天祥兵败被俘，他坚贞不屈。遇害前在狱中除作了有名的《正气歌》之外，还集杜诗二百首，这是何等的镇静，何等的从容！

满族的贵族统治者在明亡后，深入江南，大肆屠杀。民族矛盾日趋尖锐。当时，史可法、张煌言、郑成功等将领，对清军进行了艰苦的抗拒，至死不屈。杰出的进步学者如王船山、黄梨洲、顾亭林等，也都积极地参加了当时的抗清斗争，后来看到满清统治者的政权已经巩固，乃相率隐逸山林，至死不肯与清统治者合作，表现了崇高的民族气节。

历史上这些民族运动中爱国将领和人士的出现，并不是偶然的。这正反映当时人民群众有了强烈的民族意识，才有可能被这些统治阶级或地主阶级中的伟大人物团结成一种抗暴的力量。

由于民族意识具有进步的与落后的二重性，所以并不是所有的民族意识或民族运动都是进步的。斯大林说过："极大多数民族运动所无疑具有的革命性，也和某些个别的民族运动所可能具有的反动性一样，是相对的和独特的。"[①]斯大林这里是指近现代的民族运动说的，我们认为对古代也是适用的。至于判断某一民族意识或民族运动是革命的抑是反动的，唯一的方法就是根据当时的历史条件，分析它的阶级内容，找出它的本质，看看到底它是代表哪个阶级的利益。因为前面已谈过，民族意识是和民族压迫有联系的。而民族压迫，并不是天生的东西，它实质上是剥削制度和阶级压迫造成的。因此，也就从来没有超阶级的民族意识。

---

① 《列宁主义问题》，人民出版社1964年版，第54页。

三、中国统一的多民族国家形成的时代问题

我们中国是一个多民族的国家。中国古代史是以今天的中华人民共和国的国土为范围，由此上溯，阐述自有史以来在这块土地上我们中华民族的诸民族活动的历史。所以它的范围就应该不仅只是历史上当时在中原地带立国的王朝，而且还应该包括当时在中原王朝疆域以外而今却在中华人民共和国国境以内的各族的历史。

商代的鬼方、周代的猃狁、春秋战国时的戎狄，在当时虽然不属于商周王朝，但他们活动的地区却是在今天中国领土之内，他们的历史当然是中国史的一个组成部分；就是后世的匈奴、契丹、女真、蒙古、满族等，在他们未进入中原建立王朝以前，虽然不属于汉、宋、明王朝，但他们活动的地区是在今天的中国境内，当然也是中国史的组成部分（这里和以下所说的蒙古是指我国境内的蒙古少数民族）；并且这些古史上的少数民族，都是今天我国少数民族的祖先。在诸民族融合的过程中，还有部分的少数民族同化于汉族之内。从这一点上看，他们的祖先也可以说是汉族的祖先。我们没有任何理由把我们国内个别民族的一些祖先摈除于中国之外[①]。

上述这些民族当然是中国史上的民族。他们的历史是中国史的一个组成部分。但对当时中原具体的王朝来说，他们之间又是对立的国家。他们彼此在当时可以称对方为外国或外族。他们之间的战争，当然也就存在着侵略与反侵略的关系。不过他们的入侵，只能说对当时的某个王朝国家入侵，而不能说是对"中国"的入侵，因为他们同是"中国"的一个组成部分。

人们对这个问题意见有分歧，是由于大家对中国形成为统一的多民族国家的时代，尚存在着不同的看法。我认为，今天我国这个统一的多民族国家的形成，是自夏商以来，在历史上许多统一的多民族王朝国家发展的基础上，经过了两三千年，才逐步统一发展而成的。如西汉以前的匈奴与秦汉王朝基本上是两个对立的国家，不过由于两族居地邻近，经过长期的经济文化生活的联系，

---

① 按在近人所写的历史著作或文章中，往往只称华夏族、汉族为中国民族，而把先秦的戎狄和汉朝以后的中国境内的少数民族排除在中国之外。这种例子不胜枚举。现在随手举一两个例子以见一斑：如我已故的史学家李亚农所写的《欣然斋史论集》谓"在春秋时代，戎狄和中国民族间的斗争，异常激烈，而其中以狄为最强大。"（上海人民出版社 1962 年，第 632 页。）这是以华夏族代表中国民族，而以戎狄为非中国民族。又如苏联科学院所编的《蒙古人民共和国通史》（科学出版社 1958 年汉译本）也是只以汉族代表中国，而把我国历史上的少数民族，如鲜卑、突厥、柔然、契丹、女真、蒙古等都排除在外。这都是错误的。

两族的人民在公元一世纪末前后，已逐渐产生了共同生活的愿望与心理。自南匈奴降汉后，这一部分匈奴人民便成了中原王朝国内的少数民族。马长寿同志说："自此以后，匈奴便作为汉、魏、晋三代的少数部族集团而存在，不是作为中国的敌国外患而存在。从此以后，匈奴对汉、魏、晋各代政府的关系只有部族叛乱或人民起义的问题，而没有侵略和反侵略的问题。"①这是很正确的。所以，我们认为在西汉以前，匈奴虽然也是中国史上诸民族之一，但当时与秦汉王朝是各自分立的国家。自从一世纪末以后，匈奴与汉族才成为一国之内的兄弟民族。南北朝时匈奴贵族所建立的汉、前赵、夏、北凉诸国，实可称为一国内部政治上暂时的分裂。当时的战争，可以说是国内的民族间的战争，而不是国与国之间的战争。

上面这个原则一定，中国历代的其他诸民族关系，我们就都可以依此处理了。如宋时的契丹、女真、蒙古和明时的建州女真等族，在他们进入中原以前和刚进入中原的时候，他们虽然与汉族同为中国史上的诸民族，可是，从当时两族人民间的经济文化各方面说，还没有产生联合为一的需要。所以，他们与宋、明王朝是国与国之间的关系。他们之间的战争，可能有侵略与反侵略的性质。一直到了元朝的建立，契丹、女真、蒙古等族与中原汉族杂居时间稍久，由于诸族间的人民相互的经济生活与文化交往的关系，使他们之间逐渐产生了一种不可分割的一体的思想。于是契丹、女真、蒙古与汉族才正式变为一国之内的兄弟民族的关系。同样，清朝初期以后，满族（建州女真）才正式与汉族成为一国之内的兄弟民族。所以，今天我们这个统一的多民族的国家，严格地说，不是秦汉时形成的，而是自夏商以来诸民族的人民，经历了长期的经济文化联系，他们以各个不同的国家，经过不同的时期，以不同的方式，陆陆续续地结合起来，是诸民族的人民所共同缔造的。

由此可知，那种以契丹、女真、蒙古、满洲诸族在建立辽、金、元、清政权以前已与中原王朝有些服从统属的关系，于是就认为已是中原王朝国内民族的说法，是不合历史实际的。这些民族在当时是以与中原王朝对立的国家姿态出现的。两族人民间的经济文化生活，还有些隔阂，营共同生活的愿望的物质基础还未形成，当然也就没有条件使各国人民产生联合为一的一体观念。这不能与东汉末分裂为魏、蜀、吴三国的情形相比。因为当时吴、蜀、魏三国是一国的分裂，他们的人民，基本上是属于一个民族，早就具备一体观念。我们

---

① 马长寿：《乌桓与鲜卑》，上海人民出版社 1962 年版，第 6 页。

不能只看到某一民族在以前曾一度被某个国家的武力征服或对某国服属过，便认为从此即成为那个国家内部少数民族。武力征服或一度服属是强迫的，是表面的服从，不是出于两族间经济文化生活的需要，不能作为某国国内民族的标准。只有各族人民间经过长期的经济文化生活的联系，产生了营共同生活的一体观念，而在政治上又曾一度统一在一国之内，这两个要素都具备时，诸族才能算是一国之内的兄弟民族。

因此，中国历代各个统一的多民族王朝国家，与今天我们这个统一的多民族国家应当有所区别。历代各个统一的多民族王朝国家的疆域范围和所包有的民族各不相同，与今天我们的国家更不相同。历史上王朝的疆域不等于今天中国的疆域，王朝所统一的民族也未必都是今天的民族。今天中国这个统一的多民族国家，到清代才算基本上完成。当然清代也还是建立在民族压迫的政策上的。只有到新中国成立以后，在党的民族政策光辉照耀下，我们这个统一的多民族国家，才真正地组织成为一个各民族平等团结、友爱合作的民族大家庭。

（此文发表《南开学报》1980 年第 2 期）

先周族最早来源于山西

一、小引

克商而建立周王朝的周族，在文王、武王以前的先周历史，文献记载极为疏略。其族当时活动的地域，据《史记·周本纪》和《诗经》中的《绵》《公刘》等篇所述，有土、邰、豳、岐山、漆沮、周原等地。历代学者如班固（《汉书·地理志》）、郦道元（《水经注》）、皇甫谧（《帝王世纪》）等，凡言古地志者，无不主张这些地名均在陕西泾、渭流域一带。尤其是 1976 年春考古队在陕西岐山的凤雏村发现了大型宫室建筑基址，学者认为这是周人迁丰以前的岐邑所在[①]。有的同志证明，这里的宫室建筑遗址就是周太王时所建的[②]。可见克商前夕先周族的根据地是渭水北的岐山，从田野考古上进一步给以证实。这说明前人的说法，在这一点上是信而有征的。

但是，周太王迁岐以前，先周族所居留的土、邰、豳（邠）、梁山等这些早期的地望是否也如前人所说，都在陕西泾、渭流域呢？到现在为止，渭水流域的田野考古一点也找不到明确的迹象。三十年代在陕西宝鸡发掘了一批瓦鬲墓。邹衡先生最近通过对瓦鬲墓出土器物的研究，认为瓦鬲墓第一、二期是先周文化。瓦鬲墓第一期的年代不能晚于殷墟文化第四期。殷墟文化第三期和第四期的绝对年代已被估计为商代廪辛至帝辛之间。邹衡先生说："早在先周文化第一期以前，泾、渭地区已存在相当于早商和晚商早期的青铜文化。"[③]1972 年 1 月在岐山县京当公社曾发现几批青铜器，据说"应属于商代晚期前段，即殷墟早期阶段"[④]。1973 年 12 月在扶风的白家窑大队修建水库发现一批陶鬲、陶豆、

---

① 陕西周原考古队：《陕西岐山凤雏村西周建筑基址发掘简报》，《文物》1979 年第 10 期。

② 陈全方：《早周都城岐邑初探》，《文物》1979 第 10 期。

③ 邹衡：《论先周文化》，见其所著《夏商周考古学论文集》，文物出版社 1980 年版，第 334 页。

④ 见《文物》1977 年第 12 期，第 86 页。

陶罐，"时代大体相当于殷墟文化第一期"①。所以，邹衡先生就指出，"岐山、扶风一带确实分布有相当于武丁以前的商文化遗址与墓葬"②。李仲立先生也说："从考古发掘的情况看，直至目前为止，有关专业人员，虽然进行过多次调查，也未能在武功邰之地发现先周文化遗址。"③

据此，则泾、渭地区在周太王从邠迁岐以前，虽然有古遗址，但不是先周文化，而是商或其他部族的文化居于主要地位。并且，可以明确地说，"先周文化第一期也决不是从陕西的商文化第一、二、三期直接发展来的"④。很显然，旧说把先周族早期迁徙地点邰、豳等地说在泾、渭地区，未必可信了。

那末，先周族较早期的文化地望到底在什么地区呢？

早在三十年代钱宾四先生就曾提出，先周族最初根据地不在陕西，而在山西大河之东⑤。我们从周人自称是夏后，可能是夏族的一分支，而夏迹又多在山西、河南两地观之，则周人最早的渊源，似也应来自山西、河南一带。因之，钱先生的说法，甚有可能。所以，国内外的史学界采用或相信其说的逐渐增多了⑥。

钱先生谓周远祖后稷、公刘所居之邰、邠两地不在陕西，实在山西汾、涑二水流域，衡以当时地理情势，大致可信。其文俱在，可以复按，这里为了节省篇幅，不再征引。我们只从另外六个方面，对周人最早源于晋境说，加以证实。

二、山西汾水流域自商至西周一直留有周族的根据地

周族本为夏族的一分支（详另文）。他们一则曰"用（应为周，说详后）肇造我区夏"（《尚书·康诰》），再则曰："惟文王尚克修和我有夏"（《尚书·君

---

① 见《文物》1977年第12期，第86页。
② 同上邹氏书，第335页。
③ 李仲立：《试论先周文化的渊源》，《社会科学》1981年第1期。
④ 同上邹氏书，第335页。
⑤ 钱穆：《周初地理考》，《燕京学报》第10期。
⑥ 最早采用钱说的为吕思勉的《先秦史》(开明书店1940年版，第117-118页)。解放后有陈梦家的《殷虚卜辞综述》(科学出版社1956年版，第292页)。部分赞成此说的，有邹衡的《夏商周考古学论文集》第342页，李仲立的《试论先周文化的渊源》(《社会科学》1981年第1期）等。日本的学者如贝塚茂树的《中国古代史之发展》第二部第三章也有很多地方根据钱氏之说论述；伊藤道治的《中国古代王朝之形成》附录四《西周文化的起源和宗周》，也以钱说（即周原在山西南部，到古公时西迁陕西）来解释殷代末期的甲骨文中看不到周的原因（见原书第346页）。

奭》),三则曰:"乃伻我有夏,式商受命"(《尚书·立政》),这是他们自称周为有夏。山西既为夏族早期的发祥地,原属夏族的周,夏亡之后他们在山西理应仍有其活动地盘。但由于史料缺逸,这方面并无直接的材料,我们只能从残存的零星史料中,辑出一鳞半爪加以分析。

(1)歌颂周族远祖最初之迁徙的诗篇称:"民之初生,自土沮(祖)漆"(《绵》),意思是说周的远祖从土迁往漆。这个"土"实即古史上经常提到的"土方"。《诗经·长发》:"洪水芒芒,禹敷下土方。"土方既是与禹发生关系,其地望应当距夏墟不远,而夏墟古在山西南部,一直到商时山西南部仍居有土方之族,武丁时卜辞:

> 癸巳卜,殸贞:旬亡囚。王固曰:有希,其出(有)来鼓。乞至五日丁酉,允出(有)来鼓自西,沚臧告曰:土方征于我东啚,戋二邑,呂方亦悭我西啚田。(《菁》2)
> 乞至九日辛卯,允出(有)来鼓自北。妜敏娑告曰:土方侵我田十人。(《菁》6)

郭沫若先生根据此卜辞,认为"沚国在殷之西,土方在沚东,呂方在沚西,由殷而言,则土方当在殷之西北或正北。"又说:"土方之距殷京约有十二、三日之路程也。"[1]陈梦家先生则认为土方即杜,亦即《左传》襄公二十四年之唐杜氏[2]。唐杜在今山西境。邹衡先生认为"卜辞中土方的地望应在今石楼一带"[3]。按"土"本为一地名,或名为土方,居住此地的一少数族即以地名为族名。

总之,土方既在山西,而《诗经·大雅·绵》谓周族曾"自土沮(祖)漆",则周族最早曾住过山西,当无可疑。

从田野考古的角度上看,似乎先周族也有最早源于山西的迹象。邹衡先生曾分析陕西、山西所出土的器物,得出的结论说:"先周文化陶器最突出的特征,就是同时存在两种不同类型的陶鬲,经过我们的分析,这两种陶鬲是有不同的来源的。联裆鬲是来自东方的山西地区,而分裆鬲反而来自西方的甘肃地区。"又说:"在光社文化的中期陶器(《文物》1962:4、5,页30)中就有联裆鬲的发现。……这些特征除楔形点纹外,恰好都与先周文化的联裆鬲相同。而且两者的圆肩平底陶罐也有些相似。这当然不会是偶然的巧合,它们之间一

---

① 郭沫若:《卜辞通纂》,第513页。
② 陈梦家:《殷虚卜辞综述》,第272页。
③ 邹衡:《夏商周考古学论文集》,第280页。

定存在必然的联系。……即先周文化的联裆鬲是从光社文化来的，而绝对不可能相反。"①光社文化是以山西太原北郊光社遗址②为代表的文化。在山西芮城发掘的龙山文化遗址，具有晋西南龙山文化的特征。它与平陆盘南村、万荣荆村等遗址一样，是属于豫西地区龙山文化的范畴，但具有比较特殊的性质，而且越向北发展，这种特点越明显③。这些山西境内的龙山文化，其中有的具有早周作风，可能与先周有关系④。所以，先周族最初来自山西境，又有考古学上的证据了。

（2）商末先周族与山西境内少数族的频繁斗争，见于《古本竹书纪年》：

（商）武乙三十四年，周王季历来朝，武乙赐地三十里，玉十瑴，马八匹。（《太平御览》卷八十三引）

（武乙）三十五年，周王季伐西落鬼戎，俘二十翟王。（《后汉书·西羌传》注引）

（大丁）二年，周人伐燕京之戎，周师大败。（《后汉书·西羌传》注引，《通鉴外纪》二引，"周人"作"周公季"。）

（大丁）四年，周人伐余无之戎，克之。周王季命为殷牧师。（《后汉书·西羌传》注引，《文选·典引》注引作"武乙即位，周王季命为殷牧师"。）

（大丁）七年，周人伐始呼之戎，克之。（《后汉书·西羌传》注引）

（大丁）十一年，周人伐翳徒之戎，捷其三大夫。（《后汉书·西羌传》注引，《通鉴外纪》二引作"大丁十一年，周伐翳徒戎"。）

殷商末年，在武乙、大丁之世，正相当于先周的王季时，周族和一些少数族进行过多年的战争。这些少数族计有西落鬼戎、燕京之戎、余无之戎、始呼之戎和翳徒之戎。这些戎狄的地望，大概都在山西境，现在我们依次加以讨论。

西落鬼戎：按西落鬼戎即殷周时的鬼方，其地望旧说在岐周之西⑤。1945年我在《鬼方考》一文中，已指出其错误。这个"西落"实即《左传》宣公十五年所说的晋侯"立黎侯而还，及洛"之"洛"，也就是《国语·郑语》所说的，当成周者"北有卫、燕、翟、鲜虞、潞、洛、泉、徐、蒲"中之"洛"。这个"洛"

---

① 同上邹氏书，第336页。

② 解希恭：《光社遗址调查试掘简报》，《文物》1962年第4、5期，第28页。

③ 山西省文物工作委员会：《山西省十年来的文物考古新收获》，《文物》1972年第4期。

④ 李仲立：《试论先周文化的渊源——先周历史初探之一》，《甘肃社会科学》1981年第1期。

⑤ 见王国维《鬼方昆夷玁狁考》。

地在今山西长治县。春秋时住在洛地的是隗姓之赤狄，即鬼方之后。因此，我们认为周王季所伐的鬼方必在山西。

燕京之戎：所谓"燕京之戎"实即住在燕京之地而得名的戎。燕京一地据《淮南子·地形训》："汾出燕京"，高诱注谓："燕京，山名也，在太原汾阳，汾水所出。"《山海经·山经》："北次二经之首，在河之东，其首枕汾，其名曰管涔之山。"郭注："今在太原郡故汾阳县秀容山。"以《淮南子·地形训》校《山海经》，则"管涔"为"燕京"的音变。所以《水经注·汾水》："汾水出太原汾阳县北管涔山。"郦道元云："《十三州志》曰：'出武州之燕京山'，亦管涔之异名也。"则燕京之戎古时在山西汾水下游，大概没有问题[1]。

余无之戎：徐文靖的《竹书纪年统笺》以为"余无之戎"是余吾与无皋二戎。我在 1943 年写《狎狁考》（未刊稿），曾考证这个"余无"实即《左传》成公元年所说的刘康公败绩于徐吾氏之"徐吾"，也就是《山海经·北山经》"北鲜之山是多马，鲜水出焉，而西北流注于涂吾之水"中之"涂吾"，也是西周铜器《兮甲盘铭》"王初各伐厰允于鬘鬳"中之"鬘鬳"。而《汉书·地理志》上党郡有余吾县。这都是一个地名的不同写法，地在今山西的屯留县[2]。

始呼之戎、翳徒之戎：历代史家对此二戎，地系未详。《周官·职方氏》："正北曰并州，其山镇曰恒山，其泽薮曰昭余祁，其川虖池、呕夷，其浸涞易。"虖池即滹沱，钱宾四先生怀疑此地即王季所伐的始呼、翳徒二戎所居之地[3]。此说若确，则此二戎也都在山西的东部。

上面我们考察了这些少数民族都在山西境内，远在殷商末年，周人连年和晋地的戎狄进行战争。先周之族这时已迁居于陕西岐山，与山西距离遥远。假如山西南部这一带没有周族的土地，王季为何劳师远征？这是不可理解的。可是，我们若想到先周族本为居山西的夏族之一分支，夏亡后，周族主力虽已西迁，但必仍有部分居民留在山西一带，作为周族原居地之留守者。王季以此为根据地连年向诸戎展开战争，扩充其东方的势力。这样，王季与山西诸戎的连年战争就可以理解了。

（3）周厉王奔彘与周宣王料民于太原：西周末年周厉王时发生了一次国人暴动的事。这是由于厉王暴虐、专制，国人再也忍耐不下，就自行集合起来打进王宫，厉王抵挡不住，只得离开镐京逃命。据史书说他逃避到山西汾水之旁

---

① 参看顾颉刚《燕国曾迁汾水流域考》，《责善半月刊》第一卷第五期。

② 其详载拙稿《狎狁考》第四章第三节（未刊）。

③ 见钱穆《周初地理考》。

的彘邑，一直到死，住了十四年之久。所以，诗人称他为"汾王"[1]。周厉王逃命为什么不逃他处，而选择往山西呢？山西必然是周王室除镐京外，唯一有保障的地盘，所以，他才能在彘邑安居了十四年之久。

厉王以后的宣王，在位四十多年，专事征讨。宣王三十九年，与羌氏之戎战于千亩（今山西介休），吃了败仗。《国语》称"宣王既丧南国之师，乃料民于太原"（《周语》上）。国家军队损失了需要加以补充，乃料民。为什么周王能在山西的太原料民？可见太原之民是直接属于周王的民。《左传》桓公二年师服称"晋，甸侯也"。《左传》昭公十三年子产说："卑而贡重者，甸服也。"《周语中》，周襄王曰："昔我先王之有天下也，规方千里以为甸服，以供上帝山川百神之祀，以备百姓兆民之用，以待不庭不虞之患。"是则甸服从制度上说是周王畿的土地。叔虞封晋，其地自在王畿，晋既为甸服，晋之汾水流域自然是直接属于周室，周厉王当然可以用为避难之地，而周宣王也可以料民于太原了。

通过以上三点看，我们似乎可以这样说，山西汾水流域部分地区，自商末到西周末年一直有周王室的根据地。

三、姬姓之古国在山西省者独多

周族为姬姓，而姬姓之国在山西者特多。《左传》襄公二十九年谓："虞、虢、焦、滑、霍、扬、韩、魏，皆姬姓也，晋是以大。若非侵小，将何所取？武、献以下，兼国多矣。"以上所说的八国，有六国又见于《国语·郑语》，史伯答郑桓公友之言曰"当成周者……西有虞、虢、晋、隗、霍、扬、魏、芮。"这两处所提到的国家除隗外，其余均姬姓。现在我们依次考察他们的地望：

虞：虞又见于《左传》桓公十年，谓虢公出奔虞，《左传》僖公五年，谓虞灭于晋。《汉书·地理志》河东郡大阳下云："吴山在西，上有吴城，周武王封大伯后于此，是为虞公。"由此可证古之虞国在今山西平陆县东北六十里。

虢：《汉书·地理志》弘农郡陕县下云："北虢在大阳，东虢在荥阳，西虢在雍州。"周幽王时虢公石甫灭焦，徙都下阳，是即北虢。虢之宗庙社稷皆在此。《春秋》僖公二年经曰："虞师晋师灭下阳。"此后遂无虢事。这也是虢都下阳的明证[2]。故《郑语》史伯所说之虢当指北虢。北虢下阳即大阳，在今平陆县东

---

[1] 周厉王奔彘事见《国语·周语》和《史记·周本纪》，称"汾王"见《诗经·大雅·韩奕》。彘地在今山西霍县。

[2] 参看雷学淇《竹书纪年义证》卷27《文侯纪》《献公纪》，辩之颇详。

北。从地位上看，虞在晋南，虢又在虞南，因而才有晋献公"假道于虞，以伐虢"①的事。

焦：焦地最早见于《诗经》："狁狁匪茹，整居焦、获"（《六月篇》。按旧以焦获连读为一地，非是。其实焦与获为二地）。这个焦也就是《左传》僖公三十年烛之武见秦伯曰"许君焦、瑕"之"焦"。《战国策·赵策三》："赵以公子郡为质于秦而请内焦、黎、牛狐之城以易蔺、离石、祁于赵。"《汉书·地理志》弘农郡陕县下注云："故虢国有焦城，故焦国。"《水经注》则谓陕城中有小城故焦国也。大概河南陕县为古之焦，地近山西之平陆，春秋时属晋。

滑：《左传》僖公三十三年秦偷袭郑时，曾灭滑。此滑在秦、郑之间。《左传》成公十七年郑子驷侵晋、虚、滑。杜《注》谓虚、滑为晋之二邑。旧说滑在今河南偃师，近晋。

霍：《史记·管蔡世家》谓文王子霍叔处封于霍。其后晋献公灭霍。韦昭《国语注》："霍，周文王之子霍叔处之国也。"《左传》昭公十五年，记籍谈之言曰"晋侯……景、霍以为城"中之霍，与霍叔之霍同一地。《汉书·地理志》河东郡彘县，谓霍太山在东北。

扬：扬为春秋时晋羊舌氏邑，《左传》昭公二十八年晋魏献子分羊舌氏之田以为三县。故城在今山西洪洞县东南十五里。

韩：韩见于《左传》僖公二十四年，旧说在今陕西韩城县。然《诗经·大雅·韩奕》为韩侯受赐与娶妻之诗，篇中列举的地名有梁山、屠、汾、燕等地，均在山西境，燕国离陕西韩城绝远，何以诗称韩城为"燕师所完"？可见旧说不可信。《春秋》成公五年"梁山崩"，《尔雅·释山》："梁山，晋望也。"则梁山当为晋地之山。《晋语二》有屠岸夷，《史记·赵世家》有晋大夫屠岸贾，皆因地为氏，知晋地有屠。燕立国于汾水旁②。韩既是与梁山、屠、汾、燕四地有关，则其地望必亦在晋明矣。

《左传》僖公十五年述秦、晋在韩之战，秦伯占之曰："涉河，侯车败。"这是晋惠公戎马遇泞而止之先兆。又说晋侯"三败及韩，曰：寇深矣"，知韩必近绛都。因为秦师涉河，绛感威胁，是韩必在河东可知③。

魏、耿：晋献公十六年作二军，灭耿、灭霍、灭魏（见《左传》闵公元年）。服虔谓三国皆姬姓。《史记·魏世家》谓魏之先，毕公高之后，毕公高与周同姓。

① 见《左传》僖公二年。
② 见顾颉刚《燕国曾迁汾水流域考》，《责善半月刊》第一卷第五期；及江永《春秋地理考实》。
③ 见顾颉刚《燕国曾迁汾水流域考》，《责善半月刊》第一卷第五期；及江永《春秋地理考实》。

《史记正义》引郑玄《诗谱》，谓魏"姬姓之国，武王伐纣而封焉"。魏国南枕河曲，北涉汾水。《汉书·地理志》河东郡河北下注曰："《诗》魏国，晋献公灭之，以封大夫毕万。"地在今山西芮城东北。《汉书·地理志》河东郡之皮氏下注谓："耿乡故耿国，晋献公灭之，以赐大夫赵夙。"则耿也在今山西西南芮城附近。

芮：《左传》桓公三年谓芮伯万为其母芮姜所逐，出居于魏。则芮伯所封之国必近魏。《左传》昭公九年王使詹桓伯责让晋国说："我自夏以后稷，魏、骀、芮、岐、毕，吾西土也。"这是指克商前先周的土地，也是魏、芮连举。历代史志中有两芮：一为《汉书·地理志》冯翊临晋下"芮乡，故芮国"，今同州朝邑县西南二里，芮城故址是也；一为魏收《地形志》谓河北县有芮城，今山西解州属县也，与蒲州之虞乡接壤。清雷学淇谓："盖周之芮在同，殷时之芮在解，《诗》所谓虞芮质厥成也。"①大概芮原在河东，武王克商后，芮始改封于河外。

燕：《史记·燕世家》谓燕国始祖是召公奭，与周同姓。周武王灭纣，封召公于北燕，未确指其地。《汉书·地理志》始定其国都在今河北大兴县境。其实燕国原来也在山西汾水流域，周初才改封在河北北部②。

姬姓之国在山西省，除前面所谈的诸国外，还有很多。如晋国，史实明备，可以不论。其它还有"荀""贾"二姬姓国，均见于《左传》桓公九年。"荀"又作"郇"③，地在今山西解县。"贾"，大概就是《左传》庄公二十八年所说晋献公娶于贾的"贾"，刘昭引《博物志》谓临汾有贾乡、贾伯邑。

另外，还有姬姓的戎狄，其最初似乎也大都在晋境。出自唐叔的大戎狐氏④，春秋时白狄之鲜虞⑤等等，一直飘忽于山西南北部。《左传》庄公二十八年谓晋伐骊戎，杜注骊戎为姬姓⑥，其地望旧说在陕西的骊山。顾颉刚先生考证，根据《晋语四》"公（晋文公）说，乃行赂于草中之戎与丽土之狄以启东道"。此"丽土之狄"即是骊戎。既谓"以启东道"，则此戎必在晋都之东，析城、王屋一带⑦。可证骊戎不在骊山而亦在山西南部。

以上所说的地处山西境内的姬姓之国，随便检之，数已近二十。若详为博

---

① 见雷学淇《竹书纪年义证·武公纪》。
② 按顾颉刚《燕国曾迁汾水流域考》以为燕初封河南郾城汝水流域，以后迁山西汾水流域，再迁才到河北省北部。我却认为燕国从未到过河南郾城。其实燕始居地在山西汾水上游，周初才迁到河北省的北部。
③ 见《左传》僖公二十四年。
④ 见《左传》庄公二十八年。
⑤ 见《国语·郑语》韦昭注及《穀梁传》昭公十二年范注，均谓为姬姓。
⑥ 见《国语·晋语一》，韦昭注，亦言姬姓。
⑦ 见顾颉刚《骊戎不在骊山》，见《浪口村随笔》卷之一（油印本）。

稽，恐怕绝不止此数。从一般史书看，周与陕、豫两地远比山西为密切，何以姬姓在山西境者独多？

上所举在山西的姬姓戎狄，一定不是周的封国。他们这些原始的姬姓氏族，理应老早就住在山西境内。其它如虞为"太王之昭"，虢为"王季穆"[①]，荀为"文王之昭"[②]，晋唐叔虞为武王子，周成王时受封[③]。虞为克商以前周太王时即居山西南部，史有明文。其余姬姓诸国，大都不知何时所封[④]，未必都是灭商以后才自陕西东殖者。

根据山西境内姬姓之国独多这种现象，我们是否可以推想，周人原本为山西境内的部族，当周太王率众西迁时，难免有一部分或好多部分没有跟着迁移而仍留守原地未动，于是才出现了两种现象：一为周人自商末即与晋地有着密切的关系，一为姬姓之国在山西者独多。

像先周族这种现象，在西欧的古史里，也有其例。如凯撒（Julius Caesar）在比利时之高卢所发现六千阿杜亚提西（Aduatici），乃系迁徙中之辛姆布利人之支队，在此照管多余之平原与行李。大队则继续向意大利前进[⑤]。这段史实和先周的迁徙有些相像。

先周族大概在周太王避薰育从豳迁岐时，也有一部分仍留原地。《左传》僖公五年载宫之奇说道：

> 大伯、虞仲，大王之昭也，大伯不从，是以不嗣。

什么是"不从"，杜注谓："太伯、虞仲，皆太王之子，不从父命，俱让适吴。仲雍支子，别封西吴，虞公其后也。"顾炎武驳之曰："不从者，谓太伯不

---

① 见《左传》僖公五年。

② 见《左传》僖公二十四年。

③ 说见《左传》昭公元年、定公四年及《史记·晋世家》。然金文《晋公盨铭》谓："我皇祖唐公□受大命，左右武王"，则与旧说成王灭唐乃封唐叔说不同，未知孰是。

④ 按魏国据《史记·魏世家》谓"魏之先，毕公高之后也。毕公高与周同姓"。《索隐》谓"《左传》富辰说文王之子十六国，有毕、原、丰、郇，言毕公是文王之子。此云与周同姓，似不用左氏之说。马融亦云：毕、毛，文王庶子"。韩国按《史记·韩世家》谓："韩之先，与周同姓。"《索隐》："按《左氏传》云：邗、晋、应、韩，武之穆，是武王之子，故《诗经》称韩侯出祖，是有韩而先灭。今据此文云：其后裔事晋，封于韩原，曰韩武子。则武子本是韩侯之后。晋又封之于韩原。"燕国据《史记·燕世家》谓："召公奭与周同姓。"《诗经·甘棠》释文云："《燕世家》云与周同姓，孔安国及郑皆云尔。"皇甫谧云："文王之庶子。"案《左传》富辰言文之昭，十六国无燕。案《论衡·气寿篇》"召公，周公之兄"，说与谧合。《穀梁》庄公三十年云："燕，周之分子也。"《史记集解》引谯周曰："周之支族。"由此可见魏、韩、燕三国渊源异说纷纭如此。

⑤ 参看孙朴尔女士（E. C. Semple）《地理环境的影响》（Influences of geographical environmen），陈建民译本，商务印书馆第四章第 101 页。

在大王之侧尔。《史记》述此文曰：'太伯、虞仲，太王之子也。太伯亡去，是以不嗣。'以亡去为不从，其义甚明。杜氏误以不从父命为解，而后儒遂傅会《鲁颂》之文，谓太王有翦商之志，太伯不从。此与秦桧之言莫须有者何以异哉！"①崔述《丰镐考信录》也说："《晋世家》云：太伯亡去，是以不嗣，以不从为亡去，是所谓不从者，谓不从太王在歧耳，非有他也。"②案顾、崔二氏之说，基本上是正确的。当年太王与私属转徙，"止于歧下，豳人举国扶老携弱、尽复归古公于歧下"③。可是，太王之子太伯、虞仲二人却"不从"其父一起西迁。他俩没有跟随去陕西的歧山，因之也就没有嗣太王的王位，而仍留在原来的旧地，作了山西虞国之祖。可能在周武王灭商的先后，又有部分虞的族众东迁至太湖附近，又成了吴国的始祖。

前面我所谈的山西境内大部分姬姓之国，恐怕也和太伯、虞仲一样，在周太王西迁时他们也未走，而仍留守在山西境内。在周武王克商之后，这些小国由周王重新封之。

四、姜姓之族原亦在山西

前面我们讲过，姬姓之族多在山西，与姬姓关系最密切的姜姓之族，从古史上看，最初也多在山西。

姜姓的古部族最著者有齐、许、申、吕四国。四国的渊源均来自四岳。《国语·周语下》曰：

> 昔共工氏弃此道也……欲壅防百川，堕高堙庳，以害天下。皇天弗福，庶民弗助，祸乱并兴，共工用灭。……其后伯禹念前之非度，釐改制量，象物天地，皆类百则，仪之于民，而度之于群生。共之从孙四岳佐之，高高下下，疏川导滞……祚四岳国，命以侯伯，赐姓曰姜，氏曰有吕……申、吕虽衰，齐、许犹在。

从这段史文中可知，姜姓的齐、许、申、吕，都出自四岳，并且与传说上的共工有关系。现在我们若知道共工建国的地方和四岳的所在，则姜姓部族最

---

① 顾炎武之说转引自刘文淇《春秋左氏传旧注疏证》僖公五年疏证。案顾说可能出自《日知录》，经查阅，未能找到。故只能暂取转引，以俟博闻。
② 崔述：《丰镐考信录》卷一。
③ 《史记·周本纪》。

初的根据地,自然也就推知了。徐旭生先生曾考古地名,水以共名者三:一在今山西省五台山境内;一在今山西芮城县界,离黄河东曲处不远;一在今河南新安县界内,去"莘、虢之间"不远。国以共为名者二:一在今陕西泾川县与甘肃灵台县之间,一在今河南北部的辉县。徐先生最后说:

> 这分处四省五个地方,全有为共工氏旧居的可能性。但是,共工在古代传说中特别同水有关系,又同颛顼很有关系。《潜夫论·五德志》以至于把他同颛顼相混。"颛顼之虚"为帝丘,今为河南的濮阳县。共工氏如果远在西方,就不会同颛顼发生关系。独辉县与濮阳邻近,颛顼常与共工战(《淮南子·兵略训》),才有可能。它同漳水发源的发鸠山,赵、代间的空桑,全相去不很远,所以炎帝少女精卫溺海和衔木石填海的神话,同振滔洪水以薄空桑的神话,才有发生的可能。它的旧地在今辉县境内,大约可无疑义。[①]

传说中的共工建国既是在黄河北岸的冀州区域,而姜姓部族的远祖在传说上和共工有密切的联系,自然这就使我们推想,古代的姜姓之族也有发祥于冀州的可能性。

《国语》所说的齐、许、申、吕均出自四岳,所谓"祚四岳国",盖因姜姓最初住在四岳区域之内,所以说其祖先为四岳。四岳一地又见于《左传》昭公四年,司马侯之言曰:"四岳、三涂、阳城、大室、荆山、中南,九州之险也。"杜预注四岳谓"东岳,岱;西岳,华;南岳,衡;北岳,恒"。这是以后世之五岳地理释之,未必为古代四岳的原义。并且,据《周语》所说祚有吕以四岳,明指吕国所居之一方域。那时小小的吕国,焉能有如杜注所定四岳广包好几千里呢?四岳决非指四座大山明矣。

古文献上"四岳"的异文又作"太岳",《左传》中有两处:

> 夫许,太岳之胤也。(《左传》隐公十一年)
> 姜,太岳之后也。(《左传》庄公二十二年)

这两处记载若和前引《周语》之文比较一下,就知道"四岳"实即"太岳"。按"太"或"大"《说文解字》中籀文作𡘺,与战国时四字形极相近,大概古原

---

① 徐旭生:《中国古史的传说时代》,科学出版社 1960 年版,第 48 页。

作"太岳",后因形近而讹为"四岳"①。太岳一地确知在今山西境内。《禹贡》曰：

> 冀州：既载壶口，治梁及岐，既修太原，至于岳阳。
>
> 导岍及岐，至于荆山，逾于河。壶口、雷首，至于太岳。

郑康成《诗唐风谱》谓："太岳在河东故县彘东，名霍太山。"《汉书·地理志》河东郡彘下班氏自注曰："霍太山在东。"是知河东彘县的霍太山称太岳，这也就是说四岳即今山西南部的霍太山，极为明白②。姜姓的申、吕等国既是出自四岳，可能就是在山西南部霍太山附近的部族。《诗经·大雅·崧高》就说："崧高维岳，骏极于天，维岳降神，生甫及申，维申及甫，维周之翰。"这里的甫就是吕，《尚书·吕刑》在《礼记·表记》引作《甫刑》，是其证。《毛传》谓："崧，高貌，山大而高曰崧，岳，四岳也。"赞美太岳山之高大灵异，故能生吕、申等国③。这又是姜姓最初应当是山西中南部的部族的最好说明。

姜姓的齐、许、申、吕等国既源于山西霍太山一带，但春秋以前，他们的主要族众都早已迁出山西。当然他们在迁徙时可能还有部分遗民仍留在山西境内。春秋时晋人有吕甥、吕相，地名有吕乡、吕城（霍县附近）。建国于山东的齐国，原出自吕国，如其始祖太公望曰吕尚，其子丁公曰吕伋（《尚书·顾命》亦有吕伋），还是用最早居地名为名。大概他们自商末就住在山西，周武王平定天下，又重封之。周人灭商，吕尚出力最大，于是乃从山西太岳山区的吕国，改封到山东的营丘④。吕国的另一支族和申国则到周宣王时才从山西南迁到河南的南阳一带。此段史实见之于《诗经·崧高》。诗中申与甫（即吕）并举。但因申伯是周宣王之舅（即《诗经》谓"丕显申伯，王之元舅"），故诗中只对申伯加以颂赞。诗句有"于邑于谢，南国是式"，"登是南邦"，"王命申伯，式是南邦"，"往近王舅，南土是保"，"申伯信迈，王饯于郿，申伯还南，谢于诚归"。

---

① 按"大"与"四"在古书上相混的例子很多，如《墨子·非攻》下篇有"卿制大极"，孙诒让谓："疑为'乡制四极'。……四篆文作卌，与'大'篆文亦近，故互讹。"

② 后人对四岳异说颇多，多谓是四座大山，或以为西方的大山。例如杜预以为四岳为岱、华、衡、恒四山。顾颉刚先生作《九州之戎与戎禹》，则以为四岳为西方之山，在今甘肃之汧山，均不确。

③《诗经》之"崧高维岳"之"崧高"乃形容词，并非如一般人谓是指太室山为崧高，或说为岳也。阎若璩《潜邱札记》："因思崧高维岳，非当时以太室山为岳，乃诗人借岳来赞美之曰：有崧然而高者维是四岳之山，其山高大上至于天，维是至天之大岳，降其神灵和气以生甫国之侯及申国之伯。《尔雅》撰于《三百篇》后，缘此遂实指嵩高为中岳。太史公又出于《尔雅》后，并补注《尧典》曰中岳，嵩高也。是殆忘却《禹贡》之太岳矣。将尧有二中岳邪？汉武登礼太室，易曰密高中岳，名益显，皆为《尔雅》所误者。"

④ 傅斯年《小东大东说》谓齐初封在今河南南阳，后乃迁营邱。我却以为姜姓的吕最初在山西，周初姜吕有一支分封在山东的，即齐国；另一支在宣王时从山西徙封河南，即吕国。

从这些诗句中可知，他们所封之地为谢，在今河南南阳一带，诗中一再称谢为"南"，则其原居地必在北无疑。诗句中"王饯于郿"之"郿"，《毛传》只注为地名，不详其所在。后世注疏家多以陕西右扶风之郿县说之，这是错误的。实此郿也在山西境[1]，故得于郿饯之。

西周春秋时有姜姓之戎，自称也是四岳之后。《左传》襄公十四年姜戎氏言曰："我诸戎是四岳之裔胄也。"可见姜姓之戎也应在晋地。《国语·周语上》记周宣王"三十九年战于千亩，王师败绩于姜氏之戎"。按千亩一地，《左传》桓公二年谓晋穆侯夫人姜氏，以千亩之战时所生之子名成师。《续汉书·郡国志》太原郡界休有千亩聚，大概就是古之千亩。周宣王既是与姜氏之戎战于此地，我们猜想姜姓的戎，在周宣王时也在山西境内。

姜姓之族还有一部分文化比较落后、一直过着游牧生活的部族，就是史书中所说的羌人，或称西羌。《后汉书·西羌传》说："西羌之本，出自三苗，姜姓之别也。"姜与羌古原为一字，已成定论。后世看到这一部分姜姓之族在陕、甘一带，因而名之为西羌。

羌人在殷商时称为羌或羌方，当时是势力强大的部族，大致位于商都的西部、北部。伐羌的记载，见之于甲骨卜辞者极多，摘录几条如下：

> 辛巳卜，贞，登妇好三千，登旅一万，呼伐羌。（《库》310）
> 癸卯卜，宾贞，叀㘱呼令沚㐭𢧵方。十月。（《前》6·60·6）
> 叀商方步立于大乙，戋羌方。（《粹》144）

商人伐羌方，动用一万三千人，规模之大可以想见。羌族的地望卜辞中也有反映：

> 乙酉卜，殻，王叀北羌伐。（《前》4·37·1）
> 王乎伐马羌。（《林》2·15·18）
> 贞令多马羌。（《粹》1554）
> 丁未卜，争……告曰马方……河东。（《前》4·46·4）

这里的"马方"，陈梦家先生谓"可能是马方之羌"[2]。此说若确，则这种

---

① 按《太平寰宇记》潞城县下云："微子城在县东北二十里。"（卷四十五）这个微子城的微，大概就是古之郿。微、郿二字古音同部（同为段氏十五部），故得相通。如《春秋经》庄公二十八年"冬，筑郿"，《公羊》《穀梁》皆作"筑微"，可证。此潞城之微，西距太岳不远。

② 见陈氏《殷虚卜辞综述》，第281页。

马羌活动范围在河东。卜辞中的"河东"可能即汉代的河东郡一带，称"北羌"应在殷墟之北。如此，则姜姓的羌方在商代大概也在山西境内的中北部。

从上面所论姜姓之族，不论是属于诸夏的姜姓诸国，还是属于姜姓的戎狄、羌方等，自商末到周初，都活动于山西境内。我们又知道姜姓之族自始就与姬周有极密切的关系。姜与姬累世婚姻，两族必自古就住在一起，或者为相邻部族，才能维持这种密切关系。从姜姓族居地也可证明先周族必亦源于山西。

五、古有易与先周的关系

上古传说中在夏、商时北方有古国曰有易，见于《山海经》《竹书纪年》《天问》及《周易》等书：

> 王亥托于有易，河伯仆牛。有易杀王亥，取服牛。（《山海经·大荒东经》）
>
> 殷王子亥，宾于有易而淫焉，有易之君曰绵臣，杀而放之，是故殷上甲微假师于河伯以伐有易……（郭璞《山海经注》隰栝《竹书纪年》之文）
>
> 简狄在台，喾何宜？玄鸟致诒，女何嘉？该秉季德，厥父是臧，胡终弊于有扈（扈为易之讹），牧夫牛羊？……恒秉季德，焉得夫朴牛？……昏微遵迹，有狄不宁……（《楚辞·天问》）
>
> 丧羊于易，无悔。（《易经》大壮六五爻辞）
>
> 鸟焚其巢，旅人先笑后号咷，丧牛于易，凶。（《易经》旅上九爻辞）

上面这些有关有易的历史资料，古代学者一直没有注意到，就是注意到也不知说的什么。自从王国维发现甲骨卜辞中的殷先公先王有王亥、王恒，并取《竹书纪年》《天问》《山海经》《吕览》《世本》《史记》诸书以证之[1]，有易的历史才为近人所知。后来顾颉刚先生又从《周易》中检出上引两爻辞，并指出这也是说的有易的故事[2]，于是有易的历史，才较清楚了。

根据学者多年的研究，有易的地望"当在大河之北，或在易水左右"（王国

---

[1] 王国维：《殷卜辞中所见先公先王考》（《观堂集林》卷九）和《古史新证》第三章，来薰阁影印手稿本，1934年。

[2] 顾颉刚：《周易卦爻辞中的故事》，《燕京学报》第6期。

维语)。《天问》中的"有扈"为"有易"之讹[①]。有易又作有狄,狄、易二字古音同部,故可互相通假[②]。有狄也就是历史上的狄人。这一古代部族,最初居于河北北部的易水流域。有易曾与殷的先公王亥发生过冲突。综合有关的零星史料,其整个故事是说,殷先公王亥,带着很多的牛羊,到河北易水流域去放牧,那位有易国的首领绵臣把王亥杀掉,并把他的牛羊夺去。殷国兴师问罪,打了两世的仗,才把绵臣杀死,报了大仇。所谓"昏、微遵迹,有狄不宁",大概就是由于这次的冲突,有易在河北北部再也不能平安地住下去,于是才从易水流域西迁到山西。因而到商末,有易(或有狄)在山西,与当时居于汾水流域的先周族发生冲突。《孟子》和《周本纪》中有这样的记载:

> 昔者大王居邠,狄人侵之,去之岐山之下居焉,非择而取之,不得已也。(《孟子·梁惠王》下篇)
> 古公亶父……薰育戎狄攻之……乃与私属遂去豳……止于岐下。(《史记·周本纪》)

这里的"狄人"又名"薰育戎狄",就是古有易的后裔。

周太王居邠(豳),为有易所攻事,从地理形势上观之,则先周族所居之邠(豳)必在山西,而不会在陕西明矣。

六、周原一地原在山西太原

殷商末年先周族所居地见于《诗经》者,有周原一地[③],张守节《周本纪正义》谓"因太王所居周原,因号曰周"。周原地望,据《周本纪集解》引徐广曰:"(岐)山在扶风美阳西北,其南有周原。骃案:皇甫谧云:邑于周地故始改国曰周。"这些说法只能说明陕西岐山下有地名周原,但不能证明这个周原就是周族最早的根据地。皇甫谧、张守节说由于周族人迁到周原,于是才开始有周之名。迁陕西岐山周原是在周太王时,那就是说在周太王以前,先周之族还不名"周"。可是,殷墟一期卜辞,早在周太王以前武丁时,就已出现"周"族

---

① "扈"原作"户"(邑是后加的),户与易字古文字形相近。于是有易讹变为有扈,说见吴其昌《卜辞中所见殷先公先王三续考》。

② 按易、狄二字古音段玉裁同列入第十六部,江有诰同列入支部。其声母"易"为喻纽,"狄"为定纽。高本汉《分析字典·绪论》谓喻纽古有舌尖前声母[d],后世失落,则定喻二纽古可通假。

③ 《诗经·大雅·绵》:"周原膴膴。"

之名①，足证皇甫谧等之说毫无根据。

案周族居地"周原"之名有二，周太王迁岐之前所居之旧地可能也有周原之名。如山西太原古时就有"周原"之名。请看下面的材料便清楚了。

《春秋经》昭公元年："晋荀吴帅师败狄于大卤。""大卤"一名不见于其他史志，《左传》《公羊》《穀梁》三传均作"大原"，是知大卤、大原实为一地。为什么一地有这样两个名字？《公羊传》谓："此大卤也，曷为谓之大原？地物从中国，邑人名从主人。原者何？上平曰原，下平曰隰。"《穀梁传》谓："中国曰大原，夷狄曰大卤，号从中国，名从主人。"这就是说，周人按地的形势高大而广平，故名之为"大原"。别国的人则称之为"大卤"。可是，此地名卤，毫无意义，我认为此"卤"为"周"字之讹。"大卤"原为"大周"之误译。

案"卤"字金文作"⚇"（《免盘》），"周"字金文作"⊞"（《玗簋》），二字古文字形体极相近。自赵宋到清的金石家，如薛尚功（《钟鼎彝器款识》卷九鲁公鼎下）、阮元（《积古斋钟鼎彝器款识》卷四鲁公鼎下）、徐同柏（《从古堂款识学》卷十三）、方濬益（《缀遗斋彝器款识考释》卷三鲁公鼎下）、刘心源（《奇觚室吉金文述》卷四）等等，都把"周"误认为是"卤"字。卤、鲁同音，于是本为"周"国，误为"鲁"国，本是"周公"而误为"鲁公"。一直等到后来发现《矢令彝》，盖铭和器铭文辞全同，唯盖铭"周公子明保"，器铭作"⊞公子明保"。这才确认⊞不是卤而是周字。由此，我们可以推想《春秋经》说荀吴败狄于"大卤"，实即"大周"之误。此地大概是先周时代周族人聚居之地，外族人即以周族的族名称此地，遂有"大周"之名。周人自己则以此地形势高大广平，因而名曰"大原"。这就是《穀梁传》所谓"中国曰大原，夷狄曰大卤（周），号从中国，名从主人"之由来。或以大周与大原两名合之，于是才出现"周原"之名。所以，"周原"实即山西的"太原"。

先秦之太原初见于《诗经·六月篇》和《尚书·禹贡》。具体的地望，由来是学者间争辩的问题。有的认为在今之甘肃②，有谓在今之陕西③，有谓在今之内蒙古④，又有谓在今之山西者⑤。其实，先秦文献中的太原、大卤、大夏、唐、

---

① 按殷王武丁时卜辞有："己卯卜，允贞：令多子族从犬侯扑周。古王事。五月。"（《续》5·2·2）一期卜辞中有关周的还有多条，详见拙稿《先秦史稿》（未刊）第九章第四节。

② 顾炎武《日知录》卷三认为在平凉；胡渭《禹贡锥指》、戴震《毛郑诗考正》、俞正燮《癸巳存稿》定为固原州；陈奂《诗毛氏传疏》定为镇原。

③ 见阎若璩《潜邱札记》、王鸣盛《尚书后案》的《禹贡篇》。

④ 朱右曾《诗地理征》谓在汉之五原。

⑤ 朱熹《诗经集传》谓在太原府阳曲县，王国维《鬼方昆夷猃狁考》谓在汉之河东郡。

夏墟，为一地之异名①。过去我曾对古之大原作过专门的考证，根据先秦记太原之史料，爬梳抉择，比较参验，最后立六证推定，古之太原在今山西的临汾县②。

古之太原既已证明是周原，所以周族最初所居之周原，实即在今山西临汾。大概在商末周太王时，才从山西的周原西迁到陕西的岐山下，并以原来居住的旧地名，称其新迁之地，于是陕西才也有了周原之名③。

又《易经·未济》有爻辞说："震，用伐鬼方，三年，有赏于大国。"其实这个"用"字乃"周"字之讹。在殷墟卜辞中"周"作"𠂤"，或省四点作"用"。如卜辞中就有这种辞例：

> 用方弗亡囚。(《合》181)
> 贞：用弗亡囚。(《合》218)

这里的"用"实即"周"字之别构。古文字的"周"和"用"极易相混。《说文》口部"周，密也，从用、口。"甲骨金文中的"周"大都无"口"，即成了"用"字。所以《易经·未济》爻辞所说的"震，用伐鬼方"的"用"，实为"周"字之讹变，爻辞说的是殷高宗武丁时，震和周两个小方国伐鬼方有功，得到大国即殷商的赏赐。当时鬼方是在山西境内④，这也反映周族在商武丁时还居住在山西，从而就近可以征伐鬼方，这与前面我们所论先周族所居之周原在山西是相合的。

七、先周族的迁徙是自东而西

先周族从豳迁岐山是在古公亶父（周太王）时，《史记·周本纪》说：

---

① 按《初学记》州郡部之河东道下引《春秋地名》云："晋大卤、太原、大夏、太墟、晋阳、太康六名，其实一也。"杜预《春秋释例》卷六："隐六年晋大卤、太原、大夏、参墟、晋阳六名，太原晋阳县"。二书均已指出六名实为一地。

② 已详拙稿《猃狁考》第四章（稿本，未刊。因文字太繁，这里就不征引了）。

③ 按远古民族迁徙无常，从旧地迁到一新地后，经常以旧地名称此新土。古今中外历史上颇不乏例。如十六、十七世纪，欧人发现新大陆，向美洲移民，西班牙人首先占据中美、南美，于是就名其地为新西班牙；英人占据了北美中部东陲，于是就称其地为新英伦；法人据今之加拿大，号新法兰西。其它如英美同名的地名都是这样来的。如波斯顿人到新大陆，仍名其地为波斯顿；牛津、剑桥人到美国，也称其地为牛津、剑桥。至于中国历史上这种情况更多得不胜枚举了。

④ 其详见拙文《鬼方考》，《国学研究论文专刊》第一辑之三，1945 年；又见拙稿《先秦史稿》（未刊）第九章第四节。

> 古公亶父复修后稷、公刘之业，积德行义，国人皆戴之。薰育戎狄攻之，欲得财物，予之。已复攻，欲得地与民。……（公亶父）乃与私属，遂去豳，度漆沮，逾梁山，止于岐下。

这是说周大王从豳地度过漆沮，越过梁山，最后达到岐山。从豳到岐，没有说明其迁行方向是西迁还是南迁。在这一点上，《诗经·大雅·绵》之篇却有明确的记载：

> 绵绵瓜瓞，民之初生，自土沮（徂）漆，古公亶父，陶复陶穴，未有家室。古公亶父，来朝走马，率西水浒，至于岐下，爰及姜女，聿来胥宇。周原膴膴……

这里虽然没有说从何处迁于岐下，但先周自公刘就"于豳斯馆"，大概也是说的自豳迁岐。其方向很明白地说，是"率西水浒"，是从东西迁。

与《竹书纪年》一同出土的《穆天子传》也说：

> 大王亶父之始作西土，封其元子吴太伯于东吴……（《穆天子传》卷二）

既说"始作西土"，其原处必在东可知，封吴太伯于"东吴"是指山西南部的虞。吴、虞古本一字，称虞为东，则其迁地在西。所以《穆天子传》和《诗经》的说法完全一致，都说周太王从豳迁岐是自东徂西。

按照旧说，以豳为今陕西泾水上游的邠，岐为陕西的岐山县，从地理位置上看，从邠迁岐应当说是南迁，不应说是"率西水浒"或"始作西土"。可见旧说极不正确。奇怪的是，千年以来竟无一人发其覆者，何哉？！

其实，太王"去豳，度漆沮，越梁山，止于岐下"，根据我们的看法，豳为山西汾水旁边的一个地方。前已证之，无须赘述，漆沮乃指陕西渭水北的洛水。《禹贡》："泾属渭、汭，漆沮既从，沣水攸同。"又说："导渭自鸟鼠同穴，东会于沣，又东会于泾，又东过漆沮入于河。"文字很清楚，漆沮水是指泾水与大河之间流入渭河的洛水。《水经注·渭水》就说："洛水入焉，阚骃以为漆沮之水也。"《汉书·地理志》述《职方》谓"寖曰渭、洛"。颜师古注曰："洛即漆沮也，在冯翊。"可见漆沮为洛水，前人多能言之。后人徒以惑于周人自陕西泾水旁之邠迁于岐山县之说，于是乃把漆沮一名析为漆和沮二水，并谓在汉之右扶风。其实满不是那么回事。过去我曾用周金文及较早的文献证明渭北之洛水，古只名漆沮水，到战国末年始有洛水之名[①]。

太王迁徙时所逾之梁山，大概在河西。按梁山、岐山之名，山西与陕西都有。《禹贡》："冀州，既载壶口，治梁及岐，既修太原，至于岳阳。"以《尔雅》"两河之间曰冀州"度之，则此梁、岐二山，必在山西境。《汉书·地理志》左冯翊夏阳下班氏谓："《禹贡》梁山在西北。"班固所说的《禹贡》梁山虽然未必可信，但谓河西有梁山或者是事实。太王所逾今之梁山，恐即指此。至于岐山即在今陕西省岐山县，近已有田野考古为之证实。

周太王从山西汾水旁的豳西迁，逾今之洛水，逾河西之梁山，再往西即到达陕西岐山。可见先周族这次大迁徙，确是自东而西，与《诗经》《穆天子传》所记完全相合。

从以上六个方面看，我们下一结论，说先周族最早来源于山西。当非孟浪之言。

（此文收录于《中华文史论丛》1982 年第 3 辑）

[①] 详拙稿《猃狁考》，第四章第三节《洛之阳考》（未刊）。

商族的来源地望试探

一、问题的提出

中国上古史上的商族最初活动在哪里？文献上可以征信的史实，确实贫乏。所以，关于商族的来源问题，我们只能根据有限的历史传说和近年来的田野考古收获，作综合的分析研究。商族原是一个具有悠久历史的部族，据《史记·殷本纪》的记载，商族的始祖契约略与夏禹同时。相传他曾跟禹一同治水，被舜任命为司徒，说明他们当时可能共处于一个部落联盟中。传说契的母亲简狄"见玄鸟坠其卵"，遂"取而吞之，因孕生契"。这种只知其母不知其父的故事，意味着商族也和世界上其它民族一样，在远古时曾经历过漫长的母系氏族社会阶段。大概传到契，商族开始向父系氏族社会过渡，契以下的世系是按父系排列的。从契至大乙（即成汤）传了十四世，大乙汤时才完成了灭夏的事业。史称"玄王勤商，十有四世而兴"[①]。汤以前这十四世先公时期，大体上相当于历史上的夏代；从大乙汤至帝辛即历史上的殷商王朝。《殷本纪》所载商王世系，自契以来的先公先王，在殷墟出土的甲骨文中基本上都得到了证实，所以，太史公的记载大致可信。

众所周知，安阳是考古界所公认的盘庚以后的都城，晚商文化即以安阳小屯的殷墟为代表。1954 年，在郑州市人民公园发现了相当于殷墟的晚商文化层迭压在二里冈期文化之上的地层关系，从而又确定了二里冈期商文化早于殷墟的关系。我们已知偃师二里头遗址的一、二期文化是属于夏文化，而三、四期文化是早商文化。二里头三、四期从时期上说，又早于二里冈的商文化。二里头三期文化无论从年代或陶器上都与二里冈下层近似，在文化面貌上表现了一脉相承的作风。陶器的制法，都是以轮制、模制和轮模合制为主，陶器都流行圈底，纹饰都以绳纹为主。可以推测二里冈下层文化是继二里头三、四期类型

[①]《国语·周语下》。

文化发展起来的。

从考古学上清楚地表明商族在灭夏后最初阶段的活动地域，主要是在今河南的洛阳、郑州和安阳一带。但先商时期的商族在灭夏之前是从哪里来到河南中部的呢？这是史学界一个长期聚讼不决的问题。

司马迁在《史记·殷本纪》中说，商族的始祖契被封在商。郑玄说这个商"在太华之阳"。晋时皇甫谧谓即"上洛，商是也"[①]。这就是说商族的始居地在现在的陕西。《殷本纪》又说商汤"始居亳，从先王居"。可见"亳"也是商族最早的居地。司马迁还说："或曰，东方物所始生，西方物之成熟。夫作事者必于东南，收功实者常于西北。故禹兴于西羌；汤起于亳，周之王也，以丰镐伐殷，秦之帝用雍州兴；汉之兴自蜀汉。"[②]太史公这几句话的意思，则固以汤所居之亳在西方。此后，许慎《说文》称："亳，京兆杜陵亭也。"《史记·六国表》《集解》引徐广说："京兆杜县有亳亭。"总之，汉、晋期间司马迁、许慎、郑玄、皇甫谧、徐广等人，无一不说商族兴起地"商"和"亳"在西土。

近代王国维则一反旧说，明确指出商族早期的居留地"商"和"亳"决不在关中，而认为"商"是河南的商丘，"亳"则位于今山东的曹县。[③]丁山不同意王氏的说法，而谓"商"地"当在漳水流域，决非两周时代宋人所居之商丘"。又说："我敢论定商人发祥地决在今永定河与滹河之间。"[④]徐中舒先生从 1930 年起就坚决地打破商族西来说，而谓："古代环渤海而居之民族即为中国文化之创始者，而商民族即起于此。史称商代建都之地，前八而后五。就其迁徙之迹观之，似有由东而西渐之势。与周人之由西而东渐者，适处于相反之地位。"[⑤]此外，在 1934 年傅斯年发表的《夷夏东西说》，也认为商代发迹于东北，渤海与古兖州是其建业之地。[⑥]王、丁、徐、傅四家的论证，虽各不相同，但主商族起于东方，则是一致的。

近年来金景芳先生提出商人起源于北方，谓商远祖昭明所居之砥石在辽水发源处，今昭乌达盟克什克腾旗的白岔山。[⑦]邹衡先生则说："商文化是来自黄

① 均见《史记·殷本纪》《集解》所引。

② 《史记·六国表序》。

③ 见王国维《说自契至于成汤八迁》《说商》《说亳》，《观堂集林》卷一二。

④ 丁山：《商周史料考证》，龙门联合书局 1960 年版，第 14-21 页。

⑤ 徐中舒：《殷人服象及象之南迁》，《历史语言研究所集刊》第 2 卷第 1 期。

⑥ 见《蔡元培先生六十五岁庆祝论文集》，1934 年。

⑦ 金景芳：《商文化起源于我国北方说》，《中华文史论丛》1978 年第 7 辑。

河西边的冀州之域，是沿着太行山东麓逐步南下的。"①又说先商文化"应该是从山西省来的"②。

商族到底起源于何地？是西方呢？是东方呢？是北方的辽水流域呢？还是来自山西呢？揆之于文献与考古两方面的材料，我们觉得还是以东方说为最合理。下面让我们逐节加以分析证明。

二、商族起于东方的证据

（一）从图腾信仰上论证

传说古商族是以玄鸟为图腾的。《诗经·商颂》之《玄鸟》称："天命玄鸟，降而生商。"《长发》又称："有娀方将，帝立子生商。"《商颂》是春秋时商之后裔宋人的诗，宋人用玄鸟生商来歌颂其祖先，其传说总是比较古老的。《楚辞·天问》也说："简狄在台，喾何宜？玄鸟致贻，女何嘉？"这也是指商族鸟降神话的较早传说。这个故事的梗概，《吕氏春秋》和《史记》所记比较详细：

> 有娀氏有二佚女，为之九成之台，饮食必以鼓。帝令燕往视比，鸣若谥隘。二女爱而争搏之，覆以玉筐。少选发而视之，燕遗二卵北飞，遂不反。③

> 殷契母曰简狄，有娀氏之女，为帝喾次妃。三人行浴，见玄鸟堕其卵，简狄取吞之，因孕生契。④

这个故事就是说，商族的始祖是玄鸟卵生的，也透露出远古的商族是以鸟为图腾的。马克思说："图腾一辞表示氏族的标志和符号。"⑤先公时代的商族还处在原始社会阶段，生产力水平很低，各种自然的外在力量都在威胁着他们。所以，他们崇拜自然，并产生某一氏族同某种动物或植物存在着血缘联系的幻想，从而把它作为自己氏族的图腾，也就是这个氏族的祖先、保护神和标记。商族大概就是以玄鸟为他们的氏族标志。

---

① 邹衡：《关于探讨夏文化的几个问题》，《文物》1979 年第 3 期。
② 邹衡：《夏商周考古学论文集》，第 159 页，文物出版社 1980 年版。
③《吕氏春秋·音初篇》。
④《史记·殷本纪》。
⑤ 马克思：《摩尔根〈古代社会〉一书摘要》，人民出版社 1965 年版，第 134 页。

商族在上古时代曾以鸟作为图腾，不但见之于文献上的传说，在殷墟出土的甲骨文中也可以找到直接可靠的证据。胡厚宣先生曾从甲骨卜辞中找到一些祭祀商的远祖王亥的卜辞，王亥之"亥"字有些作"𩁹""𩁺"等形体，从亥从鸟或从隹，隹也是鸟形。胡先生认为这是商族以鸟为图腾的确证①。这是非常正确的。又晚商铜器有《玄妇方罍》，其铭有"玄鸟妇"三字合文。于省吾先生谓此"是研究商人图腾的唯一珍贵史料，系商代金文中所保留下来的先世玄鸟图腾的残余"②。可见商族以鸟为图腾的根据是确实可信的。

从古文献上看，以鸟为图腾的古部族，有淮夷、夫余、高句丽、嬴秦等族：

> 郯子来朝，公与之宴。昭子问焉，曰：少皞氏鸟名官何故也？郯子曰：吾祖也，我知之……我高祖少皞挚之立也，凤鸟适至，故纪于鸟，为鸟师而鸟名：凤鸟氏，历正也，玄鸟氏，司分者也，伯赵氏，司至者也。③（按少皞为春秋时的淮夷诸族之祖。所以，这意味着淮夷以鸟为图腾。）

> 北夷橐离国王侍婢有娠，王欲杀之。婢对曰：有气如大鸡子，从天而下，我故有娠。后产子……名东明……东明善射……南至掩沈水……因都，王夫余，故北夷有夫余国焉。④

> 高句丽者，出于夫余。自言先祖朱蒙。朱蒙母河伯女，……有孕，生一卵，大如五升。……其母以物裹之。置于暖处，有一男破壳而出。及其长也，字之曰朱蒙。……朱蒙遂至普述水……至纥升骨城，遂居焉。号曰高句丽，因以为氏焉。⑤

> 秦之先，颛顼之苗裔，孙曰女修。女修织，玄鸟陨卵，女修吞之，生子大业，大业取少典之子曰女华，生大费，与禹平水土。⑥

上面的淮夷、夫余、高句丽诸族均处在东方，其中惟嬴秦自西周以来则在西土，因而学术界有些人认为秦是西方土著民族⑦。其实秦为嬴姓，传说为少皞的后代，而少皞之虚在今山东曲阜。嬴姓诸族，如奄、郯、徐、费、莒、黄、江、终黎氏、菟裘氏……等等都分布在今山东南部、河南东端及江苏、安徽北

① 胡厚宣：《甲骨文所见商族鸟图腾的新证据》，《文物》1977年第2期。
② 于省吾：《略论图腾与宗教起源和夏商图腾》，《历史研究》1959年第11期。
③ 《左传》昭公十七年。
④ 《论衡·吉验篇》。
⑤ 《魏书·高句丽传》。
⑥ 《史记·秦本纪》。
⑦ 见王国维《秦都邑考》，《观堂集林》卷一二；蒙文通《周秦少数民族研究》，龙门联合书局1958年版。

部一带。则《史记·秦本纪》所述秦的远祖在商末从东方逐渐西迁的史实，当属可信。秦和淮夷、夫余、高句丽一样，在古时也应为东方的部族可知。这些以鸟为图腾的古部族都地处东方，商族既然也是以鸟为图腾，因而我们推测商在远古时期，也同样是东方的氏族部落，必非孟浪之言。

（二）商的远祖居地近海

《诗经·商颂》称："相土烈烈，海外有截。"相土为先商甚早之先公，竟能戡定海外，可以推想当时商族决不能远在西方的关中，很可能住东方滨海一带，才能声威远震海外。前已说过，《商颂》为商族后裔春秋时的宋人称颂其祖宗而作。其追述先人掌故，当有所根据。考《商书·尹告篇》佚文谓"尹躬先见于西邑夏"[①]。夏晚期的都邑在河南中部的洛阳、偃师一带，而商人称之为"西邑"，则商族当时的根据地必在今河南省之东，当无问题。

（三）王亥、王恒与有易的斗争

《山海经·大荒东经》谓："有困民国，句姓而食。有人曰王亥，两手操鸟，方食其头。王亥讬于有易、河伯仆牛。有易杀王亥，取仆牛。"郭璞注引《竹书纪年》曰："殷王子亥宾于有易而淫焉。有易之君绵臣杀而放之。是故殷主甲微假师于河伯，以伐有易，克之。遂杀其君绵臣也。"王国维认为《山海经》《竹书纪年》中的"王亥"与《楚辞·天问》所说的"该"是同一人同一个故事。《天问》云：

> 该秉季德，厥父其臧，胡终弊于有扈，牧夫牛羊？……
> 恒秉季德，焉得夫朴牛？……昏微尊迹，有狄不宁。

这里的"该"据王氏说，就是"王亥"，也是《史记·殷本纪》中的"王振"。王亥之名又见于殷墟卜辞，故知"该""振"二字均"亥"的字讹。这里的"恒"与"该"并列，也见于卜辞，同为商的先公。"有扈""有狄"就是《山海经》《竹书纪年》的"有易"。"扈"是"易"字之误。[②]

从《天问》所述这个故事上可以看出，王恒、王亥当为兄弟，同为王季之子，昏、微则为王季之孙。商的远祖，祖孙三代长期与有易斗争，最后，上甲微假师于河伯，卒能战胜有易。揆诸当时情势，商人必为有易之近邻才有可能。

① 见《礼记·缁衣篇》所引
② 见王国维《殷卜辞中所见先公先王考》，《观堂集林》卷九。

有易据王国维的说法，地处今河北省的易水流域，则那时商族必在今河北省中部或南部，可知矣。

（四）从商和亳的地望定商为东土之族

从文献上可知商的先世是一个经常迁徙的部族，汉张衡《西京赋》称："殷人屡迁，前八后五。"《尚书序》说："自契至于成汤八迁，汤始居亳，从先王居。"《史记·殷本纪》同。较古的文献所记，自契至汤八迁的具体地名不多，计有：

甲、商。《荀子·成相》："契玄王、生昭明，居于砥石迁于商。"《史记·殷本纪》称契封于商。

乙、商丘。《左传》襄公九年谓："陶唐氏之火正阏伯居商丘，……相土因之。"《世本》："相土徙商丘，本颛顼之虚。"①

丙、蕃。《世本》："契居蕃。"②

丁、砥石。《世本》："昭明居砥石。"③又见《荀子·成相》，前已引。

戊、亳。《史记·殷本纪》："汤始居亳，从先王居。"

按较古书上所记商人所居的地名，很难凑成八迁。清梁玉绳《史记志疑》二曾作过具体考证，近代王国维在前人的基础上继续作了这种考证。他以为契自亳居蕃为一迁。昭明居砥石又迁于商为二迁、三迁。相土东徙泰山下复归商丘为四迁、五迁。帝芬三十三年商侯迁于殷为六迁。孔甲九年复归商丘为七迁。汤始居亳，从先王居为八迁。④王氏的考证很不科学，因为有的记载说契居商，又有的说契居蕃，商和蕃是一地而二名呢？还是其中有一个记载失实呢？另外，商与商丘是否一地？昭明、阏伯是否一人？这些问题王氏均置而不论，为了凑成八迁之数，就马马虎虎地算为几迁几迁，未免太轻率了。尤其是今本《竹书纪年》出于明人伪撰，没有史料价值，王氏本人已有详考，不应该再利用。但是，王氏却在此几次引用，可见为了自己的主观见解，影响到材料的去取了。梁玉绳、王国维俱以考据谨严名家，他们的工作当然不能抹杀其中有些不刊之论，但也不能不指出，它又是一种八迁数字的拼凑。因而，我们就不能完全依靠他所考证的迁移路线，来推论商人的来源了。

商汤以前所居留之地，主要的是"商"和"亳"两地，下面我们分条讨论。

---

① 见《太平御览》卷一五五所引。

② 见《水经注》卷一九所引。

③ 见《书序正义》所引。

④ 见王国维《说自契至于成汤八迁》，《观堂集林》卷一二。

第一，商与滴水、漳河

先说"商"。《史记·殷本纪》称商族的老祖宗契，封于商。《荀子·成相篇》称"契玄王，生昭明，居于砥石迁于商"。《左传》襄公九年又称，相土居商丘。这就是说商族最早的先王居地是"商"。然《诗经·商颂》称，"天命玄鸟，降而生商"，又称"帝立子生商"。则"商"又不象地名，而似人名，或者是族名。从文献和卜辞中看，从未见过商的始祖有名商的。所以，我们猜想"商"还是以族名为是。这就是说，他们的族是玄鸟生的。玄鸟是他们所崇拜的图腾。甲骨文的"商"字作"ㄓ"或"ㄓ"形，上面的"ㄓ"即凤凰的凤字上部之鸟冠，大概商字以"ㄓ"代表他们所崇拜的鸟图腾，而"ㄇ"，徐中舒先生说似穴居形[1]。所以我们说"商"字似乎是商族用以称呼自己的族名。后人就把商族居处之地，也名之为"商"了。

商和商丘是两地？还是一地二名呢？自来众说纷纭无定论。《诗经·商颂》《正义》谓："经典之言商者皆谓之商，未有称为商丘者。"这是主张商和商丘为二地，但是，杜预《春秋释地》却说："宋、商、商丘，三名一地。"王国维也说，古之宋国，实名商丘，就是今河南省之商丘。现代学者多从之。然宋地在微子未封前乃名宋，不名商丘。这已清楚地记载于《史记·宋世家》。殷墟卜辞中有宋伯："……取宋〔伯〕歪？"[2]"己卯卜王贞，鼓其取宋伯歪？……"[3]这个"宋"是否指今河南商丘，虽不能定，但由此可知至迟在商的晚年，早已有"宋"之名。故不得把灭夏前的商或商丘说成是今河南归德之商丘。[4]

《水经注》瓠子河条说：

> 河水旧东决，迳濮阳城东北，故卫也，帝颛顼之虚，昔颛顼自穷桑徙此，号曰商丘，或谓之帝丘，本陶唐氏火正阏伯之所居，亦夏伯昆吾之都，殷相土又都之。故春秋传曰，阏伯居商丘，相土因之是也。

这是说濮阳也有地名商丘，又名帝丘。岑仲勉认为《水经注》这里所说濮阳之商丘才是灭夏前的商丘[5]。奇怪的是，相传夏帝相也曾居住过这个地方。皇甫谧说：

---

[1] 徐中舒：《殷商史中的几个问题》，《四川大学学报》1979 年第 2 期。

[2] 《铁》38.3。

[3] 《佚》106。

[4] 按此论点，近人胡澎咸先生《说商亳》（油印本）已指出。

[5] 见岑仲勉《黄河变迁史》，第 93-94 页，人民出版社 1957 年版。

帝相徙于商丘，依同姓诸侯斟寻。①

商丘又名帝丘，《左传》僖公三十一年曰：

卫迁于帝丘……卫成公梦康叔曰："相夺予享。"

按此即《左传》昭公十七年所说的卫颛顼之虚者，而《太平御览》引《世本》曰："相徙商丘，颛顼之虚"，则商丘、帝丘为一地。不过从时间上说，相是夏启之孙，相土是商契之孙，两人是同时代的人，怎么能夏、商两族同都一地？很可能此地本名帝丘，夏后相曾住过。后来，商人也曾住过，因而又有商丘之名。至于商祖相土所居，可能是另外一个商丘。相土因与夏后相的名字相近，因而附会相土也曾在帝丘这个地方居住过。这未必是事实。

《史记·郑世家》述唐尧迁其火正阏伯于商丘，《集解》引贾逵曰："商丘在漳南。"这个"漳"即指河北省南部的漳水。可见这个商丘处在河北省的漳水旁边。

总之，从古文献上看，古代地名叫"商"或"商丘"的不止一处。河南旧归德地有商丘（即今商丘县），黄河北的濮阳有商丘，河北漳水流域也有商丘。

殷墟卜辞是晚商的遗物，卜辞中的地名有商、中商、大邑商、天邑商、丘商等。这些地名，可能不是一地。罗振玉谓卜辞中屡言"入商"，田游所至曰"往"、曰"出"，商独言"入"，可知文丁、帝乙之世虽居河北，国号尚称"商"。又谓"天邑商"即"大邑商"之讹②。董作宾以为大邑商是商丘③。他见《殷墟书契后编》有片作"才商贞，今日步于亳"一语，因知商与亳相近，认为商是今河南商丘，亳是榖熟之南亳④。陈梦家先生综合有关卜辞而推测商之地望如下：商、商丘，今商丘附近；大邑商，今沁阳附近；天邑商，可能为朝歌之商邑，今淇县东北；中商，可能在今安阳⑤。陈先生所考的诸商地望，虽然未必都正确（如商、商丘恐怕不在今商丘，天邑商也未必是朝歌一个小地名等），但指出名商者不是一地则是合乎史实的。丁山说，殷商时代可能有两个以上的都城，"大邑商"是首都，那么，"中商"该是陪都。无论首都、陪都总是名商。

---

① 《史记·夏本纪》《集解》所引《帝王世纪》。
② 见罗振玉《殷虚书契考释序》及《考释》下第54页。
③ 见董作宾《安阳发掘报告》4：658。
④ 见董氏《殷历谱》下9：62。
⑤ 见陈梦家《殷虚卜辞综述》，科学出版社1956年版，第258页。

《史记》称卫为"商墟",正是应用商代的本名,比较"殷墟"为合理①。

这些称"商"的地名,大概是由商族最早的一个名商的居地,随着他们的后裔到各处移徙,而把商这个原名也带到各地去而层化出来的。

较早的"商"或"商丘"是在什么地方呢?

丁山认为"商"地得名于滴水,卜辞中有此水:

> 王涉滴,射,又鹿、单。
>
> 涉滴、至斝,射左豕、单。

葛毅卿有《说滴》,以"滴"读为"漳"②。杨树达《释滴》③,也是以滴为漳水。"滴"与"漳"从声类上看是可以通转的。古书上往往"商"与"章"通用④。所以,卜辞中的"滴"字是可以解为"漳水"的。

漳水始见于《禹贡》:"覃怀底绩,至于衡漳。"衡漳,《汉书·地理志》作浊漳水,谓浊漳水出自山西省,"东至邺,入清漳"。《水经注·河水篇》:"又东北过高唐县东,又东北过杨虚县东,商河出焉。"这条商河俗称小漳河,或称清水(实即清漳水),也就是《史记·苏秦传》中所谓"赵,南有河漳,东有清河"的"清河"。漳水下游,丁山说分为两支:"一支由漳沱入海,所谓浊漳也;一支由绛河故渎、张甲河左渎、屯氏河故渎入小漳河,所谓清漳也。清漳下游一名商河,正与卜辞所见滴水名字相应。殷商时代漳河的干流,应该属此。"⑤漳水、滴水的原委,分析得很清楚。

明白了滴水与漳河、滹沱河的支干系统关系,又知道了商族的商地最初可能与滴水有关,这就可以使我们推想,商族的发祥地当在今河北省中南部滹沱河与漳河流域一带。契被封于商、昭明所迁的商和相土"因之"的商丘,由于史料的缺乏,还难以指实其地,但必不出这个范围。《左传》定公九年说,"取于相土之东都,以会王之东蒐",郑笺以为东都当在泰山下。则相土所居之商丘,必在泰山之西。这和上面我们所划定的范围也是相合的。

第二,汤在灭夏前所居之亳

《史记》称商开国祖先成汤"始居亳,从先王居"。可见"亳"不仅是汤居

---

① 见丁山《商周史料考证》,第12页。

② 见《历史语言研究所集刊》第7册第4分册。

③ 见杨树达《积微居甲文说》。

④《韩非子·外储说左下》:"夷吾不如弦商",《吕氏春秋·勿躬》篇中"弦商"则作"弦章",是商、章通假之例。

⑤ 丁山:《商周史料考证》,第18页。

留之地，又是在他以前，其祖先居住过的地方。考古地名以"亳"名者甚多，故汤所居之亳究在何地，自汉起，古今聚讼了两千年，也没有取得一致的结论。汤所居亳的地望，流行的说法主要有六说：

1. 关中说。司马迁《史记·六国表序》谓："禹兴于西羌，汤起于亳。"《集解》引徐广曰："京兆杜县有亳亭。"许慎《说文》"高部"也说："亳，京兆杜陵亭也。"

2. 偃师西亳说。《汉书·地理志》河南郡偃师县下曰："尸乡，殷汤所都。"《尚书正义》引郑玄谓："亳，今河南偃师县有汤亭。"

3. 河南商丘南亳说。《史记·殷本纪》之《集解》引皇甫谧说："梁国，谷熟为南亳，即汤都也。"

4. 山东曹县北亳（景亳或曰蒙亳）说。《后汉书·郡国志》注引皇甫谧《帝王世纪》："蒙有北亳，即景亳，汤所盟处。"《汉书·地理志》山阳郡薄县下引臣瓒注："汤所都"，薄与亳二字通用。此亳地在今山东曹县南二十里。王国维主此说。

5. 河南内黄说。岑仲勉《黄河变迁史》[①]所提出。

6. 郑州说。见邹衡《郑州商城即汤都亳说》。[②]

这六种说法的六个地方，确乎是都名为亳，但其中有些并不是汤所居的亳。据《孟子·滕文公篇》说，汤居亳，与葛为邻。又说汤使亳众与之耕。葛在今河南宁陵县。若汤居关中的亳，或居偃师西亳，距宁陵八九百里，怎能使其民往为之耕呢？这点，前人皆已指出，故关中说和西亳说早已不为人所信。孙星衍、胡天游、郝懿行，金鹗、毕亨、王国维都主张汤始都应在东方。[③]按《尚书·尹告》佚文说："尹躬先见于西邑夏。"[④]则此时汤所居亳在梁都之东可知。至于今商丘之南亳虽在夏都之东，但考古学者曾于 1936 年在商丘县搜访南亳遗址，毫无线索。[⑤]可见此说也是可疑的。

内黄说和郑州说，根据近人所提出之证据，至多只能证明这两地也有"亳"称。至于是否就是汤之所居，实在也并没有什么有力证据。如内黄之亳，岑仲勉先生所根据的材料是明清的文献，可靠性已成问题。何况这也和"与葛为邻"

---

① 见该书第 99-100 页。
② 《文物》1978 年第 2 期。
③ 分别见孙星衍外集《汤都考》、胡天游《石司山房集》、郝懿行《山海经笺疏》、金鹗《求古录》、毕亨《九水山房文存》、王国维《观堂集林》。
④ 见《礼记·淄衣篇》所引。
⑤ 见《中国考古学报》第 2 册，第 87 页。

不合。邹衡先生的郑州说，虽然提出了四条证据①，可惜都有薄弱之嫌。比如说郑州发现了东周时期的"亳"字陶文，证明"郑州商城在东周时仍名亳"。它能说明的问题也就止于此矣。至于是不是汤都，它却帮不了多大忙。因为历史上名为亳的地名太多了。

郑州距宁陵县的葛很遥远。邹衡先生也觉得不合，于是又在郑州南找到名长葛和葛伯城两个具有葛字的地名，以弥补其"与葛为邻"的缺陷。遗憾的是长葛北距郑州至少也有一百六七十里，葛伯城北距郑州在三百里左右，要"使亳众往为之耕"，也同样是不合情理的。

根据《尚书·尹告》佚文"尹躬先见于西邑夏"，则当时汤所居之亳在夏桀都之东。夏桀亡国时之都邑确在伊、洛流域（即所谓伊洛竭而夏亡，详证见另文。汤之用兵次序，《尚书》称"汤一征自葛始"②，《诗经·商颂》称"韦顾既伐，昆吾夏桀"。葛在今河南宁陵县，韦在今河南滑县，顾即卜辞中的"雇"，在黄河北岸的原武、原阳一带，昆吾在今河南濮阳县附近。这些与夏同盟的小氏族方国，都处在夏和亳之间。商汤用兵系自东徂西，首先征服夏在东方的同盟与国，为征夏扫清道路。然后，再一举灭夏。若以汤所居之亳在郑州商城，则葛、韦、顾、昆吾都在商都的东面和东北面，有的比距离夏都还远。汤何以不直接西征夏，而却先用兵于东方和北方。这是与汤的用兵路线不合的。

汤在未灭夏以前所居之亳，通过上面的分析，所举诸说都有不可掩饰的缺点。我们认为还是应当以《尚书》《诗经》和《孟子》所反映的情况为主要依据，凡是与此不合的，都必须抛弃。检验的结果，诸说中以第四说，即今山东曹县的北亳说比较合理。王国维的《说亳》从三方面加以证实。③其中固也有一些可商之处，但基本的结论还是难以动摇的。

最后附带再谈谈偃师西亳问题。在上面的讨论中，我们已经否定了它是汤在灭夏前所居之亳，可是自汉班固、郑玄以来，都说这个地方是汤都，还是事出有因的，不能忽视。

我们讲过河南偃师二里头遗址，其文化堆积层，分为四期，一、二期是夏文化，三、四期是商的早期文化，并且二里头三期层中还发现了宫殿遗址。三期的绝对年代经放射性碳素测定距今 3210±90 年（公元前 1245±90 年），树轮

---

① 见邹衡《郑州商城即汤都亳说》，《文物》1978 年第 2 期。

② 见《孟子·梁惠王篇》所引。

③ 见王国维《说亳》，《观堂集林》卷一二。

校正年代范围是公元前 1300—1500 年①，正相当于商代早期。毫无疑问，这座宫殿遗址是商代早期的。

由于这个早商遗址的发现，于是有些考古学者又提出了关于汤都西亳的问题。他们认为这是汤都西亳有力的实物证据。②我们认为，偃师二里头早商遗址虽然是早商文化，但从地区上看，不可能是汤灭夏前汤所居的亳，已辨如前。但是，汤灭夏之后，很可能即把商都从东方的亳迁到夏都，又把亳这个名带到新都。偃师二里头遗址的一、二期是夏文化，也就是夏晚期的政治中心。二里头三、四期便是商都亳了。《齐侯镈》铭文："虩虩成唐（汤），又严在帝所，尃受天命……咸有九州，处禹之堵（都）。"这是成汤灭夏后而移居其他，由夏都变为商都的证明。此器作于春秋中世，其传说可能较古。并且再从二里头的宫殿遗址的年代和规模上看，都是和商汤王朝早期的亳都相符合的。

所以，若说偃师西亳是汤灭夏前所居之亳，是不对的。但若说偃师西亳是汤灭夏后的商都，可能是真实的。③

综合上面商和亳的地望考察，在在都暗示我们，商原为东土之族。

（五）"亳"地名之蔓延与远古商族移徙之迹

前面我们在讨论汤都亳的问题时，已经看出名"亳"的地名有六个之多。其实若仔细统计一下，真实的数字要大大超过此数。如《左传》昭公九年云："昔武王克商，肃慎、燕、亳，吾北土也。"这是近于幽燕之亳，可能在易水流域。《春秋经》襄公十一年谓诸国伐郑，"同盟于亳城北"。此则为郑地之亳。《左传》定公六年谓"盟国人于亳社"，此鲁国之亳。同名"亳"的地点这么多，当然，这些名"亳"者绝对不会都与商汤有直接关系。但是，这么多名"亳"的地名是怎么来的呢？我们认为这是由于商族在古时频繁迁徙造成的。

先商时代的商族还停留在氏族社会阶段，营着粗放的农业或畜牧的经济生活。他们基本上是逐水草而居，无一定久住之处。史称商汤以前"八迁无定处"。从历史的惯例看，迁徙的民族，往往以其旧居之名，名后迁到之新土。这条惯例，在古今中外历史上是数见不鲜的。如周的京都在陕西为宗周，东迁河南后为成周；鲁原在河南鲁山，后徙封于山东名鲁国；燕原来在山西，后徙封于河北北境仍名燕；韩本在渭水流域，后来北迁至河北的北部；战国时的魏本在河

---

① 见《河南偃师二里头早商宫殿遗址发掘简报》，《考古》1974 年第 4 期。

② 见《河南偃师二里头早商宫殿遗址发掘简报》，《考古》1974 年第 4 期。

③ 孙飞《论南亳与西亳》一文（载《文物》1980 年第 8 期）也主此说，并且论证甚详，可参看。

东，迁都河南开封后仍号魏。又如后代南北朝时有所谓侨州侨县。许多北方人民跟随东晋南迁，所住地方仍依他们的旧日家乡来命名：从冀州南迁的叫作南冀州，从雍州南迁的叫作东雍州。世界史上如十六、十七世纪西班牙人初到中美、南美，于是就名其地为新西班牙；英人到了北美中部东陲，于是就号其地为新英伦。英、美同名的地名相当多，如波斯顿、牛津、剑桥等，都是这么来的。这种民族习惯，古今中外大致相同。商族的祖先居地，早先可能名"亳"。后来他们由于生活的需要而逐渐迁于他地，当然也会沿此习惯，把"亳"的地名带到新地去。于是随着他们的迁徙，以"亳"为名的地名也散而之四方，从亳名的蔓延上，我们可以考见当时商族的发祥地和迁徙路线和范围。

《史记》称"汤始居亳，从先王居"。意思是说，成汤的先王所居之地也名亳，这可能是异地同名。成汤最早的先王是契，《世本》称"契居蕃"，"蕃"或作"番"①。这里的"蕃"或"番"，据丁山说"是亳字音讹"②，我觉得很可能，二字古韵部虽然不易通转（蕃、番在段氏十四部，而亳在段氏五部），但声纽是可通的。由此可证"契居蕃"就是"契居亳"。这个亳应在北方，就是《左传》昭公九年说的"肃慎、燕、亳"的"亳"。这个亳与肃慎、燕连言，三地必为相邻地区。肃慎地在东北，燕在今北京，则此亳也必在河北省的北部。丁山认为"在易水流域"，这可能就是契所居之地。按《说文》"邑部"："郪，周封黄帝之后于郪。从邑、契声，上谷有郪县。"《礼记·乐记》作"蓟"。《史记·乐毅传》称为蓟邱。《汉书·地理志》谓蓟县属广阳国，"故燕国，召公所封"。郪，丁山说，"显然得名于契"。由此可以推测，契所居之蕃或亳，必近燕，这当然就是"肃慎、燕、亳"之亳了。

商的始祖居于河北易水流域之亳地，其后世子孙散而他迁，于是以"亳"为名的地名，可能要遗留于各地。

我们从历史地理上看，在河北省的中南部和山东河水、济水流域，有一些与"亳"名有关联的地名、水名，如"薄""博"和"蒲吾""番吾""蒲姑""薄姑"等等：

1. 博水、博陵、蒲水、蒲阴。《水经》："滱水又东，过博陵县南"，注云："滱水东北，迳陵阳亭东，又北，左会博水……博水又东北，左则濡水注之。水出蒲阴县西昌安郭南……濡水又东得蒲水口……《地理志》曰，'城在蒲水之阴'……博水自望都东至高阳入于滱是也。"

---

① 按《水经注·渭水》引《世本》作"落"，而《通鉴地理志通释》引《世本》则作"番"。
② 丁山：《商周史料考证》，第 16 页。

2. 蒲吾、番吾。《汉书·地理志》谓常山郡有蒲吾县,《史记·赵世家》与《苏秦传》作"番吾"。

3. 蒲姑、薄姑。《左传》昭公九年云:"及武王克商……浦姑、商、奄,吾东土也。"《左传》昭公二十年谓晏子对齐景公说:"昔爽鸠氏始居此地,季荝因之,有逢伯陵因之,蒲姑氏因之,而后太公因之。"《史记·周本纪》谓周公东征,"残奄,迁其君薄姑"。《书序》作"蒲姑"。

文献上这些古地名中的博、蒲、薄、番,以声类韵部求之,可能都是"亳"字一音之转。"亳"字为并纽铎韵字,上古音为〔b'wak〕,段玉裁定为五部。"薄"与"亳"声完全相同,可以不论。而"博"〔Pwak〕字与"亳"仅清浊的分别,二字同为五部字。"蒲"为模韵,《切韵》音为〔b'uo〕,但模部字上古音应有浊纽〔-g〕的韵尾,段玉裁也定为五部字,故与亳相通。"番"的韵部虽然与"亳"字音较远(番字是段玉裁第十四部字)。但其声母与"亳"也是可以通转的(番字切韵音为帮、滂等纽字,但所从之"采"为并纽字,与"亳"同)。

至于薄姑。蒲姑、蒲吾与番吾两字名中的"姑"和"吾"两字,一为见纽,一为疑纽,都是舌根音,发音部位相同。所以,蒲吾、番吾也就是薄姑。这些名虽然写法不同,但实际上都来源于"亳"字。因为"亳"上古音是〔b'wak〕,若缓读之,韵尾辅音之〔-k〕,用见纽的"姑",或疑纽的"吾"标出,即成"薄姑""蒲姑""蒲吾""番吾"两字。"亳"字的古音仍保存于日本,日语中吴音读"亳"为〔baku〕,与"薄姑"二字音极相近。

据此,则博水、蒲水、蒲吾、番吾都可能是商族最早居地"亳"字一音之变,是商契的后裔移徙时带到各地的遗迹。博水、蒲水、蒲吾等地名大致分布的地域,和前而我们讨论商、滴水、漳水、滹沱河等地时所得的结论,认为商族最早生活在河北省中南部一带,若合符节。

《世本》和《荀子·成相篇》都说商远祖昭明居砥石。这个砥石所在也应当不出河北省的中南部。丁山说:"砥为泜字传写之误。"又谓砥石即泜水与石济水的混名。《山海经·北山经》说出于敦与之山的有泜水。又《汉志》谓常山郡房子县赞皇山,石济水所出,东流入泜。由于石济水入泜水,泜水自可名为泜石水。所以,泜石应在今河北省的元氏、平山一带[①]。1978 年河北省元氏县西张村出土一批带铭文的西周铜器。其中叔䐲父卣和尊的铭文有"女𫾋用乡乃辟軝侯"的文字,臣谏簋铭文有"隹戎大出〔于〕軝","亚旅处于軝"。这里的"軝"

---

① 见丁山《商周史料考证》,第 17–18 页。

可能就是"砥石"的"砥"。而軝侯或即西周封于"軝"的贵族①。李学勤、唐云明两先生也认为这里的"軝"就是"泜","軝国实由地处低水流域而得名"②。这种论断是正确的。有的学者认为商祖昭明所居之砥石在辽水源处,以《淮南子·地形训》的"辽出砥石"的"砥石"说之③,恐怕失之过远了。

又《吕氏春秋·慎大览》:"亲郼如夏。"高诱曰:"郑郼如衣,今兖州人谓殷氏皆曰衣。"《尚书·康浩》:"文王殪戎殷",《礼记·中庸》作"壹戎衣"。《沈子它簋》:"念自先王先公迺妥克衣。"这些"衣"即"殷"。故知殷、衣、郼三字古通用,郼即衞字,"衞"为康侯所封之国,地在卫辉、大名一带,古时豕韦所居。《左传》哀公二十四年,杜注:"东郡白马县东南有韦城。"晋之白马县当今滑县东。《吕氏春秋·有始览》云:"河济之间为兖州、卫也。"过去的学者早已提出殷、衣、郼、韦、卫、兖诸字,从音韵学上看可能出于一源,后世逐渐分化为不同之名④。这个所谓殷、衣、卫、兖的地望,大概就在大河与济水之间。现在所熟悉的安阳小屯村的殷墟,则是盘庚迁都以后的事。

考察一下博水、蒲吾、砥石及韦、兖、殷诸地的分布情况,则成汤以前先公发祥自北而南之踪迹,已历历在目。

至于蒲姑、薄姑的地望,据春秋时王使詹桓伯所说的"蒲姑商奄,吾东土也"⑤。这个"蒲姑",杜注:"乐安博昌县北有薄姑城。"按《汉志》千乘郡有博昌县,即今山东的博兴县。其它如春秋鲁哀公十一年伐齐克博,杜注:博,"齐邑也"⑥。战国时齐有博邑⑦,有博陵⑧,有博关⑨。这些地名又多在山东西北部。两周时齐国的南面是鲁国,鲁有亳社,如《左传》定公六年说:"阳虎盟公及三桓于周社,盟国人于亳社。"《春秋》哀公四年,"六月辛丑,亳社灾"。《公羊传》作"蒲社",并谓"蒲社者何? 亡国之社也。"周人所谓"亡国之社",当然是指的商社。可见鲁地也有"亳"称。《左传》哀公十四年载宋景公曰:"薄、宗邑也。""薄"即"亳",是春秋末年宋亦有"亳"。

总之,在今山东之亳、博、薄姑之古地名,均分布在古时大河与济水附近

---

① 见河北省文物管理处《河北元氏县西张村的西周遗址和墓葬》,《考古》1979 年第 1 期
② 见李学勤、唐云明《元氏铜器与西周的邢国》,《考古》1979 年第 1 期。
③ 见金景芳《商文化起源于我国北方说》,《中华文史论丛》1978 年第 7 辑。
④ 见傅斯年《夷夏东西说》,《蔡元培六十五岁庆祝论文集》,1934 年。
⑤《左传》昭公九年。
⑥《左传》哀公十一年注。
⑦ 见《战国策·齐策》。
⑧ 见《史记·田齐世家》。
⑨ 见《战国策·齐策》《史记·苏秦张仪列传》。

之地。据此，我们对商族远古居留移徙之迹，从可推知矣。

三、从大汶口文化、龙山文化推测先商族的来源

从考古学上论证商族的来源，有一个先决条件必须解决，就是首先肯定在中国境内所发现的古代文化遗址，哪些是属于商族系统的。其中学术界已证实的，有河南安阳地区的小屯遗址。因为自 1928 年以来在安阳小屯的历次考古发掘出现的大批甲骨文与文献记载互相印证，证明这个遗址确属于商人的，是盘庚所迁的殷都。并且根据《古本竹书纪年》记载，又知"盘庚徙殷至纣之灭，二百七十三年更不徙都"。

小屯殷墟是商代晚期的遗址，对商代前期、中期三百多年的文化遗存，过去人们了解得很少。解放后，随着我国社会主义建设事业的发展，在郑州发现了以二里冈期为代表的商代文化，面积约为二十五平方公里，埋藏着丰富的遗迹和遗物。这处遗址的地层叠压关系证明，相当于殷墟的晚商文化层迭压在二里冈期商文化层之上，从而确定了郑州二里冈商代遗址比安阳"殷墟"的年代早[①]。在郑州商代遗址中心，还发现了一座商代城墙遗址[②]。郑州商代遗址的时代是早商还是中商？在学术界是有分歧的[③]。属于这一时期的商代文物，1973年还有在河北藁城台西村发掘的商代遗址[④]，和 1963 年在湖北黄陂盘龙城所发掘的商代遗址[⑤]。我们赞成把郑州商城、藁城台西村和黄陂盘龙城三个遗址，定在商代的中期阶段。因为从郑州地区考古上，已确证其层位关系是：龙山晚期早于二里头，二里头期早于二里冈期。前面我们已谈过二里头三、四期是商汤灭夏以后商的早期文化。则更在其后的郑州二里冈、商城自然是属于中商文化了。

商汤以前的先商文化遗址，为考古界所一致明确承认的，还一个也没有。象殷商这样一个泱泱大族，当然不会是自建立商王朝以后才出现的。但是，他们在先商阶段为什么没有一点踪迹呢？不外两个原因：一个是尚埋在地下，未

---

① 见郑州市文物工作组《郑州市殷商遗址地层关系介绍》，《文物参考资料》1954 年第 12 期。

② 见河南省博物馆、郑州市博物馆《郑州商代城址试掘简报》1977 年第 1 期。

③ 安金槐《试论郑州商代遗址——隞都》（《文物》1961 年第 4、5 期）认为，郑州商城是仲丁所迁的隞都，因而主张这个遗址是中商，而邹衡则认为是成汤所居之亳都，因而主张是早商遗址（邹氏说见《郑州商城即汤都亳说》，《文物》1978 年第 2 期）。

④ 见河北省文物管理处台西考古队《河北藁城台西村商代遗址发掘简报》，《文物》1979 年第 6 期。

⑤ 见湖北省博物馆《1963 年湖北黄陂盘龙城商代遗址的发掘》，《文物》1976 年第 1 期。

被发现；一个是已经发现了，但尚未被认识。

从文献上看，商汤的灭夏是从东向西征的。他们当时称夏为"西邑夏"，则先商族的文化遗址，应当在夏的政治中心伊、洛、偃师的东面，也就是说应当在河南的东北部和山东的西部去找。这一带的史前新石器文化遗址，现在已发现的有河南龙山文化、山东龙山文化和大汶口文化等。

山东的龙山文化，除了与河南龙山文化的一支有联系和有互相影响之外，似乎有一个本地的来源。夏鼐先生曾说："最近几年的新发现，证明这个本地的来源便是大汶口文化。"①这个看法是正确的。山东地区的大汶口文化与山东龙山文化的关系，十几年来积累的资料表明，大汶口文化早于山东龙山文化。两个文化的共有的代表性器物——鬶和蛋壳黑陶杯，一脉相承，吻合无间，其渊源关系十分清楚。七十年代山东日照县东海峪的遗址，第一次揭示了从大汶口文化晚期到山东龙山文化早期的过渡地层。因为上层属山东龙山文化早期，下层属大汶口文化晚期，中层具有从大汶口文化晚期向山东龙山文化早期过渡的性质②。这就可以说明大汶口文化和山东的龙山文化是属于同一个文化系统的前后不同的发展阶段。

我们感觉到大汶口文化、山东龙山文化和河南龙山文化中的一支，有一些共同特点，并都与商代的文化有关联。如白陶、黑陶及大量的专用酒器成组随葬，玉器装饰、象牙雕刻、卜骨等等。这都是殷商的文化特征，而这些又基本上也都出现在这三种文化的遗存中。根据这些现象，我们是否可以这样推想：就是说，河南地区偏东部的一支龙山文化、山东龙山文化和大汶口文化就是远古的先商文化呢？考古界的学者们，近来是有这种想法的③。

如果我们这个推测不错的话，那就是说，先商的部落，在远古的母系氏族时期，可能是在山东一带活动。后来，大概有一支向南移徙，就构成了苏北和皖北一带的大汶口文化（包有部分青莲岗文化），可能就是古文献上远古的东夷族的文化。山东龙山文化的晚期有一支向北发展到河北省的北部与辽宁一带，构成了夏家店下层文化。

关于夏家店下层文化与龙山文化的关系，通过内蒙古敖汉旗白斯朗营子、辽宁北票县丰下遗址和赤峰县四分地遗址的发掘，认识逐渐明确。它早期的文

---

① 夏鼐：《碳-14测定年代和中国史前考古学》，《考古》1977 年第 4 期。
② 见山东省博物馆、日照县文化馆东海峪发掘小组《1975 年东海峪遗址的发掘》，《考古》1976 年第 6 期。
③ 见佟柱臣《新的发现、新的年代测定对中国石器时代考古学提出的新问题》，《社会科学战线》1979 年第 1 期。

化遗存包含的龙山文化因素较为明显。这类遗址和墓中越是早期，磨光黑陶占的比重就越大，并且都有卜骨的出现。这也反映了夏家店下层文化是承受龙山文化的影响发展而来的。1972 年在辽宁北票丰下遗址出土的彩绘黑陶器上，那种由曲折而相互勾连的类似云雷纹的母题构成的复杂图案，"显示出与商代青铜器花纹的内在联系。1974 年在辽宁省敖汉旗（今属内蒙古）大甸子遗址夏家店下层文化所出的彩绘陶器上的花纹，与商代青铜器花纹也显示着有密切关系。总的看来，夏家店下层文化既包含有浓厚的龙山文化因素，又具有殷商文化因素的特点。[①]当然这不是说，夏家店文化是殷商文化的前身，而只是说它和中原的殷商文化可能有着共同的根源（夏家店文化在大甸子墓葬中发现两件小青铜器，赤峰四分地同一类型文化遗址的一座窖穴中，出土一件刻有合范符号的铸铜小陶范。所以，在当时已进至青铜时代）。

山东的龙山文化还有一支不知什么时候向西北进入到河北省的中部。这一支可能就是殷商文化的正身。因为从古史传说上这一带正是商的远祖契、昭明、相土、王恒、王亥等所居留过的地域。那时先商氏族部落营游牧生活，居依水草，迁徙无常。古人类文化的发展也不能不在河流附近。那时殷商部族的踪迹，似乎就在黄河入渤海的三角洲。易水、清漳水、浊漳水（滴水）、泜水、博水等，纵横其间，古黄河也经这一带入海。古黄河的入海处，由于文献不足，久已失考。《禹贡》在导河一节里，也语焉不详。前人已有"自大伾还以下，水道难考"之叹。《礼记·礼器》："晋人将有事于河，必先有事于恶池。"郑注："恶当为呼，声之误也。"《释文》："池，大河反。"所以"恶池"实即"滹沱"，而"滹沱"二字《切韵》音为〔xuodâ〕。古汉语中浊组的〔-d'〕易于失落。有的学者就主张"滹沱"二字急读即是"河"〔ðâ〕一音[②]。所以，河北省的滹沱河可能是古黄河的故道，一直流经河北省的北方入海。有易之国距河不远，因而才有上甲微假师于河伯以灭有易的故事。

① 参看《赤峰药王庙、夏家店遗址试掘报告》，《考古学报》1974 年第 1 期；《内蒙古赤峰药王庙、夏家店遗址发掘简报》，《考古》1961 年第 2 期；《辽宁北票丰下遗址 1972 年春发掘简报》，《考古》1976 年第 3 期；《辽宁敖汉旗小河沿三种原始文化的发现》，《文物》1977 年第 12 期；《敖汉旗大甸子遗址 1974 年试掘简报》，《考古》1975 年第 2 期。

② 见岑仲勉《黄河变迁史》，第 83 页。

四、小结

从上面文献记载和田野考古两方面考察，我们认为商族最远的祖居地可能是山东，后来才向西北转移，达到河北省的中部，即游牧于北至易水南至漳水等流域，到夏的末叶才把主力定居于河北省南部，和山东省的西部，卒能西向灭夏，建立商王朝。

古人类在营着流动移徙生活的过程中，从某处迁移到另一地时，总不会整族迁移。可能有的迁走，有的留住。在河北省中部居留的先商族，逐步南迁时，也会有一部分仍居留原地。解放后，我们在石家庄、保定、满城、蠡县、平山、获鹿、赵县、新安、曲阳、定县、邢台、隆尧、内丘、宁晋、藁城等地，发现了商代中晚期的遗址和墓地，达四十多处。所出的青铜器造型古朴，与殷墟遗物作风基本相似。这种现象就是由于远古商族有迁有留的特点造成的。

附记：

本文是我正在写作的《先秦史稿》中的一节。这部分初稿成于数年前，为了纪念《历史研究》创刊三十周年，特抽出改写成这种形式，除个别段落略加补正外，观点一仍其旧，读者谅之。

（此文发表于《历史研究》1984 年第 1 期）

夏民族与夏文化

夏代的历史由于没有同时代的文献记载，长期以来只能停留在传说阶段。对这些片断的历史传说，如何进一步深入理解和证实，唯一的途径是，通过地下的考古发掘，把实物资料和文献上有关传说的记载结合起来，并运用马克思主义的立场、观点和方法去分析研究，才有可能得到解决。

自从 1959 年夏徐旭生先生开始到与夏史有关的山西南部和河南中部、西部一带地区去调查"夏墟"以来[①]，到现在已经发现和发掘，包括河南省的偃师二里头、巩县稍柴、登封告成、临汝煤山和山西省的夏县东下冯在内的百处以上的二里头类型文化遗址。从地层年代上看，基本补齐了从河南龙山文化到商代二里冈文化中间的缺环。这就给探索商以前的"夏文化"提供了实物资料和条件。

一、夏族主要的活动地域问题

所谓"夏文化"主要是指商汤灭夏以前夏族人（不是同时的先商人或其他什么少数族人）在其发展阶段中所创造的文化。自然，这就牵涉到夏族所处的地域和夏朝的绝对年代问题。关于夏朝的年代，一般都认为在公元前二十一世纪到公元前十六世纪。这个说法已成为公认的定论，可以不讨论。至于夏族人活动的地域，见之于史籍者甚多，主要的有下列一些地名：

1. 阳城：《世本》谓"禹都阳城"（《汉书·地理志》臣瓒注引，《史记·封禅书·正义》引）。《古本竹书纪年》也说夏禹"居阳城"（《汉书·地理志》注引及《续汉书·郡国志》注引）。孟子说"禹避舜之子于阳城"（《孟子·万章上》），这说明阳城是夏王朝建都之所。古阳城的地望，自古以来学者大都于颍川郡求之，谓在今河南省登封县的告成镇。如《水经》颍水下记载："颍水出颍

---

① 《1959 年夏豫西调查夏墟的初步报告》，《考古》1959 年第 11 期。

川阳城县西北少室山。郦道元注谓："颍水迳其县（阳城）故城南。昔舜禅禹，禹避商均，伯益避启，并于此也。"这个阳城在春秋时属郑，战国时属韩。《史记·郑世家》记载："郑君乙立，……十一年，韩伐郑，取阳城。"《史记·韩世家》也说："文侯二年，伐郑而取阳城。"《史记·秦本纪》谓秦昭襄王五十一年"将军摎攻韩，取阳城、负黍"。秦始皇二十六年统一全国，推行郡县制，阳城属颍川郡。汉承秦制，沿袭未改。唐武则天垂拱四年登坛加封中岳，为表彰她"登封"嵩高之礼宣告成功，于万岁登封元年将嵩阳县改为登封，将阳城改为告成，以示"登封告成"之兆。所以，今登封告成镇古有阳城之名，史籍记载是比较清楚的。解放以来考古学者为了解决夏文化的禹都阳城问题，在登封县告成镇一带作了调查和发掘[①]，从田野考古上也证实了春秋、战国和汉代的阳城就是今天的登封县告成镇。在这里发现了春秋战国时期的阳城城垣遗址和遗迹，并在该遗址出土的战国陶片上发现印有"阳城仓"的印记[②]，这自然对于探索夏文化提供了重要的依据。

但是传说上的禹都阳城是否就在河南登封，清代学者陈逢衡于其所著《竹书纪年集证》中早就提出了异议。他说尧舜皆都河东，禹不应在河南。所以，他主张禹所居之阳城应当也在河东地区。我们认为这个说法是不能忽视的，下面我们还要讨论。

2. 平阳、安邑、晋阳：《世本》谓"夏禹都阳城，避商均也。又都平阳，或在安邑或在晋阳"（见《史记·封禅书》正义引）。曾为夏都的平阳、安邑、晋阳三地均处河东，在现在山西省境内。

3. 夏墟：《左传》定公四年："分唐叔以大路、密须之鼓、阙巩、沽洗。怀姓九宗，职官五正，命以《唐诰》，而封于夏墟。启以夏政，疆以戎索。"可见周初人已指在今山西的晋之封国即夏王朝之本土，极为明白。

4. 大夏：《左传》昭公元年："子产曰：昔高辛氏有二子，伯曰阏伯。季曰实沈，居于旷林，不相能也，日寻干戈，以相征战。后帝不臧，迁阏伯于商丘，主辰。商人是因，故辰为商星。迁实沈于大夏，主参，唐人是因，以服事夏、商……及成王灭唐；而封太叔焉。故参为晋星。"是大夏、夏墟、唐为一地之异名，均在晋境。

5. 东夏：《左传》襄公二十二年："晋人征朝于郑。郑人使少正公孙侨对曰：'……间二年，闻君将靖东夏。四月，又朝以听事期。'"杜注："谓二十年澶渊

---

①《河南登封阳城遗址的调查与铸铁遗址的试掘》，《文物》1977 年第 2 期。
②《春秋战国时期古阳城遗址的发现》，《光明日报》，1978 年 1 月 27 日。

之盟。"又谓："先澶渊二月往朝；以听事期。"澶渊所在，杜注："在顿丘县南，今名繁汙。此卫地，又近戚田。"（见《春秋经》襄公二十年注）按卫为东夏，则夏之本土当在卫地之西可知[①]。

6. 阳翟：《汉书·地理志》阳翟下谓"夏禹国"，应劭曰"夏禹都也"。可是臣瓒辨之谓："《世本》禹都阳城。《汲郡古文》亦云：居之。不居阳翟也。"所以，阳翟很可能是阳城之误，未必为禹都。

7. 帝丘：《左传》僖公三十一年："卫迁于帝丘……卫成公梦康叔曰：相夺予享。公命祀相。宁武子不可，曰：鬼神非其族类，不歆其祀。杞、鄫何事？相之不享，于此久矣，非卫之罪也！"帝丘，杜注："今东郡濮阳县。"

8. 殽：《左传》僖公三十二年："殽有二陵焉，其南陵，夏后皋之墓也，其北陵，文王之所以避风雨也。"杜注："殽在弘农渑池县西。"

9. 伊、洛：《国语·周语上》："幽王二年，西周三川皆震。伯阳父曰：……昔伊、洛竭而夏亡，河竭而商亡……"按伊、洛之于夏，犹西周三川之于周，河之于殷。可知夏桀亡国时，夏都已在伊、洛二水附近。《逸周书，度邑》：解"自洛汭延于伊汭，居易勿固，其有夏之居。"《史记·吴起列传》："夏桀之居，左河、济，右泰华，伊阙在其南，羊肠在其北。"据此可证夏的末年其地确在伊水、洛水之间。

10. 崇山、有崇：《国语·周语上》："昔夏之兴也，融降于崇山。其亡也回禄信于聆（音禽）隧。"《周语下》："其在有虞，有崇伯鲧，播其淫心，称遂共工之过，尧用殛之于羽山。其后伯禹念前之非度，厘改制量……"崇之地望，据韦昭《周语上》注谓："崇，崇高山也，夏居阳城，崇高所近。"《太平御览》第四引韦注云："崇、嵩字古通。夏都阳城，嵩高在焉。"汉人以大室山为嵩高山，应劭《风俗通义》遂误以诗之嵩高为中岳。说者乃多谓崇即汉颍川郡之嵩高县。但《诗经·文王有声》有"既伐于崇，作邑于丰"，又似殷末周初之崇在渭南。旧注崇国在今陕西鄠县，则是以丰为崇。清陈奂力辩其非，谓其"不知伐崇、邑丰，《文王有声》篇，画然两事，崇丰为异地明矣"。至于古崇所在，他又谓"其地无考"[②]。按《左传》宣公元年云："晋欲求成于秦。赵穿曰：'我侵崇。秦急崇，必救之。吾以求成焉。'冬，赵穿侵崇，秦弗与成。"然则，一直到春秋时晋、秦界上犹有以崇为号之国。徐中舒先生《再论小屯与仰韶》则谓古崇在汉弘农郡，今之嵩县附近之地。过去这些说法虽然不同，但都把崇山、

---

① 按"东夏"一词又见《左传》昭公元年、十五年，以曹卫为"东夏"。
② 见陈氏《诗毛氏传疏》的《皇矣疏》。

有崇说在大河之南，则是一致的。

我对这一问题有另外一种看法。我觉得黄河以南之"崇"不是夏前期的"崇山"或"有崇"。原始的崇应来源于山西。《诗经·大雅。崧高》：

> 崧高维岳。骏极于天。维岳降神，生甫及申。

按"崧"字《礼记》《韩诗外传》及《初学记》、所引《诗经》皆作"嵩"。《尔雅·释山》"山大而高崧"，《释文》"崧"又作"嵩"。"嵩"即"崇"之或体，"崧"乃俗字。汉许慎作《说文解字》只有"崇"而不取嵩、崧二字。《诗经》言"崧高维岳"即"嵩高维岳。"岳"实指《禹贡》所述在冀州的"岳阳""太岳"的"岳"。岳古篆作岳，二形古经传通用。《汉书·地理志》河东郡彘下班氏注"霍太山在山东，冀州山"。可见《诗经》所歌颂的是大岳，也就是位于山西的霍太山。文献上所引经传异文"太岳"又作"大岳""四岳"，"四"乃"大"之讹。由于"太岳"后人讹为"四岳"，于是附会出岱宗等四座大山。更后又附会出"五岳"[1]。由此观之，最早只有位于山西汾水流域的"太岳"，《诗经》称"崧高维岳"这个"太岳"，因而又有"崇高山"之名。汉武帝登礼颍川郡之太室山，并易名为崈高中岳（颜师古曰：崈，古崇字）。于是河南始有崇高山。所以，崇山、有崇本在山西，而大河以南所有崇高、崇山、有崇等名皆为以后从山西古地名层化而来。

11. 斟寻、斟灌：《古本竹书纪年》谓太康居斟寻，相居斟灌[2]。斟寻地之所在有三说：第一，在山东的潍县。《汉书·地理志》注引应劭于平寿谓古斟寻，于寿光谓古斟灌。杜氏《春秋传注》、京相璠《春秋土地名》、司马彪《汉书郡国志》皆同应说。第二，斟寻在河南。傅瓒《汉书音义》斟寻在河南，后迁北海。河南的斟寻即《左传》昭公二十三年所谓"郊鄩溃"之鄩。第三，斟寻在卫。《水经·河水篇》谓浮水：故渎又东迳卫国县故城南，古斟观。又《水经注·巨洋水》引《帝王世纪》云，夏相徙商邱，依同姓之诸侯斟灌、斟寻氏。《史记正义》引《帝王世纪》云，相徙于商邱，依同姓诸侯斟寻。这里所出之商邱，据王应麟说均为帝丘之讹。帝丘是东周时之卫地。清雷学淇《竹书纪年义证》旁征博引，证斟寻在河南伊、洛附近。

据以上各书所记夏王朝都邑所在和夏人活动区域，包括：今山西省南半部，即汾水流域；今河南省之西部、中部，即伊、洛流域。东可以达豫、鲁、冀三

---

① 详拙稿《猃狁考》（未刊）。

② 见《水经注·巨洋水》所引和《汉书·地理志注》所引。

省交界的地方，西到渭水下游。这一地带以黄河为界分成南北两区。从上面我们对各地的分析看，夏代传说最多、最主要的地区是大河以北，山西南部的汾水流域，而大河以南，伊、洛流域虽然也是夏人活动的地方，反而是次要的。多年来，考古工作者在伊、洛地区考古发掘，收获很大，这一带虽然很可能也属于夏文化，对解决夏文化问题当然起到很大作用。但是，根据我们的研究，这只能说是夏后期的文化。夏的前期文化应当在大河以北的汾水流域去找。我们的根据有三个：

第一，禹所都阳城在大河之北：上面我们在讨论阳城时曾说过，夏代初期建都的"阳城"所在地，旧有河南登封与山西河东两说。我们赞成后说。这是由唐尧、虞舜、夏禹实行禅让制的传说推知的。

尧、舜、禹正处在中国历史上的原始社会末期，部落联盟酋长的更替，还在实行着传贤的禅让制。传说唐氏族的尧没有把他的"帝位"（酋长职位）传给他自己的儿子丹朱，而是推举虞氏族的舜作继承人。舜到后来也照样不传给他的儿子商均，而选出夏族的禹来代替他。禹死，其子启立，从此禅让制遂绝。

禅让制度的传说，实际上就是当时实行的部落联盟的酋长之民主选举制度的一种反映。历届部落联盟的前后酋长处理公共事务的所在，应当基本上是一地，或相去不远之地。旧说尧都平阳、舜都蒲坂（《汉书·地理志》注及《帝王世纪》）。禹都除了前面已经提到的阳城以外，还有都安邑、平阳、晋阳诸说（见《史记·封禅书·正义》所引《世本》）。平阳、蒲坂、安邑、晋阳俱在山西，古今无异说。虞舜的虞，《史记集解》谓在"今河东大阳西山上虞城"。唐尧之唐，即陶唐氏[①]。考夏书佚文称"惟彼陶唐，帅彼天常，有此冀方"（《左传》哀公六年引）。古谓"河内曰冀州"（《周礼·职方氏》）或谓"两河间曰冀州"（《尔雅·释地》）。可见陶唐所在的冀方也在今山西境。尧、舜既均居山西，则禹初年所都之阳城亦当在这里。因为这几个部落联盟酋长必须在同一地区才有实行酋长禅让的可能性。

下面我们再从阳城的"阳"字之来源上推测阳城的地望。"阳"很可能最初作"唐"。王国维说商汤的"汤"字来源时谓《说文》口部"唐"字，其古文作"啺"，从口从易，与"汤（湯）"字形相近。又说《博古图》所载《齐侯镈钟铭》曰"虩虩成唐"中之"成唐"就是"成汤"。遂断定卜辞中之"唐"必为"汤"

[①]《史记·五帝本纪》谓"帝尧为陶唐"，《集解》引韦昭以陶唐为尧之国名。

之本字①。从水从易之"汤"可以来源于"唐",昜则从昌从易之"阳",也必有来于"唐"之可能。那末,"阳城"就是"唐城",而唐城当即周初唐叔所封之"唐"。晋始封之唐有谓在平阳,即今山西临汾②;有谓在翼③;有谓在河、汾之间④;有谓在河东永安⑤。说法虽然纷纭莫定,但均主张在山西南部,则是一致的。

第二,夏墟、大夏故地在晋:春秋时卫太祝子鱼⑥和郑国子产⑦二人所讲的历史故事,可证周初的人即已认为晋的封土是在夏墟、大夏和唐的故地。而晋的封地在山西省,这是有明确的文献记载的。因而夏文化的遗迹,必然是在大河之北了。

第三,有关夏前期的历史传说,几乎都在山西南部。根据上面我们所讨论过的夏文化重要的地点,如阳城、有崇二地,传统说法虽然有河南之说,但那是后来的层化。其最初应在山西。其他若平阳、安邑、晋阳、夏虚、大夏等等,无一不处在黄河以北。

通过以上三方面的考察,我们可以得出这样的结论:夏族活动的地区及其文化,尤其是夏的前期,主要是在山西的汾水流域⑧,只是到夏的后期,夏族才从山西渡河到河南的伊、洛流域。

这个结论,有些学者,尤其是考古界的学者们,可能一时还难以接受。因为多年来的考古发掘,夏文化的遗址大多在河南。其著者如偃师二里头一、二期,登封的告成镇、临汝的煤山等等,都在河南的中部西部,而山西境内可以确定为夏的大型遗址远没有豫西地区多。于是一些考古学者自然倾向于夏文化或夏人活动的大本营或统治的中心地区,应当在黄河以南的豫西地带⑨。有的学者甚至明确地提出:"夏族与夏文化的发祥地应在二里头类型主要分布区的豫西地区,而不在东下冯类型主要分布的晋南地区。"⑩

截止到现在,从田野考古上观察,夏文化遗址黄河以南确实比以北要多,

---

① 王国维:《殷卜辞中所见先公先王考》,见《观堂集林》卷九。

② 见《晋世家正义》张守节说。

③ 魏王泰、李吉甫,顾亭林说。

④ 太史公于《晋世家》所述。

⑤ 《水经》《水经注》中臣瓒、颜师古均主此说。

⑥ 《左传》定公四年。

⑦ 《左传》昭公元年。

⑧ 按古之晋阳不是现在的太原的晋阳。古之晋阳实乃平阳(今之临汾),以位于平水之阳得名,因平水一名晋水,故又有晋阳之名(此问题当另文详之)。所以,我们认为古之晋阳应位于汾水流域。

⑨ 参看邹衡《夏商周考古学论文集》,第251页。

⑩ 参看李伯谦《东下冯类型的初步分析》,见《中原文物》1981年第1期。

并且从测定的年代上说，大河以北的东下冯遗址第一期要晚于河南二里头的第一期。东下冯的一至三期基本应与二里头二至四期相当。这就是说二里头文化早于东下冯文化。但这也决没有确实的迹象能说明，像一些学者所推测的那样，认为夏文化发祥于河南，后来才越河北向发展到山西南部那种文化。

我们当然应当同等尊重田野考古的发掘，但是探索夏代文化，如果离开夏文化的文献记载，肯定是解决不了问题的。文献中有关夏代的传说，虽然不能轻信，但决不能不加重视。从文献上看，如前所述，夏代传说最多而且又是有关其前期的传说，是在今山西南半部，即汾水流域。照文献记载，这里应当是夏族文化的发祥地。奇怪的是，为什么这里还没有发现大型的夏代早期文化遗址呢？（东下冯遗址是夏中后期文化）我们觉得，这很可能是由于考古工作者过去对文献记载的上述情况未引起足够的重视，因而对这一地区的考古发掘工作也就做得很不够。于是出现了文献记载与已发现的文化遗址不甚符合的现象。我们建议考古工作者今后在山西的南部作有计划、有目的的重点发掘工作，或者有可能解决夏前期的文化问题。

二、"河南龙山文化"命名之不当

为了解决夏文化问题，自 1959 年以来，考古工作者在河南偃师二里头遗址进行了发掘，又继续不断地在河南中部、山西南部发现不少这类二里头文化遗址，学术界对二里头文化与河南龙山文化及其与夏文化的关系，进行了探索和研究。目前大致可以归纳为以下几种不同的看法：

1. 河南龙山文化晚期是夏文化。

2. 河南龙山文化晚期和二里头一、二期文化是夏文化。二里头三、四期为早商文化。

3. 二里头一至四期都是夏文化，河南龙山文化不是夏文化。

4. 二里头文化是先商文化，时代上虽相当于夏代，但不是夏文化。

5. 二里头文化的前三期是夏文化，第四期是早商文化。

要考查这几种看法哪一种正确，首先必须解决如何正确地认识所谓"河南龙山文化"问题。

典型的龙山文化是指分布在山东省的新石器时代晚期的一种文化。后来在中原各省都发现了近似于这种类型的文化遗址，于是考古工作者按不同地区而分为山东龙山文化（即典型龙山文化）、河南龙山文化、山西龙山文化、陕西龙山文化、河北龙山文化、湖北龙山文化等等。这种命名方法非常笼统，并且逐渐感到，这种命名方法很不科学。所以，有的学者就指出："龙山文化一辞似乎已超出了考古学文化的范围，而有点历史阶段的意味了。"[①]因为各地区的所谓"龙山文化"内涵极其复杂，各有其特点，不见得就是一种文化。吴汝祚先生就曾明确地说："这些所谓龙山文化的不同类型，在文化面貌上各不相同，在发展关系上，来龙去脉也各异，不能作为同一个文化，而应该区分为不同的文化。"因而对其中的"河南龙山文化"一词就避而不用，而代之以"后岗二期文化"[②]。我们认为这种论点和作法是很有见地的。

其实岂止各省地区之间的龙山文化应当区别对待，不应统名之为龙山文化，即只据河南一个地区的所谓"河南龙山文化"而论，又何尝不感到其太笼统呢？"河南龙山文化"固然与山东、河北、湖北等省的龙山文化不同，仅就河南省地区的而论，也同样不会是单纯的同一族人的文化。河南这个中原地区，从来就是多种氏族、部落、民族争逐、杂居之地。尽管各族文化由于互相接触、渗透，存在着明显的共性，但这只能说明在当时他们之间具有比较密切的联系，而不能说它们属于同一族人的共同体。他们在各自一定地区内，按着客观法则，和他们各自的社会关系、文化系统向前发展，他们所创造的文化自然各异。为了研究当时各族之间的联系、往还，因而对各个共同体之间互相影响而出现的共性，固然应当重视；但是，更重要的还应当注意到他们各自的特性，才能看出它们是属于多种部落、氏族的不同文化。

考古界的一些学者，由于过多地注意它们的共同性，于是把这些不同氏族、部落的各种不同的文化统名之为"河南龙山文化"。这个笼统的名词对学习中国古史的人是有害的。因为它很容易遮住人们的眼睛，使人们把这个复杂的历史现象简单化了，错误地认为在河南地区只存在着单一的一种原始氏族共同体。这是与历史的真实不合的。近年来，已经有一些学者，注意到同是河南龙山文化，各个不同地区遗址之中也存在不同的特征，如豫西和豫中的龙山文化面貌基本一致，而豫东与豫西相比，则存在着较大的差异。豫东的龙山文化比较接近山东龙山文化[③]。河南龙山文化必然有的是来自山东典型的龙山文化，也有的当有其他的来源。所以，虽然同名之为河南龙山文化，由于其来源不同，其中的差异必然会有的。已有学者从陶器的泥质、制法、纹饰、器形等方面的特

---

① 邹衡：《关于探讨夏文化的几个问题》，《文物》1979 年 3 期。
② 吴汝祚：《关于夏文化及其来源的初步探索》，《文物》1978 年 9 期。
③ 杨子范、王恩礼：《试论龙山文化》，《考古》1963 年 7 期。

征，明确地把河南龙山文化区分为四个不同的类型：

1. 三里桥类型：豫西、晋南和关中东部的后岗二期文化，以三门峡市的三里桥遗址为代表。

2. 煤山类型：颖水上游地区，以临汝煤山遗址第一期文化为代表。

3. 王油坊类型：豫东地区永城王油坊遗址为代表。

4. 大寒类型：豫北、冀南地区，以安阳大寒遗址为代表[①]。

河南龙山文化分成这四个类型是否正确，固然还须要今后田野考古进一步证实。但是根据现有的材料看，在河南龙山文化中确实存在着不同的类型。不同的类型应有其不同的来龙去脉，每种类型都代表一个人们的共同体。这种意见则是完全正确的。

河南龙山文化包涵多种的不同来源，我们结合着历史上中原地区古代民族的具体情况看，在这几种类型中，有的可能是先夏文化或夏文化，有的可能是先商文化，还有的可能是先周文化，甚至有的还可能是其他少数族的原始文化。所以，有些学者认为河南龙山文化就是夏文化或先夏文化，有的认为河南龙山文化是商文化或先商文化，这种不加分析，以偏概全的看法都是不妥当的。正确的提法应当是：河南龙山文化中的某一支可能是夏文化或先夏文化。我们必须通过对河南龙山文化进行这样细致的分析，才会为"夏文化"问题的彻底解决，缩短其距离。

三、夏文化与二里头文化、仰韶文化的关系

近年来，考古工作者为了探索夏文化，大多把注意力集中到偃师二里头遗址。对二里头遗址的发掘工作和探索的范围逐年扩大，发现这个文化层堆积形成一种比较典型的文化[②]，普遍存在于豫中、黄河南岸、陕县、荥阳、郑州，洛水、伊水流域的洛阳、偃师、巩县、宜阳、临汝、登封、嵩县等地，以及山西西南部永济、汾河下游一带。一般地说，二里头文化介于典型的龙山文化和商代前期文化之间。根据已经公布的材料，考古工作者将偃师二里头遗址分为

---

① 吴汝祚：《关于夏文化及其来源的初步探索》，《文物》1978 年第 9 期。

② 参看《1959 年河南偃师二里头试掘简报》，《考古》1961 年第 2 期；《河南偃师二里头遗址发掘简报》，《考古》1965 年第 5 期；《河南偃师二里头早商宫殿遗址发掘简报》，《考古》1974 年第 4 期；《河南偃师二里头遗址三、八区发掘简报》，《考古》1975 年第 5 期；《偃师二里头遗址新发现的铜器和玉器》，《考古》1976 年第 4 期。

四期。第一期，陶器以夹砂黑陶和泥质黑陶居多，灰陶较少，纹饰以篮纹为主，陶器多平底，盆、罐等器物在形制上与典型龙山文化都基本相同。其绝对年代，据对属于一期蚌片的放射性碳 14 的测定，距今为 3585±95（公元前 1620±95），树轮校正年代范围是公元前 2080—1690 年[①]。第二期，陶器则灰陶增多，磨光黑陶减少，纹饰以细绳纹为主，篮纹减少。第一、二期都不见有较粗的绳纹。第三、四期中以泥质灰陶和夹砂灰陶为主，黑陶进一步减少，粗绳纹出现，篮纹几乎绝迹。器形同郑州二里冈期商文化常见的同类器物已很接近，尤其是四期中这种陶器的数量更多，形制同二里冈期的同类器更趋一致。在第三期中并发现大型的宫殿建筑和少量的青铜器。其绝对年代经碳 14 测定为距今 3210±90 年（公元前 1245±90 年），树轮校正年代范围是公元前 1590—1300 年，相当于商代早期。这一期的文化面貌也完全是商代文化的特征[②]。

在二里头遗址四期中，第一、二期与第三、四期有显著的差异：第一、二期未发现铜器，而第三、四期已进入青铜时代；第一、二期文化接近由仰韶文化过渡而形成的一支河南龙山文化，而第三、四期则接近于二里冈期的商文化。三期遗存中既包含了以第一、二期为代表的文化遗存，又有新出现的以鬲、甑、斝、卷沿圜底盆、大口尊等一组新的陶器。这种类型陶器是二里冈期商代文化的特征。那种认为二里头第一、二、三、四期文化都属于夏文化或者说都属于商文化论者，对于第一、二期与第三、四期在文化上有显著差异这一点，是无法解释的[③]。所以，我们推测，二里头遗址第一、二期与第三、四期可能是两种不同的民族文化。偃师是夏族、商族共同活动过的地域，从绝对年代上看，二里头第一、二期基本上处在夏代及夏的末年纪年范围之内。而第三、四期则是商代的早期。我们已知第三、四期的文化衔接二里冈的商文化，可能就是商族的早期文化。第一、二期既是与第三、四期在文化内涵上有显著的差异，则第一、二期就不会是先商文化，从时间和地域上考虑，可能是夏族文化。

有的学者还注意到二里头遗址的第三期出现两种文化因素并存的现象，认为原来在这里发展着的第一、二期为代表的文化遗存，突然又出现外来的一个新的、强大的、接近二里冈殷商文化的因素[④]。这种现象的出现，只能从商汤

---

① 见《河南偃师二里头早商宫殿遗址发掘简报》，《考古》1974 年第 4 期。

② 见《河南偃师二里头早商宫殿遗址发掘简报》，《考古》1974 年第 4 期。

③ 关于二里头遗址，邹衡同志一方面说，"二、三两期区别较大"，一方面又说，"一至四期全属一种文化"（《关于探讨夏文化的几个问题》，《文物》1979 年第 3 期）。

④ 殷玮璋：《二里头文化探讨》，《考古》1978 年第 1 期；孟凡人：《试谈夏文化及其与商文化的关系问题》，《郑州大学学报》1979 年第 1 期；吴汝祚：《关于夏文化及其来源的初步探索》，《文物》1978 年第 9 期。

灭夏这一政治变革才能解释清楚。在夏的末世，伊、洛附近的洛阳、偃师一带，为夏朝的政治中心。当夏桀时东方兴起的商族，西向灭掉夏之与国韦、顾和昆吾，最后驱除了夏桀而建立了商朝。这时可能正当二里头遗址的第二、三期时，在文化上自然会出现夏、商两种文化因素并存的现象。这就是说二里头遗址第一、二期是夏文化，第三、四期是早商文化。这也是目前学术界比较流行的一种看法。

下面我们再谈谈仰韶文化与夏文化的关系。从前有人主张仰韶文化是夏文化，过去我也赞成这一说法。可是，后来在河南地区发现的仰韶文化、龙山文化和商文化遗址越来越多，清楚地表明仰韶文化与夏文化之间，从时间上看，还有一段距离。早在 1931 年在安阳后岗的发掘中，就发现了殷代的文化层压在龙山文化层上面，而龙山文化层又压在仰韶文化层上面。可见龙山文化是早于殷商而晚于仰韶文化的。1956 年到 1957 年陕县庙底沟的发掘，证明这里的第二期文化是属于河南龙山早期，并且可以看出由仰韶发展到河南龙山文化的过渡的过程。那末，紧接殷商之前的“夏文化”，就不会是仰韶文化了。

我们已经论证了二里头遗址第一、二期可能属于夏文化，而第一期有浓厚的河南龙山文化色彩。所以二里头文化的可能来源，就是“河南龙山文化”的一支。通过 1970 年在河南临汝煤山遗址的发掘，又找到了“河南龙山文化”与二里头类型文化的重叠层[①]。1957 年到 1976 年所发掘的洛阳矬李遗址，文化层分为五期：第一期属于仰韶文化，第二、第三期属于河南龙山文化，第四、第五期属于二里头文化[②]。这几次田野考古不仅再次证实了二里头类型文化是由一支河南龙山文化发展来的，同时从矬李遗址的层位迭压关系可以看出，由仰韶文化到河南龙山文化再到二里头类型文化，三者是一脉相承的。二里头的第一、二期属于“夏文化”的晚期，从绝对年代上看，河南龙山文化的一支的晚期，当然也属于夏文化的范围。再往上推，处在山西南部和河南中部地区的河南龙山文化的中期、早期和仰韶文化就一定是“先夏”的文化了。因此，若说仰韶文化是夏文化，不对。可是若说它是夏朝以前夏人的远古文化的来源之一，也可能是正确的。

---

① 《河南临汝煤山遗址调查与试掘》，《考古》1975 年第 5 期。
② 《洛阳矬李遗址试掘简报》，《考古》1978 年第 1 期。

四、夏文化有无铜器和文字的问题

根据我们所认为可能是夏文化的遗址中，有两个现象必须注意：一个是没有发现铜器，一个是没有发现文字。

二里头遗址的第三期出现铜渣、坩埚片和铜镞、铜凿、铜刀、铜锥、铜鱼钩等，经过鉴定是属于青铜。可是，如上述二里头第三期、四期是商的早期文化。所以，这只能证明商族老早就进入了铜器时代。而属于夏文化的二里头第一、二期则绝不见一点铜器的影子，甚至连红铜也不见。从宋以来所著录的和一直到近年所出土的铜器，数量很大。至今尚未有一件确证为夏器的。因此，我们推测夏族这时可能尚未进入铜器时代（但不排除由同时的先商族传入一些青铜器）。文献传说夏代有铸鼎于昆吾[①]，又传说夏代已有"贡金九牧，铸鼎象物"[②]等等记载，都未必可信。

至于夏族是否已经发明文字，仍是一个悬而未决的问题。《墨子》称《尚书》首列《夏书》[③]。但是，群经诸子所引之《夏书》逸文，及现存之《禹贡》、《甘誓》，绝不似周以前之作品。明人所传《大禹岣嵝碑》（旧称在湖南衡山）、宋人所传之夏珝戈、夏带钩[④]，也决不是夏代文字。我们可以说确切的夏代文字，至今从未发现过。所以，我们倾向于夏族在当时可能还未行用文字这一看法，虽然同时代的先商文化已经有文字了。

1982 年 4 月 20 日

（原文题目为《夏文化研究中的几个问题》，收录于《夏史论丛》，齐鲁书社1985 年版。今据《中华民族早期源流》一书改作此题目）

---

① 《墨子·耕柱篇》。
② 《左传》宣公三年。
③ 《墨子·明鬼篇下》
④ 见薛尚功《钟鼎彝器款识》卷一。

鬼方考补证

最早研究鬼方历史的学者，当以王国维为最著。其所作《鬼方昆夷猃狁考》是以铜器铭文与古文献互相印证，对鬼方一族，勾稽索隐，创获颇多，使这一模糊的古老民族历史得以重现，其功不可没。但是，王氏由于时代的局限性，错误地把鬼方混同于猃狁和昆夷，因而对鬼方一族的大小兴衰、出没地望，又造成一些值得重新商榷的问题。1945 年余作《鬼方考》一文，对王氏所论已详加驳辨。关于鬼方活动的地域，王氏一则曰："鬼方地在汧、陇之间，或更在其西，盖无疑义。"再则曰："又在宗周之东，其北亦为鬼方境。"这样，忽而西忽而东，全不合实际。我曾提出五点证据，说明殷周时鬼方应在山西南部，战国末始北迁。那篇东西写于四十年前的抗日战争期间，当时参考图书缺乏，环境复极艰苦，虽勉强成篇，但以今日的眼光视之，需要改正补苴之处尚多。今暂厘为二题，试略加补正。

一、甲骨卜辞中有无伐鬼方的记载

四十年前我们曾说，甲骨文中"鬼方"一词仅一见。可是，今天情况不同了。甲骨契文已大量著录出版，我们所能见到的甲骨文资料，远远超过以前。但有关"鬼方"的卜辞，仍是少得可怜。下面抄录有代表性的几条卜辞，然后再逐条加以讨论。

（1）己酉卜，宾贞：鬼方易。亡囚？五月。（乙 6684；《合集》8591）

（2）己酉卜，内……鬼方易……囚？五月。（甲 3343；《合集》8592）

（3）……卜，殻贞：鬼方易……（《合集》8593）

（4）壬辰卜，争贞：隹鬼，饺。贞，不隹之饺。（乙 3407）

（5）允隹鬼眔周，饺。（乙 3408，3407 反）

卜辞中这一些"鬼方"或"鬼"应当就是文献上的"鬼方"。过去由于卜辞中仅一见，因而有谓卜辞中之"鬼方"非文献中之"鬼方"，认为卜辞中之"畧"与"鬼"同音假借，于是提出卜辞中的"畧方"才是文献中之"鬼方"①。现在卜辞中有关"鬼方"的记载既然不止一见，而且大有逐渐增多之势，因而对卜辞中之"鬼方"即文献中之"鬼方"的看法，怀疑者已不多见。

承认卜辞中有鬼方，但是有无"伐鬼方"的记载，仍存有分歧意见，因为卜辞中没有对鬼方用"伐"或"征"的明显文句。只有"鬼方易"的"易"，这个"易"字过去有人以为是名词：有人名、族名、地名和方国名等不同的说法②；还有的学者把"易"认为是动词，读为"颰"③，或读为"扬"，谓"鬼方易的易作动词用，是说鬼方飞扬而去，言其逃亡之速，故下句以无咎为言"④。

"易"字若作名词用，"鬼方易"三字绝对不会含有伐鬼方之义。但若作动词用，不管读"颰"或"扬"，都可以解释为：鬼方被征伐，于是飞扬逃跑。从卜辞整句看，鬼方逃去为"亡囚"，这就真如李学勤同志所说，"（鬼方）以有祸为正卜，表明商人是希望它们有祸的，它们都是商的敌人"⑤。上所录的（1）至（3）条卜辞很可能都是商王征伐它的敌人鬼方，而占卜是否没有灾祸的记录。

上引第（4）和第（5）条卜辞中的"飮"字，据于省吾先生说："初义为以朴击蛇，引申为割杀之义。飮即《说文》啟字，经传假施为之。"⑥后又训为"割解俘虏以为祭牲"⑦，其说可信。卜辞中用牲及用人为牲，以飮的方式祭祀的颇多，如：

飮羊。（存 1·1494）

贞，飮牛。（戬 24·2）

贞，飮五牛。（金 624）

飮豕。（乙 2728）

癸亥卜，㱿贞：飮羌百。（《续》2·29·3）

这几条卜辞大概即是用牛、羊或羌人作祭牲，以祀祖先鬼神求福佑的卜辞。

---

① 林义光：《鬼方黎国并见卜辞说》，刊于中国大学《国学丛编》第一期第二册；董作宾：《论畧方即鬼方》载其《殷历谱》下编；于省吾：《释畧方》载于《双剑誃殷契骈枝三编》。于氏说："且在已发现之契文中，不应仅此一见"，又说："以契文畧方之方位及为患之剧考之，亦非畧方无以当鬼方。"

② 参看罗琨《高宗伐鬼方史迹考辨》中所引。罗文刊于《甲骨文与殷商史》，上海古籍出版社，1983 年。

③ 丁山：《商周史料考证》，龙门书局 1960 年版，第 78 页。

④ 于省吾：《甲骨文字释林·释鬼方易》，中华书局 1979 年版。

⑤ 李学勤：《殷代地理简论》，科学出版社 1959 年版，第 75 页。

⑥ 于省吾：《殷契骈枝·释易》。

⑦ 于省吾：《甲骨文字释林·释飮》。

回过头来，我们再看上引第（4）条"隹鬼，饮"，大概就是以俘虏鬼方的人为祭牲，第（5）条"允隹鬼眾周，饮"，就是以俘获的鬼方和周人为祭牲。

根据前面这几条卜辞的句法，被"饮"的对象如牛、羊、羌人等大都置于"饮"字后面，而有关鬼方的第（4）条、第（5）条的"鬼"和"周"却置于"饮"字之前，所以有的学者对"隹鬼饮"和"隹鬼眾周饮"中之"鬼""周"解释为"饮"祭的执行者，也就是说，"鬼"和"周"不是被饮的对象，而是躬行杀牲致祭的人①。这种解释当然也有道理。但是，我们认为按照卜辞辞例看，被"饮"的对象，可以置于"饮"字之后，也可以置于"饮"字之前，例如：

> 贞，饮人于章旦。（拾 11·19）
>
> 贞，人旺（岁）、饮于丁。九月。（《燕》241）

这两例句同是"饮"人以祭。第一例"人"在"饮"后，第二例则"人"在"岁"（刺杀）与"饮"（割解）之前。

另外，为了说明"鬼"为被饮的对象，我们不妨再举几条卜辞，以资证明：

> 辛卯……㱿贞，隹冤乎竹饮𤔔。（《合集》1109 正）
>
> ……冤乎竹饮𤔔。（《合集》1111 正）
>
> 贞，不隹乎竹饮𤔔。（《合集》1110 正；存 1·616）

这三例中"饮"字后之字，我颇疑都是"鬼"字的异文②，这就可以证明"鬼方"为商人的敌对者，故以其战俘为祭牲。

总之，前所录的五条有关鬼方的记载，都是商人伐鬼方在卜辞中的反映。也只有这样解释才与古文献记载相合。其中有"鬼方易"和"饮鬼"或"隹鬼饮"的卜辞都是属于一期卜辞，正是商王武丁时期。古文献《易经·既济》爻辞谓："高宗伐鬼方，三年克之。"这个"高宗"，自周公（《尚书·无逸》）孔子（《论语·宪问》）以来均认为是指商王武丁。这样，地下出土材料的记载，与古文献的记载如此一致，知其必为史实，而决非偶然也。

---

① 参前揭罗琨文。

② 按罗琨《高宗伐鬼方史迹考辨》中曾引过一片卜辞："隹冤乎竹饮𤔔"（《京》1434）。饮字下之字，更似鬼字。可是我们检阅《战后京津新获甲骨集》原片，饮字下断缺，并无鬼字。故今未敢贸然取以为证。

二、"高宗伐鬼方，三年克之"如何解释

《易·既济》之爻辞谓"高宗伐鬼方，三年克之。"这是指商王武丁对鬼方的战争，并已在出土的甲骨文中得到证实。商王武丁号称中兴之主，对鬼方的战争，需要经过三年才能取得胜利，则鬼方的强大是可以想见的。可是在武丁时的卜辞中，有关鬼方的记载却如此稀少。并且从武丁卜辞中所反映的敌对战争，次数最多的是呂方、土方、羌方，而不是鬼方。所以，卜辞中的鬼方决难证明是"三年克"的敌对大国。有的同志因此提出怀疑说："卜辞中的鬼方即《周易》所称之鬼方的说法，是值得怀疑的。"并且更进一步说："据现有甲骨文资料，武丁时没有征伐过，称之为鬼方的一个鬼姓邦国。"①这种怀疑不能说没有道理。那么，《周易》的"三年克之"到底怎么解释呢？

按《周易》爻辞说的"高宗伐鬼方，三年克之"，一般人认为这是说武丁与鬼方打了三年的战争，才把鬼方攻克。其实这种理解是很错误的。在三千多年以前的殷商时代，两国交兵，决不会有持续三年的大规模战争。从记载较翔实的殷末周武王在牧野克商的战争，是有名的大战。据史书记载，当时周武王率戎车三百乘、虎贲三百人②，甲士四万五千人与商纣兵七十万人（可能是十七万之误），战于牧野。战役也仅仅在"甲子"那天一日而毕③。甚至数百年后春秋时期的战争，也不很大。《左传》所描绘的五大战役（韩、城濮、鞌、邲、鄢陵），我们脑中都有很深的印象，总觉得这五大战为我国历史上有名的大规模的战争。其实若仔细查阅史料原文，所谓五大战，都只是一天就打完了整个战争。每次战役，其战车不过几百乘，兵众不过十万，战程不过一日。例如晋、楚鄢陵之战，据记载"旦而战，见星未已"，而楚军"乃宵遁"④。这个春秋时有名的大战，也不过一天一夜。一直到战国时期，战争的规模才逐渐增大，但也不过数月。如战国末年公元前 260 年的长平大战，秦、赵两军相持于上党、长平，战线绵延一百几十里；战争始于四月，至九月赵军败降，前后持续也仅有五六

---

① 同前引罗琨文。

② 按虎贲即勇士。《周本纪》谓虎贲三千人，《尚书·牧誓序》作三百人。清梁玉绳《史记志疑》谓当依《书序》以三百人为断。

③《史记·殷本纪》谓周武王率兵伐纣，纣亦发兵拒之牧野，"甲子日，纣兵败。"近出土的周初铜器《利簋》铭文有"武王征商，隹甲子朝"，日期与《史记》所述相合。

④ 见《左传》成公十六年。

个月之久①。

从战国上推一千年的殷商时，武丁与鬼方的战争却说已有延续三年之久的大战役。这种说法，恐怕是绝对讲不通的。

吾人生当二三千年后，习见于近世国家的大规模战争，往往易于以今律古，把远古的小战役，错误地无限放大而不自知。所以，《周易》所载伐鬼方三年克之这句话，不是记载失实，即是另有其它解释。我们且推敲一下古文献的原文。

《周易》是这样记载的：

> 高宗伐鬼方，三年，克之。（《既济》九三爻辞）
> 震用伐鬼方，三年，有赏于大国。（《未济》九四爻辞）

这两条爻辞行文古朴，我们决无理由怀疑其真实性。

有人说，"此两伐鬼方非当一时之事"②。可是我们却认为应指同一事。所谓"震用伐鬼方，三年，有赏于大国。"其中之"用"乃"周"字之讹。这是说殷高宗武丁时，震和周两个小方国，助商伐鬼方有功，得到大国殷商的赏赐③。两爻辞都说到"三年"，问题在于这个"三年"与"伐鬼方"如何联系。绝不是打了三年的仗，已辨如前。那么"三"代表什么呢？

"三年"的"三"或者是古人习惯用语，《周易》卦辞、爻辞这种用法很多，是指大于"一"的泛称，不代表"三"的确数④。"三年克之"并不是说商王打了三年的仗，才得胜利。但是，即便不是整三年，也必须是一年以上，才配得上称"三"。一年以上的战争，在殷商时仍觉得是不可能的。

我们从古史记录的体裁上考虑，才发现爻辞的"三年克之""三年有赏于大国"都是指商王的纪年，是说殷高宗武丁在位的第三年那一年，命周攻克鬼方。这才是这两爻辞的确解。下面且作具体说明。

古代之史书，盖为文句极为简略、以事系年的编年体。现在我们所能见到的这类古史书，以孔子《春秋经》为最早⑤。其体裁大概悉依鲁史之旧。吾等

---

① 见《史记·白起王翦列传》。

② 徐中舒：《殷周之际史迹之检讨》，《中央研究院历史语言研究所集刊》第七本第二分。

③ 见拙稿《先周族最早来源于山西》，载《中华文史论丛》1982年第三辑。

④ "三"的习惯用语例子，见于《周易》的，如"先甲三日，后甲三日"《蛊》，"三日不食"《明夷》，"昼日三接"《晋》，"田获三品"《巽》，"三驱"《比》，"三就"《革》，"王三锡命"《师》，"三岁不兴"《同人》，"三人行"《损》，"妇三岁不孕"《渐》，"不速之客三人"《需》，"三岁不得"《坎》，"田获三狐"《解》等等。这些"三"字均属泛指，而不是"三"的确数。

⑤ 按比《春秋经》成书前的如《尚书》《诗经》时代虽然早，但从严格的意义讲，它们还不能算史书。《尚书》是政府档案集，《诗经》是文学作品选。两书只可说是史料。

可借此以窥见古代所谓史，文句简短达于极点。每条最长者不过四十余字，最短者乃仅一字（如隐公八年有一条云："螟"）。这类史书在春秋战国间，各国都有，故孟子称"晋之乘，楚之梼杌，鲁之春秋"①，墨子称"周之春秋""燕之春秋""宋之春秋""齐之春秋"②，又称"百国春秋"③。可惜这些史书，自秦灭之后，荡然无存。所幸西晋时汲冢出土一部《竹书纪年》。根据残存的《古本竹书纪年》看，这类史书的体裁，与《春秋经》大致相同，也是以事系年。今举殷商末年几条纪事为例：

> 大丁二年，周人伐燕京之戎，周师大败。（《后汉书·西羌传》注引）
> 七年，周人伐始呼之戎，克之。（同上注引）
> 帝乙处殷。二年，周人伐商。（《太平御览》卷八十三引）

这和《周易》爻辞"高宗伐鬼方。三年，克之"其行文极相似。《周易》这条爻辞的来源，可能就是采自这类编年的史书。上所举《竹书纪年》这三条纪事，是说周人伐燕京之戎是在大丁即位之二年，伐始呼之戎是在大丁即位之七年，周人伐商是在帝乙即位之二年。大家公认这么理解是毫无疑义的。同样文例的《周易》爻辞，为什么不能把"伐鬼方""克之"解释为是指殷高宗即位之"三年"的纪事呢④？

《周易》爻辞"高宗伐鬼方，三年，克之"中的"三年"得到合理的解释，这条纪事也就可以确信无疑了。

最后，我们再谈谈与讨论鬼方问题有关的一条自组卜辞。罗琨同志引《殷墟文字乙编》403 片，释其文为："癸亥，贞旬。庚午鬼方受𡿧（又）。"认为这是商王为鬼方求福佑的卜辞⑤。鬼方既是商的敌对方国，为什么又为他求福佑呢？经我们查对原书，发现这条卜辞作以上释文是有问题的：第一，在这片卜辞中之所谓"鬼方"的"鬼"，模糊不清。如果我们参阅《甲骨文合集》与此片辞句相类的第 20966 片，就可以看出，此字似乎不是"鬼"而是"兄"字。第二，其中"受𡿧"之"𡿧"字也可疑。按"𡿧"是卜辞中的常见字，据《甲骨

---

① 见《孟子·离娄下》。
② 见《墨子·明鬼下》。
③ 《墨子》佚文，见《史通·六家篇》所引。
④ 这种编年形式又见《尚书大传》记周公摄政有"一年救乱，二年克殷，三年践奄，四年建侯卫，五年营成周，六年制礼作乐，七年致政成王。"（《隋书·李德林传》，又《通鉴外纪》卷三引）这里的几年几年也是编年史体，是指周公摄政的第几年那一年所做的事。
⑤ 同前引罗琨文。

文编》所辑的二十五个"屮"字，其形下部大都作一横画，或横画稍曲。而此字下部作山形，可见，未必是"屮"。第三，即便是屮字，似乎也不能读为"鬼方受屮"。因为从原拓看这个字明明是在罗氏所释的"鬼方"二字之上方。足证这条卜辞在释文和通读上，还应再斟酌。并且，就是采用罗氏读法，与我们对"高宗伐鬼方"的理解也不会构成矛盾。道理很简单，自组卜辞的断代，学术界还没有取得一致的意见。我们赞成自组属武丁时代。至于在武丁的晚期还是早期，虽然尚有争论[①]，但由于传说武丁在位年久[②]，假如我们把这条卜辞置于武丁三年攻克鬼方之后，也仍然没有超出武丁早期的范围。鬼方自被攻克即服属于商，商王为其占卜求佑，又有什么不可呢？我们对鬼方这样一些理解，卜辞和文献的记载便完全相合了。

（原文发表在《考古》1986 年第 10 期）

---

① 主张自组卜辞在武丁晚期者有：陈梦家：《殷虚卜辞综述》，科学出版社 1956 年版，第 153 页；肖楠：《安阳小屯南地发现的"自组卜甲"——兼论"自组卜辞"的时代及其相关问题》，《考古》1976 年 4 期。主张在武丁早期者，见林沄：《小屯南地发掘与殷墟甲骨断代》，《古文字研究》第九辑，中华书局 1984 年。

② 古史传说殷高宗武丁在位五十九年（《尚书·无逸》，或说五十五年（《史记·鲁世家》），或作百年（见《熹平石经》《汉书·五行志》《论衡·气寿篇》）。总之，武丁在位必在五十年以上。

秦人的族源及迁徙路线

一、秦族源于东方证

秦族最初起于东方，本为东夷之族。《史记·秦本纪》对其早期活动于东方的地望，已具基本轮廓，进一步阐释者大有其人。尤其近年来通过民族学、考古学与古史学多方面的综合研究，越来越多的人相继提出秦族起源于东土的有力证据，归纳起来有以下三点：

1. 秦人卵生之神话传说，属于东方诸多古老氏族的鸟图腾崇拜范围。

2. 秦祖少皞又称为颛顼之苗裔。少皞墟在今山东曲阜，颛顼墟在今河南北部之濮阳县。少皞、颛顼均为东方部落宗族神。

3. 秦为嬴姓。嬴姓之古老部族，大都在东方。

根据以上三个方面的证据，秦族源于东方，似乎已成定论。不过，由于嬴秦自春秋以来奠基于西土，史料记载极为明备，易使后人误其或本系西方土著民族。加之近代王国维、蒙文通两史学大师均著有专文，力主嬴秦为西戎之说[1]。因此秦为西土民族说，至今仍甚为流行。所以，不得不再为辨析。

细读主张秦源于西方的学者所提出的证据，大都属于对旧史料原文的误解。主要有以下几点，兹分别加以讨论：

第一，西戎、西垂的地望问题。《史记·秦本纪》记述秦的祖先中潏，远在殷商末年即已"在西戎、保西垂"。还记载申侯对周孝王说："昔我先郦山之女为戎胥轩妻，生中潏，以亲故归周，保西垂。西垂以其故和睦。"学者多狃于旧说，以为秦远祖既已名"西戎"，而且又是保"西垂"，可见其为西方民族。

这里涉及两个问题：一是名为"戎"，而且是"西戎"，是否就意味着秦是中国西部的民族？二是这里所说的"西垂"一地到底在何处？

---

① 王国维：《秦都邑考》，《观堂集林》卷一二；蒙文通：《秦为戎族考》，《禹贡》第 67 期，1936 年；及《周秦少数民族研究》中之《秦为戎族》节，龙门联合书局 1958 年版。

王国维、蒙文通两氏均列举上引《秦本纪》所述的两段话，用以证明秦的祖先起源于西方戎族，后来的部分学者也如此。其实战国以前称"戎"的，并不都代表西方的部族。西周青铜器《不嬰毁》铭文有称北方的猃狁为"戎"，《尚书·康浩》称中原的殷为"戎殷"，《费誓》称东方的徐为"徐戎"。这说明北方、东方的部族也可以称"戎"，不独西方为然。尤其蒙氏除引《秦本纪》所说秦为戎族外，又列举《公羊传》："秦者夷也"；《穀梁传》："狄秦也"；商君言："始秦戎狄之教、父子无别，同室而居"（哲按：此语出自《史记》本传）；《管子·小匡篇》："桓公西征，攘白狄之地，至于西河，而秦戎始服"等等。蒙氏据此谓秦非华夏族是正确的，但是引《公羊传》《穀梁传》《管子》诸书，仍有问题。因战国晚期所谓夷、狄、戎诸名词，乃是好侵暴人国者之称谓，已完全没有种族或民族的含义[1]。至于《秦本纪》称秦先祖中潏已"在西戎"，能不能以此就认定在中潏时秦族是在中国的西部呢？我看不能。《史记·秦本纪》原文是这样说的：

> （秦远祖）费昌，当夏桀之时，去夏归商。为汤御，以败桀于鸣条。大廉玄孙曰孟戏、中衍。……帝太戊闻而卜之，使御。吉。遂致使御而妻之。自太戊以下，中衍之后，遂世有功。以佐殷国。故嬴姓多显，遂为诸侯。其玄孙曰中潏，在西戎，保西垂。

一些主张秦人起源于甘肃东部的论者，主要根据就是上引文的最末这句话，认为秦祖中潏自商末以来即已"在西戎，保西垂"，可证其为西土民族。甚至连主张秦人源于东方最力的段连勤同志也不得不承认秦人在商代就已从东方西迁到甘肃的东部[2]。另外，主张秦人到底是东来还是西来尚难以下结论的赵化成同志也说，"秦人至迟在商代末年已经活动于甘肃东部，也就是说已经在西方了"[3]。但是，《秦本纪》说得很清楚，秦的远祖自夏末即已去夏归商，并且自中衍之后，史称每世佐商有功。一直到殷商末年，中潏"在西戎，保西垂"。这里说的"西"，当然是以商都殷墟为中心说的。西垂当然是指商的西垂，西戎是指殷墟以西的戎。殷墟是今天的安阳。安阳以西，就是今山西省一带。

---

① 例如《穀梁传》僖公三十三年谓："晋人及姜戎败秦师于殽。不言战而言败，何也？狄秦也。其狄之何也？秦越千里之险，入虚国，进不能守，退败其师徒，乱人子女之教，无男女之别。秦之为狄，自殽之战始也。"是秦在殽战之前，尚不为狄可知。按民族学上的是否戎狄族，何能决于一战？又如《穀梁传》昭公十二年称地道的华夏族的姬姓之晋为狄，反而称白狄的鲜虞为中国。这是因为晋侵伐鲜虞而被以夷狄之名。

② 《关于夷族的西迁和秦嬴的起源地族属问题》，《人文杂志》专刊《先秦史论文集》，1982年。

③ 《寻找秦文化渊源的新线索》，《文博》（西安）1987年第1期。

殷商末年，在今山西省南部广大地区，散居着大批种姓不同的戎狄。见于《古本竹书纪年》的，当商武乙时有"西落鬼戎"，大（文）丁时有"燕京之戎""余无之戎""始呼之戎""翳徒之戎"[1]。这些戎狄的确切地望虽不可知，但均应在今山西境内[2]，一直到周初被封于晋的唐叔虞，实际上是生活于戎狄环绕的环境里。所以，《左传》昭公十五年说："晋居深山，戎狄之与邻，而远于王室，王灵不及，拜戎不暇。"晋居戎狄之间，确是真实情况：晋在周初受封时，还要"启以夏政，疆以戎索"[3]，按照戎狄人的制度办事。可见在商末周初，今山西境内是大批戎狄聚居之地。殷商末对处在殷都西面的这些戎狄，自可称之为西戎，中潏佐商，当然是为商而"在西戎、保西垂"了。这个"西垂"不知是指殷都西边的边睡，还是指一个地名，但均在今山西境内，则无可疑。

《史记·秦本纪》述申侯对周孝王说："昔我先郦山之女为戎胥轩妻，生中潏，以亲故归周，保西垂。西垂以其故和睦。"或谓此言在中潏时已言归周，则此西垂自然"当指周之西垂"[4]。我认为不对。此西垂应仍是指商的西垂。盖因中潏为商末时人，《汉书·律历志》载有汉昭帝时治古历的太史令张寿王，曾提到在殷周间有个作过"天子"的骊山女，可能与申侯说的其先人为戎胥轩妻的那个"郦山之女"为同一人[5]。与申侯那段话合观，既可证中潏之时代确为商末，并可知"郦山之女"为姜姓。殷商末年商周两族之间，民族矛盾虽已露端倪，但由于商周力量悬殊，在政治上周是臣属于商的。商周是一个政治单位，中潏佐商，当然也可以说是"归周"。至于所谓"以亲故归周"，是说中潏的归周是由于与周有"亲"。什么亲呢？需要加以解释：中潏是胥轩与申侯先人郦山之女所生。这个郦山之女的姓氏，不知是姬姓，还是姜姓？若是指骊戎的女儿就是姬姓，与周同姓，当然是"亲"了。申侯说郦山之女是他的先人，申侯姓姜，则郦山女又似指姜氏之戎。姜姬两姓在周代是世为婚姻，中潏既是姜姓所生，与姬周也可以说是"亲"了。但所谓"归周"，是申侯为了说服周孝王，委曲婉转地说秦与周有"亲"的关系，说秦早就归周了。实际上真正是"佐商"以御戎狄，"保西垂"保的是商的西垂。在商、周冲突中，中潏从未真正归周。

---

① 《后汉书·西羌传》注引《竹书纪年》。

② 参看顾颉刚《从古籍中探索我国的西部民族——羌族》，《社会科学战线》1980 年第 1 期。

③ 《左传》定公四年卫祝佗语。

④ 《寻找秦文化渊源的新线索》。

⑤ 按此"天子"一词，意为少数民族之氏族首领。蒙文通主张郦山女与郦山之女为一人。可推知郦山女作过郦戎的首领。

看其子蜚廉和其孙恶来，都还死心塌地助商封抗周①，就可以推知了。所以，中潏保的西垂，肯定是指商的西垂。如此，则主秦为西方土著者以西垂为证，便失去了根据。

第二，犬丘与西犬丘问题，犬丘和西犬丘为秦人重要的居留之地。《史记·秦本纪》和旧注叙述其居处经过及其地望，已很清楚。《秦本纪》说：在周孝王时"非子居犬丘"。由于他为周王养马有功，乃被"分土为附庸，邑之秦"。到周宣王时，"庄公居其故西犬丘"。显然，《秦本纪》是将"犬丘"与"西犬丘"分述为二地的。犬丘一地。裴骃《集解》引徐广曰："今槐里"；张守节《正义》谓："《括地志》云，犬丘故城，一名槐里，亦曰废丘，在雍州始平县东南十里。《地理志》云，扶风槐里县。周曰犬丘，懿王都之。秦更名废丘。高祖三年更名槐里。"按此槐里之犬丘，在今陕西兴平县。《秦本纪》所说"庄公居其故西犬丘"的"西犬丘"，则为自非子被孝王"邑之秦"以来的封土，也就是"秦"地。《集解》引徐广谓秦即"今天水陇西县秦亭"。《正义》谓，"《括地志》云：秦州、清水县，本名秦，嬴姓邑。《十三州志》云，秦亭、秦谷是也。"按此秦即今甘肃清水县。非子因系庶出，原先本无封土，只能与嫡子成，以兄弟关系，同居陕西之犬丘。"邑之秦"后，才从陕西犬丘西迁到甘肃的清水，仍用原陕西"犬丘"旧名，名此新土。因地在原"犬丘"之西，于是又加一"西"字，名为"西犬丘"，以示区别。到周宣王时，秦人居此已历五世，故史文特加一"故"字，称"庄公居其故西犬丘"。只要细心阅读《秦本纪》和旧注，便觉其行文清晰，不会再有别的不同解释。

对《秦本纪》记述犬丘和西犬丘这几段史文误解的近代学者，最初是王国维。后来也还有不少学者有不同程度的误解。王国维《秦都邑考》，对旧注非子所居之犬丘为槐里说，提出三疑曰：

> 《本纪》云：非子居犬丘。又云，大骆地犬丘。夫槐里之犬丘为懿王所都，而大骆与孝王同时，仅更一传，不容为大骆所有。此可疑者一也。②

按懿王徙都犬丘说，只见于《世本》和《汉书·地理志》。懿王为何迁都不可知，何时又迁回丰镐，亦不详。此事不见于《史记》。纵令为史实，非子居周京附近，也没有怀疑的理由。因为非子为周王养马，主管王室生活杂役，其家族理应居住王室近地，才近情理。非子居槐里之犬丘，又有什么可疑呢？王国

---

① 见《孟子·滕文公》《史记·秦本纪》。
② 《观堂集林》卷一二。以下凡引王国维说，均出此篇，不另注。

维继续说:

> 又云宣公子庄公（哲按:《本纪》谓庄公乃秦仲子，非宣公子）以其先
> 大骆地犬丘，为西垂大夫。若西垂泛指西界，则槐里尚在雍、岐之东，不得
> 云西垂。若以西垂为汉之西县，则槐里与西县相距甚远。此可疑者二也。

按《本纪》原文并不是说，庄公由于有了大骆地犬丘而为西垂大夫。原文
是:"（宣王）于是复予秦仲后及其先大骆地犬丘，并有之，为西垂大夫。庄公
居其故西犬丘。"这是说，周宣王因庄公伐西戎有功，于是重新封赐他，从非子
"邑之秦"以来，经秦侯、公伯到秦仲三世所祖居之"秦"（在甘肃）和大骆嫡
嗣子孙所居之大骆地犬丘〔陕西之犬丘〕两地"并有之"。所谓"并有"就已指
明其非一地。庄公拥有陕西之犬丘，并仍有其历世祖居地甘肃之"秦"。而"秦"
在陕西犬丘之西，故名西犬丘。所谓"居其故西犬丘"，这个"故"字就已说明
庄公的祖和父，一直是居西犬丘的。西犬丘远在雍、岐以西，故可称西垂，并
以此称为西垂大夫。以上对《本纪》原文的解释，应当是顺理成章的。王氏所
举第二疑可以冰释。王氏又说:

> 且秦自襄公后始有岐西之地。厥后文公居济渭之会，宁公居平阳，德
> 公居雍。皆在槐里以西，无缘大骆庄公之时已居槐里。此可疑者三也。

这第三疑是说，秦族在庄公以后，其都城从西到东逐渐东移，德公时最东
才扩展到雍。其祖先大骆、庄公之时，何能早已东向到达丰镐近地槐里之犬丘
呢？王氏之所以有此疑向，是因他先有秦族来源于西土之成见在胸，认为秦只
能从西到东迁移，不会再有其他方向。殊不知秦人早期本为东方土著，在大骆
庄公以前的造父，已居比槐里更东的山西赵城，明载于《秦本纪》，王氏为什么
竟熟视无睹？诚为可怪。盖秦人前期自东向西迁移（详后），只是自非子邑于秦
以后，到庄公、襄公、文公、宁公才复回头向东发展。如此，则庄公居甘肃之
西犬丘，并领有大骆地槐里之犬丘两地，又有什么可疑呢！

《秦本纪》叙述犬丘与西犬丘为两地，本甚清楚，王国维为了证明秦源于西
土，却把两地说是一地。甚至毫无根据地删削《史记》原文以就其说，说《本
纪》中"犬丘字上均略去西字。"古人"增字解经"，早已为人所垢病，现在又
来了个"减字解史"，当然也不会得到学术界的认可。

王国维之所以将犬丘与西犬丘误认为一地，其原因主要是由于忽视了非子
在周孝王封他"秦"地之前和以后，其居地已有了变化。对这个关键性的问题

没有搞清楚，于是对秦史的理解，才出现了一系列错误。

以上，讨论了秦史中的西戎、西垂、犬丘、西犬丘几个名词。只要对《本纪》原文正确地理解，便知道这几个词对秦人源于西方之说，帮不了什么忙。相反，却成了秦人逐渐从东向西发展的绝好根据。

二、秦族西迁的时间和途径

承认秦族最初起于东方者，对何时西迁，也有分歧。有人谓，"秦本东夷族，在周公东征后西迁"[①]。又有人提出不同意见，认为"秦人至迟在商代末年已经活动于甘肃东部，也就是说已经在西方了"。又说，"一些人主张的周公东征迁秦人于西方的说法是难以成立的"[②]。到底什么时候西迁？其迁徙路线若何？有关史料奇缺，这也是意见纷歧的主要原因。其实若对《秦本纪》细心体会，对这两个问题，还是看得出一些蛛丝马迹的。现在我先引出《本纪》中的一些有关段落。然后再进行具体地分析。《秦本纪》说：

> 秦之先，帝颛顼之苗裔孙曰女脩。女脩织，玄鸟陨卵，女脩吞之，生子大业。大业取少典之子曰女华。女华生大费，与禹平水土。……帝舜曰：咨尔费，赞禹功，其赐尔皁游。……大费拜受，佐舜调训鸟兽，鸟兽多驯服，是为柏翳。舜赐姓嬴氏。

《本纪》所记秦人远祖这段传说，杂有大量神话，还不能说是信史。但这种半神半人的古史，是世界大多数古老民族所同的。在这些传说中，可以从中抽出四点史实，似乎正反映出秦的一些真实历史。

第一，秦自以为是帝颛顼之苗裔，而颛顼都帝丘，在今河南省北部之濮阳县[③]。第二，秦人有与中国东方古氏族相同的玄鸟图腾的传说。第三，秦人嬴姓，而历史上嬴姓氏族，据近人考证多在东方。第四，秦远祖柏翳即伯益，封

---

① 顾颉刚：《从古籍中探索我国的西部民族——羌族》。
②《寻找秦文化渊源的新线索》。
③《左传》昭公十七年，"卫，颛顼之虚也。故为帝丘"；《史记·索隐》引皇甫谧谓帝丘在东郡濮阳。

地可能在山东的费地，故又名大费①。

根据上述四点，可以得出这样结论：秦人远祖当虞夏时代，活动在今山东偏南一带。《本纪》又云：

> （秦祖）费昌当夏桀之时，去夏归商。……大廉玄孙曰孟戏、中衍。……自太戊以下，中衍之后，遂世有功，以佐殷国。故嬴姓多显，遂为诸侯。其玄孙曰中潏，在西戎、保西垂。生蜚廉。蜚廉生恶来……父子俱以材力事殷纣。周武王之伐纣，并杀恶来。是时，蜚廉为纣石北方（按，据清人考证："石"当为"使"字之误。说可从）。还，无所报。为坛霍太山而报。……死，遂葬于霍太山。蜚廉复有子曰季胜。季胜生孟增。孟增幸于周成王，是为宅皋狼。皋狼生衡父。（《正义》谓"按孟增居皋狼而生衡父。"）衡父生造父。造父以善御幸于周缪王……缪王以赵城封造父，造父族由此为赵氏。

《本纪》记载秦人这段历史，是说从夏末秦族便从夏转而归商，助商败夏桀于鸣条。从此，秦人世世佐商，一直到周武王克商时，仍忠贞不渝。至秦祖孟增以来，才转而归周。尤其是造父为周缪王御有功，被封于赵城。

从商至周初成王期间，秦族活动的地望，有西垂、霍太山、皋狼、赵城四地。

商时中潏所居的西垂，前面我曾说过，虽然不知其意是指殷都西面的边陲，还是指今山西的一个具体地点。但必然是在今山西境内无疑。按《春秋经》隐公八年有"宋公卫侯遇于垂。"而《左传》则作"遇于犬丘"。是垂即犬丘。杜预注即谓："犬丘，垂也。地有两名。"杜预在《经》注中说："垂，卫地。济阴句阳县东北有垂亭。"即今山东曹县北之句阳店。山西的"西垂"与山东曹县又名犬丘的"垂"同名。根据历史上古人迁徙每以其故居名其新邑的贯例视之，很可能与古民族迁徙有关。段连勤同志把中潏所居山西的西垂，混同于后来天水西犬丘的西垂，虽然有误，但他认为"西垂"一名是对东方山东曹县的"垂"而言，是夷人从东方带来的，则极为合理。遗憾的是山西这个西垂，若确是一个具体的地点，在历史文献中还没有找到根据。

---

① 按《秦本纪》之柏翳，《世本》作化益、后益。《孟子·滕文公上》谓：舜使益掌火，益烈山泽而焚之。《尚书·尧典下》谓益"作朕虞""上下草木鸟兽"。《国语·郑语》有佐舜的伯翳。这些柏翳、伯翳、化益、益等，盖均一人之异写，翳与益声相近而讹也。清梁玉绳《史记志疑》亦辨伯翳为伯益，甚详。可参看。至于"大费"则为伯益之封地。清雷学淇《竹书纪年义证》谓山东、河南间之费地有三：一为《左传》隐公元年费伯，地在山东鱼台县，一为《左传》襄公十六年之费滑，在今河南偃师；一为鲁东季氏之费邑，《左传》僖公元年公赐季友汶阳之田及费之费，故城在今山东费县西北。三费地均在东方。

秦人在山西境活动的地域，除"西垂"外，还有三地，史实都比较明确。霍太山：《集解》引《地理志》言霍太山在今河东彘县，按即今山西霍县东南之霍山。皋狼：即《战国策·赵策》知伯使人之赵所请之地，按当在今山西离石县西北。赵城：《集解》引徐广曰："赵城在河东永安县。"按即今山西霍县南之赵城。

从上面对《本纪》这段记载的分析看，大概在夏末秦祖费昌开始佐商，至晚在中潏时或稍前，即从山东西迁到今山西省中南部。秦人居住山西约有几个世代，还建立了四五个根据地。《本纪》又云：

> 大骆生非子，以造父之宠，皆蒙赵城，姓赵氏。非子居犬丘……孝王召使主马于汧渭之间，马大蕃息。……孝王曰："……朕其分土为附庸。"邑之秦，……亦不废申侯之女子为骆适者，以和西戎。……周厉王无道，诸侯或叛之，西戎反王室，灭犬丘大骆之族。周宣王即位，乃以秦仲为大夫……周宣王乃召庄公昆弟五人，与兵七千人，使伐西戎，破之。于是复予秦仲后，及其先大骆地犬丘并有之，为西垂大夫。庄公居其故西犬丘……

秦祖先从大骆、非子至庄公这段期间，所居留之地，主要的有犬丘、秦、西犬丘、西垂四个地名，在上节中都已经专门讨论过了。犬丘是指今陕西兴平县。西犬丘、西垂和秦为一地之异名，在今甘肃的天水、清水一带。非子原居陕西，自"邑之秦"以后，才从陕西西到甘肃。

三、简要的结论

通过上面对《秦本纪》的考察，便可清楚地看出秦人早期从东到西逐渐迁徙的时间和路线。秦本东方夷族，兴于虞夏之际。殷商灭夏，秦人开始迁徙。大致分为三步，最后到达今甘肃境。

第一步，从山东西迁山西，大约是在胥轩、中潏时代。前已说过，至迟在中潏时已在西戎、保西垂。还可以上推一世，在其父胥轩时或已到达山西。因为申侯对周孝王说，其先郦山之女为胥轩妻，生中潏。郦山女之郦山，盖即春秋时之郦戎或丽土之狄[1]。顾颉刚先生考证，郦戎之地望在今山西境[2]。郦山之

---

[1] 《左传》庄公二十八年谓晋献公伐骊戎，得骊姬；《国语·晋语》谓晋文公"行赂于草中之戎与丽土之狄，以启东道"。

[2] 顾颉刚：《骊戎不在骊山》，认为骊戎之国在今山西南部。见《浪口村笔记》卷一（油印本）。

女的后人申侯的居地，在周宣王以前，原也在山西霍太山一带[1]。秦祖胥轩与在山西境之氏族为婚，而且秦、申世为婚姻[2]，则申与秦必为邻近的两族。以此推之，秦在中潏的父亲胥轩时，可能已迁到山西。

第二步，从山西再西迁陕西犬丘，大约在大骆、非子时代。秦族从商末起在山西大概住了一百五十年左右。一直到大骆、非子时，还"以造父之宠，皆蒙赵城姓赵氏。"可见大骆、非子最初还住过山西赵城一带。不过《本纪》又说"非子居犬丘"，则至迟在非子时已迁到陕西的犬丘。《本纪》提到犬丘时，往往与大骆连文，曰"灭犬丘大骆之族"，曰"复予秦仲后及其先大骆地犬丘，并有之"，可知秦之受封于陕西之犬丘，很可能是大骆时代。

第三步，从陕西犬丘向西迁至甘肃西犬丘，则为非子时，有明文记载。不过这次与其说是迁徙，毋宁说是扩展。因为这时秦族分为两支：大骆嫡嗣居陕西犬丘；非子为庶出，本无封土，只有与嫡嗣住在一起。俟周孝王时，才分封他土地，"邑之秦"。他才从陕西犬丘，西至他自己的封地甘肃的西犬丘。秦族遂由一封地，变为两封地。周厉王时，嫡嗣在陕西犬丘那一支，被西戎所灭。周宣王时秦庄公伐戎有功，于是把甘肃之西犬丘和陕西之犬丘两地，又重新封予他，为西垂大夫。所以，这次不是西迁，而是秦族地盘的扩大。从此秦族的势力便越来越大了。

总之，上面三次从东到西的迁徙，是自山东开始，一迁山西，再迁陕西，最后到达甘肃。至秦襄公时代秦族的势力，便逐渐奄有陕西的大部分土地了[3]。

（此文为王先生生前未刊稿，收入《中华民族早期源流》第277-294页，天津古籍出版社2010年版）

---

[1] 参看拙作《先周族最早来源于山西》第四节"姜姓之族原亦在山西"，《中华文史论丛》1982年第3辑。

[2] 申侯说："申骆重婚，西戎皆服"，语见《秦本纪》。

[3] 卫聚贤在三十年代就已说过："秦民族发源于山东，至山西、陕西、甘肃，然后再向东发展。"（《中国民族的来源》，见载于其所著《古史研究》第3集，商务印书馆1937年版）虽然卫氏仅仅说了这么一句话，并无其它阐释，但这个看法，却是他首先提出的。

卜辞呂方即猃狁说

商代在位于殷都（今安阳）的西北部，即晋南地区的古方国，在甲骨文中主要的有鬼方、羌方、周方、土方、呂方等。鬼方、羌方和周方与古文献所记的无大差异，她们的来龙去脉是已清楚的，其中"土方"，最近胡厚宣先生已证明其为夏族[①]，大概可以成为定论。现在只剩下"呂方"，到底是古史上的什么方国，还不清楚。通过本人的研究，我认为即西周史中的猃狁。下面正式提出，就正于当世之方家学者。

殷墟武丁时期卜辞有"呂方"，"呂"字过去有人释昌、释工、释吉，均未取得学术界的承认。于省吾先生从林义光释为《说文》中之"㘣"字，篆文或作"塊"，塊以鬼为声。于先生因此证明此即殷周时之鬼方[②]。从文字学角度看，释㘣似有些道理，但谓为鬼方，除音相近外，可说无其它任何线索和理由。并且卜辞中明明有"鬼"字，又有"鬼方"之族，则其非鬼方，完全可以断言。唐立厂先生认为呂字上部之囗为工字，呂从口、工声，是邛之本名，呂方就是邛方[③]。从字形言，唐先生说法更为合理。但又谓邛方地望即在四川之邛县（今名邛崃县），则仍有未安。李孝定先生非之曰："卜辞呂方不下数十百见，其为殷边患实至频数，以地望言，邛县之去殷都且数千里，以当时交通情形言之，呂之寇殷，似不能若是其数也。"[④]其言诚是。邛方距殷决不会如是之远。那末，这个邛方到底是文献上的什么方国？由于资料有限，确实不易推定。从卜辞中邛方当时活动的地域，大概是在商王都的西部和北部。陈梦家先生推测在中条山，东界沚而西邻唐。大约在安邑与济源之间[⑤]。李学勤先生综合与之有关的

---

① 胡厚宣：《甲骨文土方为夏民族考》，殷墟博物苑、中国殷商文化学会合编《殷墟博物苑苑刊》创刊号，中国社会科学出版社，1989 年 8 月出版。

② 于省吾：《双剑誃殷契骈枝三编》，第 5-6 页，1943 年。

③ 唐兰：《天壤阁甲骨文存考释》，第 54 页，1939 年。

④ 李孝定：《甲骨文字集释》第二卷，第 420-421 页（对唐说所作之按语）。"中央研究院历史语言研究所"专刊之五十，1970 年 10 月版。

⑤ 陈梦家：《殷虚卜辞综述》，科学出版社 1956 年 7 月版，第 274 页。

地名，考证邛方当在太行山北的山西的东南隅和中部①。两人推测的地望，大致相合。卜辞中记载商王朝征伐邛方的次数非常频繁，而且所动用的武力，有的多达三千人②，则其为殷的强大敌人可知。这样一个强大的方国，为什么到周代竟看不到她的一点踪迹呢？很可能商人所称之邛方到周代又改称别的什么名字，后人对他们名字的前后转变关系，已经失传。于是，邛方的后裔，便不为人所知了。

我们看到周代在今山西南部有一强大的方国，古文献和金文中称之为"猃狁"，其活动的地域是比较清楚的。可是说到猃狁的先世，却也有些渺茫。近来我们考校卜辞、金文、文献中有关资料，觉得卜辞中的邛方，到周代可能就是猃狁。

周代的猃狁的猃，金文作"𤞤"（《不娶簋》）、"𤞤"（《虢季子白盘》）。此字明显从敢得声。而"敢"字据《说文》篆作"𣉘"，许慎谓"从殳、古声"。从谐声原则看，许氏此说是错误的。因为"敢"与"古"二字古音不同部（"古"在五部，而"敢"则在八部）。因此"敢"字决不可能是从古得声。按《说文》中籀文"敢"字作"𣉘"，不从古而从目。凡从"敢"之字如厰、嚴等字，《说文》均从籀文的敢，从目，不从古。当然这也就不会有从古得声之可言。籀文敢字所从之"目"，段玉裁《说文解字注》认为是冒字所从之目，恐未是。因目、冒二字古音在三部，而敢字则在八部，古音相距太远。按籀文"敢"所从之"目"，实为"甘"字之倒，金文中有其例③。金文敢字从甘作"𣉘"（《大簋》），或从口作"𣉘"（《番生簋》）。《说文》敢字篆作"𣉘"，形体与金文差不多，从"𣉘"从"口"（许慎作从"古声"是错误的），所从之𣉘象两手争一物。所从之"口"，也就是"甘"，为声符④。甘、敢古音同部。古文献上二字可以互相假借⑤。由此更可证明"敢"字之从甘得声了。

敢、玁等字古时既是从甘得声，则此字古音在段氏八部，其《切韵》音为〔kâm〕，上古音应为〔*kam〕。卜辞邛方之邛从工得声，"工"在段氏九部，其

---

① 李学勤：《殷代地理简论》，第64页，科学出版社1959年版。

② 参看《殷虚书契续编》有卜辞称："贞，登人三千乎伐邛方，受㞢又。"（1·10·3）。

③ 按"甘"字在古文字中有时倒书，如《毛公旅鼎》之"昝"，《友簋》即作倒书为"𣉘"，即其例。

④ 按古文字往往甘、口不分，如"曆"字金文作"曆"（见《穆公鼎》《競卣》《屯鼎》），从口，而多数则从"甘"。《说文》中"甚"字，篆作从"甘"，而古文作从"口"；《说文》中，"昏"篆从"口"，而古文从"甘"，可见甘、口二字通用。

⑤ 按近发现的"阜阳汉简"中，《诗经》残字，有"甘与子同梦"之"甘"，作"敢"。可见"敢"字从甘得声，段玉裁的从古得声乃臆说。"阜阳汉简"见《文物》1984年第8期。

《切韵》音为〔kiuŋ〕，上古音应为〔*kiuəm〕①。"獯狁"之"獯"与"邛方"之"邛"，二字上古音同为见纽，同为闭口韵，只是元音有稍微差异而已。"邛方"之"方"和"獯狁"之"狁"均为附加字，（"方"意为方国，"狁"乃其族之姓氏）称其族时可以省略。所以，从古音通转上说，卜辞中的"邛方"，后来称为"獯狁"，完全可以讲得通。

再从地望上看，过去从清儒到王国维等多数学者，均以为獯狁在今陕西的西北境，称为西戎。其实这是不正确的。根据《诗经》和出土的有关金文资料，我们重新作过研究，才知道獯狁在周代应当是位于山西中南部一带的一个少数民族②。这就和前面我们所谈到的邛方的地望若合符节了。

现在，我们综合起来，从两族族名声音演变上的合一，与两族活动地望上的前后一致，很自然地会推论出，殷商时的邛方，可能就是周代的獯狁。当然这仍是一个假说。截止到今日，这也许是一个较合理的假说。由于材料的缺少，只有留待以后论定了。

（原文发表在《殷都学刊》1995 年第 1 期）

---

① 根据音韵学理论，上古音〔-m〕尾因避合口介音（由于 u 或 w 与-m 同类相避）而异化为〔-ŋ〕或〔-n〕尾。例如"风"字《切韵》音〔piuŋ〕，而其所从之"凡"，则读〔bʻiwem〕。在《诗经》中"风"与"心"〔siəm〕、"林"〔miəm〕字押韵，则其上古音应读〔*pium〕，殆无可疑。又如"熊"字《切韵》音为〔jiuŋ〕，而其所从"炎"〔-iəm〕省声应为〔-m〕尾。其由〔jium〕变为〔jiuŋ〕，恰与"风"字演变相似。现代厦门及汕头两地方言，仍读"熊"为〔him〕，盖因元音由〔u〕变〔i〕，已无合口作用，故得保存〔-m〕尾。又按《诗经》中"侵部"与"东部"押韵者颇不乏例。如"参"与"中"（《小戎》），"阴"与"沖"（《七月》），"饮"与"宗"（《公刘》），"音"与"膺""弓""兴"（《小戎》），"林""心"与"兴"（《大明》），都可以证明侵部〔-m〕与东部〔-uŋ〕互转。

② 关于獯狁地望的详细考证，请参看拙稿：1.《西周时太原之地望问题》，《纪念李埏教授从事学术活动五十周年史学论文集》，云南大学出版社 1992 年 9 月出版；2.《西周菁京地望的再探讨》，《历史研究》1994 年第 1 期；3.《罬虘与余吾》（待刊）；4.《獯狁起于晋北》（未刊）；5.《瓜洲、九州与㐌由》（未刊）。

二、古史分期争论

两周社会形态的检讨

关于中国社会史的分期，中外史学家们已经争辩了二十余年，可是仍有很多疑而不决的悬案，得不到一致的见解。其中尤以关于两周的社会形态，意见最为纷纭。他们同是用了新的观点，并且根据几乎同一的史料，而产生了两派很不相同的主张：一派主张西周确已从奴隶社会蜕化而成为一个完全的封建社会，以吕振羽、翦伯赞两先生为代表①；另一派则主张两周仍是奴隶社会，以郭沫若、侯外庐两先生为代表②。这个问题，真可以说是一个中国古史上聚讼不决的问题。它的症结在哪里呢？我们细细观察他们所根据的史料，主要的不外两种：一是《诗经》中《噫嘻》《载芟》《七月》《甫田》《大田》等篇的农事诗；一是金文中《大盂鼎》《作册夨令簋》《曶鼎》《不娶簋》等记载锡臣仆事的器铭。奇怪的是两派引用同一诗句或同一铭文，而得出不同的结论。这许多史料就好像一把两面锋的剑，可以两边割的。你的意见偏向东，这些材料可以帮助你向东；你的意见偏向西，这些材料又可以帮助你向西。如果他们不能再举出其他坚强的证据，只凭这一些材料，似乎还不够成为定论。

我们先考察一下郭沫若先生以西周为奴隶社会的证据。《诗经》中描写那时在田里耕地的农夫，有"十千维耦"（《噫嘻》）、"千耦其耘"（《载芟》）；描写收获之多，有"千斯仓，万斯箱""如茨如梁，如坻如京"的辞句。郭先生说这便是奴隶社会大规模的集体耕作，以为这是有两万人在同时集体耕作。他说："我们不好把这些辞句只轻率地看为夸张便了事……两周诗人极其质实，决不肯振奋一下想象力的翅膀。大抵他们所举的数目字都可认为有账簿性的效用。"③这话若正确，固然还不足以证明是奴隶社会，不过那确是一个奴隶社会的特征。我们现在先看一看《诗经》用数字的义例，看它是不是就如郭先生所说的呢？

---

① 吕振羽氏说见其所著《殷周时代之中国社会》；翦伯赞氏说见其所著《中国史纲》第一卷。

② 郭沫若氏说见其所著《古代研究的自我批判》（《十批判书》）；及《中国奴隶社会》（《新华月报》第二卷第三期）。侯外庐氏说见其所著《中国古代社会史》。

③ 见《古代研究的自我批判》。

《诗经》中用"百""千""万""亿"等数字的诗句若总起来看，就可以知道，绝对不能解释为"写实"，或说为很准确的数字。最明显的如"百谷"（《大田》《噫嘻》《良耜》），若一定解说成"一百种谷类"，那简直成了笑话。因为自古到今的农人，从来没有人真认为有一百种谷。其实那不过是诗人夸大之辞，说播种许多种谷的意思。又如"大姒嗣音，则百斯男"（《思齐》），一定说文王之妃大姒生了一百个男孩子，也就成了千古奇闻。实在的是诗人赞美大姒的贤德，说她有不少的儿子而已。又如"胡取禾三百亿兮"（《伐檀》），以十万为亿，说成真取了三千万的禾，那就太牵强了。由此我们就可以知道，周代的诗人，正与后代的诗人一样，喜欢言过其实，喜欢夸大的描写，所以"子孙千亿"（《假乐》），也不过是说子孙众多，"百室"（《良耜》）是很多家室，"万有千岁"（《閟宫》），"寿考万年"（《信南山》）都是盼望活大年岁的意思。"百禄"（《无保》）"百福"（《假乐》）"万福"（《蓼萧》）"百礼"（《丰年》）"百堵"（《斯干》）诸词中的"百""万"等字，也都是《诗经》时代诗人爱用的一个公式数字，未必可以"认为有账簿性的效用"。那么，《噫嘻》篇的"十千为耦"，《载芟》篇的"千耦其耘"，同样的不是如郭先生所说真有两万人在那里集体耕作，而是说有很多农夫耕田。"千斯仓，万斯箱""如茨如梁，如坻如京"，意思是说收获的粮食，有好多仓，好多箱。孟子说："说诗者，不以文害辞，不以辞害志"，他并且举《云汉》"周余黎民，靡有孑遗"两句，以为若拘于文辞，说西周末年，周的黎民一个也没有了。那就是"害辞""害志"。所以我们对以上所举的那几首诗，不能照字面的数字去解释。如此，则郭先生所说的，就不能证明当时是像奴隶社会那样大规模的集体生产了。

郭先生以周为奴隶社会，其最大的证据，除了以《诗经》中的数字为证外，就是以古金文与文献上的"民""众""人鬲"等字的本义是奴隶为证。他说："殷周两代从事生产者谓之民，谓之众，谓之庶人。其地位比臣仆童妾等家内奴隶还要低"[①]，这许多"众""庶人""臣"或"人鬲"，在金文上看，是和物品一样，不仅可以随意授与，而且可以买卖。郭先生说这就是奴隶社会的证据。可是我们的意见却与此不同，因为在封建主义的社会中，农奴附在土地上连同当作赏赐品，也是有的（俄国在十八世纪时就有这种情形）。退一步说，就是承认他们是真正的奴隶，也似乎不能由此作出奴隶制度结论。因为奴隶制度固然要有奴隶的存在，但有奴隶的存在、不限定就形成奴隶制度。在封建社会中，

---

① 见同前文。

不独有农奴，而且有真正奴隶，又怎能断定那些所谓奴隶，一定不是封建制度中，而是奴隶制度中的呢？并且这种被赏赐或买卖的"人鬲""庶人"及"众"之数字也不大。从"众一夫"至"人鬲千又五十夫"。这么一点点奴隶，实在不足证成是奴隶社会。因为在古希腊当奴隶占有制度极盛的时候，奴隶数目与自由民的数目差的很大。单以雅典来说，恩格斯所举的数字自由民的总数，连女性及儿童在内，约为九万人，无权居民——外国人及被解放的奴隶为四万五千人，而男女奴隶则为三十六万五千人[1]。并且所谓"奴隶社会"也者，乃是以奴隶为生产之基础。在周代的文献上和金文上的"人鬲""众""臣""妾""仆"等，固然我们可以说成奴隶。他们对于生产的劳动，是否起了很大的作用，我们却一点也看不出来。自然，在我们想象中，不是没有，但未必是普遍的现象。他们多数大概是一种家内奴隶。一般地说，家内奴隶不能成为奴隶所有者的社会构成的基础。家内奴隶只是一种"助手"资格而参加劳动的劳动力。

郭先生又说"人民"是生产奴隶，顽强不听命者，强迫之以事生产，那便是众，便是民。他说一般人误认为周代的耕者是自由民，是"由于没有把古代民字的本义认识清楚。"又说"民"字像横目而带刺，意即抗命平视，盲其一目以为奴征[2]。今按"民"字产生时本义为奴隶，大概无可怀疑。但是一个字的意义是随时代变迁的，到了周代是否仍训其奴隶，却大有商榷的余地。就以郭先生所举的几个记载奴隶的铜器说，其奴隶曰"众"曰"臣"曰"人鬲"曰"庶人"，没有以"民"为奴隶的地方。我们若把古文献上的"民"字一一考察起来，则觉得"民"确为当时的生产大众，但未必是奴隶。我们可以先从战国时代说起，《孟子·梁惠王》篇里所说的"民"很明显是指当时的农夫，他们所有的田地出产，仅负有"税"与"敛"的剥削，这种"民"并且可以用仁政以招徕之，遇虐君则自去之，这是何等的自由？孟子是"民本主义"的提倡者，他的"保民而王"的"民"，实是当时大多数较奴隶为自由的农夫，决不能解释成奴隶。《论语·宪问》篇孔子说：

> 管仲相桓公，霸诸侯，一匡天下。民到于今受其赐。微管仲，吾其被发左衽矣。

这是称颂管仲相桓公攘夷拒楚，因而诸夏的老百姓不至有变为夷狄之祸。所说的"民"，乃指诸夏的老百姓。并且连孔子他本人也包括在内，这当然更不

---

① 恩氏《家庭、私有制和国家的起源》第五章。

② 见郭氏《古代研究的自我批判》。

能解释为奴隶了。

至于战国以前的文献，说到"民"时，也不像是奴隶，如《诗经·小弁》篇："民莫不穀，我独于罹。"《蓼莪》篇："民莫不穀，我独何害？"这是说天下之人都能父子相养，我独不然，则"民"为能父子相养的人。《板》篇："上帝板板，下民卒瘅。""先民有言，询于刍荛。""上帝"与"下民"相对，则下民也不像是奴隶。又引用先世"民"的遗言，"奴隶"的话，在古人看来，岂有被人引用的资格。所以"先民"决不是指的先世的奴隶。《正月》篇："民之无辜，并其臣仆。"这是因为"民"不是奴隶，所以才与奴隶之臣仆分言。《十月之交》篇："民莫不逸，我独不敢休。"意即说民莫不得优游自逸，我独不敢休息。这个"优游自逸"的"民"，如何像是指的奴隶？《小旻》篇："哀哉为犹，匪先民是程。"这是怨恨当时执政者，不用先民之成法，则所谓"先民"，必是古时的有名圣贤可知。又说："民虽靡膴，或哲或谋，或肃或艾。"这是说"民"虽无法，其心性犹有知者有谋者有艾治者。奴隶之中，如何还能被人认为有知者谋者呢？《灵台》篇："经始灵台，经之营之。庶民攻之，不日成之。经始勿亟，庶民子来。"孟子说"文王以民力为台为沼，而民欢乐之"，这种庶民不像是强迫劳动的奴隶，他们来工作，是像以子成父事似的。此外如《绵》篇："绵绵瓜瓞，民之初生，自土沮漆。"《生民》篇："厥初生民，时维姜嫄。"这两首诗，都是记述周民族的兴起的历史。"民"为周民，为其始祖，则决不是指的奴隶，可以断言。以上所举的《诗经》上的许多"民"字，证明不是奴隶，已经够了。再看《尚书》，如《高宗肜日》的"王司敬民，罔非天胤"。郭先生已经指出，这是"把人民都平等的看成为天的儿子"。说成奴隶，当然不通。所以他只有说这是"经过后代儒家的所润色"了。《酒诰》篇："民罔不盡伤心""诞惟民怨，庶群自酒，腥闻在上。故天降丧于殷……天非虐，惟民自速辜。""人无于水监，当于民监。""王曰：封，汝典听朕毖，勿辩乃司，民湎于酒。"这里的"民"与"庶群"既是可以"湎于酒"，又可以视作"监"以教戒人的人，则知决不是奴隶了。其他如《无逸》篇说：文王卑服，在田间亲自耕作，自朝至暮、不遑暇食，用以"咸和万民"。细察上下辞意，这里的"万民"，也不能解释为奴隶。

我们很简略地举了这一点周代的文献，已经很够证明所谓的"民"，并不是像郭先生所说的为奴隶，而是一种比奴隶稍为自由的老百姓。

我们再看《诗经》中的农事诗，当时的生产者，似乎已有私有观念，如《七月》篇："言私其豵，献豜于公。"把小猪儿自己私有了，把大猪送给公家。又如《噫嘻》篇的"骏发尔私",这个私若不是各农人的私田,即是他们私有的耕具。《臣工》篇:"命我众人:庤乃钱镈,奄观铚艾。"这是王在向众人发令说:"好生准备你们的耕呵!"这不都是表现了生产者已有了私产吗?一个会说话的工具——奴隶——岂容能有私产?只有在封建社会下的农民,才可以私有农具。《大田》篇:"雨我公田,遂及我私。"这是说土地已经分割为公田和私田的井田制度(这时私田还不能买卖),农民每年除了耕种他的私田之外,还必须在公田上作无报酬的耕种劳役,这种劳役地租,正是封建社会应有的现象。

郭先生又以周曾施行井田,来证明周代为奴隶社会。以为用井田制"作为榨取奴隶劳力的工作单位,另一是作为赏赐奴隶管理者的报酬单位"[①]。但是主张周为封建社会的,也在引用井田制以为其说的根据。因为井田制下的徭役地租,实为封建社会的一个特征(详后)。

总之,郭先生所举的一切证据,都不能证明周代是古典的奴隶社会。至于他说就是短短的秦代也应该划入奴隶社会之内[②],恐怕尤难征信。因为《史记》明明记载战国时已经不能随便杀戮奴婢[③];如何能说成是奴隶社会呢?并且战国初年,魏国的农民生活,据当时人李悝所推算,五口之家,治田百亩,每年给公家的负担,除经常的"什一之税",另外还有临时的赋敛[④]。从李悝的话里看,当时的农民,困苦则有之,但决不是奴隶,极为明白。那末,战国初年以后的劳苦农夫,更不应当是奴隶了。

下面我们再讨论主张周代就已经开始了封建主义时代的意见。翦伯赞先生在《中国史纲》内,说周族灭殷后,就把奴隶制废除[⑤]。就是说周初就从殷代的奴隶社会,一跃而为封建社会。他所举的证据,最主要的,也是以周金文中如《大盂鼎》《矢令簋》及《曶鼎》中的赐臣仆人鬲的记载,认为这便是农奴,不仅可以用于赏赐,亦可用于买卖[⑥]。另外也引了井田制为其奴的根据。同是一种材料,郭沫若先生和翦伯赞先生两人可以得出这样很不同的结论。这件事实不应该使我们对于这个问题,追问它的关键所在吗?一件材料可以两边用,你的成见偏向奴隶社会,它可以帮助你解释成奴隶社会;你的成见偏向封建社会,它也可以帮助你解释成封建社会。这种现象说明了什么呢?这很明显的,就是在

---

① 见同前文。

② 见郭氏《中国奴隶社会》(《新华月报》第二卷第三期)。

③ 见《史记·田儋列传》并参看裴骃《集解》引服虔说。

④ 见《汉书·食货志》。

⑤ 见翦氏《中国史纲》第一卷《初期封建社会》,第一编第一章第三节。

⑥ 同前书第一卷第一编第三章第三节。

说明：这许多材料正是在奴隶社会过渡到封建社会的中间形态阶段的产物。

　一种社会形态的阶段之划分，绝对不是像刀切斧砍的那样整齐，以为从某年某月为两阶段的分水岭。而是两个阶段之间，有着一个长时间交错着的。换一句话说，就是"每一阶段在一下阶段中，都有它的残余碎片。而下一阶段，又是在前一阶段中孕育产生的"（郭沫若先生语）。所以在每两个阶段中间，一定有一个过渡阶段。这是由量变到质变的发展。由量变逐渐发展到全质改变，就到了另一个阶段。我们研究社会史，说到奴隶社会，往往举最典型的希腊罗马的奴隶制度为例。说到封建社会，则举西欧中世纪特别是十世纪前后典型的封建主义社会为例。这样，当然会看到两个截然不同的社会形态。但是也就很容易令人误解，封建主义是在奴隶社会的废墟上，一下子产生的。其实单取任何一个民族整个的社会史看，就知道，都没有这种突然的转变。我们中国的社会发展，当然也不能例外。殷代是古代奴隶占有社会，许多学者对于这个意见，大体上已渐趋一致。若说到了周代，特别是西周，立刻就变为完全的封建社会，这就难以令人相信。但说周代是奴隶社会走向封建社会的中间阶段，照历史发展的法则上说，是很讲得通的。这个过渡阶段，既有奴隶社会的色彩，同时又有封建社会的色彩。说它是奴隶社会，固然不能名符其实，说是封建社会，也未见得正确。因为它是前后两种社会形态犬牙相错的最模糊的一段。

　商代的末年，既然仍是奴隶社会。那么，在周初一定也有很多奴隶。这是可以想象出来的。奴隶的主要来源，是来自异族。借战争力量，使俘虏和被征服的人变为奴隶。所以《左传》定公四年说周人灭商之后，周成王就把殷民六族分给鲁公。以殷七族分给康叔，以怀姓九宗分给唐叔。虽然没有说明这许多殷族是农奴抑或是奴隶，但在周人刚刚灭商之后，一定还承继着商人的剥削形式，作奴隶使用。尤其是人数以族计，当然很多，理应是大规模的奴隶生产，不会是封建制度下那种小规模的个体生产者。此外在文献上常有谓周初俘人的记载，如《逸周书·世俘解》说周人克商时曾"馘磿亿有十万七千七百七十九，俘人三亿万有二百三十。"（所俘的三亿多人恐怕就是指的分给鲁公和康叔的殷民）又如康王时器《小盂鼎》铭记载盂受王命攻克鬼方，归告成功于周庙，而受庆赏之事。其战役前后凡两次，第一次有"隻（获）馘四千八百□二馘，孚（俘）八万三千八十一人。"这两处记载，都是俘人的数字大于馘或职的数字。这表示那时仍然存在着奴隶社会时代那种重俘虏而不重杀戮的现象。俘虏这么多的人来，假如不是把他们变为生产奴隶，谁生产来畜养他们？所以我们说周代，特别是西周初年，虽然从某一方面或某种场合上看，封建制形式很重，可是在俘虏的事实上看，奴隶制遗留仍有不可忽视的地方。这种介乎奴隶制和农奴制之间的折中形式，一直持续到春秋时代。但是越到后来，农奴制就越比奴隶制占优势。

周代的社会为什么有奴隶与封建两种社会形态长期的交错着呢？我们且看中国的奴隶制度，就现存的史料上看，似乎自始就没有达到像希腊罗马那样典型的奴隶制度。希腊罗马在奴隶制盛行的时候，动辄数千的奴隶被分化为多少队伍，有时颈系锁链，在残暴的奴隶监督下，于极苛虐的劳动条件下，从事工作。因此，奴隶的反抗与怠工的情绪，也特别浓厚。而促使着奴隶制度，当封建制度出现时，很快的就被排挤的一干二净了。中国的奴隶生活，其残酷程度，似乎没有希腊罗马那样厉害。所以他们的阶级斗争性也比较小。因而当下一阶段出现以后，奴隶制的残余还有长期存在的可能。

西周初叶，虽然还存在着不少的奴隶，但封建制度的雏形，确实已经出现了。在封建社会里，地租，是占有无酬的剩余劳动（或生产品）的主要方式。封建地租，历史上有着各种不同的形态——有徭役地租，有物品地租，有货币地租。其中第一第二两种是封建生产方式的最大特征。马克思把这三种形态视作封建地租发展中的三个递进阶段①。徭役地租是最简单最原始的地租剥削形式。在徭役地租制之下，直接生产者（农民）每年必须在封主的土地上，无报偿地做一定日数的劳役。我们看看这正同周代井田制的情形一样②。农人被分配给一定的土地名为"私田"，另外又设有公有地，是为"公田"。农人每年除了在自己享用的土地上工作外，仍要于一定时间在公有土地上工作。就以公有土地的收获，充纳租税。表面上好像物品地租，其实是一种徭役地租。从这方面看，在周初似乎就已经是封建社会了。但事实上又不然。因为真正的封建社会，是土地已经分割，而且已经私有。可是周代至少在西周，虽然土地已经分割，但是被分与者，只是一种享用，还没有变成个人或某家族真正的私有。也就是说，他被分给的土地，不能私相买卖。《礼记·王制》篇说："田里不鬻"，就是指的这个意思。所以当时是"普天之下，莫非王土"。专据这一点，我们也不能说西周已经发展到完全的封建社会。

西周没有发展成完全的封建制度，同时，"前一代的奴隶制度，也未能在这一代大规模的继续发展"。推其原因，恐怕和氏族制度的残余，大量的与长期的保留于后世有关。氏族公社的残余遗存于后世，最显著的如"宗法组织"，从它

---

① 《资本论》卷三，第四七章，第二第三第四诸节。

② 井田制的存在，虽然不能完全无疑，但大体可以承认，详另文。

的职能上看，实脱胎于父系氏族制度，所以日人早川二郎说："要之所谓宗法，乃日渐解体而强被保留于新生的阶级社会机构之内的歪曲了的氏族制度。"[①]古时父系氏族的一些残余传到殷周时，又附加上一些新的组织成分，因而构成周代典型的宗法制度[②]。在宗法制下，助长了父家长大家族的流行。因为宝塔式的宗法系统，正是象征一个由尊到卑的大家族。并且从前那种氏族的血缘集团，早已解体，宗法制是想仍照血缘的关系，再把它团结起来，统一一祖所生的子孙。这样说来，大家族制当然会得到有力的支持了。这种大家族就是一群自由人及奴隶在家长的父权之下组织起来。里面的奴隶，乃以家长族成员的"助手"资格而参加劳动的劳动力。但是这种家族为了要不因收容奴隶而被破坏，奴隶的数目与家族的成员数目之间，有保持一定比率之必要。奴隶的数目之受限制，使家族成员不能由劳动中解放出来，同时又是奴隶制度不能大规模的继续发展的重大原因。再从另一方面看，当时的生产者，是整个的家族的成员，共同耕作。甚至于周时的天子，也每每和农夫在一起。《周书·无逸》篇是周公对成王的训谕，曾说："文王卑服，即康功田功……自朝至于日中昃，不遑暇食。"这就是说文王自己也亲自下田收谷。那当然是率领着家族一同工作。《诗经·载芟》篇描写田中的农夫，为"千耦其耘"，固然我们不能说成二千人的数字（说见前），但这不是可以窥察出多类农民斡旋于田圃中的情景吗？这许多从事耕作者，据诗内所说，其中包括有家长（主），长子（伯），次长之仲叔（亚），众子弟（旅），邻人之来助者（彊），以及奴隶（以）等等。这是一个共同耕作的大家族，由于有这种家族组织的关系，于是顽强的保留下了原始公社生产妇人若干成分，使周代至少在战国以前，没有发展成完整的封建社会。

综上所论，我们就知道，周代不是奴隶社会。同时，也不是封建社会。它实在是从奴隶制走向封建制的一个过渡时段。奴隶社会的残余与封建社会的前哨，交错于这个整个的时代。我们为了概念的清楚，把两周划为"封建前期社会"一个阶段，以别于它以后的"封建社会"，恐怕是很必要的。

6月10日于南开大学

（此文发表于《历史教学》1957年第5期）

---

① 宗法组织是脱胎于古氏族制度，所以宗法有很多类似氏族的特征。说详早川二郎《古代社会史》第六章第一节，又森古克巳《中国社会经济史》第二篇第三章也有论列。

② 周代的宗法制度，虽然完成于春秋战国时代，但是宗法的雏形，似乎在商末就已经萌芽了。

试论商代"兄终弟及"的继统法与
殷商前期的社会性质

一、引言

关于商代的社会性质，现在一般史学家都认为是奴隶社会，这似乎是已经成为定论了。但对商代奴隶制的出现、发展与崩溃的时间，还存在着不同的争论。要解决这个奴隶制起讫的时间问题，只有根据历史唯物主义的立场、观点和方法，具体分析殷商的历史资料，看当时到底是怎样一个经济基础。不过，关于殷商史的资料，是很贫乏的。虽然有出土的十六万片甲骨，但都是盘庚迁殷以后的东西。所以，很多学者从甲骨文中所举出的殷商是奴隶社会的证据，实只能限定殷商的后半期，至于殷商前期的社会形态如何，应当从另一方面去探索。历史唯物主义教导我们："每一个基础都有适合于它的上层建筑。封建制度的基础有它自己的上层建筑，有自己的政治、法律等等的观点，以及适合于这些观点的制度；资本主义的基础有它自己的上层建筑；社会主义的基础也有它自己的上层建筑。当基础发生变化和被消灭时，那末它的上层建筑也就会随着变化随着被消灭。当产生新的基础时，那末也就会随着产生适合于新基础的新的上层建筑。"①可见与基础共存亡的上层建筑是由基础产生的，也就是基础的反映。现在我们若把有商一代的任何一种上层建筑的真实情况及其所代表的意义弄清楚了，对殷商一代社会性质的认识，特别是前期，应该是很有帮助的。

殷商一代的王位继统法，是一种家族制度，同时又是一种政治制度，所以它是殷商社会的上层建筑。这种制度是古文献与甲骨卜辞上记载得最完整的，所以比较能看到当时的实际情况。最初是王国维根据他对甲骨卜辞及《史记·殷本纪》的研究，提出了他的精辟的结论，他说：

> 商之继统法，以弟及为主，而以子继辅之。无弟然后传子。②

---

① 斯大林：《马克思主义与语言学问题》，人民出版社，第 1-2 页。

② 见所著《殷周制度论》《殷卜辞中所见先公先王考》，《观堂集林》；《古史新证》，来薰阁影印手稿本。

这种结论是完全正确的。但是近来有些史学家却不同意这种说法，如范文澜先生就说："殷朝继统法是以长子继为主，以弟继为辅。"[①]陈梦家先生也说王国维的基本论定是有着严重的缺陷的，商代"子继与弟及是并用的，并无主辅之分"[②]。吴泽先生说："殷代是一夫一妻制家族，是嫡长继承制，是父子继承。兄终弟及不是定制。"[③]这些学者虽然都不承认王氏"以弟及为主"的说法，但对于商代确乎有"兄终弟及"这一现象，他们也都不能否认。不过，他们由于对此问题没有提到足够重要的地位，所以把这种现象产生的原因，也就草率地定为是由于一种偶然性。范文澜先生说：

> 商汤子大丁早死，子大甲年幼，大丁弟外丙、中壬相继立。创继统法的变例（意即创出兄终弟及的继统法——引者）。[④]

吴泽先生说：

> 我疑当父王死时，王子年幼，不能担任军国重任，因此传弟。例如……大丁未立早死，子大甲年幼，接位弟外丙，外丙接位二年即死，再传弟中壬，两传后，大甲年长，中壬死，便传太甲。此后兄终弟及便成为一种王位继承的制度而沿袭下去，达到十几位之多。[⑤]

这就是说商代兄终弟及的王位继承"制度"，完全是由于"大丁早死"及"大甲年幼"两个偶然事件所造成的。这是一种极错误的唯心主义的看法，以为历史不过是种种偶然现象的凑合。

马克思主义完全不否认历史偶然性对社会发展进程的影响，但"偶然性的东西，却不是社会发展进程的决定因素。虽然各种偶然事物对历史进程有所影响，但历史总的进程，是由必然性原因来决定的"[⑥]。"大丁早死"及"大甲年幼"两个偶然事件对"兄终弟及"制度的推行，可以发生作用，但这种作用，只有在当时社会关系所容许的那个时候、地方和程度内才发生，也就是说这种作用是由该社会的内部结构及其对于其他诸社会的关系所决定的。

因之，我们对商代"兄终弟及"制度的产生，决不归之于偶然的因素，而

---

① 《中国通史简编》第一编，人民出版社 1955 年版，第 117-118 页。

② 见其所著《甲骨断代学甲篇》，《燕京学报》第 40 期。

③ 《古代史》第三编第三章，棠棣出版社 1953 年修订本，第 483 页。

④ 《中国通史简编》第一编，人民出版社 1955 年版，第 117 页。

⑤ 《古代史》第三编，第 475 页。

⑥ 康士坦丁诺夫：《人民群众和个人在历史上的作用》，人民出版社 1953 年，第 40 页。

是认为是在一定的历史阶段上，多少有点必然性的产物。

下面，我们便本着这种观点，对于商代的继统法是不是以"兄终弟及"为主，兄终弟及制度是产生在什么样的基础之上，以及它适合于什么样的经济基础等问题，一一加以具体的剖析和论述。

二、商的世系及其继承制度

（一）世次与世数

研究商代帝王的继承情０形，第一步的工作，即是定商人的世系。世系定了，然后才可以看出其前后继承的次序。《史记·殷本纪》虽然对殷商的历史事件及社会情况的叙述少得可怜，但对世系的记载却很完整。在卜辞的祀典上也可以找到不少的先公先王，一世一世地排列着。我们以卜辞考校《殷本纪》所载的世系，可以看出，除极少数的错误外，大体上是与卜辞一致的。现在我们以《殷本纪》所载的世系为底本，而参以近人对殷先公先王整理的成果，加以订正。作一"商代先公先王世系表"（表一），如下：

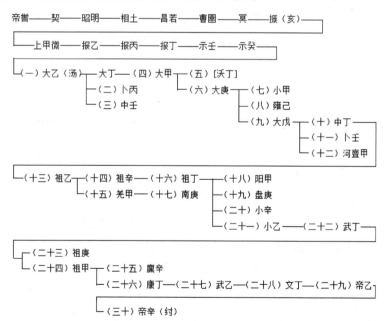

现在我们就根据这个表，参考其他文籍及甲骨文上所表现的殷商的世数世次，加以讨论。

王国维整理卜辞，发现殷人祭祀中，"有特祭其所自出之先王，而非所自出之先王则不与者"[①]，也就是说合祭一系先祖，一世一王。只有直系（可以是兄，也可以是弟）而无旁系。王国维曾在《戬寿堂所藏殷墟文字》拓本中发现一片可以与《殷墟书契后编》中的一片相合的卜辞，后来董作宾又于刘晦之（善斋）所藏骨版中发现一片，又可以与上二片相接合，其辞如下：

> 乙未酻兹品上甲十，报乙三，报丙三，报丁三，示癸三，示壬三，大乙十，大丁十，大甲十，大庚七（下残）

大庚以后的直系世次，则又见于下列的卜辞中：

> ……求雨自上甲，大乙，大丁，大甲，大庚，大戊，中丁，祖乙，祖辛，祖丁十示，率牡。(《殷墟文字甲编》)2282即3·2·56与77·63、77·120相合)

> 甲辰卜贞，王宾：求祖乙，祖丁，祖甲，康祖丁，武乙衣，亡尤。(《殷墟书契后编》上·20)

按最后一条，据王国维说："武乙以前四世为小乙武丁祖甲康丁，则祖乙即小乙，祖丁即武丁"[②]，其说极是。我们现在综合这三条卜辞，可以得自上甲至武乙二十世直系的世次，如下表（表二）：

上甲──报乙──报丙──报丁──示壬──示癸──大乙──大丁──大甲──大庚

大戊──中丁──祖乙──祖辛──祖丁── 小乙──武丁──祖甲──康丁──武乙

从此我们可以看出，自上甲到武乙的世系，《殷本纪》除了把报丁误置于报乙之前，及误以祖乙为河亶甲子以外，其余世次世数，都与卜辞相合。

至于上甲以前的世次，除《殷本纪》《三代世表》及《古今人表》以外，找不到其他完整的参考资料；只有关于世数方面，除《史记》外还见于《荀子》和《国语》。《荀子·成相篇》："契玄王，生昭明，居于砥石，迁于商，十有四世乃有天乙，是成汤。"《国语·周语下》也说："玄王勤商，十有四世而兴。""玄王"即商祖"契"，这就是说自契到汤为十四世。我们再按着《殷本纪》所载的世系推算，自契至振（即王亥）为七世，加上已经证实的自上甲至大乙汤

---

① 王国维：《殷卜辞中所见先公先王续考》,《殷周制度论》。
②《古史新证》, 第15页。

的七世，正好为十四世，与《国语》《荀子》相合。

世数与世次，我们截止到今日所能肯定的，已如前述。下面我们就在这个基础上，进一步探讨商人的庙号、继承及嫡庶等问题。

（二）商人的名号

关于商人的名号，我们从前面所列的"殷商先公先王世系表"（表一）上，很明显地可以看出有一个命名的特点，就是自上甲微以下三十七人，毫无例外地都是以天干为名。这种命名的来源和意义，据陈梦家先生归纳，自来共有四说[①]：

（1）生日说。《白虎通·姓名篇》"殷家质，故直以生日名子也。"《殷本纪》索隐引皇甫谧曰："微字上甲，其母以甲日生故也。商家生子以日为名，盖自微始。"其他并见《易纬·乾凿度》、《太平御览》卷八十三引《帝王世纪》等书。

（2）庙主说。《殷本纪》索隐："谯周以为死称庙主曰甲也。""谯周云，夏殷之礼，生称王，死称庙主。"

（3）祭名说。王国维曾说："殷之祭先，率以其所名之日祭之。祭名甲者用甲日，祭名乙者用乙日，此卜辞之通例也。"（《观堂集林》卷九，上甲条）

（4）死日说。《甲骨文断代研究例》（326 页）谓成汤以来，以日干为名，当是死日，非生日。

我们仔细分析这四种说法，除了"生日说"无根据以外，其他如"死日说""祭名说"与"庙主说"都是很正确的，并且三者是一致的。商人生前皆有私名（如《太平御览》卷八十三所引《竹书纪年》所载的自外丙至廪辛十五王的私名），死后即以死的那一天的天干日为祭名，以此天干日为庙号（正如后世祭祖，是以祖先的死日为"忌日"，每年亦以此日祭祀）。

但是殷先公自上甲至示癸六世的庙号，是按着甲、乙、丙、丁、壬、癸等十干首尾排列的。这样的整齐划一，不论生日死日，皆不能够如此巧合。所以王国维以为这是"成汤有天下以后"的"追名"[②]，董作宾也认为这是"成汤以前，先世忌日，似已不甚可考"，"武丁时代重修祀典时所定"[③]，这种论断是很合理的。

陈梦家先生和我们的看法不同，他认为"卜辞中的庙号，无关于生卒之日，

---

① 见所著《商王庙号考》（《考古学报》第 8 册）及《商王名号考》（《燕京学报》第 27 期）。

② 《殷卜辞中所见先公先王续考》。

③ 《甲骨文断代研究例》，《庆祝蔡元培先生六十五岁论文集》上册，第 326 页。

也非追名，乃是致祭的次序；而此次序是依了世次、长幼、及位先后、死亡先后，顺着天干排下去的。凡未及王位的，与及位者无别"。又说："我们则进一步以为庙名即祭名，而祭名者某一先王在祀谱中规定于那一天干日致祭，即以该日为其庙名。"①这就是说商人的天干名号既不是生日，又不是死日，而是后世子孙在祭祀祖先时，依了祖先们的世次、长幼及即位的先后，顺着十个天干名次排下去的。这种说法，对自上甲至示癸六世来说，是正确的，是完全可以讲得通的（因为实际上就是这样追名的），但对于成汤以后的先王则不能适合。我们看自大乙下至帝辛十七世三十二人中（包有未即王位的大乙之长子大丁及武丁之长子孝己二人），只有河亶甲传位中丁之子祖乙及盘庚传位小辛两例是与天干次序相符，其余的人就全都与天干次序不合了（参看表一）。我们不能拿一两个即位的次序与天干次偶然相合的例外，即推论这十七世所有人的庙号次序都是按天干次序排列的。因为我们检验殷王世系表就可以知道，实际上是大都不合的。陈先生也知道这种情况，他说："但大乙以后，相邻次的先王，其天干很少是顺着十干紧相联系的，中间有了许多空缺。如阳甲与盘庚之间，缺了乙、丙、丁、戊、己五名。"②其实岂止阳甲与盘庚之间有空缺，差不多每两世及每两兄弟之间，都有空缺。陈先生说："这因为早一个王朝所遍祀的诸祖诸父诸兄，到后来，因亲疏之别，而逐渐地减少所祭的对象。易言之，每一个王朝，致祭于死去的祖父兄子需要许多天干，但此朝所祭的祖父兄子到下一世或下几世就逐渐的被淘汰了。"③我们看殷商的先公先王，可能有少数的是被淘汰了，因而未能记载于《殷本纪》。但这种先王为数不会很多，因为在甲骨卜辞所出现的商汤以后先王的庙号，不见于《殷本纪》的为数极少④。也正因为如此，所以我们才可以用"称谓"做为甲骨断代研究的一个绝好的标准。如《殷墟书契后编》卷上有一片卜辞为：

父甲一牡，父庚一牡，父辛一牡。（《后》上·25·9）

王国维即据甲、庚、辛在一世惟有阳甲、盘庚，小辛，称他们为父，所以可定为武丁时所卜⑤。又如《殷墟书契后编》有一片作：

① 《商王庙号考》，《考古学报》第8册。
② 《商王庙号考》，《考古学报》第8册。
③ 《商王庙号考》，《考古学报》第8册。
④ 如祖甲、廪辛时卜辞有"祖戊"（《前》1·23·2），乃武丁的兄弟，不见于文籍。其他如"中己"（《后》上·8）、"南壬"（《前》1·45）等亦史无其人。像这种人名为数不多。
⑤ 《殷卜辞中所见先公先王考》，《观堂集林》卷九。

祖辛一牛，祖甲一牛，祖丁一牛。(《后》上·27·7)

王国维说："祖辛祖丁之间惟有沃甲，则祖甲亦即沃甲，非武丁之子祖甲也。"①这都是用"称谓"定其时代。照陈先生的说法，商先王的庙号是由其子或孙祭祀时，"顺着天干排下去的"，最初本来都是衔接的，今日所见殷先王世系表上所缺的天干(即不衔接处)，原先都实有其人，只因为经过几世之后"逐渐的被淘汰了"②。我曾把殷商自大乙以下的先王世系表上天干日不衔接处，按着天干顺序补了一下，最低限度可以补入一百人以上(这只是按一世以不超过一个天干周为原则，如果兄弟在十数人以上，则可补的人数更多)。这样一来，也使以"称谓"做断代研究的标准(例如判断上举两片的时代)，成了不可能。特别是后一片，由于祖父以上皆称祖某，则祖辛、祖甲、祖丁未必是祖乙以后的祖辛、沃甲、祖丁了。

另外还有一件材料，也可以证明陈先生的说法有问题。就是前罗振玉所藏出土于河北易县的三件商句兵③，其铭文为：

(1) 大祖曰己，祖曰丁，祖曰乙，祖曰庚，祖曰丁，祖曰己，祖曰己。

(2) 祖曰乙，大父曰癸，大父曰癸，中父曰癸，父曰癸，父曰辛，父曰己。

(3) 大兄曰乙，兄曰戊，兄曰壬，兄曰癸，兄曰癸，兄曰丙。

这是商时人为祭祀或纪念他的诸祖诸父诸兄三世而做的，其日干庙号也与殷王大乙以后的先王们同，就是没有顺着十干的次序。假如我们也按着陈先生的意见，把中间不衔接的天干名号填进去，则至少可以补上九十八人，也就是说第一铭缺了三十四人，第二铭缺了四十八人，第三铭缺了十六人。这些人据陈先生说，都是"后来因亲疏之别"，"到下一世或下几世就逐渐的被淘汰了"。但是问题在于第二铭是子辈对其诸父，第三铭是弟辈对其诸兄而言，都是当世，而不是"下几世"，何以就有六十四人被淘汰了呢？这六十四人既是疏远的、可以淘汰的，他们为什么又排进日干顺序中去呢？这无法解释通的，从商汤以后世系表和这三件句兵铭文上看来，商人名号决不是顺着天干次序，可以断言。假如认为商人是以死日干为名，上述的困难自然始不会有了。

---

① 《殷卜辞中所见先公先王考》，《观堂集林》卷九。

② 《商王庙号考》，《考古学报》第8册。

③ 见《梦郼草堂吉金图录》及《周金文存》。

（三）商代的帝王及其继承制度

现在我们谈商人的继承问题。为了叙述的方便起见，商汤以前的，留待第四节去讨论。我们先自成汤有天下以后开始谈起。

商代帝王自大乙下至帝辛共三十帝，典籍上的记载与卜辞中所见者大抵一致。其中仅中壬、沃丁与帝辛未见于卜辞，帝辛为商的最末一王，卜辞中自不当见其名。所以实际上不见于卜辞的，只有中壬和沃丁二人。

下面我们根据许多甲骨学者对卜辞和古文献上所载的商王的研究成果[①]，概括地总结于下。凡已经成为定案者，即径行引用，不再重述。

一世：大乙。《史记》误作天乙，名"汤"，卜辞作"唐"。

二世：大丁、外丙、中壬。"外丙"卜辞作"卜丙"，"中壬"卜辞未见。《孟子》《竹书纪年》《史记》均谓大乙汤死，长子大丁未立，传位于大丁之弟外丙、中壬。卜辞亦有外丙之名。后出之《书序》独误为汤既殁，即接以太甲元年。

三世：大甲（大丁之子）。陈梦家先生根据乙辛周祭卜辞，以为"外丙的祭序当介于大甲、大庚之间"，他根据的卜辞是：

> 甲申卜，贞王宾大甲祹，亡尤。
>
> 乙酉卜，贞王宾卜丙乡夕，亡尤。（《前》1·5·1）
>
> 丙申卜，贞王宾卜丙乡日，亡尤。
>
> 庚子卜，贞王宾大庚乡日，亡尤。（《续》1·11·4）

据此，陈先生说："由此可知卜辞的祭序是大甲——卜丙——大庚，而不是如《殷本纪》所述大丁——外丙、仲壬——大甲。"[②]我们认为祭序不见得必与即位序相合。后世子孙祭祀祖先，可能有时把所自出之祖置于旁系之前。所以我们不能以祭序很死板地去改即位序。并且我们细审《殷墟书契前编》卷一第五页陈先生所引的那片卜辞，"乙酉"二字极不明晰，释"乙酉"未必可信。按卜辞周祭通例，祭某王在某王所名之日致祭，祭外丙应在丙日，不应在乙日。所以我们不能以此片为根据而怀疑《殷本纪》的次序。此外，我们知道《殷墟

---

① 关于甲骨学者研究商王名号的专门著作有：王国维《殷卜辞中所见先公先王考》及《殷卜辞中所见先公先王续考》（《观堂集林》）；吴其昌《卜辞中所见先公先王三续考》（《燕京学报》14 期）；郭沫若《卜辞通纂考释》"世系"；董作宾《甲骨文断代研究例》（《庆祝蔡元培六十五岁论文集》）；陈梦家《商王名号考》（《燕京学报》27 期）、《甲骨断代学甲篇》（《燕京学期》40 期）、《商王庙号考》（《考古学报》第 8 册）。

② 《甲骨断代学甲篇》，《燕京学报》40 期。

书契后编》上卷第二页第三片与第七片实为一骨之折，接合起来，可以得卜丙等四个先王的次序，是：卜丙、大甲、大庚、大戊，正与《殷本纪》所记相同。足证外丙仍当在大甲之前。

四世：沃丁、大庚（二人均大甲子）。"沃丁"不见于卜辞。

五世：小甲、雍己、大戊（三人均大庚子，《三代世表》误以三人为大庚弟）。卜辞邑为"雍己"二字之合文，从吴其昌说①。

六世：中丁、外壬、河亶甲（三人均大戊子，《古今人表》误以为大戊弟）。"外壬"卜辞作"卜壬"，"河亶甲"卜辞作"戋甲"，从郭沫若先生说。

七世：祖乙（据卜辞祖乙，为中丁子，而《殷本纪》《三代世表》均误为河亶甲子，《古今人表》则误为河亶甲弟）。

八世：祖辛、沃甲（二人均祖乙子）。卜辞中有"彳甲"，郭沫若先生谓即"沃甲"，极为正确。惟将"彳"释为"芍"，并以为是"狗"的象形文②，则很值得商榷，而"芍"更无由变为"沃"（芍侯部与沃宵部不易通转）。卜辞中有"彳三人卯十牛"（《簠》4·30；《甲》4·2·0032），"彳"以人计算，可见决不是狗。又有"多彳获鹿"（《前》4·48·3），"多彳圣田"（《粹》1222），"彳"会获鹿，会种田，也足证是人不是狗。所以我们认为仍当从一般释为"羌"。《殷墟书契前编》有一片卜辞："祭彳甲"（《前》1·41·8），"羌甲"之"羌"，很清楚的是从羊，可见不是狗的初文。并且"羌"古属"喻纽"，而"沃"古属"影纽"，均为喉音，古声纽上是可以通的③。

九世：祖丁、南庚（祖丁为祖辛子，南庚为沃甲子）。

十世：阳甲、盘庚、小辛、小乙（四人皆祖丁子，《人表》以小辛为盘庚子，误）。阳甲卜辞作象甲，盘庚卜辞作凡庚或般庚。

十一世：武丁（小乙子）。

十二世：祖己、祖庚、祖甲（三人均武丁子）。祖己古籍上作孝己，死于其父武丁之前，未及王位。

十三世：廪辛、康丁（二人均祖甲子）。康丁《殷本纪》作庚丁，误。

十四世：武乙（康丁子）。

十五世：文丁（武乙子）。《史记》误作太丁。

---

① 见所著《殷虚书契解诂》，第 675 页。

② 见所著《论芍甲》，《古代铭刻汇考》《殷契余论》；又见《卜辞通纂考释》"世系"140 片下，第 34-35 页，《殷契粹编考释》第 250 片下。

③ 章太炎、黄侃对古声纽均主张喻并于影。

十六世：帝乙（文丁子）。卜辞中有"文武帝"，陈梦家先生以为即帝乙[①]。

十七世：帝辛（帝乙子）。不见于卜辞。

以上是有商一代总的帝王及其父子或兄弟关系。现在我们根据这些帝王的亲属关系，参考《殷本纪》及前面我们列的"表一"，看看他们王位继承的次序，就可以发现十七世中，有九世是兄弟相传的。从《殷本纪》及卜辞的称谓上看，可知兄弟的继承还是以长幼为次的[②]。"兄终弟及"的王位继承者，计为：大丁传弟外丙，外丙传弟仲壬。沃丁传弟大庚。小甲传弟雍己，雍己传弟大戊。中丁传弟外壬，外壬传弟河亶甲。祖辛传弟沃甲。祖丁传从弟南庚。阳甲传弟盘庚，盘庚传弟小辛，小辛传弟小乙。祖庚传弟祖甲。廪辛传弟康丁。弟继兄者十有四位。一代十七世三十王中有九世十四王是兄终弟及。其他父子相传的十二王，叔侄相传的四王。可见商代王位"兄终弟及"不是一个什么"例外"或"变例"[③]，而实为商代王位继统法的一个主要方面（以兄终弟及为主，同时必辅以父子相传，因为兄弟是同辈，是横的，终有传完之一日）。试问商代以后的王朝中哪个朝代能有这么多的"兄终弟及"呢？

怀疑商代继统法"兄终弟及"为主的人，以为商王是一夫多妻制，王子兄弟一定很多，但实际上兄弟为王的最多不过四人。如陈梦家先生就说："若是商人以弟及制为主的，则必无弟才传子，此与商人的婚制不合。据卜辞，商王是多配偶的，则其多子的可能性很大，即使某王本身不育，商人兄弟不限于同父母，故凡从兄弟均有继为王的权利。"[④]按商人的婚姻制基本上是一夫一妻制，实际上是一夫多妻制。因为所谓一夫一妻制，只要妻方遵守。"这种妻方面的一夫一妻制决不妨碍丈夫的公开的或秘密的一夫多妻制。"[⑤]例如商王武丁虽然合法的配偶始终是一个（武丁的三个合法的妻，"妣辛""妣戊"和"妣癸"都是一个死了续取一个），但非法定的妃妾据胡厚宣先生的统计有六十四人之多。他有这么多的妻妾，当然儿子也多。武丁的儿子，据胡厚宣先生统计出来的有五十三人[⑥]，其他未见于卜辞的一定还有，所以武丁的儿子实有人数，恐怕还不

---

① 见所著《商王庙号考》。

② 以祖己、祖庚、祖甲为例，祖庚卜辞，称祖己为"兄己"，祖甲卜辞，称祖庚为"兄庚"，可见此兄弟三人是按长幼次序及位。见陈梦家《甲骨断代学甲篇》。

③ 范文澜《中国通史简编》谓："夏帝和商先公都是父子相继（兄弟相继是例外），商汤子大丁早死，子大甲年幼，大丁弟外丙、中壬相继立，创继统法的变例。"（1955年版，第117-118页。）

④ 见所著《甲骨断代学甲篇》。

⑤ 恩格斯：《家庭、私有制和国家的起源》，人民出版社1954年版，第71页。

⑥ 胡厚宣：《殷代婚姻家族宗法生育制度考》，《甲骨学商史论丛》。

止此数。但是所有的儿子,并不是都有及王位的资格。正好像在商代只有合法的嫡妻才能与祖配祭,而妃妾是没有这种资格的。妻有嫡庶贵贱之不同,子以母贵,嫡妻所生的儿子与庶妻(妃妾)所生的儿子,他们的地位也一定不会相同的。只有嫡子们才能继承王位,庶子不得继承。殷末有一个故事,表现得很清楚。《吕氏春秋·当务篇》:

> 纣之同母三人,其长子曰微子启,其次曰仲衍,其次曰受德。受德乃纣也,甚少矣。纣母之生微子启与仲衍也,尚为妾,已而为妻而生纣。纣之母欲置微子启以为太子,太史据法而争之,曰:有妻之子而不可置妾之子。纣故为后。

《史记·殷本纪》也有类似的记载:

> 帝乙长子为微子启,启母贱,不得嗣。少子辛,辛母正后。故立辛为嗣。

胡厚宣先生根据这两种记载,谓殷末已有立嫡之制[①],这是正确的。不过,这故事只表示立嫡制最晚在殷末已经存在,不意味着在殷末才发生。"太史"既是可以"据法而争",则嫡庶之别,也就是说只有嫡子们才有继承王位的资格之规定,可能老早就有了。商代既是已有嫡庶的分别,王子虽多,有继承王位权的嫡子则决不会多(因为王有很多妃妾,其嫡妻生子不会多),所以商代才有兄弟相传最多不过四人的现象。

总起来看,商代的王位继承是以"弟及"为主,以子继为辅,与当时的婚姻制度,没有什么不合。

三、"兄终弟及"制是一定的社会发展阶段上的产物

商代的继统法是以"兄终弟及"为主,我们上面已经证明过了。这种制度的产生,不能归之于一种偶然性(见前),实是社会发展到一定的阶段时所产生的。

我们细细地分析,觉得商代"兄终弟及"制有一个特点,就是"王位"继承的优先权是自己的兄弟,而自己的儿子反在其次。兄弟传完了,才传给儿子。这种特点只有在氏族社会末期才能存在。从前有些学者,已经指出"兄终弟及"

---

① 胡厚宣:《殷代婚姻家族宗法生育制度考》,《甲骨学商史论丛》。

制"犹保存母系时代之子遗"①，有的说是古代的"贵族选举制"②，又有说是"兄弟共权"③。这些提法虽然有的还不很妥当，但都能从社会史的眼光看这一问题，并且认为是氏族社会的制度，都是非常正确的。

恩格斯在其经典著作《家庭、私有制和国家的起源》一书中叙述母系氏族社会下财产继承的情况时，这样说：

> 根据母权制，即是说，当血统只按女系计算的时候，并依照氏族内最初的继承制度，氏族的死者原来是由他的同族人继承的，财产必须留在氏族以内。因为最初构成财产的物品数量不多，它在实践上大概老早就落在最亲近的同族人的手里了。即是说，落在母方的血缘亲族的手里了。……在畜群的所有者死亡以后，他的畜群，首先应归于他的兄弟姊妹及姊妹的子女，或者他的母亲的姊妹的子孙所有。他自己的子女是没有继承权的。④

这一段话可以看出，母系氏族社会下，关于遗产继承的特点是：兄弟姊妹们及姊妹的子女等人有继承权，而自己的子女反倒没有。关于氏族的酋长职位的继承是与财产关系相一致的。恩格斯叙述易洛魁人及其他印第安人的酋长职位继承的情况，是这样写的：

> 我们已经看到，易洛魁人及其他印第安人的酋长职位是怎样继承的。在氏族内部，在多数场合之下，一切职位都是选举的，因之在氏族范围内也都是世袭的。在递补遗缺时，最近的同族人——兄弟或姊妹的儿子，便渐渐地享有了优先权，除非有摈除他的理由。⑤

根据这两段话，可知在母系氏族社会中，血统按女系计算，酋长职位是选举的，不过自己的兄弟有优先继承权。至于自己的儿子，因为"是属于别一氏族"（恩格斯语），当然是毫无继承权的。

现在我们拿这种情形和商代的"兄终弟及"制比较起来，觉得有截然不同处，但也有相同或相近的地方。母权制在殷商毫无疑问已经成为过去。因为自商始祖"契"以来，已不是按女系血统计算，而是按父系计算，酋长的职位已

---

① 郭沫若：《卜辞通纂考释》"世系"第 73 页。
② 徐中舒：《殷代兄终弟及为贵族选举制说》，《文史杂志》第五卷第五、六合刊。
③ 李玄伯：《中国古代社会新研》，第 237-238 页。
④ 恩格斯：《家庭、私有制和国家的起源》，人民出版社 1954 年版，第 53 页。
⑤ 《家庭、私有制和国家的起源》，第 101-102 页。

不是出于选举，而是兄弟的当然世袭。这是和母系氏族时代很不相同的。其相同或相近的是：首领的职位，兄弟有优先继承权，儿子则否。也就是说，从亲疏方面讲，至少在形式上，父子关系反不如兄弟关系密切。这种很不相同和相同的两种现象同时存在，很明显地意味着殷商社会已经从母系氏族社会过渡到了父系氏族社会。因为这种过渡，"乃是十分复杂的，需时很久的过程，在这一个过程中，母权制的不少的残余在长时期内被保存着，从而产生了若干特殊的，明显地带有过渡性质的形式"①。商代的继统法即是母系氏族制的一些残余形式被保留在父系氏族社会中，同时父系氏族的特色也必然深深渗入了它的内部（如儿子固然没有优先继承权，但已经可以继承），于是出现了商代这种"兄终弟及"的继统方式。

像这种继统方式在其他落后的部族中也还有存在。如澳州北部维多利亚河左近的"瓦独蛮"部落，已由母系氏族社会过渡到父系氏族社会，其酋长的继承，可以说与商代所行者是极为相同的。斯宾塞著《澳洲北部土人部落》中说：

> 图腾团体的首领名为总公尼（Tjungunni）。他故时则由其最长的兄弟继位，若是以遍及诸弟兄，并包括其父的兄弟的诸子在内。若这些弟兄皆已不存在，那末，就由最长之子继位。譬如有弟兄三人，而其长者卒，总公尼之位并不由长者之子承继。但归由生存兄弟之最长者，但若其两兄弟皆已前卒，则将由其兄之长子继立。②

这不也是"兄终弟及"制的一个典型的例子吗？从此我们更清楚，这种制度决不是由于"王子年幼"的偶然原因所造成，而实是父系氏族社会末期多少有些必然性的产物。

商代前期的社会，是不是仍滞留在父系氏族社会末期呢？我们的答复是肯定的。

所谓商代前期是指盘庚迁殷以前，那时商族还是一个迁徙频繁的流动部族。史称自契到汤凡八迁，自汤到盘庚凡五迁。见于记载的前后凡十三次，实际上恐怕还不只此数。可是自盘庚迁殷之后，就改变了以前那种"不常厥邑"的习惯，一直"至纣之灭，二百七十三年，更不迁都"（《古本竹书纪年》）。很显然，商族在盘庚前后实代表中国古代文化上一大变动时代，由"不常宁"的流动部

---

① ［苏联］柯斯文著，张锡彤译：《原始文化史纲》，人民出版社 1955 版，第 140 页。

② 斯宾塞（Spencer）著《澳洲北部土人部落》（native Tribes of the Northern Territory of Australia）P.198，此段引文见李玄伯《中国古代社会新研》，第 238-239 页。

族，转变为定居的部族。

盘庚迁殷以前之所以"不常厥邑"，冯汉骥先生的解释，最为合理。他以为这是由于商人当时的经济生活，还是营"一种粗耕农业经济，故人民视迁徙为自然。一地之地力已尽，即行搬迁，毫无犹豫，因不搬则无以为生"。又说："至盘庚之时，农业上想有很大的进步，即由粗耕而进入比较的精耕。"[①]于是他们才能够在一地久耕，不必时常迁徙了。

从社会经济史上看，营一种流动村落的粗耕事业时，还是在氏族社会阶段，一人的劳动仅足够一人之所需，很少有剩余可供他人剥削。所以即令是氏族的酋长，也必须参与劳动，与氏族成员共同耕耘。盘庚迁殷以前，大概即正处在这种社会阶段。当时的"王"，大都亲自到田中工作。《尚书·无逸篇》有这么一段记载：

> 周公曰：呜呼！我闻曰，昔在殷王中宗，严恭寅畏天命，自度治民，祗惧，不敢荒宁，肆中宗之享国七十有五年。其在高宗时，旧劳于外，爰暨小人，作其即位，乃或亮阴，三年不言。其惟不言，言乃雍，不敢荒宁，嘉靖殷邦，至于小大，无时或怨，肆高宗之享国五十有九年。其在祖甲，不义惟王，旧为小人，作其即位，爰知小人之依，能保惠于庶民，不敢侮鳏寡，肆祖甲之享国，卅有三年。自时厥后，立王生则逸。生则逸不知稼穑之艰难，不闻小人之劳，惟耽乐之从。

这一段文字，可能经后人窜改。原文应当是祖甲一段在中宗之前。徐中舒先生说："祖甲当即太甲。后人见《史记·殷本纪》祖甲为武丁子故移于高宗之下。不知殷人祀典，凡祖以上皆可称祖，其大中小皆后人分别之词，非固有之称，故大甲亦可称祖甲。"[②]这是非常正确的。我们可以举出以下六条证据，证明《无逸》祖甲一段，原文本在中宗一段前面，并证明此文中之祖甲为汤孙太甲，非武丁子祖甲：

（1）汉《熹平石经》，据洪氏《隶释》所载汉石经残碑，祖甲一节洪氏计其字数，以为必在殷王中宗之前。

（2）《汉书·韦玄成传》载刘歆等议，谓周公作《毋逸》，举太宗太甲、中宗大戊（按中宗当为祖乙）及高宗武丁三宗以劝成王，可证《无逸》原来的次序。

---

① 见所著《自商书盘庚篇看殷商社会的演变》，《文史杂志》第五卷第五、六合刊。
② 见所著《殷代兄终弟及为贵族选举制说》。

（3）《书疏》引王肃说，谓祖甲为汤孙太甲。

（4）《太平御览》卷八十三引皇甫谧《帝王世纪》谓：太甲一名祖甲，享国三十三年。

（5）日本旧钞本《史记》卷三《殷本纪》在"褒帝太甲称太宗"下引裴骃《集解》云："《尚书·无逸》太甲享国三十三年。"足见裴氏所见之《尚书·无逸》，也以祖甲为汤孙太甲。

（6）《晏子春秋·内篇谏上第一》"景公将伐宋瞀二丈夫立而怒晏子谏第二十二"："夫汤、太甲、武丁、祖乙，天下之盛君也。"也以太甲、武丁、祖乙三宗并举。

由此，可见《尚书·无逸》周公所举以戒成王的，确是太甲、祖乙、武丁三人。最后的武丁是盘庚的下一代，所以这三人大致可代表商代前期的"盛君"。从《无逸篇》可以看出，当时商人仍处在氏族社会末期，王子也必毫无例外地杂于"小人"行列，共同劳作。和前面我们所说的，盘庚迁殷以前还过着流荡的粗耕农业的艰困生活是相符合的。在这样的情况下，纵使有奴隶，数目不会很大，还不足以形成社会阶层。但到盘庚时代，从其部族生活趋于定居上看，大概生产技术业已改进到半精耕农业的程度。此后，劳动者劳动所获，除去自身消费之外，还有剩余供养他人。于是奴隶的使用和重要性大大增大，商代的奴隶社会，才逐渐正式完成。

据以上所述，可知商代的前期，还是处在父系氏族社会的末期。奴隶社会制度应当开始于盘庚迁殷的前后。

这种社会制度的变革，当然也反映着王位继统法的改变。基本上说，前期是实行"兄终弟及"，后期则变为嫡长子继承。不过，由于政治的上层建筑，总是老远地落在社会经济关系之后，所以武丁以后，社会虽已变革，可是还有两世的兄弟相传。这是前期的习惯，保留了奴隶社会的一些残余。并且自武丁以后的王，都是前王生前的预立。《尚书·无逸》谓："自是厥后，立王生则逸。生则逸不知稼穑之艰难，不闻小人之劳"，徐中舒先生以为这就是武丁以后预立王嗣的明证[①]。卜辞中有"小王"或"大子"的记载[②]，应该也是同样的意义。王位的继承，由兄弟的当然世袭，变为前王生前的预立，子继自然易于成为常例。所以康丁以后，便都是父死子继了。

---

① 见所著《殷代兄终弟及为贵族选举制说》。

② 记"小王"的卜辞有："戊辰：□，小王……"（《粹》116），"戊午卜，□屮小王"（何叙甫藏），"己丑卜，贞小王"（《库》1259）；记"大子"的卜辞"贞：御子弓大子，小宰，十月"（《前》4·16·6）。

四、商汤以前的继承问题

前面我们已经证明商汤以来的王位继承是"兄终兄及",并且证明是父系氏族社会下的制度,到盘庚时代,才过渡到奴隶社会,王位继统法也随后逐渐过渡为父死子继的制度。足见继统法发展的先后次序,是先有"兄终弟及",后有"父死子继"。奇怪的是《史记·殷本纪》叙述商汤以前的世系,一世一人,好像从前已实行父死子继,从无"兄终弟及"的半点痕迹,这是不合发展规律的。并且《殷本纪》所记的世系,汤以后者既已由卜辞证实,则汤以前者也不能认为是虚构。有些人不相信商的继统法是以兄终弟及为主,这也是一个原因。那末,这到底怎么解释呢?

我们前面曾谈过,商王武丁以后的祀典,有一种"特祭其所自出之先王,而非所自出之先王则不与者"。也就是合祭一系列的直系先祖,一世只祭一人,而无旁支。我们曾把这种祭祀的卜辞归纳起来,得自上甲至武乙二十世的先公先王(见表二),都是一世一人,祖孙父子相承。这些直系先公先王,商人称之为"大示",祭祀时则在"大宗"①,大宗当即大的宗庙。而旁支的先王则称之为小示②。在合祭中远世的旁支小示,凡无特殊德业者,即逐渐被淘汰。我们从这里得到一点启示,就是《殷本纪》所载商汤以前的世系,很可能就是根据这种祀典的大示名单记录的。假如这种推测正确的话,则《殷本纪》所载商汤以前的先公世次是完整的,惟人数不全。由契到汤十四世,继承为首领的不止十四人。每世也是兄弟相传,不过每世非直系的先公名号未被传下来而已。这些非直系的先公名号虽然不见载于《殷本纪》,但在殷墟卜辞中,还保存了不少。不过从来一般甲骨学者,有一个错误的观念,他们总以为《史记》所记殷先公的世数与人数都很完备,所以把卜辞中所有的先公名号误认为都不出《史记》所载的先公名单之内,于是一一硬相比附,遂使殷先公"兄弟相传"史迹湮没不彰。商汤以前的先公也行"兄终弟及",我们可以从下几例中得其踪迹。

第一,殷先公自上甲微到示癸这一段的称谓,是以甲、乙、丙、丁、壬、癸为名,正是十干首尾,非常整齐。所以说是后世的追名(详前)。但是既为后

---

① 卜辞称大示大宗例:"贞:御,王自上甲□大示。十二月"(《前》3·22·4),"……午贞:辛亥彤肜,自卜甲,在大宗□"(容氏藏拓本)。

② 卜辞称"乙未贞:其褒自上甲十示有三,牛;小示,羊。"(《后》上·28)"乙卯卜贞:来禾自上甲六示,牛;小示兀羊"(《甲》2·2·0296)。

人追名，为什么不一直按次序排下去，而当中还缺四位呢？是不是当排次序时本来也把其中的兄弟小宗排入，后来逐渐取消呢？关于这一点，陈梦家先生已肯定地指出："报丁到示壬之间缺了名戊、己、庚、辛的四位先祖，想来是小宗而淘汰的"①，这种说法是合理的。大概所缺的"示戊""示己""示庚""示辛"四人是报丁或示壬的兄弟，也曾继其兄做过首领，不过，由于是小宗，年代久远，渐被淘汰。

第二，《楚辞·天问篇》称："该秉季德，厥父是臧，胡终弊于有扈，牧夫牛羊。"又曰："恒秉季德"，"昏微遵迹，有狄不宁"。据王国维考证，谓此实纪商先公王亥王恒上甲微三世与有易战争之事②。"该""恒"即卜辞中之"王亥""王恒"。王恒为王亥之兄弟。王亥与上甲微之间，又当有王恒。卜辞中又有"王吴"（《后》下·4·14；《前》1·45·3），疑亦为王亥之兄弟。如此则王亥一世，至少有兄弟三人相继为首领，而《史记》《世本》皆失载。

第三，《天问》："昏微遵迹，有狄不宁"，昏微当为二人，"微"为上甲之名，不应又名"昏"，因为商之先公先王，生前皆自有私名，并且皆为一字。如《太平御览》卷八十三所引《竹书纪年》自外丙至廪辛十五王之私名，均为一字，毫无例外。疑"昏"为上甲微之兄弟，二人相继在位，率循其先人之迹，有狄（即有易）因以不宁。

卜辞有一殷先公名"𦥑"者，王氏《簠室殷契征文》有辞为："贞炆𦥑𡆥从雨"（天象44），"贞勿炆𦥑"（帝系1）。炆即《说文》之"烄"字，《说文》云："交木然也"，盖即文献上之郊祭，与尞祭同类。"𦥑"字唐立庵先生释为"𦥑"字，并谓即"昏微遵迹"之"昏"字③。其说极是。可见上甲微之兄弟"昏"亦见于卜辞。

第四，《史记·殷本纪》谓"冥卒，子振立"，"振"乃"亥"之讹，是王亥之父为"冥"。卜辞中有先公名"𩰫"（《续》1·49·4；《后》下·33·5），字形与卜辞习语"不玄黾"之"黾"同，当为一字。而"黾"字古同于"冥"字④，所以陈梦家先生即以为"黾"为王亥之父"冥"⑤，极为可信。卜辞中另有先公名"季"（《后》上·9·6；《前》5·40·4；《前》7·41·2），王国维谓即殷

① 《商王名号考》，《燕京学报》第 27 期。
② 《殷卜辞中所见先公先王考》，《观堂集林》卷九。
③ 见所著《古史新证序》。
④ 杨向奎：《释不玄冥》，《历史研究》1955 年第 1 期。
⑤ 《商王名号考》，《燕京学报》第 27 期。

先公"冥"①，实不可信。因为"季"与"冥"，字形既不类，古音亦难通。王氏惟一的证据，就是由于《天问》"该秉季德，厥父是臧"，以为王亥称"季"为父，而《史记》谓王亥之父为"冥"，故以"季"当"冥"。其实商人称谓，"父"乃"诸父"之意，未必为亲生父，卜辞与《天问》中之"季"，疑为"冥"之兄弟。

第五，《殷本纪》所载"汤"以前的先公，不见于卜辞的，仅有昭明、昌若、曹圉三人，而卜辞中人名，知为殷远祖的，却有很多。我们可以举几个最常见的：

　　　辛亥卜，又夏于𡴎。辛亥卜，又夏于𡛥。（《续》1·50·1）
　　　壬申贞：萃年于河。采于𡴎亡从，才雨。……采于𡛥。（《后》上·22·3）
　　　己亥卜，田泭，夏土犬，𡛥犬，河犬，𡴎口（《粹》23）

上面这几条卜辞上的"𡴎""𡛥""河"等人，都是殷的远祖。"𡴎"字孙诒让释为"岳"（《举例》上廿），罗振玉释"羔"（《增考》中·28），于思泊先生则释为"芺"②，不管释为何字，从卜辞例上看，知必为先公名，因为卜辞中有作"又伐𡴎"（《新获卜辞写本》358），而卜辞通例"又伐𡴎"二字下必为人名（叶玉森《集释》1·136）。

"𡛥"字董作宾释兕，以为即殷祖"契"，郭沫若先生则以卜辞"薆"（《林》2·2·13）为"契"③。从字形上看，郭先生说较可信，"𡛥"为另一先公名。"河"字旧误释为"妣乙"合文④，郭沫若先生才释为"汚"字，谓即"河"之初文⑤。此"河"为先公名，由下二辞可证：

　　　辛未贞：萃禾于高祖河，辛巳酒夏（《殷契摭佚续编》1）
　　　贞：于南方口河宗（《续》1·38·3）

既称"河"为高祖，而"河"又与意为祖庙的"宗"联文（《说文》谓宗为祖庙），则"河"必为先公名，而非河水之河。

其他先公名如"賓"（《后》上·9·6）、"昌"（《粹》70；《前》1·49·7；《续》1·50·2；《前》1·49·6）、"蚰"（《粹》71），"壬""炎"（《粹》417）、"穌"（《前》2·45·2）、"龙"（《前》4·54）、"蔑"（《簠》4·28）、"娸"（《粹》

---

① 《殷卜辞中所见先公先王考》，《观堂集林》卷九。
② 见所著《双剑誃殷契骈枝三编》，第8页。
③ 董作宾《断代研究例》，第331页；郭沫若《卜辞通纂考释》"世系"第71页。
④ 罗振玉（《增考》上·9）、王国维（《戬释》21）、叶玉森（《集释》1·106）均误释妣乙。
⑤ 所著《卜辞通纂考释》，第56页。

850)、"示帛"(《粹》854)、"商"(《铁》97·3;《林》1·26·5)等等,都不是以日为名,疑全是上甲微以前的先公,可能都是直系王的兄弟,故不见载于《殷本纪》。

从以上五点看来,我们说汤以前的先公们,也是实行的"兄终弟及",不是没有根据的。

五、结论

综合以上各节的讨论,我们就可以很清楚地肯定商人的继统法不是如一般人所说的"以长子继为主",或是什么"子继与弟及并用,无主辅之分",而确实是以"兄终弟及"为主的继承制度。并且这种制度的产生,自有其社会根源,决不能轻率地归之于一种偶然性。

这种制度,据我们分析的结果,可以确定它是母系氏族社会的一种旧传统残存在父系氏族社会中,同时又被父权制的特质深深地渗入了它的内部而形成的。商族在盘庚迁殷以前,本处于父系氏族社会阶段,所以自始就实行着这种兄终弟及。到盘庚时代,商族由于农业生产力的提高,经济生活已经起了根本的改变,就是由氏族制的末期,正式地进入奴隶制社会。社会经济制度的变革,当然也就影响着王位继统法的转变。于是在商代的后半期,开始从"兄终弟及"逐渐地过渡到反映私有制的"父死子继"的继承制度。

"兄终弟及"与"父死子继"两种继统法,反映着社会性质的不同。我们确定了商代的继承制度及其所代表的意义,对于今后研究商代的社会性质,特别是史料贫乏的殷商前期,是一个新的方案。希望海内古史专家与甲骨学者对这一方案是否可用,给以严正的批评。

1956 年 4 月 7 日晚写于南开大学

附记:

本文付印后,在第二次校稿时,收到《历史研究》1956 年第 4 期,内有刘启益先生《略谈卜辞中武丁诸父之称谓及殷代王位继承法》一文,仍袭用殷代子继与弟及并用、无主辅之分的说法,所以对弟及制度未能作深入的具体分析。但也指出这种传弟制是母系氏族社会的孑遗,则是应当肯定的。

5 月 17 日校后记

有关西周社会性质的几个问题

一、引言

在中国历史的研究上，关于殷商的社会性质，由于近年来考古学给我们提供越来越多的新资料，使我们的殷商史的研究，大开眼界，填补了很多空白点。因而，殷商是奴隶社会的开始时代这一论定，已逐渐为一般史学家所接受。

至于周代的社会性质，确是一个最难解决的问题。困难之点，就在于说明这个问题的历史材料非常贫乏。文献上的记载和考古学的材料都残缺不全，而且学者对这些材料的解释，又很分歧。所以殷商的奴隶制，在周克商后，是继续向前发展呢？还是已经转变为封建制？换句话说，也就是中国奴隶社会与封建社会分期的问题，截止到今日，还未能建立一个为多数学者所公认的结论。

殷商的奴隶制，什么时候开始过渡到封建制，目前史学界，基本上有三种不同的意见：有人认为到西周就开始进入封建社会；又有人认为西周还是奴隶社会，封建社会的开端在春秋战国之交；更有人认为汉代也是奴隶社会，把奴隶制的下限定在东汉末或魏晋时代[①]。这个问题之所以这样的纷纭莫定，一方面固然是因为问题本身的确很复杂；另一方面，恐怕是由于我们史学界对这一问题的处理，是在还没有解决与分期问题有关的一些基本问题之前，就开始作起综合的结论。基础没有打稳固，结论也很难立于不败之地。

像这样重大问题的解决，决不是一两个学者所能胜任。我们必须组织起来，分工合作。首先研究与古史分期问题有关的各个基本问题，如殷商的奴隶制是高级阶段，还是低级阶段？中国古代有没有"井田制度"？井田的真实内容是什么？什么是中国古代的"农村公社"？我国使用铁质工具最早始于何代？这一系列的问题，一个一个地解决了之后，再做综合性的研究，或许可以得到正确的结论。

---

① 参看江泉《关于中国历史上奴隶制和封建制分期问题的讨论》（《人民日报》1956 年 7 月 4 日）。

这种基本问题的研究工作，近年来学者已经开始做了一部分。如杨向奎教授对于《周礼》的研究，及其对于先秦个别地区（齐）经济制度的研究；如徐中舒教授对于周代田制的研究；又如童书业教授对于古代东方史的研究等等，都多少对古史分期问题做了一部分基础工作。这个方向，无疑是正确的。

其次，我们对于理论的运用问题，往往有意无意中还多少存在着先摆出理论或定义，再"按图索骥"的找材料的倾向。于是各种不同的说法，表面上看，都有理由，都有立说的根据；于是各人坚持各人的意见，争论不休。

至于本篇简短的论文，只想就西周的社会性质，提出一些问题，按着马克思主义的思想原则，从具体史料的分析入手，找出这一时期社会经济的特征，然后再检验它符合于经典理论内哪一种社会内容，以确定其社会性质。不过我的理论水平很低，并且掌握的史料也有限。所以在这里所提出的，只是一些极不成熟的初步意见，希望史学界的专家们批评和指教。

二、殷周之际社会经济形态的转变

殷商在盘庚迁殷以前，还处在父系氏族社会末期的阶段。到盘庚时代，由于农业生产力的提高，经济生活已经起了根本的改变。就是由氏族制的末期，正式的进入奴隶社会[①]。

不过整个殷商一代的农业生产力是很低的。当时的生产工具是以石器蚌器和木器为主，没有金属的。殷墟所发现的王室贵族所用的礼器食具及兵器，都是极为精致的青铜器，而农具则为石制。关于农具的发现，在 1929 年秋第三次殷墟发掘，在小屯村北大连坑一带，一次出土了上千的石镰。有些是成百的出于一坑。1932 年秋第七次发掘在 E 区一个方窖内，出土了 444 件石镰和几十件蚌器[②]。农具成批的发现，这意味着当时的农业生产是集体进行的，并且还意味着生产劳动者不私有生产资料。可见这种农业生产劳动者若不是农村公社的成员便是奴隶。

当时耕地所有权属于各地的"邑"，也就是农村公社，而商王则有最高的所有权。公社成员是基本的劳动队伍。另外，最高的统治者和贵族还占有相当一部分在战争中俘自异族的奴隶。这些奴隶有称"众"或"众人"的，又有称

---

① 关于殷商的奴隶社会是从盘庚时代开始的这一问题，我曾作过一些研究，请参看拙作《试论商代"兄终弟及"的继统法与殷商前期的社会性质》（《南开大学学报》［人文］1956 年第 1 期）。

② 参看《安阳发掘报告》第二期，第 249 页；第四期，第 594 页及第 722-723 页。

"羌"的。他们被统治阶级用于农耕[1]，或用于田猎[2]。如史料上所透露的，商代奴隶的数量，似乎不会很大，而且也没有像希腊、罗马的奴隶社会对待奴隶那样残酷。

商代主要的经济细胞既是农村公社，而公社多半是自给自足，交换很不发达。虽然统治阶级已有制造精美的青铜工艺品，那只不过是专供贵族享用及军事上的需要而生产，并不是为交换或谋利而生产。

根据以上所述商代社会经济的特征看，正符合于马克思所提出的"亚细亚生产方式"，是属于东方的奴隶制类型，也就是低级的奴隶制。

东方的奴隶制的主要劳动者是农村公社的成员，但我们也不能把他们误认为是一般的自由民，马克思曾指出，这种公社成员，"事实上已被剥夺了财产"[3]，"所以事实上他本身即是财产，即是公社的统一体所体现的那个人的奴隶"[4]。所以这也可以说，是"尽人皆是的奴隶制"[5]。

殷商这种低级的奴隶制，和其他东方的奴隶制一样，始终停滞在低级阶段，未能继续发展到像希腊、罗马那种高级的奴隶制。因为要发展成像那样高级阶段的奴隶制，必须具有发达的分工交换，具有大量的商品生产，具有繁盛的货币经济，以及土地的自由买卖等条件。而商代的经济情况，据前面所述，始终没有具备这些条件。尤其是为公社制所束缚，土地买卖尚未发生，因而奴隶主不能自由扩展其土地面积。私有财产的积累受到限制，当然也就没有收容大量奴隶的余地，不能发展成为像希腊、罗马那样的大奴隶主或大土地所有主。

商代低级奴隶制，由于受当时土地占有形态的束缚，决没有顺利地再向高级阶段发展的可能。但是，这种生产关系又不能适应生产力的进一步发展。所以这种制度（低级奴隶制）在商的末年，已变为那时社会向前发展的障碍，阶级斗争逐步的尖锐化了。奴隶的逃亡、暴动，已见之于记载。卜辞中出现的"执羌"[6]"丧众""不丧众""告众"[7]，大概是对奴隶暴动、逃亡、捕捉的占卜。据古文献上的记载，当时公社成员的阶级分化也很厉害，他们之中，固然有"庶

---

[1] 卜辞有"王大令众人曰劦田"（《粹》866，《前》7·30·2）；"王往从众黍于冏"（《前》5·20·2）；"贞惟小臣命众黍"（《前》4·30·2）；"贞：王命多羌至田"（《粹》1222）。

[2] 卜辞有"贞：呼众人口廪"（《甲》3538），"呼多羌逐麋"（《簠》8·59），"多羌获鹿"（《前》4·48·3）。

[3] 马克思：《前资本主义生产形态》，人民大学《世界通史参考资料》第一辑，第6页。

[4] 马克思：《前资本主义生产形态》，前揭《世界通史参考资料》第一辑，第30页。

[5] 马克思：《前资本主义生产形态》，前揭《世界通史参考资料》第一辑，第34页。

[6] 卜辞中有"执羌"（《前》7·19，《前》8·8）。

[7] 卜辞中有"丧众""不丧众"（《前》6·39，《佚》487，《甲》381）；"告众"（《后》上·24·2）。

群自酒，腥闻在上"的，同时也有无法生活的：

> 殷罔不小大，好草窃奸宄。……小民方兴，相为敌仇。今殷其沦丧，若涉大水，其无津涯。(《尚书·微子》)
>
> 夫知保抱携持厥妇子，以哀吁天，徂厥亡。(《尚书·召诰》)
>
> 今我民罔弗欲丧，曰："天曷不降威？大命（曷）不挚？今王其如台。"(《尚书·西伯戡黎》)

社会矛盾这样尖锐化，奴隶主被迫不能再停留在奴隶制的剥削形式上。但是，在当时的条件下，除了奴隶制，是否还有其他路途可走呢？我们可以肯定地回答，有的。就是走农奴制的道路。马克思曾经说：

> 作为第一社会结构之最后阶段的农业公社，同时是向第二结构的过渡阶段，也就是从一个以公有财产为基础的社会向一个以私有财产为基础的社会的过渡。自然，第二结构包括着一系列的以奴隶制和农奴制为根据的社会。[1]
>
> 现代的家庭，在萌芽时，不仅包含着奴隶制，而且也包含着农奴制，因为它从最初起，就是和耕地操作有关的。[2]

恩格斯在 1882 年 12 月 22 日给马克思的信中也说：

> 无疑，农奴关系不是中世纪封建所特有的形式，凡在征服者压迫原日的居民去耕种土地的地方，我们都可以遇见这种关系。[3]

从马克思和恩格斯这些话里面，我们可以归纳出下面两点：第一，农奴制的起源很早，它并不是奴隶社会衰落时才出现的新东西。第二，农奴制的发生是和农业耕作有关系的。在以农业为主的部族中其农奴制的发生和发展可能较早。我们再回头看看商代社会，自盘庚迁殷以来，早就是以农业为主要的生产，在奴隶制度正常发展的时候，其农奴制的因素，隐而不显。一到殷商末年奴隶制的发展受到障碍，农奴制无疑的便会繁荣滋长。这在理论上讲是并不困难的。《孟子》所说的"殷人七十而助"，实际就是指的殷商末年已出现的农奴制的剥削形式。

---

① 见《马恩全集》俄文本，第 27 卷，第 680-681 页（转引自东北师大日知译《古代世界史》，第 59 页）。

② 见恩格斯：《家庭、私有制和国家的起源》，人民出版社版，第 55 页所引马克思的话。

③ 《马克思与恩格斯书札》，第 346 页（转引缪灵珠译《古希腊史》，高教部版，第 171 页）。

下面，我们再看看周族在未克商以前的社会。

周族是西北的一个落后部族，他自己认为是夏族的后裔。所以常自称为"夏"或"有夏"（《尚书》之《君奭篇》《立政篇》）。大概他是夏族的一支，而兴起于夏商之际。周对商的关系，好像是叛服无常。殷王武丁时的卜辞常见"周"或"周侯"的文字。武丁伐鬼方，周曾参加，并且"有赏于大国"（《易经·未济》）。根据甲骨文与《诗经》的记载，还可以知道，这两族还是互通婚姻的。

由此可知周族也是一个古老的部族。不过一直到周文王时，似乎还处在原始公社制度的末期。所以有关周文王的一些故事，还带着浓厚的氏族社会生活的色彩。据说文王的生活很艰苦，并且很辛勤、很节俭。他自己恶衣恶食，亲自去种田[①]；又亲自披着蓑衣拿着鞭子放牛羊[②]。可见周文王还是一个没有脱离劳动的氏族酋长。正因为那时仍滞留于氏族社会的末期，所以他"经始灵台"的时候，"庶民"还都像儿子为父亲作事一样，踊跃地来参与[③]。这当然不是奴隶社会中所有的现象，同时也决不像封建社会中所有的现象[④]。只有在氏族社会的内部，才能有这种现象。可见周族在克商之前，仍滞留在氏族制的末期，或说是正向家长奴役制过渡的阶段。

不过周族的从事农业生产，却也有很长的历史了。据传说其远祖后稷、公刘时代，就已务稼穑，好农耕。所以周公力言"君子所其无逸，先知稼穑之艰难"（《尚书·无逸》）。务农耕是周族历代奉行的遗训。《史记·货殖列传》也说："关中自汧、雍以东至河、华，膏壤沃野千里，自虞夏之贡以为上田。而公刘适邠，大王、王季在岐，文王作丰，武王治镐。故其民犹有先王之遗风。好稼穑，殖五谷，地重。"这不仅说明了周族所占有地区的土壤便于农业，并且也说明周族历代的农业生产是占着重要地位的。

总之，在周克商前，商族已到东方奴隶制（低级奴隶制）行将崩溃的时候，已经有了农奴制的剥削萌芽。而周族则尚处在氏族制的末期。无疑的，这时周族的生产力及文化各方面，是落后于商族的。但是，两族却同是以农业为社会经济的重心。

周人灭商之后，对于如何统治殷商部族，是一个很大的问题。他当然不能

---

① 《尚书·无逸》："文王卑服，即康功田功。"

② 《楚辞·天问》："伯昌号衰，秉鞭作牧。"

③ 《诗经·灵台》。

④ 范文澜《中国通史简编》（修订本）（第一册，1955年版，第126页）谓周文王时已实行着封建制度，是值得商榷的。

把比周族人数还多的大批殷人吸收到自己氏族组织里来，强迫殷人倒转历史仍过氏族制的生活，又不能用他自己原有落后的氏族组织去统治文化较高的殷人。能不能袭用殷商的奴隶制度呢？不能的。因为殷商在亡国之前，奴隶制已濒临崩溃。奴隶们怠工、逃亡、暴动的结果，奴隶制度的剥削必然会无利可图。周的最高统治者，当然已看到"此路不通"，才因时制宜，把占领的土地和殷人，分赐给同来东征的大小首领、将士及同盟的氏族。这就是金文上所记载的"受民受疆土"①，《左传》上也有"聃季授土，陶叔授民"②。周族的大小统治者运用他们的军事组织和正在发展中的宗法制度，结合殷商境内已出现的封建因素，来维系和统治这个国家。尤其当时殷和周是农耕部族，而农耕正是农奴制发展的好环境。恩格斯说："农奴关系不是中世纪封建所特有的形式，凡在征服者压迫原日的居民去耕种土地的地方，我们都可以遇见这种关系。"③而殷商境内原已有的农奴制的萌芽，由于旧政权的倾覆，又由于周族强迫原地被征服的居民去耕种土地，农奴关系就更得到正常的发展。于是便发展了初期封建所有制。

由上面所述，可见周族并没有经过纯粹的奴隶社会阶段，而是以落后的氏族东向征服文化较高的殷族，就在殷族奴隶制的废墟上，逐渐地过渡到初期封建社会。这一点，多少是和日耳曼族相近的。但是，我以前曾提过这样的论点④，却遭到史学界部分同志的非难⑤。其实我只说相近，并没有说相同。因为两族各有各的历史特点，是不可能完全相同的。他们又认为殷商奴隶制既尚未达到像希腊、罗马那样高级阶段，是不会死亡的。这种看法很值得商榷。因为在世界古代史上，特别是古代东方各民族的历史，由于历史条件和西方不同，大部分都不会经过像希腊、罗马那样高度发展的奴隶制，而是从低级奴隶制直接转变到封建制。⑥

现在我们根据具体的史料看看，周克商后，西周是不是已经过渡到初期封建社会呢？马克思主义经典认为"封建制度的基础"，"是封建土地所有制"⑦。下面我们就探讨一下西周的土地制度。

---

① 《大盂鼎》："王曰盂……受民受疆土……锡女邦司四伯，人鬲自驭至于庶人六百又五十又九夫。锡夷司王臣十又三伯，人鬲千又五十夫。"

② 《左传》定公四年："分鲁公以……殷民六族，……分康叔以……殷民七族……聃季授土，陶叔授民。"

③ 《马克思与恩格斯书札》，俄文本，第346页，转引缪灵珠译《古希腊史》，第171页。

④ 见拙作《关于范著〈中国通史简编〉（修订本）第一册的几点意见》，《历史研究》1954年第6期。

⑤ 见郑昌淦《中国封建社会是从西周开始吗》，《教学与研究》1955年第2期，江泉：《关于中国历史上奴隶制和封建制分期问题的讨论》，《人民日报》1956年7月4日。

⑥ 参看 B. H. 狄雅可夫及 H. M. 尼科尔斯基合编《古代世界史》，日知译本高教部版，第56—60页。

⑦ 斯大林：《苏联社会主义经济问题》，第37页。

三、从土地所有制的形态上看西周的社会性质

土地所有制是一种生产关系。而生产关系是区别一个社会形态与另一社会形态的主要关键。但是，"生产关系一定要适合生产力性质"，生产力与生产关系是相互区别，而又是互相依赖的，并且社会发展"始终是从生产底变更和发展，首先是从生产工具底变更和发展上开始"[①]。所以我们要想确定西周的社会性质，不应当孤立地考察生产关系的变换，必须先考察一下西周的生产力到底达到一个什么阶段。

西周的经济是以农业经济为主。当时的农业生产工具，除了自殷商传下来的耒耜以外，又出现了锄土割草的"钱""镈""铚"等（《诗经·臣工》）。这些农具是用什么质料做的呢？《诗经》称"有略其耜"（《载芟》篇），"畟畟良耜"（《良耜》篇），所谓"略"，所谓"畟"，都是锋利的形容词，而《诗经》西周的诗篇上的"钱""镈""铚"等字又都有"金"字偏旁。所以我们似乎可以肯定周代个别地区的耕具，已由商代的石制木制的阶段进化到以金属制造了。

我们再进一步考察，这种金属耕具，是不是铁呢？根据现在所能见到的一切材料看，西周还没有铁制农具。郭宝钧先生曾根据 1950 年到 1952 年在河南辉县战国墓出土的一批铁制农具保存的情形，认为"铁器腐蚀程度，应与埋藏久暂及湿度成比例。此批铁器距今二千二百余年，腐蚀程度尚不到五分之一。设再提早一千年或五百年，真有铁器创制，它的腐蚀，亦不能超过器体的五分之二。极言之，即必不能朽化净尽。而我们发掘殷代及西周墓葬，为数不算少（自然仍不算太多）。截至现在止，还未曾有片铁的发现。那么在春秋以前，人民尚不能用铁制器，可能是事实"[②]。这种科学的论断，我们决不能忽视。有的学者把铁器的历史推到西周，甚至于推到殷代[③]，是值得考虑的。

西周的耕具既不是以铁制造，于是有人就认为不可能产生封建社会[④]。其实这是毫无根据的。斯大林只是说"溶铁和制铁工作"，在封建制度下，得到"更进一步的改善"[⑤]，并没有说封建制的产生，必以先有铁器为前提。

---

① 《列宁主义问题》，莫斯科外文书籍出版局版，第 725 页。
② 郭宝钧：《辉县发掘中的历史参考资料》，《新建设》1954 年 3 月号。
③ 范义田：《西周的社会性质——封建社会》，《文史哲》1956 年第 9 期。
④ 郑昌淦：《中国封建社会是从西周开始吗》，《教学与研究》1955 年第 2 期。
⑤ 《列宁主义问题》，第 728 页；又见《联共党史》，1949 年莫斯科中文版，第 157 页。

西周的金属农具既不是铁制，那末是什么金属呢？我们认为是铜制。因为在《诗经》里面凡提到"金"或从"金"偏旁之字，大半是指铜器而言。在考古学上，我们已发现商代大批的石制农具。但是，为什么没有发现西周的大批铜制农具呢？这是可以理解的。商代是奴隶社会，生产奴隶不私有生产工具，大批农具是奴隶主保藏的。所以可以在一地发现上千的石镰。西周当时农业是小农生产（详后），他们各人有各人农具。《国语·周语》说西周时"民无悬耜，野无奥草"，这正说明当时农民私有生产工具（耜），所以在不用时自己可以"悬"于家中（劳动者私有生产工具正是农奴而非奴隶的最大证据）。也可见当时农具不集中在一地，而是分散在各地的农民手中，因而在地下考古上是不能有大批发现的。并且农具不是贵族们使用的工具，贵族死后，决不以之殉葬。所发掘的西周墓大都是贵族的，当然不会发现农具。

西周青铜农具能不能产生封建社会呢？我们不应当只孤立地看生产工具。我们必须把某种生产工具与在某种环境下使用，二者结合起来，也就是看它发生的效力。同样的农具，在不同的土壤上使用，可能产生不同的效果。

地理环境是社会发展经常必要的条件之一，它加速或延缓社会发展进程。西周的地理特点，由早期开始就影响着它的经济性质和生产力的发展。因为西周以陕西、山西、河南为中心，整个是原生黄土层地带，平均厚达一百尺到二百尺。土质很细，虽用手捻亦不觉粗砂，好像用筛筛过一般[①]。铜耕具在这种黄土地带使用所产生的效力，决不会低于其他地区用铁耕具耕种所产生的效果。所以我们可以说具体到西周的土壤条件上，铜耕具完全具有产生封建制度的力量。

至于西周的农业生产技术，也曾发展得很高了。当时农夫为了休养地力，用轮流休耕之法。《周礼·遂人》职文："上地夫一廛，田百亩，莱五十亩。……中地夫一廛，田百亩，莱百亩……下地夫一廛，田百亩，莱二百亩……"郑玄注："莱谓休不耕者。"上田肥美，故采三圃制的耕种方法。就是每年耕百亩，休耕五十亩。中田地薄，故采二圃制的耕种方法。就是每年耕百亩，另外休耕百亩。下田地更薄，故采取三年轮种一次的休耕法。就是每年耕百亩，休耕二百亩[②]。这都是把自己的份地分成三个等分，轮流休养地力。这种耕作技术，在西周个别的地区已经实行。我们看西周典籍称当时耕种的田，有菑、新、畬

① 见 George B. Cressey 著，张心堂、刘心务译：《亚洲之地与人》，商务印书馆 1946 年版。

② 《周礼·大司徒》职文称"不易之地家百亩"，不易之地即等于《遂人》的"上地"。班固《汉书·食货志》称"上田夫百亩"，这里都没有莱五十亩，与《遂人》职文稍异。

三个分别的名称。如《易经·无妄》卦的爻辞有："不耕、获，不菑、畲，则利有攸往。"《诗经·周颂·臣工》："如何新、畲。"《小雅·采芑》："薄言采芑，于彼新田，于此菑亩。"这里所说的"菑""新田"和"畲"，实际就是三圃制的具体说明。《尔雅·释地》："田一岁曰菑，二岁曰新田，三岁曰畲。"后世注家对这段文字解说很不相同，惟有徐中舒先生的解释最为正确。他说就是每夫的份田有三个等分。一部分第一年为休耕地名为"菑"，一部分已休耕过一年，今年新耕名曰"新田"，另外一部分去年已耕种过一年，今年连耕名为"畲"①。这样，以田的某一部分而言，第一岁是"菑"的田，第二岁便成了"新田"，第三岁便是"畲"。拿这个解释去看《诗经·采芑》，就是说在新耕地及休耕地里采野菜。《易·无妄》的意思，是说农夫不耕而收获，田不休养而连年耕种，都是不近情的。这都可以反映西周的农业技术，在个别地区已经达到相当于欧洲封建社会的初期所流行的三圃制阶段。

我们知道欧洲约在八九世纪，许多地方才用三圃制耕种，"从十一世纪到十二世纪开始在西欧和俄国推广"②。而中国的三圃制最迟在公元前八九世纪以前就已出现，比欧洲早了上千年。无疑的，这也是使中国早在西周就已发展成为初期封建社会的一个动力。

根据西周具体土壤条件的优越及农耕技术发展的程度两方面看，西周的生产力不是一般人所想象的那样低。有些学者只孤立地强调铁制生产工具的有无，而没有把生产工具所作用到的中国具体土壤和农耕技术的发展阶段等方面作通盘的考虑。这样把问题简单化，当然是解决不了问题的。

下面我们要谈西周的土地划分及其归谁所有等问题。

西周的耕地有"公田"和"私田"的划分。《诗经·小雅·大田》说："雨我公田，遂及我私。"这种具有公田私田的制度，实即东周时人所传说的"井田制度"。关于"井田制度"比较详细的记载，最早见于《孟子·滕文公上》：

> 夏后氏五十而贡，殷人七十而助，周人百亩而彻，其实皆什一也。彻者彻也，助者藉也。……《诗经》云："雨我公田，遂及我私。"惟助为有公田。由此观之，虽周亦助也。……使毕战问井地。孟子曰："子之君将行仁政，选择而使子，子必勉之。夫仁政必自经界始，经界不正，井地不均，

---

① 徐中舒：《试论周代田制及其社会性质》，《中国的奴隶制与封建制分期问题论文选集》，三联书店1956年版，第443-508页。

② 《政治经济学教科书》第三章，人民出版社1955年版，第42-43页。

谷禄不平，是故暴君汙吏必慢其经界。经界既正，分田制禄，可坐而定也。……请野九一而助，国中什一使自赋。……死徙无出乡，乡田同井，出入相友，守望相助，疾病相扶持，则百姓亲睦。方里而井，井九百亩，其中为公田。八家皆私百亩，同养公田。公事毕，然后敢治私事，所以别野人也。"

孟子所说的这个井田制度，是古今学者聚讼不决的问题。有一个时期，大都持着否定的倾向。近来的史学家如李亚农先生仍以为这"不过是孟子的乌托邦"，"完全出于他的幻想"[①]。当然，假如我们根据孟子这段话，就轻信西周确有八家共占一块井字形的田，中间百亩为公田，四周为私田，轻信这样的土地制度，那当然是荒唐。因为像这种极端形式化的东西，在西周不可能有，也不可能实行。但是我们也不能因为其中有后人附加的不可信的部分，因而把这种制度完全给否定，或认为是捉风捕影。我们看看他所说的藉民力以耕公田，公事毕才敢耕自己的私田，这是很符合初期封建社会的土地制度的特征的，没有人能够空想出来。所以近来一般新史学家们，无论是西周封建论者或西周奴隶论者，都相信西周有过井田制。

现在我们来深入地研究一下井田制的真实内容。

《诗经》所说井田制的"公田""私田"到底属于谁的田呢？其中"私田"是直接生产者的份地，大部分史学家是承认的。惟有对"公田"的解释，意见尚未一致。现在我们先看看"公"字的解释是什么？按《诗经》屡次出现"公"字，从前吴其昌曾把它归纳起来，统计了一下。"穆公""周公""召公""公刘"一类人名除外，其他如"公子""公侯""公族""公姓"……等专词也不在内。单看独"公"字的应用，统计的结果，"公"字都是指定一个地方领袖或田主阶级，绝对没有作"公有""公众""公共"一类的解释[②]。如《邶风·简兮》："公庭万舞"，"公言锡爵"；《秦风·驷驖》："公之媚子，从公于狩"。"公"字都指贵族而言。《魏风·汾沮洳》："殊异乎公路……公行……公族。""公路"是贵族的大车。"公行"《毛传》说："从公之行也。""公族"就是贵族。《召南·小星》："夙夜在公。"《周颂·臣工》："敬尔在公。"系指公侯之事。《召南·羔羊》："退食自公。"《毛传》："公，公门也。"这当然也是指贵族。"公""私"二字对举的，除《小雅·大田》外，还有《豳风·七月》："言私其豵，献豜于公。"这个"公"

---

① 见其所著《中国的奴隶制与封建制》，华东人民出版社，1954年版，第75页。

② 吴其昌：《秦以前中国田制史》上，《社会科学季刊》第五卷第三号。

也不能解释为"公众"或"公有",实乃指"公族"或贵族而言。

"公"字在金文上作ㅂ或ㅂ(《沈子它簋》《令彝》《效卣》等),象人之头。头是人最高的部分,所以"公"字后来便引申为首领,或为高居人民之上的贵族(按"公"字作公私之公用,至迟在战国时已出现)。

《诗经》中的"公"字既是大都作"贵族""统治阶级"或"官"解释,从没有一条可以解作"公有"的,那末我们说《诗经》所写井田制的"公田",不是"公众集体所有"而是"官田",是直接属于贵族的田,不是没有根据的。

贵族私有的田地而名"公田",一直到汉代犹然。六国以来强宗大族的土地,汉武帝时代都大批地陆续入于天子之手,而称为"公田"。《汉书·食货志上》说武帝末年,赵过为代田法,令"田三辅公田",这是长安附近没收的土地。《赵充国传》:"公田民所未垦,可二千顷。"这是河西四郡新开辟的。武帝曾以"公田"百亩赐其姊[1]。宣帝曾对流民"假公田,贷种食"[2]。这种名曰"公田"的土地,都很明显的绝对不是"公众集体所有的田"。

我们再看自西周下至春秋,贵族们赏田、讼田、争田、夺田等等,都是以个人的关系出现。西周的赏田如《大保簋》是国王赏土给"太保"个人,《大克鼎》是国王赏田给善夫克个人,《敔簋》是国王赏田给敔个人,《亳鼎》是贵族赏土给亳个人,《不嬰簋》是贵族赏田给不嬰个人,《卯簋》是贵族赏田给卯个人,所赏的土地当然归被赏的个人所有。西周的金文及文献上关于耕地为集体所有的痕迹,可以说是绝无仅有。

还有一点也可以证明西周的"公田",不是直接生产者集体所有。就是农民在"公田"上耕作时,统治阶级派有督农官监督,《国语·周语》记载得很详细:

> 稷则遍诫百姓,纪农协功,曰:"阴阳分布,震雷出滞,土不备垦,辟在司寇。"乃命其旅曰:"徇,农师一之,农工再之,后稷三之,司空四之,司徒五之,太保六之,太师七之,太史八之,宗伯九之,王则大徇。"耨获亦如之。

直接生产者在劳动的时候,受到统治者派来的督农官层层的监督,于是"民用莫不震动,恪恭于农,修其疆畔,日服其镈,不解于时"。这种监农官有的称

---

[1]《汉书》卷九七上《外戚传·孝景王皇后传》:"帝(武帝)奉酒,前为寿,钱千万,奴婢三百人,公田百顷。"

[2]《汉书》卷八《宣帝纪》:"地节元年三月,假郡国贫民田","三年冬十月,诏郡国宫馆,勿复修治,流民还归者,假公田,贷种食。"

为"田畯"①，有的称为"司徒"②。假若"公田"为农夫集体所有，就用不着统治者贵族派这许多农官来监督了。

或者有人要问，西周的土地若不是公有，为什么一直到春秋时还是"田里不鬻"③呢？推其原因，一半是由于那时的土地，都是上级，一级一级的分封下来的，所以没有用在买卖上。但主要的原因是由于那时还是自然经济，货币尚未行用，纵然有原始的交易，也是以物易田。如西周的铜器《格伯簋》记载着佣生与格伯以田和马互换，《曶鼎》拿人和田作赔偿。春秋时有赏田④、赂田⑤、还田⑥、易田⑦的很多记载，可见当时田地久已为贵族阶级所私有，不过由于处在自然经济阶段，土地买卖的事情，尚未出现而已。

总起来说，就是西周的土地已经为贵族阶级所私有，"公田"是统治阶级或贵族们的私有地。绝对不是直接生产者们集体的所有。

我们为什么用这么多话来证明"公田"不是农民集体所有呢？因为近来史学界主张西周是东方奴隶社会或说是氏族社会的学者们，大都以"农村公社"或"氏族公社"去解释西周的井田制度，都异口同声地说井田制的"公田"，就是农村公社的公有地。如吴大琨先生就把"井田制度"说成是"古代东方奴隶制社会"的"土地国有"或"集体土地所有"，是"农村公社所掌握的土地制度"⑧。又如尚钺先生也说："雨我公田，遂及我私。所形成的是公有土地财产与私有土地财产的对立的形态。"⑨

实际上西周的"井田制"虽然组织形式上还存有农村公社的外壳，但本质上已经不是真正的农村公社了。因为"农村公社"的主要特征，用马克思的话

---

① "馌彼南亩，田畯至喜。"见《诗经》之《甫田》《大田》《七月》等篇。

② "司土"见《牧簋》《尢簋》《甄簋》《曶壶》《散氏盘》等器。

③ 《礼记·王制》。

④ 《左传》隐公十一年："王取邬、刘、蒍、邘之田于郑，而与郑人苏忿生之田：温、原、絺、樊、隰郕、攒茅、向、盟、州、陉、隤、怀……"《左传》僖公二十五年谓王赏晋侯阳、樊、温、原、攒茅之田。《左传》成公八年谓晋以赵同之田与祁奚。《左传》襄公三十年谓赵孟与绛县老人田。《左传》昭公三年谓晋侯赐郑公子丰州田。

⑤ 《左传》宣公元年谓赂齐以济西之田。《左传》成公十六年有楚子以汝阴之田求成于郑。《左传》昭公十四年有赂田。《左传》哀公二年邾人赂以漷沂之田而受盟。

⑥ 《左传》文公八年谓晋侯归匡戚之田于卫。宣公十年谓齐人归鲁济西田。成公二年谓齐人归鲁汶阳之田。昭公七年谓韩宣子使献子如卫反戚田。昭公十三年谓楚使聘于郑且致犫、栎之田。

⑦ 《左传》隐公八年谓郑伯以泰山之祊易许田。桓公元年谓郑伯以璧假许田。

⑧ 见其所著《与范文澜同志论划分中国奴隶社会与封建社会的标准问题》，《历史研究》1954 年第 6 期。

⑨ 参看尚钺：《先秦生产形态之探讨》，《历史研究》1956 年第 7 期。

说，是"财产只是作为土地之集体的财产而存在"①。"井田制"的"公田"显然已不是集体的公产，而是领主贵族的私田。

综合各方面的史料，可以看出，井田制度是这样：领主贵族的田地分为"公田"和"私田"两部分。"私田"是授予农民的份地，收获归农民自己私有。不过领"私田"的农民必须在领主的"公田"上无报偿地做一定天数的劳役。"公事毕，然后敢治私事"。耕完"公田"才得归耕"私田"。"公田"既是由农民助耕，所以《孟子》说："惟助为有公田。"又因为是藉民力而耕，所以《孟子》又说："助者藉也。"可见"井田制"实是各级领主对其下的农民一种"劳役地租"的剥削形态。马克思曾指出封建社会的农民被榨取的情形与此绝相类，他说：

> 直接生产者以每周的一部分……用在实际上属于他的土地上面，并以每周的别几日，在地主的土地上，无代价的为地主劳动。……直接生产者为自己做的劳动，和他为地主做的劳动，在空间和时间上，都还是分开的。②

这不是和井田制基本上相同吗？

按西欧一般的封建社会的地租形态，有劳役地租，有实物地租，有货币地租。其中第一第二两种是封建生产方式的最大特征。马克思把这三种视为封建地租发展中的三个递进阶段，而劳役地租是最简单最原始的地租形态。足见"井田制"应该是初期封建社会的产物。

但是这种封建剥削是由什么形式转变来的呢？我们研究的结果，知道大概是在周克殷时，在殷商原有的农村公社的基础上发展出来的。我们可以引马克思《资本论》中叙述罗马尼亚由公社公有土地转变为农奴制的过程来印证一下。马克思写道：

> 土地一部分当作自由的私田，由共同体诸成员独立去耕作，一部分当作公田，由他们共同去耕作。这种共同劳动的生产物，一部分当作收获不足时或他种意外事情的准备基金，一部分当作国家贮藏，为了应付战争，宗教及其他各种共同事务的费用（这是典型的农村公社——引者）。在时间的进行中，这种公地，被军事上宗教上的高官侵夺了。在公地上从事的劳动，也被他们侵夺了。自由农民在他们的公地上做的劳动，变成他们替公

---

① 马克思：《前资本主义生产形态》，《文史哲》1953 年 1、2、3 期。
② 《资本论》卷三，人民出版社版，第 1030-1033 页。

地盗占者做的徭役劳动了。农奴关系就是这样发展的。[①]

马克思接着又说：

> 与其说徭役劳动从农奴制度发生，无宁反过来说农奴制度大多数是从徭役劳动发生。[②]

从马克思这两段话里，我们可以体会到西周井田制是周灭商后，周的军事高官，把商原有的农村公社的公地霸占，并剥削原日居民的徭役劳动。所以戚其章先生就说："西周的'井田制度'，是'亚细亚土地所有制'的发展的新阶段。"[③]这是很正确的。

井田制中的"公田"和"私田"的面积多大呢？关于农民领受的"私田"，战国以来的人，都以为是百亩。如《管子》载管仲答桓公说："一农之量，壤百亩也。……起一人之繇，百亩不举。"[④]《孟子》说，"周人百亩而彻""百亩之田""八家皆私百亩""一夫百亩"[⑤]。荀子说，"五亩宅，百亩田""百亩一守"[⑥]。李悝说："一夫挟五口，治田百亩。"[⑦]以上所说的一夫百亩，当然不都是指西周而言，有的是包有战国时情形而言的，并且百亩是指一般的而言，未必就是绝对数字，如《周礼·地官》之《大司徒》《遂人》及《汉书·食货志》所述授田就不止百亩。

西周金文中赏田是以"田"为单位来计算的（如《不娶簋》《敔簋》等），《曶鼎》铭文有田五田和田七田分量的不同，可见"田"有确定的大小标准。范文澜先生说"一田一百亩"[⑧]，而杨向奎先生则主张一田是一千亩[⑨]。按《格伯簋》称三十田等于良马乘的价，《曶鼎》称匹马、五奴、七田的价大略相等，可见"一田"的单位面积不会很大。所以虽然我们不能确定一田是否一百亩，但确知一田不会是一千亩。

① 《资本论》卷一，中译本，第 269 页。又《资本论》卷三，第 1048-1049 页所述与此大意相同。

② 《资本论》卷一，第 268 页。

③ 参看戚其章《关于西周社会性质的问题》，《历史研究》1955 年第 5 期。

④ 《管子》卷二一，《臣乘马》第六十八。

⑤ 见《孟子》之《滕文公上》《梁惠王上》《万章下》。

⑥ 见《荀子》之《大略篇》《王霸篇》。

⑦ 见《汉书·食货志》。

⑧ 《中国通史简编（修订本）》第一编，1955 年版，第 140 页。

⑨ 参看其所著《试论先秦时代齐国的经济制度》（上）（《文史哲》1954 年第 11 期）及《有关中国古史分期的若干问题》（《历史研究》1956 年第 5 期）。

　　总之，当时农民所领的私田，由于土壤质地的高下，家庭人口的多少，授田的亩数也不一律。所谓一夫授田百亩，应当是指一般的情形而言，并不能看成是绝对数字。

　　农民的这种"私田"，一般的既是以百亩为单位，这当然是分割的小农经济。而小规模的个体生产正是封建社会的一个特征，也以此区别于奴隶社会。

　　至于领主贵族的"公田"面积，《孟子》说也是以一百亩为一个单位，不知道他指的是哪一级领主。我们知道天子的"公田"，就不是以百亩为单位，而是以一千亩为单位的。《国语·周语上》：

　　　　宣王即位，不籍千亩。虢文公谏曰："不可，夫民之大事在农，上帝之粢盛，于是乎出。……王耕一坺，班三之，庶民终于千亩。"

　　韦昭注："籍，借也，借民力以为之。天子田籍千亩，诸侯百亩。""籍田"就是"公田"，因为是借民力以耕，所以又叫"籍田"。据韦氏的话，天子的公田明明是以一千亩为单位。周时的一千亩，相当于今日的三百多亩[①]。天子行籍田礼，即于此地行之。

　　天子的"公田"所在地区，名曰"甸服"，"甸"在金文上作"田"，所以"甸服"实意味着有天子直属的田地。管理天子"籍田"的官，名曰"甸师"，《周礼·天官》："甸师掌帅其属而耕耨王藉。"我们猜想周都附近必有天子的"公田"。不过"公田"的所在地已不可考。惟春秋时晋地尚留有"千亩"的地名，应当就是周天子的"公田"之一。《左传》桓公二年谓："晋穆侯之夫人姜氏，以条之役生大子，命之曰仇，其弟以千亩之战生，命之曰成师。"《续汉书·郡国志》太原郡界休有千亩聚，盖即古之千亩。《周语》说周宣王三十九年与姜氏之戎战于千亩，及宣王即位不籍千亩，都应当是指晋地的千亩[②]。西周时晋地有周的"公田"，周天子和晋地也最密切。宣王丧南国之师，就"料民于太原"。周厉王被"国人"所攻，就逃到晋地的彘（以上俱见《国语·周语上》）。太原、彘、千亩都在汾水中游，相去不远。《左传》桓公二年也说："晋，甸侯也。"足见西周时晋地有天子的"公田"，是不成问题的。

　　天子的"公田"是以千亩为单位，每年由直接从天子领得私田的成千成万

---

　　① 按周尺一尺约合营造尺七寸二分。以此推算，周时一千亩约合今三百一十多亩。一百亩当今三十一亩多。

　　② 宣王与姜氏之戎战于千亩，清儒阎若璩（《潜邱札记》）、汪远孙（《国语发正》）都以为此千亩不应当远在晋境，但都不能举出证据。其实王自伐戎何以不能远战于晋地？《古本竹书纪年》谓宣王时"王遣兵伐太原戎不克，后五年王伐条戎、奔戎，王师败绩。"太原戎、条戎、奔戎均在晋境，所以此千亩也以在晋地为是。

的农奴来大规模地集体耕耘。《诗经》上说，"千耦其耘"（《周颂·载芟》），"十千维耦"（《噫嘻》），正是指的这种情况。假如认为天子的"公田"也是以一百亩为一个单位，相当于现在的三十一亩大小的一块地方，岂能容纳上万的人在那里耕种？

上面我们说周代确曾实行过分公田私田的井田制度。但是，也并不等于说西周的全部土地，都是实行的这种制度。在实行井田制的同时，还存在着一种非井田制度。《孟子》说："殷人七十而助，周人百亩而彻，其实皆什一也。"又说："惟助为有公田。由此观之，虽周亦助也。"这是说周人有"彻"与"助"两种制度。下面接着又说："请野九一而助，国中什一使自赋。"也把"野"和"国中"很清楚地分为两种制度。助或藉是一种借民力助耕公田，用劳役地租剥削的井田制度，实行于比较远隔的"野"中；另一种则是抽十分之一税的彻法。赵岐注《孟子·滕文公上》："彻，犹人彻取物也。"（此据阮元据宋本所校）《诗经·豳风·鸱鸮》毛传："彻，剥也。"足见彻是通量土田之所入而取之于民，与借耕代赋之井田不同。这种制度，实行于较近的"国中"。这两种不能混而一之。

在《周礼》中，周天子的地区有"六乡""六遂"制度的不同。"乡"是郊内的土地，即等于《孟子》所说的"国中"，大部分都是周部族所居住的地区；"遂"是郊外的土地，等于《孟子》所说的"野"，大部分都是被征服的异族人所住的地区。所以《周礼》的"乡""遂"是指周天子的疆土，而《孟子》的"国""野"是指诸侯的疆土。天子和诸侯的地区名称虽不同，但制度是完全相同的。也就是说天子的"乡"和诸侯的"国"中，住的大都是本族的氏族成员，亦即自由农，受着十分之一的剥削；而"遂"和"野"为被征服的部族居住，行井田制度，必须助耕公田。

由来讲井田制度的人，往往把两种制度误认为是一种。于是引起许多不必要的混乱。因为"九一而助"的井田，显然不得称为十分之一的税。从领主方面讲或在农夫的立场而言，都是九分之一，亦即百分之十一强。许多经学家硬把"九一而助"也附会成是什一之税，实在是牵强之至。

最后我们再谈西周农民的类型及其来源。西周的农民主要的可以分两大类：

第一种是受劳役地租剥削的农奴。他们据《孟子》所述，是住在"野"，因而又叫"野人"。他们所种的田，分"公田"和"私田"，都在距城较远的郊外。他们是西周最主要的劳动者。领主贵族们的经济主要的来源，就是剥削这些农奴而来的。

第二种是受什一之税剥削的自由农。《孟子》说："国中什一使自赋。"无"公田""私田"之分，当然也无先公后私之法的束缚。这种人住在"国中"，其田地也都在郊内。这类土地并不多。并且种这种土地的人，受剥削也比较轻微①。

这两种农民，一为农奴，一为自由农。他们是怎样来的呢？我们前面已经说过，周族在未克商以前还是氏族社会的末期，基本上都是氏族成员及少量的奴隶。酋长氏族长及其子弟姻亲一般贵族氏族们，在克商之后，都被分封为领主贵族而成了统治阶级。其余的氏族成员及与领主亲属疏远或亲属已尽的同族们，在克商后，仍然与领主住在一起，也就是住在国中。在领主那里领得土地耕种，他们当然就成了自由农的身份。

另外还有一种称"士"的殷人（《尚书·多士》），在殷亡国后，还可以"宅尔邑，继尔居"（《多士》），"畋尔田"（《多方》）。杨向奎先生说："这应当指自由农民。"②是很正确的。

西周这种自由农民，大多数是周本族的人，在整个的农民阶级来说，其人数并不多。因为周族在灭殷时，人口是有限的，尤其是在灭殷后，又有不少周人变成了脱离生产的贵族阶级。所以这种自由农民的人数是不大的，其所耕的田地，当然也是有限的。被剥削的形式，是用彻法，即"什一使自赋"，向领主们贡纳税谷。虽然是规定的成数十分之一，但多少带着一点自动性，所以说"使自赋"。他们除了耕种自己私有的份地以外，当时的山林川泽之利，由这些自由农（即国人）公共集体所有，统治者是不加干涉的。《礼记·王制篇》说："古者……林麓川泽以时入而不禁。"《穀梁传》也说："山林薮泽之利，所以与民共也。"（庄公二十八年，成公十八年）所以自由农有自己的私有财产，同时还有集体公有的财产。这正是马克思所指的具有二重性的"农村公社"。（中国农村中如"家祠""祭田"等，实即公社残余，一直保存到土地改革的时候。）马克思述说日耳曼的农村公社时，写道："其中的耕地成为农民的私有财产，可是森林、牧场、荒地等等仍然是公有财产。"③这不是和西周的自由农的情况相同吗？

西周的农民阶级，上面所说的这种具备农村公社形式的自由农民，并不是主要的部分。人数最多的，乃是"农奴"。农奴的来源，我们可以说基本上是由战败国殷商的奴隶与殷的自由民，在殷周之际的社会变革过程中被转化来的。另外还有来自其他被征服的少数部族。《诗经·大雅·韩奕》说：

---

① 参看杨向奎《试论先秦时代齐国的经济制度》。

② 参看杨向奎《试论先秦时代齐国的经济制度》。

③ 马克思：《答维拉·查苏里奇的信和草稿》，《史学译丛》1955年第3期，第21页。

王锡韩侯，其追其貊，奄受北国，因此其伯。实墉实壑，实亩实籍。

所谓追貊，即被征服的少数部族，他们现在是被迫为韩侯“实亩实籍”的农奴了。

总起来看，西周的土地制度，主要的是分公田私田的井田制，并且井田制本质上已不是“农村公社”，而是一种以劳役地租向农奴剥削的小农经济制度。同时还有分量不大负担什一之税的自由农。这两种现象万不能拿奴隶社会去解释，因为这正是封建土地所有制。

四、从两周的战争上看周代的社会性质

在前面的几节里，我们已经说明，殷商东方型的奴隶制到西周时，基本上已转变成初期的封建制社会。但是这种封建社会，也并不是在周克商后，一下子突然产生的。因为社会形态的阶段之划分，绝对不是像刀切斧砍的那样整齐，以为从某年某月为两阶段的分水岭，而是两个阶段之间，有着一个长时间交错着的过渡阶段。两周的社会，实际就是奴隶制的残余与封建制的前哨，交错着的时代。基本上说，虽然封建关系已经建立，但某种方面还残存着很浓厚的奴隶制色彩。我在六年以前，曾写过《两周社会形态的检讨》①一文，阐明过这个问题。

关于西周奴隶制的残余还很重，可以从战争俘人的记载推知。我们知道奴隶社会中的奴隶，主要的来源是战俘。所以当时战争的主要目的是俘虏，而掠夺财物或杀人的多少，反倒是次要的。现在我们看看周初俘人的记载。《逸周书·世俘篇》说：

武王遂征四方。凡憝国九十有九国，馘磿亿有十万七千七百七十有九，俘人三亿万有二百三十。凡服国六百五十有二。

此外，又如康王时器《小盂鼎》铭文，记载盂受王命攻克鬼方，归告成功于周庙，而受庆赏之事。惜字迹残泐过甚，难以属读，然犹可窥其梗概。战役前后凡两次。关于第一次，有这样的记载：

① 该文载1951年《历史教学》二卷一期。又转载于三联书店出版的《中国的奴隶制与封建制分期问题论文选集》，第262-267页。

王[命]盂以□□伐鬼方，□□□□□[执兽]三人，隻（获）馘三千八
百□二馘，孚（俘）人万三千八十一人……

我们看以上这两件关于战争的材料，都有俘人的数字和馘或聝的数字。而
"馘"或"聝"据《说文》解释，说是"军战断耳也"（第十二篇上），《诗经·大
雅·皇矣》毛传谓："不服者杀而献其左耳曰聝。"古时战争把敌人杀死后断取
其左耳以为凭证，所以"馘"或"聝"实即等于杀戮。这两次战争俘虏敌人的
数字远超过杀死敌人的数字，这表示那时仍然存在着奴隶社会时代那种重俘虏
而不重杀戮的现象。俘虏这么多的人来，当然就把他们变为奴隶。

像这样以战俘作奴隶，一直行于战国。《墨子·天志下》说："以攻罚无罪
之国……民之格者则劲拔之，不格者则系操而归，丈夫以为仆圉胥靡，妇人以
为舂酋。"《孟子·梁惠王下》也说："若杀其父兄，系累其子弟，毁其宗庙，迁
其重器，如之何其可也。"《战国策·秦策四》说："韩、魏父子兄弟，接踵而死
于秦者百世矣。本国残，社稷坏，宗庙隳。剖腹折颐，首身分离，暴骨草泽，
头颅僵仆，相望于境，父子老弱系虏，相随于路。"这些例子，都足以说明一直
到战国时的战争，不仅对敌国的人民杀戮和掠夺，而且也还俘虏其人民来作
奴隶。

不过战国时战争的目的，已经和西周初年有所不同，就是西周初年的战争
还重战俘，可是战国时的战争，已变为以占夺土地、残杀敌人为常例，而俘虏
敌人反而为例外了。所以战国时各国的战争，只见到斩首多少万，很少有记载
俘虏的。我们可以拿《史记·秦本纪》及各世家列传中有关战国时秦国的战争
为例：

> 秦献公二十一年，与晋战于石门，斩首六万。
>
> 秦孝公八年，与魏战，斩首七千。
>
> 秦惠文君七年，公子卬与魏战，斩首八万。
>
> 秦惠文君后七年，与韩、赵战，斩首八万二千。
>
> 十一年，败韩，斩首万。
>
> 十三年，击楚，斩首八万。
>
> 秦武王四年，败韩，斩首六万。
>
> 秦昭襄王六年伐楚，斩首二万七千。复伐楚，斩首二万。
>
> 十四年，攻韩、魏，斩首二十四万。
>
> 二十七年，击赵，斩首三万。

三十二年，破魏，斩首四万。

三十三年，又伐魏，斩首四万。

三十四年，破魏将芒卯，斩十三万，沈河二万。

四十三年，攻韩，斩五万。

四十七年，破赵长平，坑降卒四十五万。

五十年攻晋（即魏）军，斩首六千，流死河二万人。

五十一年，攻韩，斩首四万；攻赵，斩首九万。

秦始皇二年，攻卷，斩首三万。

十三年，攻赵，斩首十万。

以上粗粗估计杀人至一百七十多万。而史所缺载的，还不知有多少，但是俘虏却很少见于记载。我们看看自西周初年到战国末年的战争，是由重生俘而不重杀戮的现象，逐渐地变为重杀戮而不重俘虏。这就意味着西周初年距离奴隶社会还不甚远，所以还存有浓厚的奴隶社会色彩[①]，可是越到后来，这种色彩就越淡。也就是说初期的封建社会逐渐地过渡到正式的封建社会。一些主张把奴隶社会放在战国以后的学者们，对于两周战争目的的这种转变，是没法解释通的。

五、从"分封制""宗法制"及对"天"的观念 三方面看西周的社会性质

上层建筑是基础的反映，并且积极地帮助自己基础的形成和巩固。我们只要看西周的上层建筑是帮助什么样的基础的形成和巩固，就可以推知西周社会是什么性质。下面我想就周人的"分封制""宗法制"与对"天"的观念三方面来探讨。

（一）

周人两次克商以后，周族的势力范围，扩大到东海边。《诗经》称："溥天之下，莫非王土。率土之滨，莫非王臣。"这时全天下的土地和人民，在名义上，都是属于天子一人的。但是领土如此之大，人民如许之众，一人的精力，是不可能管理的。为了便于管理，便于经济的剥削，于是把他势力所及的土地，分

① 参看拙作《两周社会形态的检讨》，《中国的奴隶制与封建制分期论文选集》，三联书店 1956 年版，第 262 页。

封给他的亲族及姻戚，叫他们辅翼王室，这就是所谓"诸侯"。

当时分封的情形，是把周天子京都附近的地方，称为"王畿"，完全属于天子，由他的卿大夫来管理，赋役供王室之用。王畿以外的地方，便分封给同姓及异姓的诸侯，使他们各自为政，各自治理他们的封地。

封地上原来的居民，当然是属于被封的封邑主，而不得自由迁徙。勘定田地时，便连人民也在计算之列。分封时有授土与授民的仪式①。

这些被封的诸侯们，在他本国也进行同样的对其属下的分封。诸侯所封的人，大体都是诸侯的宗族，也有异姓。他们受诸侯的封，也各被封予采邑。这些受封的就是所谓"卿大夫"。卿大夫之下有"士"，大体都是卿大夫的宗族。他们是受卿大夫的封，也有食地。"士"不再分封，只把土地直接交给庶人耕种。士以上各级封邑主为贵族，是有土有权的统治阶级。庶民是被统治的阶级。贵族和庶民的身分，大致是世袭而不变的。

从以上所述，可知分封是由上而下的一级一级地分封下去，于是构成了各级的土地所有者。每级的土地，都是受自上一级的赐予，自然就建立起各级人格的等级隶属关系。《左传》说："故王臣公，公臣大夫，大夫臣士。"②这一系列的等级都是依次的臣属与隶属关系。

这种建基于土地所有的分封制度，从纵的方面来看，各级领主间，"复杂的从属等级，是封建社会和封建国家的的特点之一"③。这是使各级的人各居其位，以事上役下。不但统治阶级与被统治阶级严格分开，使后者服从前者，即使是同一阶级中之内部又分为很多等级，使各相属。在经济剥削上，每一级对上一级有规定的贡献义务，对下一级有权向其征收贡赋。《国语·晋语》说："公食贡，大夫食邑，士食田，庶人食力。"就是指的这种关系，而"藩主以土地分封藩属而使之进贡，这是封建社会的基本关系之一"④。

各级领主对下一级的经济榨取（即贡献），以领主的经济来源说，还不是主要的。其最主要的经济来源，乃在对庶民的剥削上。因为各级领主，自天子下至卿大夫，在把领土分给他下一级领主时，并不是把他的所有土地，全部都分封出去，而是留一部分耕地，直接授予庶人耕种。天子、诸侯、卿大夫都是如此的。庶人对其所属的领主，有的贡纳什一之税（自由农），有的助耕公田，亦

① 西周铜器《大盂鼎》："受民受疆土。"《左传》定公四年："聃季授土，陶叔授民。"
② 《左传》昭公七年。
③ 康士坦丁诺夫著、刘群译：《国家和法律》，人民出版社 1953 年版，第 36 页。
④ 《国家和法律》，第 37 页。

即负担劳役地租（农奴）。这实是各级领主贵族经济来源的主要部分。

分封制度的实际意义，即在于建立这种特殊形式的经济剥削。春秋中叶，这种经济剥削形式已经动摇。例如助耕公田的井田制度破坏（如鲁宣公十五年初税亩），下级领主对上级不经常贡献等等（如鲁人对天子不纳贡赋，楚人不贡包茅），使得分封制度完全破产，而为与实物地租相适应，且便于中央集权的郡县制度所代替。此后，初期封建社会，就逐渐地过渡到正式的封建社会。

周代的分封制度是与宗法制度分不开的。要了解周代的分封制度，必须同时了解它的宗法制度。周代的"宗法"，实是氏族制度的残余。周灭殷前本已到氏族制的末期。灭殷以后，周的统治阶级，有意识的把这种氏族制的残余，结合了封建因素，造成这种"宗法制度"，用以巩固他们的统治系统。

周代的宗法制度，大略是这样：譬如天子世世相传，每世的天子都是嫡长子继承父位为第二代的天子，奉戴始祖，是为"大宗"。其同母弟与庶兄弟封为诸侯，是为"小宗"。每世的诸侯也是由嫡长子继父位为第二代的诸侯，奉始祖为"大宗"。他的诸弟封为卿大夫，是为"小宗"。每世的卿大夫也是由嫡长子继父位为第二代的卿大夫，奉始祖为"大宗"，他的诸弟为"士"，为"小宗"。士的嫡长子仍为士，其余诸子为庶人。诸侯对天子为小宗，但在其本国则为大宗。卿大夫对诸侯为小宗，但在其本族为大宗。这种确定以嫡长子的身分来承继国土田邑，实是抑止兄弟争执，巩固分封制度的好办法。

怎样才能使嫡长子有承继国土田邑的身分呢？最好是使群众心里认为嫡长子的身分高出于其余诸子之上。宗法制度就是起了这种作用。它是培养人们都要对嫡长子也就是"宗子"有尊敬的思想和习惯。

要想令人对"宗子"尊敬，必先使"宗子"在某一方面有特殊的权利，使别人觉得仰不可攀。为了造成这种事实，于是提倡所有的人都要"尊祖"。对祖的尊敬，在古代最主要的是表现在祭祀上，祭祀是"国之大事"。但不是所有的子孙都有祭其祖先的资格，有特别的限制。如继祢（父）者只能祭祢，继祖者祭祖，继曾祖者祭曾祖，继高祖者祭高祖。各有其所宗及其所祭。凡非其所继，皆不能祭。只有继始祖的才称为"大宗"。始祖只有"宗子"一系有主祭的特权，其余的都没有祭始祖的资格。但无论何人不能不尊祖，为着要尊祖，自己又无祭祀的资格，只有敬那个能祭始祖的宗子了。故《礼记·大传》说："尊祖故敬宗，敬宗尊祖之义也。"这样，"宗子"的地位，便因主祭的原故而重要起来。继始祖的"宗子"被诸支庶子所敬，自然无形中得到统治他们的效用。这对于建立分封的社会秩序，是何等重要。"宗子"有承继权，诸庶子分封，当然这就无可争辩了。在政治上讲，一国无二君，在宗法上讲，一庙无二祭主。"大宗"统于上，"小宗"统于下，组织极为严密。

"大宗"和"小宗"在祭祀上地位的悬殊，"宗子"在祭祀上的优越，使嫡长子（大宗）的继承国土田邑与诸次子（小宗）只能分封，在人们的心理上，已经造成了天经地义，这就不会再有什么继承的争执问题了。宗法之维系与巩固分封制度于此可见。所以二者的关系是极其密切的。

从以上我们对周代的分封制和宗法制的分析上，可以看出周代的分封制度完全是为初期封建土地所有制服务的，而周代的宗法制，则是维持周代分封制度的。但是有些主张西周是奴隶社会的学者，则认为分封制是初期奴隶社会的产物[①]，而宗法制度是存留在奴隶社会的氏族制的残余[②]。我们不反对分封制起源于初期奴隶社会，也同意宗法制是氏族制的残余。但具体到周代的分封制，它已经不是奴隶社会下那种简单的形式，而是已经有了维护初期封建生产关系的繁复而严密的等级。周代的宗法已经成了与周代分封制分不开的一种制度。这两者都是周代初期封建社会的上层建筑。

（二）

西周人对"天"的观念，是什么基础的反映呢？我们看周人灭殷，说是"受天有大命"（《大盂鼎》），是奉上帝的命令来执行管理地下的众民的。这种敬天的思想，和殷人有些相似。惟有一点，周人和殷人绝不相同。就是殷人只知有天，只要依天行事，即可万事大吉，即可天命永保。至于下面的民心如何，他们是根本没有想过。西周的人却不然，他们认为"天"固然要敬，但是若想保持周的天下不使灭亡，只一味地对"天"尊敬是不够的。必须实行保民治民之道。所以周人一提到天命或天道，往往与下民对举：

> 荡荡上帝，下民之辟。（《诗经·大雅·荡》）
>
> 天命降监，下民有严。（《诗经·商颂·殷武》）
>
> 今天其相民，矧亦惟卜用。（《尚书·大诰》）
>
> 天棐忱辞，其考我民。（《尚书·大诰》）
>
> 天亦惟用勤毖我民。（《尚书·大诰》）

---

① 见童书业《中国古史分期问题的讨论》，《中国的奴隶制与封建制分期问题论文选集》，第 130 页。按童先生近来发表的文章对分期问题的看法，已有所转变。现在他认为西周、春秋时代是宗法封建社会（见其所著《从生产关系适合生产力的规律说到西周春秋的宗法封建制度》，《文史哲》1957 年第 1 期）。

② 见童书业《中国古史分期问题的讨论》，及李亚农《周族的氏族制与拓跋族的前封建制》一书"绪论"。

天畏棐忱，民情大可见，小人难保。(《尚书·康诰》)

这都表明上天的意志与下民息息相关。"烝民"是"天"生下来的，皇天上帝是烝（众）民的宗主（《诗经·荡》），当然"天"对下民就不会漠不关心。

尤其是周人鉴于夏商二代的历史，知道"惟命（天命）不于常"。商朝要是不得天命固然不会传国数百年，但如果真得到天命，为什么周能够把它灭掉？为什么天命会从夏改给了商，又从商改给了周呢？这样看来，"天"是不可靠的。周人发现要想保持王位，必须去做那比"敬天"更重要的事，那就是"保民"。《尚书·召诰》说："上下勤恤，其曰我受天命，丕若有夏历年。式勿替有殷历年，欲王以小民受天永命。"这是说以勤恤民，庶几王可以受命历年如夏商。大有以民心为天命之意。《酒诰》又引古人的谚语说："人无于水监，当于民监。"这就是说，统治者应当以民心作镜子，为行事的指南。最明显的是《泰誓》里的两句话：

民之所欲，天必从之。[①]
天视自我民视，天听自我民听。[②]

这是说天意志的来源，就是出自民的意志。民事为本，天次之。这与商人只尊天不注意下民是绝不相同的。《礼记·表记》也说："殷人尊神，率民以事神，先鬼而后礼。"而周人则是"尊礼尚施，事鬼敬神而远之"。这和我们从《诗经》《尚书》上所推出的论断是相合的。

为什么殷周两代的人，对"天"的看法，有这样显著的差异呢？这是可以理解的，一切思想意识都是当时经济基础的反映。周的经济制度不同于商，周的统治阶级对"天"的看法，自然与商人不同。商时是奴隶社会，最大的奴隶主是殷王。他是这个国家中的至高无上者。从下界说，他就是"下帝"。于是从现实中反映出天上的至上神"上帝"。至于当时的奴隶们，是被视为"会说话的工具"，根本不认为是人，他们只是国王所有的一种财产。他们的生命，国王有权任意屠杀。所以只须藉重"上帝"（包有天命鬼神）与刑罚来镇压他们就够了。西周已经初步建立起封建社会，对农奴已经不是完全地占有，而是把他们也看作是人。尤其是受到夏殷的历史教训，知道了天命之不可靠。要使周族的统治权臻于巩固，周人自己就得从实际问题着手。一味地宣传天的作用，是没有多

[①]《国语·周语》中所引《秦誓》；《左传》襄公三十一年穆叔及昭公元年子羽所引《大誓》。
[②]《孟子·万章上》引《泰誓》。

大效用的。"上天"之为物，听也听不到，嗅也嗅不着。还是取法文王，让万邦的人民来信服我们吧[①]。我们只要学文王"怀保小民""用咸和万民"[②]，天就降福。天是跟人走的。

我们细细体察，自西周以来，统治阶级对"民"地位的重视，绝对不像奴隶社会所应有的现象。只有在较进步的封建制度下，这种思想，才有产生的可能。春秋末年及战国时的诸子百家，都或多或少地继承了这种思想而更加以发挥，于是出现了中国学术思想史上，这个诸子争鸣的波澜壮阔时代。

六、结论

通过前面几节的讨论，对西周的社会性质，我们似乎可以简单地概括如下：

一、周族在灭殷前，还处在氏族社会的末期，他以落后的部族征服了文化较高的殷族，就在殷族东方型奴隶制的废墟上，逐渐地过渡到初期的封建社会。

二、西周的生产力，不是一般人所想象那样低。那时虽然还没有铁制农具，但在优越的黄土地带，又具有发展的农耕技术，是可以产生初期的封建社会的。

三、西周井田制中的"公田"，是各级封邑主的土地，不是"公有地"。所以基本上，已不是"农村公社"所掌握的土地制度，而实是以劳役地租剥削形式的田制。这正是初期封建社会的一个特征。

四、从西周战争重俘虏的记载上看，当时奴隶制的残余还很重。可是到战国时，就转变为重杀戮而不重俘虏。足见自西周到战国，越到后来，距离奴隶社会就越远。两周战争这种转变的现象，是两汉奴隶社会论者一个严重的障碍[③]。

五、西周的分封制度是帮助统治阶级建立各级封建领主土地所有制的制度，而西周的宗法制则是维持分封制度的。所以这两者全是初期封建社会的产物。

六、西周的人不像殷人那样只重天命，无视于民意。而是认为上天的意志出自民意。民事为本，天次之。这种思想，在奴隶社会下是不会有的。

总起来一句话，西周应当是初期的封建社会。

---

① 《诗经·大雅·文王》："上天之载，无声无臭，仪刑文王，万邦作孚。"

② 《尚书·无逸》。

③ 两汉的对外战争，杀戮的记载触目皆是，而俘虏则益少。详证见拙作《从两周秦汉的战争目的演变上看两汉的社会性质》。

附记：

1956 年 10 月 18 日初稿，同年 10 月 21 日在南开大学第二届科学讨论会上报告。在同志们帮助之下于 1957 年 2 月又作了一次必要的修正。

（此文发表于《历史研究》1957 年第 5 期）

从两周秦汉的战争目的演变上看两汉的社会性质

一

关于两汉的社会性质，目前史学界还没有一致的认识。到底汉代是奴隶制社会抑是封建制社会？要解决这个问题，必须首先把与社会性质有关的几个基本问题，如"当时生产力的水平""土地所有制""农民的身份"以及"战争的目的性"等问题，作深入的了解以后，才有解决的希望。这篇短文只想从战争的角度上来讨论这个问题。

战争是社会生活复杂而矛盾的现象之一。它贯穿着阶级社会的全部历史。在不同的社会经济形态中，战争的原因和性质是不同的。奴隶制国家所进行的战争，是以掳夺奴隶为其主要目的。这种战争是决定于奴隶制生产方式的，这种生产方式需要源源不绝的奴隶作为主要的劳动力。所以当时的战争必须把俘掳敌人放在首要地位，而把掠夺财物或杀戮敌人放在次要地位。

两汉是不是奴隶制社会，我们只要把当时和以前两个时期战争的主要目的及其演变的情况找出来，从而进一步去考察其所反映的两汉的社会性质，或者可以做出比较符合实际情况的答案。

二

现在我们首先看看汉以前两周的战争。

两周的战争，一般的说，还是注重俘虏的。我们现在举两例为代表。一个是武王克"商"的战争，一个是康王时与"鬼方"的战争。《逸周书·世俘》篇说：

> 武王遂征四方。凡憝国九十有九国，馘历亿有十万七千七百七十有九，俘人三亿万有二百三十，凡服国六百五十有二。

"馘"的有一亿多，而"俘"的却有三亿多。这个数字，虽然不能解释为写实，但可以看出两者的比重，是"俘"大于"馘"。

另外，如康王时器《小盂鼎》铭文，记载"盂"受王命攻克"鬼方"，归告成功于周庙，而受庆赏之事。惜字迹残泐过甚，难以属读，然犹可窥其梗概。当时的战役前后凡两次。关于第一次有这样的记载：

> 王（命）盂以□□伐鬼方，□□□□（执兽）三人，获馘三千八百□
> 二馘，俘人万三千八十一人……

"馘"的才三千多人，而"俘"的却有一万三千多人。

我们看以上这两件关于西周战事的材料，都是"俘人"的数字远超过"馘"或"馘"的数字。而"馘"或"馘"是指把敌人杀死后断取其左耳以为凭证。所以实等于杀戮。活捉的敌人数字既是远大于杀死敌人的数字，这表示那时仍然存有奴隶社会时代那种重俘虏而不重杀戮的现象。俘掳这么多的人来，当然就把他们变为奴隶。

像这样以战俘作奴隶，一直行于战国，《墨子·天志下》说："以攻伐无罪之国……民之格者则劲拔之，不格者系累而归，丈夫以为仆圉胥靡，妇人以为舂酋。"《孟子·梁惠王下》也说："若杀其父兄，系累其子弟，毁其宗庙，迁其重器，如之何其可也。"《战国策·秦策四》说："韩魏父子兄弟，接踵而死于秦者百世矣。本国残，社稷坏，宗庙隳。刳腹折颐，首身分离，暴骨草泽，头颅僵仆，相望于境，父子老弱系虏，相随于路。"这些例子，都足以说明，一直到战国时的战争，不仅对敌国的人民杀戮和掠夺，而且也还俘掳其人民来作奴隶。

不过战国时战争的目的，已经和西周初年有所不同，就是西周初年的战争还重战俘，可是战国时的战争，已变为以占夺土地、残杀敌人为主要目的，而俘掳敌人反而放到次要地位。所以战国时各国的战争，只见到斩首若干万，很少有记载俘虏的。我们可以拿《史记·秦本纪》及各《世家》《列传》中有关战国时秦国的战争为例：

> 秦献公二十一年与晋战于石门，斩首六万。
> 秦孝公八年与魏战，斩首七千。
> 秦惠文君七年公子卬与魏战，斩首八万。
> 秦惠文君后七年与韩赵战，斩首八万二千。
> 十一年败韩，斩首万。

十三年击楚，斩首八万。

秦武王四年败韩，斩首六万。

秦昭襄王六年伐楚，斩首二万七千。复伐楚，斩首二万。

十四年攻韩魏，斩首二十四万。

二十七年击赵，斩首三万。

三十二年破魏，斩首四万。

三十三年又伐魏，斩首四万。

三十四年破魏将芒卯，斩十三万，沉河二万。

四十三年攻韩，斩五万。

四十七年破赵长平，坑降卒四十五万。

五十年攻晋（即魏）军，斩首六千，流死河二万人。

五十一年攻韩，斩首四万；攻赵，斩首九万。

秦始皇二年攻卷，斩首三万。

十三年攻赵，斩首十万。

以上粗粗估计杀人至一百七十多万，而史所缺载的，还不知有多少。但是俘虏却很少见于记载。我们看看自西周初年到战国末年的战争，是由重俘虏而不杀戮的现象，逐渐地变为重杀戮而不重俘虏。这就意味着西周初年距离奴隶制社会还不甚远，所以还存有浓厚的奴隶制社会色彩[①]。可是越到后来，这种色彩就越淡，也就是说战国比西周距离奴隶制社会益远。战国既是早已超过奴隶制阶段，则战国以后的汉代决不会是奴隶制社会是可以断言的。

三

两汉的对外战争是不是以猎取俘虏为主要目的呢？我们的答复是否定的。西汉的战争，以汉武帝时为最多，《汉书》《匈奴传》《西域传》《西南夷传》《李广利传》《张骞传》《武帝本纪》《汲黯传》《司马相如传》等篇，没有一处说到武帝以战争去猎取奴隶的事实。每次的战争，只要达到迫使异族称臣纳贡，便可班师回兵。并且每次战争杀戮敌人固然很多，自己死伤也甚多，而生还者少。例如有一次，汉政府发兵六千骑，恶少年数万，到二师城取善马。二岁到敦煌，

---

① 我认为西周基本上已是初期封建社会，不过还有浓厚的奴隶制残余，参看拙作《两周社会形态的检讨》（《中国的奴隶制与封建制分期问题论文选集》，三联书店 1956 年版，第 362-376 页）。

士不过十一二。后又发万六千人、牛十万、马三万；驴驼以万数，其他粮草兵弩也很多，戍甲卒十六万。可是打了几年仗以后，"军还入玉门者万余人，马千余匹"（《汉书·李广利传》）。人马大半损失，换回来的仅仅是大宛善马而已。这决不会是奴隶制社会下所应有的战争。

又如汉武帝时，匈奴浑邪王率数万来降，汉政府不把他们作奴隶，反而发车三万辆去迎接，并且赏赐他们"岁费百余巨万"（《汉书·汲黯传》《食货志》）这样对降卒得不偿失的处理办法，是与奴隶制不相容的。

尤其是两汉的对外战争，主要的是以杀戮敌人摧毁其主力为主要目的，而俘掳敌人虽不能说没有，但为数不会很多。我们可以从《史记》《汉书》《后汉书》上摘取几项有关战争的材料，加以讨论。

（1）武帝元朔元年卫青出雁门，李息出代与匈奴交战，结果"获首虏数千级"（见《汉书·武帝纪》；《卫青霍去病传》作"斩首虏数千"，《史记·匈奴传》作"得首虏数千人"）。

（2）武帝元朔六年卫青两次出定襄与匈奴战，"斩首虏万九千级"（见《汉书·武帝纪》；《匈奴传》史汉俱作"得首虏万九千级"）

（3）武帝元狩二年霍去病出陇西两次与匈奴战，"斩首八千余级……斩首虏三万余级"（《汉书·武帝纪》；《匈奴传》作"得胡首……级"）。

（4）武帝元朔二年，卫青与李息，"出云中，至高阙，遂西至符离，获首虏数千级"（《汉书·武帝纪》）。

（5）武帝元朔五年，卫青"将六将军兵十余万人，出朔方高阙，获首虏万五千级"（《汉书·武帝纪》）。

（6）武帝元光六年，卫青在龙城与匈奴交战，"获首七百级"（见《汉书·武帝纪》；《匈奴传》作"得胡首虏"，《卫青霍去病传》作"斩首虏"）。

（7）武帝元狩四年霍去病出代郡与匈奴左贤王战，"斩获首虏七万余级"（《汉书·武帝纪》）。

（8）后汉和帝永元五年，出金城塞"攻迷唐于大小榆谷获首虏八百余人"（《后汉书·西羌传》）。

（9）后汉顺帝永和四年马贤在金城"获首虏千二百级"（《后汉书·西羌传》）。

以上所举的这许多战役，都记载斩或获或得首虏若干级，有人以为这是指杀戮与生俘二者而言。我认为这种看法是值得商榷的。按秦制斩首加爵，一首一级，因谓斩首曰级①。所以两汉书所述"得首虏""获首虏"或"斩首虏"若干"级"，凡是有"首"字有"级"字者，都是指杀戮敌人而言。

当时活捉的战俘名曰"生口"。这类的记载，也可以找到一些：如对西南夷的战争，东汉光武帝建武二十一年，刘尚在永昌郡击破蚕栋，共"得生口五千七百人"；东汉安帝元初六年，杨竦在永昌郡楪榆县击破封离，"获生口千五百人"（以上俱见《后汉书·西南夷传》）。又如对西羌的战争，东汉章帝章和元年"得生口二千余人"；东汉安帝永宁元年，马贤在张掖"获生口千余人"（以上俱见《后汉书·西羌传》）。桓帝延熹二年，段颎率军出湟谷与羌战于罗亭"大破之，斩其酋豪以下二千级，获生口万余人"（《后汉书·段颎传》）。这里所说的"生口"，都是指在战争中活捉的敌人而言。可见两汉的战争，对敌人不仅杀戮，而且也往往生俘其人民。不过根据两汉书的记载，对敌人杀戮的数字，大大超过生俘的数字。这很显然，两汉战争的主要目的不是为了猎取奴隶。

综合以上的讨论，我们可以很清楚地看到，西周初年的战争还重俘，到战国时已逐渐地变为以占夺土地、残杀敌人为常例，而生俘敌人反而为例外。至于两汉时的战争，把杀戮敌人、摧毁其主力放在首要地位，而生俘敌人成为极少见的变例（指比杀戮少而言）。这种现象，不但说明两汉决不可能是奴隶社会，就连其前的战国时代必然也超过奴隶制度已经很远了。所以我的初步意见认为两汉是封建社会。

（原文登载于《天津日报》1957 年 2 月 22 日）

---

① 《后汉书·光武纪》："斩首数千级"，注谓："秦法斩首一，赐爵一级，故因谓斩首曰级。"

试述殷代的奴隶制度和国家的形成

一

中国社会到殷代已经进入奴隶制的阶段。这方面文献上的材料不多，下面所述，主要是依据地下发掘所得的遗物遗址和甲骨卜辞，根据马克思列宁主义的理论，来说明殷商时期基本的生产关系。

自 1928 年以来河南小屯殷墟的发掘和从 1953 年起郑州商代遗址的发掘，使我们知道了商代的宫殿和陵墓的建筑和商代青铜器的制作，规模宏伟，而且精美绝伦。可见当时工匠劳动者们所掌握的高度技术，已经趋向专门化，决不是从事农业生产的农人所能兼做的。另外还有一批不事农业生产的巫和史们，他们的职务是求神问卜、祭祀上帝和先公先主，同时他们拥有当时的各种文化。古代文化的创造，固然属于劳动人民，但专门掌握着的却是这些巫史们。这就意味着体力与脑力已经有了明显的分工了。

在商代社会中，这样多专业化的手工业者和巫史们脱离了农业生产，我们可以推想，一定有另外更多的人从事农业劳动，提供生活资料来养活这些脱离农业生产的人们。这也可以看出当时农业生产力已经提高，一个人劳动所获，不仅可以养活自己，还有很多剩余可供别人剥削。在这一基础上使多数劳动者隶属于少数剥削者，使劳动者变为奴隶。所以原始手工业和农业的劳动分工，实是阶级社会也就是奴隶社会出现的一个特征。商代的生产情况，正好反映了这一事实。

我们再看商代祭祀时所用的祭品，有人畜并用的现象。如卜辞有："丁丑卜，贞：王宾武丁，伐十人，卯三牢，鬯，亡尤。"（《前》1·18·4）这种伐祭的卜辞，据胡厚宣先生初步的统计，有一三一次。其中不祀人数的八十次，祀人数的五十一次。每次最少一人，最多百人[1]。《殷墟书契后编》有一片，居然有"伐

---

[1] 参看胡厚宣《殷非奴隶社会》（《甲骨学商史论丛初集》）。

二千六百五十六人"（《后》下 43·9）。这些和牲畜一起用作牺牲的人，毫无问题，就是商代的奴隶。

商代又有以人殉葬的风俗。这种风俗起源于原始社会，一直延续到奴隶社会及封建社会。考古学家在河南安阳小屯殷墟发掘，发现武官村大墓非常豪华。殉葬物有人马车骑，以及玩弄的犬猴，平时的日用品，铜器陶器石器骨器等。并发现无头人骨架数十具，可见殷代杀人殉葬是当时的风尚①。大墓中的殉葬者有多至三四百人的。总计前后在殷墟发现的殉葬者数达两千以上，有蹲跪倒葬乱葬俯身葬及有首无身、有身无首的葬式。近年来在郑州商代遗址的发掘，也同样证实了以人殉葬的事实②。商代这种大规模的，数目众多的人殉，很显然是用奴隶殉葬的。

商代的奴隶中，除了生产奴隶以外，还有家内奴隶，称为"仆""奚""俘""臣"……等。甲骨文中的"仆"字即作服贱役者之形，"奚"字"俘"字同象以手提发，当为战俘，强其服属为奴。"臣"字象"屈服之状"（《说文》），《左传》僖公十年说国被灭后，"男为人臣，女为人妾"。《诗经·小雅·七月》云："民之无辜，并其臣仆。"这都可证"臣"字最初有奴隶之意。

商代农业经济占主要的地位。农业生产劳动是当时的主流。那些从事农业生产的劳动者是什么人呢？见于甲骨卜辞的有二：一为"众"或"众人"，一为"羌"。

这两种人，从卜辞上看，他们经常在王或贵族的监督或命令下去"启田"，或"圣田"③。这当然是主要的农业生产劳劲者。所稍"启田"还意味着是集体的。他们有时又被用于"逐鹿""获麋"的田猎事件④。"众"和"羌"被统治阶级驱使或传呼时，也往往在一起⑤。可见他们的身分是相同的。

"羌"和"众"被用于生产劳动，是被强迫的，是不自由的。所以他们有时逃亡，有时被执。卜辞中出现的"丧众""不丧众"⑥，就是意味着"众"经常逃亡，所以才有劳统治阶级天天在那里占卜他的"众"是否丧失。这也可以看

---

① 参看郭宝钧《记殷周殉人之史实》（《光明日报》1950 年 3 月 19 日）；郭沫若：《读了〈记殷周殉人之史实〉》（《光明日报》1950 年 3 月 21 日）；郭宝钧：《1950 年春殷墟发掘报告》（《中国考古学报》第五册）。

② 参看河南省文化局文物工作队第一队：《郑州商代遗址的发掘》（《考古学报》1957 年第 1 期）。

③ 卜辞有："……王大令众人曰启田……"（《前》7·30·2）；"王往以众黍于同"（《前》5·20·2）；"贞：惟小臣命众黍"（《前》4·30·2）"贞：王命多羌圣田"（《粹》1222）。

④ 卜辞："……呼多羌逐麋，获"（《簠》8·59）；"贞：呼众人口麋"（《甲》3538）；"多羌获鹿"（《前》4·48·3）。

⑤ 卜辞："贞：王……众与羌……"（《铁》231·4）"辛卯，命众，羌"（《天》81）。

⑥ 卜辞："贞：我其丧众人"（《佚》487）；"其丧众""不丧众"（《甲》381）。

出，"众"成了统治者的财产。

他们的活的"财产"逃跑了，他们当然要大力捕捉，卜辞中"覈众"①"覈羌""追羌""执羌"②的记录，就是很好的证明。

奴隶——"众"和"羌"是无人格无自由的，和牲畜或物品一样，为贵族统治阶极所私有。郭沫若先生曾举周孝王时铜器（《曶鼎》），有以"众"和"臣"作赔偿用的祀载，用以与卜辞的"众"相印证，说明"众"确是奴隶③，是完全正确的。

在商代，全部耕地所有权都被认为是国家的财产。所有最高的权力都集中在国王之手。马克思在 1853 年 6 月 2 日给恩格斯的信中写道："正确地认定东方一切现象底基本形式是在于那里没有土地私有制之存在。这一点甚至可以作为了解东方世界的真正的关键。"④商代的土地就是没有私有制的存在，当时土地分为两类：一类是"王田"，由王直接命他的奴隶——"众"或"众人"来耕种；另外的田地则是由较自由的农村公社成员来耕种⑤，以贡纳的方式，剥削其剩余劳动。甲骨卜辞中的"邑"，实是公社的遗制。公社成员通过他所属的那一公社而分到一块份地。依照马克思的意见，农村公社对于公社土地也只有承袭的占有权，作为一切公社之父的专制君主才是全国土地之唯一的所有者⑥。马克思说："在亚细亚的形态下……单独个人从来就不能成为财产的所有者，而只不过是一个占有者。所以事实上他本身即是财产，即是公社的统一体人格化的那个人的奴隶。"⑦

至于奴隶的来源，主要的是借战争使俘虏和被征服者为奴隶。商人与东夷与羌人的长期战争，其目的在战俘⑧。大概他们把俘来的羌人夷人变成奴隶，使从事于各种生产劳动或从事于战争。而当时奴隶主阶极，已经脱离了生产领域，过着奢侈荒淫的生活。所有高大富丽的宫室房屋的建筑，所有美裳饰物器

---

① 卜辞："丙午，覈众"（《甲》2691）；"丁未，覈众"（《甲》2572）。按"覈"字虽不识，但字形从两手执捕家具，其为捕捉之义甚明。

② 卜辞："贞：覈羌"（《佚》993）；"追羌"（《珠》423）；"执羌"（《后》下 38 · 7）。

③ 郭沫若：《奴隶制时代》，（《中国的奴隶制与封建制分期问题论文选集》，三联书店 1966 年版，第 8 页）。

④ 《马克思恩格斯论中国》，人民出版社 1954 年版，第 20 页。

⑤ 殷墟遗址发现一种小墓，其中无棺椁，身下只有席纹遗存，尸骨旁有灰色绳纹陶盆。这些小墓，既不像豪华的大墓，又不像俯身葬式、沙头葬式那样完全无殉葬物品的奴隶。这表明死者的身份是属于当时的自由民。

⑥ 见马克思《资本主义生产以前各形态》，人民出版社 1958 年版，第 5-6 页。

⑦ 同上书，第 30 页。

⑧ 《左传》昭公二十四年引古本《大誓》曰："纣有亿兆夷人，亦有离德。"就是指殷人拥有夷人奴隶。卜辞中有"获羌"（《续》3 · 42 · 7），也是指羌奴的来源。

用等手工艺制品，所有金属矿产品，都成了奴隶劳动的产物。

奴隶制虽然是人对人很残酷的一种制度，但在初期是有它的进步性的。因为以前把战争俘虏简单的杀死，现在却保留下来做生产奴隶。社会上既可以增加物质财富，而俘虏又可以免死。尤其是由于有了奴隶进行农业生产，一部分人就可以从这方面的劳动中解放出来而作另外的活动，同时各种行业就具备了专门化，得到了更进一步的分工。科学艺术也因而得以发达起来。又由于科学的进步而提高了劳动生产力，从而推动社会向更高的阶段发展。

二

商代其实也有奴隶和奴隶主两个敌对的阶极，国家必也随之出现。因为国家是由于财产与阶级不平等之发展而兴起的。它是有产阶级用以保全其积累的财富和维持其凌驾于奴隶之上的权力的主要工具。列宁在其《国家与革命》中写道："国家是阶极矛盾不可调和的产物与表现。"[①]又在《论国家》中说："国家是在社会分成阶级的时候和地方，在剥削者和被剥削者出砚的时候出现的。"[②]恩格斯也说："为了使这些对立，这些经济利益相互矛盾的各阶级，不要在无益的斗争中互相消灭而使社会同归于尽，于是一种似乎立于社会之上的力量，似乎可以缓和冲突而把它纳于'秩序'之中的力量，便成为必要的了。这个从社会中发生、而又高居于社会之上而且日益离开社会的力量，便是国家。"[③]

照卜辞的记载和小屯殷墟与郑州商代遗址的发掘材料上看来，商代的阶级矛盾就达到了不可调和的程度。因此，我们估计殷人强大的国家机构已经形成了。

殷代既已出现了不同的阶极，氏族内部经济利益的矛盾，使原来氏族赖以维系的血缘纽带废弛了。个别的家族、宗族都可以离开原氏族的故土，或者去到未开垦的新地区，或者去和没有血统关系的集团杂居。又由于殷代商业已经兴起，劳动分工很细致，这些商人和工匠，在全国范围内，往来奔走谋生。氏族成员与一定地域的联系消灭。这就破坏了氏族在地域上的完整性，另外也造成了属于不同氏族的人们的杂居村落。这种新的社会联合是用"地域关系"代替血缘关系，因而殷人是已经按地区来划分其管治下的人民，而不是按照氏族

---

① 《列宁全集》俄文第四版，第25卷，第358页。

② 列宁：《论国家》，1949年莫斯科中文版，第7页。

③ 恩格斯：《家庭、私有制和国家的起源》，人民出版社1950年版，第163页。

集团来划分的。殷时的方国如"沚""攸""盂""宋""奠"等是地区的名称，而不是氏族集团原有的姓氏。统治阶级中可能还有旧氏族贵族，但多数更可能是新兴贵族。例如武丁的儿子虽则大都有领地，其有封爵者仅一两人，而无封爵者多，此即旧氏族贵族在政治上已退居于次要地位的证据。而得势者反而是从外来的象伊尹、傅说等新贵的人们①。这样以地域代替血缘来区分其治下的人民，是国家形成的第一个特征②。

此外，商代的帝王已具有了社会强制权力，而且是和大众分离的社会公共强制力。所以商代的帝王已不是氏族社会中的军务酋长，而是古代国家的专制君王。《尚书·盘庚》篇中的"王"即表现得十分明白，如盘庚向反对迁都的人说：

> 乃有不吉不迪，颠越不恭，暂遇奸宄，我乃劓殄灭之。无遗育，无俾易种于兹新邑。往哉！生生！
>
> 凡尔众，其惟致告。自今至于后日，各恭尔事，齐乃位，度乃口。罚及尔身，弗可悔。

这样一人专断，命令众人，自今天起，都要各自谨守职事，整齐阶位，慎重说话。不然一到身受刑罚，后悔无及。这不完全是一个独断专制国王的口吻吗？殷王又惯自称"一人"或"余一人"③。"以天下之大，四海之内，惟天子一人为至高无上，惟我独尊。这便充分代表了这种专制暴君的独裁口吻。"④这些典籍与卜辞上的材料，一方面表现着国家的"强制权力"，一方面也表现着当时的帝王把人民的生命自由，完全放在其权力支配之下。

商代的王是当时特权阶级的最高者，为了镇压人民和奴隶，必须拥有强大的武装力量。我们从卜辞中可以看出，当时已有征兵制度，卜辞说："戊辰卜，宾贞：登人，呼往伐吕方。"（《续》3·4·4）"登人"即征兵之义，卜辞登人三千、五千、一万的都见过⑤。由此可知商代统治阶级用以压迫奴隶及自由民的

---

① 参看李亚农《殷代社会生活》第六章，上海人民出版社 1955 年版，第 80 页。

② 恩格斯在《家庭、私有制和国家的起源》一书中举出国家的两个本质的特征，一个是"按地区来划分国家管治下的人民"，一个是"公共权力底创设"（人民出版社 1954 年版，第 163-164 页）。

③ 武丁时卜辞"贞：其于一人囚"（《甲》2123）；祖庚祖甲时卜辞"余一人亡囚"（《金》124）；《尚书·盘庚篇》："不惕予一人"；《周语》引《汤誓》云："余一人有罪"。

④ 参看胡厚宣《释余一人》（《历史研究》1957 年第一期）。

⑤ 卜辞："辛巳卜，登妇好三千，登旅一万，呼伐羌"（《库》310）；"贞：今春王登人五千正（征）土方"（《后》上 31·5）。

武装力量是很大的。

商代国家的强制力量，除了军队以外，还有刑法牢狱等暴力的法制与机关。这也是以前所没有的。在原始社会中，社会秩序是由氏族传统的道德或习惯来维持着，绝无用暴力强制执行体罚肉刑之事。但到了商代则不然，各种刑法和刑具都具备了。《左传》昭公六年谓："商有乱政，而作汤刑。""汤刑"的内容，已不可考。《韩非子》说殷之法，弃灰于公道者，断其手（《内储说上·七术篇》）。《史记·殷本纪》说：

> 于是纣乃重辟刑，有炮烙之法。
>
> 九侯有好女，入之纣。九侯女不熹淫，纣怒杀之，而醢九侯。鄂侯争之彊，辨之疾，故脯鄂侯。

大概商的刑法已有"断手""炮烙""醢""脯"诸种酷刑，甲骨文有"执"字作"𢍺"（《前》5·36·4），"圉"字作"𡆥"（《铁》76·1）。其中之"𢀕"象刑具。"执"字象一罪人跪地梏其两手，由"圉"字之"口"象牢狱，可见商代确有监狱的存在。

由上所述，则知商代公共强制权力，不仅有军队，而具有实体的附属物，如监狱刑法及刑具等。这种公共权力底创设，是"国家"形成的第二个显著的特征。商代既具备了成为国家的两个最大的特征，"国家"当然是已正式完成了。

三

通过上面两节的叙述，可以看出殷代奴隶制国家确已正式出现。不过当时的农业生产力还不很高，而且基本上还处在一种交换不发达的自然经济的阶段。又由于农村公社制的束缚，土地还没有自由买卖，因而奴隶主不能毫无止境地扩大其土地面积，当然也就没有收容大量农业奴隶的余地，所以商代的奴隶制正象古代东方其他的国家一样，其发展是很缓慢的，有商一代始终停滞在低级阶段，这是我国奴隶制社会的一个特点。

殷代奴隶主的生活，从小屯和郑州考古发掘材料看，是非常豪华的，对待奴隶是很残酷的。他们死后可以随葬当时极为珍贵的铜器玉器和人马车骑，以及玩弄的犬猴，更可以随心所欲地把大批奴隶杀殉或活殉。奴隶主不仅可以任意支配奴隶的劳动，而且可以支配奴隶的生命。

奴隶制是人类社会发展道路上的必经阶段。进到了奴隶制社会，农业与手工业才开始了大规模的分工，给古代文化的昌盛创造了条件。我们看殷代宫殿的建筑，青铜器的铸造，玉器、骨器、石器、木器的刻镂，以及其他各种各样装饰品的制造等等，都取得了高度的艺术成就，在全世界的艺术史上写下了辉煌的一页。所有这些成就，都是殷代劳动人民的智慧和天才的结晶品，这是我们应当着重指出的。

（此文发表于《历史教学》1958 年 9 月号）

跋杨向奎《中国古代社会与古代思想研究》

——兼论西周不是土地国有

一

最近十几年来，关于中国古代社会史的研究，在史学界引起了广泛的争论。其中争论最大的中心题目：一个是古代史分期问题，一个是封建社会土地所有制的形式问题。这两个问题，确是研究中国古代社会史的关键所在。若能正确地解决了这两个问题，不仅对中国古代社会史的研究有重要意义，而且对于其他各专门史的研究都会有很大的帮助。

经过多年热烈的讨论，虽然这两个问题，至今全没有达成一致的意见，但是，通过不同见解的争论，在很多涉及到的问题上，也取得了不少成绩。有些从前模糊的观念，现在已经逐渐明白，有些从前不认为是问题的，现在居然成为问题。无疑的，这些劳动成果是会有助于问题的逐渐解决的。

史学界在几阵热烈争辩之后，又逐渐平静下来。尤其是关于古代史分期问题，学者感到争论各方所根据的资料和理论，总是那几个。说来说去，似乎各有道理，谁也不能说服谁。要想进一步深入下去，必须改弦易辙，别辟蹊径。于是有些学者，转向对一些与分期问题有关的专门问题，作具体深入的分析研究。这是一种必然的趋势，而且也是有发展前途的。杨向奎先生所写的《中国古代社会与古代思想研究》一书，便是在这种学术趋势下的产品之一。

二

研究中国古代史分期问题，必须注意到中国各地区社会发展的不平衡性。中国自古以来就是个多民族的国家，疆域辽阔，各民族或各地区的社会结构，不可能整齐一致地向前发展。最明显的如西周春秋时西方的秦和南方的楚，就比中原地区落后；北部的晋和东部的齐，其社会发展的步伐也不一致。假如我们将先秦每个民族或地区的社会经济制度作出精确的结论，学者间对中国古代史分期的分歧意见，或者可以得到部分的统一。向奎先生在 1951 年就提出中国古代社会发展的不平衡问题。此后，他曾对西周春秋时齐国的经济制度，作过全面深入的研究。他这部研究中国古代社会的著作，也充分体现了他在这方面所作出的贡献。另外，在这部书里对井田制度、农村公社的组织和封建土地所有制的形式等重要而复杂的问题，他都经过苦心钻研，提出了些新的理解，也取得了一定的成就。所以，这部书的出版是值得我们重视和欢迎的。

三

当然，任何一个学者的著作，都不可能一次解决所有的问题，不可能打破一切局限。向奎先生的这部书，自然也不能成为例外。拿中国封建社会的土地制度来说，书中确实解决了许多问题，如对于"土地所有权"的概念的分析，辨明不能以资本主义自由土地所有制否定封建地主阶级土地所有制。最近，学者们逐渐注意到土地所有权与国家主权的区别。国家主权虽以一定的所有权为基础，但它是高出于所有权以上的最高主权。而所有权则只限于生产关系，它在一定程度上，只单纯表示占有生产资料、劳动资料的关系。因此，在封建社会里，地主对于土地的私有权，总是以国家对于土地的最高主权为前提。某一个国家的土地制度属于国有制还是私有制，是所有权的问题，而不是国家主权的问题。如果把国家对土地的最高主权和土地所有权错误地等同起来，那末，世界上不管东方西方，任何一个民族，只要"国家"一出现，便都是土地国有制了。为什么马克思和恩格斯说，土地国有制只是东方各国的特殊情形呢？显然，不能拿国家主权代替土地所有权。所以，把"所有权"特别是"土地所有权"和"国家主权"这些概念和它们之间的关系搞清楚，自然就会对于中国封建社会占支配地位的地主土地所有制这一说法，减少部分怀疑者的争辩。向奎先生在书中更进一步从阶级关系、地租剥削等方面，批驳了土地国有制的论点，这些都是很精辟的。但是，他所主张的中国封建地主土地所有制，只限于战国以后，至于说到西周春秋，他却仍旧因袭一般人的说法，认为是土地国有制的时代。其他史学家们尽管对我国古代史分期问题怀着分歧的意见，但他们对于西周的土地制度也大都认为是国有制。我们觉得这种看法是有问题的，值得提出来重新商榷。

土地所有制是土地归谁所有的问题，也就是一种生产关系的问题，而生产关系是区别社会形态的主要关键。向奎先生既然主张西周已是封建社会，西周和战国以后，处在同一封建制度下，气候、土壤等自然条件又前后相同，为什么西周是土地国有制，战国以后就变成土地私有制了呢？西周的土地制度所体现的封建性剥削形式，含有国有制性质吗？对这些关键性问题，向奎先生都是一带而过，没有给我们作出具体的分析。当然，他这方面的论点，也就谈不到什么说服力。

很多同志们认为西周是土地国有制，他们的根据，综合起来不外以下四点：

一、西周时土地不能买卖。

二、地租与课税合而为一。

三、土地掌握在农村公社手中。

四、水利工程、灌溉事业由中央政府管理。

从表面上看，这些现象似乎是很符合西周的实际。但若深入地剖析一下，这四种根据全不足以证明西周是土地国有制。

首先，我们谈谈土地不能买卖与土地国有制的关系问题。

土地国有制是全国土地属于国家所有，当然土地就不能允许被任何人随便买卖。但是，我们不能倒过来说，凡是不能买卖的土地，便一定属于土地国有。举例来说，明清时代封建贵族所占有的庄田，系由皇帝所赏赐，依法是不能买卖的。可是这种庄田绝对没有国有性质，因为耕种庄田的农民的剩余劳动，大部归庄田主人所有，而不归国家。并且耕种庄田的农民对庄田主人的关系是依存的，庄田主人对农民有强烈的人身支配权，他们剥削农民是用超经济的强制。这些特征与当时大地主剥削农民的方式，可以说毫无差别，所以这种庄田实质上已为贵族所私有。我们不能因为这类土地的禁止买卖，便否认它的私有性质。根据这种体会，我们来分析两周的土地制度，看它属国有制抑为私有制，就易于解答了。

西周自克商之后，就进入了初期封建社会。当时天下土地的最高主权是属于周天子的。领土这样大，一人的精力是不可能管理的。于是，把他势力所及的土地，分封给他的亲族和有汗马之劳的功臣们，叫他们辅翼王室。这些就是天子以下最大的封建领主，亦即所谓诸侯。这些被封的诸侯，在他们的封地上也进行同样的对其属下的分封。受封者就是次级的领主，即所谓卿大夫。卿大夫下面的士又受卿大夫的封，也有食邑。被封的各级领主，对其封地既是可以随便分封赏赐其下属，在一定程度上，那也就是有了很大的处置权和私有权。这样自上而下地一级一级地分封下去，自然就构成了各级领主的土地所有者。每级的土地，都是受自上一级的赏赐，自然也就建立起各级人格的等级隶属关系。

以上所谈的，只是领主贵族土地所有者方面，而土地所有制是一种社会关系，只从所有者一方看是不够的。它是所有者与非所有者之间的关系。所以我们还要考察各级领主贵族在土地上经济榨取的对象，以及他们之间的关系。

各级领主，自天子（天子是最大的领主）下至卿大夫，在把领土分给他们的下一级领主时，并不是把所有的土地全部都分封出去，而是把一部分耕地，直接授予庶人耕种，进行封建剥削。天子、诸侯、卿大夫都是如此。士是最低级的贵族，只把土地直接授予庶人耕种。庶人对其所属的领主，有的贡纳什一之税（自由农），有的助耕公田，亦即负担劳役地租（农奴）。这是各级领主贵族的经济剥削的主要对象①。由此可知，在各级领主贵族的土地上进行剥剥的，或者说生产品的占有者，不是周天子，不是中央政府，而是各级领主贵族本人（周天子作为领主贵族之一，当然同样也只能直接剥削其所属的部分耕地）。这种土地占有和劳动产品分配形式，是生产资料私有制的直接反映，能说有一点国有制的气息吗？

当时的土地既然都是由上而下，一级一级分予的，在理论上当然也可以由上一级领主收回。因此，也就不会出现买卖的现象。欧洲中世纪如法兰克的领主，对于自己的封地，自九世纪后叶起，可以世袭，但仍不能买卖转让。这与我国春秋中期以前的"田里不鬻"是相同的。虽然土地不能买卖，但仍不妨害其为封建领主土地私有制。

认为西周是土地国有制的第二个论据是：地租和课税的合一。这是马克思说的一句话，经常被人引用，也往往被人误解。我们为了便于分析，不妨把整段引在下面：

> 在这各种条件下，那种为名义上的地主而做的剩余劳动，只有用经济以外的强制来榨出，而不问它是采取怎样的形态。它（引者按：指经济以外的强制）和奴隶经济或殖民地奴隶经济是从这一点来区别：奴隶是用别人所有的生产条件来劳动，不是独立的。所以这里必需有人身的依赖关系，有人身的不自由（不管其程度如何），有人身当作附属物而固定在土地上的制度，有严格意义上的隶属制度。假设相对出现的，不是私有土地的地主，却像在亚细亚一样，是那种对于他们是地主同时又是主权者的国家，地租

---

① 关于西周土地制度的具体情况，可参看拙作《有关西周社会性质的几个问题》，《历史研究》1957 年第 5 期；及《中国上古史纲》，上海人民出版社 1959 年版，第 128-136 页。

和课税就会合并在一起，或不如说，不会再有什么和这个地租形态不同的课税。在这各种情形下，依赖关系在政治方面和经济方面，除了普通的对于国家的臣属关系，不会在此以外，再需要有什么更加苛刻的形态。在这里，国家是最高的地主。在这里，主权就是在全国范围内集中的土地所有权。但在这里，因此也就没有土地私有权，虽然对于土地，既有私人的也有共同的占有权和使用权。①

有些同志只注意到这段话的下半截，认为马克思这里所指的，是古代东方奴隶社会的土地国有制，以为封建社会中，不会有土地国有制②。其实从马克思这一整段话看来，全是谈的封建社会的土地制度。贺昌群先生就曾经指出过这些同志对马克思这段话解释的错误③。其实奴隶制社会可以有土地国有制，封建社会同样也可以有土地国有制。无论从经典著作中或历史史实中，都可以得到证明。

马克思在 1953 年 6 月 2 日写给恩格斯的信上说：

> 百涅正确发现东方——他是说土耳其、波斯、印度斯坦——一切现象的基本形态，是没有私人土地所有制存在。这是真正的关键所在，甚至东方的天堂也是如此。④

恩格斯在回信中说：

> 但东方人没有达到土地所有制，甚至没有达到封建的土地所有制。⑤

马克思、恩格斯所说的东方的土地制度，虽然没有指明社会性质，但从恩格斯的话中，可以理解为：东方奴隶制社会时没有达到土地私有制，甚至到封建时代也未达到封建的土地私有制。恩格斯在另一个地方又说：

> 只有土耳其人方才在其所征服的东方的国度里，第一次推行一种类似

---

① 《资本论》第三卷，人民出版社 1953 年版，第 1032 页。

② 见刘毓璜、田泽滨、侯绍庄、束世激等同志的论文，均收入《中国封建社会土地所有制形式问题讨论集》，三联书店 1962 版。

③ 见《关于封建的土地国有制问题的一些意见》，载《中国封建社会土地所有制形式问题讨论集》，三联书店 1962 年版，第 243-261 页。

④ 《马克思恩格斯通信集》第一卷，三联书店 1957 年版，第 543 页。

⑤ 同上书，第一卷，第 546 页。

地主封建制度的东西。[①]

可见土耳其在其征服的东方国家里，实行的是封建地主土地所有制。这时土耳其本土势必也达到了封建社会。但是，在土耳其本土上"没有私人土地所有制"（见上引马克思的话），那一定是国有制无疑。所以，在封建社会中也是会有土地国有制的。

在中国历史上，个别具体的时期与地区所实行的屯田、均田等，也是一种封建土地国有制，虽然，这种制度在中国封建制时期，一直没有占主导的地位。

从上面的资料中可以看出，前面所引的马克思讲土地国有制的那段话，确如贺昌群先生所说的，是指封建制时代的土地制度。

不过，马克思那段话是说的封建社会的两种土地制度：前面是指封建地主土地私有制，后面说的则是封建土地国有制。贺先生却未加分别，统以为是说的封建国有制，从而把中国封建社会的土地私有制，也就错误地认为是土地国有制了。

前面所引的马克思那段文字，在"假设相对出现的，不是私有土地的地主"这句话以上是指的西欧封建地主土地私有制，这句话以下是指亚细亚的封建土地国有制。综合马克思这段话，封建地主土地私有制的特征是：

一、私有土地的地主用超经济强制榨取农民的剩余劳动。

二、农民对地主有人身依赖关系，人身当作附属物而固定在土地上。

三、地主对土地有私有权。

土地国有制的特征是：

一、主权者的国家与地主合而为一，因而课税与地租也合而为一。国家是唯一的农民剩余劳动的占有者。

二、农民对国家的臣属关系，也就是人身的依赖关系。

三、国家是最高的并且是唯一的地主。除此之外，当然也就不会再有什么土地私有权。

这两种形式的土地制度，最大的区别，从所有制上看，土地私有制是地主占有农民的大部分剩余劳动，而土地国有制则是国家政府占有农民的大部分剩余劳动。根据这种理解来看中国封建社会的土地制度，战国以后固然是很明显的地主土地私有制而不是土地国有制，就是西周春秋也不合乎土地国有制的特征。

---

① 《反杜林论》，人民出版社 1956 年新一版，第 182 页。

主张西周是土地国有制的同志或者要说,西周的井田制是地租与课税合一,这不正是马克思所说的土地国有制的特征吗?

按地租与课税的合一,作为一种剥削形式说,是最初的形态。从历史上看,地租与课税的分开是以后才发生的。西周时土地上的剥削,有的是劳役地租(对农奴),有的是什一之税(对自由民)。总之,都只是单一形式的剥削。当时所谓地租和地税的划分尚未产生。这种单一形式的剥削,可以理解为其中包含有如后世的地租和课税两种性质。春秋以后,由于社会发展的结果,在政治方面出现了中央集权的政权,在经济制度方面出现了新兴地主阶级和高利贷、租佃关系等新的剥削方式。同时,在租税剥削上才出现了对新兴国家主权所缴的地税,和对新兴地主所缴的地租,于是地租与课税分开了。所以,从中国租税史上看,西周确是地租和课税合而为一。问题在于这不是土地国有制的特征。很多同志误解了马克思的原意。马克思在叙述亚细亚的土地国有制的特征时说:"地主同时又是主权者的国家,地租和课税就会合并在一起。"很明显,土地国有制的特征是地主与国家的合一,而不是单单的地租与课税的合一。地租与课税的合一,是由于地主与国家合而为一的结果。因为地主与国家的合一,必然使得两者的剥削方式——地租与课税也会合起来;反过来,地租与课税的合一,就不见得地主与国家也一定合而为一。如西周的具体情况,地租和课税是合一的。但是,在全国各级领主的耕地上,这种地租和课税的占有者,不是与地主合而为一的国家政府,也不是周天子,而是分散在各地的各级领主贵族们。当时周天子只是作为最大的领主资格,直接剥削耕种首都附近土地的那部分农民,绝对没有向全国各诸侯领上的农民进行直接的地租剥削的史实。西周的政府也没有那么严密的组织能力。既然占有全国耕地的课税与地租者,并不是与地主合一的国家,那怎么能说是土地国有制呢?所以,从封建剥削关系上,从土地剥削者与被剥削者的直接关系上看,西周是封建领主贵族土地所有制,而不是土地国有制。

认为西周是土地国有制的第三个论据,是土地掌握在农村公社手中。我们知道,在古代东方,土地名为国有,实际上土地又是农村公社集体所有。很多同志认为,西周的井田制就是公社集体所有的土地制度,井田中的"公田"就是农村公有地,"私田"就是公社成员的"份地",井田制下的农民就是公社成员。

其实,西周的井田制是私有制,已经没有集体所有的性质。井田制中的"私田"是分配给农民的份地,"公田"是领主贵族的私田。这个"公"字不是"公私""公众"的"公",而是"公子""公侯"等贵族的"公"。所以,"公田"也就不是"公众集体所有"的田地①。可见井田制的组织形式,虽然还存有农村公社的外壳,但已经起了本质的变化。就在分配田地上,已不是通过公社,而是由领主贵族所设的官吏,如"司徒""遂人"等去处理。当时村社的组织,如邑、里、社等,在经济生活中,已经不起村社原有的任何作用。部分变成民间自由集会的社团组织,部分变为统治阶级用以剥削和压迫农民的地方基层行政组织。

西周井田制中的公田,既然不是掌握在农村公社手中,而是领主贵族的私田,可见不能拿农村公社作为西周土地国有制的根据。

主张西周是土地国有制的第四个论据,是水利工程、灌溉事业由中央政府管理。

恩格斯在 1853 年 6 月 6 日写给马克思的一封信中说过,在东方没有进到私有制,"原因何在?我以为主要的在气候,和地势有关……人工灌溉是这里农业的第一个条件,这是社、省或中央政府的事情"②。可见人工灌溉是由于气候和地势条件。而水利灌溉等公共工程,不是个别农户乃至地主私人的力量所能兴修的,必需依靠大的村社或政府,来统一掌握。国家就是这样控制了水利,从而也就控制了土地,自然也就引起了土地国有制。

西周已经有了繁盛的农业,但时常由于缺乏适当的雨量,而遭到大旱灾。如西周末年,有一次大旱灾,竟使"周余黎民,靡有孑遗"。在这个干旱的地带,自然非常需要解决灌溉问题。但从具体史料中看来,西周春秋时期,还没有大规模的灌溉系统,《周礼》中所描写的沟洫制度,也不过是在田亩中开的大小水沟而已。真正大规模的水利工程的兴建,还是自战国时代开始的。战国时,著名的水利工程师,如西门豹、史起、李冰、郑国等,才逐渐出现于历史舞台。根据这些史实,我们没有任何证据,也没有任何理由,拿"水的理论"来证明西周是土地国有制。

总之,在我们看来,所谓"西周土地国有制"的四个论据,全经不起具体的分析和具体史实的验证。所以,西周也就不会是土地国有制。

最后,我还要再重复前面说过的一句话,就是向奎先生所写的这部书,创见是很多的,贡献也是很大的。在许多关于古代社会史中的重大问题上,和我的见解也是相近的。所以,我在阅读本书时,经常感到有"先得我心"的愉快。

---

① 较详的论证请参看拙作《有关西周社会性质的几个问题》,载《历史研究》1957 年第 5 期。
②《马克思恩格斯通信集》第一卷,三联书店 1957 年版,第 546 页。

当然，书中也存在若干我所不能同意的论点，曾经与著者在来往的函件中，往复辩难，深深感到对我的启发很大。足见，学术水平的提高，有时是和不同意见的争论分不开的。因此，我在本文中又提出对一些问题的粗浅看法，与本书著者和读者进行商榷。希望得到同志们的批评和指正。

（按此《跋》刊载在杨向奎著《中国古代社会与古代思想研究》下册，上海人民出版社 1964 年版）

西周春秋时的"民"的身分问题

——兼论西周春秋时的社会性质

古文献所述西周春秋时的生产劳动者，称为"民""庶民"或"庶人"。这种人在当时是什么身分？他们在生产劳动中处在什么地位？表面看来，似乎无关紧要。其实，这不仅是一个字、一个词的问题，而是关系到古史研究中的一个关键性的大问题。

历史唯物论认为，生产力决定生产关系，经济基础决定上层建筑。归根到底生产力决定一切社会关系、决定社会的性质和社会的发展。而生产力包有生产工具和从事生产的人，而且人是最主要的。所以，在任何时代从事生产的人，都是社会发展的源泉和最终的决定力量。西周春秋时的"民"就是当时从事生产的劳动者，也是生产关系中被剥削、被压迫的一方。因而，若能把西周春秋时的"民"的身分彻底搞清，确定它是奴隶抑或是农奴，古史界争辩多年的西周社会性质问题，自然也就迎刃而解了。

一、"民"是西周春秋时期的主要生产劳动者

西周春秋时的社会以农业经济为重心，这已是人所共知的事了。我们分析当时的"民""庶民""庶人"的身分，自然首先要看看他们与农业生产的关系，他们是否为农业的生产劳动者。

《诗经》中有两处记载较为明确：

> ……是生后稷，降之百福。黍稷重穋，稙稚菽麦，奄有下国，俾民稼穑，有稷有黍，有稻有秬。（《鲁颂·閟宫》）
>
> 中原有菽，庶民采之，螟蛉有子，蜾蠃负之。（《小雅·小宛》）

这都是西周春秋时人的记载，认为"民"或"庶民"是从事农业生产的。稍后的文献，《国语》《左传》《墨子》《管子》等，谈到春秋以前的"民"

时，都一致地说他们是农业的主要生产劳动者。如《国语》记载着周宣王时虢文公的话，就说：

> 夫民之大事在农。……及籍，后稷监之，膳夫、农正陈籍礼，太史赞王，王敬从之。王耕一坺，班三之，庶民终于千亩……民用莫不震动，恪恭于农，修其疆畔，日服其镈，不解于时。（《国语·周语上》）

这是说"民"的职业就是务农，而周王籍田的农业生产，主要是依靠农民的劳动。

春秋末年墨翟在驳斥儒家的天命论时说，作官的若信天命，则"怠于分职"，"庶人"若信天命，"则怠于从事"，"吏不治则乱，农事缓则贫"（《墨子·非儒下》），可见庶人是从事农事的。墨子在反对战争的言论中，又说那些好战的国家，每次兴师，则"庶人也必且数千，徒倍十万……久者数岁，速者数月"，致使"农夫不暇稼穑"（《墨子·非攻下》）。很明显墨子这里所说的"庶人"，就是指的这种"不暇稼穑"的"农夫"。春秋时楚国子囊称颂晋国"士竞于教，其庶人力于农穑"（《左传》襄公九年）。《管子·五辅篇》说，"古之圣王"任力有五务，其中之一是"庶人耕农树艺"[①]。《管子·君臣上》说，"先王"时"务四支之力""修耕农之业以待令者，庶人也"。这些都足以说明"庶人"是力于农耕的人。

从以上所引的文献材料上看，西周春秋时的"民""庶民""庶人"是农业的生产者，并且是农业的主要生产劳动者。

二、西周春秋时期的"民"决非奴隶

西周春秋时期的"民"，是当时农业上主要的生产劳动者。我们进一步要问，他们是什么样的劳动者？是奴隶呢，还是农奴呢？这是我们现在需要解决的问题。

甲、西周春秋时的阶级和阶层

西周春秋时的阶级结构是很复杂的，为了便于分析，我们不妨把《左传》《国语》中的一些有关记载，简略地抄录出来：

---

① 按《管子》一书非成于一人之手，亦非成于一时，《五辅》《君臣》等篇据罗根泽《管子探源》说是战国时人作。但说的是"古之圣王"，则必在战国以前。

（1）天子有公，诸侯有卿，卿置侧室，大夫有贰宗，士有朋友，庶人、工商、皂隶牧圉，皆有亲暱，以相辅佐也。（《左传》襄公十四年师旷语）

（2）故天子建国，诸侯立家，卿置侧室，大夫有贰宗，士有隶子弟，庶人工商各有分亲，皆有等衰。是以民服事其上，而下无觊觎。（《左传》桓公二年晋师服语）

（3）晋君类能而使之，举不失选，官不易方，其卿让于善，其大夫不失守，其士竞于教，其庶人力于农穑，商工皂隶，不知迁业。（《左传》襄公九年楚子囊语）

（4）公食贡，大夫食邑，士食田，庶人食力，工商食官，皂隶食职。（《国语·晋语四》述晋文公时晋国的情况）

（5）克敌者上大夫受县，下大夫受郡，士田十万，庶人工商遂，人臣隶圉免。（《左传》哀公二年赵简子语）

（6）天有十日，人有十等，下所以事上，上所以共神也。故王臣公，公臣大夫，大夫臣士，士臣皂，皂臣舆，舆臣隶，隶臣僚，僚臣仆，仆臣台。马有圉，牛有牧，以待百事。（《左传》昭公七年楚国无宇语）

根据上面这几段记载，我们可以清楚地看到西周春秋社会中繁复的阶级关系。阶级、阶层间之服属，构成当时的一个等级特点。这就使得各种人各居其位，以事上役下。大致说来，天子、诸侯、卿大夫、士都属于统治阶级，从庶人以下则是被统治阶级。不但统治者与被统治者两种对立的阶级有严格的分野，使后者服从前者；即便是统治阶级内部各阶层及被统治阶级内部各阶层，也都详为分别，使各相隶属。整个看来，某一阶层隶属于某一阶层，所有的阶层依次服属，好像一串有机的环链。为了眉目清楚，我们可以根据他们上下隶属关系，试列成一个"西周春秋的阶级关系表"如下：

阶级划分 / 阶级结构 / 资料来源	统治阶级			被统治阶级	
《左传》襄公十四年	天子	诸侯	卿、大夫	士	庶人、工、商	皂、隶、牧、圉
《左传》桓公二年	天子	诸侯	卿、大夫	士	庶人、工、商	
《左传》襄公九年		诸侯	卿、大夫	士	庶人、商、工	皂、隶
《国语·晋语四》		公	大夫	士	庶人、工、商	皂、隶
《左传》哀公二年			上大夫 下大夫	士	庶人、工、商	人臣、隶、圉

阶级划分 阶级结构 资料来源	统治阶级				被统治阶级
《左传》昭公七年	王	公	大夫	士	皂、舆、隶、僚、仆、台、圉、牧

从上面材料上看，"庶人（包括"庶民""民"）属于被统治阶级，这是毫无疑义的。问题是他们到底是奴隶还是农奴，还需要进一步研究。

西周确实存在相当数量的奴隶，大都是在与夷戎部落战争中俘虏来的。周金文中的臣、妾、鬲等，常被作为赏赐的东西而出现，如：

> 姜商令贝十朋，臣十家，鬲百人。（《令簋》）
> 易（锡）女（汝）田于埜，易女田于渒，易女井家絭田于，以氒臣妾……（周厉王时器《大克鼎》）
> 余其舍女臣三十家。（《令鼎》）

这些材料表明，臣、妾、鬲这种人已失去任何独立人格，统治阶级可以把他们像物品一样赠来赠去。这种身分的人在古文献上也称为臣妾。《尚书·费誓》："牛马其风，臣妾逋逃"，《左传》僖公十九年有"男为人臣，女为人妾"。历来注释家均以"臣妾"为男女奴婢。所以，金文中这些臣、妾、鬲等是奴隶，可能没有什么问题。

至于说到"庶人"，虽然这种人与臣、隶、圉同属于被统治阶级，但还是有明显的分别的。最明显的，如晋国赵简子誓师时，说这种"人臣隶圉"立了军功，可以免其奴隶身分，得到自由。而"庶人工商"立了军功，则可以"遂"。所谓"遂"有人解释为"遂得自由"，显然是错误的。因为这就与"人臣隶圉免"的"免"，完全相同，又何必分开说呢？晋杜预注谓："得遂进仕"，应当是正确的。孟子说，"下士与庶人在官者同禄"（《孟子·万章下》）。战国时庶人有做官的，这种情况可能早开始于战国之前。"庶人"立了军功可以做官，其身分就决不会是奴隶。庶人既不是隶属于某人的奴隶，因而，在春秋时楚国无宇历数当时诸阶层隶属关系时，惟独不数"庶人"。这也可以看出，他们虽然在政治上是属于被统治者，但他们与直接属于贵族的奴仆不同，他们与贵族是没有严格意义的直接臣仆关系的。（参看《左传》昭公七年和"西周春秋的阶级关系表"）

乙、西周文献和金文中的"民"

西周春秋时的庶民、庶人是与属于奴仆阶层的人臣隶圉有分别的。不过，"民""庶民""庶人"的身分到底是什么？有的同志认为是奴隶，有的同志认为是农村公社的成员，还有的同志则认为是农奴。要回答这个问题，我们以为最好是把西周春秋同一时代的文献和金文中的"民""庶民"的有关记载，一一辑录出来，作一综合的分析研究，才可以得到正确的答案。

今天所能见到的西周第一手文献史料，只有《尚书》《诗经》中的部分篇章。其中有很多关于"民""庶民""庶人"的记载。我们曾经考查其前后文的含义，所得的结果，可以说没有一处能够说明他们确是奴隶的；相反的却有不少地方，证明他们决不是奴隶。

首先看看《诗经》中的"民"：

厥初生民，时维姜嫄。(《大雅·生民》)

绵绵瓜瓞，民之初生，自土沮漆。(《大雅·绵》)

上面这两首诗，都是周人自述其祖先兴起的历史。民为周人，当时"民"字若是代表下等奴隶，他们自己决不会用奴隶这一在当时被认为极"卑贱"的名词加在其祖先的头上。

先民有言，询于刍荛。(《大雅·板》)

哀哉为犹，匪先民是程。(《小雅·小旻》)

民虽靡膴，或哲或谋，或肃或艾。(《小雅·小旻》)

诗中的"先民"，很明显是指可以为法的古之圣贤，决不能说是古之奴隶；又说"民"中有聪明才智的哲人，有深谋远虑的谋士。如果把"民"解作奴隶，是讲不通的。

荡荡上帝，下民之辟。(《大雅·荡》)

上帝板板，下民卒瘅。(《大雅·板》)

天命降监，下民有严。(《商颂·殷武》)

天生烝民，有物有则；民之秉彝，好是懿德。(《大雅·烝民》)

这几首诗都是以上天与下民对举。天地之大，万物之众，只有上帝和"民"两者为主。这个"民"哪能说成是奴隶呢？尤其说"民之秉彝，好是懿德"，有美德的"民"，如何能是奴隶？

> 民莫不谷，我独于罹。(《小雅·小弁》)
> 民莫不谷，我独何害。(《小雅·蓼莪》)
> 民莫不谷，我独不卒。(《小雅·蓼莪》)
> 民莫不逸，我独不敢休。(《小雅·十月之交》)

这就是说，所有的"民"都很安好，而我独忧虑，独遭此祸害，不能终养；"民"都很安逸，而我独劳苦，天命太不均了。这里的"民"，是为人所羡慕的，怎么能是奴隶呢？《诗经》还有一首，说："民之无辜，并其臣仆。(《小雅·正月》)臣仆是奴隶，民"与奴隶分言，则"民"就决不能再解成奴隶了。

另外，《诗经》中还有颂扬"吉士""媚于天子""媚于庶人"(《大雅·卷阿》)，天子和庶人同样受到"吉士"的抚爱，则"庶人"不会是奴隶，是很明显的。有诗还说："庶人之愚，亦职维疾；哲人之愚，亦维斯戾。"又谓"惠于朋友，庶民小子。子孙绳绳，万民靡不承"。"庶人"的地位能与"哲人"平列，又说只要能嘉惠于朋友、庶民、小子，就能够子孙绳绳，赢得万民的奉承。这种庶民、庶人也不可能说成是奴隶。

《诗经》中的"民"没有一个能确证其为奴隶的。下面我们再看看《尚书》。西周人所写的几篇中有大批关于"民"的记录①，同样也没有一处能说明是奴隶的。为了篇幅的关系，不能把这些材料全部罗列出来，只能挑选其中的少数文句作为例证。比如：

> 爰知小人之依，能保惠于庶民，不敢侮鳏寡。(《尚书·无逸》)
> 怀保小民，惠鲜鳏寡。(《尚书·无逸》)

这里说的"保惠于庶民"与《周书》逸文谓文王不遑暇食，"惠于小民"(《国语·楚语上》左史倚相引《周书》)相同。《释诂》解"惠"是"爱也"。这就是说文王的爱，施于"庶民"，与"怀保小民"含义差不多。"庶民"也好，"小民"也好，一个君王对待奴隶，决不会一则曰"保惠"，再则曰"怀保"的。

《尚书·大诰》："今蠢，今翼日，民献有十夫……"郭沫若同志谓此"民献"即是金文中的"人鬲"②，是奴隶。可是，我们从《大诰》上下文看，"民献"指的是扶翼武王完成文武功业的贤臣，即《左传》昭公二十四年所引《大誓》

---

① 这里说的仅限于今文《尚书》，伪古文除外。
② 郭沫若：《两周金文辞大系考释》，第4页。

"余有乱臣十人",《论语·泰伯》"武王曰,予有乱臣十人"中的"乱臣"。"乱"训为"治","乱臣十人"即治理国家有功的贤臣十人。所以《大诰》的"民献",非但不是奴隶,而且也不是一般平民,实是属于上层的统治阶级。

《大诰》又说:"天棐忱辞,其考我民……天亦惟用勤毖我民,若有疾,予曷敢不于前宁人攸受休毕。"大意是说,上帝欲抚劳我们的民,他们若有疾苦,我怎么敢不顺从祖宗之意,休息而辅助之呢!这里说的"民",受到上帝和贵族统治者如此的照顾,哪有奴隶的一点气息呢?

《尚书·梓材》:"王启监,厥乱为民,曰:无胥戕,无胥虐,至于敬寡,至于属妇,合由以容。"大意是说,王者治国,对"民"不要滥杀,不要虐待。"民"中有寡弱的就要哀敬之,使不失其所;妇之穷独者则联属之,使有所归。保合其民,率由容蓄之。这种"民"决不像是奴隶社会中的奴隶。

《尚书·召诰》:"呜呼!天亦哀于四方民。"这是说上天对"民"也哀怜。《尚书·多士》:"惟帝不畏,惟我下民秉为,惟天明畏。"意思是说上天和下民息息相关,天命无可见,当验之于下民的所执所为。"民"的作用如此之大,不像奴隶。《尚书·酒诰》更明确地说:"人无于水监,当于民监。"你看,统治阶级居然提出,统治者应当以"民"作为镜子,来检查自己。用"民"作鉴戒,这个"民"怎么可能是奴隶呢?

尤其应当注意的是,西周时人的观念,已经由殷商人只重视"天"而变为也重视"民"了。这见于《尚书》的《泰誓》逸文:

> 民之所欲,天必从之。[1]
> 天视自我民视,天听自我民听。[2]
> 天聪明自我民聪明。[3]

这种几乎是以"民"为主的思想,虽然不能认为当时"民"的地位高到真正地成为主体,但是,若把"民"释为奴隶,说奴隶社会的奴隶主有以奴隶为主的思想,那也真成为戏谈了。

《尚书》中"民"的身分是被统治者,但不是奴隶,这种例证还多得很。就

---

①《左传》襄公三十一年穆叔引《泰誓》;《左传》昭公元年子羽引《太誓》同,《国语·郑语》史伯引《泰誓》同,《国语·周语中》引《太誓》同。

②《孟子·万章》篇引《泰誓》。

③《诗经·烝民》笺引《尚书》曰,疏云:"《大誓》文也。"

以"俊民"(《尚书·多士》)①、"新民""裕民""显民"(《尚书 ·康诰》)、"民德"(《尚书·君奭》)、"义民""民主"(《尚书·多方》)等等来看,从所表示的含义而论,把"民"说成是奴隶是讲不通的。"民"最低限度应当是"人"。《尚书·高宗肜日》:"王司敬民,罔非天胤。"意思是说,"民"也是上天的儿子。奴隶社会的奴隶,被认为不是"人",而是"畜牲"、是"会说话的工具",决不能认为他们和奴隶主一样,也是上帝的后裔。主张西周是奴隶社会的郭沫若同志,也看到这一点,所以,他认为《高宗肜日》这句话不可信,他说:"这无疑是经过后代儒家所润色。"②

当然,古代文献确实有些字句经过后代的儒家所润色,但必须具有版本校勘学上的证据才有说服力。即使这一句话可能经过后世儒家的修改润色,但《尚书》中关于"民"决非奴隶的记载那么多,我们不可能都说成经后人的窜改吧!

古文献经过几千年的传抄,还可以说有被后人润色、粉饰的可能,可是西周的金文完全保存着当时文字的原样,绝对没有被后人窜改的可能。金文中有关"民"的记载,和古文献完全一致,也决难理解为奴隶。我们下面可以举几个例子。

周恭王时器《牧簋》:"王若曰:牧,昔先王既令汝作司土……令汝辟百寮,有叵事包(苞),迺多乱,不用先王乍井(型),亦多虐庶民。"这是周王训诰牧,说他不应当背离了先王的遗训,而虐用"庶民"。如果把庶民解成奴隶,就成了在奴隶社会中,奴隶主以虐用奴隶为诫。这是不可能的。

西周后期的周厉王时器《大克鼎》:"克曰:穆穆朕文且(祖)师华父……肆克龏保氒辟龏王,諫辥(勒乂)王家,叀(惠)于万民。"这是克叙述其祖师华父能敬辅其君恭王,称颂其为王家尽力,赞许其对"万民"有恩惠。在奴隶社会时决不会有颂扬对奴隶有恩惠的。并且这里的"惠于万民"与《毛公鼎》的"虔夙夕叀我一人"句法同,《毛公鼎》是指"叀"于周王,《大克鼎》是指"叀"于"民",则"民"尤其不得解为奴隶。

周宣王时器《毛公鼎》:"王曰:父厝……汝雝(推)于政,勿雝(壅)逮(律)庶民,宾母(毋)敢龏橐,龏橐迺敄(侮)鳏寡,善效乃友正,毋敢湆(沟)于酉(酒)。"意思是说周王命令毛公要推于政事,不要壅累庶民;赋敛不要中

---

① 按 1976 年 12 月在陕西扶风县法门公社周原宫庙遗址附近,出土窖藏铜器共 103 件,其中的《史墙盘》(见《文物》1978 年第 3 期)是西周共王时器,有"眇民"二字,按眇同峻,"眇民"即《尚书·多士》的"俊民"。

② 郭沫若:《十批判书》,人民出版社 1954 年版,1976 年第二次印刷本,第 34 页。

饱，不要鱼肉鳏寡；僚属要严加管束，不要使之沈洏于酒。铭文的句法及其含义，与《尚书·无逸》的"能保惠于庶民，不敢侮鳏寡""怀保小民，惠鲜鳏寡"极相似。周王这样谆谆以保护庶民，以不能过分劳累庶民为戒，则"庶民"决非奴隶。并且从铭文中看，"庶民"对其上级是负有"賨"[①]这种赋税的负担的，也不像是奴隶。因为奴隶的劳动成果，全部为奴隶主所占有，哪里会谈到什么赋税的负担问题呢？

周金文中有用"庶人"作为封赐品的记载，如周康王时器《大盂鼎》就说："王曰：……雩（粤）我其遹相先王，受民受疆土……易（锡）女（汝）邦司四伯、人鬲自駇至于庶人六百又五十九夫。"1954年出土的周成王时器《宜侯夨簋》："易（赐）在宜王人口又七生（姓）……易宜庶人六百又六〔十〕夫。"这些"庶人"在表面上和奴隶身分的臣妾一样，可以被贵族用为分封赏赐的对象，因而有的同志便认为"庶人"也是最下等的奴隶。

奴隶当然可以被当作什物用来分封赏赐，但是被用来分封赏赐的人，不都是奴隶身分。因为据斯大林说，在封建社会里对待农奴"封建主虽已不能屠杀，但仍可以买卖农奴"[②]。在欧洲中世纪史上，农奴被买卖或被赏赐的事件是屡见不鲜的。可见《大盂鼎》《宜侯夨簋》中的"庶人"，也不应当因其被用为赏赐而简单地定为奴隶。杨宽同志就说庶人是"指他们被俘以前的身份"。又说："既然都公认'王人'是指他们被俘前的身份，不是奴隶名称，那么'庶人'就不该如此吗？"[③]这是很正确的。

丙、春秋时的"民"

春秋时代的"民"更不可能是奴隶，可以说明的文献记载，多得不胜枚举。最早的如平王时的《尚书·文侯之命》：

> 父往哉，柔远能迩，惠康小民，无荒宁。[④]

---

① "賨"的意义，已详拙作《西周金文中的"貯"和土地关系》一文。

② 见《联共（布）党史简明教程》，莫斯科中文版，第57页。

③ 杨宽：《论中国古史分期问题讨论中的三种不同主张》，《文汇报》1960年8月9日；又见其所著《古史新探》，中华书局1965年版，第59-60页。

④《书序》谓："平王锡晋文侯秬鬯珪瓒，作《文侯之命》。"然《史记·晋世家》《新序·善谋篇》并以为周襄王命晋文公重耳事。今按《左传》隐公六年谓"我周之东迁，晋郑焉依"。僖公二十八年述襄王享文公曰，"用平礼也"。杜预注：以周平王享晋文侯仇之礼享晋侯。《国语·郑语》谓"晋文侯于是乎定天子"。从这些记载看，似以《书序》说为是。

这是周平王告诫文侯治国要安远如近，要爱护、安抚小民，不要荒怠贪宁。这个小民若说成是奴隶就不可解了。

《尚书·吕刑》一篇，据郭沫若同志说是春秋时吕国某王所造的刑书①。其中有"皇帝清问下民，鳏寡有辞于苗"。此谓天帝"静闻"于"下民"，则此"下民"不应是奴隶。下文又有"乃命三后恤功于民。伯夷降典，折民惟刑；禹平水土，主名山川；稷降播种，农殖嘉谷。三后成功，惟殷于民"。大意是颂扬伯夷、禹和稷三君对民事的勤奋。有的降礼以导民，有的平水土，有的教种百谷，都是意在使民殷盛。我们不能说三位圣人意在使奴隶殷盛。其它如"一人有庆，兆民赖之""今天相民，作配在下"等等的"民"，也同样不能解释成是奴隶。

春秋时秦穆公誓告群臣的《尚书·秦誓》，有文谓"古人有言曰：民讫自若是多盘。责人斯无难；惟受责，俾如流，是惟难哉！"大意是举古训谓，一般的人只安于徇己。责人并不难，惟受责于人，使如流水之顺，却极难。这也决不是对奴隶的要求。

其他文献，如《论语》《国语》等书，有"民"字数百见，几乎没有一条可以确证其为奴隶的。据统计《论语》中的"民"字有四十多处，有些处很明确决不能解释为奴隶，例如：

（1）子曰："道千乘之国，敬事而信，节用而爱人，使民以时。"（《学而》）

孔子主张"使民以时"，我们很难说，在奴隶社会下奴隶主使用奴隶还要"以时"。

（2）子曰："道之以政，齐之以刑，民免而无耻；道之以德，齐之以礼，有耻且格。"（《为政》）

孔子主张对"民"要用"德"引导，用"礼"来约束。如果"民"是奴隶，怎么拿对待贵族或人民的德和礼，也对奴隶讲起来了呢？

（3）子谓子产："有君子之道四焉：其行己也恭，其事上也敬，其养民也惠，其使民也义。"（《公冶长》）

的君子之道，怎么可能要求统治阶级对待奴隶要有恩惠、使用奴隶还要合

---

① 郭沫若：《古代研究的自我批判》，《十批判书》，1954 年版，第 2 页。

乎义呢？

（4）子贡曰："如有博施于民而能济众，何如？可谓仁乎？"子曰："何事于仁，必也圣乎，尧舜其犹病诸。"（《雍也》）

如果说"民"是奴隶，那就是说，统治者对奴隶居然有"博施"，岂非咄咄怪事？

（5）子曰："管仲相桓公，霸诸侯，一匡天下，民到于今受其赐。微管仲，吾其披发左衽矣。"（《宪问》）

从孔子这句话看，受到管仲之赐的"民"，是连他本人也包括在内的，能说"民"是奴隶吗？

（6）兴灭国，继绝世，举逸民，天下之民归心焉。（《尧曰》）

这里的"逸民"是古之贤者，绝对不是奴隶。

见于《左传》的"民"字，据统计近四百，也没有可以说明是奴隶的。举几条为例：

（1）晋侯始入而教其民，二年欲用之。子犯曰："民未知义，未安其居。"于是乎出定襄王，入务利民……子犯曰："民未知信，未宣其用。"于是乎伐原以示之信……子犯曰："民未知礼，未生其共。"于是乎大蒐以示礼。（《左传》僖公二十七年）

从这段记载上看，春秋时统治阶级对"民"要讲"义""信"和"礼"。这决不像是对待奴隶的态度。

（2）晋悼公即位于朝，始命百官，施舍己责，逮（惠及）鳏寡，振废滞，匡（救）乏困，救灾患，禁淫慝，薄赋敛……时用民，欲无犯时。（《左传》成公十八年）

这是说晋悼公为了争取人民对他的拥护，刚即位即宣布对"民"的施政方针是：减轻赋税，不在农忙时征役。我们想想，受到减轻赋税、不误农时好处的，显然不是奴隶。因为对奴隶的剥削是全部，而不是赋税；对奴隶的役使更无所谓时不时。

（3）民三其力，二入于公，而衣食其一；公聚朽蠹，而三老冻馁。（《左传》昭公三年）

这是指春秋晚期齐国的"民"受剥削的情况。当时"民"的负担是沉重的，三分之二的收获，为公家所掠夺，只有三分之一的剩余，留给自己解决"衣食"问题。他们的生活艰苦的程度，虽然和奴隶差不多，但他们有自己的"衣食"问题，这就不是奴隶了。

（4）公厚敛焉，陈氏厚施焉，民归之矣。（《左传》昭公二十六年）

这是说，齐国陈氏为了篡政，在与公室争夺人口、收买人心，他的手段是用家量大斗借出，而用公量小斗收回。于是"民"都归向他。这个"民"显然不是奴隶，因为奴隶没有自己的私有经济，没有独立人格，当然也就没有借债的资格。

下面再看《国语》中的"民"，试举几条：

（1）周灵王时太子晋说："是以人夷其宗庙，而火焚其彝器，子孙为隶，不夷（等或侪）于民。"（《国语·周语下》）这就是说，其子孙降为奴隶，不能与"民"相等。"民"与"隶"分言，足证"民"非奴隶。太子晋并言，古时好的统治者，能够使"民""生有财用，而死有所葬"（同上）。可见，当时的"民"是有"财用"的人，不大像奴隶。

（2）周景王时单穆公谏王铸大钱，谓"今王废轻而作重，民失其资，能无匮乎！"（《国语·周语下》）这种有资财的"民"，也很难说是奴隶。

（3）春秋时鲁国公父文伯之母对文伯说："昔圣王之处民也，择瘠土而处之，劳其民而用之，故长王天下。夫民劳则思，思则善心生。（此谓民劳于事则思俭约，故善心生；逸则淫，淫则忘善，忘善则恶心生。沃土之民不材，淫也；瘠土之民莫不向义，劳也。"（《国语·鲁语下》）这是说，当时的"民"在沃土上和在瘠土上农耕不同。土地肥沃出产多，他们必习于安乐，易趋下流；如土地瘠薄，耕者不但必努力于耕种，且必知节俭之道，有"向义"之心。这种以土地肥瘠不同而区别其劳逸的"民"，绝对不是奴隶。

（4）齐桓公和管仲称士、农、工、商为"四民"，并谓"其秀民之能为士者必足赖也。有司见而不以告，其罪五"，"相地而衰征，则民不移"，"无夺民时，则百姓富"（《国语·齐语》）。这"四民"有做官的可能，有赋税的负担，有自己可以支配的时间，显然不是奴隶。

（5）"（晋公子重耳）过五鹿（卫邑），乞食于野人。野人举块（土）与之。公子怒，将鞭之。子犯曰：天赐也，民以土服（民奉土以服公子），又何求焉。……（公子）再拜稽首，受而载之，遂适齐。"（《国语·晋语四》）重耳所遇到的这个野人，就是子犯所指的"以土服"的"民"。他不单有食物，而且还有食物可以分让与人，当然他不会是奴隶，并且受到公子重耳的稽首称谢，更不像奴隶。

从上面所引的文献和金文的材料上看，西周春秋时的"民""庶民""庶人"的情况，有以下几个特征：

第一，他们是当时社会上力于农耕的主要劳动者。

第二，他们的迁徙受到一定的限制，并且在西周时还被用为和土地一起被封赐授与的对象。

第三，有为自己劳动的时间，有自己的私有经济。

第四，常与奴隶分言。

第五，春秋中叶以后，其秀者可以做官。

综合这几点特征，我们断言，西周春秋时"民"的身分不是奴隶，这个结论是完全可以信赖的。

三、西周春秋的"民"是封建农民，社会形态是封建社会

通过上面的讨论，西周春秋主要生产劳动者"民"，既然不是奴隶，那末，当时的社会性质就绝对不会是奴隶社会了。不过，也有人说，主要生产劳动者虽然不像希腊、罗马那样的真正意义的奴隶，但其身分却像古代的农村公社成员，认为西周春秋时的社会经济是属于马克思所说的亚细亚生产方式，土地属于专制君主所有，公社成员只以集体成员的资格，通过劳动过程而产生实际的占有。马克思说："在这种财产的形态下，单独个人从来不能成为财产的所有者，而只不过是一个占有者。所以事实上他本身即是财产，即是公社的统一体人格化的那个人的奴隶。"[1]马克思说，这是"普遍奴隶的东方"[2]。因而有人便根据马克思这些话，论证西周春秋时就是这种东方型的奴隶社会。

从古文献上看，西周春秋确实存在着马克思、恩格斯所说的农村公社这种组织。农村公社也是世界东西各国古代史上一个较为普遍的现象。据马克思、恩格斯的说法，农村公社产生于原始公社解体和阶级形成的时期。有些国家农

---

[1]《资本主义生产以前各形态》，人民出版社1956年版，第30页。

[2] 同上书第33页。

村公社一直存在到资本主义社会时期。随着历史上社会经济结构的演进、改变，农村公社的性质和职能，也有所不同。如俄国的农村公社就经历了奴隶社会、封建社会、资本主义社会和十月革命后农业集体化以前等历史时期。在这些历史时期，农村公社的内容与职能都有很大的变动。所以，不能一见有农村公社组织的存在，就说成是亚细亚生产方式，是东方型的奴隶社会。

亚细亚生产方式是世界史上一个极为复杂的问题，目前国内外史学家还有不同的争论。归纳马克思、恩格斯等的经典作品的意见，我们认为亚细亚生产方式主要是指东方的家庭奴隶制，是通过农村公社这一组织体现的。东方型奴隶制的农村公社的特征，主要有三点：

1. 农村公社的劳动者，包有公社成员和真正的奴隶两种人。在劳动时公社成员与真正的奴隶都是以社员的资格、用公社的农具去参加劳动。

2. 当时的土地制度是公有制，或称为国有制，公社成员对公社所分配的份地只是占有者，他们单独个人没有私有财产。

3. 公社成员的身分比真正的奴隶高不了多少，也没有自由，对君主要绝对服从，他们本身即是君主的财产。所以，实质上他们也是专制君主的奴隶。

西周时期的井田制就是来源于农村公社的制度，存在着公田和私田的划分和按家平均分配份地的制度。但是它比东方型奴隶制的农村公社有所发展，已经起了质的变化。例如村社的"公田"是公有，目的是为了公众的开支，如备荒、战争、祭祀等，而井田制的"公田"虽仍名之为"公田"，实则已为各级贵族所掠夺，成为贵族的私有土地。贵族通过"公田"剥削农民的劳役地租。可见农村公社基本上不是直接的剥削者，而井田制则是阶级剥削的工具。西周不是土地国有制，而是分散在各地的各级领主贵族土地所有制，周天子作为最大的贵族只能直接剥削首都附近的那部分农民，绝对没有直接剥削全国各诸侯领地内农民的史实。井田中的私田作为份地分配给农民，不是通过公社或中央政府，而是由各级的领主贵族，分别授予农民[①]。所以，井田制在表面上和东方型奴隶制的农村公社有些相似，但从土地所有制上看，二者是有本质区别的。

回过头来，再看看西周的生产劳动者"民"的身分，与其说像东方型奴隶制的公社成员，倒不如说与封建社会的农奴更相似。马克思说，封建经济和奴隶经济的区别，在于"奴隶要用别人的生产条件来劳动"，而封建经济的"直接生产者还占有自己的生产资料，即他实现自己的劳动和生产自己的生活资料所

---

① 关于这个问题，参看拙作《跋杨向奎中国古代社会与古代思想研究——兼论西周不是土地国有制》，见杨氏书下册，上海人民出版社 1964 年版，第 1038-1049 页。

必需的物质的劳动条件;他独立地经营他的农业和与农业结合在一起的农村家庭工业"①。列宁也说封建农民是使用自己的农具耕种②可见封建社会的农民有自己的生产工具和私有经济。《国语》说西周时统治者对"民",是"阜其财求(赇),而利其器用"(《国语·周语上》),又说周时"民无悬耜","不夺民时"(《国语·周语中》),足证西周春秋时的"民"虽然生活很苦,但是确实有自己的财产、自己的生产工具和自己能够支配的时间,有自己的生产工具是封建社会农民的最大特征。真正奴隶身分的生产者是绝对不会有的。即便说是古代东方型的农村公社的成员,也是不会有的。

或许有的同志会说,世界史上,古代东方的农村公社成员,有的也拥有私有经济,甚至还有生产工具,在奴隶社会里能说他们是农奴吗?

我们可以回答,如果这是确实的史实,那就把它叫做农奴,又有什么不可以呢?好像古代东方奴隶社会里就不能有封建性的农奴。实际上任何一种社会内部的经济成分,都是很复杂的。一般的是以一种经济为主,另外,还同时并存着一些别的经济成分。也就是说,奴隶社会里以奴隶经济为主,同时也可能已出现部分的少量的封建经济成分。同样,在封建社会里,固然封建经济已占主要的支配地位,但也往往还有部分的奴隶经济的成分继续存在。古今中外的社会里,真正纯粹的单一种经济是很少有的,往往都是几种经济成分同时并存。而其中的一种占主导地位,决定着当时的社会性质。如西方的希腊,在梭伦改革以前,雅典有的贫穷农民就把收成的六分之五,作为地租交纳给富人,这就是农奴,是封建关系。但当时就整个希腊社会来说,奴隶经济是主要的。所以,希腊应当是奴隶社会。等到这种封建经济,在比重上超过奴隶经济,社会性质也就随着起了质的变化。

从西周的具体史实上看,当时的社会经济、农民身分,已经迈进封建制的门坎。马克思、列宁在论述封建社会的劳动地租时,描述封建农民的劳动条件,与西周井田制的农民几乎完全相同。马克思说:

> 直接生产者以每周的一部分,用实际上或法律上属于他所有的劳动工具(犁、牲口等等)来耕种实际上属于他所有的土地,并以每周的其他几天,无代价地在地主的土地上为地主劳动。③

---

① 《资本论》第三卷,人民出版社1975年版,第890-891页。

② 《列宁全集》第三卷,第157页

③ 《资本论》第三卷,第889-890页。

> 直接生产者为自己的劳动和他为地主的劳动在空间和时间上还是分开的。[①]

列宁说：

> 全部世袭领地分为地主土地和农民土地；后者作为份地分给农民，农民……用自己的劳动和农具耕种这块土地。从而养活自己。……农民的剩余劳动，表现为他们用自己的农具耕种地主的土地，这种劳动的产品归地主占有。因此，这里的剩余劳动和必要劳动在空间上是分开的。……他们在一星期中有几天替地主干活，其余几天为自己干活。[②]

西周井田制的特点是分公田和私田，直接生产者在公田上与私田上的劳动也是分开的。公田上的收获作为地租和课税，交给授他私田的领主贵族，"公事毕然后敢治私事"（《孟子·滕文公》）。先耕公田，然后才能耕私田。这不正是马克思、列宁上面所说的封建社会下，受劳动地租剥削的农民吗？

西周春秋的"民"是社会上经济财富的主要生产劳动者，当然也是社会性质的主要决定力量。现在已证明这些主要生产劳动者不是奴隶，也不是东方型奴隶社会的村社成员。从当时的土地所有制、生产者的身分和劳动条件上看，他们确系初期封建社会的农民。据此，我们可以下一断语：西周春秋已进入初期封建社会。

附记：

1978年8月10日草成初稿，同年10月9日在长春召开的中国古史分期问题学术讨论会上作了发言。根据同志们的意见，把第三部分又略加增订，但仍感意有未尽。如何进一步阐述，只能俟之异日了。

1978年11月24日玉哲附识

（此文发表于《南开学报》1978年第6期）

---

① 《资本论》第三卷，第892页。
② 《俄国资本主义的发展》第三章，《列宁全集》第三卷，第157页。

一部新的古史分期问题的专著

——读赵光贤著《周代社会辨析》

关于古史分期的研究，在中国的学术界已开展几十年了。虽然取得了不少成就，使古史研究者逐渐从表面现象深入到历史的本质和规律的研究上，但是由于具体到两周的社会性质到底是奴隶社会还是封建社会，一直没有得到彻底解决，因此不仅影响到学者对其他专门史，如政治、经济、哲学、文学等方面的深入研究，而且还会直接影响到历史教师对西周到秦汉这一段历史的具体讲授。所以，在古史分期问题上，周代的社会性质是迫切地需要尽早解决的。人民出版社最近出版的赵光贤教授所著《周代社会辨析》（以下简称《辨析》）一书，就是顺应这种需要出版的。

这部书是作者通过长期科学研究、积累数十年辛勤劳动而著成的。它的出版不仅给古史分期提供了一部有价值的参考书，而且对西周史上各个重大问题提供了丰富的研究资料。因而，该书一出版就很自然地受到广大读者的欢迎。

《辨析》主要的论点在于证明西周是我国封建社会的开始时代。全书正文分为五章，附录有关分期问题的论文八篇。第一章详细阐述了西周是怎样在殷末奴隶制的废墟上建立起来的，目的是说明西周出现新的社会变革的历史条件。第二、第三、第四这三章是本书的主要部分。因为要论证西周的社会性质，必须从当时具体的经济基础与上层建筑的分析入手。社会性质主要体现在当时是什么样的生产关系，以及由此而产生的、符合于它的一切社会制度和思想意识等。这三章通过大量历史资料，运用马克思主义的理论，分析当时的生产力、土地所有制和当时的生产劳动者，证明西周实行的井田制是封建土地所有制的一种形式，农业生产劳动者不是奴隶而是农奴或农民，论述了西周的意识形态同殷商比较起来，已有明显的改变。这表明当时社会性质与殷商时已有所不同了。第五章说明春秋战国之际的社会变革，不是新兴地主阶级代替奴隶主贵族，而是封建地主阶级专政代替了封建领主阶级的专政。

通读全书，不难看出作者在史料的收集和理论的运用上，不仅功力至深，而且在治学的方法上也有突出的表现，因而能得出足以服人的结论。其中尤其应当提出的，有以下三点：

第一，坚持从事实出发的原则。过去搞古史分期的有些人以教条主义的态度对待马克思主义，往往不适当地从理论或原则出发，认为马克思、恩格斯已说过，古代东方是土地公有的家庭奴隶制，中国地处东方，西周时自然也就不会有封建土地私有制了。不管中国具体史实是否有反证，只在古文献中找些似是而非的材料，就证明周代也是奴隶制、也是土地国有制。他们从原则上已规定好结论，戴着有色眼镜去找适合他们想法的材料，甚至不惜削足适履、歪曲事实以迁就他们自己的"理论"。这种论证方法实际是不符合马克主义的。恩格斯说："原则不是研究的出发点，而是它的终了的结果。"又说："原则只有在其适合于自然界和历史之时才是正确的，这是对于事物唯一唯物的观点。"①

本书作者从事实出发，首先弄清楚西周的具体史实，然后再检验这种事实是符合于奴隶制呢，还是符合于封建制？西周具体的土地制度见于《诗经》《孟子》和《汉书·食货志》。其特点是周天子在名义上既是全国最高的统治者，也是最高的土地所有者，周天子赏赐或分封其公侯大臣以大批土地，各地的土地实际占有权是在公侯大夫手里，由各地的公侯大夫再把耕地分授给农民耕种。当时实行的是井田制，耕地分为公田和私田。农民在私田上的收获归自己，在公田上的收获交给"公家"（王室、诸侯或卿大夫等授田者）。农民"公事毕，然后敢治私事"。可见井田制是土地占有者与生产劳动者构成的一种特殊的剥削方式。这种生产关系和马克思所讲的封建社会中的劳动地租②、列宁所讲的"徭役经济"③是完全相合的（具体论证见《辨析》第39-53页），从而论证西周是封建社会。这样处理问题，使读者感到有理有据。

《辨析》作者唯其注重实事求是，所以特别注意对史料的疏通训诂、辨伪发覆，阐明文献的真实含义。如对《左传》所述周初分封时的"周索""戎索"的解释（原书第21-26页）、《尚书》所说"文王卑服"中的"卑服"的训诂（原书第215页）和《论语》中"民"非奴隶的统计（见原书第242页）等，都提出许多令人信服的论据，因而也就加深了他所论证的西周封建说的结论。

第二，理论与具体史实相作合。《辨析》的作者主张实事求是，重视史实。

---

① 《反杜林论》，第34页。
② 《资本论》第3卷，第1030页。
③ 《列宁全集》第3卷，第157-158页。

但作者重事实并未轻理论，纵观全书，可以看出作者是极其重视理论的。全书从经济基础到上层建筑、各个环节都在企图贯彻马克思主义的理论分析，做到理论与具体史实相结合。如周代在政治上因为实行一种分封制，于是出现了自天子下至诸侯及卿大夫，自上而下所谓公、侯、伯、子、男的等级爵位，并且每一个上下级都存在着君臣隶属关系。这种复杂的等级制度之来源及其性质是什么呢？《辨析》的作者认为诸侯被分封的封国和卿大夫被授予的采邑都是领地，二者在性质上是相同的。各级贵族又把耕地授给农民，这些农民与其授田的各级贵族也构成了君臣隶属关系。所以，这种复杂的等级制是来源于这种特殊的土地制度。作者结合着马克思主义的理论，指明这种制度直接或间接建立于封建土地制度之上。恩格斯称由采邑制所创造出来的等级制为"闭锁的封建等级制的基础"①。可见，周代出现的那种封国、采邑制形成的等级制确是封建制度的一种形式。作者这样运用理论与具体史实相结合的论证方法，增强了其周代是封建社会的结论的可靠性。因为马克思、恩格斯阐述社会性质时，只讲封建等级制度，从未讲过什么奴隶等级制度。硬把周代封建等级说成是奴隶社会是没有根据的。

第三，全面地看问题，但又分清主次。前人考论分期，有的往往只抓一点，加以夸大，然后推出结论。读其文初若可据，但比而观之，乖戾自见。这是由于任何时代的社会现象，都是极端复杂的，随时随地都可以找到一些例子或个别的材料来证实任何一种假说。这样证实的东西，表面上斑斓可喜，但无当于实际。《辨析》的作者一反其弊，他首先详细地占有材料，全面地考虑问题。他认为历史上任何问题，一般都应从经济基础到上层建筑各方面互相联系地加以考察，这样才能看到某一社会的全貌及其本质。否则只孤立地解释某一现象，往往通于此，不通于彼。这样得出的结论，必然会犯片面性的错误。

《辨析》作者认为一切事物都不能绝对化，比如我们说古代东方盛行家庭奴隶制，决不意味着完全没有劳动奴隶。古代埃及和两河流域各国大都是两种奴隶同时并存，我国殷代大概也是如此。因为历史上任何一种社会，往往具有各种经济成分，纯粹单一的社会经济实际上是极少有的。不过要在这复杂的经济中，看哪种经济占主导的支配地位，这才是确定当时社会性质的关键。从全面的观点看问题，我们不能否认西周确有奴隶制，不过，占主导地位的经济却不是奴隶制而是领主封建制。

---

① 《德国古代的历史和语言》，第83页。

又如前面我们曾谈过的等级制度，从全面看，人类历史进入阶级社会后，本来就已产生了等级，所以，等级制不但奴隶社会有，封建社会、资本主义社会也都无不具备这种共性。但是，其中典型的从上到下、一个隶属一个的君臣关系、人身依赖关系等特性，只有欧洲中世纪和西周的"王臣公、公臣大夫、大夫臣士"（《左传》昭公七年），才合乎马克思所讲的"封建等级制"的特点。所以，周代就只能属于封建社会。如果不抓特性、不分主次，就势必使人思想混淆，是非莫辨了。

总之，从本书整个内容上看，作者十分重视文献与考古互相结合，并能进一步引向对具体历史问题的探讨。由于他尽可能多地掌握了各方面的材料，在研究方法上又跳出了单纯从理论推衍的窠臼，力图作到把材料与理论有机地结合在一起，因而使两周史的研究又达到一个新的高度，并使西周封建说这一结论的研究有了新的突破，增强了说服力。

当然该书中个别的论点，也还存在有可商之处。如周共王时器《卫盉》铭文"矩伯庶人"中的"庶人"，本是矩伯的名字，而理解为贵族矩伯降为平民（见原书第78页），又如把宗法制度产生于氏族社会的旧说，完全否定，并说"这是很大的错误"（原书第108页）。当然周代的宗法制与氏族社会的氏族决不能划等号，但说周代的宗法制来源于原始社会的氏族制度也是有根据的，似乎不能说是"很大的错误"。又如《国语·晋语》记述晋国实行爰田的原委，称晋惠公"乃使郤乞告吕甥，吕甥教之言，令国人于朝曰：君使乞告二三子曰：秦将归寡人。寡人不足以辱社稷，二三子其改置以代圉也。且赏以悦众，众皆哭，焉作辕田"。这段文字很清楚，所谓"二三子"就是"令国人于朝"的"国人"，也就是"赏以悦众"的"众"。这种"国人"的身分，基本上是属于晋国本族的居住城中之人，包有工、商、市民及住城的部分农民。春秋时"国人"比在野的农民地位高，他们有拥立国君之权。但他们仍属于被剥削的、被统治的阶级，而《辨析》的作者却说他们是"指晋国的大臣们"，"是当权的贵族"，这就混淆了两个阶级的界线。又如本书作者在自序中说到对我国古代社会历史的看法，"宁失之提前，勿失之靠后。提前之失小，靠后之失大"。我看这几句话是与作者主张坚持实事求是的指导思想相矛盾的。实事求是就是应当恢复历史的本来面目，我国古代社会是前，就说前，是后就说后。违反事实故意说"后"，固然是"失"，若本来是后，而硬要"提前"，又何尝不是严重的"失"呢？

《辨析》书中虽然存在着这些值得重新商榷的论点，但是，瑕不掩瑜，我们认为此书对分期问题总的研究方法和路子是正确的。所以，可以说它是古史研究中的可喜的成果之一。该书的问世，对繁荣学术研究和提高历史教学是有积极意义的。

（此文发表于《历史教学》1982 年第 4 期）

三、史学理论思考

关于范著《中国通史简编》修订本第一册的
几点意见

　　范文澜先生所著《中国通史简编》修订本第一册，在广大读者的期待下出版了。这是史学界的一件大事。因为像这样熟练地运用历史唯物主义的立场、观点和方法，把中国古史作了具体的阐述和分析的历史著作，在目前来说是太少了。预料这本大著在历史知识的传播与教学上，一定起很大的推动作用。但是，这样一部大书，也决非一人之功一下就能全部正确地介绍出来。所以范先生很诚恳很虚心地希望广大读者"从各方面指出它的缺点和错误"，使他"逐步改正"（修订本书首说明）。北大中国古代史教研室曾对范先生的书举行过座谈会，并且提出了一些意见（见《历史研究》第 2 期）。我也想以读者的身份，根据我近年来对这段历史的认识与在教学中的体会，提出另外几点和本书中所述不同的意见，向范先生请教。

（一）史料的运用和解释方面

　　一、世界上各民族远古的历史，都杂有神话与传说，固然神话和传说不是历史经过的自身，但其中往往有历史方面的质素。从那里面仔细钻研和整理，可以找出一部分古代历史的真象。所以范先生在本书的原始社会部分里，采用了一些传说和神话，这是完全必要的。不过我们在利用神话和传说之前，应当先立一个取舍的尺度，不然会大大减低了它的功用。甚至得到相反的效果。我以为采用神话和传说的标准有三个：第一，所采用的神话或传说最好断自秦代。秦汉以后的材料，非万不得已不必引用。第二，可能为史实的传说，如《礼记·礼运》篇所说的"大同"社会，虽系后代传说，但可能为史实。第三，可用以推证真实历史的神话。如"玄鸟""天鼋"及"圣人无父感天而生"的种种古代神话，均可藉以推证远古图腾社会和母系氏族社会。我们回过头来，看看范先生所引用的神话，有时觉得标准定的太宽。如说："相传太皞画八卦"（14

页）这本是很晚的说法。较古的传说，太皞与伏牺为二人，各不相干，与八卦发生关系的是伏牺，到杜预（《左传注》）、皇甫谧（《帝王世纪》）等人始把二人合而为一，于是太皞才与八卦发生关系。其他如谓"仓颉造文字"（16 页）"禹时用铜器做兵器"（20 页）等，以现在的历史知识看，均不能认为实录，假若必要引用，也应当附以批判的语句，以免引起读者的误解。

二、我国新石器时代晚期的仰韶文化与龙山文化，是属于我国古史上的哪一个部族的文化，迄今还没有得到确实的定论。原书作者以为龙山文化可能是夏的文化（10、22、30 页），其最主要的证据，一为传说夏尚黑，而龙山遗址有黑色陶器；一为《韩非子·十过》篇说禹作祭器"墨染其外，而朱画其内"，而龙山黑陶是表面漆黑里面红色（30 页）。其实这两种证据都不坚强。秦汉阴阳家谓夏为木德，色尚青。秦为水德，色尚黑（见《吕氏春秋·有始览·名类》）。五德说之外又有三统，始以夏为黑统，色尚黑（《白虎通义》卷八《三正》、《春秋繁露》卷十《三代改制质文》）。则夏尚青抑尚黑，各派意见未见一致。纵令一致，也很难说夏时已有"尚黑"的观念。至于《韩非子》所说禹之祭器"墨染其外，而朱画其内"，与龙山镇城子崖所出之黑陶并不相同。城子崖遗址下层所出之标准黑陶，不但表里两面皆为黑色，即陶壁之内部，亦为黑色。（见《城子崖》，《中国考古报告集》之一第一号）其中固然也有亮黑红的陶器，那只是使用的时间不长，尚未变黑，与《韩非子》所说有意的"朱画其内"者不同。

根据龙山文化遗址的分布及卜骨、版筑等遗迹观察，好像应属于未克夏以前的殷商部族的文化系统，而仰韶文化的中心区偏于西部，与夏部族分布地域大致相合。《韩非子》所说禹的祭器"墨染其外，而朱画其内"，意思是说以朱为地，上画黑纹。很可能是指彩陶而言。因为彩陶就是以红色为地，饰以黑纹。所以我却觉得仰韶文化反接近于夏部族的文化系统。

三、作者引用史料，有时不太谨严，如谓夏太康"带着家属到洛水北岸打猎，接连一百天"（27 页），这可能是采用的《伪古文尚书·五子之歌》"畋于有洛之表，十旬弗反"（按水内为汭，外为表。洛表应译为洛水南岸）。又谓"羿灭斟鄩，立仲康"（28 页），则系出于《伪孔传》"羿废太康而立其弟仲康为天子"。关于这段夷夏斗争的历史，应当根据较早的《左传》（襄公四年、昭公二十八年、哀公元年）《论语》（《宪问》）、《楚辞》（《离骚》《天问》）诸书为说，不应利用后出的伪史料。

四、本书对于史料的解释，也有可商榷的地方。例如说甲骨文"国"字写作"或"，"或是用武力保卫人口"（41 页）。其实"国"字古作"或"从戈守口，所从之口乃像城围。古文字从不以口代表人口，故释为用武力保卫人口，是不正确的。原书说"卜辞有土方（国名）征我东鄙（边），鬼方牧我西鄙等记载"（24 页），这是《殷墟书契菁华》的一片卜辞。原辞为："沚馘告曰：土方显（征）于我东啚（鄙）戈二邑。舌方亦牧我西啚田"，牧我西鄙田的是舌方，不是鬼方。又如原书说郑国国君和商人订盟约："国君不侵犯商人的利益，商人不迁移到别国去。"（88-89 页）按郑国与商人订盟约，据我所知，见于《左传》昭公十六年，原文是这样："尔无我叛，我无强贾，毋或匄夺，尔有利市宝贿，我勿与知。"意思是说，商人不背叛国君，国君也不强买强夺商人的货物；商人们有利市宝货，国君也不得预闻。其中没有"商人不迁移到别国去"的意思。

五、关于《易·系辞》，作者以为是孔子哲学的精华所在。一则曰："《系辞》总论全部易理，叙述孔子哲学的基本观点。"（139 页）再则曰："是孔子哲学的根本所在。"（141 页）其实孔子的哲学思想，应当以《论语》所述为是。不言鬼神生死，不涉玄黄意味。而《系辞》内容则满纸阴阳之说，与孔子的基本思想绝不相合。

关于惠施的学说，原书谓："惠施想证明地形是圆的，提出'南方无穷而有穷'、'我知天下之中央，燕之北，越之南是也'两个辩题。"（216 页）战国时的惠施不可能想证明地形是圆的。这两个辩题，应当另有解释。

六、作者谓："《逸周书》，西晋初才发见"（218 页），大概是因袭自《隋书·经籍志》《新唐书·艺文志》以来称此书系晋太康二年得于汲冢的说法。其实此书即《汉书·艺文志》中之《周书》七十一篇，不出于汲冢，近人已有定论。

七、原书谓：周祖弃在"禅让"时代做农官（52 页）。意思是说周祖后稷弃与尧舜同时。但周自弃至文王共十五世（见《周语》与《周本纪》），而殷商十七代，夏亦有十数代。夏商合起来近三十世，为什么经历相同之时期，而周的世数独少？所以前人对此早有怀疑（见《毛诗·公刘篇正义》及清《戴东原集》卷一）。案《左传》昭公二十九年谓"有烈山氏之子曰柱为稷，自夏以上祀之。周弃亦为稷，自商以来祀之"。《礼记·祭法》又说："夏之衰也，周弃继之，故祀以为稷。"由此可知周祖弃应当是夏末商初的人物。我们还可以从世数上推算。自与周文王同时之商纣上推十五六世，则周弃也约略与商初成汤同时。总之，把弃说成是"禅让"时代的人是不妥当的。

八、中国的初期封建社会是自什么时候开始的，这是个还在争辩着的问题。作者以为周的初期封建经济在周太王时就已开始萌芽（53、73 页）。但是根据各种史料上看，周族在克商以前，生产力和文化并不能高于殷族（周武王以前的青铜器一个也没有），社会经济形态，如何能超过殷族呢？实际上周族在灭殷前，还处于氏族社会的末期。《尚书·无逸》篇说："文王卑服，即康（糠）功田功。"《楚辞·天问》也说："伯昌（即文王）何衰？秉鞭作牧。"周文王是一族之长，还亲自耕田牧牛。这不是一个没有脱离生产的氏族酋长吗？正因为那时仍滞留于氏族社会的末期，所以他"经始灵台"的时候，才会有"庶民子来"的现象。大概周族以一个落后的氏族，东向征服文化较高的殷族，就在殷族奴隶制的废墟上，逐渐的建立起初期封建制度。这和西欧日耳曼族摧毁罗马奴隶王国而过渡到封建社会是很相近的。

九、原书说："周土地法以一田为单位。一田一百亩，一亩横一步，直一百步。一步长六尺。周一尺合营造尺六寸四分，一步合营造尺三尺八寸四分，横直各一百步得一百亩，约合今亩二十五亩六分。"（68页）按《隋书·律历志》周尺同于刘歆铜斛尺，今此斛现存（即新莽嘉量），以今尺较之，合营造尺七寸二分（见《学衡》五十七期王国维《中国历代之尺度》）。依此推算，周时百亩合今三十一亩一分零四毫。作者谓周尺合营造尺六寸四分，所推算的合今亩数二十五亩六分。不知作者是否另有根据。又按周代确有以田为单位的计算法，但一田是多少亩，一直找不到记载。作者谓一田是一百亩，也不知道有无根据。

十、原书讲到西周公田的情形时，把《诗经》"亦服尔耕，十千维耦"，"千耦其耘"，解释为："耕时有五千耦，耘时仅一千耦，四千耦耘私田去了。"（70页）《诗经》明明说耕时是十千维耦，看不出耕时是五千耦，更看不出四千耦耘私田。他如把《诗经》"几取十千"中之十千解释成万"人"（69页），恐怕也有重新考虑的余地。

十一、作者以为周宣王时废弃公田，改行彻法（77页）。又说春秋时鄅君还到公田上督耕（73、101页），按《国语》说宣王"不藉千亩"，只是说宣王不修亲耕之礼。古时天子亲耕，一为重祭祀，以所获者为粢盛；一为奖励农业。并无废弃公田的痕迹。又按《左传》昭公十八年："鄅人藉稻。"意思也只是说鄅人种稻，也并没有说到公田。假若作者以"藉"字理解为公田，是有问题的。

十二、关于西周末年"共和行政"本有二说：一说，大臣召公、周公行政号为"共和"（《史记·周本纪》）；一说，诸侯中有个共国的伯叫和的摄行王政，故称共和行政（《汲冢纪年》、《鲁连子》、《吕氏春秋·慎人》篇《开春》篇、《庄子·让王》篇）。按两说都有可疑之点（见梁玉绳《史记志疑》卷三、崔述《丰镐考信录》卷七），惟以文献的时代而论，第一说不见于较早的古书，可能是太史公的误解。而作者却取第一说，并以第二说为虚妄。以为一个侯国世子在嫡长继承制极端严格的周朝，岂能干王位（77 页）。那么当时"国人"起义，逐走厉王，若照作者的说法，更不可能了。因为世子还不能干王位，更低级的"国人"哪里敢驱逐国王呢？其实以常情度之，当时是一个革命的非常时代，是不能以平时的观念或制度的束缚力量去想象的。

十三、原书说周成王时与鬼方曾打一次大仗，俘获鬼方一万三千另八十一人（81 页）。按此事见于《小盂鼎》铭文。惟《小盂鼎》铭有"用牲畜周王囗王成王囗囗"语，则这次战争的时候，是康王或昭王不可知，但决非成王时则甚明。又谓："此后戎狄屡次寇周，懿王甚至被逼迁居槐里（一作犬邱）。"（81 页）根据《史记集解》引宋衷说及《汉书·地理志》似应改为："迁居犬邱（《汉》曰槐里即今陕西兴平县）。"

十四、作者根据古文经学家说以为《诗经·周南》《召南》作于克商之前（142 页），按《二南》歌咏江汉，二地在东周时才渐有文化，在周克商以前，决不能产生这样高度的艺术。《何彼秾矣》一诗，明明有"平王之孙，齐侯之子"，此系指春秋时周桓王女（即平王孙）下嫁于齐襄公事（见《春秋》庄公元年）。所以《二南》绝对不能作于克商以前。此外如以《豳风》说成西周初期的作品（142 页），时代恐怕也说的太早。

十五、本书中的叙述，有前后矛盾的地方。如说："魏惠王因畏秦兵，前三六五年，自安邑迁都大梁。"（165 页）又说："前三四〇年商鞅大破魏军，魏惠王弃安邑迁都大梁。"（183 页）两说前后差二十五年。按古本《竹书纪年》（《史记·魏世家集解》引、《孟子疏》引）实应为魏惠王九年（前三六二年）徙都大梁。并且魏的迁都，也并非"因畏秦兵"，而是想与东方诸国争形势才迁都的（参看朱右曾《竹书纪年存真》，雷学淇《竹书纪年义证》，魏源《古微堂外集》、《孟子年表》诸书）。

十六、战国时蜀守李冰在四川灌县修筑的都江堰，在历史上说是有名的水利工程。作者叙述战国水利时（172 页）没有提到，似乎应当补入。

此外，本书还有一些用字不当和排印的错别字等小问题。如说商时已知"插入闰月"（46 页），其实不是插入闰月，而是岁末的"十三月"。一直到春秋时还以闰三月为非礼（见《左传》文公元年）。又如说殷墟出土的司母戊鼎"重约一千四百斤"，最好加入一个"市"字，改为"一千四百市斤"。排印错误的，如 89 页"鲁襄公二十五年申鲜虞仆凭于野"，实系鲁襄公二十七年之误。109 页"险戎"为"阴戎"之误。142 页"幽风"为"豳风"之误。

（二）对于采用前人研究成果方面

一、俗语说："学如积薪，后来居上"，这是因为后来人可以在前人研究的基础上更进一步。我们研究学问正像接力赛跑，不应当各自起讫。本书在处理史料或对待历史问题时，对于前人研究的成果，往往未能引用。如关于商世系表，王国维（《观堂集林》）、郭沫若（《卜辞通纂考释》）、董作宾（《甲骨文断代研究例》）诸人，根据甲骨卜辞，考定上甲以后诸先公之次，当为报乙、报丙、报丁。又考定祖乙为中丁之子，辩证《史记》之误，均信而有征。而作者却舍而不取，仍因袭了《史记》的错误（35 页）。

二、作者以甲骨文材料证殷时的奴隶，说甲骨文有"奴"字（39 页）。考卜辞中有𡚸字，罗振玉以降诸家并释为"奴"，然其字并不从又，实为放字，当为娶之省读为嘉（参看郭沫若《骨臼刻辞之一考察》，《古代铭刻汇考续编》）。故作者应删掉"奴"字。

三、作者称："盘庚以后，商又称殷。"（34 页）按卜辞中无"殷"字，但屡有"入商"之文。可知文丁帝乙之世，国号仍为商。前人多以盘庚以前国号称商，盘庚迁殷以后称殷，当不可信。郭沫若先生认为殷是周人敌视商人所加之名，正如楚人不自称荆，而周人称之曰荆是一样的（《卜辞通纂考释·杂纂类》163 页），其说当属可信。

四、原书称楚国"熊绎初封在丹阳（湖北秭归县）"（8、93 页），其实《史记·楚世家》上说周成王时封熊绎于楚蛮，居丹阳。并没有指明丹阳的所在。郦道元《水经注·江水》才以湖北的秭归县之丹阳当之。但较早的史料和这种说法矛盾之处颇多。所以清宋翔凤就开始怀疑这种传统的说法，而以熊绎立国丹阳，在丹水之北，约当现在河南西南部的内乡县一代地方（《过庭录·楚鬻熊居丹阳武王徙郢考》）。他所推的丹阳地望虽然未必可信，但他怀疑旧说是正确的。我从前曾综合各方面的史料，证明楚熊绎所居之丹阳即秦始皇三十七年东巡，"过丹阳，至钱唐"之丹阳。在今江苏江宁县与安徽当涂之间。也就是以《汉书·地理志》丹阳郡之丹阳，班固说是熊绎所居为近实（详证可参看拙著《楚族故地及其迁移路线》，见《周叔弢先生六十生日纪念论文集》，35-67 页）总之，熊绎所居不可能在湖北的秭归县。

此外，作者把楚说成是三苗的后裔，也嫌证据薄弱。

五、原书谓周成王盟诸侯于岐阳，"派熊绎和鲜卑（东胡小部落）看守祭神火堆，不得正式参与盟会"。按此事出于《国语·晋语》，鲜卑之卑，显系误字，并非汉以来东胡族之鲜卑。清黄丕烈《札记》云："补音作牟。丕烈案牟字是。韦解云：'东夷国。'然则即宣九年之根牟也。杜注云：'东夷国也。'今琅琊阳都县东有牟乡。"据此，则鲜卑为鲜牟之误，是东夷国，非东胡族。

又作者叙述商鞅新法第一条，有"归并各小都邑、乡、聚，合并为大县"（163 页）。王念孙以为"都大而县小，不得言集都为县，都即乡字之误而衍者也。《秦本纪》曰：'并诸小乡聚集为大县。'《六国表》曰：'初聚小邑为三十一县'，皆无都字"（《读书杂志·史记商君列传小都条》）。作者应据以删改。

（三）体例方面

一、本书的编写体例，有些地方前后不一致。最突出的如第四章第八节大量地引用原文，这和全书的体例是不相合的。又如第五章第二节经济情况里面后一部分（自 175 页始）又叙述了社会各阶级，这和前面第四章把社会阶级（第一节）与经济状况（第六节）分述的体例也不一致。

二、关于叙述的方式，作者对于社会阶层（64-67 页、87-92 页），或对于同时诸国的形势（92-100 页、160-168 页），常采用记账式的个别叙述法。其优点是条理清楚。但是历史的生动性与内在联系性，这样个别的静止叙述，显见得不容易表达出来。

三、本书所用名词，也有可以商榷之处。例如第三章第三节"周初大封建"，最好以"分封"代替"封建"一词，以免与近代"封建"一词的含义相混。又如关于东周一词，作者以为包有前 700 年—前 403 年（84 页）。这和一般人的观念认为平王东迁以后，一直到周亡，统称为东周，是不相合的。并且也很容易引起读者的误解。所以我觉得还是采用一般的说法，把东周包有整个的春秋（前 770—前 403）和战国（前 403—前 221）较为合适。

四、本书中之西周东周年表（153-159 页）和战国年表（225-228 页）没有印纵线格，某国某公某王几年相当于纪元前多少年，不容易查出，失去了年表的效用。所以这两个年表对读者可以说毫无用处，希望再版时加以改进。

五、本书叙述史实和引用史料，一般都不注出处，这对一般读者说来是没有什么不便的。但是阅读本书的对象，不限于一般的读者。所以希望附上详尽的注释，以求征信。

以上是我对范先生《通史》修订本的几点不成熟的意见，可能还有误解。

历史上的问题，往往由于所见不同，而结论亦因之而异。例如范先生说西周的宗族制度"是封建制度与氏族制度相结合的一种制度"（121 页），而东周时代则领主的宗族制度被地主的家族制度所代替。据我看这样的说法是正确的，是与恩格斯著作没有什么不符合的。北大中国史教研室的教师们不同意这种说法，他们以为这"就是说不等到家族制度的确立，我国的历史已经历了长期的阶级社会阶段（由商代到东周）。这种说法是与恩格斯经典著作中的意见不相符合的。如果作者把宗族制度了解为家长制家族的中间形态，则这种中间形态，也只能出现在向阶级社会过渡之时，而不会出现在封建社会的初期。"[①]我以为在商周之际，各古代部族的文化发展是不平衡的。商族已是奴隶社会的末期，而周族则仍滞留于氏族社会的末期。周灭商后，即由氏族社会逐渐过渡到封建社会。对周族来说，她没有经历过纯粹的奴隶社会阶段。所以周代的宗族制度可以理解为氏族制度与封建制度相结合的一种制度，也就是家长制家族的中间形态。它的确是出现在周族由氏族制向阶级社会过渡的时候。范先生的说法是正确的。

由这个例子看，预料我前面的说法，也未必完全正确。我之所以冒昧地提出来，也是希望能得到范先生和读者的指正。大家为着历史科学的进步，共同努力。

1954 年 7 月 25 日于天津南开大学

（此文发表于《历史研究》1954 年第 6 期）

[①] 见《关于范文澜〈中国通史简编〉修订本第一册座谈会的纪录》,《历史研究》第 2 期 139 页。

《左传》解题

一

《左传》是《春秋左氏传》的简称。《汉书·艺文志》说这部书是和孔子同时的鲁太史左丘明为注解《春秋》而作的"传"。《史记》《十二诸侯年表》序中，在叙述孔子作《春秋》以后，也说："鲁君子左丘明惧弟子人人异端，各安其意、失其真，故因孔子史记，具论其语，成《左氏春秋》。"可见自汉代马、班诸家均把《左传》看成和《公羊传》《榖梁传》同样性质的作品，是传春秋的，并且是与春秋同时先后成书的。

不过，春秋的三传，在西汉时只有两传盛行。汉武帝立公羊博士，元帝立榖梁博士。而《左传》的立为学官，则始自汉哀帝时刘歆的倡导。当时因为诸儒反对，辩难蜂起，所以一直到平帝时才成功。东汉以后，《左传》才逐渐盛行起来。

西汉末群儒和刘歆一派的争论，后人名之为"今古文之争"。当时群儒所研究的《公羊》《榖梁》二传是用汉朝通行的文字（隶书）写的，所以称为"今文家"，而刘歆等所争立的经书，都是用古文（战国时的文字）写的，所以被称为"古文家"。后来成了经学界的两大派别。他们都是门户森严，互相攻击。今文家称古文为刘歆所伪造，古文家称今文未得夫子真传。一直争论到清末，两千年来没有得到一个满意的结论。自清刘逢禄谓《左氏》不传《春秋》，作《左氏春秋考证》一书后，康有为益肆其说，并极言《左传》是刘歆从《国语》抽出的部分，配合《春秋》引传释经所伪造的。其余部分便成了今本之《国语》[①]。崔适、梁启超等更随声合之。他们以家法不同之故，抨击《左传》，几无完肤[②]。

---

① 参看康有为《新学伪经考》，关于《左传》之部。
② 参看崔适《史记探源》《春秋复始》；梁启超《要籍解题及其读法》。

这种看法，在近代的学术界，一直还有很大的势力①。

今文家对《左传》的怀疑，是建筑在刘歆伪造群经以媚莽助篡上。康有为说刘歆造伪经，以《周礼》及《左氏传》为主，然后编伪诸经以作证（均见《新学伪经考》）。这种说法实在缺乏根据，近人已有详尽的批驳②。因为古文经的出现及其发展，自有其历史原因，决不是一个人所能伪造出来的。

《左传》既不是刘歆伪造的，那末，我们对于这部书的作者及其成书时代等问题，就有从新考核的必要。

二

《左传》的作者是什么时候的人呢？史记虽然说到是鲁君子左丘明作，但并未说他是孔子的弟子，《仲尼弟子列传》里也没有关于左丘明的记载。《汉书·刘歆传》说"歆以为左丘明好恶与圣人同，亲见孔子"，《后汉书》说光武帝"知丘明至贤，亲受孔子"。这就把左丘明说成是孔子的学生了。

此后，学者对于左丘明是春秋时人或战国时人，《左传》是左丘明作或非左丘明作，还有许多争论。唐赵匡就说左氏非丘明，指出丘明"盖夫子以前贤人，如史佚、迟任之流，见称于当时耳……学者各信胸臆，见传及《国语》但题左氏，遂引丘明为其人"。又说："自古岂止一丘明姓左乎？何乃见题左氏，悉称丘明？"③宋王安石举十一事，征左氏为六国时人④。其他如叶梦得《春秋考》郑樵《六经奥论》等人也有同样论调。郑樵更谓《左传》叙述晋楚事最详，因而断定左氏为楚人⑤，清姚鼐则以为《左传》不是一人所成，但书中"于魏氏事造饰尤甚"，因而以为曾仕魏的"吴起为之者盖尤多。"⑥吴起是卫的左氏（邑名）中人⑦，于是又有人说为《左氏春秋》是左氏人吴起所作，以"左氏"地

---

① 如顾颉刚《古史辨》中的一些有关的论文；钱玄同《重印新学伪经考序》及《左氏春秋考证书后》；张西堂《左氏春秋考证序》。

② 参看《燕京学报》第七期《刘向歆父子年谱》，郭沫若《周官质疑》。

③ 参看《春秋集传纂例》，《赵氏损益义》。

④ 王安石撰《左氏解》一卷，专辨"左氏"为六国时人。陈振孙《书录解题》说："题王安石撰实非也。"王应麟《困学纪闻》也载王安石有《春秋解》一卷，疑"左氏"为六国时人者十一事，此书今不传。

⑤ 郑樵《六经奥论》云："左氏之书，序晋楚事最详。如楚师烟犹拾沈等语，则左氏为楚人。"

⑥ 参看《姚姬传全集》《〈左传〉补注序》。

⑦ 《韩非子·外储说右上》谓："吴起卫左氏中人也。""左氏"为卫的一邑，又见于《韩非子·内储说上七术》篇，《战国策·卫策》。

名称其书①。近人卫聚贤作《〈左传〉的研究》②，也主张《左氏春秋》之"左氏"为卫邑名，并谓《左传》成于子夏。

《左传》的作者，左丘明一说，固然缺乏根据，就是子夏一说，也嫌证据薄弱。至于认为吴起所作，虽然以书中所反映的成书时代及其叙事偏袒魏国两方面而言，似乎颇有可说。但是没有正面证据，也只说略备一说而已。

其次是《左传》的成书时代问题。今文家认为《左传》是西汉末年刘歆所伪造的说法，是绝对错误的。因为自战国至西汉末称引《左传》的，有《战国策》③《韩非子》④《史记》⑤及《新序》等书，均在刘歆以前。尤其是在晋太康时所发现的魏襄王墓中的竹简，有《论语师春》一篇⑥。据说是纯集《左传》中的卜筮事，甚至于上下次第及文义，都和《左传》中者相同⑦。魏襄王死于周赧王十九年（公元前 296 年）。可见当魏襄王生前，《左传》在魏国已经通行。刘歆纵令可以伪窜古籍，但万无力伪窜《汲冢竹书》。所以，我们现在可以肯定地说，《左传》是先秦旧籍，决不是刘歆所伪造的。

那末，《左传》到底作于什么年代呢？

我们细细审查《左传》内所载当时人的预言和占卜，凡是战国初年以前的，几乎有言必中，灵验如神。战国初年以后的往往失中。其验者，必为作者所及见，其不验者，必为作者所未见。假如我们把书中应验的和不应验的预言或占卜的年代找出，则作者的大约年代，便可以推出了。现在我们先看看其应验的预言和占卜：

《左传》闵公二年："卜偃曰：毕万之后必大。万，盈数也，魏，大名也。以是始赏，天启之矣。……初，毕万筮仕于晋，遇屯䷂之比䷇，辛廖占之，曰：吉……公侯之卦也，公侯之子孙，必复其始。"昭公二十八年也说到"魏子之举也义，其命也忠，其长有后于晋国乎？"由上列两件事实看，是著者已见

---

① 参看《先秦诸子系年》《吴起传左氏春秋考》。

② 卫聚贤：《古史研究》第一集。

③《左传》襄公十一年，魏绛对晋侯说："书曰：居安思危，思则有备，有备无患。"此语见引于《战国策·楚策》虞卿对春申君所说，并谓闻之《春秋》实即指《左氏春秋》。

④《左传》昭公元年楚公子围弑楚王事，襄公二十五年楚杼弑齐君事，均见引于《韩非子》"奸劫弑臣窃"而称《春秋》记之。

⑤《左传》僖公五年谓宫之奇曰："大伯虞仲，大王之昭也。"《史记·吴世家》："太史公曰……余论《春秋》古文，乃知中国之虞，与荆蛮句吴兄弟也。"可见大史公作《史记》时，已见《左传》。

⑥ 见《晋书》卷五二《束晳传》。

⑦ 黄伯思《余观余论》："案晋太康二年，汲郡民不准，盗发魏王冢，得古竹书凡七十五篇。晋征南将军杜预云：别有一卷，纯集《左氏传》卜筮书，上下次第及其文义皆与《左传》同，书曰师春，师春似是抄集人名也。"

及毕万的子孙魏斯为侯。尤其是吴公子季札在鲁襄公二十九年（公元前 544）到晋国，"说赵文子韩宣子魏献子曰：晋国其萃于三族乎！"在当时晋的六卿并列，中行、范、智三卿最强，韩、赵、魏还是弱族，季札怎么有这末大的本领，可以断言百数十年以后韩、赵、魏必有晋国呢？政治家不见得有这末灵验的远见。所以我们借此可以推断，《左传》的成书，必在公元前403年韩赵魏三家分晋以后。

《左传》襄公二十九年谓季札聘齐，对晏平仲说："齐国之政，将有所归。"《左传》昭公八年："晋侯问于史赵曰：陈其遂亡乎？对曰：……虞之世数未也，继守将在齐，其兆既存矣。"这个预言，后来果然中了。尤其灵验的是卜卦，庄公二十二年记陈公子完奔齐，"懿氏卜妻敬仲，其妻占之曰：吉。是和凤凰于飞，和鸣锵锵，有妫之后，将育于姜。五世其昌，并于正卿；八世之后，莫之与京。"后来在公元前386年陈敬仲之后果然代姜齐。

《左传》襄公二十九年季札适鲁听乐，而言郑国"是其先亡乎？"后来郑国果然于公元前376年为韩所灭。当时韩、赵、魏虽然早已为诸侯，但晋桓公尚在。一直到晋悼公被弑于韩，晋才算正式终了。所以说郑国先亡。

我们看上面所引的预言和卜辞，多么灵验呀！当晋范氏、中行氏全盛时，而决言其必萃于韩、赵、魏，当陈完初亡命于齐时，而决言共八世之后必篡齐，当郑七卿辑睦时，而决言其必先亡。预言吻合至此，无论怎样迷信的人，也不能不有所怀疑。以常识判断，这必是写书的人将已见的事实加入，或据后世的史实捏造卜辞。因此我们可以推知《左传》的成书，必在三家分晋（前403年）田氏代齐（前386年）及韩灭郑（前376年）以后。

下面我们再看着其不应验的预言和占卜：

《左传》宣公三年记载楚子至雒，问鼎之大小轻重。周定王使王孙满对曰："……成王定鼎于郏鄏。卜世三十，卜年七百，天所命也。周德虽衰，天命未改，鼎之郑重，未可问也。"按周共34王772年，可知作者未见及周之亡。

《左传》僖公三十一年："卫迁于帝丘，卜曰三百年。"按卫于公元前 629年迁帝丘，于公元前241年徙野王。卫在帝丘共历389年，与卜辞不应。

《左传》文公六年："秦伯任好卒，以子车氏之三子奄息、仲行、针虎为殉，告秦之良也。……君子是以知秦之不复东征也。"可知作者未及见商鞅伐魏（公元前340年）。

综合前面应验与不应验的预言和卜辞，我们便可以推知《左传》的成书年代，大约在公元前376年以后，公元前340年以前。

三

《左传》的成书年代，我们大致已推定如上。现在我们要谈到《国语》《春秋》二书有什么关系了。

《国语》一书，其"所记之事，与《左传》俱迄智伯之亡，时代亦复相合"（《四库全书总目提要》）。所以前人称《左传》为《春秋》内传，《国语》为外传。可见两书的内容是很密切的。于是康有为便以为《左传》和《国语》本为一书，即《汉书·艺文志》中所载的《新国语》五十四篇，仅刘歆把其中与《春秋》有关的事改成《春秋左氏传》，其余部分遂成今本《国语》[①]。我们细审《左传》《国语》二书，很接近确是事实，但绝对没有割裂的痕迹。并且两书的文章体裁很不相同。两书记事，又有很多歧异，或所记之事略同，而字句有异。两书的异同，近人多说列举[②]，岂能抹杀一切，而硬指其为一书？刘歆既造伪书，为什么不将《国语》所余部分，一并更改，以备取信于人。而乃使两书所记互有歧异，至令后人生疑呢？足见康有为的说法是很难成立的。

至于《左传》与《春秋》是什么关系呢？古文家以为《左传》是《春秋》的"传"，而今文家则认为《左传》不传《春秋》，认为《左传》中如"不书即位，摄也"一类解经的话，以及"五十凡""君子曰"等等是刘歆搞的鬼，加进去的。梁启超就怀疑《左传》释经之文，以为有不可解者四端，如"无经之传""有经而不释经之传""释不书于经之传""释经而显违经意之传"。于是认为"《左氏》自《左氏》，《春秋》自《春秋》，引传解经，实刘歆作俑耳"[③]。

按《左传》中之"解经语"，"五十凡"及"君子曰"等等，据近人的研究，已见引于先秦古籍[④]，不可说是汉人伪造。至于其注释《春秋》的体例，确与《公羊》《穀梁》不同。《公羊》《穀梁》二家的注释《春秋》，不详其事，而只详其义，并且用很死板的一问一答的体裁。《左传》则不然，对于经中之事，往往穷其源委，详经所不及者。这种注释的体裁，正像裴松之之注《三国志》，刘孝标之注《世说新语》，往往是原书的史实的补充。我们不能因为裴松之刘孝标的

---

① 参看康有为《新学伪经考》。

② 参看卫聚贤《〈国语〉的研究》（古史研究第一辑）；徐炳昶《〈国语〉〈左传〉逐节比较表》（《中国古史的传说时代》一书的附录）；孙次舟《〈左传〉〈国语〉原非一书证》（《责善》半月刊第一卷第七期）。

③ 梁启超：《要籍解题及其读法》。

④ 参看杨向奎《〈左传〉之性质及其与〈国语〉之关系》（北平研究院《史学集刊》第二期）。

作注与一般注释书的体式不同，便否认其为《三国志》的注或《世说新语》的注。同样的，我们不能以为《左传》的注释《春秋》与《公羊》《穀梁》不合就否认它是《春秋》的传。所以我们今日仍然认为《左传》是《春秋》的传，是为解释《春秋》而作的。

四

《左传》成书的年代及其性质确定了。我们进一步便可以认清它在史学上的价值和地位。梁启超曾说《左传》有三个特色：第一，不以一国为中心，而平均叙述当时几个主要国；第二，其叙述不仅限于政治，常涉及社会之各方面，第三，其叙事有系统，有别裁，确已成为一种组织的著述。他并称赞《左传》的出现，为"商周以来史界之革命"，"秦汉以降史界不祧之大宗"[1]。这种看法，是很公允的。

《左传》是编年体，把 240 多年的历史按年月很细致地叙述下来。我们现在所以说够比较正确地知道春秋的历史状况，主要的是依靠这部书。所以从史学上看，它的价值，远在《公羊》《穀梁》之上。因为研究历史，是以史实为主，像《公羊》《穀梁》那样空说经义，于历史毫无用处。而《左传》是把"断烂朝报"的《春秋》经，用详细的史实加以说明和补充，春秋一代的社会活动与变化，因而大白。这确是《左传》在史学上的价值。

《左传》是一部历史著作，同时也是一部伟大的优秀的文学作品。它的艺术特征与艺术成就，是自古尽来所公认的。其叙事简洁而生动，如描写任何一次的战役，用提纲挈领的笔墨，把当时贵族的虚伪狡诈的形象，战争的原委，都清清楚楚地很细腻地表露出来。使读者如身临其境。其他如对当时人物的个性描写，不论是正面人物或反面人物，都写得十分生动。

先秦的文学著作，以创造人物形象方面的艺术成就来说，很少说有和《左传》相提并论的。从史学上和文学上看，在纪元前四世纪能产生这样一部伟大的著作，是我们民族的光荣。

（此文发表于《历史教学》1957 年第 1 期）

---

[1] 梁启超：《中国历史研究法》第二章。

试论刘知幾是有神论者

——兼与侯外庐、白寿彝两先生商榷

今年是我国唐代大史学家刘知幾诞生的一千三百周年。刘知幾在我国史学史上，占有重要地位。在他以前，虽然已经有了不少的历史著作，并且已有悠久的史学传统，但是，以讨论史法而写成一部系统的理论专著的，却始自刘知幾的《史通》。所以《史通》实是一份极其珍贵的文化遗产。我们今天为了纪念刘知幾，必须依据马克思列宁主义的立场、观点和方法，对他的著作进行科学的分析。既需要看到它在当时历史条件下的意义和作用，给它以足够的历史估价，同时又应看到它的历史的与阶级的局限性。

刘知幾对中国史学的发展具有很大的贡献。尤其是他那种"不掩恶，不虚美"①的"直书"主张，和那种"宁为兰摧玉折，不作瓦砾长存"②的精神，给后世史家指出了努力方向。他不但对孔子所修的圣经，敢于提出"五虚美""十二未喻"，而且还勇敢地批评了当时官修的《晋书》。他对封建偶像和黑暗政权，这种敢于怀疑，"不避强御"的作风，都是值得我们批判地继承的。他的其他关于历史编纂学和史料学上的理论，也有很多应当肯定的。本文在这方面不准备多谈，只想对刘知幾的思想当中的一个问题，作一些初步的探讨。

关于刘知幾的思想，现在史学界流行着的一致看法，都认为他接近于唯物主义或基本上有唯物主义倾向③。他们所举的最大证据，就是说他是无神论者。这个论据，我看是有问题的，值得提出来，从新商榷的。

唯物主义和唯心主义的根本区别，在于唯物主义者认为物质第一性意识第二性，而唯心主义者却相反地认为意识第一性物质第二性。从这个根本的区别

---

① 《史通·杂述》篇。
② 《史通·直书》篇。
③ 郑力《略论刘知幾和他的史通》（《新建设》1958年第2期）说："刘知幾的史观有唯物的成分。"白寿彝《刘知幾的进步的史学思想》（《北京师范大学学报》1959年第5期）说刘知幾接近于唯物主义。侯外庐《刘知幾的哲学和史学思想》（《人民日报》1961年3月12日）和《论刘知幾的学术思想》（《历史研究》1961年第2期）两文，都说刘知幾具有唯物主义和无神论的浓厚倾向。

出发，唯物主义一般都表现为无神论，而唯心主义一般都表现为有神论。我们为了探索刘知几的思想，到底属于唯心的、还是属于唯物的，首先应当弄清楚，他到底是属于有神论、把"天"看成一种人格神、支配着"人事"呢？还是属于无神论、把"天"看作没有意志的自然实体、不能影响"人事"呢？在这个问题上，侯外庐先生认为刘知几的哲学思想属于一种中间偏左派，对神学提出了一定程度的怀疑和否定，说他们这一派"具有了唯物主义和无神论的浓厚倾向"①。又说刘知几的思想"基本上是倾向于唯物主义和无神论的传统，而反对董仲舒一派的神学和以神学世界观曲解的历史学"②。白寿彝先生更肯定的说刘知几"在理论上达到了无神论并接近于唯物主义"③。

刘知几在《史通》内，的确用了很多篇幅，批判了自董仲舒及刘向、刘歆父子等所论的"灾异"，尤其指出班固《五行志》对灾异祥瑞征应的牵强附会。乍看起来，刘知几的思想，多么开明呀！他一定是一个十足的无神论者吧？

其实，未必是那末回事。历史本来是错综复杂，充满着许多矛盾的。刘知几反对汉人所讲的灾异，不见得他本人就不相信灾异。不同派别的有神论者之间，也可能发生互相攻击批判的斗争。我们应当弄清楚他反对的是什么，主张的是什么。我们要抓住主要的环节，既要照顾全面，又要掌握重点。我们应当实事求是地具体分析。刘知几对灾异祥瑞的看法，是多种多样的。总之，凡是不关人事的天象和灾异，他主张不应载入国史。《史通·书志》篇说：

> 夫灾祥之作，以表吉凶，此理昭昭，不易诬也。然则麒麟斗而日月蚀，鲸鲵死而彗星出。河变应于千年，山崩由于朽壤。又语曰：太岁在酉，乞浆得酒；太岁在巳，贩妻鬻子。则知吉凶递代，如盈缩循环，此乃关诸天道，不复系乎人事。

> 若乃体分蒙澒，色著青苍。丹曦（日）素魄（月）之躔次，黄道（日行之道）紫宫（紫微宫垣）之分野，既不预人事，辄编之于策书。故曰刊之国史，施于何代不可也。

刘知几在这里认为不是所有的灾异，都不关人事，而仅是有些具体的例子，

---

① 参看侯外庐《刘知几的哲学和史学思想》（《人民日报》1961 年 3 月 12 日）。
② 参看侯外庐《论刘知几的学术思想》（《历史研究》1961 年第 2 期）。
③ 见白寿彝《刘知几的进步的史学思想》（《北京师范大学学报》1959 年第 5 期）。最近白先生在《郑樵对刘知几史学的发展》（《人民日报》1961 年 4 月 6 日）一文中，又说刘知几在学术批判中突出的两点之一，是"揭露董仲舒、刘向、刘歆以下的阴阳五行和灾异祥瑞之说的虚妄，从而以无神论跟有神论对立"。白先生的意思是说，刘知几是无神论者而董仲舒等人是有神论者。

如麒麟斗和鲸鲵死，是日月蚀和彗星出的预兆；又如河变是因为黄河千年一清，山崩是由于有朽壤。另外，又如日月的躔次和星辰的分野等，他说这些都是不关人事的。但其他的"灾祥之作"，他相信对人事是"以表吉凶"的。所以他决没有否认灾异祥瑞的灵验。相反的他对灾祥相信的事例，见于《史通》的，却举不胜举。《五行志错误》篇说：

> 《志》云：孝昭元凤三年，太山有大石立。眭孟以为当有庶人为天子者。京房《易传》云："太山之石颠而下，圣人受命人君虏。"又曰："石立于山，同姓为天下雄。"案此，当是孝宣皇帝即位之祥也。夫宣帝出自间阎，坐登宸极，所谓庶人受命者也。以曾孙血属，上纂皇统，所谓同姓雄者也。昌邑见废，谪居远方，所谓人君虏者也。

由此，可知刘知幾相信眭孟和京房《易传》对太山的大石立的解释，并且他又加以推证，以为昌邑见废和孝宣帝为天子就是这次灾异的应验。刘知幾对灾异这样不惮烦，很详细地解释，以证其灵验。同时又抨击班固，说他："虽具有剖析，而求诸后应，曾不缕陈。"可见他对灾异应验，相信之诚了。《五行志错误》篇又说：

> 《志》云：哀帝建平四年，山阳女子田无啬怀妊，未生。二月，儿啼腹中。及生，不举，葬之陌上。三日，人过闻啼声。母掘土收养。寻本《志》虽述此妖灾，而了无解释。案人从胞至育，合灵受气，始末有成数，前后有定准。至于在孕甫尔，遽发啼声者，亦由物有基业未彰，而形象已兆，即王氏篡国之征。生而不举，葬而不死者，亦由物有期运已定，非诛翦所平，即王氏受命之应也……此所谓妖祥可知，寝默无说也。

这是以山阳女子怀妊的妖灾为王氏篡国的预兆。可见刘知幾对"妖祥"与"人事"息息相关，是深信不疑的。他认为"妖祥"有应验，就不应该"了无解释"，不应该"寝默无说"。有时班固有推证，而刘知幾又认为太简略。如《五行志错误篇》说：

> 《志》云：成帝建始三年，小女陈持弓年九岁，走入未央宫。又云：绥和二年，男子王褒入北司马门，上前殿。班志虽已有证据，言多疏阔。今聊演而申之。案女子九岁者，九则阳数之极也。男子王褒者，王则巨君之姓也。入北司马门上前殿。王莽始为大司马，至哀帝时就国。帝崩后仍

此官，因以篡位。夫人入司马门而上殿，亦由从大司马而升极。灾祥示兆，其事甚明，忽而不书，为略何甚？

这是他不满意班固对灾异如此"疏阔"的解释，所以他自己便大加推演引申起来。以阴阳象数之学，把"九岁"的"九""王褒"的"王"及"司马门""上前殿"等都附会在王莽篡位事上，并且认为此次"灾祥"的"示兆"，"其事甚明"，班固这样"忽而不书"，真是"为略何甚"？

从上面所举的例子看，已经足够证明刘知幾深信天上存在着一种超自然的人格神，可以降给人间以灾祥的预兆。所以他是彻头彻尾的有神论者。但是白寿彝先生却一则曰："刘知幾认为灾祥的存在，是属于自然现象的范围，与人事无关。"再则曰："灾祥作为天命的征验，刘知幾是彻底反对的。他在这一点上是没有犹豫的。"①白先生这样的论断，恐怕是不够妥当的了。

认为刘知幾是无神论者的学者们，往往为刘知幾驳斥灾异所迷惑。以为他既驳斥灾异，当然就不相信灾异。我们要提请这些学者们注意，刘知幾驳斥的不是灾异本身的不可信，而只是驳斥和揭露从董仲舒到班固那些汉儒们，对灾异解释的不确。如春秋鲁昭公九年，陈国有火灾。董仲舒以为："陈夏征舒弑君，楚严（庄）王托欲为陈讨贼，陈国辟门而待之，因灭陈。陈之臣子毒恨尤甚，极阴生阳，故致火灾。"刘知幾说："楚严（庄）王入陈，乃宣十一年事也。"②这是斥董仲舒时间观念的错误，说他："以前为后，以虚为实，移的就箭，曲取相谐。"③又如《左传》鲁襄公时，"宋有生女子赤而毛"，"纳之（宋）平公，生子曰佐，后宋臣伊戾谗太子痤而杀之"。事在鲁襄公二十六年。班固谓"先是大夫华元出奔晋，华合比奔卫。刘向以为时则有火灾，赤眚之明应也"。刘知幾驳斥班固的错误有两点：第一，应当先有灾异，后有应验。可是华元奔晋在成公十五年，而女子赤而毛的灾异却在襄公二十六年。灾异和应验的事，前后颠倒。第二，华合比奔卫在昭公六年，后于灾异，而班固称"先是"，时间前后混乱④。

刘知幾像这样批判汉儒对灾异荒诞的解释之处，不一而足。但是，他自己对灾祥并不曾否定。他说"灾祥之作，将应后来，事迹之彰，用符前兆"⑤。

---

① 白寿彝：《刘知幾的进步的史学思想》，《北京师范大学学报》1959 年第 5 期。

②《史通·五行志杂驳》篇。

③《史通·书志》篇。

④《史通·五行志杂驳》篇。

⑤ 同上注。

这和汉儒"天人相感"之说，真是若合符节了。刘知幾是以所谓"高深的"神学理论，驳斥别人庸俗的神学理论，是"以五十步笑百步"。哪能说"刘知幾认为灾祥的存在，是属于自然现象的范围，与人事无关"，更哪能说刘知幾对"灾祥作为天命的征验"，是"彻底反对的"呢？

刘知幾对于鬼神灾异的是否可信，是有所选择的，有些他认为可信，有些他认为荒诞。因此，他对鬼神的看法，所谓"若存若亡"，意思是指有存有亡，不是模棱两可的犹豫不定。例如他对于"吞燕卵而商生（指简狄吞鸟卵生契事），启龙漦而周灭（指童妾遭龙涎沫生褒姒而亡周事），厉坏门以祸晋（指晋侯梦大厉鬼事），鬼谋社而亡曹（指《左传》哀公七年曹人梦众君子谋亡曹事），江使返璧于秦皇（指忽不见的江使还始皇璧事），圯桥授书于汉相（此指黄石公授书张良事）"等，这些鬼怪故事，他就认为都是"事关军国，理涉兴亡"的，是可信的。史家应当把它"书之"，"以彰灵验"。至于像王隐、何法盛等，"专访州闾细事，委巷琐言，聚而编之，为鬼神传录"，就认为"其言不经"，不可信[1]。又如他对于先秦的一些祥瑞，若"凤凰来仪，嘉禾入献，秦得若雉（指秦文公得鸡神事），鲁获如麇（指鲁哀公十四年获麟事）"等，认为可信。至于两汉以来，"凡祥瑞之出，非关理乱。盖主上所惑，臣下相欺，故德弥少而瑞弥多，政逾劣而祥逾盛。是以桓灵受祉，比文景而为丰，刘石应符，比曹马而益倍"。这些祥瑞，他认为都是"谬说""邪言"，不足为训[2]。他又曾举出，如"梓慎之占星象，赵达之明凤角，单飏识魏祚于黄龙（指后汉熹平末单飏以黄龙见而预言魏将代汉），董养征晋乱于苍鸟（指董养在晋永嘉中见洛阳出二鹅而预言晋将乱）"等，他认为这些都是"肇彰先觉，取验将来，言必有中，语无虚发"。你看，他对灾异是多么坚信呀！至于有些"前事已往，往来追征"的牵强附会，就不信了[3]。刘知幾对鬼神灾异既是采取信任态度，当然也就主张把灾祥"志之竹帛"[4]了。他在《史通·书事》篇里，更明目张胆地提出史家书事有三科，其第三科即为"旌怪异"，也就是主张把记载或阐明那些"幽明感应，祸福萌兆"，定为史家重要的职责之一。

据上所述，则刘知幾是有神论者，昭然若揭。是不是有人会说我们把历史上无神论者的标准定的太高了呢？因为在千数年以前的人，受到自然科学知识

---

① 《史通·书事》篇。

② 同上注。

③ 《史通·书志》篇。

④ 同上注。

的限制，对鬼神灾异的否定，不可能象今日无神论者那样彻底。拿今日的标准去衡量古代，恐怕历史上就很难找到无神论者了。

我们认为判断历史人物是有神者还是无神论者，当然不能拿今日的尺度去衡量。比如像东汉王充，这样一个杰出的无神论者，可是他在《论衡·龙虚》篇中也相信龙能够乘雷电飞行，在《命录》篇、《命义》篇、《治期》篇、《骨相》篇对命的看法，迷信成分极浓。《宣汉》篇又历举汉代所现符瑞，几乎与阴阳家无别。但是我们仍然承认他是无神论者。

我们的标准很简单，只要对鬼神灾异在理论原则上（不是在个别实在例子上）提出否定或怀疑，我们就可以把他列入无神论者。根据这个标准，我们认为战国时的荀子、东汉的王充和齐梁间的范缜等，都是无神论者。

荀子否认有意志能给人祸福的天，只承认自然现象、自然规律的天。他说："天行有常，不为尧存，不为桀亡。"①又如日蚀星陨之类，人们常认为是灾异，是上天对于某些坏人坏事表示谴责的应照。荀子却认为这都是自然现象，无关人世的治乱②。王充对鬼神也提出正面的否定。他说世人以为死人为鬼，有知能害人。照物类来考验，可以断言死人不为鬼，无知不能害人。因为人是物，人以外的物也是物。人以外的物死了不为鬼，人死为什么独能为鬼③？他又说，鬼不是人死精神变成的，它是人的一种幻想④。范缜作《神灭论》，认为精神是肉体（形）的作用，肉体是精神的本质。肉体存在，精神也得存在，肉体死灭，精神也就消灭。好比一把刀，精神是犀利，肉体是刀口，没有刀口，就不会有犀利。所以没有肉体，也就不会有精神。又说鬼神是没有的，妖怪也是没有的。古书记怪事，不可凭信⑤。上面这三人的言论，都从理论上提出世间没有鬼神，所以他们是无神论者。

回过头来再看刘知幾的《史通》，从无一处在理论原则上认为世间根本没有鬼神，或否认灾异的灵验。只是对董仲舒、刘向、刘歆、班固等个别灾异的解释，提出异议，间或举一二具体符瑞例子，认为不可信，实际他思想上是承认有鬼神的，承认灾异有灵验的。所以我们认为他是有神论者。

刘知幾既然是有神论者，所以他相信天命，但是他又反对命定论。这其间

---

① 《荀子·天论》篇。

② 同上注。

③ 《论衡·论死》篇。

④ 同上注。

⑤ 见《梁书》本传；《弘明集》卷9。

是否有矛盾呢？现在我们把他反对命定论的原话录出，加以具体地剖析。《史通·杂说上》说：

> 夫论成败者，固当以人事为主，必推命而言，则其理悖矣。
>
> 盖晋之获也，由夷吾之复谏。秦之灭也，由胡亥之无道。周之季也，由幽王之惑褒姒。鲁之逐也，由稠父之违子家。然则败晋于韩，狐突已志其兆，亡秦者胡，始皇久铭其说，麋弧箕服，彰于宣厉之年。征褰与襦，显自文武之世。恶名早著，天孽难逃，假使彼四君才若桓文，德同汤武，其若之何？
>
> 盖妫后之为公子也，其筮曰：八世莫之与京。毕氏之为大夫也，其占曰：万名其后必大。姬宗之在水浒也，鹭鹭鸣于岐山。刘姓之在中阳也，蛟龙降于丰泽。斯皆瑞表于先，而福居其后，向若四君德不半古，才不逮人，终能坐登大宝，自致宸极矣乎？必如史公之议也，则亦当以其命有必至，理无可辞，不复嗟其智能，颂其神武者矣。夫推命而论兴灭，委运而忘褒贬，以之垂诫，不其惑乎？

我们细读上面引文，可以清楚地得到两个印象：第一，刘知幾相信"狐突志兆""亡秦者胡""麋弧箕服""征褰与襦"等灾异，是晋、秦、周、鲁四国败亡的预兆；而"八世莫之与京""万名其后必大""鹭鹭鸣于岐山""蛟龙降于丰泽"等，是田（齐）、魏、周、汉四国兴起的祥瑞。第二，刘知幾认为历史家论成败应以人事为主，不能归之天命。这种成败由于人事不由于天命的看法，确是他的高明处，是应当肯定的。但是，同时我们也应当注意，他虽然反对以命定论解释历史，可是他并未否认天命的存在。他的意思是说，人君若德才兼备而有善行，天便降下符瑞以赞助之，于是"瑞表于先，而福居其后"，国家便可以兴起；相反的若国君昏暴而行恶，则天降灾异。所谓"恶名早著，天孽难逃"，国家便将败亡。这和汉儒董仲舒认为人之行为有不当，则"天出灾害以谴告之"[1]的天人感应说是相同的。不过，董仲舒是命定论者，他说"虽有继体守文之君，不害圣人之受命"[2]。这点却是刘知幾所反对的。

有神论者是相信天命的。一个信天命的人批判命定论是不会彻底的，有时还会陷入自相矛盾的境地。刘知幾就是如此。他之所以反对命定论，不是不信

---

① 《春秋繁露》卷八"必仁且智"。
② 《汉书》卷七十五《眭弘传》。

天命，而是因为命定论和他所主张历史的功用是"记功司过，彰善瘅恶"[①]不合。他认为史贵垂诫，若"推命而论兴灭"，就达不到劝善惩恶的目的。因此，他虽然口口声声说，论成败"当以人事为主，必推命而言，则其理悖矣"。可是，他在《史通·鉴识》篇中却又说："夫人废兴，时也；穷达，命也。"这不是他转来转去，又陷入命定论了吗？

综上所述，可知刘知幾绝对不是无神论者。相反的，他是一个十足的有神论者，所以他的思想基本上是属于唯心主义。《史通》里面有不少夸大个别历史人物作用的地方。例如前所引《杂说上》篇里，就把晋、秦、周、鲁的衰亡认为是由于个别君主昏暴的结果；田（齐）、魏、周、汉的兴起又认为是个别君主德才与智能所决定的。他这样片面地夸大了个人的决定作用，也正符合他的唯心主义的历史观。

（此文发表于《文史哲》1962 年第 4 期）

---

① 《史通·曲笔》篇。

如何正确理解"让步政策"

在中国古代史上经常遇到这样一种史实，就是在农民大起义之后，代之而起的新王朝，往往对农民实行以一些"轻徭薄赋""与民休息"的措施，来恢复一下社会秩序。这些措施，从对农民的残暴压榨来看，较之前王朝在一定程度上是缓和了一些。所以，有些历史著作就把统治阶级在这种情况下所实行的"轻徭薄赋"，称之为"让步政策"。

最近孙达人同志在一篇文章里对统治阶级是否有过"让步政策"，"让步政策"的理论是不是一种马克思主义的理论，提出了疑问①。我们认为这个问题的提出，值得重视，它涉及到中国古代史上许多重大问题，农民起义的历史作用、历史人物的评价等等，因此，对"让步政策"确有进一步深入讨论的必要。本文想就"让步政策"产生的原因、性质和它与农民战争的关系各方面，提出我们的一些看法。

一

历史上的封建统治阶级的"让步政策"②不是一个偶然的现象，不是随时随地都可以出现的，而是在社会发展一定的阶段，在一定的具体条件下，才能产生的。

封建统治阶级对农民阶级的残酷剥削和压迫，是封建制度本质的反映。所以，历代统治阶级对农民都是尽了最大限度的压榨。广大农民在忍无可忍时，不得不起来与统治阶级进行武装斗争。这样，便出现了一次又一次的震撼着整个封建统治的大规模农民战争。

封建统治阶级与农民阶级之间的矛盾，虽然贯串于整个封建社会，但是，这种大规模的农民战争，不是任何时期都有的。农民阶级与统治阶级这一对矛

---

① 孙达人：《应该怎样估价"让步政策"》，《光明日报》1965 年 9 月 22 日"史学"。

② 这里我们所谈的是统治阶级对农民所实行的一些让步措施，能不能称之为"政策"是另外一个问题。

盾，在整个的封建社会中，有时会出现相对缓和的时期，有时又会激化成剧烈战争的时期。在相对缓和期间，封建统治阶级是矛盾起主导作用的方面，这时统治阶级高高在上，从不把农民力量放在眼里，当然不会自动向农民提出什么"让步政策"。在大规模的农民起义战争期间，农民阶级变成矛盾的主导方面：封建统治阶级的一切政令制度，都是农民群众所要打击和推翻的对象，统治阶级即便想让步，农民群众也决不会接受，因为农民革命的目的是想消灭旧的封建制度。所以，在农民战争期间，统治阶级除了在个别地区或某个环节上，可能有所让步，一般的说，通行全国的"让步政策"是很难出现的。

可是，在农民起义和农民战争失败、封建统治阶级又转化为矛盾的主要方面之后，情况就不同了。农民战争虽然归于失败，却有力地打击了封建统治王朝，或推翻了旧王朝，使统治阶级尤其是继起的新王朝，看到控制全国的封建政权，居然能被农民群众打垮，他们不能不有所畏惧。如唐太宗就曾说过："水所以载舟，亦所以覆舟。民犹水也，君犹舟也。"又说："天子者则人推而为主，无道则人弃而不用，诚可畏也。"①这些统治者看到了农民力量的可怕，为了长久地保持统治政权，很自然地会想到如何缓和一下阶级矛盾，对农民做出一定程度的让步，这是完全可能的。

由此可见，统治阶级的"让步政策"在整个封建社会中，不是任何时期都会出现的。一般是农民大起义之后才出现，它是阶级斗争的产物。

孙达人同志却完全否认统治阶级会有"让步政策"。他所持的两点理由，我们认为都是站不住脚的。比如他说，农民战争以前、以后和战争期间，对统治阶级的革命压力都是有的，为什么只有在战后才会出现"让步攻策"呢？这个问题在前面的分析中，事实上已经解答了。他又认为，如果承认统治阶级对农民实行"让步政策"，就等于承认统治阶级"变得仁慈起来，改变本性"。难道真的统治阶级对被统治阶级实行一些让步措施，就等于标志着他的阶级本性变了吗？我们认为是决不会的。这个道理很明白，历史本身已经作了论证。

我们的看法是：历史上封建统治阶级的一些"让步政策"，在一定程度上缓和了阶级矛盾，多少给了农民一点喘息机会。它和那些"苛政暴敛"政策比较起来是让步的。若看不到它们之间的区别，认为反正是封建统治阶级的政策，是为统治阶级服务的，都是"一丘之貉"。

这是一种简单化的看法。同时，我们也决没有把"让步政策"说成是统治

---

① 《资治通鉴》卷一九七，贞观十七年。《贞观政要·论君道》。

阶级为农民利益着想的措施。因为它总是封建帝王和封建国家的政策,它的职能是维护对农民的封建剥削和统治的。无论怎样"让步",也不可能成为封建制度的否定面,不可能代表农民利益而和封建制度处于根本对立的地位。统治阶级的让步,只能在封建的政治经济所允许的范围之内,不可能超出这个范围。

因此,我们认为,承认统治阶级对农民阶级有"让步"的措施,是合乎马克思列宁主义的理论的。

二

"让步政策"既然是在农民起义和农民战争之后出现的,又是封建统治阶级执行的,因而它也就必然是封建统治阶级统治人民的总政策中的一部分。为了便于深入理解"让步政策"的性质,并能对它做出全面的评价,我们不妨拿它和其他有关方面作个比较。

第一,拿它和农民起义前夕封建统治集团执行的高压政策作比较,即可明显地看到它的一些作用。例如,秦末统治集团用"繁刑严诛,吏治刻深……赋敛无度"的残酷的高压与掠夺政策,结果弄得"百姓困穷"[1];汉初统治集团执行"约法省禁,轻田赋,什五而税一,量吏禄,废官用,以赋于民"和"与民休息"的让步措施,结果取得了"衣食滋殖,刑法用稀"[2]的缓和局面。又如,隋末统治集团执行"苛求不已""穷兵黩武"的极端暴虐的政策,结果是"天下死于役,而家伤于财";唐初统治者则采用了"惟欲清静,使天下无事"的让步措施,结果"遂得徭役不兴,年谷丰稔,百姓安乐"[3]。这种例子举不胜举。由此可见,执行"让步政策"的结果,可以免除一些苛重的赋役,革除一些落后的环节,从而多少调整一些生产关系,使人民能够得到比较安定的从事生产的环境。这样就有利于社会生产力的发展。虽然这一政策的出现是农民起义打出来的成果,但它的制定者和执行者,乃是新上台的封建统治集团,他们的这种被迫的让步行动,在客观上不自觉地顺应了社会的发展,对生产力的提高起了一些促进作用。只有从这一严格意义出发才能够正确理解,为什么同是封建地主阶级的代表人物,却有着很不相同的历史地位和历史作用。

但是必须牢牢记住,封建统治阶级对农民阶级的剥削和压迫是贪得无厌的,

---

① 《史记·秦始皇本纪》,中华书局 1959 年版,第 284 页。

② 《汉书·食货志》《汉书·刑法志》,中华书局 1962 年版,第 1127、1097 页。

③ 《贞观政要·论政体》。

而对人民所作的让步是有限的，被迫的，极不可靠的。他们不可能是认真地、长期地去推行它。一旦他们的统治地位稍为巩固，力量有所增加时，他们就要彻底废除对人民所作的让步了。汉初统治集团是这样，曹操统治集团是这样，以实行"开明"政治著称的唐初统治集团也是这样。比如唐太宗在贞观初年对农民实行了一些让步措施，但是仅仅十年光景，这个所谓"开明"的皇帝，很快就暴露出他本来的丑恶面目，把向人民所作的有限的让步，一笔勾销了。

第二，拿"让步政策"与执行这一政策的封建统治集团的其他政策比较，就可明显地看出，"让步政策"的范围不外是"轻徭薄赋"和去掉一些无关紧要的法律条文等方面。他们从来都不是削弱用以镇压人民的暴力工具，而是大力加强它的作用。就连"让步政策"的本身，主要也是靠暴力推行的。历史上任何一个封建统治集团所实行的"让步政策"，都不能例外。我们且拿较典型的"贞观之治"历史事实加以说明：

唐太宗在贞观初年，曾经一度实行了"去奢省费，轻徭薄赋，选用廉吏"[1]和减轻刑法等"让步政策"。比如允许人民输庸以代替力役，在一定程度上限制土地兼并、惩处贪官污吏；遇到严重灾年就减收或免收租庸调；在律令方面把绞刑十五条改为加役流，其他律令条文也变重为轻。但其主要力量则是用在加强中央集权、加强军事武装力量和编纂法典以保护专制主义的封建纲纪和封建伦常上面。而所谓相对减轻的剥削和徭役，也是靠政治强制才能捞到手的。这在唐律上有着明显的反映。如果不是靠政治强制的手段，人民连最轻的赋役也不会送上封建统治阶级的门上去的。至于所谓相对减轻的刑罚，它本身不就是封建统治者进行镇压的一种暴力吗？由此可见"让步政策"的内容，仍是一种阶级压迫和阶级斗争，不过斗争的形式较为隐蔽，蒙上了一层稍微温和的面纱罢了。

第三，拿"让步政策"和农民阶级起义过程中采取的革命政策和措施比较，就很易看出它的反动性和掠夺性，很容易看透"让步政策"的实质，不是别的什么东西，而是统治阶级的一种改良的货色。它是立足于地主统治阶级在挨了痛打之后，暂时放弃一些眼前的、局部的利益，而换取巩固其长远的封建统治地位的基础之上能。

只有拿"让步政策"与各个方面作比较研究，才能既看到在历史上确实有"让步政策"的存在，并且在一定的历史条件下它还有一些进步的作用，又能看

---

①《资治通鉴》卷一九二，武德九年十一月丙午纪事。

到它的虚伪性和不稳固性，从而使我们对它可以得到比较全面的认识，做出正确的估价。

孙达人同志只拿统治阶级的"让步政策"与起义农民所执行的坚决打击地主阶级的政策相比较，而反对拿新王朝的"让步政策"和旧王朝的高压政策相比较，当然就看不到统治阶级让步的事实，也无法看到"让步政策"的存在。有的同志拿曹操在建安九年开始实行的租庸调与黄巾起义之前汉代的赋税制度相比较，孙达人同志认为这"是比拟不当"，十分明显，他是把起义农民在革命斗争中所取得的胜利成果，当作衡量统治阶级是否向人民让步的唯一标准。在他看来，如果封建统治集团，全部承认了农民阶级在起义时所取得的那种"摆脱赋税剥削"，并给予合法化，才算是让步。否则，就根本谈不上让步。我们认为，这种看法是值得商榷的。因为讨论的问题是既然是统治阶级的"让步政策"，当然就应该把农民起义前后的新旧统治集团所执行的政策作比较。如果二者的政策没有多大差别，那就说明了没有什么进步。如果新上台的统治阶级接受了农民起义的教训，暂时放弃或修改了高压政策，代之以缓和阶级矛盾的政策和措施，这对以前旧统治集团的政策来说，它确实是让步了，我们就应该承认"让步政策"存在的事实。像孙达人同志那样衡量"让步政策"那就会完全否定它的存在，谈不到对它作全面的评价了。大家知道，即使统治阶级最开明的政策，也不如革命阶级的哪怕存在着严重缺点的政策。因为这两者的性质是完全不同的。

三

像某些同志那样把农民战争和统治阶级的让步政策看成是历史发展动力的两个平行的方面，这当然是错误的。但是孙达人同志把让步政策走从农民起义的历史作用当中切除，因而不承认统治阶级有所谓让步政策，这也是不对的。我们认为，历史发展的真正动力是农民的起义和农民战争，统治阶级的"让步政策"正是农民战争打出来的，是农民战争的胜利成果之一。

封建统治阶级被打击了，为什么就能使社会生产力发展呢？这就是因为统治阶级被打痛了，不得不被迫地提出一些"让步"的措施，给农民提供一些能够正常事生产的环境，社会生产力才能得到进一步的发展。所以，"只有这种农民的阶级斗争，农民的起义和农民的战争，才是历史发展的真正动力"①。

因此，我们若谈到"让步政策"的作用，首先必须把它放到农民起义的历史作用之内，因为整个的"让步政策"是由农民战争的力量所创造的。比如，如果没有隋末农民大起义隋王朝的统治推翻，就不可能出现唐初实行的"让步政策"，从而也就不可能使隋末的"六军不息，百役繁兴，行者不归，居者失业，人饥相食，邑落为墟"的危机局面，变成为唐初的"天下大稔，流散者咸归乡里，米斗不过三四钱……东至于海，南极五岭，皆外户不闭，行旅不赍粮，取给于道路"②的景象。这一方面说明了农民起义和农民战争对封建统治的打击，不仅仅在于推翻旧王朝、杀死地主和官吏、夺回土地和财产等方面，还应该包括新王朝统治集团被迫实行了让步措施。另一方面也说明了"让步政策"对生产力的发展也有一定的促进作用。

以上，是我们对统治阶级的"让步政策"一个粗浅的理解，可能有错误，希望得到同志们的帮助和指正。

（此文发表于《光明日报》1965 年 11 月 3 日史学双周刊第 318 号，与陈振江合作）

---

① 《毛泽东选集》第二卷，人民出版社 1960 年版，第 619 页。
② 《隋书·炀帝本纪下》《资治通鉴》卷一九三。——这段文字毫无疑问是有很大的夸大性的，但它总也透露出当时社会确实比隋末好多了。

天津市史学界座谈"让步政策"问题发言摘要

"让步政策"是阶级斗争的产物，是轻徭薄赋等政策总的代词，它与残暴的政策没有什么本质上的不同。但轻徭薄赋的推行对农民的生产也有一些好处。

我对"让步政策"的看法，可以简单地概括为以下三点：

（1）什么是"让步政策？封建统治阶极从残酷的压榨政策转变到"轻徭薄赋""兴修水利"等政策，这种新政策对农民的剥削是相对地减轻了，一般地就称它为"让步政策"。至于"轻徭薄赋"，还是有徭有赋，并不是真正的"让"。统治阶级对农民无徭无赋的真正"让步"，历史上是不存在的。所以我们所说的"让步政策"实际上是"轻徭薄赋""兴修水利""与民休息"等政策总的代词，假如认为这个代词不合适，当然可以换掉，那是另外一个问题。

（2）"让步政策"是阶级斗争的产物。历史上统治阶极的本性是想尽量扩大对人民的剥削，但是由于阶级斗争的冲击，迫使他们不得不从残酷压榨政策改变为"轻徭薄赋"政策。列宁曾说过："阶级斗争，人民中被剥削部分反对剥削部分的斗争，是政治变革的基础。"可见"轻徭薄赋"政策也必然是阶级斗争的产物，那种认为"让步政策"不是统治阶极接受历史教训而提出，它与农民斗争无关的说法是不正确的。

（3）评价"让步政策"必须划清阶级界限。"轻徭薄赋"等"让步政策"与残暴的政策相比较，在剥削量上虽然有所减轻，但从阶级性上看，两种政策没有什么本质上的不同，都是统治阶级针对着农民阶级的不同形式的剥削政策。对"轻徭薄赋"大力地美化、歌颂，固然是没有阶级观点，可是有的同志提出，"轻徭薄赋""是新王朝团结整个地主阶级的政策"，实际上也是混淆了阶级的界限。

"轻徭薄赋""兴修水利"等"让步政策"对社会发展有没有作用呢？毛主席在《湖南农民运动考察报告》中列举了农民运动所作出的十四件大事，其中有一件大事就是迫使地主减租减息。毛主席在另一篇文章中又说："减租减息之后，农民的生产兴趣就增加了。"封建地主的"减租减息"和封建政府的"轻徭薄赋"，性质是完全相同的。我们可以由此体会到，一方面封建政府被迫所行的"轻徭薄赋"，应当是农民斗争的成果之一；另一方面"轻徭薄赋"的推行，对农民的生产也有一些好处。当然这种作用不能写在统治阶级的账上，因为这种政策的出现，是农民革命失败后，所"争取到的部分胜利"，是斗争的"副产品"（均为列宁语）。何况这种"让步政策"的作用，也必须通过劳动人民艰苦地生产斗争和阶级斗争，才能实现。从这方面，也可以完全证实，劳动人民，归根结蒂是社会发展的真正动力。

（此文发表于《历史教学》1966 年第 4 期，作者有王玉哲、陈铁卿、钱君晔、陈振江、刘泽华、巩绍英）

研究远古文化的几个问题

许顺湛先生最近要出版他的一部专著《中原远古文化》。付印之前他要我为这部书写一篇序言，我高兴地接受了这个任务。因为我感觉到这类著作在今天出版很有必要。所谓中原远古文化，具体地说就是指夏、商、周以前的历史，也就是中国的原始社会。这段历史虽然也零星地见之于古文献的传说，但确实可以征信的材料不多，既无系统，又多矛盾，若明若暗。因此，想要对中国原始社会的历史得到一个正确的概念，就必须借助于田野考古资料。近三十年来我国的考古界积累了大量的发掘报告和学术论文，而且有的又是煌煌巨著。一般人在短期内想全面地涉猎一遍，谈何容易。假如有人根据这些汗牛充栋的考古资料，缩写成一部综合性的简明的历史著作，一以贯之，使人一览而明其大概，这该是多么有意义的事！《中原远古文化》一书，就是应这个需要而产生的。

谈到远古文化，有人可能认为，研究这些古老的事物，与我们当今现实有什么意义呢？其实这是不了解历史科学的人的一种误解。自清末以来，尤其是当代的国际上，不是还有人一直在宣扬什么中国"人种西来说""文化西来说"吗？人类是从哪里来的，中国文化起源于何地等，本来都是科学研究中的学术问题，科学的真理是没有国界的，不是政治疆域所能划分。所以研究这些问题，要具有世界的眼光，不受国界的限制。每个研究者可以有不同的看法，真正的是非，不是一时搞清楚的，如何理解，也应允许仁者见仁，智者见智。有些学者认为中国文化来自西方，如作为学术问题，是可以讨论的，并且也值得我们细密地深入研究。可是有些别有用心的所谓"学者"，出于某种政治目的，想故意降低中国人民的威信，不惜歪曲事实，把许多不相干的东西，强拉硬扯，妄图沟通，硬要去寻找什么中国文化源于西方的路线（其中以苏联 л.С. 瓦西里耶夫为代表）。我们为了科学的尊严，为了学术上的真理，必须根据近年来在中原发现的大批考古材料，实事求是地予以反驳，这是我们古史工作者的神圣职责。

原始社会是人类社会的最初阶段，其文化固然较为简陋，但研究起来仍然是非常复杂的，还有许多更细微、曲折的问题，有待于我们继续分析和探讨。

比如仅以中原新石器时代的文化而论，裴李岗文化、磁山文化与仰韶文化是什么关系？这些文化既各有其特性，而同时又有共性。它们到底是前后的继承关系，还是平行各自独立的文化？仍然是尚未彻底解决的问题。

解放前的考古学者由于掌握的材料有限，很难作宏观的综合研究。他们不自觉地强调各地区的特点，孤立地研究一地一区的文化，而无力注意到各地区文化之间的共性和联系性。例如仰韶文化和龙山文化的关系，他们就没有看到两种文化还有一些共性，而强调这是东西绝不相关的两种独立的文化，这当然是不对的。解放后，随着社会主义建设事业的开展，田野考古发掘也大大开展起来。过去新石器时代遗址发现的不过二三百处，经过正式发掘的寥寥无几。解放后新石器遗址遍及全国，发现的已超过六七千处。新中国的考古学家可以利用这大批材料作综合分析，寻找诸种文化之间的联系、影响和前后继承等问题。所以，我国新石器时代的社会，基本上搞出一个大致的轮廓，这不能不说是我国考古界的成绩。

但是，有时在纠正过去孤立地看待各种文化的同时，却又有一种相反的倾向，有的同志有意无意地把两种以上不同来源的文化，勉强说成是一种文化。仍以仰韶文化和龙山文化而论，处在黄河中上游的仰韶文化和偏处于黄河下游的龙山文化，虽然从时间上看，仰韶文化一般地说早于典型的龙山文化，不过后来两者应该说还是继续向前平行发展的。只是由于发展了的仰韶文化也被不适当地命名为龙山文化，所以，表面上看不见仰韶文化之名罢了。两地区的不同文化接触时间久了，自然会互受影响，不会永远各自闭关自守。两种以上的文化虽然由于接触产生了共性，但其各自的特点还是继续保持着，并且这也是主要的。存在着不同的特征就代表着不同的文化。而有些同志对中原地区诸种文化过分看重其共性，于是把那些似乎应是两种或者两种以上的不同文化，却归并成为一种文化，统名之为"龙山文化"，只是在"龙山文化"名词上加一不同地区的地名，诸如河南龙山文化、河北龙山文化、山东龙山文化、山西龙山文化、陕西龙山文化、湖北龙山文化等等。有的学者甚至把诸龙山文化说成是仰韶文化的后一个阶段。这就把"龙山文化"变成了仰韶文化以后的一个"时代"的概念。其实，各地区的文化，在主要方面，明明表现着各不相同，来龙去脉各异，各地区这些不同文化，应当是中国原始社会晚期各种不同氏族、部落在这些省份的不同反映，考古学家却把它们合并为单一的"龙山文化"，这就与中国传说的古史很不符合了。

从古文献记载的历史看，远古广大的中原存在着数目众多的氏族、部落。

它们没有象后世交通那样便利。因之，他们各个氏族、部落之间的交往，远不如后代频繁，长期各自生活在一个闭塞的环境里，自然形成各自相异的文化。一直到春秋时还残存着华夏与诸戎杂处的局面。那些少数民族"饮食衣服不与华同，货币不通，言语不达"（《左传》襄公十四年）。我们推想在原始的古代，这种诸族并立，文化各异的现象必然更为显著，那时能有什么力量统一成为青一色的一种文化系统呢？所以，把各地区的远古文化合并成为龙山文化一个系统，显然是把复杂的历史简单化了。

中国原始社会史中另一争论的问题是，远古的考古文化如何与历史时代挂钩的问题。前几年已逝世的我国古史专家唐立庵（即唐兰）先生首次提出大汶口文化是东夷集团的少昊文化遗存，少昊文化是奴隶社会初期文化，中国最少已有六千年的文明史①。唐先生这种结论，虽然学术界还不能接受，但对其中一些具体问题的分析和论述，则是值得我们深思的。

比如一般都已公认了山东龙山文化是大汶口文化进一步发展的文化，而大汶口文化、山东龙山文化中所共有的烧制精致的白陶、雕刻美丽的象牙器等卓越技术，又同见于殷墟出土的文化层中，这三种文化是否有继承关系呢？大汶口晚期陶器上的刻文与殷墟甲骨文之间是否也有直接继承关系？我们是赞成它们之间确是一脉相承的关系的。从这些迹象并透露着殷商民族远祖的老家是山东地区的可能性。具体论证已详拙撰《先秦史稿》（待刊）上册第三章第二节与第四章第四节中，此地就不赘述了。

总之，研究历史首先是要搞清楚历史的真实，要实事求是。过去在十年动乱期间历史学完全陷入空疏的"左"倾的教条主义的批判中。历史学界一片乌烟瘴气，"四人帮"不顾客观史实，信口雌黄，甚至歪曲历史，无中生有，使历史学变成最无信誉的一门学科了。

"四人帮"被粉碎后，思想大解放，学术界获得了新生。历史科学也重新做起，变空疏为笃实，从公式化逐渐回到对本质的研习。这种变化是与中国近年来的社会变迁相适应的。我们相信这种崇尚笃实之学的趋势，在最近期间一定还大有发展的余地，使中国史的研究日益充实起来。不过细察最近倾向，部分史学工作者似乎只是偏重在埋头于材料的搜集与琐细史实的考证上，而理论的探索，如何用理论指导历史研究的学风一直还没有真正建立起来，这不能不说是一个缺陷。过去我们反对"左"倾思潮，是反对他们对马克思主义的歪曲，

---

① 唐兰：《中国有六千多年的文明史——论大汶口文化是少昊文化》，载在《大公报在港复刊三十周年纪念文集》；唐兰：《从大汶口文化的陶器文字看我国最早文化的年代》，《光明日报》1977 年 12 月 15 日《史学》。

反对那种把马克思主义教条化的倾向。至于真正的马克思主义的理论还应是我们研究历史的向导。因为没有马克思主义的理论指导，会使搜集材料的工作无从着手，纵然搜集到大批材料，也往往找不到科学的答案。关于历史研究我们已说过，首先必以把史实考证得准确无误为前提，但决不能到此止步，还要在占有丰富的、经过审查过的资料和史实，进一步去寻找寓于历史事实之中、隐于历史现象之内的更深一层的历史本质，揭示历史发展规律。只有找出社会发展规律，识别历史上的是非得失，总结历史的经验教训，研究的结果才对国家、人民有借鉴的指导意义。马克思主义正是讲历史规律的理论科学。所以，研究历史规律就必须掌握马克思主义，以马克思主义作指导才有前途，才能使历史科学的研究走向现代化。

我们也不是说，研究任何一个小的历史题目都要联系到具体的历史发展规律，只是说从整体看，必须以研究发展规律为总的方针，也应当是任何历史研究的最后归宿，不管直接还是间接，哪怕是间接而又间接，都必须是研究社会发展规律的一环。失掉这个总的目标，历史研究就成了汪洋大海中盲目的孤舟了。

所以，我们提倡，在历史研究中，既要克服空洞理论化的倾向，又要防止只重史料的整理，忘记规律性的探讨。我们主张一定要把理论与史实有机地结合起来，才是正路。许顺湛先生此书就是试图遵循着这种研究方法编写的一部专著。我以为世之治中国原始社会史者，苟能资此编而对历史进行整体的宏观考察、发掘各种文化的内在联系，继许著而有所阐发，则夏商以前纷纭之史说，庶几将得其指归矣。

（原文发表于《中州学刊》1982 年第 6 期）

学习历史学科应具备的态度

炼汞烧铅四十年，至今犹在药炉前；
不知子晋缘何事，只学吹箫便得仙。

这首诗是唐人高骈写的，述说世上学道的人多年修炼，而无所成就；可是却有特殊之士，好像很轻易地就得道成仙了。意思暗示修炼也有得法与不得法的问题。作学问或研究历史学又何尝不是如此？"学如牛毛，成如麟角"，这句成语虽然说得有点过火，但确实道破了学术界的一些真实现象。同样都在读史，为什么有的人成绩昭著，有人却碌碌终生。主要的原因就在于对研究学问所用的方法和态度是否正确。方法正确，路子走对了，就能作到事半功倍；暗中摸索，东闯西窜，长年徘徊于歧路上，如何能有成绩？

我们搞历史科学的研究，首先要知道什么叫"研究"。那些不成系统的学习、无事实根据的臆说、或诡辩、或剿袭陈说等等，都够不上说是"研究"，必须对所根据的大批历史资料，加以精密的审查和鉴别，运用马克思主义的立场、观点和方法，进行整理，去伪存真，排比分析，最后揭示其历史的发展规律，用"已知"部分去求出尚未发现的"新知"，借以扩大历史科学的新领域，这才算是历史科学的研究。

清楚了什么是科学研究，在具体工作中还必须具备作学问的一些正确态度。

第一，要有耐性。作任何科学研究专靠聪明才智不成，必须要有对资料长期的积累、整理，分析的过程。伟大的发明创造，都不是短期所能研究出来的，这就是所谓"大器晚成"。作科学研究的人，不应当因为急于求功而避重就轻，不愿从事有深远意义而需长期艰苦努力才能达到目的的工作。任何科学研究者要有不急于求成的涵养。如孟德尔花了八年的研究工夫，才发现遗传学的基本定律；达尔文花了五年工夫在荒野地方搜集材料，又费了十四年时间对资料进行整理和补充，才敢发表他的进化论；牛顿发现万有引力后，又用了十七年时间潜心于对天文的观察和研究，才获得了准确数据；居里夫人用了四年时间，终于从好几吨土沥青中提炼出不及一克的镭的化合物。又经过多年的努力，才得到纯镭。这些伟大科学家的研究成就，绝非急功的人所能作到的。

历史上一些大史学家为了写成一部著作，总要拿出毕生的精力，真是"头白可期，汗青无日"。如汉朝司马迁继承他父亲司马谈作太史令，至少用了二十年时间，才写成《史记》一书；班彪、班固和班昭父子兄妹相承，阅三四十年才撰成一部《汉书》；唐代姚思廉父子的《梁书》《陈书》，李百药父子的《北齐书》，都成为中国史学史上父子合力、足以感人、"难能可贵"的佳话。还有众所周知的唐李延寿以十七年作《南史》《北史》；宋欧阳修、宋祁也以十七年修《新唐书》；司马光以十九年完成《资治通鉴》，所余资料，在洛阳的居处尚盈两屋。

第二，要虚怀若谷。研究学问当然是一代胜过一代，所谓"学如积薪，后来居上"。但是，就个人来说，决不能有一知半解便自认为"老子天下第一"，这样做会影响自己的学术成就。

继承前人或同时代人的研究成果，这是任何科学所借以发展的前提。科学的基础是这一代建在前一代上面，科学的成绩是累积的。我们说，假如没有希腊时代几何学的发展，没有欧洲中古时数学家的成就，没有哥白尼对大地不动说表示怀疑，等等，恐怕牛顿也不会那样容易发现万有引力定律。大科学家做出成绩也还需要不少的无名英雄给他做承先启后、筚路蓝缕的功夫。某一个人的成功，也许就是另一些人失败时留下的种子。所以，我们不但要崇敬有名的科学家，也应重视那些无名英雄。

史学研究者对前人的研究成果必须珍视。拿中国古代史的研究来说，除了地下的考古材料而外，我们所依据的文献，首推《尚书》和《诗经》，过去研究者自古就有汉学、宋学之分。我们不能像清初朴学家重汉学而轻宋学，当然更不能重宋学而轻汉学。又如对民国时代以顾颉刚先生为首的"古史辨派"，也同样必须重视。他们那时尽管还不知道马克思主义的史学方法，尽管还有这样那样的缺点，但是，确也达到了那个时代所能达到的科学水平。一直到今天还有不少东西可以为我们所利用。

第三，要有怀疑的态度。成功的学者在他读书或观察事物时，经常先有存疑的态度。这就是针对传统的看法追究它是否合理、是否真实。古人说，尽信书则不如无书。会怀疑就有可能找到研究的题目。如哥白尼怀疑了地为中心说，才刺激后代把太阳系的构造弄清楚。爱因斯坦不相信两桩事情可在两个不同的地点发生。换句话说，他怀疑传统的"同时"观念，于是引申出了"相对论"。

我们在读史书或搞任何著作，遇到任何事，都要经常问个"为什么"，这是研究的开端或诀窍。历史研究是为了解决矛盾、解决问题。你读书看不到问题，那你还作什么科学研究？平时我们的脑中装着许多问题，读到书中有与某问题有关的，便随手记下，积累既久，这个问题在你脑中自然就形成了一个新的解释或看法。然后，你再有意识地去进一步翻阅有关文献和参考资料，加以补充整理，小一点的就是一篇札记，大一点的就是研究论文。我们在读清人陈澧《东塾读书记》或赵翼《廿二史札记》时，就可以看到这种研究方法的痕迹。

第四，要有坚持真理的勇气。科学研究就是找真理。对科学上可以辩论、讨论的问题，必须细心考虑对方的理由，不要强词夺理，不能故意掩盖自己的错误，不能固执似是而非的成见，一定要从善如流。可是，若确知自己是正确的，就要坚持下去，不怕恶势力、恶环境，不为利诱，不为名动，要把真理坚持到底。

十九世纪英国召开过一个讨论达尔文进化论的会议。到会的有许多科学家和贵族绅士以及宗教界的主教等。会上出现了有神论者对进化论的批判。在紧张的空气里，牛津的主教起立发言，述说人是神造的，不是由生物进化来的，批评达尔文进化论怎样怎样荒谬，最后，他用俏皮的口吻对宣传进化论的赫胥黎说："请问，和猴子发生关系的是你的祖父一方，还是你祖母一方？"会场上立刻爆发出了一阵笑声。可是，赫胥黎不慌不忙地站起来，滔滔不绝地论述了进化论的真理和人猿同祖的论点。之后，他转过头来，看了看主教，严肃而平静地说："我觉得羞耻的不是我的祖先和猴子发生了关系，而是我和这么一种人发生关系，这种人千方百计想要把真理掩盖起来。"赫胥黎这样不怕恶势力，坚持真理的勇气，给后人树立了崇高的典范。

第五，要准备出汗。任何一种科学研究工作，都是十分严肃的事情，来不得半点虚假，必须付出长期艰苦的劳动。科学上的发明创造靠天才、靠流汗。大发明家爱迪生说："天才的成就，百分之一靠兴到神来，百分之九十九靠汗流浃背。"这是经验之谈。流汗是劳苦的代名词，包含着绞脑汁、呕心血的意思。任何一项科学研究，若想得到哪怕是一点成绩，都不是轻而易举就能取得的。马克思的《资本论》是他精读了一千五百余种书籍资料，费了四十年的精力，才写成的。其中的有关英国劳工法的二十多页文章，是他翻遍了伦敦博物馆藏有的工厂视察员报告的蓝皮书而后写成的，这是怎样繁重而艰苦的劳动！

学习历史科学、从事研究工作，需要具备的条件很多，我只提出上面这五个方面，供有志于攻读历史科学的青年同志们参考。

（原文发表在《文史知识》1983 第 12 期）

弘扬民族文化 振兴历史科学

——王玉哲教授谈我国古代文化遗产的"抢救"问题

问：一个时期以来，历史学尤其是中国古代史在一些青年人的心目中，好像已变成了一种可学可不学的冷门学科，不再值得去花费气力学习了，其中主要原因似乎有这样几个：一、基本功不扎实（如没有掌握好古代汉语），学习古书吃力，提不起兴趣。二、对民族优秀文化的博大精深缺乏理解，找不到古代历史知识与现代文化的交汇点。三、研究古代历史并非生财之道。但是，在中华民族的古代历史中，确确实实存在有许多丰富多彩、震惊于世的优秀文化，值得我们继承和发扬。作为上古史专家，您认为当前对于我国古代珍贵文化遗产，有没有一个"抢救"问题？

答：我的回答当然是肯定的。近年来，我总感到在有些青年人中存在一种新的思想倾向，就是往往群趋于追逐一时的实用价值，而对祖国的优秀历史文化，真正热爱而肯学习的人，却似乎越来越少了。这是令人颇感担心的，我们伟大祖国拥有的五千年灿烂文化，大有被冷落、被遗弃的趋势。推其原因，如你刚才所说，大概不外两方面：一是有些人看不到学历史的社会功能，觉得学历史没有什么用。不如学经济、学工、学商经济效益显著，总之是历史无用论在作怪；再一个原因是，学习中国古代历史就必须接触古代文献，而青年人对"古文"多视为畏途，更不要说金文、甲骨或"诘屈聱牙"的《尚书》了。

我们先来讨论第一个问题：学习历史究竟有没有用？假如只从眼前利益考虑，学历史确实不如工业、商业、贸易……等行业，更能产生经济价值。但是，作为一名公民，是否可以置国家民族前途于不顾，只求眼前的经济效益呢？显然不能。理应是国家、民族的长远利益高于一时的任何经济效益。

什么是国家民族的长远利益？从事什么工作最重要？在当前一部分青年人的眼睛中，天天盯着的是"钱"，干什么都向"钱"看。美国是当今最富有的国家，于是认为美国一切都好，甚至美国的月亮看起来都比中国的圆。在这种社会风气下，我觉得培养青年一代的民族自尊心、自信心，培养他们热爱祖国，热爱我们中华民族，是当前最最重要的任务。但是，教育青年热爱祖国，只用政治口号、只讲中国人应当爱中国等等一些空话，在许多青年心中是引不起共鸣的。我们必须摆出一些我国能与世界匹敌，甚至可以超过西方各大国的具体实例来，使之心服口服，才能真正培养起他们的民族自尊心与自豪感。

现在就自然科学方面而言，我们是落后了，比不过西方。但是我们却有震惊于世界的五千年的历史文化，这是欧美资本主义大国所望尘莫及的。你看，他们来中国参观，最喜欢看的是长城、故宫、历史博物馆。他们看到这些古文化，无不为之惊服、赞叹，久久不肯离去。

我们正可以利用西方人难以与我们相比的悠久历史文化，培育青年人的民族自尊心和自豪感，培养他们尊重我们传统的历史意识，认识我们民族的自我价值。因为这些悠久的历史文化传统，确实是中华民族的一笔巨大的精神和物质财富。应该承认我们悠久的文化传统迄今仍有其合理的价值。我们在反对保守复古的同时，不能忘记肯定并弘扬中华一体文化观念、增强民族的凝聚力和向心力，使海内外炎黄子孙在共同文化心理的凝聚下，实现中华一体的理想，使统一、振兴成为全民的共同呼声。这一凝聚力最深厚的基础是爱国主义。所以，学习我们的历史，其功能价值，绝对不是其它行业创收几个钱所能购买来的。

可是也有一些人却把中国几千年看成漆黑一团，专从传统文化中寻觅一些阴暗面的东西，去证明中国文化的落后、黑暗。甚至把有些本属于好的，也说成是坏的。为什么连外国人都为之尊崇、倾倒的文化，而我们自己却弃之如敝屣？这种对中国文化抱虚无主义的社会风尚，也该扭转一下了。我们学习中国古代历史，就是要把我们几千年灿烂文化整理好、研究好，如果我们轻易地把这些宝贵文化遗弃掉，我们必将愧对后世子孙！

学习历史还有一个不可忽视的功能，就是培养学生的思维方法。16 世纪英国哲学家培根（F. Bacon）曾经说过："历史使人聪明。" 这句话一点也不错，这和中国古语有所谓"鉴往知来""前车之覆，后车之鉴"的含义是一致的。所以，老师对学生不仅要传授历史知识，更重要的是通过历史知识去培养学生学会分析问题、明辨是非、科学正确的思维方法，学会总结历史经验教训，从而有助于指导我们现实的工作活动，使之少走弯路、少犯错误。

现在再来谈第二个问题。历史学的社会功能了解之后，可以增加青年人学习历史的兴趣。但是，学习历史、尤其是学习中国古代史还有另外一个拦路虎，青年们多视为畏途而却步。这个"虎"就是指中国古籍多未经前人整理过，错简误字和文辞奇古，没有点训诂学、古文字学的常识，一读就会遇到一个闷头棍，就会使之兴味索然。但是，一个有决心的读书人，应敢于挑一两部难读的古书，拼命去读。只要肯下刻苦功夫，披荆斩棘读到底，寻路开拓，从甘苦中磨炼自己的读书能力。一部古书一旦读懂，或一个历史难题一旦解决，一定会得到苦尽甜来的趣味，因为作任何学问的趣味，总是藏在深处。你若想得到它，必须要有勇气钻进去。只要肯一层一层地往里钻研，我保证你的兴味一定会越来越大，被引到"欲罢不能"的地步。作学问的人所喜欢的是面临难题，趣味也正在这里。如果书上的难题全被人解决了，读起来自然毫不费力。但是吃别人嚼过的馒头，还有什么味道？所以，古籍难读、古史难治这个"拦路虎"，不但不可怕，而且可能正是青年进入"科学之宫"的引路人呢。

（原文发表在《历史教学》1992 年第 1 期）

四、孔子思想研究

从客观影响上看孔子的历史作用

近年来，关于孔子的历史评价问题，我国学术界展开了热烈的讨论。讨论涉及的问题很多，在不少问题上存在着很大的分歧。对这些问题，我在这里不谈了。我只想简略地就孔子在客观上对后代的影响，谈点看法。

评价一个历史人物，只依据他的思想和他的主观愿望，是不够全面的，必须同时考虑到他的客观影响，甚至应当着重地把眼光放在他的客观影响方面。因为历史发展，不是随人的意志为转移的，主观愿望和客观影响往往不相一致。正像恩格斯说的，在社会历史领域内，"行动是具有某种预期的目的的；但实际上由这些行动产生的结果，却根本不是所期待的"。一个人尽管主观上不光明，但若客观效果对历史起了推进作用，那就是进步的人物。秦始皇是一个正面的历史人物吧，这是大家都已经肯定了的。但是若说到他的思想的本质和主观愿望，可以说是不甚光明的。他进行的统一战争，主观上是为了扩大剥削地盘，为了荣华富贵，然而客观上却使中国从分封割据的局面，进到一个中央集权的统一的大帝国。他的修建驰道，主观上是为了巩固自己的专制统治，为了广播皇帝的声威，然而客观上却对南北的交通和文化的交流，起了促进作用。因此，我们肯定他是个正面的历史人物。

可见，正确判定一个历史人物的作用，不能从他的什么高尚意志和善良愿望去考虑，而应该研究他的思想、学说和行动对以后历史发展所起的作用。评价孔子，也应该如此。孔子的思想本质和他的主观愿望，本来是期望维护封建领主贵族的统治，期望恢复到所谓西周盛世，这当然是很保守的。可是后来的结果和他的期望恰恰相反。他的活动，不但没有把封建领主贵族的统治权保持住，反而不自觉地、逐渐地促使封建领主制度转变到封建地主制度。所以我们评价孔子的历史作用，重要的不是看他的思想本质，不是看他的主观愿望怎样，而是应当着重考虑他的思想在客观上所起的影响。

孔子的思想，包有进步的与保守的两方面（这方面有另文论述）。保守的部分主要的是想维持封建领主制的统治，想开倒车，把春秋拉回到西周的社会。

我们知道这是不可能的。历史是前进的。他的反动思想，在当时和以后没有起什么大作用。因为他所处的时代，正是封建领主制摇摇欲坠的春秋晚期，很快就过渡到封建地主制的战国时代。他的这部分保守性的封建领主制的理论，到战国时，已经是明日黄花，找不到销售的市场了。当然，他的这部分思想，对当时的社会，就几乎完全失去了作用。

另外，他的进步思想，到战国以后，在一定程度上却正合乎时代的潮流。代表新兴地主阶级的思想家政治家，有意无意地接受了孔子这方面的思想，加以阐发或利用，成为封建社会向更高级阶段发展的杠杆。

孔子对历史起推动作用的思想，主要的可以归纳为以下三个方面。

一、大一统的思想

孔子说："天下有道，则礼乐征伐自天子出；天下无道，则礼乐征伐自诸侯出。自诸侯出，盖十世希不失矣；自大夫出，五世希不失矣；陪臣执国命，三世希不失矣。天下有道，则政不在大夫；天下有道，则庶人不议。"这段话是说，自春秋以来，诸侯代替了天子的职权，大夫代替了诸侯的职权，甚至家臣代替了大夫的职权。庶人也议起政来了。孔子对这种时势的演变，实在看不过去，认为这是乱世。他的目的总想恢复"天下有道"的西周局面，就是"礼乐征伐自天子出""政不在大夫""庶人不议"。所以孔子这种思想是开倒车，是极为反动的。

但是，所谓"礼乐征伐自天子出"，也意味着像战国以来的一个中央集权的统一局面。在战国初期，各国已先后废除了领主贵族的世卿世禄制度，创立了官僚制度，创立了从中央以至地方的一整套的政治机构，代替了过去各级封建领主分裂割据的状态。整个历史发展的趋势，是从割据到统一。后期儒家如孟子的"定于一"的思想与荀子的"四海之内若一家"的思想，都是由孔子的"礼乐征伐自天子出"统一思想的引申。所以，孔子这种思想正合乎战国时代的要求。

汉朝统一中国后，重新制礼作乐，孔子所说的"天下有道，礼乐征伐自天子出"，对于巩固统一的中央集权的封建国家是有利的，并且起了积极作用，虽然孔子的本意不是指的这种统一。当时他说这些话，其主观愿望是反对僭越周礼和犯上作乱，是守旧的，可是，从后来的客观效果上看，却起了积极作用。

二、减轻剥削思想

春秋时鲁国季孙氏为了增加收入，打算实行一种"田赋"，叫冉求去访问孔子。孔子对冉求说："君子之行也，度于礼；施取其厚；事举其中；敛从其薄。如是，则丘亦足矣。若不度于礼而贪冒无厌，则虽以田赋，将又不足。且子季孙若欲行尔法，则周公之典在；若欲苟而行，又何访焉？"（《左传》哀公十一年）从孔子的话里，可知其反对田赋的理由，主要是因为季孙氏违反了先王之法、周公之典，反对他不度于礼。这当然又是落后保守的思想。但另外，他也迷信旧制比新制剥削轻些，故极力提倡。如他指出西周是"施取其厚"，"敛从其薄"，而认为季孙氏的"以田赋"，则是"贪冒无厌"。这和他一贯主张对民减轻剥削的言论是一致的，如"节用而爱人，使民以时"，"不患寡而患不均，不患贫而患不安"，"宽则得众……惠则足以使人"，"因民之所利而利之"等。孔子的学生有若也说："百姓足，君孰与不足，百姓不足，君孰与足。"这都是主张对农民剥削要适中，使农民得以维持最低的生活。又如他的学生冉求做季氏宰，替季氏聚敛。孔子愤怒地说道："非吾徒也，小子鸣鼓而攻之可也！"又有一次，子贡问孔子，如果有人能"博施于民而能济众"，就可说是"仁"了吧？孔子说，岂只是"仁"，那简直就是"圣"了，尧舜还做不到哩。可见他反对统治阶级"聚敛"，而主张对民"博施"。其出发点固然也是为了巩固贵族阶级的统治权，但客观上对当时的人民确有好处。所以，这是一种进步的主张，是毫无疑义的。

秦汉以后，每个封建王朝，在建立之初，为了恢复和发展生产，往往采纳儒家"薄税敛"的主张，用以鼓励人民的劳动兴趣。接着便会出现一度的经济繁荣。这对社会的发展是起推动作用的。所以，孔子这种反对过重剥削的主张，会使他所终生向往的西周礼制越走越远。这是他主观与客观的矛盾。

三、有教无类的教育思想

西周的初期封建社会的教育，只为贵族而设，人民是没有受教育的资格的。到春秋时期由于生产力的提高，引起了生产关系的变化，作为上层建筑的"王官之学"，已无法维持其独霸局面。并且当时有些有学问的贵族已逐渐堕落，生活接近庶民或过着庶民的生活。自然，在这种情况下，王官之学渐渐地流散到民间。孔子的私学，就是这个潮流的产物。

孔子首先提出"有教无类"，这就是说，不分贵贱贫富，一律施教。他又说，只要具备了"束脩"，他是没有不加以教诲的。于是，当时"愿受业者甚众"，为庶人阶级创造了受教育的条件。同时把从前的官书——六经，加以整理，作为讲授的课本。当然，这些官书也就因此而流布到民间。传说他的学生有三千多人，他的大弟子有姓名可考的，已有七十七人。其中事迹见于记载的共有二十五人。以德行见长的，有颜渊、闵子骞、冉伯牛、仲弓；以言语见长的，有宰我、子贡；以政治见长的，有冉求、子路；以文学见长的，有子游、子夏。这些人对当时各国的政治动向，文化的传播，都起过不小的作用。

孔子死的前后，七十子之徒，已广散于各诸侯间，"为王者师"。子夏教授于西河，曾参设教于武城，澹台子羽居楚，从弟子三百人，其私淑学生孟轲也有弟子七十人。设帐授徒，私人讲学的风气，从此得到发展。中国两千多年的封建教育，基本上是采取这种方式进行的。无疑的，这种风气是孔子顺应了当时的社会变革而开创的。他在历史上的功绩也在于此。

由此可见，孔子是我国历史上一位伟大的教育家。他的"有教无类"的主张，不但对文化教育传播到民间起了促进作用，就是战国以后，所谓"布衣卿相之局"的逐渐形成，也多少是和孔子所推行的这种教育主张分不开的。

总起来说，我们评价孔子的历史作用，不能仅仅根据他思想的本质或主观愿望如何而定，更主要的是应当着重研究他的客观影响。孔子的行动和思想，虽然保守性很大，可是其保守性部分到战国就已失去其现实意义。而其进步性部分，如他的大一统思想、减轻剥削的思想和有教无类的教育思想等，却正合乎时代的要求，对秦汉的中央集权的统一大帝国的形成和文化教育的广泛传播，起了很大的推动作用。无疑的，他是个伟大的历史人物。

（此文原载《天津日报》1962 年 12 月 12 日；又转载于中国孔子基金会编《近四十年来孔子研究论文选编》，齐鲁学社 1987 年 7 月版）

略谈文化遗产的继承和历史人物的评价

　　近年来，史学界对观点和资料的统一、文化遗产的继承及阶级分析等问题，进行了热烈的讨论。这些问题无疑的都是史学界的重大问题。因为这些问题的解决过程，也正是对马克思列宁主义深入学习的过程。大家主观上虽然都是根据历史唯物主义的理论进行分析，但每人对马克思列宁主义的理解深浅不同，对具体历史问题的看法，必然会出现分歧的意见。

　　例如，对文化遗产的继承问题，大家都同意必须坚持阶级分析，取其精华，去其糟粕。但是，一接触到具体问题，如对孔子的思想如何批判？他的思想中的精华部分是什么？糟粕是什么？分歧的意见便出现了。孔子是代表封建贵族利益的思想家，但同时他也有一定的进步性。有些人抓住孔子某些进步的言论，便一口咬定说他代表人民的利益，是革命的思想家。相反的，又有些人认为孔子既是代表封建贵族利益，就惟恐怕提到他有什么进步性，于是连他在历史上明明有贡献的轻徭薄赋和倡导教育的一些言论，也一概否定。甚至于只要提到他有一点好处，好像就犯有拥护封建贵族的嫌疑。这两种人都犯了绝对化的毛病。历史是错综复杂、充满着矛盾的，往往是进步性与反动性纠缠在一起。我们应当揭露这些矛盾，细致地具体分析。找出主要的东西，抓住主要环节，明辨是非，分清敌我，对一个人的好坏，作出一定的而不是模棱两可的评价。但是我们也必须承认，好人也可能有坏的方面。那种"所谓坏就是绝对的坏，一切皆坏；所谓好，就是绝对的好，一切皆好"的看法是不对的。孔子是封建贵族的代言人，他整个思想体系，无疑的是维护封建贵族利益的。他提出的"学而时习之"，"己所不欲，勿施于人"，"博学而笃志，切问而近思"（孔子的学生子夏说的）等言论，有人说这几句话，"不带有阶级的限制"，不必批判，就可以继承。这种超阶级的看法，当然是错误的。但是，这几句话，我们也绝对不能说是糟粕。我们在今天学习马列主义，做到"学而时习之"，不很好吗？我们学习的内容，当然和孔子所指的不同，不能整个的搬用。但还是借用了这句话的部分意义。孔子说的"己所不欲，勿施于人"，有人认为放之四海而无不准，用之古今而无不合。这当然也是超阶级的荒谬看法。所以有人批驳说，我们对阶级敌人，正是"己所不欲，要施于人"，这是正确的。但是，在本阶级内部，有时借用"己所不欲，勿施于人"的办法，不能说绝对错误，更不能说是个人主义。同样，"博学而笃志，切问而近思"，也包含有部分正确的意义。也是可以加以利用的。古人在自然界和社会科学方面，经过长期的生活实践，从积累的经验中，是可能逐渐发现某些部分真理或规律的。这就是文化遗产的精华部分。我们若因为他是代表封建贵族阶级利益，便认为他的一切言论都是反动的反人民的，从而把这些言论一起投入糟粕堆中。那么，古代文化遗产还有什么可以继承呢？

在历史研究的方法论讨论中，还牵涉到一个对某些历史人物的评价问题。有些历史人物，在当时王朝危机的时代，他们揭发当时社会的各种缺陷，抨击对人民的过重剥削，要求纠正许多黑暗现象。他们这样做的目的，只是为了使得当时社会的阴暗显得不那么可怕，只是为了把统治阶级从危机中挽救出来，只是为了消除和缓和人民的革命斗争，只是为了延长那已经过了时的、对于人民群众说来已经是不可忍受的制度。我们对这种历史人物如何看法呢？他们在历史上起的作用，到底是反动还是进步的呢？应当肯定还是否定呢？现在有人认为"这种人在历史上起的作用是反动的，没有什么值得赞扬。"[1]我不同意这种意见。

历史唯物主义主张阶级斗争是历史发展的动力，只是说历史的发展，归根到底是为阶级斗争所推动的。我们不能由此而推论，对那些加剧阶级矛盾的统治阶级，应当予以肯定。相反的，我们认为他们是反动者，应当对他们加以口诛笔伐。另一方面，有些统治阶级的人物，如汉高帝、明太祖为了缓和阶级矛盾，采取了一系列轻徭薄赋、休养生息的政策，多少满足了一些农民的要求，为生产力的发展提供了一些条件，使中国历史可以往前走。这便有他的一定的进步意义。同时，还有些思想家政治家的言论，如孔子说："不患寡而患不均，不患贫而患不安"；又如他的反对统治者对人民的过重剥削等，虽然他的目的是为了"消除和缓和人民的革命斗争"，是为了"把统治阶级从危机中挽救出来"，是为了维护旧的封建秩序。但是，这种主张不能不说是代表当时广大人民的意志，得到了广大人民的支持。其他如商鞅、王安石的变法，当然也是为了缓和阶级矛盾，维护和挽救当时的封建王朝，我们能说他们"在历史上起的作用是

---

[1] 张玉楼：《马克思主义阶级分析方法和历史研究》，《人民日报》1963 年 6 月 18 日、《历史研究》1963 年第 3 期。

反动的"吗？这些主张缓和阶级矛盾的人物，若"没有什么值得赞扬"的地方，难道那些主张对人民残酷剥削，加剧阶级矛盾的人物反而值得赞扬？当然不会。那么，照那种说法，历史上除了农民起义的领袖以外，还有什么人物可以肯定呢？历史变成了漆黑一团，还有什么遗产可以继承？毛主席说："我们不应当割断历史。从孔夫子到孙中山，我们应当给以总结，承继这一份珍贵的遗产。这对于指导当前的伟大的运动，是有重要的帮助的。"历史人物，都有他们的局限性，不能苛求于前人，决不能作过高的估计，必须根据当时的历史条件，分析批判，给他一个恰如其分的评价。

有人好像反对替古圣人"喊冤"（同上文），我们认为替真被冤枉了的古人喊一喊冤，没有什么不好。近年来，学术界为曹操、武则天翻案，不也是一种喊冤吗？这又有什么错误呢？

以上是我对历史研究中的方法论问题的一些初步体会，由于我对马克思列宁主义的学习很粗浅，这些看法，不见得一定正确，愿提出来和同志们商榷。

（此文发表于《天津日报》1963 年 10 月 16 日"学术"第 130 期）

研究历史应当实事求是

——驳孔子主张人殉说

孔子是反对人殉还是主张人殉？这个问题本来《孟子》上记载得很清楚：孔子曾说过，"始作俑者，其无后乎！为其象人而用之也"（《孟子·梁惠王上》）。意思是说，最初倡导用陶、木偶人随葬的人，要断子绝孙的，因为那很象是用人殉葬呀！孔子连用象人的俑随葬都反对，若用真人殉葬，当然更反对了。

对孔子这几句话的解释，二千年来并无异辞。只是到了"四人帮"横行时，才别有用心地加以曲解。他们完全不顾历史的记载，捏造孔子是复辟狂人，是古今中外历史上最大的坏人。他们颠倒黑白，混淆是非。孔子明明反对人殉，一定胡说成主张人殉。其中如"四人帮"御用文人梁效，化名"柏青"所炮制的黑文，《驳孔丘反对人殉说》[①]就是这样一个黑标本。我们认为孔子是反对人殉的，现在从以下几个方面来论证：

第一，西周已进入封建社会，春秋末年的孔子不可能主张人殉。

社会上一切上层建筑，都是当时经济基础的反映，这是历史唯物主义的基本原则。什么样的思想、制度是和什么样的社会形态息息相关的。原始社会没有人剥削人、人压迫人的现象，人死了自然也不会有人殉的制度。后来阶级出现了，奴隶主活着时过惯了剥削奴隶的生活，于是幻想死后到阴间里仍要有奴隶供他役使。因此，殉葬制度发生了。我国殷商时期是奴隶社会。从考古发掘发现的殷代陵墓和宫室遗址中，有大量的人殉，这是和殷商的奴隶制度相吻合的。

西周已跨进初期封建社会，在封建时代，主要的生产劳动者，已由奴隶变成只能买卖而不能屠杀的农奴，而且在生产力发展的情况下，残余的奴隶，活着对封建主更为有利，自然会出现认为用人殉葬为非礼的思想。这样，人殉制度的事实自然就会大大减少或停止。从西周的考古发掘上也可以得到证实。1950

---

① 《北京日报》1974 年 6 月 24 日。

年郭宝钧先生就说过：

> 殷代而后，此风（指人殉之风）稍戢。辛村西周墓，发现御夫一人，两手背缚，俯身，殉舆旁。又一墓殉一人，屈肢，与犬同葬，在北墓道。另一专坑葬马骨二十七架，车十二辆，无人。汲县战国墓，一墓中殉四人，分列棺之前后左右，皆保首领，殆生殉者。两周墓葬发掘，所见只此六人，较之殷代，所差远甚。[①]

近年来在陕西、甘肃、河南和北京等地又发掘大批西周墓，虽然也发现了一些人殉的现象，但仍没有能改变郭先生"殷代而后，此风稍戢"的结论。据我们不完全的统计，在发掘的六七百座西周墓中，有殉人墓二十三座，共四十四人。只以殉人墓而论，平均每座还达不到两人。西周辛村卫国墓葬，有的大墓全长达五十六公尺，墓穴深达十六公尺，其深长的规模都比武官村殷王墓大得多。有的史学工作者就殷王墓和西周卫侯墓作过比较，认为两者所不同的是，殷王墓中有千百个殉葬人，而西周卫侯墓除个别有一二人外，一般没有殉葬人[②]。所以，可以说在西周的封建社会里人殉已成为残余。但封建主也是剥削阶级，他们也幻想着死后要有人服侍。农奴与奴隶不同，不允许大量地随便屠杀，于是逐渐发明人殉的代用品，出现了代替殉葬人的土木偶，这就是所谓"俑"。

孔子生活于春秋时代，封建社会已经存在了好几百年，中原地区殉葬制度早已基本停止，个别的人殉被认为非礼。孔子是封建社会的思想家，他虽然主张复古，主张恢复西周"盛世"，那也还是封建制度。为了卫护封建制度，不大可能还主张实行在奴隶社会比较流行的人殉制度。

第二，孔子的中心思想与人殉制不相容。

孔子的中心思想是"仁"，《论语》出现"仁"字一百多次，归结起来，"仁"就是他自己说的所谓"爱人"（《颜渊》）。子贡问："如有博施于民，而能济众"，能不能算"仁"。孔子说："何事于仁，必也圣乎？"（《雍也》）意思是说，嘉惠于老百姓，不但是"仁"，而且可以是"圣"了。孔子称赞管仲"如其仁，如其仁"（《宪问》）。这是因为他相齐桓公霸诸侯，阻止了夷狄不使骚扰，"民"得安居，认为他对民众立有功劳，所以称他为"仁"。可见所谓"爱人"包括了"民"在内。

---

① 郭宝钧：《记殷周殉人之史实》，《光明日报》1950年3月19日。
② 参见《中国的奴隶制与封建制分期问题论文选集》，第278页。

这是不是说孔子的"仁"没有阶级性呢？不是。毛主席曾教导："至于所谓'人类之爱'，自从人类分化成为阶级以后，就没有过这种统一的爱。"①孔子曾很明显地提出："君子而不仁者有矣夫，未有小人而仁者也。"（《宪问》）他认为只有统治阶级中的"君子"才有"仁"的可能。"仁"是贵族的一种品德，劳动人民根本谈不上。另一方面，他所说的统治阶级这种"爱人"的品德，是有亲疏、等差之别的。并不是对各阶级、阶层都一视同仁的爱，而是由亲及疏、由贵及贱。爱贵族与所谓"爱"民众，虽然都包括在他所说的"爱"字内，但"爱"的内涵不同，并不相等，这就是孔子"爱人"的阶级性。仲弓问仁，孔子说："使民如承大祭"（《颜渊》）。可见统治阶级认为小心翼翼地"使民"，即不要滥用民力，不要过度剥削，就是"仁"，也就是统治阶级对"民"的所谓"爱"了。我们若把孔子所主张的"敛从其薄""博施于民""使民以时"和"因民之所利而利之"等思想，与他的"仁""爱"联系起来，可以证明他的所谓"爱"是包括民众的。

孔子是贵族统治阶级的代表，不可能站在人民的立场谈"仁"、讲"爱"。所以他的"仁""爱"的实质，完全是为了维护封建统治秩序、替统治阶级的利益着想，是为统治阶级更好地"使民"的。不过这也和代表奴隶主的思想不同，他至少已看到了庶人的地位。这决不是奴隶主的思想，而是一种封建思想。他主张对民要"道之以德，齐之以礼"（《为政》），要"富之""教之"（《子路》）。这是对奴隶制度的否定。孔子反对"使民"不以时和对民过重剥削。我们想想，使民不以时、剥削过重，总比把人杀掉殉葬要轻多了，而孔子尚且反对，如果还要说孔子主张人殉，从逻辑上是讲不通的。他的中心思想是与奴隶社会流行的人殉制度根本不相容的。

第三，从儒家的反对派的评论上看，孔子是反对人殉的。

孔子反对人殉的直接记载，材料不多。我们最好从儒家的反对派对孔子的批评中去考察。儒家的反对派，前期是墨家，后期是法家。

墨家的开创者墨翟是反对孔子的。如孔子提出以亲亲为主的"仁""爱"，墨子便提出以"无差等"的"兼爱"与之相抗；儒家主张厚葬、久丧，墨子则主张"节葬""节用""薄为其道"；儒家主张有"命"，而墨家便提出"非命"；等等。尤其是在他的《非儒》《节葬》和《公孟》等篇中，更把他认为孔子的缺点，一一罗列出来，加以非难。《公孟》篇批评儒家足以丧天下者有四端：（1）

不信天鬼，（2）厚葬久丧，（3）礼乐，（4）命定论。这里没有提出人殉问题。我们知道，墨子是反对人殉的，假如孔子主张人殉，墨子是不会不明确提出加以驳斥的。（按《节葬》篇中"天子杀殉"那段话，既不是指春秋战国时的情况，也不是指儒家的主张。在《节葬》的最后一段，"今王公大人之为葬埋"才是指儒者。）

稍后，与儒家对立的是法家。儒家主张礼治，而法家则主张法治。战国末年出现了儒法互相批判的争鸣。法家的代表人物是韩非。而韩非在先秦诸子中为最后起。他攻击儒家极为猛烈。虽然他是儒家荀卿的门人，而在学术观点上，是"当仁不让于师"。在他的《显学》篇中就曾大骂儒墨两家，郭沫若同志说他骂儒的成分要占百分之七十[①]。孔子的学说和论点，什么"仁""孝""礼乐""法先王""禅让"等等，差不多没有一项不受到韩非严厉的批判。如果孔子主张人殉，肯定也要被提出来大力攻击的。

东汉时期著名的唯物思想家王充，是"四人帮"所钦定的法家人物。《论衡》一书是王充的代表作。书中对当时儒家流行的天人感应、谶纬迷信思想进行了尖锐的批判。他的《问孔篇》是一篇讨孔的战斗檄文，集中地揭露和批判孔子的所有的主张，唯独没有提出孔子主张人殉。相反，王充在《薄葬篇》中却站在批评的角度上明确地说孔子是反对人殉的，王充说：

> 俑则偶人，象类生人。故鲁用偶人葬，孔子叹。睹用人殉之兆也，故叹以痛之。……用偶人葬，恐后用生殉；用明器，独不为后用善器葬乎？（《薄葬篇》）

王充这里批评孔子看到用人殉的苗头，因而反对用俑；但是他又主张用明器，那就不怕引起后人用善器吗？攻击他"绝用人之源，不防丧物之路"，说他这是"重人不爱用，痛人不忧国"，是"危亡之道"（见《薄葬篇》）。这不是很清楚地说孔子是反对人殉吗？

从孔子的反对派——墨子、韩非和王充的批评中，可以看出孔子对人殉是反对的。

第四，孔子反对人殉说，两千年来无异辞。

从考古发掘看，殷商大批杀殉的习俗，到西周已基本停止（见前）。杀殉的习俗既已过去，反对杀殉的思想一定会出现。春秋、战国偶尔有殉葬的行为，

---

① 见《韩非子批判》。

就被当时人认为是"非礼",是"乱命"。如《左传》宣公十五年记载晋大夫魏颗事:

> 初,魏武子(魏颗之父)有嬖妾,无子。武子疾,命颗曰:"必嫁是!"疾病则曰:"必以为殉!"及卒,颗嫁之曰:"疾病则乱,吾从其治也。"

魏颗认为以妾殉葬是"乱命"。又如《礼记·檀弓下》记载:

> 陈子车死于卫。其妻与其家大夫,谋以殉葬。定,而后陈子亢至,以告曰:"夫子疾,莫养于下,请以殉葬。"子亢曰:"以殉葬,非礼也。"

陈子亢是子车之弟,孔子的学生。他明确地说殉葬为"非礼",这和他老师孔子的话,"始作俑者,其无后乎!为其象人而用之也",观点是相同的。

从孔子说的话上看,他之所以反对俑葬,是因为它极象用生人殉葬。孔子反对人殉,与晋的魏颗、齐的陈子亢没有什么不同。

孔子反对人殉的言论又见于《礼记·檀弓下》的另一段文字:

> 孔子谓为明器者知丧道矣,备物而不可用也。哀哉!死者而用生者之器也,不殆于用殉乎哉!其曰明器,神明之也。涂车刍灵,自古有之,明器之道也。孔子谓为刍灵者善,谓为俑者不仁,殆于用人乎哉!

从《礼记》这段话里,可知孔子是主张用明器,反对用生者之器;主张用涂车刍灵,反对用俑。为什么呢?孔子主张以明器代替生者之器,不是从节俭的角度出发,不是由于经济上的原因(因为孔子是倡导厚葬的);而是由于生人之器与俑都和生人相联系,用之随葬,即是近乎人殉葬,所以,加以反对。其中"不殆于用殉乎哉!""殆于用人乎哉!"据孔颖达《疏》,认为是孔子的语言,不是《礼记》作者的解释。那末,孔子反对人殉,就更不成问题了。

在上面这段引文中还有一点需要加以解释,即"刍灵"这个辞。按旧注疏家把"刍灵"一辞,错误地解作"束茅为人马"(见《礼记正义》注)。上引柏青的文中就曾利用这个错误的解释大做文章。我们却认为"刍灵"不是茅草人。《说文》"刍"字注谓:"象包束草之形。"《周礼·地官·充人》:"刍之三月。"注谓:"养牛羊曰刍。"《孟子·告子》:"犹刍豢之悦我口。"汉赵岐注谓,"草牲曰刍"。宋朱熹也说:"草食曰刍,牛羊是也;谷食曰豢,犬豕是也。"这些解释都是很正确的。所以,"刍"字本象束草之形,引申为食草之牲。后来就成了牛、羊、马的代名词。"刍灵"实即草作的象牛马形的灵物,决不可能是草作的人形。

因为孔子反对用俑，正因其象人形。主张用刍灵，则刍灵决不会象人形，这是极为明白的。所谓"涂车刍灵"，即泥作的遣车和草作的牛马。这都属于明器一类，用以代替真车真马随葬。孔子反对用象人的俑和真车真马随葬，这就从侧面也反映了他是反对人殉的。

但也有人提出，《论语·宪问》里说管仲不为公子纠殉死是"未仁"。只是他立了功，才说他"如其仁"。因而据此断定"孔丘是主张复辟人殉制度的"①。其实这种"主辱臣死"是殉节，与人殉是两码事，不能混为一谈。儒家一般都主张殉节、反对人殉。

还有人举出，春秋时郑国于公元前 522 年镇压了"萑苻之泽"的暴动，孔子听到这消息时，狂呼："善哉！政宽则民慢，慢则纠之以猛。"因而断定孔子"不可能有反对用奴隶祭祀和大葬的事"②。其实，对这种反政府的暴动，任何时代的统治阶级，都是毫无例外地持反对态度的。所以，举这类史实，一点也证明不了孔子主张人殉。

（原文发表在《历史教学》1979 年第 2 期）

---

① 见《孔丘反对人殉吗？》，《考古》1975 年第 4 期。
② 见《我国古代的人殉和人牲》，《考古》1974 年第 3 期。

从推己及人的思想方法论证
孔子的思想核心是仁不是礼

仁和礼在孔子心目中二者地位孰高孰低,对正确评价孔子思想有重大关系。

仁和礼的主次问题,历来学者是有争论的。有人认为孔子思想核心是仁,礼次之;有人认为仁为体,礼为用;有人认为仁与礼并重,不分轩轾;有人则认为孔子思想中,礼重于仁。近年来出版了两部关于孔子的专著:一部是蔡尚思先生的《孔子思想体系》①,一部是匡亚明先生的《孔子评传》②。这两部书对孔子思想的基本看法,是针锋相对的。蔡氏说孔子思想体系的中心是礼,仁是从属的;而匡氏则认为仁是中心思想,礼不过是仁的表现形式。两人所依据的资料,都是引自《论语》,有时甚至引用孔子的同一段话,而所得的结论却相反。

孔子的思想核心到底是仁还是礼,若想作一判断,而且要毋剿说,毋雷同,异军特起,别备一格,更不是一件容易的事。在这块耕耘殆遍的土地上,重新谈论这一问题,我想必须别辟蹊径,改从孔子推己及人的思想方法上人手,似乎觉得可以迎刃而解。

细读《论语》一书,可以发现孔子在政治思想、经济思想和哲学思想上,都贯串着一个推己及人的思想方法。比如孔子说:"政者,正也,子帅以正,孰敢不正?"(《颜渊》)又说:"上好礼,则民莫敢不敬;上好义,则民莫敢不服;上好信,则民莫敢不用情。"(《子路》)孔子认为政治如何处理好,不是要求别人如何如何,而是首先要求统治者自己"正"、自己"好礼""好义""好信"。首先必须从自己作起,以身作则,先正己而后人自正。只有自己正了,才能使人正。所以,孔子又说:"不能正其身,如正人何?"只要"其身正,不令而行;其身不正,虽令不从。"(均见《子路》)因此,他主张严于己,而宽于人。自己只要起到表率作用,一定能影响到他人。大而至于治国平天下的大事,亦莫不

---

① 上海人民出版社 1982 年版。
② 齐鲁书社 1985 年版。

皆然。为什么要先从自己本身作起？因为他认为本身是根本，自己治不好，扩而推到家、到国，便都不会治理得好。

后来孟子阐发孔子这种思想，他说："行有不得者，皆反求诸己，其身正而天下归之。"（《孟子·离娄上》）又说："天下之本在国，国之本在家，家之本在身。"（同上）他又说："夫必自侮，然后人侮之。家必自毁，而后人毁之。国必自伐，而后人伐之。"（同上）"君仁莫不仁，君义莫不义。"（《孟子·离娄下》）"爱人者人恒爱之，敬人者人恒敬之。"（同上）孟子这些言论也说明为政必先由正己修身作起。自身为根本，从这个"本"出发，然后再及人。他们都有这样一套思想体系。

儒家学派的《大学》篇，说得更清楚："欲治其国者，先齐其家；欲齐其家者，先修其身；欲修其身者，先正其心……心正而后身修，身修而后家齐，家齐而后国治，国治而后天下平。"最后说，"自天子以至于庶人，壹是，皆以修身为本。"

孔子认为作一切事务都必须从自身开始，自身是最根本的。不论伦理道德的说教、治国平天下的政治、经济财政的措施等等，要想取得好成绩，无不应首先从自身作起。自身处理正确，然后再推及其它一切方面，才能办得好、有成效。

沿着这条路子走，可以正确地考查出孔子的仁与礼的主次关系。

仁和礼都是孔子的主要思想，并且二者是合而为一、密不可分的，是孔子整个思想体系的两个组成部分。"仁"偏重于个人内在的道德修养，而"礼"则是指人与人之间的社会关系，是属于外在的制度。孔子学派的人都特别注重人的内在道德。号称是孔子私淑弟子的孟子，对仁作过明晰的解释："仁也者，人也"（《孟子·尽心下》），"仁，人心也"（《孟子·告子》），意思是说仁就是"人心"，是此身酬酢万变之主，而不可须臾失也。不仁就是没有人心，就不能算"人"。这种解释很符合孔子的思想。孔子认为"人心"是一个人的本质，从这个本体放射出去，就是对人要"爱"。樊迟问什么是"仁"，孔子回答说："爱人。"（《颜渊》）所以，"仁"也就是人之本质，是孔子的人生观、全部道德观的总的概括。"爱人"同样是先从自己向外延伸，与自己最近者莫过于父母，首先要爱父母。孔子说："孝弟也者，其为仁之本与！"（《学而》）爱父母的"孝"成为行"仁"之始。因为孝是人之常情、是人性的自觉。用人的本性的道德修养行之于家，而后仁爱才能及于物，扩大到政治上就是治国安民的仁政。此即孟子说的"亲亲而仁民，仁民而爱物"（《尽心下》）。

仁既是人的本质，又是人的最高的道德标准。孔子曾说："求仁而得仁，又何怨？"（《述而》）"若圣与仁，则吾岂敢？"（《述而》）"志士仁人，无求生以害仁，有杀身以成仁。"（《卫灵公》）可见孔子把"仁"看作是高度的道德修养，甚至高置于生死之上。为了"成仁"，就是"杀身"亦在所不惜。

但是，这样高标准的仁，也并不是高不可攀。因为孔子认为仁是一个人内在固有的本质，通过有意识的修养、发挥便可显露出来。只要自己下决心去追求，仁就会达到。他说：

> 为仁由己，而由人乎哉！（《颜渊》）
> 仁远乎哉？我欲仁，斯仁至矣。（《述而》）

孔子的意思是说，仁不需远求，就在我们自己身上，要不要得到它，主动权在自己。

孔子在与子贡论仁时说："夫仁者，己欲立而立人，己欲达而达人。能近取譬，可谓仁之方也已。"（《雍也》）达到仁的方术是近取诸身，以己之所欲为譬，知道自己所需要的，推而体会到别人之所需。以己欲之私而行全人之公，这就达到了"仁"。所以说仁之根基在"己"，不在人。

颜渊问仁，孔子答说："克己复礼为仁"，再问其详，孔子接着说："非礼勿视，非礼勿听，非礼勿言，非礼勿动。"（《颜渊》）这是孔子对仁下的最详细、最概括的定义。

孔子说的意思非常明白，首先要"克己"，然后再讲到"复礼"，这个"礼"才有意义。所以说"为仁由己"，又说"能近取譬"，"近"就是近到"己"。"克己""由己"都是首先从自己开始。具体作法是"非礼勿视"等四句。有人说从这四句话看，好像"礼"是主要的。其实这个"礼"是客观的制度，是死的。"礼"要由"克己"的"己"去执行，才能体现出来。这不正是主观的"己"比"礼"更重要吗？如果去执行的不是"克己"者，很可能把这四句话当成空洞的装饰品，成为口是心非、言行不一的人。这显然不是孔子主张的礼。孔子说："人而不仁，如礼何？"没有"仁"，"礼"便失去其意义。

由此可见，"克己"是第一步，首先用道德的仁去克制自己（比如克制私欲，是仁之一端），下一步才是"复礼"。"仁"是主观的道德，"礼"是客观的制度，孔子是主观唯心主义者，重视主观的东西，认为主观的"仁"是主要的，而客观的"礼"是较次的。最明显的体现在对管仲的看法上，孔子讥刺管仲"器小"、不"俭"，而又有"树塞门""有反坫"等僭越行为。总之，孔子认为管仲是个不知礼的人（《八佾》）。但他"相桓公，霸诸侯，一匡天下"，而且又"不以兵车"，"民到于今受其赐"，因而孔子又称他"如其仁，如其仁"（俱见《宪问》）。意思是说管仲虽然不知"礼"，但由于大功，还是应当称他为"仁"。所以，在孔子的眼中，管仲是个值得肯定的历史人物。由于肯定这个不知礼但被称为仁的管仲，更可说明孔子认为仁重于礼。

最后，再举一个实例，我们这个结论的正确性，就更清楚了。《论语·八佾》说：

> 子夏问曰："'巧笑倩兮，美目盼兮，素以为绚兮'，何谓也？"子曰："绘事后素。"曰："礼后乎？"子曰："起予者商也，始可与言《诗》已矣。"

子夏所引古逸诗中的"素"是指画纸的粉地，"绚"则是画的彩饰。孔子说的"绘事后素"是说绘画之事，必先有素地这个洁白的本质，而后再施以文采，才能好看。比喻人必先有"倩""盼"的美质，然后再施以脂粉，就能更加美丽。如果此人本来没有美质，即便涂上很多脂粉，也不会好看，只如东施效颦耳。

孔子说"绘事后素"，子夏悟出"礼后"，我们据此可以看出孔子心目中的仁和礼的主次。所谓"礼后"就是"礼"后于"仁"。一个人必须首先具备美的道德品质（仁），然后再学"礼"，于是一个完美的"仁人"才能形成。犹如女子必先有巧笑美目，再加以淡妆或浓抹，才成美人。一个不具备"仁"的道德，或者一个品质恶劣的人，口中大谈礼的大道理，这个"礼"是虚伪的，非但不足贵，反而觉其可厌。所以，孔子才说"人而不仁，如礼何"？就是这个道理。如此，则"仁"和"礼"何者为主，何者为次，不待辩而明了。

（原文收录在中华孔子研究所编《孔子研究论文集》，教育科学出版社 1987年 11 月版）

如何正确对待中国传统文化

过去我曾说过，所谓传统文化是过去人类社会的精神活动升华的产物。传统文化既然是旧社会的产物，时过境迁，对今天的社会就未必能够完全适应，这是肯定的。因此，中国近代史上出现了一次又一次对旧文化的批判，诸如民国初年五四运动的打倒孔家店，接着又来一次对中西文化的大论战，甚至有人倡导"全盘西化"，这都是对传统文化的冲击。又由于传统文化本来就是精华与糟粕杂糅在一起，有好的部分，同时也存在坏的部分，任何国家或民族的传统文化，都是如此。中国几千年的传统文化中，一定会有不少糟粕，须要批判、清除，这是正常的。不过，对旧的传统文化我们应一分为二地看待，其中有糟粕，同时也杂有超越时空的精华成分，不能因为一见糟粕便把整个的都看成漆黑一团，连优点也一起批之、弃之。

前一个阶段确实有些学者，包括某些相当有名望的学者，不但不去自觉地在传统文化中批判地吸取其中有营养价值的东西，反而采取排斥态度，把数千年的传统文化看得无一是处。世界上任何一个民族都有她自己优秀的民族文化传统，我们中华民族当然也有一些好的影响深远的旧传统，确系我民族数千年的生活实践，经过历代科学的检验，筛选出来的精品，形成了我们自己的民族形式或部分民族风格。历代的学者都在自觉或不自觉地吸吮着这部分民族传统的精华，创造出当代的新文化。对这部分传统文化中的精华应当慎重对待，不能采取虚无主义或简单、粗暴的抹杀态度。

这部分纵然是优秀的传统文化，也许附有不合现实的消极成分。因而不同的人，由于每人的经历和社会背景不同，他们的看法和感受，可能就不一样。有人或许只看到消极面，如前几年电视片《河殇》，对中国文化就取否定的态度，播出后，全国各地引起了强烈的反响，褒贬不一。这里就牵涉到对传统文化如何看待的问题。有人把中国五千年光辉文化否定多于肯定，批判儒家不重视生产的传统思想，认为是一种"犬儒主义"（Cynicism），是消极的，是导致中国积弱的根本原因；又有人把东西方文化作对比，认为西方是蔚蓝色的文化，永远先进；而把中国传统文化说成是黄色文化，是落后的，永无出路，等等。

对中国传统文化持批判的态度是完全可以的。前面我们已说过，传统文化都含有二重性，确实有缺点、落后的方面，是应当批判、清除的。通过赞颂其光明面，固然有利于继承其优点，通过批判其黑暗面，也可以达到正确继承的目的。如果只看到自己的优点，并一味地颂扬，孤芳自赏，陶醉于过去，看不到自己的缺点，势必助长其保守性，缺乏虚心向别的先进文化学习的态度，使自己的社会停滞不前。所以，批判过去的缺点或揭露其黑暗面，可以激发广大读者对祖国命运的关心，激起其忧国忧民的的政治热情。这种敢于提出一些人不敢接触的问题，勇于思考的作者是可嘉的。一个国家或民族中没有不同的声音，不允许不同的观点，这种国家是没有前途的。从这个角度看，像《河殇》这类勇于对传统文化持批判态度的作者还是好的，是不能完全否定的。

当然，批判要做到实事求是。我们对过去的历史文化应当进行认真的反思和科学的分析，对优点既不夸大，对黑暗、落后面也不缩小，这样才有利于今后社会的改进。前面我们提到的有人把我国的儒家传统，比作西方的"犬儒学派"加以排斥，这种看法我就不同意。以孔子为首的儒家思想与西方的犬儒学派哲学根本不同。犬儒学派是古希腊人安提善（Antisthenes）所创，主张纯任自然，克己自制，独善其身，表现为玩世不恭、愤世嫉俗，对国家采取不负责任、消极的态度；而以孔、孟为代表的儒家是主张"内圣外王"，是积极的用世思想，与犬儒学派绝对不能相提并论。传统的儒家思想有缺点，是应当慎重地批判、扬弃的，但更需要的是切中肯綮的批判。现在的问题是对传统文化的好坏或是非的标准是什么，必须首先有个大家公认的是非标准，不然你说是文化精华、是优点，他却说是糟粕、是缺点，根本无法深入讨论。

检验真理的唯一标准是通过实践，这是今天大家已经明确的事实。传统文化的优缺点的标准当然也不例外，也要通过实践的检验，才可以分辨出来。一种传统文化经过人民群众的吸收或接受后，要看起到什么作用和效果，是使绝大多数人受到了鼓舞、奋发向上呢？还是使大多数人产生一种对国家悲观、消极和无望的心理呢？一般地说，前者应当是好的、是正确的；而后者则是不好的。

中国传统文化中有些好的成分，经过长期历史的考验和选择，在一定程度上超越时空引起今人思想的共鸣，从而有所启迪和鉴戒，于是才创造出今天的新文化，这才体现出传统文化的真正价值。比如我们中华民族一贯地热爱和平、热爱国家、爱劳动、喜团结，以及忠孝、仁义这些美德，都来源于传统文化某些长期基因，积淀于人民的心灵深处，存在于民族的潜意识里，构成了今天我们中华民族的好传统。

最后，我再重复一句，即便是好的传统文化，也不是原封不动地拿来就用，还必须通过学者站在现代的基点上进行历史主义的分析，通过百家争鸣决定是非，不能由某一权威一锤定音。现在《齐文化丛书》的编撰和出版，就是对中国局部地区的优秀传统文化进行的初步整理工作，我们非常欢迎。

附记：

1998 年 11 月 25 日山东淄博学院齐文化研究所与《光明日报》理论部联合在北京举办齐文化与中国传统文化暨《齐文化丛书》座谈会。在会上，有多位专家学者畅谈了齐文化的历史地位、其文化与中国传统文化的关系。我因事未能去北京参加会议，只做了上面的书面发言。《光明日报》1998 年 12 月 18 日第 7 版以《发掘文化资源，推动文化建设》为题，刊登了那次会议上的发言，摘录了发言稿包括我上面那篇东西的主要部分。

王玉哲记

（此文发表于《光明日报》1998 年 12 月 18 日第 7 版）

五、先秦历史探索

晋文公重耳考

一、文公生卒及其出亡时之年岁

《史记·晋世家》云：自献公为太子时，重耳固已成人矣，献公即位，重耳年二十一（梁玉绳《史记志疑》云：一当作二，各本俱讹），献公十三年以骊姬故，重耳备蒲城守秦。献公二十一年，献公杀太子申生，骊姬谗之，恐，不辞献公而守蒲城。献公二十二年，献公使宦者勃趋杀重耳，重耳逾垣，宦者逐斩其衣袪。重耳遂奔狄，狄其母国也。是时重耳年四十三。《国语·晋语》则云："（僖负羁）对曰：臣闻之，爱亲明贤，政之干也；礼宾矜穷，礼之宗也。……晋公子生十七年而亡，卿材三人从之，可谓贤矣。"《左传》亦有文公生十七年，亡十九年之文，以《史记》所云计之，重耳反国时已年逾六十，卒时年七十。如以《左传》《国语》所云计之，则重耳反国时，年仅三十六岁，卒时年四十余耳。二说相差二十余岁，其相乖若是，必有一误。清朱大韶在其《实事求是斋经义》中辨之曰：

> 今按昭十三年《左传》，叔向曰：我先君文公生十七年，亡十九年。以晋人说晋事，当得其实，《晋语》僖负羁亦云：晋公子生十七年而亡，是文公反国年三十六，卒时不过四十二（按二当为五，盖字误），安得谓老？庄二十八年《左传》："晋献公取于贾，无子，烝于齐姜，生秦穆夫人及太子申生，又取二女于戎，大戎狐姬生重耳。"献公烝父妾在武公卒后，据叔向云生十七年，则重耳之生当在献之五年，其奔狄当在献之二十二年。如《世家》所述，则献公生重耳在武公十九年，反前于申生二十余年，其诬不已甚乎？（《春秋不讳狩于河阳说》）

此论甚是。他如阎若璩《〈四书〉释地三续》，亦疑《史记·晋世家》。其言曰：

> 《史记·晋世家》重耳奔狄，是时年四十三，又云重耳出亡，凡十九岁

而得入，时年六十二矣。果而，诚可谓老。然迁喜妄说，不若《左传》《国语》足信。《左传》昭十三年，叔向曰："我先君文公生十七年，亡十九年。"《国语》僖负羁曰："晋公子生十七年而亡。"按此则文公入国，甫年三十六岁，即毙亦只四十四耳。杜元凯言战城濮，文公年四十，安得有如陈际泰，谲而不正，文老而举事，故虑日暮而计挺者邪？

朱、阎二氏，均以《左传》《国语》疑《史记》。本来历史之记载，材料愈早愈有价值，且直接材料，恒较间接者为可信。史公又好博采杂说，矛盾之处，亦所在多有，故以《左传》《国语》校《史记》之误甚是也。但清顾栋高、梁玉绳、洪亮吉诸前贤，则信《晋世家》而非《左传》《国语》，盖均一时之疏忽耳。如顾栋高《春秋大事表》云：

> 庄二十八年：晋使申生居曲沃，系献公之十一年。若申生是烝武公妾所生，想当在即位后，年不过十岁。重耳、夷吾必当更幼，以三稚子守宗邑与边疆，适足以启戎心，而使民慢。何谓威民而惧戎？又《史记》重耳奔狄时年四十三，计守蒲时年三十矣……（《齐姜辨》）

此文虽非专辨此事，但因之亦可见其信《史记》而非《左传》也。又如梁玉绳《史记志疑·晋世家》云：

> 案史言文公二十二，献公即位，四十三奔狄，六十二反国，卒时年七十。《左》《国》言文公生十七年而亡，亡十九年而反凡三十六年，卒时年四十四。何不同若是？余谓信《左》《国》不如信《史记》。奚以明之？其守蒲城也，二嬖曰：疆埸无主，则启戎心。若使重耳主蒲可以惧戎。依《史记》文公守蒲城时年三十二，与惧戎之说正合；依《左》《国》但六龄耳，非适足以启戎心乎？其战城濮也，楚子曰：天假之年，而除其害。依《史记》文公战城濮时年六十六，与假年之说相符，依《左》《国》仅四十耳，年少于楚成，安得谓天假之年乎？

顾、梁二氏所以疑《左传》《国语》而独信《史记》者，实蔽于守蒲城一事，以为以三稚子守宗邑与边疆，适足以启戎心，故不信《左传》《国语》所云之年岁。梁氏云："依《左》《国》但六龄耳。"实则三公子居鄙时，重耳已十二岁（说详后）。夷吾与重耳非同母兄弟，其年或与重耳同年而稍幼数月，或稍幼一二年不可知。总之不必定夷吾必少重耳若干岁，则最幼者如定为十一二岁，亦可以脱离父母矣。且各公子均有心腹之人，为之辅佐。如申生之狐突、杜原款，重耳之狐偃、贾佗、赵衰，夷吾之冀芮等是。献公令其子守边疆，正与后世皇帝亲征相类，非谓皇帝有超人之计谋，有非常之战术可以降敌，而是以皇帝之威名，震吓敌人。并且献公此举实别有企图。《左传》谓骊姬因欲立其子为太子，故出此计。《史记·晋世家》又云："（献公）十二年，骊姬生奚齐，献公有意废太子。乃曰：曲沃吾先祖宗庙所在，而蒲边秦，屈边翟，不使诸子居之，我惧焉……"骊姬与献公既均有意废太子，而欲立奚齐，则令诸子居边之目的，非为威民惧戎明矣。即此三子再幼数岁，又有何妨？如此，则顾、梁二氏以守蒲城事而疑《左传》《国》之说不足据矣。梁氏又以城濮之事，楚子言假年之说疑《左传》《国语》曰："依《左》《国》仅四十耳，年少于楚成，安得谓天假之年乎？"年少于楚成，何以不能言天假之年？按杜预注："献公之子九人，唯文公在，故曰天假之年。"其意盖因惠公、怀公皆幼于文公，本宜卒于文公之后，而卒于文公之前，故曰天假之年耳。

论重耳出亡年岁，其荒唐离奇，未有如洪亮吉《春秋左传诂》之甚者。洪氏之言曰：

> 按《史记·晋世家》重耳出亡时，年四十三，凡十九岁而得入，年六十二。而杜注则本《晋语》，言晋侯生十七年而亡，十九年而反，凡三十六年，至此四十矣。今考夷吾为重耳之弟。夷吾子之圉，以僖十七年质于秦，秦即妻之，至小亦当年十五六。自僖十七年至二十八年，又及十二年，则怀公此时若在，亦当年近三十。安得重耳为其伯父，年止四十也。明重耳之年，当以《晋世家》为实，《晋语》及杜并非也。况昭十三年，叔向言文公生十七年，有士五人，是文公生十七年即能得士，非以是年出亡也……

洪氏此文最大之错误，在其定子圉于僖公十七年质秦时年十五六，洪氏不查其父惠公何时奔梁，而妄作此说，宜其有此大谬也。按惠公奔梁在献公二十三年，子圉为质，旧说在鲁僖公十七年（余疑在晋惠公七年，详附录），如依洪氏云此年子圉十五六岁推之，则在其父与其母未见面前，子圉已四五岁，宁有是理耶？《左传》僖公十七年云："惠公之在梁也，梁伯妻之，梁嬴孕过期，卜招父与子卜之。其子曰：'将生一男一女。'招曰：'然，男为人臣，女为人妾。'故男曰圉，女曰妾。及子圉西质，妾为宦女焉。"惠公奔梁在鲁僖六年，梁嬴孕过期，故子圉之生，最早亦在次年（鲁僖七年），为质时年最大不能过十岁（为质时暂依旧说），至鲁僖公二十八年，设怀公尚存，最大亦不能过二十二岁。二十上下之人，其伯父年四十，此常情也。

关于重耳之年，上面诸前贤之说，均不能证明《史记》所载者为可信，则吾人宁可信较古之《左传》《国语》，不必信较后之《史记》。且余更别有说以为证者。《国语·晋语》曰："公孙固言于襄公曰：'晋公子亡，长幼矣，而好善不厌……'"按《国语》除"晋公子生十七年而亡"之文外，尚有此一语。重耳出亡时年十八（非年十七，详后），至宋时已年逾三十，故云出亡自幼至长。如依《晋世家》为据，出亡时年四十三，不能言幼。此为重耳之年岁，应以《左传》《国语》为可信之证，一也。《史记·晋世家》："（文公）年十七，有贤士五人，曰赵衰、狐偃（咎犯，文公舅也）、贾佗、先轸、魏武子。"而《左传》昭公十三年："（文公）生十七年有士五人"，杜注：五人为从出之五士。《左传》僖公二十三年："（文公）从行者为狐偃、赵衰、颠颉、魏武子、司空季子五人。"无论其为何人，总之此谓文公生十七年即能得士，其士概年高于文公，必不至皆为十七岁以下之儿童。《晋语》曰："公孙固言于襄公曰：'……（文公）父事狐偃，师事赵衰，而长事贾佗。狐偃其舅也，而惠以有谋……'"《晋语四》又有"文公学读书于臼季（即司空季子）"，由此亦可见文公幼于诸士。文公卒于鲁僖三十二年冬，狐偃于鲁僖三十年尚请击秦，下距文公卒，仅一年之隔，其卒年不见于《左传》。而《晋语四》："以赵衰之故，蒐于清原作五军。公曰：'赵衰三让，其让皆社稷之卫也，废让其废德也。'以赵衰佐之。子犯（即狐偃）卒，蒲城伯请佐。公曰：'夫赵衰三让不失义……'乃使赵衰佐上军。"按《左传》僖公三十一年："秋，晋蒐于清原，作五军……"则知狐偃之卒，必不出僖公三十与三十二两年中。赵衰、司空季子死于鲁文公五年。先轸于鲁僖三十三年免胄入狄师身死，以其行动视之，亦似不甚老。颠颉于鲁僖二十八年被杀，魏武子亦于此年一见后无考，贾佗于鲁文六年，尚为太师。文公生十七年得士，诸士假定年长文公十数岁，除狐偃为其舅或更长，故卒稍前，及颠颉被杀外，其余诸人，概皆卒于文公之后。如据《史记》文公卒年七十，诸士之卒，皆将近百岁。且贾佗在鲁文公六年，尚未卒（如依韦昭注贾佗即贾季说之，则贾于鲁文十三年尚在，《史记》所载文公年岁更不可信矣。然梁玉绳《汉书古今人表考》与洪亮吉《春秋左传诂》皆非之，故未引据）。此种现象，均非常情。如依《左传》《国语》计之，文公卒时，年四十余岁，诸士之卒，均在六七十岁上下，则近人情多矣。此又为《左传》《国语》较《史记》可信之证，二也。《史记·晋世家》："重耳谓其妻曰'待我二十五年，不来，乃嫁。'其妻笑曰：'二十五年，吾冢上柏大矣。虽然，妾待子。'重耳居狄，凡十二年而去。"《左传》僖公二十三年，亦载此事，文公离狄时，如依《史记》为据，已五十四岁，玩其语气，不似年逾半百之老人所言者。又《史记·晋世家》："齐女曰：'……子不疾返国，报劳臣，而怀女德，窃为子羞之，且不求何时得功。'乃与赵衰（按《左传》《晋语》均作子犯，《史记》误）等谋，醉重耳，载之行。行远而觉，重耳大怒，引戈欲杀咎犯。咎犯曰：'杀臣成子，偃之愿也。'重耳曰：'事不成，我食舅氏肉。'"此事《左传》《国语》俱载，如依《史记》所记文公之年为实，则半百之老翁，尚怀女德，又持戈杀其七八十岁之老舅，并言食舅氏肉，视其所言所行，绝不似老人所应出此。此又为《史记》所载文公之年不足据之证，三也。又《左传》鲁文六年："贾季曰：'不如立公子乐，辰嬴嬖于二君，立其子，民必安定。'"按公子乐为文公与辰嬴所生，文公得辰嬴时，如依《史记》而论，已年逾六十。父逾六十而生子，似为罕见。如依《左传》《国语》所书文公之年说之，文公得辰嬴时，始三十余岁，则不见此离奇现象矣。文公至齐，齐侯妻之，至秦，秦伯纳女五人，益可知文公此时年齿必非老耄，依《左传》《国语》文公年三十上下，与此情甚合。此又为《左传》《国语》可信之证，四也。此外尚有一旁证，王充《论衡·福虚篇》："儒家之徒董无心，墨家之徒缠子，相见讲道。缠子称墨家佑鬼神，是引秦穆公有明德，上帝赐之九十年（孙诒让云：九十年依《墨子》当作十九年，此误倒）。董无心难以尧舜不赐年，桀纣不夭死。尧舜桀纣犹为尚远，且近难以秦穆公晋文公。夫谥者行之迹也，迹生实行，以为死谥，穆者误乱之名，文者德惠之表。有误乱之行，天赐之年，有德惠之操，天夺其命乎？案穆公之霸，不过晋文，晋文之谥，美于穆公。天不加晋文以命，独赐穆公以年，是天报误乱，与穆公同也。"王充虽为后汉时人，当时所见古籍，必亦不少。且充自云对于"世书俗说，多所不安"，故"幽居独处，考论实虚"（《自纪篇》）。又曰："《论衡》篇以十数，亦一言也，曰：疾虚妄。"（《佚文篇》）又曰："论莫定于有证。"（《薄葬篇》）足见其征引故实，必有所本，且必经其判断为实者。晋文公卒时，以《左传》《国语》推之，年四十余，故有"天夺其命"，"天不加晋文以命"之文。如依《史记》所记之年推之，文公卒时已七十，安得谓夭亡？此又为《左传》《国语》所述较可信之证，五也。据此五证，合而观之，则文公之年，必以《左传》《国语》为实明矣。

考《史记》致误之由，实因史公以重耳年二十二时献公卒，误为献公即位是也。其书又喜博采杂说，一事传闻异辞，则任择其一，或并举而互见，未加审析与论定耳。

此外余犹有辨者。《左传》《国语》云：文公生十七年而亡，非年十七而出亡，实年十八也。何以言之？按生十七年是以周岁计之，而年岁，乃以相距之岁计算。虽清儒有谓古人以周岁增年者，恐不足信。如《左传》襄公九年谓鲁襄公之年，自成公十六年至襄公九年为十二岁，是以相距之岁计也。又襄公三十年二月（《春秋左传》正义二月误作三月）谓绛县老人，生于鲁文十一年即晋灵公五年。鲁襄公三十年二月当晋平公十四年十二月也。以相距计算用晋年，与师旷云七十三年正合，是知自古无以周岁增年之说（狄子奇以为老人七十三岁是以周岁增年，实误。狄氏不知晋用夏正，应以晋年计算，而狄氏误用鲁年计算）。则文公居蒲时年十二岁，出亡时年十八，以此计其返国，在鲁僖二十四年二月，晋用夏正，相当晋惠公十五年十二月，时年三十六岁。《史记》云惠公十四年卒，当鲁僖二十三年误，《春秋经》僖二十四年冬有夷吾卒，亦误，清雷学淇《竹书纪年义证》更从经误，又定文公之立当鲁僖二十五年，均误（余别有《晋惠公未越年改元考》一文，论之较详，此不赘）。翌年改称元年，在位九年而薨，相当鲁僖三十二年，享年四十有五。如此则杜预（杜注战城濮年四十）、阎若璩以生十七年定为年十七，大体无谬，仅一岁之差耳。然朱大韶独得之，曰："据叔向云生十七年，则文之生当在献之五年，其奔狄当在献之二十二年。"（《实事求是斋经义》）

二、文公居蒲为蒲坂非隰州东北之蒲子县辨

《左传》庄公二十八年："夏，使太子居曲沃，重耳居蒲城，夷吾居屈。"杜预注曰："蒲，今平阳蒲子县。"《水经注》："蒲川水出石楼山，南迳蒲城东，即重耳所奔之处也。"《广韵》："重耳居蒲，即隰川县，故蒲城是也，汉为蒲子县。"《太平寰宇记》："隰州东北五十里，蒲子城有斩祛垣，《左传》寺人披伐蒲，重耳逾垣而走，披斩其祛即此。"然《史记·晋世家》："（献公）乃曰：曲沃吾先祖宗庙所在，而蒲边秦，屈边翟，不使诸子居之，我惧焉。"如蒲为隰州东北之蒲子，则不边秦矣。当时晋疆，西有河西，蒲子较屈距秦尚远，不得称"蒲边秦，屈边狄"。《晋世家》又云："晋疆，西有河西，与秦接境，北边翟。"则是晋疆之最北者为屈。如蒲为隰州东北之蒲子，何不云蒲边狄，而云屈边狄耶？清吴调阳《汉书地理志详释》亦疑蒲子为重耳所居之蒲，曰：

　　蒲子，今蒲县紫川水，象幼子蒲匐也（原注：《水经注》以今隰州为蒲子非是）。此与晋文公所居之蒲在耿汾者，非一地，杜预引此非也。

其释虽未必尽如人意，但不认重耳所居为蒲子县，则是也。考《国语》韦昭注曰："蒲，今蒲坂。"按此，则重耳所居为蒲坂，而清钱坫非之，曰：

> 蒲子在今隰州东北。《括地志》：故在隰川县北四十五里，《史记正义》：隰川县蒲邑故城是也。《太平寰宇记》：在隰川县东北一里。应劭曰：故蒲阪旧邑，武帝置。考此重耳所奔之邑，晋献公称蒲边秦、屈边狄者是。韦昭以为重耳所居即蒲阪，其误与应同，杜预、郦道元则不谬矣。（《新斠注地理志》）

然而应劭为东汉时人，韦昭为三国时人，当时去古未远，其所见或较近真。俱云重耳所居为蒲坂，则必有原因。后人不察，轻意非之，实失考信之道。虽然古代国史，书阙有间，不可深考。仅据《史记》诸书关于重耳居蒲之记载，度其地望，则决不在隰州东北之蒲子县。如《晋语二》："二十二年，公子重耳出亡，及柏谷，卜适齐楚。狐偃曰：无卜焉，夫齐楚道远而望大，若以偃之虑，其狄乎？……乃遂之狄。"按柏谷为今之河南灵宝县，距隰州之蒲子约有六百里之遥，其间有大河及涑、汾、昕水之阻，有吕梁山脉南北斜亘。古时交通不便，重耳如带数十人（见《晋世家》）自蒲子奔柏谷，纵令每日能行百里，亦要行六日之久。若谓重耳行六七日始定其欲奔之国，恐无是理。且重耳如实居蒲子，亦决不南行之柏谷。何也？盖途次必经绛郊，重耳出奔，目的在避人行刺，逃亡尚恐不及，何犹轻身再经虎穴？是知重耳所居之蒲，必去柏谷不远。应劭、韦昭所云"蒲，蒲坂也"，《大清一统志》："蒲坂，故城在今蒲州府城东南。"按蒲坂在今山西浦州之永济县附近。渡河即陕西同州府朝邑县，有蒲津关，与朝邑县之临晋关，东西相对。郦道元《水经注》："河水又南径蒲反县，西南至华隆潼关，渭水自西来会之，盖河北自此折而东，故谓之河曲，即蒲反也。"《括地志》谓：蒲反故城在今蒲州南二里。此地与河南之灵宝县（柏谷）隔河斜对，其距不过百里，一日可至，殆为重耳所居之地欤？《晋世家》："献公十三年（按前云十二年与此异）以骊姬故，重耳备蒲城守秦"，又云："蒲边秦，屈边狄"，蒲坂隔河与秦之王城东西相望，此边秦之证也。

蒲坂为晋秦之边防重镇，秦晋平日往来，多取道于此。僖十三年，晋饥，秦输粟于晋，自雍及绛相继，命之曰"汎舟之役"。僖二十四年，晋文公返国，及河，子犯投璧，秦伯诱杀吕郤于河上，及文三年秦伯伐晋，济河焚舟，均在此处。文十二年晋秦战于河曲，臾骈曰："薄诸河上，必败之。"是在蒲州西岸。成十一年秦晋为成，秦伯不肯涉河，次于王城，是在朝邑西岸。昭元年秦后子享晋侯，造舟于河，十里舍车，自雍及绛，归取酬币，终事八反。由此可见当时蒲坂实为秦晋之门户，晋献公使重耳居此，不无因也。后人误蒲为隰州东北之蒲子，此地既无险要可守，又非边秦之地，而《太平寰宇记》更云城有斩祛垣，盖"蒲子为重耳所居"之说盛行后，始附会而成也。

三、文公出亡各国系年考

《左传》僖公二十三年述文公重耳出亡各国云："处狄十二年而行，过卫，卫文公不礼焉。出于五鹿，乞食于野人……及齐，齐桓公妻之……及曹……及宋……及郑……及楚……乃送诸秦，秦伯纳女五人……"而《国语·晋语四》则云："文公在狄十二年……乃行，过五鹿乞食于野人……遂适齐……过卫……自卫过曹……过宋……过郑……遂如楚……秦伯召公子于楚，楚子厚币以送公子于秦。"二书所不同者，《左传》云重耳先过卫后适齐，《晋语》则先适齐后过卫。《史记·晋世家》袭自《左传》，而《十二诸侯年表》则本于《国语》。梁玉绳《史记志疑》疑《晋世家》曰："案表依《晋语》言重耳先适齐后过卫是也。此（指《晋世家》）又从左氏先卫后齐，似不合事情。"文公过卫，《卫世家》书在卫文公十六年内，《年表》则将文公从齐过卫过曹过郑过楚，均书于鲁僖公二十三年，恐皆不确。梁氏《志疑》卷八疑《十二诸侯年表》曰：

> 案《左传》重耳先过卫后适齐，《晋语》先适齐后过卫，此表从《晋语》也。但卫文贤君，何以无礼重耳？《晋语》曰："卫文公有邢翟之虞，不能礼焉，宁庄子言于公弗听。"则情尚有可说。厥后晋文怒卫，伐其国而执其君，不免已甚矣。然《表》书重耳过卫，在二十三年，为鲁僖之二十三年，虽若与《左传》合，而实是舛谬，盖《左传》追叙前事耳。《世家》书于十六年亦误，卫文十六年无邢狄之难。考《春秋》僖十八年，邢人狄人伐卫，鲁僖十八年即卫文十八年，重耳过卫，当在卫文十八年也。更有确证，韦昭《晋语》注云：鲁僖十八年冬，邢狄伐卫，文公故不能礼。则重耳过卫，非卫文十六与二十三等年可知。

梁氏因袭韦昭定文公过卫在卫文十八年，而《史记·晋世家》明有文公留齐五岁之文，故又疑《晋世家》云："案五乃三之误。"梁氏删易古史，以就其说，但终不可通，故同时稍后之人如汪远孙《国语发正》则不信文公过卫在卫文十八年。其言曰：

　　案晋文公从齐过卫，过曹，过郑，过楚，《史记·十二诸侯年表》皆书于鲁僖公二十三年。鲁僖公二十三年值卫文公二十三年，邢狄与卫自菟圃之役后，互相构难。十九年卫人伐邢，《传》云：以报菟圃之役。二十年齐人狄人盟于邢，《传》云：为邢谋难也，于是卫方病邢。二十一年狄侵卫，杜注云："为邢故。"虞者忧也，忧其来伐，不必是围菟圃之岁。文公自去齐后，卫曹郑既不见礼，宋襄止乘马之赠，未尝假居，楚亦仅数月（见《史记·晋世家》）。自齐至秦，虽经历多国，道途原非辽远，入秦在二十三年，则过卫亦必在二十三年明矣。若谓僖十八年过卫，自十八年至二十三年，此六年淹留何国乎？

　　此论足以攻破上述梁氏文公过卫在十八年之说，然定在二十三年，却又忽略史实，因卫自僖二十二至二十三不见邢狄为祸。《晋语》："卫文公有邢狄之虞，不能礼焉。"知文公过卫非在此二年内。且文公在僖十六年去翟之齐，至僖二十三年，与《晋世家》留齐五岁不合。《左传》虽系于二十三年，纯为追述，未定确在何年。考《春秋左氏传》僖二十年："秋，齐狄盟于邢，为邢谋卫难也，于是卫方病邢。"文公过卫盖在此年也（鲁僖二十年）。重耳于鲁僖十六年至齐，留五岁即鲁僖二十年，去齐时当在秋季，因有"谋于桑下，蚕妾在焉"（《晋语》）之文也。卫曹皆不礼，去宋在当年或在翌年（僖二十一年）也。而《晋世家》云："宋襄公新困兵于楚，伤于泓，闻重耳贤，乃以国礼礼重耳。"按泓之战在鲁僖二十二年冬，文公必不能至鲁僖二十二年冬始来宋，因中途逗留何处，梁氏《志疑》亦疑之（且如依《韩非子·外储说左上》云：宋人大败，宋襄公伤股，三日而死，则更不及礼重耳）。《晋世家》所载虽不可靠，然亦必非全然无据。其下文又云："宋司马公孙固善于咎犯，曰：'宋小国新困，不足以求入，更之大国。'"以臆度之，文公必是在僖公二十或二十一年去宋，遂留之以求宋助其入国。至鲁僖公二十二年冬，有泓之战，楚败宋，宋司马公孙固始言："宋小国，新困不足以求入。"宋襄公始赠之以马二十乘，去郑，郑文公不礼而如楚，至楚当在鲁僖公二十二或二十三两年中。居楚数月，秦伯召重耳于楚，盖在鲁僖公二十三年也。至鲁僖公二十四年二月，即晋惠公十五年十二月，秦穆公送重耳归国，下月重耳即位改元，即鲁僖公二十四年三月也。

四、晋文公重耳年表

文公生于周惠王五年，约当西历纪元前 672 年，卒于周襄王二十四年即西历纪元前 628 年。因周、鲁用周正，岁首建子；晋则用夏正，岁首建寅。历法不一，故列表最难。如晋献公二十一年，相当周惠王二十一年、鲁僖公四年。但申生死，晋在十二月，周已至惠王二十二年，鲁已至僖公五年之二月也。又如晋惠公七年十一月归惠公，周已至襄王八年正月。今此表之事迹，均以晋纪年为准（又因中西历法不同，为慎重计，西历纪元未便冒然系之）。此外应当声明的，尚有晋惠公纪年，此表书献公之卒与惠公之立在同一年内，故惠公之年数较旧说多一年。关于此点，此处不能讨论，余别有《晋惠公未逾年改元考》一文论之。现在仅据前面之考订，略按其先后，列表如下：

周王纪元	鲁纪元	晋纪元	重耳年岁及其事迹
周惠王五年	鲁庄公二十二年	晋献公诡诸五年	重耳生。《十二诸侯年表》：伐骊戎得姬。
周惠王十二年	二十九	十二	重耳八岁。《史记·晋世家》及《年表》误书三公子居鄙于此年。
十六	鲁闵公元年	十六	重耳十二岁。晋作二军，献公将上军，太子申生将下军，以灭耿，灭霍，灭魏，太子申生居曲沃，重耳居蒲城，夷吾居屈。参看《三公子居鄙之年考》。
十七	二	十七	重耳十三岁。晋侯使太子申生伐东山皋落氏，至于稷桑，败狄。
十八	鲁僖公元年	十八	重耳十四岁。
十九	二	十九	重耳十五岁。晋荀息以币假道于虞以伐虢 灭下阳。
二十一	四	二十一	重耳十七岁，太子申生于晋十二月戊申缢于新城，以周正言之，已至次年二月，即周惠王二十二年鲁僖公五年之二月也。
二十二	五	二十二	重耳十八岁。奔狄。晋十月（即周十二月）灭虢灭虞。
二十三	六	二十三	重耳十九岁。夷吾奔梁。
二十五	八	二十五	重耳二十一岁。狄伐晋，报采桑之役（采桑之役在上年）。
周襄王元年	九	晋献公二十六年晋惠公元年	重耳二十二岁。晋献公卒，立奚齐，里克杀之及卓子，夷吾立，是为惠公。

周王纪元	鲁纪元	晋纪元	重耳年岁及其事迹
二	十	二	重耳二十三岁。春，杀里克，秋，杀丕郑丕豹奔秦（夏正）。
七	十五	七	重耳二十八岁。晋九月秦晋战于韩，获晋侯。晋十一月归惠公（周正已至周襄王八年正月），疑此年太子圉质于秦与归惠公同时，参看附录二。
八	十六	八	重耳二十九岁。闻管仲死，去翟之齐。《史记·卫世家》此年重耳过卫，盖误信《左传》先过卫，后至齐，故过卫书于此年，实误。
九	十七	九	重耳三十岁。《左传》书晋太子圉为质于此年，恐误。
十	十八	十	重耳三十一岁。冬邢人狄人伐卫。韦氏《国语注》梁氏《志疑》均定重耳过卫在此年内，恐皆不确。参看《文公出亡各国系年考》。
十二	二十	十二	重耳三十三岁。秋，齐狄盟于邢，为邢谋卫难也。于是卫方病邢。重耳盖在此年自齐过卫，卫文不礼。
十三	二十一	十三	重耳三十四岁。重耳在此年或在上一年去宋，因卫文不礼，故当不出此二年中。
十四	二十二	十四	重耳三十五岁。夏，太子圉自秦亡归。冬，楚败宋于泓，宋襄公赠重耳马二十乘，去郑，郑文公不礼。
十五	二十三	十五	重耳三十六岁。重耳如楚在此年或稍前一年。居楚数月之秦，穆公因怨子圉亡归，故召重耳。晋十月惠公卒，子圉立。晋十二月（即周鲁僖二十四年二月）重耳入晋杀怀公，立为晋文公。
十六	二十四	晋文公元年	重耳三十七岁，正月（夏正）文公改称元年。
十七	二十五	二	重耳三十八岁。文公纳王（王奔汜在鲁僖二十四年）伐原示信。
十八	二十六	三	重耳三十九岁。宋服。
二十	二十八	五	重耳四十一岁。晋侵曹伐卫取五鹿，与楚战于城濮，天王狩于河阳。
二十二	三十	七	重耳四十三岁。晋秦围郑。
二十四	三十二	九	重耳四十五岁，薨。

附录一：论太子申生为献公烝武公妾齐姜所生

《左传》庄公二十八年："晋献公娶于贾，无子，烝于齐姜，生秦穆夫人及太子申生。"杜注："齐姜，武公妾。"是史有明文，此问题本不成为问题者，特以《史记》误载重耳之年岁，后人因起种种之猜疑耳。今因考重耳之事迹，牵涉至此，不容不论。

疑此问题者，先后有孔颖达《左传疏》、顾栋高《春秋大事表》、梁玉绳《史记志疑》、张照《史记考证》等书。孔颖达、张照先疑《晋世家》"太子申生其母齐桓公女也，曰齐姜"一语。张氏辨之最详。其言曰：

> 按《左传》齐姜为武公之妾，献公烝之，生秦穆夫人及太子申生。《晋世家》云：献公即位，重耳年二十一（《志疑》云一当作二）。证之《年表》，重耳生年为齐襄之元年。后十二年齐桓方立，申生为太子，其年必长于重耳。齐姜二十而生申生，在齐桓即位之年已三十余岁矣。齐桓在位四十三年，即位时亦不过与齐姜之年相上下，焉得谓为其女乎？

张氏误信《晋世家》"献公即位时重耳年二十二"，故定齐姜二十而生申生，会与其父齐桓之年相上下。实在献公即位时，重耳尚未生。即申生之生亦当在献公即位之后。如以《国语》述重耳生十七年而亡推之，其生在献公五年。申生之生必在晋武公卒后。如假定齐姜时年二十，其父齐桓在位四十三年，再定即位时年三十，至武公死时已四十上下，其女年二十，则可以通矣，不得疑申生之母非齐桓公女齐姜。

其次顾栋高疑《左氏》献公烝齐姜。辨之曰：

> 献公烝齐姜，愚核其年而知左氏之诬。庄二十八年，晋使申生居曲沃，系献公之十一年（今按应为十六年，其辨见附录三《三公子居鄙之年考》），若申生是烝武公妾所生，想当在即位后年不过十岁（此语无据），重耳、夷吾必当更幼。以三稚子守宗邑与边疆，适足以启戎心，而使民慢，何谓威民而惧戎？（《齐姜辨》）

盖因献公有意废太子，则与年龄长幼无关，以"有意"二字可释诸疑（驳此说已详前）。顾氏又据《史记》载重耳之年以驳左氏。曰：

> 又《史记》重耳奔狄，时年四十三，计守蒲时年三十二矣。而申生居

长，则其生当在献公为曲沃世子时。是时武公暴起，方图并晋，志意精明，岂有纵其子淫昏之事？即使有子，岂宜复立为太子？唐之高宗不闻于太宗之世，而通武后也。窃意齐姜是未即位时所娶之嫡夫人，后因宠衰见废，横加之罪，左氏因而甚之耳。

误据《史记》所载重耳之年，以推申生之年，当然无解。大前题既误，结论乃失去根据，此则又不能疑献公烝齐姜矣。

此问题最大之症结，止在申生之年龄。如依《史记·晋世家》所载重耳之年推之，在献公即位时必已逾二十二岁以上，如此则绝非献公烝武公妾齐姜所生甚明。但《史记》此文不可信，前已辨之。能知申生之生，在武公去世之后，则不能疑献公烝齐姜矣。今考《国语·晋语一》："（献公）十七年冬，公使太子伐东山……里克曰：孺子惧乎？……孺子何惧……孺子勉之乎……先友曰……孺子勉之乎！"韦注："孺子，少子也。"在献公十七年尚以孺子称申生，足见其时尚幼，必不能逾二十岁，其生安能不在武公去世之后耶？

按"孺子"二字古训少子，独钱大昕《十驾斋养新录》有《孺子篇》谓："今人以孺子为童稺之通称，盖本于《孟子》。考诸经传，则天子以下嫡长为后者，乃得称孺子。《金縢》《洛诰》《立政》之孺子，谓周成王也。"此说恐有语病。因为武王崩时，成王年幼，故称孺子，实不能证明孺子无幼小之意。《说文》："孺，乳子也，从子需声。"《玉篇》《释名》诸字书均释幼童。《诗经·小雅》"和乐且孺"注："亲慕意，言兄弟欢洽如小儿慕父母也。"《庄子·天道》："嘉孺子而哀妇人，此吾人所以用心也。"《孟子·公孙丑上》："今人乍见孺子将入于井。"皆含有幼童之意，在我们未得到反证以前，实不能冒然推翻旧说也。

附录二：子圉质秦在晋惠公七年非鲁僖公十七年辨

《左传》僖公十七年："夏晋太子圉为质于秦，秦归河东而妻之。"《晋世家》："（惠公）八年，使太子圉质秦。"二书同作鲁僖十七年，从来亦无异义。但秦之质子圉，是用以易其父惠公。《晋语》："公孙枝曰：'不若以归，以要晋国之成，复其君而质其嫡子，使子父代处秦，国可以无害。'是故归惠公而质子圉。"故子圉质秦，当与惠公归国同时，决不能令惠公归国（按惠公归国在鲁僖十六年正月）至鲁僖十七年之夏，相隔一年半始使其子为质，秦亦决不许也。如《左传》宣公十八年："春，晋侯、卫太子臧伐齐至于阳穀，齐侯会晋侯盟于缯，以公子彊为质于晋，晋师始还。"足见为质乃是一种交换的性质，所谓"国可以无害"也。

此外如《左传》僖公十五年："初，晋献公嫁伯姬于秦，遇归妹之睽。史苏占之曰：不吉……姪其从姑，六年其逋，逃归其国，而弃其家，明年其死于高梁之虚。"此文虽为神话，然与事实相合，因《左传》内之预言，均为史家追记，故无一不验[1]，盖不合必不传也。太子圉如谓在鲁僖十七年夏质于秦，至亡归相隔仅五周年，与六年其逋不合。如以子圉质秦与归惠公同时，至逃归时为六周年有余，取其整数，则与史苏之言合矣。可见子圉质秦在鲁僖十六年一月，即晋惠公七年十一月也。《秦本纪》："十一月归晋君夷吾，夷吾献其河西地，使太子圉为质于秦。"此与《晋世家》异，或较为可信也。更有一确证，《国语·晋语三》述惠公归国杀庆郑，蛾析欲赦之，使报秦仇。梁由靡曰：不可。……成而反之不信，失刑乱政不威，出不能用，入不能治，败国且杀孺子，不若刑之。"所谓败国且杀孺子者，则是惠公归国时，在杀庆郑之前，子已在秦矣。杀庆郑在惠公七年十一月丁丑日，以此观之，则《左传》《史记》谓子圉质秦，在鲁僖十七年，安得为不误耶？

附录三：三公子居鄙之年考

《史记·晋世家》："（献公）十二年…于是使太子申生居曲沃，公子重耳居蒲，公子夷吾居屈。"《十二诸侯年表》亦书此事于献公十二年内。梁玉绳《史记志疑》曰：

> 按《左传》三公子居鄙，在鲁庄公二十八年，当晋献公十一年，此作十二，与世家并误。

太史公及梁氏均依《左传》，定三公子居鄙在鲁庄公二十八年内，实则《左传》庄公二十八年所述之事，均未定在何年。虽系于二十八年内，但其事上有追叙，如"晋献公娶于贾无子，烝于齐姜，生秦穆夫人与太子申生"，下有预述后十数年事，如"立奚齐"。按奚齐之立，《左传》《史记》不载。考《国语·晋语二》："令阎楚刺重耳，重耳逃于狄。令贾华刺夷吾，夷吾逃于梁，尽逐群公

---

[1] 案《左传》内之占卜预言，多与事实相合。如庄公二十二年："初，懿氏卜妻敬仲，其妻占之曰：吉……有妫之后，将育于姜，五世其昌，并于正卿。八世之后，莫之与京。"后又有"陈侯使筮之……此其代陈有国乎?不在此，其在异国；非此其身，在其子孙"。僖公十五年："秦饥，晋闭之籴，故秦伯伐晋，卜徒父筮之：乃大吉也，三败必获晋君。"他如当郑七卿辑睦时，而决言其必亡，当晋范中行全盛时，而决言其必萃于韩、赵、魏。预言与事实吻合至此，是知必为史家追记。古史与神话杂糅，良为古代任何民族所不能免。别择有识，自可为考证古史之助，若因其不训，舍而不取，未免以小疵掩大醇也。

子，乃立奚齐焉。"夷吾奔梁，在晋献公二十三年，则奚齐之立，必在二十三年或稍后可知。《左传》此种行文颇多，如僖公四年之文追述晋事，上自晋献公欲以骊姬为夫人起，下至重耳奔蒲，夷吾奔梁事。重耳夷吾出奔，一在僖公五年，一在僖公六年。以此例观之，太史公及梁玉绳定三公子居鄙，为晋献公十二年或十一年之事，当不甚确。今考《左传》闵公元年云："晋作二军，公将上军，太子申生将下军，赵夙御戎，毕万为右，以灭耿，灭霍，灭魏。还，为太子城曲沃，赐赵夙耿，赐毕万魏，以为大夫。士蒍曰：'太子不得立矣，分之都城，而位以卿……'"《史记·晋世家》亦有此文。所谓"还，为太子城曲沃"者，盖三公子同于此时始居鄙也。故士蒍始曰："太子不得立矣，分之都城。"如果在晋献公十二年，太子已居曲沃，则此语"还，为太子城曲沃"与士蒍所云均无解矣。设余所推若不谬，则三公子居鄙，最早当在晋献公十六年，重耳之年为十二岁。

附记：

此文乃民国二十六年夏，在北平时所草也。文方粗就，中日战事即发，先平津沦陷，继家乡不保，遂辗转南下，入长沙临时大学。虽具抗战必胜之信心，然痛国思乡，心乱如麻。来蒙自后，史刊征文，故重理旧稿，誊写既竟，又蒙钱宾四、毛子水师详加指正，深为感谢。1938 年 6 月，玉哲附识。

（此文原载北京大学史学会编《治史杂志》第 2 期，1939 年 6 月在昆明出版）

评傅斯年先生《谁是〈齐物论〉之作者》

予之此文作于一九三八年夏，距今已有五十多年。原稿虽在部分学人间有所传阅，但由于某种原因，一直未公诸于世。第思傅先生文章影响颇大，当时曾获得并世学者如胡适、顾颉刚、容肇祖、王先进诸先生之颂赞。甚至现代人写哲学史、思想史者，亦还有遵循其说立论者。因之，始将旧稿不加增删，正式发表，以求教于当代方家。

作者识于一九九〇年二月

一

今传《庄子》三十三篇，为郭象定本。计有内篇七，外篇十五，杂篇十一。此书自周末成书，流传垂二千余年。其中篇章难保无他家作品混入者。故非悉心考证，实不足以语庄子真实面目。近之治庄学者，均视《逍遥游》《齐物论》《秋水》等篇为最可信，从来亦无异议。近读傅孟真先生《谁是〈齐物论〉之作者》一文（《中央研究院历史语言研究所集刊》第六本第四分，民国二十五年十二月出版），断《齐物论》为慎到所作。其说颇新，且对中国古代思想史影响至巨，乃反覆读之。见其所持之论据，多有可商。遂不揣浅陋，而摹斯篇，以就正于傅先生及海内同好焉！

傅先生此文最令人起疑者，在其只求《齐物论》与《天下篇》述慎到、田骈之方术相合，而对于《齐物论》与《天下篇》述庄周之学说有无矛盾之点，却以一二句了之。吾人欲辨《齐物论》为慎到所作，必先明《齐物论》非庄书思想，再审其有无与慎到方术抵触之处。不能以《齐物论》内有与慎到思想偶合者，而定为慎氏之作。按《齐物论》内之思想除庄生外，最接近于惠施，如《天下篇》述惠施十事，曰："天与地卑，山与泽平"，《齐物论》则曰："天下莫大于秋毫之末，而太山为小"；又曰："日方中方睨，物方生方死"，《齐物论》则曰："虽然方生方死，方死方生"；曰："天地一体也"，《齐物论》则曰："天地与我并生，而万物与我为一。"其说相合若此，而不能说《齐物论》为惠施所作者，因其中思想有与惠子抵触之处。同样《齐物论》与《天下篇》述慎到之思想抵触者甚多（详后），傅先生皆掩而不发，其结论故终难树立也。

《天下篇》所述庄周之学说，与《齐物论》之思想并无抵触，即傅先生亦未能举出反证，仅曰：

> 《齐物论》者，犹不免以齐为心，以齐喻齐，不若以非齐喻齐也。如是安得"上与造物者游"乎？

按傅先生此语，不易知其所指。但观《齐物论》之文曰："以指喻指之非指，不若以非指喻指之非指也。以马喻马之非马，不若以非马喻马之非马也。天地一指也，万物一马也。"又曰："旁日月，挟宇宙。"又曰："乘风气，骑日月，而游乎四海之外。"观此又安能谓其不能"上与造物者游"乎[①]？傅先生又云：

> 以思想论，决然无主，不似他篇之睥睨众家也。

《天下篇》述庄周之思想，明云"芴漠无形，变化无常，死与？生与？天地并与？神明往与？忽乎何适？""不以觭见之也"。又曰："而不敖倪于万物，不谴是非，以与世俗处。"这与《齐物论》内思想未见乖戾。如《齐物论》曰："彼亦一是非，此亦一是非。果且有彼是乎哉？果且无彼是乎哉？……是亦一无穷也，非亦一无穷也。"曰："是以圣人和之以是非，而休乎天钧。"又曰："是非之彰也，道之所以亏也。"此正《天下篇》所谓"不谴是非，以与世俗处"。《齐物论》又曰："且有大觉，而后知此其大梦也"，又曰："生死无变于己"，亦与《天下篇》所谓"外生死"合。今以《天下篇》为准，以视《齐物论》无一不应。而傅先生却说"持《天下篇》为准，则可以出《齐物论》于庄书矣。"吾不敢以为然也。

傅先生以为《齐物论》非庄书，在思想上未能寻出坚强证据，乃又从其文词上疑之曰：

> 即如《齐物论》一篇，在庄书中独显异采。以文词论，徘徊幽忽，不似他篇之昭朗翱翔也。

[①] 当年本稿写成后，曾先后就正于刘文典、冯友兰、顾颉刚、闻一多等先生。诸先生在原稿上端均写有批语。冯先生读至此，批曰："就一人修养方面说，以齐为心者，不如并齐而忘之。但就哲学方面说，既以齐物为一道理，则不能不讲之。《齐物论》：'今且有言于此'一段正明此义。"

> 《齐物论》一书在《庄子》三十三篇中，块然独处，廓然独居。文词既绝与他篇不同，思想亦不类。

对文词风格的看法，伸缩性极大，且很易为成见所蔽，此乃尽人皆知也。如梁任公先生视《牟子理惑篇》，似两晋六朝乡曲不善属文者作，而胡适之先生视其文词，却以为是汉魏间之产品。同一文字，两人读之，即有此分歧意见，足证以文词作据之不足恃也。今吾读《齐物论》，不见其"块然独处，廓然独居"，反觉暗合于《天下篇》所谓"其书虽瑰玮，而连犿无伤也。其辞虽参差，而淑诡可观"也。

二

由上所述，在思想上，吾人既不能使《齐物论》脱离庄书，此下如再能指出《齐物论》与《天下篇》所述慎到之学说有相违之点，则《齐物论》不作于慎到，不辨自明矣。今先引《天下篇》述慎到思想之文字，然后再加以辨析：

> 公而不当（崔本作党），易而无私，决然无主，趣物而不两，不顾于虑，不谋于知，于物无择，与之俱往。古之道术有在于是者，彭蒙、田骈、慎到闻其风而说之。齐万物以为首，曰："天能覆之，而不能载之。地能载之，而不能覆之。大道能包之，而不能辩之。知万物皆有所可，有所不可。故曰：选则不遍，教则不至，道则无遗矣。"是故慎到弃知去己，而缘不得已，泠汰于物以为道理。曰知不知，将薄知而后邻伤之者也。谋髁无任，而笑天下之尚贤也。纵脱无行，而非天下之大圣。椎拍輐断，与物宛转。舍是与非，苟可以免。不师知虑，不知前后，魏然而已矣。推而后行，曳而后往，若飘风之还，若羽之旋，若磨石之隧，全而无非，动静无过，未尝有罪，是何故？夫无知之物，无建己之患，无用知之累。动静不离于理，是以终身无誉。故曰：至于若无知之物而已。无用贤圣，夫块不失道。豪桀相与笑之曰："慎到之道，非生人之行，而至死人之理，适得怪焉。"

读此则知慎到之思想，如"舍是与非"，如"趣物不两"，如"无知之物"等等，与《齐物论》思想绝不相同。然傅先生以为相合，且云："自当览其互为注脚耳。"观其所举之例证，颇多牵强。其言曰：

> 《齐物》一篇，所论者甚多曲折，其文词又复张皇幽眇，诚不可以一言

归纳之。然郭注颇得其要旨，其言曰："夫自是而非彼，美己而恶人。物莫不皆然。故是非无异，而彼我均也。"此正《天下篇》慎到"舍是与非"也。

傅先生以为郭注颇得其要旨。此言甚是。惟云："此正《天下篇》谓慎到'舍是与非'也"，则颇牵强。何以言之？因《齐物论》对于是非之态度与慎到所持者不合，《齐物论》所谓"是非之彰也，道之所以亏也"。这是承认有是非，不过主张"枢始得其环中"。《天下篇》谓慎到之"舍是与非"则全在"苟可以免"。足见慎到非真不执是非，而是为避免祸累乃强舍之耳①。傅先生又云：

> 《天下篇》所云："决然无主，趣物不两"者，《齐物论》反覆言之，盈数百言。其则"至于莫之是莫之非而已矣。""万物皆有所可有所不可"。而"辨也者有不见也"，正《天下篇》所谓"大道能包之而不能辨也"。《齐物论》更详申其义曰："是不是，然不然，是若果是也，则是之异乎不是也，亦无辨。然若果然也，则然之异乎不然也，亦无辨。""是非之彰也，道之所以亏也。"

按《天下篇》谓慎到"决然无主，趣物不两"，以梁任公所释最得其真，曰："决然无主者，谓排除主观的先入之见也。趣物不两者，两，谓介于两可之间，确定一标准，则不两矣。"(《〈庄子·天下篇〉释义》)是慎到反对两可，而《齐物论》则皆操两可之说，乃"无可无不可"。至于《天下篇》谓慎到"知万物皆有所可有所不可"，亦与《齐物论》完全不同。《天下篇》此谓慎到之有所可有所不可，乃意在解释上文，所谓天可覆之，而绝对不可载之；地可载之，而绝对不可覆之。此种"有所可有所不可"是绝对的，而《齐物论》之"方可，方不可；方不可，方可"，"彼出于是，是亦因彼"，"物无非彼，物无非是"，"举莛与楹，厉与西施，恢恑憰怪，道通为一。其分也，成也。其成也，毁也。凡物无成与毁，复通为一"，是知道者观之，皆可通而为一，此两可之说也。慎子则主张"趣物不两"，其所不可者终不可：如天则决不能载之。所可者则终为可：如天可覆之也。以此观点视之，则《齐物论》与《天下篇》述慎到之思想截然分歧。傅先生又曰：

> 至于"弃知去己"之义，《齐物论》中啮缺问乎王倪一节，所释最为明白。所谓"弃知"，并己之不知亦不知，并物果无知否亦不知。所谓"去

---

① 冯友兰先生眉批曰："《齐物论》并不废是非，不过要超是非。"

己"，则罔两与景，皆无所谓己。人之所美，则"鱼见之深入，鸟见之高飞"者也。凡此相同之点，无待列举。细以《天下篇》所述彭蒙、慎到、田骈所持义与《齐物论》比勘，自当觉其互为注脚耳。

傅先生以为慎到"弃知"，举《齐物论》中啮缺问乎王倪一节为例，殊不知此节尚有问题。据日人武内义雄之考证，此文实《逍遥游》之一节，后人误插入《齐物论》[①]。其言曰：

> 又《逍遥游篇》之"音义"出"四子"二字，其下注云："司马彪本云：王倪、啮缺、被衣、许由。"按《逍遥游篇》但记许由之事，无王倪、啮缺、被衣三子之名。三子之事，见于《齐物论》与《应帝王》。若从今本，则唐突四子，王倪以下四人矣。想司马彪本《庄子》，记许由肩吾之事后，即当有今本《齐物论》《应帝王》篇之王倪、啮缺、被衣三人之问答。盖《逍遥》一篇之要旨，在"至人无己，神人无功，圣人无名"三句。而此三句下置尧让天下于许由一章，所以明"圣人无名"之说也。次叙肩吾连叔问答，说"神人无功"之义也。而"至人无己"一句之说明，盖无相当之章。而《齐物论》王倪答啮缺曰"至人神矣"，又曰"死生无变于己"。《应帝王》篇首承之，说"无己"之事，恰为"至人无己"之说明。由是观之，司马彪所注《庄子》之《逍遥游》必有此文，今传本恐非司马之旧。（《庄子考》，已收入江侠庵编译《先秦经籍考》）

武内义雄之《庄子考》，颇多武断之处。但此段考证，可谓有识。因《庄子》一书，此文误入彼文，或彼文误入此文，或以注误入正文者，往往而有。如《齐物论》："昔者庄周梦为胡蝶，栩栩然胡蝶也。自喻适志与？不知周也。俄然觉，则蘧蘧然周也。"其中"自喻适志与"五字，显与上下文不贯，必系后人批或注误入者。近刘文典先生据《艺文类聚》"豸部"与《太平御览》卷九百四十三所引删去。又如《天运篇》："夫至乐者"至"太和成物"三十五字，与本文不类，宋苏辙曾疑之。清儒徐位山和近人马叙伦先生乃疑为郭象注。江绍原先生所藏

[①] 冯友兰先生批曰："此段所说之无知，乃无'智识底知识'。此本庄学一主要的意思，与慎到之无知与土块同者不同。故武内义雄之说能成立与否，并无关系。"又批曰："无己本亦庄学所主张者。蝴蝶一段有无亦无关系。"

影印唐写本，即无此三十五字。但郭注中亦无之。此文之来源尚不可考①。《庄子》一书类此错误甚多，足见武内义雄之说，亦极为可能。设其所推若不远于事实，则傅先生举此用以与"弃知"作例，失去根据矣。

慎到"弃知"之义犹有异于《齐物论》之处，据《天下篇》谓慎到曰："夫无知之物，无建己之患，无用知之累。"又曰："至于若无知之物而已矣，无用贤圣，夫块不失道。"正如梁任公先生所谓"率天下而学土块，则是断灭宇宙耳"（《老孔墨以后学派概观》）。此种"无知"是令人成一无生物，而《齐物论》所谓"圣人怀之"，又曰"圣人和之以是非"，非真不知，乃令人怀之而不示于外也。善乎冯友兰先生之言曰：

> 《庄子·齐物论》所言纯粹经验之世界中，虽无智识的知识，然固有经验。有经验者，亦非真正无知之物也。庄子"忘年忘义"《齐物论》"忘"字最可注意。忘者非无有也，特忘之而已。此老庄之理想人格之所以异于"块"也。《天下篇》批评慎到谓其道"非生人之行，而至死人之理，适得怪焉"。使人如真正无知之物，即使人至死人之理也。《天下篇》对老庄二派，皆极赞扬，而于慎到特提出此点，可见慎到与老庄之不同在此矣。（《中国哲学史》）

慎到既主张令人学土块，故又"笑天下之尚贤也……而非天下之大圣"。又曰："无用贤圣。"（均见于《天下篇》）此种非圣思想，亦与《齐物论》不合。《齐物论》赞扬圣贤之言，不一而足。如"是以圣人不由，而照之于天"，"是以圣人和之以是非，而休乎天钧"，"是故滑疑之耀，圣人之所图也"，"六合之内，圣人论而不议……先王之志，圣人议而不辨"，"圣人怀之"，"圣人不从事于务"，"万世之后，而一遇大圣"。美圣人之处多矣，安能谓《齐物论》与慎到之思想相合邪？

慎到之"生死观"亦与《齐物论》大相抵触，冯友兰先生谓慎到之学，"注意于'全生免祸'之方法，云：'舍是与非，苟可以免'，'动静无过，未尝有罪'，'动静不离于理，是以终身无誉'（皆在《天下篇》）。是其学出于杨朱也"。（见《中国哲学史》）是慎到重生畏死，极为明白。而《齐物论》则不然，以为死生乃从一环境进至另一环境。生固不必喜，死亦无所悲，曰："予恶乎知说生之非

---

① 刘文典先眉批曰："此三十五字确为成疏，既非正文，亦非郭注，《道藏》白文本无此三十五字，写本同，注疏本正以为疏文，详其文义，正释郭注'知夫至乐者非音声之谓也，必先顺乎天应乎人'之谊。故拙著《庄子注疏补正》依《道藏》注疏本以为疏文。"

惑邪？予恶乎知恶死之非弱丧而不知归者邪？"又云："丽之姬，艾封人之子也。晋国之始得之，涕泣沾襟。及至于王所，与王同筐床，食刍豢，而后悔其泣也。予恶乎知夫死者不悔其始之蕲生乎？梦饮酒者旦而哭泣，梦哭泣者旦而田猎。方其梦也，不知其梦也。梦之中又占梦焉。觉而后知其梦也。且有大觉，而后知此其大梦也。"此正为庄生之"外生死"，与慎到之"全生免祸"背道而驰。

傅先生又举《齐物论》中罔两与景之例，用以明慎到之"去己"，似亦未必然。即便其确为释"去己"之义，亦不能明其为慎到作释，因《庄子》亦主"无己"。《逍遥游》曰："至人无己，神人无功"，是《庄子》无己之说也。傅先生只牵《齐物论》与慎到思想相近者以求其合，而不能析《齐物论》与《天下篇》所述慎到思想相异者以求其分。"有见于合，无见于歧"，盖成见使然也①。

傅先生又引《荀子·非十二子篇》《天论篇》，《吕氏春秋·不二篇》以为旁证，然皆不足证明其说。《荀子·非十二子》谓慎到"尚法而无法"，《天论篇》又曰："慎子有见于后，无见于先"，《解蔽篇》云："慎子蔽于法而不知贤"（此篇傅先生未引）。此类思想绝不与《齐物论》相合。故傅先生谓此乃慎、田二子之支流，非慎子原有思想，并佚文亦非之。其说虽不无情理，然不能遽作定论。且此文并不违于《天下篇》所论之慎到思想，如《天下篇》"无用贤圣"，正是《解蔽篇》之"慎子蔽于法，而不知贤"。《天下篇》"与物宛转"，正《非十二子》所谓"上则取听于上，下则取从于俗"之义。《天下篇》谓"夫无知之物，无建己之患，无用知之累"，慎子佚文则曰："措钧石，使禹察之，不能识也。悬于权衡，则毫发识矣。"（《意林》及《御览》卷八百三十所引）此言人知之不足恃，用之徒累，反不如钧石权衡等无知之物之能得正鹄也。《天下篇》谓"至于若无知之物，无用贤圣"，即此意也（大意为梁任公语）。慎子佚文又曰："有权衡不可以欺轻重。有尺寸者，不可以差以长短。有法度者，不可以诈伪。"（《意林》及《御览》卷四百二十九所引）这确是"趣物不两"之绝对政策。故"笑天下之尚贤"而"非天下之大圣"。荀子与慎子为同时人，批评其说，当能如实扼要，必不致误评其支流。且《韩非子·难势篇》亦引有慎子言势之文。其颇含法家意味或不成问题，特以《天下篇》未能标出"法"之一字耳。史料既残，文献不足，甚难确定慎子必无法家思想。然死者不复生，将谁以定其诚乎②？

以前所论，《齐物论》不出于慎到，似已无问题。今再举两点，以固吾说。《齐物论》内之故事及词句，多见引于《庄子》其他篇者，傅先生云：

---

① 冯友兰先生在此处批曰："此得之。"
② 冯友兰先生批曰："无论如何，此点与《齐物论》是否慎到作无关。"

《齐物论》词句与《庄子》他篇偶同者，一见于《庚桑楚》，再见于《寓言》。皆抄袭《齐物》，无关旨要。盖后人敷衍成文者。此不足为《齐物论》属于庄子著书之证，适足为《齐物论》混入庄学颇早之证。

按《齐物论》之词句、故事见引于他篇者甚多，决非全为后人敷衍成文。今以次列举之如下：

（一）《齐物》：南郭子綦，隐机而坐，仰天而嘘……颜成子游侍立乎前……形固可使如槁木，而心固可使如死灰乎？

《徐无鬼》：南伯子綦，隐几而坐，仰面而嘘……颜成子入见曰……

《知北游》：形若槁骸，心若死灰。

《庚桑楚》：身若槁木之枝，而心若死灰矣。

（二）《齐物》：一受其形，不亡以待尽……

《田子方》：吾一受其成形，而不化以待尽。

（三）《齐物》：枢始得其环中，以应无穷。

《则阳》：冉相氏得其环中以随成。

（四）《齐物》：恶乎然？然于然。恶乎不然？不然于不然。物固有所然，物固有所可。无物不然，无物不可。

《寓言》：恶乎然？然于然。恶乎不然？不然于不然。恶乎可？可于可。恶乎不可？不可于不可。物固有所然，物固有所可。无物不然，无物不可。

（五）《齐物》：其分也成也，其成也毁也。

《庚桑楚》：道通其分也，其成也毁也。

（六）《齐物》：而休乎天钧。

《寓言》：始卒若环，莫得其伦，是谓天钧。

（七）《齐物》：古之人其知有所至矣，恶乎至？有以为未始有物者至矣，尽矣，不可以加矣。

《庚桑楚》：古之人其知有所至矣，恶乎至？有以为未始有者，至矣尽矣，弗可以加矣，其次以为有物矣。

（八）《齐物》：惠子之据梧也……故以坚白之昧终。

《德充符》：庄子（对惠子）曰："今子外乎子之神，劳乎子之精，倚树而吟，据槁梧而瞑，天选子之形，子以坚白鸣。"

（九）《齐物》：故知止其所不知，至矣。

《庚桑楚》：知止乎其所不能知，至矣。

（十）《齐物》：啮缺问乎王倪曰……

《应帝王》：啮缺问于王倪……

（十一）《齐物》：至人神矣，大泽焚而不能热，河汉沍而不能寒。

《逍遥游》：之人也，物莫之伤，大浸稽天而不溺，大旱金石流，土山焦，而不热。

《秋水》：至德者火弗能热，水弗能溺，寒暑弗能害。

《大宗师》：古之真人……入水不濡，入火不热。

《达生》：至人潜行不窒，蹈火不热。①

（十二）《齐物》：至人神矣……乘云气，骑日月，而游乎四海之外。

《逍遥游》：有神人居焉……乘云气，御飞龙，而游乎四海之外。

（十三）《齐物》：和之以天倪，因之以曼衍，所以穷年也。

《寓言》：卮言日出，和以天倪，因以曼衍，所以穷年。

《天下篇》谓庄周以卮言为曼衍，以重言为真，以寓言为广。

（十四）《齐物》：罔两问景曰："曩子行，今子止，曩子坐，今子起。"

《寓言》：罔两问景曰……向也坐而今也起，向也行而今也止，何也……

（十五）《齐物》：见卵而求时夜，见弹而求鸮炙。

《大宗师》：浸假而化予之左臂以为鸡，予因以求时夜。浸假而化予右臂以为弹，予因以求鸮炙。

（十六）《齐物》：日夜相代乎前，而莫知其所萌。

《德充符》：日夜相代乎前，而知不能规乎其始者也。

（十七）《齐物》：南面而不释然。

《庚桑楚》：南面而不释然。

（十八）《齐物》：天地与我并生，而万物与我为一……死生无变已。

《天下篇》：（述庄周思想谓）死与生与？天地并与？

根据上面的统计，《齐物论》被他篇征引者凡十八则二十四处：计有内篇四篇七处，外篇四篇四处，杂篇五篇十三处，共十三篇。决不似傅先生所谓："一见于《庚桑楚》，再见于《寓言》。"又谓"皆抄袭《齐物》，无关旨要，盖后人敷衍成文者"。按此十三篇中，有向被人确信为庄生原书者，如《逍遥游》《秋水》《寓言》等篇，岂亦为后人抄袭《齐物》敷衍成文邪？试问除此十三篇外，

---

① "大宗师"和"达生"两条为闻一多先生在阅读本文时所补。

更以何篇为庄生原书[①]?

傅先生又以为《天下篇》谓慎到"齐万物以为首"即是今本《庄子》中《齐物论》之篇名。曰:"则慎到著书,曾以《齐物》一篇为首也。"又据《史记·孟子荀卿列传》有谓慎到著十二论之文,傅先生遂判断曰:

> 据此文,则慎到著书,以论为名,其数凡十二也。合此两事,知《齐物论》者,慎到所著十二论之首篇也。

按战国末年诸子著书,以"论"名篇者非慎到一人,其同时稍后尚有公孙龙之《指物论》《名实论》《白马论》等。安知以"论"名篇非庄生创例,至慎到、公孙龙始盛行耶?傅先生以《天下篇》谓慎到"齐万物以为首"为《庄子》之《齐物论》,则尤有未安。按《天下篇》叙述诸子,常有引原人著作之例。如述老聃,有老聃曰"知其雄,守其雌,为天下溪。知其白守其辱,为天下谷",此正为今本《老子》"知其雄,守其雌,为天下溪……知其白守其黑,为天下式……知其荣守其辱,为天下谷";又曰"受天下之垢",正今本《老子》"能受国之垢";又曰"坚则毁矣,锐则拙矣",正今本《老子》所谓"人之生也柔弱,其死也坚强""揣而锐之,不可长保"之缩语。古人引书,皆约举其辞。虽不必尽同原文,然仍能存其大概面目。但《天下篇》谓慎到"齐万物以为首,曰'天能覆之,而不能载之。地能载之,而不能覆之。大道能包之,而不能辩之'。……曰'故选则不遍,教则不至,道则无遗矣'……"若谓"齐万物"即《齐物论》,上所引诸语,应必见于《齐物论》文内。然细读《齐物论》,无一与此数语面目相同者。是知慎到"齐万物"未必是《庄子》之《齐物论》[②]。

揆之当时论"物"之风特盛,即以《天下篇》视之,谓宋钘、尹文"接万物以别宥为始",谓关尹、老聃"空虚不毁万物为实",谓惠施"历物之意",俱为诸子对"物"之见解或论辩。慎到之"齐万物"与庄周之《齐物论》其内容未必相同。如此,则庄周有《齐物论》,又何疑耶?

总以上之诸多反证,吾定《齐物论》不为慎到所作,必非河汉之谈也。

[①] 冯友兰先生对本文统计《齐物论》见引于他篇者二十四处之考证极表赞成,批曰:"此点考证,甚详、甚好。"

[②] 冯友兰先生在此处批:"此点甚好。"

三

通过前面之辨析，《齐物论》之作者问题，似已基本解决。此下所论，为二枝节问题，于本文无关要旨。

其一，即《齐物论》最末一段，傅先生疑之，曰：

> 《齐物论》一篇中，仅末段见庄子名。然此段陈义乃与前文相反。此段中有云："周与胡蝶则必有分矣"，前文乃云："分也者，有不分也。"试取古卷子本看其款式，卷末最易为传写者追加。此段之来源，正当如是。

此论虽可聊备一说，但病其无证。细读《齐物论》，则知"周与胡蝶必有分矣"之"分"字，与前文"分也者有不分也"之"分"字，其所指不同。按庄子对于世间万物，主张"怀之而不言"，贵于"天倪"。故明知其有分，而不必分。例如："是若果是也，则是之异乎不是也，亦无辩。然若果然也，则然之异乎不然也，亦无辩。"是庄子已承认"然与不然"有分矣。此分只在"天倪"之内，不必以人力为分。庄子承认"天倪"中之有分，而蔑视以人力分之。其"周与胡蝶必有分矣"之"分"字，系指"天倪"中之分。而"故分也者有不分也"之"分"字，系指人力为之。二"分"字所指不必相同，则其陈义前后并无龃龉矣[①]。

其二，是《庄子》版本问题。日本高山寺所藏之古抄本《庄子》残卷，大约为晋时所流行者，在我国久已绝迹。其《天下篇》末，较今传本多二百零一字。惜其中错字脱文甚多。今据日人武内义雄之《庄子考》[②]所考订，参以己意，抄录于下：

> 夫学者尚以成性易知为德，不以能政（当为攻）异端为贵也。然庄子闳才命世，诚多英文伟词，正言若反，故一曲之士（玉哲按陆氏《释文》引作才），不能畅其弘旨，而妄窜奇说，若阕亦（当为奕）意循之首，尾（当为卮）言遊（玉哲按凫为水禽，当为游字）易（当为凫）子胥之篇，凡诸

---

① 冯友兰先生对《庄子》最末一段的看法，批曰："庄子各篇尾所附诸小段本皆可为后人所加。罔两问景一段亦然。"冯先生对本稿所分析庄子"分"字的见解颇赞成，批曰："此义甚好。亦可说庄子一方面，说周与蝴蝶有分；一方面说周可为蝴蝶，蝴蝶可为周，是其分，为相对的。故曰此之谓物化。"

② 刘文典先生批注曰："武内义雄，字谊卿，通经学，精校勘，与狩野博士合著《庄子校勘记》，视《庄子考》更详审，其《读庄私言》亦甚有卓见，颇值一读。"

巧离（玉哲按陆氏《释文·庄子序录》引为巧杂）若此之类，十分有三。或牵之令近，或迂令诞。或似山海经，或似（当脱一占字）梦书①，或出淮南，或辨形名。而参之高韵，龙蛇并御。且辞气鄙背（玉哲按背或为卑字之误），竟无深澳（当为奥）。而徒难知以因（当为困）蒙，令沈滞失乎（乎字恐衍）流。岂所以求庄子之意哉？故略而不存。令（当为今）唯哉（当为裁）取其长达，致存乎大体者，为三十三篇者（当为焉）。太史公曰："庄子者名周，守（当为宋）蒙县人也。曾为周史，与魏惠（玉哲按下二名俱有王字，惠下亦应有一王字）齐（脱一宣字）王楚威王同时者也。"（上所校正除有"玉哲按"者外，均系武内义雄《庄子考》所原校。）

按陆氏《经典释文·庄子序录》引郭子玄（象）语曰："一曲之才，妄窜奇说，若阏奕、意修之首，危言、游凫、子胥之篇，凡诸巧杂，十分有三。"郭子玄此语不见于今本《庄子注》。傅先生云："或郭氏他文，今不可考。"按陆氏所引郭氏此语，全见于日本古抄本《天下篇》末所附的这二百零一字中。今既知郭象此语之来源，且可证此二百零一字必为郭氏《庄子注后序》无疑②。故特转录于此，以广流传，治庄学者或有所参考焉。

1938 年 8 月 15 日草于蒙自"西南联大"

（此文收录于王玉哲《古史集林》，第 480-494 页，中华书局 2002 年版）

---

① 闻一多先生眉批："《梦书》一卷，马国翰有辑本。见《玉函山房辑佚书》。郭氏所称或即此书。然则亦魏晋以前旧籍矣。"

② 本文写作时，身处僻乡云南蒙自（西南联大始迁昆明时，由于校舍一时不易全部解决，故文学院临时南赴蒙自上课），参考资料奇缺。到 1939 年，才在昆明友人处见到罗根泽所编《古史辨》第六册（1938 年 9 月出版），内有孙道升先生《鎌仓本庄子天下篇跋尾》一文，亦举出日本高山寺古钞本《天下篇》末所多出之文字。然谓"二百零四字，并且文字亦小有不同，未知孰是"（刘文典先生曾见高山寺本，他说多二百零二字）。孙先生也说此"所多的二百零四字为郭象的著作"。特补记于此。

殷商疆域史中的一个重要问题

——"点"和"面"的概念

殷商所建的国家，其疆域有多大？《史记·殷本纪》没有明言。其中偶尔也谈到一些地名，但大都不能指实其地。卜辞中所见的古地名，多达数百个，更是异说纷纭，难以折衷一是。汉人称殷周王朝最盛的殷王武丁和周成王时之商、周疆域，"东不过江黄，西不过氐羌，南不过荆蛮，北不过朔方"[1]。这也就是指大约自幽、燕以南，汉、淮以北，陕西省以东，江苏、安徽以西，以河南省为中心的一带土地。但这只不过是一个大概的推想，并无实证。

那末，商王朝疆域的四至，到底远到何处？近来有些史学家借助地下考古的材料研究这个问题，把殷商疆域越推越远。从历年来的考古发掘资料来看，商代遗址不仅分布在黄河流域的中、下游，而且南方已达到长江以南，北方则达到长城以北的广大地区。

如 1974 年在湖北黄陂盘龙城发现了商代遗址，进行发掘整理后，肯定这里是和郑州商城同时期的又一座商代古老的城址。1973 年新发现的江西清江吴城和横塘遗址，以及南昌市等地都发现商代遗物[2]，时代从商代中期延续到西周初期。盘龙城和吴城的商代遗址，以及历年来在湖北、江西、湖南、安徽、江苏、浙江等地零星出土的商代铜器，都反映了当时长江流域和中原地区殷商文化，存在着基本一致的密切关系。

北方的商遗址发现的更多了。尤其是 1973 年对河北省藁城台西村商代遗址的发掘，明确了这是由商代早晚两期居住遗存和早晚两期墓葬构成的。从所获得的遗物看，台西遗址的文物，虽然有自己的特性，但与安阳、郑州商代遗址确有许多共同点，是非常明显的。它同江南和中原殷文化之间，互有交往、互相影响之迹，斑斑俱在。整个河北省地区，南起磁县、中经邢台、藁城，北至

---

① 见《汉书·贾捐之传》。

② 江西省博物馆：《江西清江吴城商代遗址发掘简报》，《文物》1975 年第 7 期；江西省博物馆、清江县博物馆：《近年江西出土的商代青铜器》，《文物》1977 年第 9 期。

涿县、易县一带，往北直至北京地区，殷商文化遗存，分布得相当密集。而长城内外一线，许多地方也曾发现商代的遗迹或遗物。例如陕西的绥德，山西的保德、忻县，河北的丰宁、卢龙等地，所出铜器和其它物品，绝大部分都具有商代文化的风格。

另外，在华北北部与辽西的夏家店下层文化遗址，也具有殷商文化的某些特征①。进行过普查的这种类型的遗址有赤峰②、宁城③、北票④、敖汉旗大甸子⑤、河北的唐山⑥、蓟县大厂⑦和北京琉璃河⑧等地。夏家店下层文化的时代，上限约晚于龙山文化，下限可能已到西周。辽宁喀左县、北洞村两个商、周之际的铜器窖藏坑的填土中，也都发现有夏家店下层文化的陶片⑨。

夏家店下层文化既包含着浓厚的龙山文化因素，又具有殷商文化的特点。当然，这并不意味着夏家店下层文化是中原的殷商文化的前身，而只是说它和殷商文化可能有着共同的根源，是与中原殷商文化平行发展的（这个问题比较复杂，又非本文重点，在此只提示一下，其详见正在写作的《先秦史稿》第四章第四节）。

西方的殷商遗址，1957 年曾在陕西华县发现过⑩，又自 1955 年以来在陕西城固县，位于汉中东部发现并清理了一批殷商铜器。这批铜器数量有四五件，造型精致，在陕西地区来说，过去是少见的⑪。这给研究殷商疆域及陕西南部地区的殷商文化提供了重要线索。1958 年以来又在山西黄河边的石楼县，前后发现殷商晚期墓葬和十数件铜器。有人推测这可能是殷墟西部的沚国，不知

---

① 夏家店文化是在辽宁的赤峰夏家店下层遗址首次发现的一种有特点的商文化而得名。

② 中国科学院考古研究所内蒙古工作队：《赤峰药王庙、夏家店遗址试掘报告》，《考古学报》1974 年第 1 期；《内蒙古赤峰药王庙、夏家店遗址发掘简报》，《考古》1961 年第 2 期。

③ 中国科学院考古研究所内蒙古工作队：《宁城南山根遗址发掘报告》，《考古学报》1975 年第 1 期。

④ 辽宁省文物干部培训班：《辽宁北票县丰下遗址 1972 年春发掘简报》，《考古》1976 年第 3 期。

⑤ 中国科学院考古研究所辽宁工作队：《敖汉旗大甸子遗址 1974 年试掘简报》，《考古》1975 年第 2 期。

⑥ 河北省文物管理委员会：《河北唐山市大城山遗址发掘报告》，《考古学报》1959 年第 3 期；安志敏：《唐山石棺墓及其相关的遗物》，《考古学报》第七册，1954 年。

⑦ 天津文化局考古发掘队：《河北大厂回族自治县大坨头遗址试掘简报》，《考古》1966 年 1 期。

⑧ 赵信、田敬东：《北京琉璃河夏家店下层文化墓葬》，《考古》1976 年第 1 期。

⑨ 北京大学考古教研室商周组编著：《商周考古》文物出版社 1979 年版，第 128 页；喀左县文化馆等北洞文物发掘小组：《辽宁喀左县北洞村出土的殷周青铜器》，《考古》1974 年第 6 期。

⑩ 许益：《陕西华县殷代遗址调查简报》，《文物参考资料》1957 年第 3 期。

⑪ 祝培章等：《陕西城固县发现的青铜器》，《文物》1966 年第 1 期；唐金裕等《陕西省城固县出土殷商铜器整理简报》，《考古》1980 年第 3 期。

确否①。

东方在山东地区发现殷商遗址的,有济南的大辛庄②、曲阜③、滕县④、平阴⑤和益都的苏埠屯⑥等地。

从地下考古材料上看,与殷商文化有关的遗址,其范围真不小,值得注意的是北面还达到昭乌达盟和辽西地区,远在长城以北三百公里的克什克腾旗,也都出土过商代的铜器。喀左北洞一号窖藏,从出土铜罍的纹饰和铭文看来,很可能与商朝分封的同姓国孤竹有关。与殷商文化有关的遗址分布得这样辽阔,于是,一般人很容易误解为殷商已是个统一的大帝国,其版图的面积东自济水,西至陕西,北起长城内外,南及长江左右。东西南北纵横都达千里左右。殷人的子孙在亡国数百年之后,想到武功赫赫的祖先成汤的时候,还骄傲地宣称"邦畿千里,维民所止"(《诗经·商颂·玄鸟》)。把殷商古国在当时的版图认为就已有那末大,是一种不正确的看法,这是错误地用后代"国家"概念推想古代。

其实,刚刚进入阶级社会的国家,要比后代的国家小得多。由于当时山川阻塞,交通不便,国家政权是在狭小的地理范围之内形成,其机构简单、基础薄弱,因而也只能为一个版图狭隘、活动范围较小的国家服务⑦。夏、商、周初时期,中原南北,地旷人稀,当时只是在广大地区内,星罗棋布地分散着无数的不同氏族、部落或小的方国政权,它们各自为政,不相统属,并没有一个所谓"天子"者统一之。一般地说,各政权只有大小强弱、文化高低的不同。大部分方国,其所居之土地既非受之于天子,自然也不受任何限制。他们可以自由迁徙,不常厥居。如夏后羿自鉏迁于穷石(《左传》襄公四年),殷商先后迁徙十数次(《尚书·盘庚》及《史记·殷本纪》),周先公古公亶父自邠迁于岐山(《孟子·滕文公》),皆可为证。在商代中后期,真正的所谓"国家"出现不久,那时国与国之间的国界,还不像后来那样明确。所谓"国",只限于国都,

---

① 参看《山西石楼县二郎坡出土商周铜器》,《文物参考资料》1958年第1期;《石楼县发现古代铜器》,《文物》1959年第3期;《石楼后兰沟发现商代青铜器简报》,《文物》1962年第4—5期;《山西吕梁县石镇又发现铜器》,《文物》1960年第7期;《山西石楼义牒发现商代铜器》,《考古》1972年第4期。

② 杨子范:《山东济南大辛庄商代遗址勘查纪要》,《文物》1959年第4期;《济南大辛庄遗址试掘简报》,《考古》1959年第4期。

③ 曲阜文物普查小组:《山东曲阜发现殷商遗址》,《光明日报》1956年9月7日。

④ 孔繁银:《山东滕县井亭煤矿等地发现商代铜器及古遗址、墓葬》,《文物》1959年第12期。

⑤ 赵岚:《山东平阴县朱家桥殷代遗址》,《考古》1961年第2期。

⑥ 王恩田:《益都发现三千年前的商代墓》,《大众日报》1965年11月30日。

⑦ 参看列宁《论国家》,《列宁全集》第29卷,人民出版社1956年版,第435-436页。

实际就是一个大的邑。大邑有土围子城墙，所以"国"就是指的这个城。春秋时所称的"国人"，实即居住在城里的人。《孟子》中《齐人有一妻一妾章》所谈到的那个齐人的妾，一个早晨尾随其丈夫走遍了城中，没见到有人和她丈夫谈话，原文是"遍国中无与立谈者"（《离娄下》）。这个"国中"很明显是指城中。古文献上凡称人家的国尊称曰"大国"，而自称则曰"敝邑"，古时"国"与"邑"是通用的。《尚书·汤誓》："率割夏邑"，《史记·夏本纪》作"率夺夏国"，《尚书·牧誓》："以奸宄于商邑"，而《史记·周本纪》则作"以奸宄于商国"，足证"国"即是"邑"。《说文》也说："邑，国也。"古文献称夏曰"西邑夏"[①]，称商曰"大邑商"和"天邑商"[②]，称周为"大邑周"[③]。夏、商、周每个王朝所统治地区包有许多邑，以其中最大的邑为国都，国都周围不远的地方，由国王直接控制，即所谓"王畿"。"王畿"以外所征服的新地，就把自己的亲戚或兄弟封在那里，成为一个卫护王朝的诸侯方国。远离王畿的四方，分布着王朝所分封或承认的这样的许多大小方国。它们杂厕于另外许多与王朝并立，或者敌对的其它方国之中。并且在这些国与国之间，还会夹杂着一些无主的荒地草原。一直到春秋时还残存着这种痕迹。如当时的华戎杂处和宋、郑之间存有无主的六块隙地[④]，就是这种历史遗迹的反映。

那些隶属于商王朝距离遥远的诸侯方国，对王朝所负担的义务是很有限的，也只能是名义上的服从，当时的天王只具备名义上的"共主"。至于那些与王朝敌对的方国，当然更是独立于王朝之外了。

商、周当时王朝的情况，概括地说，就是以一个大邑为都城，并以此为中心，远远近近的周围，散布着属于王朝的几个或十几个诸侯"据点"。"据点"与"据点"之间还散布着不属于王朝、或者还是敌对的许多方国。在这种情况下，商、周时人对每个王朝国家所控制的国土，只会有分散于各地的一些"点"的观念，还没有整个领土联成为"面"的观念。当然，国家的国界或边界的概念还没有产生的可能。所以，诗人称西周，"普天之下，莫非王土"，那只不过是美化的颂辞，实际上并非实录。只是到了春秋以后，尤其是战国中期，由于社会生产力的发展，中原疆土开辟殆尽。诸侯方国之间，逐渐达到互相接壤的程度。各国政治上的中央集权和军事上的大发展，使属于一国的疆土，逐渐由

---

① 《礼记·缁衣》引《尚书》："唯尹躬先见于西邑夏。"

② 《卜通》592，《甲》2395，《缀》183，《尚书·多士》。

③ 《孟子·滕文公下》引《尚书》。

④ 《左传》哀公十二年："宋、郑之间，有隙地焉，曰：弥作、顷丘、玉畅、岩、戈、锡。"

"点"发展到"面"。这时出现了国与国之间的边界、国界，边界以内这一大片土地、人民，就统统属于这个国家的集权政府所管辖。

由此可见，殷商王朝的国家疆域，虽然从文献和田野考古上看，觉得幅员辽阔，但究其实，其直辖地区则只是商人所居住的一个大邑及其附近之地，即所谓王畿，相当于今河南省北部和中部的部分。孟子称"汤以七十里，文王以百里"（《公孙丑上》），尚能得其实。

另外，在南北广大地区散居着的数十个与商同姓和有姻亲关系的异姓小的方伯诸侯，是商的封国或与国。他们是商王朝势力在远方安置的据点。这些方国各自为政，对商的关系只是名义上的服属和道义上的支援。所以，在殷商末年周武王克商，只把商的都邑攻下，摧毁了商的武装力量，商国就算是亡了。至于商在北方和东方的一些据点，尚安然无恙，周国的武装力量也并未到达。等周武王一死，商纣的儿子武庚认为有机可乘，联络了过去商在东方的据点、同姓和异姓诸侯与国，如徐、奄、薄姑、淮夷及熊盈之族十有七国，举起反周的旗帜。周公帅师平乱，诛武庚、杀管叔、放蔡叔，乘胜东征，"伐奄三年讨其君，驱飞廉于海隅而戮之，灭国五十"（《滕文公下》）。这个故事正说明，当时殷商王国的真正国界或边界只局限于大邑商附近之地，这个地区边界之内，统属商王管辖。至于其远处四方的所属方国，只是其据点而已。

（原文发表在《郑州大学学报》1982年第2期）

周公旦的当政及其东征考

一、武王死后周政权的危机

周武王克殷后，封同姓、立三监，即班师西归。表面上看，似乎周人已稳妥地代商而有天下。但实际上连武王本人也感到当时"天下未集"，周的政权远远没有得到巩固。所以，武王真是如芒在背，夜不能寐。他很清楚，虽然已把纣杀掉，而殷人是有千年历史的大国，其东方的潜蓄势力，依然存在，"天保"未定，如何不忧虑呢？武王为了巩固周朝的统治，曾对他弟弟周公旦说过，河南伊、洛之间是过去夏王朝活动的中心地带，是"天下之中"①。他的话似乎已暗示出，应在这里建立统治东方的据点。可惜灭商刚刚两年，大局尚处于风雨飘摇之秋，武王便一病不起②。当时其子成王年少，武王如果一旦去世，这个复杂的政治、军事局面如何应付呢？所以《史记·周本纪》记载说，"群公惧，穆卜"。情况之紧急，公卿之怵惕，可想概见。据说，作为武王弟弟的周公旦，更是忧心忡忡，亲自向上帝、祖先祈祷，愿以身代武王死，命太史替他向已死去的先祖太王、王季、文王祝告道：

> 惟尔元孙某，遘厉疟疾，若尔三王，是（是与实通）有丕（《史记》丕作负）子之责（按即古债字）于天，以旦代某身。余仁若考（按王念孙谓若为而之转，考与巧通。仁若考即仁而巧。见《经义述闻》），能多材多艺，能事鬼神；乃元孙不若旦多材多艺，不能事鬼神。乃命于帝庭，敷佑四方，用能定尔子孙于下地。四方之民，罔不祗畏。呜呼！无坠天之降宝命，我先王亦永有依归……（《尚书·金縢》）

---

① 见《逸周书·度邑解》及《史记·周本纪》。

② 《尚书·金縢》："既克商二年，王有疾，弗豫。"《逸周书·作雒》也说："武王克殷……既归，乃岁十二月崩镐，肂于岐周。"《史记·封禅书》："武王克殷二年，天下未宁而崩。"可见武王之死距克殷时间不会很远。其它，有谓武王克殷后六年而崩（《逸周书·明堂篇》），有谓七年而崩（《管子·小问编》），皆不足信。

这个祷词大意是说，假如三王实负一子之债于天，我自身仁巧过于武王，我愿代武王归天以事鬼神。这种行动与言词虽然非常幼稚可笑，然在三千年前之社会心理，大抵如此。观其质朴无文，正可证明其真实可信。文献记载周公祈祷之后，武王的病似有些好转；但终以病势沉重，没有过多久还是死去了。

这时成王年岁不很大，《周本纪》载武王在克商之后曾说："维天不飨殷，自发未生，于今六十年。"①可以推想，克殷时其父武王在六十岁以下。汉人却谓武王年九十三而崩（《礼记·文王世子篇》），又称武王崩、成王幼在襁褓（《尚书大传》《史记·蒙恬传》《淮南子·要略训》并同）。以九十三岁之父而尚有幼在襁褓之子，揆之情理，必非事实。盖武王享寿若干，古书已无可考，但"九十三"说决不可信。据《古本竹书纪年》谓武王崩时"年五十四"。朱右曾考证："文王崩，武王年三十七，即位五年而生成王。"②这就意味着武王崩时，成王还是个无知的童孩。《荀子·儒效篇》称武王逝世，成王幼。《尸子》逸文也言成王少（《毛诗·灵台》疏引《尸子》），是其年岁当在成人以下。正当周政权处在这个摇摇欲坠的时刻，若由这样一个尚未成年的孩子即王位，他能否膺此大任？确实是会令人担心的。周公为了稳定新建政权，毅然决定担当此重任，暂时躬自以身代替成王治理国事，历史上称之为"周公摄政"或"摄位"，或称"周公受命称王"。本来周初政权已濒临于危亡，通过周公艰苦地黾勉从事，才又转危为安。

二、周公践位称王问题

周公称王问题也是经学史上长期争辩的问题。文献记载武王崩，新建的周政权出现了极大的危机。《尚书·大诰》一则曰"有大艰于西土，西土人亦不静"；再则曰"予惟小子若涉渊水，予惟往求朕攸济"。当时国内外局势的严重，溢于言表。这种复杂的局面，年幼的成王是绝对应付不了的。周公鉴于国家局势的需要，决定负起存亡继绝的重任，代替成王践阼称王。这本来也是合乎情理之常，毫无足异。如果不是周公摄政，以后是否周之为周，尚未可知。故早就有人称"成王以周公为有勋劳于天下"，"命鲁公世世祀周公以天子之礼乐"（见《礼记·明堂位》），就可以想见了。

周公践阼称王多见于先秦的一些文献：

---

① 《逸周书·度邑篇》与《史记·周本纪》同。
② 朱右曾：《汲冢纪年存真》卷上。

1. 周公旦假为天子七年。成王壮，授之以政。非为天下计也，为其职也。(《韩非子·难二篇》)

2. 武王崩，成王幼，周公屏成王而及武王以属天下，恶天下之倍（按倍通背）周也。履天子之籍，听天下之断，偃然如固有之，而天下不称贪焉。(《荀子·儒效篇》)

3. 武王崩，成王幼弱，周公践天子之位以治天下，六年朝诸侯于明堂，制礼作乐颁度量，而天下大服。七年致政于成王。(《礼记·明堂位》)

上面这些都是有关周公称王的明确记载。另外，如《尸子》也有周公假为天子七年（《艺文类聚》卷六引），《韩诗》称周公履天子之位，听天子之政（《外传》卷七），《淮南子》称周公摄天子之位，负扆而朝诸侯（《齐俗训》），《论衡》引说《尚书》者也谓"周公居摄，带天子之绶，戴天子之冠，负扆南面，而朝诸侯（《书虚篇》）等等。周公称王的古代传说这样普遍，可见其未必为后人虚造。或者有人认为这是战国末年至汉初人之说，时代较早的文献是否也有记载呢？按《尚书》是现存最古的文献吧，其中的《大诰》和《康诰》就是周公诛武庚、封康叔前后所作的文诰[1]。《大诰》谓：

王若曰：猷！大诰尔多邦，越尔御事，弗吊。天降割于我家，不少延。洪惟我幼冲人，嗣无疆大历服……绥予曰：无毖于恤，不可不成乃宁考图功。

这里的"宁考"实为"文考"之误[2]。古以"父为考"[3]，所以，这就是称文王为父。可见《大诰》中的"王"是周公而非成王，此为周公称王的确证。并由此可知文中的"幼冲人"当然是指成王了。又如在《康诰》里还有这么几句话：

王若曰：孟侯[4]，朕其弟，小子封。惟乃丕显考文王。

---

① 见《史记》的《鲁世家》及《卫康叔世家》。

② 按《尚书》中的"宁王""宁人"实即为"文王"之误。清吴大澂释《兮仲钟》之"前文人"谓：前文人见《尚书·文侯之命》"追孝于前文人"，《诗经·江汉》"告于文人"，《毛传》云："文人，文德之人也。"《尚书·大诰》"前宁人"皆当作"前文人"。古"文"字有与宁字相类者（𡥋），汉儒误释为宁也（说见吴氏《愙斋集古录》，涵芬楼影印第一册。郑玄不知"宁"为误字，乃谓受命曰宁王，甚妄。

③《尔雅·释亲》谓"父为考，母为妣"；《礼记·曲礼下》："生曰父、曰母、曰妻；死曰考、曰妣、曰嫔。"

④ 按孟训长，孟侯即诸侯之领袖。《吕氏春秋·正名篇》曰："齐湣王，周室之孟侯也"，其义相同。盖周人以孟侯为对诸侯尊美之称。

按《史记·卫世家》谓康叔名封，为周公之同母少弟。《康诰》中的"王"直呼康叔之名，称"小子封"，并称其为"弟"，又称文王为"考"，则此"王"绝对不会是成王。因康叔于成王为叔父，成王怎能对其叔父康叔称"朕其弟"呢？更不能称其祖父文王为"考"。所以，从称谓上看，《康诰》中的"王"非周公莫属。按《康诰》《酒诰》《梓材》三篇皆作于封康叔之时（见《史记》之《周本纪》及《鲁世家》《卫世家》），此皆在周公称王期内，所以，三篇中之"王"即周公自谓之辞①。

周公称王七年之后，才还政于成王，故《尚书·立政篇》说："周公若曰：拜手稽首，告嗣天子王矣。"《尚书·洛诰》又明确地说："惟周公诞保文武受命，惟七年。"这都是周公受命称王七年，乃致政成王之明证。主张《大诰》《康诰》等篇内之"王"为成王者，反而是出于较后的王肃②及伪《孔传》。后世儒家多狃于"君臣之义"，故不信周公称王之事③。以考信名家的崔东壁也不信周公践祚，甚至不信周公摄政，而以为此不过如古者君薨百官总己以听于冢宰而已④。清儒由于长期浸润于帝王权威之伦理思想，其有色眼镜一时不易除去，是可以理解的。可惜时至今日尚有持此说甚力者⑤！岂非怪事？

总前所论，周公摄政称王，不但合乎当时局势，而且又有那么多古文献作证，可见其必为事实。周初内外局势不稳，不以幼主当国，而由王叔摄位践祚，此本自然之事。何况殷、周之际，周族尚处在氏族社会的末期。氏族首领的职位，依照旧传统，兄弟比儿子更有优先继承权。如商代的"兄终弟及"制，就

①《康诰》首四十八字中两称"周公"，与后面称"王"不协，这是周公称王说的障碍。但这篇首四十八字，并非原文，宋苏轼已疑其为《洛诰》之脱简；金履祥谓此当在《梓材篇》首；方苞则谓当在《多士篇》首；吴汝纶又以为系《大诰》之末简。从诸说看，这四十八字决非《康诰》之文。又按《酒诰》通行本首称："王若曰"，而今文本作"成王若曰"，由是今文家迁就此"成"字，颇多异论。《释文》引马融说，以成字为后人录书者加之，原文当无成字。

② 见《礼记·明堂位·正义》引。

③ 如郑康成释《大诰》"王若曰"的王为周公，而孔颖达《正义》则驳之，认为以"周公自称为王则是不为臣矣。大圣作则，岂为是乎？"这纯粹是用后世形成的君臣礼制的有色眼镜去看数千年之故实，其理解当然是不会正确的。

④ 见崔述《丰镐考信录》卷四。

⑤ 近人主张周公不称王者，有杨筠如谓："旧说以为周公摄政称王，非也。"（《尚书核诂》，陕西人民出版社1959年版，第169页）陈梦家也说，"《尚书大传》谓周公摄政之'二年伐殷'，《逸周书·作雒篇》谓周公立相天子之'二年又作师旅临卫攻殷'，此二年皆当为成王即位二年也。《宜侯夨簋》明记成王东征，可证周公并无代王之事。"（《西周年代考》，商务印书馆，第29页）另外，其说又见于《西周铜器断代》（一）。在台湾的学者也有反对称王说者，如屈万里、程元敏等，惜其著作均不获见。

是这种继统法的残余形式①。周文王舍其长子伯邑考之子而立武王②，武王崩，其弟周公立。这种兄弟相及，在当时视为固然，本无可异③。周公在位七年而致政成王。并从此开始，废除"兄终弟及"的旧传统，改为长子继承制度。以后历代相沿，嫡长子继统法才成为定法。

三、管、蔡之乱与周公东征

周公继武王践天子位以治天下（《礼记·明堂位》），于是"管叔及其群弟乃流言于国曰：'公将不利于孺子。'"（《尚书·金縢篇》）《左传》定公四年也有"管、蔡启商，惎间王室"。这就是说，管叔、蔡叔对周公代替成王当国不满，所以制造流言蜚语，说周公篡位。管叔、蔡叔并恶毒离间王室，在国内造成贵族之间的分裂，在国外则"启商"，引诱商遗武庚藉机叛周。《史记·管蔡世家》说："武王既崩，成王少，周公旦专王室。管叔蔡叔疑周公之为不利于成王。乃挟武庚以作乱。"《卫世家》也说，管叔蔡叔疑周公，"乃与武庚录父作乱"。可见作乱的主谋是管、蔡二叔。管叔之对周公不满，也是由于他是周公之兄，若按"兄终弟及"的原则，继承王位的应是他，而不是周公。因此，他联合东方的商遗，举起反周的旗帜。

当时情况之严重，古文献上已有所透露。如周公在东征之初所作的《尚书·大诰》就说："天降割（害）于我家，不少延！""有大艰于西土，西土人亦不静。越兹蠢。殷小腆诞敢纪其叙。天降威，知我国有疵，民不康。"这就是说，上帝把大祸降到我周家，西方有很大的灾难，而且殷商的余孽武庚也竟敢于妄图复辟称乱。当时局势确实非常险恶。《大诰》记载周公说，只要有十个人帮助我，那我就可以平定叛乱，完成文王、武王所要达到的伟大武功。我现在要发动讨逆的战争，占卜的启示是吉利的④。周公又以作室和种田喻之：譬如建屋，父

---

① 参见拙作《试论商代"兄终弟及"的继统法与殷商前期的社会性质》，《南开学报》1956年第1期。

② 《礼记·檀弓上》："昔者文王舍伯邑考而立武王"，崔述谓"按《檀弓》此章乃万辨立孙立子异。以下文舍其孙膬例之，则文当云：'舍伯邑考之子而立武王'，或记偶脱之子二字。"（见崔氏《丰镐考信录》卷二）其说甚是，今从之。

③ 按《逸周书·度邑》载武王曰："汝幼子庚（更也）厥心，庶乃来，班朕大环……汝其可瘳于兹，乃今我兄弟相后，我篚龟其何所，即今用建庶建。""叔旦恐泣涕共（拱）手。"朱右曾解释说："不传子而传弟，故曰庶建。"朱氏并引惠栋之说曰："欲传位于旦，故恐。"（见朱氏《逸周书集训校释》卷五）这就是说，武王即有传弟不传子之意。

④ 《大诰》："今蠢，今翼日民献，有十夫予翼，以于敉宁（文）武图功。我有大事（即指战争），休朕卜并吉。"

亲定出法度，儿子却不肯去奠定堂基，房子如何能建起来？譬如农作，父亲把耕地开垦了，可是儿子却不肯播种，怎能有收获[1]？意思是说，文武两代经营的开国大业尚未完成，就如作室而未有堂构、菑田而未播种一样，岂能因东方三监叛乱，而功亏一篑呢？周公这样念念不忘"救宁王（文王）大命"，其用心是良苦的。最后，周公决定东征平乱，"矧今卜并吉，肆朕诞以尔东征""于伐殷逋播臣"（《大诰》）。《诗经》也有"周公东征"（《豳风·破斧》）之记载。《尚书大传》称："周公摄政一年救乱（谓管、蔡），二年克殷（谓武庚），三年践奄。"（《隋书·李德林传》引；《毛诗·豳风谱》疏引同）又谓："奄君薄姑（郑玄谓薄姑，齐地，非奄君名）谓禄父曰：'武王既死矣，成王尚幼矣，周公见疑矣。此世之将乱也，请举事。'然后禄父及三监畔也。"（《左传》定公四年疏引）足证禄父之叛与管叔、蔡叔和奄、薄姑等国之煽动有关。于是周公不但东平三监、武庚，而且远征至于东方的薄姑、徐、奄等国。《史记·鲁世家》说，诛管叔、杀武庚、放蔡叔。"《逸周书·作雒》谓："周公立，相天子，三叔及殷、东、徐、奄及熊、盈以畔。周公、召公内弭父兄，外抚诸侯……凡所征熊、盈族十有七国，俘维九邑……俾康叔宇于殷，俾中旄父宇于东。"周公所征的这十几个古国，大都在河南、山东之间。其中之"东"与徐、奄并列，则"东"显为古地名或国名，当在今河南郑州附近。"徐"之所在，殷末周初当即今山东之滕县[2]。"奄"之地望，据《说文》郣字下云："周公所诛，郣国在鲁。"《续汉书·郡国志》亦谓鲁即古奄国。奄、郣古今字尔。清儒江永、汪中均曾考证古奄在今山东之曲阜[3]。"薄姑"，据《史记·周本纪》集解引马融曰："齐地"，《正义》引《括地志》谓："薄姑故城在青州博昌县东北六十里。薄姑氏殷诸侯封于此，周灭之也。"按古薄姑当在今山东博兴县。可见周公东征，在平定三监之乱后，曾率师深入到了今天山东境，当无问题。

周公东征事，古书所记甚简。《尚书·金縢》后半篇有"周公乃告二公曰：我之弗辟，我无以告我先王。周公居东二年，则罪人斯得"。这几句话引起了经学家很多争议。其中"弗辟"者，今文家以为不避摄政（见《史记·鲁世家》），古文家以为避居东都（见《释文》引马、郑说）。所谓"居东"者，今文家以为

---

① 《大诰》："若考作室，既厎法，厥子乃弗肯堂，矧肯构？""厥父菑，厥子乃弗肯播，矧肯获？"

② 按《史记·鲁世家》："顷公十九年，楚伐我，取徐州。"《集解》引徐广曰："徐州在鲁东，今薛县。"当即今山东滕县。《说文》郳字下也说在鲁东。《鲁世家》伯禽征徐戎，战地在今山东费县。所以古徐地距曲阜不远。

③ 江永说见其所作之《春秋地理考实》卷一；汪中说见其所著《述学》卷二。

即东征（见《鲁世家》及《尚书大传》）；古文家以为东国待罪（《诗经·七月序》正义引郑说）。所谓"罪人"，今文家以为是指管、蔡（《鲁世家》及《尚书大传》），古文家以为是指周公党羽（《诗经·鸱鸮》正义引郑说）。两派说法如此不同。其实周公既东征叛国，就不能是居东待罪，其事理至明，故知古文说确属荒诞难从。《史记》之《蒙恬传》《鲁世家》，《论衡》之《感类篇》，《左传》昭公七年等文献，又都有周公奔楚的记载，我们若再结合着《尚书·金縢》《墨子·耕柱》《韩非子·说林》诸篇，作比较研究，则知所谓"周公奔楚""周公居东""周公东征"，实系指的同一回事。因为当时楚国尚在今山东、江苏之间①，正是周公所征的熊、盈诸族之一。

总之，周公这次东征，对周王朝的确立，意义极为重大。《诗经·豳风》之《东山》和《破斧》的作者，盖为从军东征之战士。曰："我徂东山，慆慆不归……自我不见，于今三年。"（《东山》）"周公东征，四国是皇。"（《破斧》）《孟子》称周公东征"驱飞廉于海隅而戮之，灭国五十"（《滕文公下》）。可见其用兵之久，规模之大。由于这次东征，不但灭了殷遗武庚，而且还打垮了殷人在东方的潜伏势力和同盟与国。周的势力才真正达到远东，控制了徐、奄、薄姑等地区。这时的周国，遂基本上统一了黄河中下游流域。

周公这次东征的重大胜利，反映在周初铜器铭文上的，据说有一件《保卣》的铭文就是记载这件事。该铭文中有这么几句："乙卯，王令保及殷东国五侯，征（诞）兄（荒）六品。蔑历于保，易宾。用乍文父癸宗宝尊彝……"郭沫若先生认为"五侯"即指周人东征的徐、奄、熊、盈与薄姑，并谓此乃周成王时器②。按周与东方这些熊、盈、淮夷、东夷诸族的战争，持续了多年，自周公东征，下至成、康之世，经常有战争冲突，周金文中历历可考。至于《保卣》铭文所记的是哪一次战争，从本铭中还看不出来。假如是在周公摄政时，则其中之"王"就不是成王而是指周公；假如是在周公致政之后，此"王"才可能是成王。到底此王指谁？至今尚未能明也。

四、周公营建东都洛邑和还政成王

武王克商后，"天下未集"，大局未定，殷纣王虽败死，但殷人在东方的势力，依然丝毫未遭到打击。文献记载，武王为了周国的长治久安，曾与周公连

---

① 参看王玉哲《楚族故地及其迁移路线》，《周叔弢先生六十生日纪念论文集》。
② 见郭沫若《〈保卣〉铭释文》，《文史论集》，第320—322页。

夜讨论在伊、雒营建东都的建国大计。武王说:"自雒汭延于伊汭,居易无固,其有夏之居。我南望过于三涂,我北望过于岳鄙,顾瞻过于有河,宛瞻延于伊雒,无远天室。"(《逸周书·度邑篇》)可见,武王早已提出由雒汭到伊汭,适宜于建都的规划。可惜,武王在灭纣不久即过早地去世。接着就是"三监"叛周,天下大乱。周公东征三年,大乱才告平息。这时周公更深刻地认识到,原京都丰镐远在西土,对于镇抚东方,实有鞭长莫及之感。若能实现武王的遗愿,在伊雒营建一"新邑",这个"天下之中"的新都,可作为今后的政治、军事的中心,东方有变,自能应付裕如,实乃固国良策。

基于以上的考虑,周公在称王期间,就开始营建位于东方的这座"新大邑"。这件事最早见于《尚书》:

> 周公初基作新大邑于东国雒。(《康诰》)
> 惟太保先周公相宅……太保朝至于雒,卜宅,厥既得卜则经营。
> ……周公朝至于雒,则达观于新邑营……(《召诰》)
> 予惟乙卯朝至于雒师,我卜河朔黎水;我乃卜涧水东、瀍水西,惟雒食;我又卜瀍水东,亦惟雒食。伻来以图及献卜。(《雒诰》)
> 周公初于新邑雒,用告商王士……今朕作大邑于兹雒,予惟四方罔攸宾。(《多士》)

根据这些记载,可知由周公营建的这座"新大邑"正位于洛、涧、瀍诸水之间。《书序》说:"召公既相宅,周公往营成周,使来告卜,作雒诰。"又说:"成周既成,迁殷顽民。周公以王命诰,作多士。"《左传》昭公三十二年载"昔成王合诸侯城成周,以为东都"。足见周公所建的这个新邑,即成王欲宅之雒邑,亦即周公所营之成周。因在镐京之东,故又名为东都[①]。所谓"新大邑""新邑洛""东都""成周"等,是异名同实为一地的总名。若细分之,这个新大邑包有两地:一为王城,一为成周。中隔瀍水。西周铜器《令方彝》反映得甚清楚:

---

① 按西周时的京师有西、东二都。东都即指成周,西周铜器铭文多言"王在成周"可证。后人因传说周敬王曾徙居成周,于是误析成周与东都为二地。春秋时的"王城",在西周初期单称"王",见《御正卫簋》与《令方彝》,实为周王所居之地。以成周、王城为二地的说法,最早见于《公羊传》宣公十六年及昭公二十年,其后又见于《汉书·地理志》及《续汉书志》等。《左传》僖公二十五年"王入于王城",而《国语·晋语四》作"王入于成周",可见王城实亦即成周。大概"成周"是这一地区的总名,包有"王城"。实际上这个"新大邑"在瀍水西者为王城,在瀍水东者为成周,总称之,则为"洛邑""成周"或"东都"。关于这个问题的讨论,可参看:清程廷祚《春秋地名辨异》、近人童书业《中国古代地理考证论文集》、李民《尚书及诸文献中的洛邑与成周》(《尚书与古史研究》,第190-206页)、李学勤《考古发现东周王都》(先秦历史学会第一届年会宣读论文,1982年油印本)。

既说"明公朝至于成周",又说"明公归自王(城)",可证"成周"与"王城"是二非一。

从西周铜器铭文中看,成周成为周王室发号施令之重要场所(见《令彝》《录威卣》),又为王宫、太庙所在(见《匐壶》《敔簋》),驻有八师军队(见《匐壶》《小克鼎》),周王经常前往或居留之。可见,东都的历史地位几与西都镐京相等。

周公营建成周是当时重大的历史事件,虽然已载在《尚书》,但其原委仍不甚了了。比如营成周的时间,《尚书大传》谓周公摄政五年营成周。而《洛诰》记载则明明说是在周公还政成王之时,即所谓"惟周公诞保文武受命惟七年",是说在周公摄政的第七年。可是《史记·鲁世家》又谓"成王七年……周公往营成周雒邑"。那末,营建成周到底是始于何时呢?这个问题,后来借助于新出土的铜器《何尊》,才得解决。

1963 年在陕西宝鸡出土了一件《何尊》,为周初营建成周史实,提供了宝贵资料。《何尊》铭文共十二行,一百二十二字,铭文是这样记载的:

> 唯王初馨(读相,从张政烺说)宅于成周,复禀武王礼,福自天。在四月丙戌,王诰宗小子于京室。曰:昔在尔考公氏,克逑文王。肆文王受兹〔大命〕,隹武王既克大邑商,则廷告于天,曰:余其宅兹中国,自兹乂民……唯王五祀。

这就是"王"要在东方建都,开始在成周勘察地址(即相宅)[①]。这与《召诰》"惟太保先周公相宅",《洛诰》"(周)公不敢不敬天之休,来相宅"是相合的。铭文说依照武王的礼举行福祭。四月丙戌这天,王在京室诰训宗小子们谓:武王在克大邑商后,曾廷告于天说过:"余其宅兹中国,自之乂民。"武王的话,意思是"要建都于天下的中心,从这里来统治民众"。这和《逸周书·度邑篇》《史记·周本纪》的记载也是相合的。铭文说相宅建成周是在"王五祀",这和《尚书大传》所记周公摄政五年营成周,也若合符节。所以,铭中的"王"肯定是周公而非成王。尤其是营建东都应该是在周公灭殷遗武庚之后不久,由于形势的需要,遵武王遗愿,急于营建新邑。像这样奠定国基的大业,决不会又过了十年,一直到成王亲政五年才进行(周公称王七年到成王五年共十二年)。因此,《何尊》的"王"必然是周公无疑了。

---

① 《何尊》中之"馨宅",张政烺主张即《尚书》中之"相宅",是勘察地址的意思,说见其所著《何尊铭文解释补遗》,《文物》1976 年第 1 期。

周公营建成周是在周公称王五年，由《何尊》铭文已经证实。那末，《洛诰》所说的"七年"又如何解释呢？其实二者并不矛盾。成周是一个大城，据《逸周书·作雒篇》记载说，"城方千七百二十丈，郭方七十里，南系于雒水，北因于郏山，以为天下之大凑"[1]。而城中建筑有"五宫、太庙、宗宫（文王庙）、考宫（武王庙）、路寝、明堂"。这些楼台殿阁，具备有"四阿、反坫、重亢、重郎、常累、复格、藻棁、设移、旅楹、春常、画旅"，通路则有"内阶、玄阶、堤唐、山廧、应门、库台、玄阃"等等。成周这样伟大而复杂的建筑群，其富丽堂皇，虽未必尽为实录，但其工程肯定是够浩大的，绝对不是一年可以完成的。很可能开工于周公摄政五年，完成于七年。《尚书大传》和《何尊》记的是相宅营建的开始年代，而《洛诰》所记则是正式完工之日，整个成周建筑大概用了两年的时间。

东都成周建成，已是周公称王的七年。周公感到从此对东方广大疆土有了保障，武王临终前计议的一件大事，算是有了着落，于是准备辞去王位，还政成王。《尚书·洛诰》就是记载周公营建洛邑和还政成王之事。周公还政的具体表现之一，是献上由他经营的洛邑。这年仍沿用周公纪年"惟七年"，此时已至年底十二月。政权交替，周公亲自宣布改元，使百官皆来新邑，举行归政于成王的典礼，让成王举行第一次"殷礼"。就把这下一年称为成王"元祀"。（《洛诰》："周公曰：王肇称殷礼，祀于新邑，咸秩无文。予齐百工，伻从王于周，予惟曰庶有事。今王即命曰，记功宗，以功作元祀。"）

《尚书·洛诰》所记是还政成王的仪式，而《立政篇》则是还政时周公告诫成王如何施政的具体内容。篇中周公几次对臣工百僚说到"嗣天子王矣"，"孺子王矣"。当时是在洛邑，周公在政权交割典礼后，宣布成王上任，告诫新君要"宅乃事，宅乃牧，宅乃准"，要考核政绩，任人以贤。提醒成王"继自今立政，其勿以憸人，其惟吉士，用劢相我国家"。周公对新王今后在行政上这样不厌其详地谆谆告诫，足证其忧国忧民之用心了。

另外，《史记·鲁世家》谓周公"恐成王壮，治有所淫佚，乃……作《毋逸》"。所以，《尚书·无逸篇》也同样是周公告诫成王之语。周公在《无逸篇》中引述殷、周圣王"天命自度，治民祗惧，不敢荒宁"，来勖勉成王。成王感到由自己主持政务，无人辅佐也是困难的。所以，他曾恳切地挽留周公在洛邑继

---

[1] 按《作雒篇》之"城方千七百二十丈"，据《艺文类聚》《初学记》《太平御览》《玉海》作"立城"，"七百"作"六百"；"郭方七十里"作"七十二里"。孙诒让《周书斠补》谓方七十二里，乃方二十七里之讹。千六百二十丈即九里，二十七里其三倍也。又《考工记》"匠人营国方九里"，可与此相参证。

续帮他执政。周公答应成王的请求，留守洛邑，继续戮力王室[①]。周公在《洛诰》篇中说："予旦，以多子越御事，笃前人成烈，答其师；作周，孚先。考朕昭子（成王）刑，乃单（大也）文祖德。"（《洛诰》）意思是说，我跟众卿大夫和百官，努力于巩固先王的伟大事业，以答众庶，以作我周人的先导。我成就了成王的法度，乃能光大文王之德。周公戮力王室具体的作法，除了内政建议、刷新吏治以外，就是率领周人子弟及东人庶殷，对东夷、商奄、淮夷和楚伯的继续征讨。

周公称王后率师东征，平管、蔡、武庚之乱，大军一直深入到东海边，攻服了商奄、薄姑。《尚书大传》就记载着周公居摄二年克商（即平武庚），三年践奄。不过商奄、淮夷、熊盈之族的势力在东方有长期根深蒂固的基础。他们在周公东征时，即便一时被打败，过后还会再叛。所以，周人对这一带真正的征服，还是在周公还政成王后，又经过多年大事挞伐，才彻底解决[②]。

周初青铜器铭记载周公东征的，有如下一些文句：

> 王后叝克商，才成阜，周公易小臣单贝十朋。（《小臣单觯》）
> 隹周公于征伐东尸（夷）、丰白（伯）尃古（薄姑），咸戈。公归，荐于周庙……（《𪓐方鼎》旧名《周公东征鼎》）
> 王伐䣕（盖）侯，周公某禽祝……（《禽簋》）

这些铜器从文字、型制上看，肯定都是周初的，都铭有"周公"东征的文字。所以这几个器铭应当是周公还政成王后，由周公亲率大军几次东征的记录。《诗经·豳风》歌颂当时的武功，说"周公东征，四国是皇"（《破斧》）；用兵的

[①] 关于成王是否迁都成周洛邑，是史学界一直争辩的问题。我们确知在周公病殁时，周成王是在东方成周治理国事。《史记·鲁世家》记载周公在丰，病将殁，他曾说："必葬我成周，以明吾不敢离成王。"这就说明成周确是当时的国都。但是，这并不能说明成王已从宗周镐京迁都到成周洛邑。马承源说得好，一般地讲，迁都通常是离散之辞，是放弃旧都，迁移到新的首都去。如殷商盘庚以前的迁徙，又如周平王的东迁洛邑等是。从历史上看，武王、成王两代营建洛邑，不是为了放弃宗周，另建首都，而是宗周、成周东西两都同时并存（见马氏《何尊铭文初释》，《文物》1976年第1期）。这个说法是正确的。从文献和铜器铭文中所反映的，在西周时，东西二都确实并存、并重，帝王有时在宗周，有时在成周。平王以后，周京才固定在洛邑。

[②] 近代学者如齐思和就说："盖周公东征分两阶段，第一阶段为戡定管、蔡、禄父之乱，然后殷商东土，失而复得。以后周公又鉴于商人在东方之潜蓄势力甚大，徐戎盈奄皆其党羽……遂大举东征"（见齐氏《西周地理考》，载《燕京学报》第30期，1946年，又收入《中国史探研》，中华书局1981年版，第27-49页）。又如台湾学者杜正胜，也把周公平管、蔡、武庚与周公反政后对商奄、淮夷一系列的征伐分为前后两事。前者只周公一人担当，后者任其役者有周公、有成王，也有召公与殷人，甚至延续到开国以后的第二代将领，如白髦父、明公等。（见杜氏1979年在台北出版的《周代城邦》，第172-174页）。齐、杜两氏这种看法，都是很有见地的。

时间，有"我徂东山……于今三年"（《东山》）。周公在还政以后对东方的数次征讨，大概有时成王也曾亲自参与。《尚书·多士》有"王曰：多士，昔朕来自奄，予大降尔四国民命"。《多方》也说："王来自奄，至于宗周。"《多士》《多方》中的"王"，与上所举金文中之"王"都是指成王，可证成王曾伐过东方的商奄等国。《禽簋》铭所记王伐"莝侯"，旧释作"楚侯"，不确。陈梦家先生则释作"盖侯"，谓即《墨子·耕柱篇》《韩非子·说林上》所述周公征伐之"商盖"。《左传》昭公九年和定公四年作"商奄"①，盖、奄二字古音互通。《禽簋》既说"王伐盖侯，周公某禽祝"，此次伐奄的"王"既非武王，又非周公，则其必为成王无疑。

西周初年周政权的危而复安，并且其控制权能够真正扩展到远东，达到"奄有龟蒙，遂荒大东，至于海邦，淮夷来同"（《诗经·閟宫》的伟大局面，虽然不都是周公的业绩，但周人开拓"大东"的广大地区，是与周公的经营和筹划分不开的。故先秦人士对其东征颂扬备至。孟子说："周公相武王诛纣；伐奄三年讨其君，驱飞廉于海隅而戮之，灭国五十。驱虎豹犀象而远之，天下大悦。"②《吕氏春秋》称"商人服象，为虐于东夷，周公遂以师逐之，至于江南。"（《古乐篇》）周公的伟大，尤其是正当"天下未集"，武王骤崩，成王年少，在这个岌岌可危之际，周公为了挽救国家政权于不坠，毅然摄政称王，担当起经国大任。他受到兄弟（管、蔡）的毁谤，侄子（成王）的误解，而置名誉、冤屈于不顾，亲自带兵东征，奠定了周代巩固的基石。而削平叛乱、营建洛邑之后，一切政事上了轨道，周公却又能断然还政成王，继续戮力王室，鞠躬尽瘁，死而后已。对西周统治阶级来说，他真称得上是一位对国家忠贞无私、光明磊落的政治家了。

（本文系作者《先秦史稿》中之一节，由于全书杀青尚待时日，打算抽刊部分章节，请同行诸家批评指正，以利提高。按本篇初刊于 1984 年 8 月《人文杂志丛刊》第二辑《西周史研究》）

① 陈梦家：《西周铜器断代》，第 59 页。
② 此见《孟子·滕文公下》，句读从崔述说。崔氏云："当以周公相武王诛纣为句，伐奄三年讨其君，自为一句。非武王时事也……故今伐奄一事，载之周公相成王时。"（见崔氏《丰镐考信录》卷四）

尧、舜、禹"禅让"与"篡夺"
两种传说并存的新理解

在中国的古史传说中，关于唐尧、虞舜、夏禹的王位更替，先秦人同时流传着两种截然相反的传说：一种认为尧、舜、禹是天生圣王，不以王位为私，不传子而是让位给贤人，此即史家所艳称的传贤禅让制；另一种则认为尧、舜、禹与后世帝王无殊，也是把王位视为私有，经过与敌派斗争篡夺而得来，并把王位传给自己的儿子。两种传说同出于周末人之口，哪一种更接近史实呢？下面我们分别加以探讨。

一

第一种说法见于《书经·尧典》和《史记·五帝本纪》。大意是说，唐尧在临崩前，并没有把王位传给儿子丹朱，而是向四岳（姜姓）征询意见，四岳推举虞舜作继位人。舜经受了各种考验，摄位行政。尧死，舜即正式即位。舜也照样不传位给他自己的儿子商均，而选出禹来摄行政事。舜死，禹继位。禹在位时，本来也未传位于其子启，当时众人是举皋陶作继承人的。皋陶早死，又举皋陶子伯益作继位人。禹死，其子启夺伯益位自立，禅让制度至此废止。

《尧典》的著作时代，虽然不会早于春秋战国，但其中所记的一些术语和制度，似乎有些根据，有不少是和甲骨卜辞吻合的。可见其中所述，必含有部分较高的史料价值，不宜忽视。如其所述的禅让故事，也见于孔子以来诸子百家的著作中，尤其是儒、墨两家对此多次称道。我们先列举儒家的记载：

（1）舜有天下，选于众，举皋陶，不仁者远矣！（《论语·颜渊篇》）

（2）万章曰："尧以天下与舜，有诸？"孟子曰："否，……天与之。……昔者尧荐舜于天，而天受之；暴之于民，而民受之。……尧崩，三年之丧毕，舜避尧之子南河之南。天下诸侯朝觐者，不之尧之子而之舜；讼狱者

不之尧之子而之舜；讴歌者不讴歌尧之子而讴歌舜。故曰，天也。夫然后之中国，践天子位焉。"(《孟子·万章上》)

（3）万章问曰："人有言，至于禹而德衰，不传贤而传子，有诸？"孟子曰："否，不然也。天与贤则与贤，天与子则与子。昔者，舜荐禹于天，十有七年。舜崩，三年之丧毕，禹避舜之子于阳城。天下之民从之，若尧崩之后，不从尧之子而从舜也。禹荐益于天，七年。禹崩，三年之丧毕，益避禹之子于箕山之阴。朝觐者不之益而之启。……启贤，能敬承继禹之道。"(《孟子·万章上》)

（4）孔子曰："唐虞禅，夏后殷周继，其义一也。"(《孟子·万章上》)

（5）请成相，道圣王，尧舜尚贤，身辞让。尧让贤，以为民。尧授能，舜遇时，尚贤推德天下治。……舜授禹，以天下，尚德推贤不失序。(《荀子·成相》)

以上都是儒家的禅让传说。同样，墨家也盛称尧禅让的美德：

（1）古者尧举舜于服泽之阳，授之政，天下平。(《墨子·尚贤上》)

（2）古者舜耕历山，陶河滨，渔雷泽。尧得之服泽之阳，举以为天子，与接天下之政，治天下之民。(《墨子·尚贤中》)

由此可知儒、墨两家都称颂尧舜禅让。战国末年的韩非子说："孔子、墨子俱道尧、舜，而取舍不同，皆自谓真尧、舜，尧、舜不复生，将谁使定儒墨之诚乎？"(《韩非子·显学》)实际确如韩非所言，儒、墨两家对尧、舜禅让都推崇备至，不过都是根据他们自己思想的本体，而推衍其内容：儒家主张仁政，说尧、舜之禅让实际是为民求贤，是行仁政的表现；墨家主张节约、提倡生产，特别强调尧、舜亲身参与劳动，与平民无别。儒、墨都在利用禅让故事以阐明其学说的正确。其他各家，若道家（《庄子》的《逍遥游》《盗跖》《徐无鬼》）、法家（《韩非子》的《十过》《外储说右上》）、杂家（《吕览》的《求人》《慎人》《长利》）等亦莫不皆有关于尧、舜禅让的记述。可见，尧、舜实行禅让的故事，虽不能尽信为实录，但很多晚周人的传闻是一致的，必有部分史实根据，而不会完全出于向壁虚造。

尧、舜、禹的王位为什么不像后世帝王那样，以自己儿子作继承人，而是如此大公无私、让位给其他的圣贤呢？后世儒家说，这是由于尧、舜、禹是"圣人"，其子丹朱、商均又为人不肖，故不传子而传贤。但是，为什么后世千百年来的历史更不再有传贤的事例，而这种禅让制度便成绝响呢？所以，时至今日，对待有关儒、墨的说教，绝对不能全部轻易听信。欲探讨古代实行禅让制的是非、根源，应从社会发展规律上去追寻。唐尧、虞舜时的社会，还处于原始氏族社会阶段，当时的生产资料是公有制，人们的私有观念极为淡薄，把首领职位视为排他性的绝对私有的想法尚未产生。当时，虽然社会已发展到父系氏族社会末期，但过去母系氏族社会的一些旧传统，不是一下子就能铲除干净的。在母系氏族社会里，由于实行族外婚、子女随母族姓制，儿子是属于他们的母亲的氏族，儿子与父亲不属于同一个氏族。根据一般氏族的规定，本氏族内的财产是不能外流的[1]。父亲的财产包括职位在内，当然不能传给儿子，因儿子是异族的人。父亲死后，其职位只有从父亲的氏族选举继承人了。所以，世界各地母系氏族社会里，酋长的更替都是在本氏族内，经过氏族成员的民主选举，没有也不可能实行父死子继。尧、舜、禹是父系氏族社会的人物，不过母系社会旧传统仍在继续，这就是古传说中"大同"社会的"选贤与（举）能"（《礼记·礼运篇》），也正是上面所说的"禅让"制度的根源。

二

周秦诸子一些人大力宣称尧、舜、禹实行王位禅让制的同时，另外也还流传着与此完全相反的，即实行"篡夺"的异说。如战国末年的《韩非子》就是其中之一，其言云：

> 奸臣愈反而说之曰：古之所谓圣君明王者，非长幼弱也，及以次序也，以其构党与、聚巷族，逼上弑君，而求其利也。彼曰：何知其然也？因曰：舜逼尧，禹逼舜，汤放桀，武王伐纣，此四王者，人臣弑其君者也，而天下誉之。（《说疑篇》）

> 尧为人君而君其臣，舜为人臣而臣其君，汤、武为人臣而弑其主，刑其尸，而天下誉之。（《忠孝篇》）

类似的传说又见于战国时人所写的《古本竹书纪年》：

> （1）尧之末年，德衰，为舜所囚。（见《路史·发挥》五注所引；《史记·五帝本纪》正义所引《竹书》无"之末年"三字）

---

① 可参看《家庭、私有制和国家的起源》有关章节。

（2）舜囚尧、复偃塞丹朱，使不与父相见。（见《史记·五帝本纪》正义所引；《路史·发挥》五所引与此条事同辞异）

（3）舜囚尧于平阳，取之帝位。（见《广弘明集》释法琳《对傅奕废佛僧事》引《汲冢竹书》）

（4）舜篡尧位，立丹朱城，俄又夺之。（见苏鹗《演义》引《竹书》）

上所引《韩非子》《古本竹书纪年》对唐尧、虞舜的帝位继承方式，与后代帝王无大差异，同样也是通过了反复的篡弑掠夺才取得的。《山海经·海内南经》称尧之子为"帝丹朱"，可证《山海经》的作者也认为尧子曾一度继父位为帝，与后世帝王一样，实行父死子继。

综合我们所引《韩非子》《竹书纪年》《山海经》有关这个问题的记载，大致是说，尧的末年曾把其酋长职位传给他的儿子丹朱，有势力的有虞氏舜，借口尧破坏了民主选举制，把尧囚起来，又放逐其子丹朱。舜于是把最高的领导权篡夺到自己手中。舜临死前，也想把酋长职位传给他自己的儿子商均，夏禹也借口不能破坏旧传统，逼迫舜把酋长职位让给他，夏禹终于占据了这个最高职位。过去史学家由于长期受儒家思想的熏陶，大都以儒家所传的禅让说为实录，信之不疑；而对篡夺说则不与理睬，或直认为系周末人不经之谈。

新中国成立以来，一些学者学习了马克思主义，对儒家所传的禅让说，能从社会发展规律的理论上去阐明，使这一古老的传说得到合理的解释，逐渐从传说史中提炼汲取出部分信史，这不能不说是史学研究上的一个很大的跃进。但是，为什么在盛传禅让的同时，还有篡夺的传说呢？可见，对这个问题，还有进一步研究的必要。我们不能同意过去儒家那种党同伐异、对篡夺说以"不经"二字了之的做法。禅让与篡夺二说完全相反，两者既同出于周人之口，这种现象是否也有其规律性的必然原因呢？下面，不妨作进一步的追索。

三

我们已说过，中国历史在唐尧、虞舜、夏禹的时代已经发展到原始氏族制的末期。这时的部落战争已具有掠夺财产的性质。当时有一些军事首长或氏族部落首领的权力和财富迅速增大。他们逐渐由氏族成员的公仆变为一批特殊的显要贵族。首领们的私有财产和享受较一般氏族成员要优厚，首领职位自然也就变成人所羡慕之物。于是，由于私欲的驱使，首领职位的更替已不再由氏族会议民主选举产生，而多少是由首领利用职权，把占有的职位当成私产，设法辗转地传给自己的儿子。恩格斯分析这种情况说："掠夺战争加强了最高军事首长以及下级军事首长的权力；习惯地由同一家庭选出他们的后继者的办法，特别是从父权制确立以来，就逐渐转变为世袭制，人们最初是容忍，后来是要求，最后便僭取这种世袭制了，世袭王权和世袭贵族的基础奠定下来了。"[①]中国古传说里的尧、舜、禹时代，恐怕正处在这个由民主选举到王权世袭的过渡阶段。

一种低级的社会制度过渡到另一种较高的社会制度，不像刀切斧砍那样截然分明，而是有一个相当长的、前后两种社会因素犬牙相错着的过渡阶段。具体地说，就是在原始社会末期，私有制、剥削和奴隶等新的社会因素都已出现，同时旧的原始社会的若干原则却仍在继续起作用，这本是过渡阶段的特征。一直等到阶级社会的新因素，增加到超过或者压倒旧因素时，社会制度才由量变转为质变，阶级社会才算正式产生。我们若以这种过渡阶段理论，去看待唐尧、虞舜、夏禹时的帝位更替、流传着的禅让制和篡夺制两种传说，便觉得两种截然相反的传说，其史料价值是相同的，不能有所轩轾，两种都含有几分可靠性。因为禅让和篡夺正是前后两种新和旧的社会因素、犬牙相错的过渡阶段的社会现实，正是部落酋长由"传贤"制转变为"传子"制过渡阶段真实的反映。在尧、舜、禹时期，民主选举的旧传统"禅让"制虽然仍在执行，但是，这些酋长都已经视其职位为私有，都想传给自己的儿子，另外一些显贵，则利用氏族民主选举的传统，作为进行夺权的借口。一旦夺权成功，他又要效法他的前任，把职位传给自己的儿子。每经过一次这样的斗争，传统的氏族民主选举制，就要进一步遭到削弱。而父子相传的世袭制，就是在这种反复的斗争中，逐渐产生和加强的。夏禹以后逐渐感到"选贤与（举）能""天下为公"的旧制度已经过时，于是"各亲其亲，各子其子"的"天下为家"的新时代，正式开始了。

1985 年 10 月 21 日脱稿

（原文发表在《历史教学》1986 年第 1 期）

---

① 《家庭、私有制和国家的起源》，《马克思恩格斯选集》第四卷，第 160-161 页。

为什么说中国有五千年的文明史

问：人们常说我国有着五千年的文明史，这说法根据是什么？它是从何时起计算的呢？我们非常热爱自己的祖国，因而很想弄清这个问题，请编辑同志给以帮助。

宁夏读者　刘亦光

答：我国是世界上的文明古国，动辄以有五千年的历史自豪于世。从清末到现在，一般人是经常这样说的。有的人还嫌五千年历史太短，于是求之于秦汉以来的谶纬、杂记。《列子·杨朱篇》说，伏羲以来三十余万年，《春秋纬·元命苞》谓自天地开辟至春秋获麟（鲁哀公十四年）已二百七十六万岁（《续汉书·律历志》引），唐司马贞作《三皇本纪》引《春秋纬》则作三百二十七万六千年。利用这些材料，不是可以把中国古史推得更古更长吗？可是，这些说法，长是够长了，无奈皆出于后人凭空虚构，毫无可信价值。根据近代科学家的研究，人类在地球上出现是很晚的事。科学家利用新技术——放射性同位素和古地磁等方法测定，地球的地质年龄已有四十五亿年，而人的历史根据目前推算，最多只有二三百万年，这当然是最可信的。讲中国古史，再古也不能越出这个范围。历史之可贵，在于无征不信。所以纬书所虚造的历史年代，纵然与科学家所推的有时偶合或相近，也是绝对不能引用的。

中国古史传说，最早的是开天辟地的盘古氏，不过这是晋以后小说家言，并不能称之为史。其次则有所谓"三皇""五帝"，盖为周末人总结当时古帝王的传说而鏨定出的。"三皇""五帝"两个名词连用，始见于《周礼》（《春官·外史》）及《吕氏春秋》（《用众篇》），至秦汉而大盛。但孰为三皇，孰为五帝，说法不一。秦博士所议，但谓天皇、地皇、人皇为三皇，不指具体名号。后世儒家一般则以燧人、伏羲、神农为三皇，黄帝、颛顼、帝喾、帝尧、帝舜为五帝。另外，还有少昊、女娲、祝融等，也与前所举诸名互为进退，以配三五之数。要之，去古愈远，载籍无考。三皇五帝事，传闻异词，迄无定论。司马迁以信以传信、疑以传疑态度，称"神农以前吾不知已"（《史记·货殖列传》），故不言三皇，而只从《五帝德》《帝系姓》中，"择其言尤雅者"，与《春秋》《国语》古籍相发明，托始于黄帝，作《五帝本纪》。

按《五帝德》《帝系姓》二篇今尚在，审其文法辞句，当为秦汉间好事者所为，其可信之成分本甚少。不过，远古历史由于文字尚未发明，当然不会有同时代的记载，只能依靠后世传闻。世界各文明古国之古史，亦莫不包有一段传说史的阶段。可见古史传说不能一概否定。传说中只要有些符合社会发展规律的部分，或证明有一定历史根据的，就应当保留下来。我们在利用之前，作一番去粗取精、去伪存真的分析、筛选，再与地下考古学相印证，就有修复古史的可能。炎、黄二帝为战国百家所盛道，汉初司马迁在中国各地旅游时，还听到各地长老"往往称黄帝、尧、舜之处，风教固殊"（《五帝本纪》）。可见所传三皇五帝之具体言行，虽不可信，但当时必有一些智勇出众的首领，如黄帝等类人物，也是可以想象的。

黄帝既为我国古代传说史的开头，我们就应当搞清楚他的大概年世。但汉时太史公已称百家言黄帝者"其文不雅驯，缙绅先生难言之"。而《五帝德》及《帝系姓》两篇，又不记年岁。自殷以前不可得而谱。周以来虽然颇得可著，而孔子序《尚书》，略无年月。太史公对当时流传的历谱谍记等古籍，虽称黄帝以来皆有年数，又不敢深信。所以，他只据《五帝系谍》《尚书集世》两书所纪作《三代世表》，黄帝至共和只载世系，其年历仍不详。后世作历代年表者为了便于一般人年历的寻检，共和以前乃依据《三代世表》上推黄帝以来的年数，大都假定为五、六千年（多据宋刘恕《通鉴外纪》和元金履祥《纲目前编》等书所推）。

按我国历史，共和（前841）以后才有详细可靠的编年。从共和上推到禹，有总的大致年数，一般公认禹起于公元前二千年左右。《古本竹书纪年》有"黄帝至禹为世三十"（《路史·发挥》三引）。照平均三十年为一世计之，黄帝至禹约有一千年左右。那就是说，从黄帝到现在已有五千年了。这也就是长期以来一般人所说的，中国有五千年历史的合理根据。

新中国成立以来，由于史学理论的新发展和田野考古的新发现，大大丰富了古史研究。中国古史可以从猿人时期的元谋人讲起，不是五千年，而是已具有一百七十万年的历史了。不过我强调的是文化史、或说是文明史阶段。根据摩尔根、恩格斯讲人类社会的发展，分蒙昧、野蛮和文明三期。而"文明"一词，现代史家以为是指社会从氏族制解体，进入了出现国家的社会阶段。在这个阶段中已经有了文字，并且也以文字出现作为"文明"的最主要标志之一。

因为有了文字，人类就可以把许多劳动经验和智慧传给下一代，或者传达给其他地区的人。这对文化的积累和交流，起到媒介作用。因而文字就构成为社会文化发展的一个很重大的动力。所以，我们讲中国文化史，就应着重从中国文字出现以后讲起。

现在我们所能见到的最古文字，当然以殷商的甲骨文为代表。殷墟卜辞所包的年代，据估计是在公元前 1300—前 1028 年之间。这时也正是我国历史从氏族制度解体，进入有了国家组织的文明历史阶段。但也不应因此，便断言中国文明史或文化史是从殷商王朝开始的。下面我们且详细分析一下。

细审商朝的甲骨文已经是很进步的文字,距文字初创的原始图画文字阶段,已经很远了。甲骨文中虽然残存着一些较古的图象文字，但一般地说，已不是文字的萌芽期。有些象形字所画的同实物已不相合。如马、犬、豕等字往往描绘成竖立形象；羊、牛等字则只摘取其头部特点加以描绘，令人一望即可立辨其含意。这就是象形文字。在日常生活中，还遇到一些无形的意念、物性的区别、动物的活动等，画起来很不容易。经过多年的摸索，逐渐又创造出用两个或两个以上的图象组合起来、以表其意的手法。如画一手执鸟形，便成一个"隻"（获）字，手持肉在神案前，便成"祭"字，画一人弯腰低头垂舌于一器皿上，即成"饮"字等等。这是后来的会意字。另外，有些事物，无论用象形字或会意字都难以表达出来。怎么办呢？只有采取如小孩子写错别字的办法，用同音的字代表。如凤鸟的"凤"与刮风的"风"音近，因而甲骨文里多以凤鸟的"凤"假借为刮风的"风"来用；羽毛形的"羽"与作明日解的"翌"音同，于是卜辞中多用"羽"代表"翌"。这就是假借字。殷商时代在遇到象形、会意、假借等方式都无法表现的事物，逐渐又发明了一边形一边音的形声字，以济其穷。因为在语言中一个音可以代表好几种含义，为了在文字上分别开来，于是在一个音符上，按其各类不同的含义，加上不同含义的形符作偏旁，二符合一，便造成了另外一个新字。这种新字的构成是：一边是形、一边是声，所以叫作"形声"字。如"洋"字从水、羊声。从"水"的偏旁表示水义，而"羊"的偏旁，在这里没有意义，只具有"羊"的读音。这种形声字都是以音为主，注以表义的形符。这种造字条例一发现，新字的种类和数量，就可以根据所需而创造无穷了。如"水"义类的字，甲骨文中就有"河""洛""汝""淮""洹"等等；"牛"类的字，就有"牡""牝""牢""物""告"等。像这种用声符和意符联合而造的新文字，很快就发展起来。中国的汉字没有像其他民族文字沿着这种声符制定音标，走向拼音文字的道路，而是仅采用这种形意不同的方块字作为音符而已。其演变基本上是走着上面所说的象形、会意、假借和形声四种途径而完成的。尤其是形声的造字条例一出现，表示这种类型的文字，已走到较进步的高级阶段。从世界各国文字发展的趋势看，大都是先由象形，经长期发展而走向形声。中国文字自然也不会例外。甲骨文中既是已具有大批形声字，这就意味着殷商的甲骨文字，已距造字的原始阶段很远了。这也说明甲骨文的萌芽期，远在殷商王朝之前。因此，我们讲中国的远古文化史或文明史，绝对不能断自商代。因为商代固然已进入阶级社会，已经有了高度发展的文字，有了"成文历史"，确已进入"文明"阶段。但殷商文明不是无源之水，在她之前必有一个萌芽时期。

近几十年来，考古学家、历史学家在寻找殷商文化的源头时，发现山东的大汶口文化中晚期的陶文，跟殷商的甲骨文有一脉相承的迹象。因而推断汉字的渊源，似可以逆溯到大汶口新石器时期，这种意见我们认为是正确的。

大汶口遗址发现刻有原始文字的陶器，是属于大汶口文化的中晚期，其绝对年代未经科学测定。但经与其它地区古文化作比较，估计陶文的年代，大约在公元前3000—2500年之间。根据与陶器同出的物质文化看，那时已是父系氏族社会的晚期。虽然已出现了阶级，但还不是阶级社会；虽然已经进入文字的萌芽期，但尚无"成文历史"，不能说正式跨入"文明"历史阶段。不过，"文明"的光芒已经照射进来。这时正是"文明"与"野蛮"前后两种文化，犬牙交错着的过渡阶段。谈中国的文化史或文明史，不能不从这个过渡时期讲起。所以，今天我们说中国有五千年的历史，是有根据的，合乎科学的。

（原文发表在《文史知识》1986 年第 5 期）

周平王东迁乃避秦非避犬戎说

长期以来讲两周之际的历史者，均谓西周灭于犬戎，周平王避犬戎难始东徙洛邑。这种说法盖本之于太史公《史记》。为了弄清这个提法是否确实，我们不妨先把《史记》中有关材料节录于下，然后再一一加以讨论、分析。

> 《周本纪》：幽王嬖爱褒姒，褒姒生子伯服。幽王欲废太子，太子母申侯女而为后……褒姒不好笑，幽王欲其笑，万方故不笑。幽王为烽燧大鼓，有寇至，则举烽火，诸侯悉至。至而无寇，褒姒乃大笑，幽王说之。为数举烽火，其后不信，诸侯益不至……（幽王）废申后去太子也，申侯怒，与缯、西夷、犬戎攻幽王，幽王举烽火征兵，兵莫至，遂杀幽王骊山下。

> 《秦本纪》：周幽王用褒姒，废太子，立褒姒子为適，数欺诸侯，诸侯叛之。西戎、犬戎与申侯伐周，杀幽王骊山下。而秦襄公将兵救周，战甚力，有功。周避犬戎难，东徙洛邑，襄公以兵送周平王，平王封襄公为诸侯，赐之岐以西之地。曰：戎无道，侵夺我岐、丰之地。秦能攻逐戎，即有其地，与誓封爵之……十六年文公以兵伐戎，戎败走。于是文公遂收周余民有之，地至岐，岐以东献之周。

我们审读两《本纪》中有关申侯、犬戎攻杀周幽王及平王东迁事，其记载基本上是一致的。所不同的是，《周本纪》没有秦襄公救周、有功，及襄公以兵送平王等语。我们发现史公对这段历史记载，不但文字简略，语焉不详，而且其中一些具体情节也颇多可疑之点。

首先，西周之亡，若果如史公所说，是由于犬戎、申侯伐周，诸侯兵不至而亡。那么为什么幽王不死于周京，而却死在镐京之东五六十里之遥的骊山下？

当时的具体情况，最早还见于《国语》，与《史记》不尽相同。《晋语一》云："褒姒有宠，生伯服。（幽王）于是乎与虢石父比，逐大子宜臼而立伯服。大子出奔申，申人、缯人召西戎以伐周，周于是乎亡。"《郑语》史伯之言亦曰："申、缯、西戎方强，王室方骚。将以纵欲，不亦难乎！王欲杀太子以成伯服，必求之申。申人弗畀，必伐之。若伐申，而缯与西戎会以伐周，周不守矣。"我们综合《国语》这两段文字和《史记》中有关记载，其中原委是，幽王因欲立褒姒所生之子伯服为太子，打算把原立的太子宜臼杀死。宜臼逃奔其舅氏申侯之国。幽王乃出兵讨申，行经骊山，与正来攻周的申、缯及犬戎之联军遭遇，幽王于是被杀于骊山。

两《本纪》中所记幽王举烽火事也不可信。过去学者早已指出，这种举烽传警，乃汉人备匈奴事，不是远在西周时所能有的[①]。《秦本纪》又谓秦曾以岐以东献之周，宋王应麟《困学纪闻》卷十一早就提出质疑，曰："赐襄公岐以西之地。襄公生文公，于是文公遂收周余民有之，地至岐，岐以东献之周。《诗经·正义》曰：郑氏《诗谱》言横有周西都宗周畿内八百里之地。则是全得西畿，与《本纪》异。按终南之山，在岐之东南，大夫之戒襄公，已引终南为喻，则襄公亦得岐东，非唯自岐以西也。《本纪》之言，文公献岐东于周，则秦之东境，终不过岐。而春秋之时，秦境东至于河。明襄公救周，即得之矣。《本纪》之言，不可信也。"王氏为宋代有名的学者，其史学眼光极为犀利。他根据《诗经》说岐山东西、宗周畿内八百里之地在秦襄公时即基本上为秦所有，因而认为《本纪》之言不可信。可谓有识之论。

非但此也，即其所述秦襄公以兵送周平王事，亦属荒诞难凭。《秦本纪》称，犬戎与申侯伐周，杀幽王。"秦襄公将兵救周，战甚力，有功。周避犬戎难，东徙洛邑。襄公以兵送周平王，平王封襄公为诸侯。"这几句话包含着很多矛盾。为了分析其具体的矛盾，我们必须首先分清战时双方的敌我关系。从《周本纪》《秦本纪》上看，当时由于周幽王宠褒姒、废申后及其所生的太子宜臼，改立褒姒子伯服为太子，于是引起王室内讧，分裂为对立的两方：以申后父申侯为首包括他的同盟军缯与犬戎为一方，他们是站在太子宜臼（即后来的平王）方面的；而同时以周幽王为首包括幽后褒姒及其所生之子伯服、卿士虢石父等为对立的另一方。两方为了王位继承，形成了不可调和的矛盾。秦襄公因当申侯、犬戎攻周幽王时，曾"将兵救周"，并且"战甚力，有功"，所以，秦襄公很明显是站在周幽王一方，而与太子宜臼即后来的周平王处于敌对地位。

那时矛盾的双方，敌我阵线如此分明，绝不能混淆。秦助周幽王以抗拥护太子宜臼的犬戎、申侯之兵，而宜臼就是申侯、犬戎这一方所拥立的周平王。则犬戎之与平王，是友而非敌，可是《秦本纪》却说周平王避犬戎难，东徙洛

---

① 钱穆《国史大纲》。按，《吕氏春秋·疑似篇》也有类似故事，但只言传鼓，不言举燧。

邑；秦之与平王是敌非友，而《秦本纪》却称秦襄公以兵送周平王，平王封襄公为诸侯。襄公送其仇而平王封其仇，其矛盾难通，罕有如此者。故四十多年前，钱宾四先生早已指出，其言曰："《史记》不知其间曲折，谓平王避犬戎东迁。犬戎助平王杀父，乃友非敌，不必避也。"[1]蒙文通先生也曾说："《秦本纪》言，秦襄公将兵救周，平王封襄公为诸侯，赐之岐以西之地，曰：戎无道，侵我岐、丰之地，秦能攻逐戎，即有其地，与誓封之。襄公救周，则党于幽而敌于平。犬戎党于平而夺平地，秦敌于平而平封爵之，皆事之必不然者。"[2]钱、蒙两先生均道出《秦本纪》所述极不合情理，可谓破绽迭出。平王东迁，揆诸当时实际，必非避犬戎，可以断言。且犬戎原居地在冀州领域（详另文），距成周较距宗周为近。平王若果避犬戎，应西避，不应东迁也。

又按西周之末，申、吕之势强于诸戎，诸戎虽与申、吕共灭周，而其主动者实为申、吕。《郑语》云："缯与西戎方将德申，申、吕方强。"可见当时势力最强者为申、吕，其他如缯、西夷、犬戎均属附从地位。后人每不深考，谓周之亡全归之于犬戎，则未是也。犬戎当时既非强者，而强者乃是立平王之申、吕，平王何用远避，况犬戎、申、吕又为平王之同党。并且犬戎为游牧民族，逐水草而居，迁徙无常。《韩非子》谓戎"终岁不迁，牛马半死"[3]。其为生计，必不久居。史称"戎狄荐处，贵货而易土"[4]。这种营游牧的戎狄，即使真入京师，顶多是掠夺财物，而对土地、城市则视若敝屣。《周本纪》记载犬戎灭周谓："申侯怒，与缯、西夷、犬戎攻幽王，幽王举烽火征兵，兵莫至。遂杀幽王骊山下，虏褒姒，尽取周赂而去。"据此，则申侯、犬戎等攻幽王者并未占据京师，而是"尽取周赂而去"。所以，从当时全局观之，平王东徙洛邑，决非避犬戎也。

但是，西京丰、镐乃周族之发祥地，且为建都数百年之圣地，若无重大事故，决不会轻易弃之而东迁。过去有人猜想或因晋文侯凯觎黄河西岸之地，乃起兵杀携王而并其地。平王德其杀仇而无力索还故土。平王立于申乃暂局，于是东迁洛邑[5]。按晋文侯若果仅并黄河西岸之地，丰、镐尚为周有，何必迁徙？

---

① 钱穆：《国史大纲》。
② 蒙文通：《周秦少数民族研究》，龙门联合书局1958年版，第21页。
③《韩非子·十过篇》。
④《国语·晋语七》魏绛语。
⑤ 钱穆：《国史大纲》。

且征之史书，晋文侯虽杀与平王对立的携王①，但当时似未兼并黄河西岸之土地。《左传》庄公二十一年有云："王巡虢守，虢公为王宫于玤，王与之酒泉。"酒泉在今陕西黄河西岸之澄城县。周王既可以酒泉赐虢，是周惠王四年以前河西之地未入于晋之明证。至鲁僖公五年，晋灭虢，晋始有其地。然则，周之东迁，果何为邪？

考当时情势，秦襄公之祖先父辈，世世为周室股肱。《秦本纪》谓周宣王曾以秦仲为大夫，诛西戎。秦仲的儿子庄公时，"周宣王乃召庄公昆弟五人，与兵七千，使伐西戎，破之"。宣王"于是复予秦仲后及其先大骆地犬丘并有之，为西垂大夫"。可见秦庄公是世族，而且又是世官。西周晚期铜器《不娶簋》铭文，记述不娶为周王室攻伐猃狁事。李学勤认为这个名"不娶"的就是秦庄公②。若然，则秦庄公在周宣王时确为王室功臣。其子襄公在周幽王时必然绍述父业，仍效忠王室。所以，《本纪》谓秦襄公将兵救周幽王，以抗击来犯的太子宜臼之党申侯、犬戎之联军，这是合乎情理的。但是，秦襄公既在周王畿内抗击平王之党，当申与犬戎破西京"取周赂而去"之后，宗周畿内必然成了秦襄公的势力范围。在申立为平王的太子宜臼既与秦为敌，因惧秦兵，当然不敢回西京旧都，于是乃从申北迁洛邑。因为不是从西京东迁，西方的秦襄公怎能以兵送之呢？所以史称秦襄公以兵送平王，纯属子虚③。

周之东迁和立国，实则端赖晋、郑，《周语中》云："（襄）王怒，将以狄伐郑。富辰谏曰：……郑武、庄有大勋力于平、桓，我周之东迁，晋、郑是依。""平、桓、庄、惠，皆受郑劳。"《左传》隐公六年周桓公也说："我周之东迁，晋、郑焉依。"他如《古本竹书纪年》（《左传》昭公二十六年疏引）有"先是申侯、鲁侯及许文公立平王于申"。其中"鲁侯"疑为"郑侯"之讹④。按申之立

---

① 事见《古本竹书纪年》，谓"幽王既死，而虢公翰又立王子余臣于携，周二王并立。二十一年携王为晋文公（侯）所杀。"（《左传》昭公二十六年疏引）按"携"地未详所在。《新唐书》之《大衍历议》谓丰、岐、骊、携皆鹑首之分，雍州之地。是"携"或即在河西之域矣。

② 李学勤：《秦国文物的新认识》，《文物》1980年第9期。

③ 郭沫若谓石鼓文述秦襄公以兵送平王之事，其《石鼓文研究》曰："用知西時乃襄公送平王而凯旋时纪功之作……《灵雨》一石乃追记出师之始，所谓'其奔其敔，□□其事'者，即攻戎救周之事也……又其'嗣王始□，古（故）我来□'，尤属与送平王事，若合符契。"按郭氏之说未可信从，因《石鼓文》丝毫无攻戎救周、以兵送平王之痕迹。马叙伦作《石鼓为秦文公时物考》（《北平图书馆刊》7卷2号）及《跋郭沫若石鼓文研究初稿》即对郭氏说甚不以为然。其言曰："使鼓辞为纪功之作，必明次其事，而以车徒之盛，杀伐之勤彰……今检鼓辞虽有残缺，而称弓车旗徒马之盛，则多有其证，而无一字及戎夷之暴，王室之危，岂皆在所残缺中邪？"马氏之说极是。

④ 按《竹书纪年》写于战国，"郑"原简当作"奠"，如魏正始三字石经《春秋》僖公三十二年郑伯捷卒，郑字古文即作"奠"可证（见孙海波《魏三字石经集录》）。"奠"与"鲁"字形近，译者误释为"鲁"字也。

平王，鲁本不赞成，故平王立后，鲁不行报聘之礼；平王崩，鲁不奔丧。是知《竹书纪年》此处之"鲁侯"为不实。按郑桓公之死，《郑世家》谓"犬戎杀幽王于骊山下，并杀桓公。"而《郑语》只云："十一年而毙"，未言为犬戎所杀。从《郑语》史伯之言看，史伯、郑桓公反对幽王、虢石父等之荒唐行为，而对王室早有异心。欲避其难，而东寄其帑与贿。所以，桓公也可能为幽王、虢石父一派所杀。桓公之子武公，当然更坚定地站到了申侯一边。且《左传》隐公元年记载有"郑武公娶于申，曰武姜"。若桓公果为申、犬戎所杀，其子武公决不至忘杀父之仇，而与之通婚媾。宾四先生曾说，立平王"郑、申亦同谋"[①]。正由于郑是平王的拥立者之一，所以，周桓公才说："我周之东迁，晋、郑焉依。"如此，则《竹书纪年》所谓立平王于申之"鲁侯"为"郑侯"之讹，亦因之而定。郑之于平王东迁，其功大矣。

凡先秦诸书均不言秦有功于平王，考之《国语》，适得其反。《郑语》曰："及平王之末，而秦、晋、齐、楚代兴，秦景襄于是乎取周土，晋文侯于是乎定天子。""秦景襄"韦昭注以为"景"当为"庄"字。按"景""庄"字形迥异，庄字无由讹为景字。并且，说秦庄公于平王末取周土，于史无征。何况秦庄公死于周幽王四年，根本不及平王世。余谓"景襄"或是二字之谥，正如以后的秦昭襄王、秦庄襄王之例。故"秦景襄"或即秦襄公之正称也。又按"平王之末"的"末"字亦误，因秦襄公卒于平王五年，何能及平王之末？晋文侯定天子，当指文侯杀与平王并立的携王事，也在平王初期。所以，"末"字或为"立"字之讹。《郑语》盖谓平王立，秦襄公于是乎侵占了周之土地，晋文侯于是乎杀了携王，确定了平王一天子独尊的地位。读此，始知《史记》所说的秦襄公以兵送平王，平王封襄公为诸侯，又赐之岐西之地，均似捏造之辞，未可遽信。再如秦之铜器铭文，《秦公钟》《秦公簋》二器作于春秋中叶[②]，一则曰，"受天命"，再则曰，"受天命"，毫无受周王分封之意。

综观太史公记宗周灭及平王初时事，均未能得其实。细审其行文，则处处偏袒嬴秦。平王东迁，明为避秦，而史称避犬戎；平王即位，明赖晋、郑二国，而史曰秦襄公以兵送之；平王既东，宗周之地明为秦襄所取，而史曰平王封襄公为诸侯，赐岐以西之地。余疑太史公记述犬戎败幽王及周东迁洛邑事，或本之于秦人所作之史书，其侵周之真相，已为其所隐讳，而伪饰之如此耳。盖秦

---

① 钱穆《国史大纲》。
②《秦公钟》《秦公簋》二器铭均有"十又二公"句，如从秦仲算起，当在共公时，如从庄公起算，当在桓公时。

统一后，列国史记悉被收去而杂烧之，《秦始皇本纪》谓"非《秦记》皆烧之"。故太史公叹曰："秦既得意，烧天下诗书，诸侯史记尤甚，为其有所刺讥也。诗书所以复见者，多藏人家，而史记独藏周室，以故灭。惜哉！惜哉！独有《秦记》，又不载日月，其文略不具。"① 太史公谓"独有《秦记》"，则其记西周末东周初之史实，乃本之于《秦记》欤？② 《史记·六国表序》曰："太史公读《秦记》，至犬戎败幽王，周东徙洛邑，秦襄公始封为诸侯。"是秦人所撰史书《秦记》正述此段历史，《史记》之本于《秦记》审矣。

（原文发表在《天津社会科学》1986 年第 3 期）

---

① 《史记·六国表序》。

② 按记秦襄公劳王而受地，又见于《吕氏春秋·疑似篇》："褒姒之败，乃令幽王好小说以致大灭，故形骸相离，三公九卿出走，此褒姒之所以死，而平王所以东徙也。秦襄、晋文所以劳王，劳而赐地也。"此纪异于《郑语》，然此书为吕不韦宾客所作，其不敢援他国史记以伤秦，理所必然。盖亦本秦之史记（即《秦纪》）为说。

周代《大武》乐章的来源和章次问题

周代的《大武》舞及其歌辞是我国最古的歌舞之一。在它之前的古乐曲，传说还有《云门》《大卷》《大咸》《大夏》《大濩》《九招》《六列》《大章》《大韶》《九歌》《九辨》《万舞》等等不下一二十种。这些古乐虽然也有流传到战国时的，但有的只有舞而无歌，有的是歌而非舞，有的又仅是乐曲。其中只有葛天氏的《八阕》，似乎近于《大武》的一类。《吕氏春秋·古乐篇》谓："葛天氏之乐，三人操牛尾，投足，以歌八阕：一曰载民，二曰玄鸟，三曰遂草木，四曰奋五谷，五曰敬天常，六曰达帝功，七曰依地德，八曰总禽兽之极。"这个既有音乐又有动作的"八阕"，可能是一种原始的歌舞。不过这个"葛天氏"的时代已不可考，而且"八阕"辞目虽存而歌辞久佚，其对后世的影响，当然就远不如从西周一直流传到春秋战国时代的《大武》舞了。

周代的《大武》歌舞是怎么产生的呢？它与较早的古乐又有什么本质的差异呢？要解答这些问题首先应当从歌舞的起源说起。歌舞的历史，可以说是源远流长的。因为它属于艺术的一种，那就与其他原始艺术，有着共同的根源，同样也来源于原始人的劳动实践。古人在集体生产劳动中，自然有人与人之间交际的要求，有表达自己的思想和情感的要求。人类的文化在劳动中逐渐发展。为了使交际语言与劳动节奏，更易于使对方受到感染，便尽量使之美化，以表露其情感，于是"语言"发展成为动听的歌辞，"动作"发展成为优美的舞蹈，两者结合起来，"歌舞"于是产生。《毛诗序》说："情动于中，而形于言；言之不足，故嗟叹之；嗟叹之不足，故咏歌之；咏歌之不足，不知手之舞之足之蹈之也。"这个说法虽未能指出歌舞产生的主要根源，但对其发展和流变、舞蹈和音乐的关系的叙述，却是正确的。

歌舞是原始民族审美的感情之最完美、最有效的表现。1973年秋在青海大通县上孙家寨出土一件新石器时代绘有似乎是"歌舞"花纹的彩陶盆，引起人们的极大兴趣。它直接表现出当时人们的文化生活。通过画面可以看到他们的舞乐，是五人一组，手拉手，面向一致，从不同方向摆动的发辫和尾饰，体现了舞蹈的韵律和节奏。很明显，他们是欢乐的舞蹈队伍。给人的印象是：先民们当劳动之暇，在树下、小湖边或草地上，正在欢乐地手牵手集体跳舞和歌唱。从其明朗、质朴的舞姿，透露出原始人纯真的感情与欢乐的情绪，洋溢着团结勇敢直前与自然作斗争的精神①。新石器时代这类歌舞，与上面说过的葛天氏之《八阕》，都是我们的祖先在漫长的无阶级、无剥削的原始社会时期，进行生产劳动斗争中创造的歌舞，主要表现为劳动人民与大自然作斗争的形象，是人民的艺术。

周代已进入了阶级社会，歌舞等艺术在接受前人传统艺术的基础上，更进一步向前发展，并结合当时的历史条件，打上了阶级的烙印。所以，它对原始社会的歌舞来说，已起了本质的变化。《大武》舞主要是反映周武王灭商统一中国的武功。它属于贵族统治阶级的艺术。

一

《大武》是舞蹈、音乐和歌唱三者相结合的歌舞。它的舞容与乐调大约在战国以后即已失传，而歌辞因为保存在《诗经》里，所以一直流传到现在。

这个歌舞在春秋战国时代的人，都还亲眼见过。如春秋时的吴公子季札和鲁之孔子就是见证人。季札聘鲁，观于周乐，见舞《大武》，叹道：

美哉！周之盛也，其若此乎！（《左传》襄公二十九年）

孔子欣赏过帝舜的《韶》乐和周武王的《大武》舞，《论语》记载说：

子谓《韶》，尽美矣，又尽善也；谓《武》尽美矣，未尽善也。（《论语·八佾》）

战国末年荀子说：

和鸾之声，步中《武》《象》，驺中《韶》《护》以养耳。（见《荀子·正论》；而《大略》后两句作"趋中《韶》《护》。君子听律习容而后士"，与《正论》稍异）

绅、端、章甫，舞《韶》歌《武》，使人心庄。（《荀子·乐论》）

---

① 参看青海文管处考古队《青海大通县上孙家寨出土的舞蹈纹彩陶盆》；金维诺《舞蹈纹陶盆与原始舞乐》。两文均刊于《文物》1978 年第 3 期。

这都是春秋战国时人得见《大武》演奏的记载。可是在战国以后。《大武》的舞容、乐调就都失传了。近人的研究是根据战国人的记录，也仅仅推测出一个大概[1]。当时的演员大概是六十四人[2]，头戴"冕"，手执"朱干""玉戚"[3]，边唱边舞。整个舞蹈共六场[4]，每场唱一首诗。音调迟缓而多咏叹[5]。这六场歌舞象征着武王灭商、统一中国的功烈。《大武》歌舞的舞容、乐调，由于史文缺轶，我们今天所能知者，仅此而已。若超过这个限度，作过多的推测，反而毫无意义了。

至于《大武》的作者，战国时文献有明确的记载，《左传》宣公十二年谓："武王克商……又作《武》。"《庄子·天下篇》谓："武王、周公作《武》。"《荀子·儒效篇》说武王诛纣之后，"于是《武》《象》起而《韶》《护》废矣"。《吕氏春秋·古乐篇》说，武王即位，以六师克殷，归，"乃命周公为作《大武》"。从这些记载看，战国时人都一致认为《大武》为西周初年的作品，固然不能说绝对可信，但也是无法完全否定的。只是说到具体的作者，则有武王、周公之不同而已。不过，音乐和舞蹈等艺术发展到阶级社会，便都已趋向专业化。这种音乐、舞容和歌辞相结合的复杂歌舞，说完全出之于周初一人之手，是难以令人置信的。所以，高亨先生就认为"《大武》音乐的曲调，舞蹈的容节，就一般情况来讲，应该是乐官乐工们的集体创作……必然也有武王周公的意见"。又说《大武》的歌辞，"武王周公尽可命令他们的臣仆作这六篇诗……尽可用武王周公的口气"[6]。这种说法是较为妥当的。并且，《大武》歌辞，从两周初到战国末流行了八百年，难免不经过各时代具体主持乐舞的人的加工和润色。所以，现今我们所见《诗经》里的《大武》歌辞，与其说是周初的原辞，不如说是自西周多年来艺人的集体创作为好。

二

保存在《诗经·周颂》里的《大武》歌辞，究竟是哪几首？《大武》乐章的编排次序是怎样的？这还都是学术界争论不决的问题。现在我们首先把《左

---

① 参看高亨《周代大武乐考释》第四节，《文史述林》，中华书局1980年版，第106-112页。

② 《公羊传》昭公二十五年"八佾以舞大武"，而八佾是六十四人。

③ 《礼记·明堂位》："朱干玉戚、冕而舞大武。"《祭统》："朱干、玉戚以舞大武。"

④ 《礼记·乐记》谓《武》有六成，即六场。

⑤ 《礼记·乐记》载宾牟贾与孔子谈《武》乐，有"咏叹之，淫液之"。

⑥ 见《周代大武乐考释》第三节"大武的作者与用途"。

传》《礼记》中与这个问题有关的两段主要的史料引在下面，然后再加以讨论：

> 武王克商，作《颂》曰："载戢干戈，载櫜弓矢。我求懿德，肆于时夏，允王保之。"又作《武》，其卒章曰："耆定尔功。"其三曰："铺时绎思，我徂维求定。"其六曰："绥万邦，屡丰年。"夫《武》禁暴、戢兵、保大、定功、安民、和众、丰财者也，故使子孙无忘其章。（《左传》宣公十二年楚庄王一段话）

> 夫乐者象成者也。总干而山立，武王之事也。发扬蹈厉，大公之志也。《武》乱皆坐，周召之治也。且夫《武》始而北出；再成而灭商；三成而南；四成而南国是疆；五成而分（《史记·乐书》"分"下有"陕"字），周公左、召公右；六成复缀，以崇天子。（《礼记·乐记》所载孔子答宾牟贾所问之言）

根据上面《左传》和《礼记》这两段文字，可知《大武》确是宣扬武王灭商建国等丰功伟绩的歌舞。全部共有六场：第一场是颂扬武王出征，第二场是武王灭商，第三场是从殷都南向渡河，第四场是疆理南国，五场是周、召二公分别辅佐王室，六场则是庆丰年以崇周，剧终。

《大武》的歌辞和章次，据《左传》楚庄王所说的武王克商作《大武》，其卒章是"耆定尔功"。这句话见于《周颂·武》篇，可见《武》篇应是《武》的最后一场。又说其三是"铺时绎思，我徂维求定"，这两句见之于《周颂·赉》篇。那么，《赉》篇必是《大武》的第三场了。"其六曰：绥万邦，屡丰年"，此见于《周颂·桓》篇。则《桓》篇该是《大武》舞的第六场了。其中第三场《赉》正是《乐记》所说的"三成而南"，是指舞者转而向南，反映武王胜纣，从殷都班师南向渡黄河而后返镐之事。所以《大武》第三场的《赉》这首歌辞和章次最无问题，无须过多的讨论。

但是，《武》和《桓》却有一些问题。《大武》舞如根据《礼记·乐记》说，共六场，可是《左传》楚庄王既已说明《周颂·桓》是第六场，而又说"其卒章"即最末一场是《周颂·武》。到底最后一场是《桓》呢？还是《武》呢？楚庄王自己说得就如此矛盾。高亨先生又提出另一疑问："《左传》既引'其六'又引'其卒章'，那么，《大武》诗至少有七章，这和《大武》舞有六场不相符合。"①这个问题又怎么解决呢？

---

① 高亨：《周代大武乐考释》，《文史述林》，中华书局版，第80-116页。

宋时朱熹曾说:"《武》,《春秋传》以此为《大武》之首章也。"①清人马瑞辰遂谓:"'卒章'盖'首章'之讹。朱子《集传》云《春秋传》以此为《大武》之'首章',盖宋人所见《左传》原作'首章'耳!"②我们赞成马瑞辰以"卒章"为"首章"之讹的意见,也只有从这个说法才能解决《大武》最后一场是《桓》而不是《武》的问题。

《武》和《桓》的矛盾是解决了,但是若以《周颂·武》篇为《大武》的第一场,还有其难通之处。高亨先生就说,"因为《大武》舞的第一场是象征武王出征,而《武》篇的内容是说武王已经灭商,不相符合"③。按《武》篇的内容确实有"胜殷遏刘,耆定尔功"等胜殷后的语句,是决不能排在"始而北出"的第一场的。于是高先生不从马瑞辰之说,而认为"卒章"的"卒"字古文近于"次"字,而以"卒章"为"次章"之讹,把《武》篇列为《大武》舞的第二场。可是,他没有想到这种论证,不但版本校勘学上毫无根据,就仅以古文字学上说,也是牵强的。所以,其说虽似新颖,但说服力是远远不够的。

我们虽然赞成马瑞辰以"卒"为"首"之讹,但却不认为《武》篇为《大武》舞六章中的第一章,而认为这个"首章"是整个《大武》舞曲中开场的首奏。它好像一部书中的绪言,是《大武》舞总的概括,总的反映武王继文王之志胜殷,戢兵定功等圣迹。下面才是《大武》舞具体的六场内容。我们之所以有这个认识,是根据下面四点理由:

第一,从《大武》舞的命名上看:《论语》《左传》《荀子》《吕氏春秋》《礼记》等书,凡引这个乐章的都以"武"名之,而古时诗名、篇名的命名惯例,往往采取本诗、本篇的开始两字,或第一部分为名(例如《诗经》中的各诗,和《论语》中的各篇之命名均如此)。《大武》舞之取名为"武",可以此惯例类推,"武"必是本乐章开始的部分。

第二,从《左传》引述的次第上看:《左传》记载的是在《大武》舞尚在流行的春秋时代,其所反映的内容,当然比后人推测的要可信。楚庄王所见到的《大武》舞的次序:首先是"耆定尔功"(《周颂·武》),其次是"铺时绎思,我徂维求定"(《周颂·赉》),最后是"绥万邦,屡丰年"(《周颂·桓》)。这反映了《武》《赉》和《桓》三篇在《大武》舞中所处的次序。其中《赉》是第三场,《桓》是第六场,而《武》必在这两诗之前,决不会是最末。所以《左传》所说

① 《诗经集传》卷八。
② 马瑞辰:《毛诗传笺通释》卷二十九。
③ 高亨:《周代大武乐考释》。

的"卒章"肯定是错误的。

第三，《荀子·礼论》所引古乐的次序，也是《武》篇在前。《荀子》说："故钟鼓管磬、琴瑟竽笙、《韶》《夏》《护》《武》《汋》《桓》《箾》《简》《象》，是君子所以为悑诡其所喜乐之文也。"（《礼论》）可见荀子也是把《武》篇放在《大武》舞的《汋》（即《酌》）①与《桓》两篇之前的。

第四，王国维根据《礼记·祭统》谓"舞莫重于《武·宿夜》"，郑注："宿夜，《武》曲名也。"因而断定《大武》有《宿夜》一章，而且认为"宿夜"即"夙夜"②。学术界公认这个说法是正确的。从《祭统》的话中可知《大武》舞篇章的次第，大概就是首先为《武》篇，其次是《夙夜》篇。而《夙夜》王国维认为是《周颂》中的《昊天有成命》。其实这是错误的，因为这首诗明明有"二后受之，成王不敢康"两句，"二后"指文王、武王，而"成王"为武王之子姬诵。则此诗是歌颂成王之德，怎能作为歌颂武王之曲呢？

《祭统》说的这个《武》篇之后的《宿夜》是哪一篇呢？陆侃如、冯沅君认为应该是《周颂》中的《我将》，高亨先生也同意③。审读《我将》原诗，有"仪式刑文王之曲，曰靖四方"，正是指武王继承文王事业，出征前祭天的故事，这与《大武》舞第一场"始而北出"征讨商纣是相合的。而称"武、宿夜"是《武》篇又在第一场《夙夜》之前，则《武》篇必是《大武》舞开场的序幕可知。王国维、高亨、孙作云、袁定基诸家之所以均将《武》篇置于《大武》舞的第二场④，是由于第一场他们已安排了别的篇章，而《武》的内容有"胜殷遏刘、耆定尔功"，与"再成而灭商"似乎相合，所以，才把它置于《大武》的第二场。可是，若果真如此，那么《大武》命名的根源，和《祭统》说"武、夙夜"的次序均为不可解了。

考虑了以上四点之后，我们就可以断言，《大武》舞整个共六场，而《武》篇是序幕，连序幕在内应该是七场。其次序我们参酌诸家所提的证据，断以己

---

① 按"汋"即"酌"，《毛诗序》谓酌曰："告成大武也。"王国维《周大武乐章考》断定《酌》是《大武》的一章，甚是。

② 王国维：《周大武乐章考》，《观堂集林》卷二。

③ 参看陆侃如、冯沅君《中国诗史》第二篇第三章和高亨的《周代大武乐考释》。

④ 关于周《大武》乐章次序的研究，清人不计，近现代主要有数家。主要的有：A. 王国维：《周大武乐章考》（《观堂集林》卷二）认为《大武》舞次序是：《昊天有成命》《武》《酌》《桓》《赉》《般》。B. 高亨：《周代大武乐考释》（《文史述林》，中华书局1980年版），其次序是：《我将》《武》《赉》《般》《酌》《桓》。C. 孙作云：《周初大武乐章考实》（《诗经与周代社会研究》，中华书局1966年版），其次序是：《酌》《武》《般》《赉》（五成原无辞）《桓》。D. 袁定基：《周大武乐章考正》（《南开学报》1980年第5期）所定次序是：《时迈》《武》《赉》《酌》《般》《桓》。

见，《大武》歌辞的次序是：

序幕——《武》篇，概括武王继文王之志，胜殷、定功整个的伟绩。因为《武》是《大武》舞的开头，所以这整个的歌舞命名为"武"了。

一成——《夙夜》即《我将》，象征武王开始"北出"征殷。

二成——《时迈》，象征武王灭商与《祭统》所言"再成而灭商"相合。袁定基同志把《时迈》定为《大武》中的一章是很正确的。不过，他定为第一场，则值得商榷。因为《时迈》之"载戢干戈，载櫜弓矢"是战后景象，与《大武》第一成"始而北出"征商不合。并且《时迈》在现存《诗经·周颂》中位于《我将》篇之下。这个次序也许正反映了《大武》的原来章次。因而，我们认为《我将》是第一场，《时迈》是第二场。

三成——《赉》。见《左传》宣公十二年楚庄王说，"其三曰，铺时绎思，我徂维求定"。"其三"是指第三成，下面两句正是《赉》篇原文。

四成——《般》。（从高亨说）

五成——《酌》。（从高亨说）

六成——《桓》。《左传》宣公十二年楚庄王说，"其六曰：绥万邦，屡丰年。"意指第六场是"绥万邦，屡丰年"，这正是《桓》篇原文。

中国古的歌舞残存到今的，以周初的《大武》舞为时代最古、情节最详的艺术创作。它的主题是歌颂周武王统一中国的武功。西周王室贵族用演奏方式来教育和团结自己的宗族子孙，使之勿忘旧章。它流行了八百年，一直演奏不辍。从春秋时的季札和孔子对《大武》舞的评价看，其艺术性已达到"尽美"。三千年前我们祖先能创造出这样高度的艺术品，确实称得上我国文化史上的一个重大贡献了。

1984 年 7 月 17 日脱稿

（原文刊登于《先秦史研究》，云南民族出版社 1987 年 10 月版）

周初的三监及其地望问题

上

周武王的灭商，是以一个人数较少的氏族，征服了一个广土众民的泱泱大国。武王虽然在牧野打败了纣王的军队，摧毁了殷商王朝，但是，对人数众多的商遗民如何统治，大有心有余而力不足之感。何况殷王畿以北和以东，还有一些殷商旧的与国、盟国的势力，仍安然无恙、毫未触动呢！

武王、周公为了首先控制住已占领区，想到只有利用殷人内部矛盾，实行分化瓦解、区别对待的手段。凡是已降服周人的殷商贵族，就使其"各安其宅，各田其田，毋故毋私，惟仁之亲"①。于是，把商的旧京仍封给纣王的儿子武庚（禄父），让他在那里为周室管理商之遗民。《史记·周本纪》称武王以"殷初定未集，乃使其弟管叔鲜、蔡叔度相禄父治殷"。《殷本纪》也说，"封纣子武庚禄父，以续殷祀"。《宋世家》谓："武王封纣子武庚禄父，以续殷祀，使管叔、蔡叔傅之。"②可见商王畿内广大遗民，仍由武庚代为治理。不过，武王恐其叛变，乃在殷都复封其兄弟管叔、蔡叔以采邑，以相武庚，起监视作用。只是《史记》中并没有说明对武庚和管叔、蔡叔所封的具体地点，好像三人都封于一地。东汉班固《汉书·地理志》记之稍详：

> 河内本殷之旧都。周既灭殷，分其畿内为三国：《诗经·风》邶、庸、卫三国是也。鄁（即邶），以封纣子武庚；庸，管叔尹之；卫，蔡叔尹之；

---

① 此为周公对殷遗政策的讲话，见《尚书大传》（《通鉴前编》武王十三年引）。这段话又见刘向《说苑·贵德篇》，辞句大同小异。

② 《殷本纪》《宋世家》作"封纣子武庚禄父"，《周本纪》作"禄父"，《鲁世家》作"武庚"，《管蔡世家》也作"武庚禄父"。有人据《尚书大传》（《毛诗邶鄘卫谱正义》所引）有"武王杀纣，立武庚，而继公子禄父"，认为武庚与禄父为二人。按《尚书大传》久已佚，各书所引，多有歧异。《太平御览》卷六百四十七刑法部十三所引，作"武王杀纣，而继公子禄父"，没有"立武庚"三字。只有《毛诗谱正义》所引有此三字。很可能这三字是后人给"继公子禄父"一句作的注解，原来写在这句话的旁边，被抄写者误抄入正文所造成的错误。武庚、禄父盖一谥一名，自当以一人说为是。

以监殷民，谓之三监。故《书序》曰：武王崩，三监畔，周公诛之，尽以其地封弟康叔，号曰孟侯，以夹辅周室。……故邶、庸、卫三国之诗相与同风。

唐颜师古《注》曰：

自纣城而北谓之邶，南谓之庸，东谓之卫。

司马迁、班固和颜师古的话，牵涉到周初两大问题：一个是"三监"是指的哪三人？另一个是"三监"所封的具体地域在哪里？这都是中国古史上长期争论不决的大问题。下面，我们将分别加以讨论。

班固说殷畿内分为邶、庸、卫三国，以武庚、管叔、蔡叔三人分别治之，其意好像指他们三人即三监。后来《尚书》伪孔传则云："三监，管、蔡、商。"这就明确地说明所谓"三监"，即管叔、蔡叔和武庚了。与此说不同的，如郑玄，则认为"三监"无武庚而有霍叔。郑氏《毛诗谱》曰：

周武王伐纣……以其京师封纣子武庚为殷后。

庶殷顽民被纣化日久，未可以建诸侯，乃三分其地，置三监，使管叔、蔡叔、霍叔尹而监教之。

这是以管叔、蔡叔和霍叔为三监。后来晋皇甫谧《帝王世纪》从之，谓"自殷都以东为卫，管叔监之。殷都以西为鄘，蔡叔监之。殷都以北为邶，霍叔监之，是为三监"[1]。

以上两说，谁是谁非，经学家多年一直聚讼莫定[2]。清儒崔东壁的《丰镐考信录》，以为《左传》称"二叔之不咸"，又称"管、蔡启商，惎间王室。王于是乎杀管叔，而放蔡叔"。又云："管、蔡为戮，周公右王"，无一言及霍叔者。此外，如《史记》《尚书大传》《汉书·地理志》等凡言以殷畔者，止有管、蔡二叔而无霍。因而崔氏断定武王死后，叛周作乱者实只有管叔和蔡叔二人[3]。按崔氏此说有理有据，基本是可信的。不过，他为了判定《伪古文尚书》出于晋后，乃又提出至晋皇甫谧作《帝王世纪》始增霍叔，而创三监之说，则未必是。因管叔、蔡叔、霍叔三监之说，不但早已见之于东汉郑玄之说，而且最早

---

[1] 见《史记·周本纪》正义所引。

[2] 讨论此问题者颇多，其著者清人有崔述《丰镐考信录》卷四，王引之《经义述闻》卷三，孙诒让《籀庼述林》卷一《邶鄘卫考》及《周书斠补》卷二，刘师培《周书补正》等。

[3] 崔述：《丰镐考信录》卷四。

在先秦文献《逸周书》中已明确道之。《逸周书·作雒解》云：

> 武王克殷，乃立王子禄父，俾守商祀。建管叔于东，建蔡叔、霍叔于殷，俾监殷臣。

这里叙述虽略作隐约概括之语，然其谓立三叔为三监，则极为明白。至于诸文献记述三监叛乱事多未及霍叔者，或因其罪小，亦或因其确未参与叛乱也[①]。至于《尚书》伪孔传明确地把武庚也算为三监之一，肯定是错误的。因所谓三监者实为一种监察制度，武庚为殷民，正是被监对象，被监者怎能包括在监者之中？足证"三监"决不会有武庚，而实指管、蔡、霍三叔审矣。

关于第二个问题，三叔之封地何在？《史记·管蔡世家》称，"封叔鲜于管，封叔度于蔡，封叔处于霍。管，《史记·周本纪》正义引《括地志》谓："郑州管城县外城，古管国城也。周武王弟叔鲜所封。"据此，管在今河南郑州。蔡叔度原封之蔡，《括地志》谓在河南上蔡县为古蔡国。霍叔初封之霍，据《管蔡世家》索隐引《地理志》谓即河东彘县，实即今山西霍县。按此三叔所封的管、蔡、霍三地，可能均系武王克商前的旧封。在武王克商之后，三叔作为三监，因原封地距殷都太远，盖均未就原封国，而是到殷畿，以便于执行对殷的监视作用。犹如周公封鲁，而身留周室，以便于相王室，是大致同样的情况。

那末，三叔监殷时的居地在哪里？据前已引之《汉书·地理志》《毛诗谱》及《帝王世纪》等书，曾谓周灭殷，即分殷之畿内为邶、庸、卫三国。邶，封纣子武庚，由霍叔相而治之；管叔、蔡叔治庸与卫二邑，同样就近相武庚治殷。邶、庸、卫三邑当即三叔居地，所不同的是，管叔、蔡叔有庸、卫具体封邑，邶乃武庚具体封地，而霍叔无封邑，只居相位之职而已。

邶之所在，据许慎《说文》谓："邶，故商邑，自河内朝歌以北是也。"皇甫谧《帝王世纪》也说："殷都以北为邶，霍叔监之。"（《周本纪》正义引）晋孔晁注《逸周书·作雒解》也说，"霍叔相禄父"。案殷亡时纣都朝歌，朝歌北鄙之邶邑封武庚。朝歌原来是纣之故都，本名"殷"，或作"衣""鄁""卫"，

[①] 按霍叔监殷的方式与管叔、蔡叔不同。邶是武庚的封地，霍叔本人在这里并无封邑，只以武庚的"相"的身分监殷而已。而管叔封鄁、蔡叔封卫，三监叛周时管、蔡自可以据地作乱，其力大；惟霍叔因无根据地，最多只有附从而已。并且也可能霍叔真的起到"监"的作用，曾将武庚叛周阴谋，向周室告密，而他自己未参加叛乱，故周室平三监乱不及霍叔。但周初文献过度贫乏，无可验证，此亦仅系合理推测之辞耳。

实一音之变①。这个原为纣都的朝歌称"卫",是蔡叔监殷时的居地。至于"庸",则为管叔所居。其地据颜师古注谓在纣都南。这个朝歌南的"庸",亦名之为"东"。《逸周书·作雒解》谓"建管叔于东,建蔡叔、霍叔于殷",又曰:"三叔及殷、东、徐、奄及熊盈以略(畔)。"又曰:"俾康叔宇于殷,俾中旄父宇于东。"此三"东"字与殷、徐、奄并列,则"东"不是方向之东,而实系一具体的地名,极为明白。《汉书·地理志》说,"庸,管叔尹之",而《逸周书》作"建管叔于东",可见"庸"又名之为"东"了。庸地名为"东",是对周的西土而言。古时潼关以东,皆可称为"东"。因而,管叔监殷时所居殷都朝歌以南之畿内地的庸,自可名之为"东"②。

总之,三叔所居之邶、庸、卫三国,确如《汉书·地理志》所说,在原殷都的畿内。因而当周公平三监乱后,乃"尽以其地封弟康叔"(见《汉书·地理志》引《书序》),也就是后来的卫国。由此可以推知邶、庸、卫三监之地,必不出西周春秋时卫国境内。

可是,王国维却由于北伯铜器出土于河北涞水县,因而他认为"邶"即"燕",在今河北省北部。又谓"庸"与"奄"声相近,而奄在鲁,于是以为"庸"在今山东之曲阜③。王氏为近代卓越的考古学者,此说又甚为新颖,所以,学术界信之者颇多。但揆诸当时情势,此说必非事实。盖因周武王灭纣之初,周之武力在东方所能控制的地区,仅仅局限于商都近畿的一个小范围(所置三监理应于此求之),当时商之余民仍由武庚统治。至于殷较远地区的潜在势力,如山东的奄及淮夷、徐戎,仍然雄据东方,可以说没有受到一点影响。所以,武王崩,周公当国,管、蔡嫉周公,三监与武庚俟机同时并叛。山东的商奄、薄姑、徐戎、淮夷及熊盈之族,也群起响应,天下大震。周公兴师平乱,诛武庚、杀管叔、放蔡叔,并乘胜东征三年,旧殷在东方的残余势力,才基本崩溃,周的兵威于是真正到达东海边之商奄、薄姑旧地。以此推之,河北省的北部在武王时,周的势力也未能到达。所以,在周公第二次克商、诛武庚以前,河北北部、山东曲阜一带,均远非周的势力范围。武王所置三监之邶和鄘,绝对不可

---

① 按《礼记·中庸》:"壹戎衣",郑玄注:"衣读如殷,声之误也。"《左传》宣公六年引《周书》作"殪戎殷"。又按《吕氏春秋·慎大览》:"夏民亲郼如夏",高诱注:"郼读如衣,今兖州人读殷氏皆曰衣。"此郼即卫字之异体。足证殷、衣、郼、卫等字,虽分属平、入,而韵部相近。"衣""郼""卫"同在段氏十五部,此部系阴声字,可与阳声"殷"字对转。

② 周初称洛邑为东国,如《康诰》:"周公初基,作新大邑于东国洛。"洛邑称"东国",则位于洛邑东北的庸,称之为"东",更无可疑了。

③ 王国维:《北伯鼎跋》,见《观堂集林》卷十八。

能远到河北北部和山东中部①。因而王国维的所谓邶即燕、庸即奄之说，是不可信的②。

下

上篇论证"三监"是指管、蔡、霍三叔监殷，"三监"之地邶、庸、卫，均不出西周时卫国境内。这是我在 1982 年冬所写的③。近年来学术界对这个问题讨论的渐多。其中最著者为已故的古史专家顾颉刚先生的遗著《"三监"人物及其疆地》。顾先生这篇鸿文，在 1984 年才正式刊布出来④。文章内容、材料极为丰富，论证亦复深入细密。我读后受到很大的启发。虽然其基本论点我尚难首肯，不过他提出了一些值得深思的问题，不能不在这里再略作交代。

顾先生的基本论点，认为"三监"是指管叔、蔡叔和武庚，"监殷"不是监制武庚，"监"与"侯"同义，监殷意即在殷畿内为诸侯，负责治理殷遗民。

顾先生的结论能不能成立，牵涉到几个基本问题，让我们剖析一下。

第一，武庚是不是三监之一

顾先生以武庚为三监之一，其中主要的根据是清姚鼐《管叔监殷说》。姚氏根据《梓材》《多方》之文，发现"周谓诸侯君其民曰监"，因而断言"监殷非监制武庚之谓也"。"监殷"既不是监制武庚，而是和其他诸侯一样"君其民"。文献上又明明记载着，武王克纣，"以殷余民封纣子武庚禄父，比诸侯"。顾先生以此认为武庚自然也就有资格称"监"，也有权排在"三监"之内了。

顾先生又以 1958 年始出土的《应监甗》为证。铭文中之"应监"即在应国作监官。"应"的地望，据《汉书·地理志》谓颍川郡父城应乡故国。顾先生说："核以今地，在河南省的襄城、宝丰二县之间。那里已经不在'三监'范围之内，但也可称为'监'，'应监'似乎即等于称'应公'或'应侯'。因此使我们知道，在周初，凡是统治地方人民的，无论是监本邦之民，或是监胜国遗民，同样地得用'监'名。武庚监的是殷畿内之民，管叔、蔡叔也是监的殷畿内之民，所

---

① 按《史记·周本纪》说，武王在克殷后，即封齐、鲁和先代后于东方，这也是时代上的错误。其实东方这些国家的建立，应是周公第二次克商以后的事。

② 丁山《殷商氏族方国志》主张邶在河北涞水流域，庸在易水流域（见《甲骨文所见氏族及其制度》，科学出版社 1956 年版）。根据上面所论，当然也同样不可信了。

③ 这是 1982 年写《先秦史稿》第十二章第一节"周武王灭商"中有关周初三监问题的草稿。

④ 顾颉刚遗著《"三监"人物及其疆地》（见《文史》第 22 辑，中华书局 1984 年 6 月版）。

以，有这'三监'的集体称呼。"

我们细读姚氏和顾先生所提出的几条史料及其解释，觉得其所举之史料和论点，没有一件是属于坚不可摧的证据。如姚氏从《多方》《梓材》中发现的所谓"诸侯君其民曰监"，根本不可信。《尚书》中之《梓材》有"王启监，厥乱为民"，《多方》有"今尔奔走臣我监五祀"。这两处的"监"，完全不含有君其民的诸侯之义。《梓材》是说，国王设立"监"这种官司，是为了治理臣民；《多方》是告诫一些方伯诸侯（包括殷的贵族在内）说，你们臣服我们的"监"已五年了。这只能证明，周初在一些诸侯国中已经设置了"监"的官司制度。《周礼·太宰》就说："乃施典于邦国而建其牧，立其监。"《礼记·王制》则说西周时"天子使其大夫为三监，监于方伯之国"。《周礼》《礼记》二书虽晚出，但其说周时已有立监之制，可能是有根据的，因它与较古记载颇为一致。

周初的监制，也就是监国制度，本是与西周分封诸侯并行的政治定制。近年来史学界研究的人渐多①。这个制度的内容，自然也就日见分晓了。尤其是有一件西周青铜器《仲几父簋》铭文中，记载着一个名"几"的人，被派往"诸侯、诸监"中去访问。这里"诸侯"与"诸监"并举，可证监是监，侯是侯，二者内涵和职责不同。姚鼐混淆了二者的区别，谓"诸侯君其民曰监"，"监殷"是监殷的人民，与诸侯无异，那就失去了设监的用意。因为任何一个地方都有"民"，既已设诸侯治理，为什么还要叠床架屋，又要再设"监"呢？

据耿铁华同志的研究，周时派出的监国者，既要对诸侯国君的活动加以监视，又要佐助诸侯国君加强对封国的管理和统治。只要诸侯国君按照周王朝的统治意图办事，维护西周王朝的统一，监国者对诸侯国并不会有所损害，甚至还能加强地方同中央的联系。所以，诸侯和诸监就是处在既矛盾、又统一、相辅相成的关系中。我看对"侯"与"监"二者的关系，这种分析是完全正确的。二者的分工有所不同，"侯"主要是治民的行政长官，而"监"则是中央派去监视诸侯的监察官。司马迁叙述武王克纣后，封纣子武庚，又派其弟管叔、蔡叔为武庚的"傅相"。《史记·卫世家》是这样记载的："武王已克殷纣，复以殷余民封纣子武庚禄父（郑玄《书注》云："武庚，字禄父"），比诸侯，以奉其先祀勿绝。为武庚未集，恐其有贼心。武王乃令其弟管叔、蔡叔傅相武庚禄父，以

---

① 近年来讨论西周监国制度的文章，主要的有郭沫若：《释应监甗》（《考古学报》1960 年第 1 期）；徐中舒：《西周史论述》上（《四川大学学报》1979 年第 3 期）；耿铁华：《西周监国制度》（《研究生论文选集·中国历史分册》（一），江苏古籍出版社，1984 年 4 月）；伍仕谦：《论西周初年的监国制度》（《西周史研究》，《人文杂志丛刊》第 2 辑，1984 年 8 月）。

和其民。""傅相"表面是辅佐，而实质则是监视，是"监"的文饰代词。这从"为武庚未集，恐其有贼心"一语，便可推知。可见"监"与"侯"二者的主要任务是不同的，因而可以同时并设，不过，诸监制度以后流传渐稀而已。如此，则知周初置"监"的主要目的，绝对不是为治民，显然是为控制武庚而设。汉初文献《尚书大传》就清楚地记载着：

> 武王杀纣，而继公子禄父，使管叔、蔡叔监禄父。武王死 ……禄父及三监叛。（《太平御览》卷六百四十七刑法部十三所引及《御览》封建部四所引）

这里明白地说明管、蔡监殷确是"监禄父"，而不是监殷的人民；并且从"禄父及三监叛"一句可证三监不包括武庚禄父，与我们的意见完全相合。

第二，霍叔有无监殷的问题

《逸周书·作雒解》记载管叔、蔡叔、霍叔为三监，"俾监殷臣"，这是霍叔监殷的明确记载。可是，崔述《丰镐考信录》四，却说霍叔未尝监殷，认为《史记》《左传》都说相武庚者只有管、蔡，而无霍叔。顾颉刚先生同意这种说法，认为是"可珍贵的发现"。并且进一步说，"我们现在可以设想，如果霍叔实为邶监，或实相武庚，那么当武庚举兵的时侯，倘使霍叔不和他通谋，则放在霍叔前面的只有被杀或被囚的两条路，否则惟有低头参加了起事。通谋固是叛周，被屈也是叛周"。"为什么管、蔡二叔或死或流，而他乃安然无恙，像郑玄说的竟把他'赦'了呢？"所以顾先生同意霍叔并未监殷，并且又举出《汉书·古今人表》把霍叔排在第四格"中上"，而没有与禄父、管叔、蔡叔同列在"下下"为证。他说："霍叔如果参加了叛乱无论他出于自动或被动，就非在这张表上和武庚们并肩排队不可；可是万想不到，他竟巍然列于第四格'中上'……这岂非太奇了？"于是，顾先生断然做出结论，说霍叔"不在反周集团里，也就说明了他没有做过三监或武庚的傅相"。又说，"霍叔为三监之一是东汉中期以后人所安排"的。

我们认为顾先生这个断语是不能成立的。为什么参加监殷或作武庚的傅相的，就一定被杀？从历史上看，历代贵族阶级为了政权巩固的目的，对叛乱人员，一般都是按其罪过大小，区别对待，并不是对反叛者不问情节轻重，一律杀戮。司马迁记述西汉吴、楚七国之乱，就说吴王欲联络北方诸国共同起事，发使"约齐、菑川、胶东、济南、济北，皆许诺"。"济北王城坏未完，其郎中令劫守王，不得发兵"，俟七国兵败，而"济北王以劫故得不诛，徙王菑川"①。这段记载可以说明，像济北王本来也已响应吴、楚，只是因劫，不得发兵。可见济北王不能说无罪，因其未成反，不但未被诛，而且还能徙王菑川。

即以管、蔡而论，也同样如此。如《左传》定公四年称"王于是乎杀管叔，而蔡蔡叔，以车七乘、徒七十人"。《史记·管蔡世家》也说，管叔、蔡叔挟武庚以作乱，"周公旦承成王命，伐诛武庚，杀管叔，而放蔡叔，迁之，与车十乘、徒七十人"。可见连公开举行叛乱的管、蔡，也不是一律杀戮。管叔罪大，杀之；而蔡叔罪稍轻，只是放之，还赠他车十乘（或作七乘）、徒七十人。不言霍叔者，三监中可能唯独霍叔未参与叛乱。故《汉书·古今人表》虽知道他监殷、相武庚，因无罪，于是把他排在第四格"中上"一栏，而没有与禄父、管叔、蔡叔放在一起。这本是事理之常，又有什么"太奇"呢！

第三，从记载时代早晚看三监人物为谁

"三监"指的是谁？历来文献记载有两说：

（1）三监"为武庚、管叔、蔡叔。最早提出者为东汉班固的《汉书·地理志》，其次有东汉末的服虔、三国时王肃和魏晋后始出现的《伪孔传》。清儒姚鼐、崔述、王引之等多主此说。

（2）"三监"为管叔、蔡叔、霍叔。最早见于先秦文献《逸周书·作雒》，其后有西汉的《尚书大传》、东汉郑玄的《毛诗谱》、晋皇甫谧的《帝王世纪》和唐孔颖达的《疏》等，都与《逸周书》是同样主张。

按《史记》述管、蔡叛周，虽未及霍叔，但也未指武庚为三监之一；都说到管、蔡二叔为武庚的相或傅、傅相②，其义当即监武庚。武庚既被监，则他必排除于三监之外。武庚不在三监内，则"三监"除管、蔡外，再一个就非霍叔莫属矣。

通过以上两说从史源早晚上的比较，则知绝大部分较早的史料都说明，管、蔡、霍三叔为三监，而且监的是武庚，这应是西汉以前的旧说；而以武庚、管

---

① 见《史记·吴王濞列传》，参阅《齐悼惠王世家》。
② 参看《史记》中之《周本纪》《管蔡世家》《卫世家》《鲁世家》《宋世家》。

叔、蔡叔为三监说，乃兴起于东汉之后。所以，仅从史源早晚上看，这一说法也同样是不足取的。

1985 年 8 月 20 日脱稿

（本文刊于《郑天挺纪念论文集》，中华书局 1990 年 3 月版）

西周时太原之地望问题

西周历史一提到猃狁，会很自然联想到太原一地。《诗经·六月》："薄伐猃狁，至于太原。"太原的地望在哪里？一直是学术界争论不决的大问题。猃狁一族起于晋北，余别有考；则太原一地亦当于山西境内求之。而自宋以来，释太原者纷纭莫定。其最著者约有七说：

（1）在平凉（顾炎武《日知录》卷三，"大原"条）

（2）在固原州（胡渭《禹贡锥指》、戴震《毛郑诗考正》、俞正燮《癸巳存稿》）

（3）在镇原（陈奂《诗毛氏传疏》）

（4）在汉之五原（朱右曾《诗地理征》）

（5）在雍州（阎若璩《潜邱札记》、王鸣盛《尚书后案·禹贡篇》）

（6）在太原府阳曲县（朱熹《诗经集传》）

（7）在汉之河东郡（王国维《鬼方昆夷猃狁考》）

以上七说可分四组，前三说平凉、固原、镇原三地均在今之甘肃东南部为第一组；汉之五原在今内蒙古为第二组；雍州在今陕西为第三组；太原府之阳曲与河东均在今之山西境内，为第四组。下面我们首先讨论第一组。顾炎武的《日知录》卷三"大原"条云：

薄伐猃狁，至于太原。毛郑皆不详其地。其以为今太原阳曲县者，始于朱子。而愚未敢信也。古之言太原者多矣。若此诗则必先求泾阳所在，而后太原可得而明也。《汉书·地理志》安定郡有泾阳县，开头山在西，《禹贡》泾水所出。《后汉书·灵帝纪》：段颎破先零羌于泾阳。注：泾阳县属安定，在原州。《郡县志》原州、平凉县，本汉泾阳县地。今县西四十里，泾阳故城是也。然则，大原当即今之平凉，而后魏立为原州，亦是取古太原之名尔……君晋阳之太原在大河之东，距周京千五百里，岂有寇从西来，兵乃东出者乎？

顾氏以为古之太原在今之甘肃平凉，胡渭《禹贡锥指》非之，以为今平凉县乃古泾阳，于是改易顾氏说而以为古之太原当在固原①。胡氏曰：

> 渭按汉安定郡治高平县，后废。元魏改置曰平高。唐为原州治。广德元年设吐蕃、节度使马璘表置行原州于灵县之百星城。贞元十九年徙治平凉县西，去故州一百六十里。故州即元开城县，今固原州也（废县在州西南四十里）。《小尔雅》云：高平谓之太原，则太原当在州界，非平凉县，县乃古泾阳，在固原之东。猃狁侵及泾阳，而薄伐之以至于太原。盖自平凉逐之出塞，至固原而止，不穷追也。

陈奂则异于此，而疑古之太原在镇原，《诗毛氏传疏》曰：

> 奂按《方舆纪要》陕西平凉府镇原县在府北百三十里，县西二里有汉高平故城，固原州在府西北百十里，镇原为唐之原州治，固原属原州界西中，疑古太原当在镇原。平凉即泾阳地。从泾阳直北迄至镇原，不更向西北矣。

顾、胡、陈三氏均以后世之"原州"当古之"太原"，别无其他有力证据，自属武断。故朱右曾《诗地理征》即非之曰："考固原于汉但名高平，无原之号。至元魏始置原州。且经以镐、方并言，明镐与方相近。上言至于太原，下言来归自镐，明太原又与镐相近。猃狁自焦获而至泾阳，兵锋焱忽蹂躏五六百里。自古甫逐之，自泾阳至高平才百数十里，安得右武功之盛？即以为镐在高平，与子政所云'千里之镐'，亦不合也。"阎若璩亦驳之曰："近代说诗者，皆皆原州言。然原州乃今固原州旧高平镇。后魏孝明帝正光五年置原州。盖取高平曰原为名。古此地未必以此名。"（《潜邱札记》）朱、阎二氏否定了传统说法，而各又提出自己的新说。朱右曾主张古之太原应在汉之五原，其说见《诗地理征》释"太原"条：

> 右曾按《地理志》曰：五原郡本秦九原郡，武帝元朔二年更名。《太康地理志》曰：自北地郡北行九百里，得五原塞。《通典》曰：汉五原县城在榆林县西。

---

① 谓古之太原在今固原者，除胡渭外，主要的尚有俞正燮及戴震二人。俞氏《癸巳存稿》卷一云："焦获薮在今三原，去丰镐不远。已侵镐及方，则宜王时事，西薄伐之至太原，则今固原府，由三原迄之至固原，使之西去，今甘凉地是也。"戴震《毛郑诗考正》云："泾阳汉安定郡、朝那泾阳之地，今平凉府平凉县。太原即安定郡高平，今平凉府固原州。后儒不审地形，以晋阳之太原，池阳之瓠中，牵合误证。"

朱氏以六国秦之九原说太原，从时代上讲虽然较以后魏之原州说太原为合理，但九原从无太原之名，且远在河套地带，揆之周夷王、宣王之世，猃狁居地，恐不能如是之远也。故陈奂非之曰："或谓汉五原郡本秦九原郡，即诗之太原，《史记》赵武灵王筑长城至高阙为塞，《汉书》卫青渡西河到高阙，远在大河之北，去镐京几二千里。而又以汉武帝所筑之朔方城即《出车》诗之朔方。因滋曲说，断不可从。"（《诗毛氏传疏》）陈奂之驳议甚是。阎若璩则认为古太原在雍州，《潜邱札记》曰：

> 按寇有来路，亦有去路。其逐而出之也，即从其来路可，必不引入我门庭之内，别从一路以出。猃狁侵镐及方，至于泾阳，镐等三地名，皆在雍州，则太原地名亦即在雍州。……惟郑注《禹贡》原隰底绩云：《诗经》度其隰原，即此原隰。其地在豳，近是。高平曰原。秦中地面以原名者，至不可胜数。今亦不能定指何地也。来归自镐，刘向曰：千里之镐。颜师古注：非丰镐之镐。至于太原，余亦谓雍州之太原。必非周并州之太原也。

按镐、方、泾阳三地均在雍州，仍不能定太原必须在雍州。《诗经》述猃狁内侵，先镐方而至泾阳；述周师挞伐，则逐之至于太原。太原一地，必在周土边无疑。猃狁居地前已证明，在山西境（另有专文）。则太原当从其中之第四组说，在今山西境内者为近实。四组中王国维说最后出，故能参酌诸家而别立一解。其言曰：

> 太原一地，当在河东。《禹贡》"既载壶口，治梁及岐，既修太原，至于岳阳"，郑注孔传均以太原为汉太原郡。然禹治冀州水，实自西而东。疑壶口、梁、岐而往，至霍太山，其地皆谓之太原。《左传》昭公元年：宣汾、洮，障大泽，以处太原。则太原之地，奄有汾、洮二水。其地当即汉之河东郡，非汉太原郡矣。疑太原之名，古代盖兼汉太原、西河、河东三郡地。而秦人置郡，晋阳诸县遂专其名。以古书所纪太原地望证之，亦无不合。《后汉书·西羌传》穆王西伐犬戎，取其五王，王遂迁戎于太原。此事当出真本《竹书纪年》。穆王所迁者，即五王之众，郭璞引《竹书纪年》云：取其五王以东，则所迁之地，亦当在东。《穆天子传》：天子至于雷首。犬戎胡觞天子于雷水之阿。此亦犬戎既迁后事。案雷首山在河东蒲坂县。《竹书纪年》与《穆传》所记若果不谬，则太原在河东可知。后人或东傅之于晋阳，西傅之于平凉。皆与史事及地理不合者也。（《鬼方昆夷猃狁考》）

王氏谓"太原一地当在河东"，又曰："则太原地奄有汾、洮二水，其地当即汉之河东郡，非汉之太原郡矣。"其说虽未能指实其地，然大体固是。惜误释《虢季子白盘》洛之阳之洛为北洛水（渭北之洛），又为旧说以今之晋阳为古之太原说所囿。故又曰："疑太原之名，古代盖兼汉太原、西河、河东三郡地，而秦人置郡，晋阳诸县遂专其名。"则亦不免又走入附会陷阱。

按古之太原，先秦文献述之者，不一而足。欲寻其在今何地非不可能。惟前人往往先有狁狁为周京以西的少数民族之成见，"薄伐狁狁"所至之太原，不得不在陕、甘之间去找。偶见后世地理中有"原"字者，即强谓为古之太原。《诗经》中之"太原"与《禹贡》中之"太原"本为一地，乃强析为二。沿此途径治理古代地理，是治丝而益棼也。今就先秦记"太原"之有关史料，爬梳抉择，比较参验，则知古之太原盖指河东之平阳（今临汾）。下面约举六证以明之：

首先以大夏、夏墟证之。按古之太原、大卤、大夏、夏墟、唐诸地，本为一地之异名，过去学者言之者已有多家①。我们同意这种说法，不准备多作讨论。至其具体地望，则分歧很大。如大夏（夏墟），正统的说法，多从晋杜预，谓在今山西北部的太原市（见《左传》昭公元年、定公四年杜注）。其实，东汉服虔注《左传》，已较早地提出"大夏在汾、浍之间"。而浍水据《水经》："浍水而河东绛县东，浍交东高山。"则大夏、夏墟不得如杜注北至今之太原矣。顾炎武《日知录》云：

> 《史记》屡言禹凿龙门、通大夏，《吕氏春秋》言龙门未辟，吕梁未凿，河出孟门之上。则大夏者正今晋、绛、吉、隰之间。当以服氏之说为信。又齐桓公伐晋之师，仅及高梁（原注在今临汾），而《封禅书》述桓公之言，以为西伐大夏。大夏之在平阳明矣。（卷三十一"唐"条）

按顾氏所说的平阳即今山西临汾县。顾炎武主张大夏在平阳是有说服力的。我们已知道，大夏又为太原之别名，则太原自然在平阳，其证一。

再以唐地证太原地望。《左传》昭公元年郑公孙侨曰："迁实沈于大夏，主参，唐人是因，以服事夏、商。其季世曰唐叔虞。当武王邑姜方震大叔，梦帝

---

① 按太原、大卤为一地，见《春秋》昭公元年，《经》与三《传》和杜预《注》，说得极为明确，可以不论。夏墟、大夏、唐，见《左传》昭公元年和定公四年，谓周武王子叔虞初封在夏墟，而名之为唐叔。可见大夏、夏墟与唐为一地。又《初学记》州郡部、河东道下引《春秋地名》一书云："晋太卤、太原、太墟、晋阳、太康六名，其实一也。"又杜预《春秋释例》卷六："隐六年晋、大卤、太原、大夏、参墟、晋阳六名。太原郡阳县。"据此，则太原、大夏、夏墟、唐为异名同实。并可知这种看法流行已久。

谓己：余命而子曰虞，将与之唐，属诸参，而蕃育其子孙。及生，有文在其手曰虞，遂以命之。及成王灭唐，而封大叔焉。"此谓唐叔虞封于唐，或曰大夏。而《史记·晋世家》之《集解》引《世本·居篇》云："唐叔虞居鄂。"宋衷注曰："鄂地今在大夏。"《史记正义》引《括地志》云："故鄂城在慈州昌宁县东二里。"按昌宁县即今山西乡宁县，东距平阳不远。与《晋世家》渭"遂封叔虞于唐，唐在河、汾之东，方百里"亦合。既知唐、大夏为太原之异名，则古太原在平阳附近，其证二。

战国时韩地有太原，《东周策》云："周最谓金投曰：公负全秦与强齐战。战胜，秦且收齐而封之，使无多割而听天下之战。不胜，国大伤，不得不听秦。秦尽韩、魏之上党、太原。西止秦之有己，（曾、钱、集诸本作"西止"，钱本一作而止，鲍改止为土，黄丕烈《札记》云：所改未是，按此句必有脱误）秦地天下之半也。"太原与上党连举，知此太原必位于山西南部，距今长治、长子诸地不远。并且此太原必在当时韩、魏二国疆域之内。读《战国策》之赵、燕二策，则确知太原属韩，不属魏。下面我们看看具体的文辞：

> （苏代谓）秦举安邑而塞女戟，韩之太原绝。下轵道、南阳而伐魏，绝韩、包二周，即赵自消烁矣。国燥于秦，兵分于齐，非赵之利也。（《赵策四》）

> ……秦正告韩曰：我起乎少曲，一日而断太行。我起乎宜阳而触平阳，二日而莫不尽繇。我离两周而触郑，五日而国举。韩氏以为然，故事秦。秦正告魏曰：我举安邑塞女戟，韩氏太原卷。我下轵道、南阳封冀包两周。乘夏水浮轻舟，强弩在前，铦弋在后。决荥口，魏无大梁。次白马之口，魏无济阳。决宿胥之口，魏无虚、顿丘。陆攻则击河内，水攻则灭大梁。魏氏以为然，故事秦。（《燕策二》）

说上面这两段话时，正当周慎靓王三年五国攻秦不胜之际。魏都已由安邑徙大梁，而韩都已久徙郑。两国疆域均跨大河南北。秦若举安邑、塞女戟（按司马贞《索隐》云："女戟地名，在太行山之西"），则太原与韩之都邑将失去联络。度此情势，则此太原一地必在安邑、女戟两地之北无疑。故一则曰"韩之太原绝"，再则曰："韩氏太原卷。"（按此卷字，据《史记正义》谓："卷犹断绝。"）足见太原为韩之邑，而且又关系于韩、魏之废兴矣。当时晋之北部今太原市一带为赵地；晋南安邑属魏，既云"韩之太原"，则此古之太原必在此两地之中部可知。韩之大都在大河之北者，只有曾一度为都之平阳，因之古之太原非平阳莫属。盖春秋战国时韩邑太原之名渐替，故或言平阳，或言太原，其实一也①。其证三。

《左传》昭公元年记郑子产之言曰："昔金天氏有裔子曰昧，为玄冥师，生允格、台骀。台骀能业其官。宣汾、洮，障大泽，以处太原。帝用嘉之，封诸汾川。沈、姒、蓐、黄实守其祀。今晋主汾而灭之矣。由是观之，则台骀汾神也。"由此可知古之太原在汾水、洮水二河流域境内。汾水即今之汾水，古今无大变动，勿需考证。洮水为今涑水上游之一支。清沈钦韩《春秋左氏传地名补注》卷九有云："《续汉书志》河东闻喜县有洮水。《水经注》涑水至周阳与洮水合。水源东出清野山。《一统志》洮水源出绛州绛县横岭山、烟庄谷，入闻喜县界，与陈村峪水合。按陈村峪即涑水也。齐召南据《水经注》以洮水即涑水非也。"古太原既在汾、洮二水流域内，则决不会北到今之太原市矣。其谓"封诸汾川"，必为滨汾之邑，则此"以处太原"之古"太原"，南不及安邑矣。综合所论各点，古之太原一地，惟平阳足以当之，其证四。

《禹贡》："冀州，既载壶口，治梁及岐，既修太原，至于岳阳。"壶口即孟门山，在今山西吉县。先儒以为梁、岐皆雍州渭北之山，故谓比言自壶口而西之所至，实非也。所谓"两河间曰冀州"（《尔雅·释地》），方治冀州之水，决不能逾河而西，又至雍州。壶口既在今河东之吉县，梁、岐必在河东冀州之内。按"梁"乃指吕梁山，《尔雅·释山》："梁山，晋望也。""岐"为今山西孝义县之狐岐山。《水经注》卷六云："文水又东南流与胜水合。水西出狐岐之山……"②吕梁、狐岐二山均纵亘南北。盖《禹贡》述地理，乃自壶口而东至梁、岐，又东至太原，再东至岳阳。则古太原应在壶口东与岳阳之间。北距汉之太原郡即今之太原市三四百里，南距安邑亦近二百里，均远不相及。如此，则位于壶口东与岳阳间之古太原，必在平阳附近，其证五。

《禹贡》前引之"既修太原，至于岳阳"，又于导山下有云："逾于河、壶口、雷首，至于太岳。"按其中岳阳、太岳之岳，乃指霍太山，在今山西霍县东南。

---

① 唐司马贞知战国时韩、魏地达到今山西太原市一带，故疑秦正所言之太原为京字之误。其言曰："太原者，魏地不至太原，亦无别名太原者。盖太衍字也，原当为京。京及卷皆属荥阳，是魏境。"（见《史记·苏秦列传》索隐）张守节《正义》也引刘伯庄谓"太原当为太行"。彼等不知古太原在平阳，而臆改史文，自属不当。

② 《禹贡》治梁及岐，前修多据孔《传》以为陕西凤翔之岐山，实非也。宋蔡沈《书经集传》云："梁、岐皆冀州山。梁山、吕梁山也，在今石州离石县东北。《尔雅》云：梁山晋望，即冀州吕梁山也。"又谓"《春秋》梁山崩，《左氏》《穀梁》皆以为晋山，则亦指吕梁矣"。又谓"岐山在今汾州介休县狐岐之山"。最后谓"先儒以为雍州梁、岐者，非是"。按蔡氏此说，亦前有所在，王应麟《困学纪闻》卷十："《禹贡》：冀州，治梁及岐。先儒皆以为雍州之山，晁氏谓冀州之吕梁、狐岐山也。蔡氏《集传》从之。"

《禹贡》此言首从西河说起，自西而东，以至霍山。是有吕梁、狐岐等较小山，汾、浍、洮等水。古之太原正处于壶口、吕梁之东，霍山之西的一片盆地中，霍山山脉附近之地，山峰高者名曰太岳，地广平者名曰太原[①]，是符合地态形势的。平阳正位于此区域之内，故平阳盖即古之太原，其证六。

综以上六证所述，则《诗经》称"薄伐狎狁，至于太原"之"太原"，我们认为其地在山西平阳，约今临汾附近一带，固足以证明矣。

上面所论原稿，基本上写于1942年写《狎狁考》时，这次整理改定时（1992年）才看到台湾学者赵铁寒先生所著之《古史考述》（正中书局1965年出版）。书内有《晋国始封地望考》和《太原辨》两篇论文。所述均极精辟。有些论断与余说不谋而合。赵氏也认为古太原既不在晋北并州晋阳县，也不在陇东泾北一带，而应位于山西省南部，这都是正确的。古之太原既本在晋南的平阳，为什么后来会有在晋北并州晋阳的说法？其致误的根源何在？对这个问题赵氏论证极有说服力。他曾分析说，由于古之平阳因平水得名，而平水又名晋水[②]，则平阳自可又名晋阳。晋国始封之晋，以及传说帝尧旧都之唐，原本指平阳之晋阳，《汉书·地理志》以汉时太原晋阳为叔虞始封国之说起，于是，唐、晋阳、夏虚、太原诸名，均错误地放在晋北并州之太原（见赵氏《晋国始封地望考》）。其实，并州太原之名是较后才出现的。赵氏说："越是古老的太原，越在山西南部，到秦才北移其名于并州。遂历汉、唐迄明、清二千余年其名不废，虽然或郡或州或县，地位升降不同，而始终在于并州晋阳县原地，二千年来并无移易。于是北名大显，南为北夺，隐没而不彰。时代越晚，观念越加模糊，各家习而不察，莫不以北当南，正合了周景王评籍谈的一句话，所谓'数典忘祖'了。"（见《太原辨》）按赵氏之说是合乎实际的，今特补引于此。

1992年1月改定

（本文收录于《纪念李埏教授从事学术活动五十周年史学论文集》，云南大学出版社1992年9月版）

---

① 《尔雅·释地》谓地"广平曰原"，《水经注·汾水注》引《春秋说题辞》，曰"高平曰太原"。又引《尚书大传》"大而高平者谓之太原"。按高广义近，可通用。这就是说，凡是山谷间土地宽博而平正之地区，即可称之为"原"或"太原"。

② 按《水经注·汾水》叙平阳县时引应劭曰："县在平河之阳，尧舜并都之也。"而平河或平水又名晋水，郦道元说："平水出平阳县西壶口山，俗以为晋水，非也。"平水俗名晋水虽然遇到郦道元的批驳，但还是有些学者承认此说。魏王泰《括地志》："平阳河水，一名晋水。"乐史《太平寰宇记》："平水，《冀州图》云：平阳故县西南十五里有平水，即晋水也。"顾祖禹《方舆纪要》也说："平水在府西南，源出平山，一名晋水。"

孙武的历史意义何以能经久不衰

孙武是我国古代一位卓越的军事理论家和军事实践家。他的《孙子兵法》，是我国现存古文化中的光辉典籍，也是世界上最早的一部兵书。自从这部名著问世后，历代凡谈兵论战者莫不以其为圭臬。汉司马迁曾说："世俗所称师旅，皆道孙子十三篇。"三国时曹操则为之作注，并谓："吾观兵书战策多矣，孙武所著深矣。"唐太宗说："朕观兵书，无出孙子。"到宋代，《孙子兵法》被列为《武经七书》之首，成了军事人员必读的课本。从此，孙武被后人尊为武圣。

孙武生于春秋末年齐国乐安（今山东广饶）一个贵族的家庭，与文圣孔子大体同时。他的祖、父都为齐国的卿士。由于当时齐国内部公室与大夫的矛盾尖锐化，斗争很激烈，孙武避难，从齐逃到吴国，被吴王阖闾重用，立为将军。孙武则藉以施展其所具有的军事才华，为吴王西破强楚、五战入郢，北威齐、晋，名显诸侯。

《孙子兵法》（以下简称《孙子》）是讲战争的专书。战争是政治斗争的继续，隶属于阶级斗争。这种斗争形式变化复杂，可以说是最难捉摸的社会现象之一。战争的胜负，意义非常重大，小则决定着部分人的生死，大则决定着国家、民族的存亡。战争的变化，令人莫测。任何一方由于战略失误，都可能由主动变为被动，由胜利变为失败；同样，由于战略正确，也可能由被动变为主动、失败变为胜利。所以，历代统兵作战的将领，对战略战术都苦心钻研。于是有了所谓"运筹于帷幄之中，制胜于千里之外"的说法。战争科学也正是这样经过多年战争经验的积累而逐渐形成的。

《孙子》一书，根据古代各类战争的具体经验，总结出了战争发展的基本原理和规律，对人们认识并分析战争的发展变化规律，具有重要的指导意义。后世的军事家，凡是对《孙子》中的战略原则运用得好的，往往就得到胜利；反之，就遭到失败。所以，实际上这部书已成为一门战争科学了。

为什么《孙子》的理论，能有如此奇效呢？我们现在分析起来，发现其中所论的一些军事原则，是与现代科学的唯物辩证法暗合的。如《孙子》提出的最负盛名的论点"知彼知己，百战不殆"，就是要求主帅对作战的敌我双方的情况，要有全面的了解。不但要了解对方的具体装备、地理形势、交通险阻以及士气高低等，也要正确地了解己方的具体情况，要克服片面性，全面地看问题。这是属于认识事物矛盾的对立统一法则的范畴，而"对立统一法则"正是唯物辩证法的根本原则，是辩证法的本质。

我们曾说过，战争是最富于变化的社会现象。本来有把握，甚至胜利在望的战争，也可能失败。而处于劣势、寡不敌众的一方，发展的结果，也可能创造出以少胜多的奇迹。《孙子》就认为，任何事物都处在不停的发展变化中。所谓："五行无常胜，四时无常位。日有短长，月不死生。"（《虚实篇》）"兵无常势，水无常形。能因敌变化而取胜者，谓之神。"（《虚实篇》）战争的变化贯串于整个战争过程的始终。如何掌握其有利于自己的那种变化？《孙子》总结其规律说："三军之众，可使必受敌而无败者，奇正是也。""凡战者以正合，以奇胜。"（《势篇》）

战争变化万端，当敌以正阵，取胜以奇兵，前后左右俱能相胜。用兵之法，既无不是正，又无不是奇。若兵以义举正也，临敌合变者奇也。我之正，使敌视之为奇；我之奇，使敌视之为正。正亦为奇，奇亦为正，敌人视之，变化莫测。古代战争中的"明修栈道，暗渡陈仓"，就是正面迷惑敌人，侧面突然袭击的战略。若能掌握奇正变化，必能常胜而不败。所以，《孙子》一书极端重视奇正变化规律。"战势不过奇正，奇正之变，不可胜穷也。"（《势篇》）

这里说的"奇正之变"，其实就是辩证法中矛盾着的事物依一定的条件互相转化的规律。并且《孙子》亦认识到这个规律不是死的公式，必须与具体情形结合，才能发挥有效的作用。因而既说"兵无常势，水无常形"，又说"涂有所不由，军有所不击，城有所不攻，地有所不争，君命有所不受"（《九变篇》）。按一般的说法，战争所要求的本来是要攻城略地的，但为了确保胜利，或为了更大更彻底的胜利，就要根据具体变化了的情况，灵活运用这些普遍规律，去达到最后目的。这完全符合辩证法的基本原则。

兵书以论述战争为本，而任何战争都是要伤人的，这就牵涉到用战争解决矛盾的是非问题。《孙子》认为，战争的目的虽然总希望取得胜利，但靠杀人赢得胜利的战争并不是最高明的策略。《孙子》在《谋攻篇》就明确指出："凡用兵之法，全国为上，破国次之；全军为上，破军次之……是故百战百胜，非善之善者也。不战而屈人之兵，善之善者也。"就是说，未战而敌自屈，敌我双方都可得全，伤人少、或不伤人而以计胜敌者为上。可见"百战百胜"也并非理想，最好还是"不战而屈人之兵"。这也是《尉缭子》中所说的"兵不血刃而天下亲"（《武议》）的战略。中国历史上，如三国时诸葛亮平南中，马谡建议："攻心为上，攻城为下。"诸葛亮采用后，果然取得长治久安的胜利。又如汉初韩信用李左车之计，驰咫尺之书，不战而下燕城。这都是"不战而屈人之兵"，是战略之上者也。

《孙子》不迷信战争，反对那种"争地以战，杀人盈野。争城以战，杀人盈城"的野蛮战争，认为不战而克敌，才是善战的最高标准。这种人道主义的战争观，到今天这个杀伤残酷的原子战争时代，仍具有现实意义。

《孙子》所阐述的战争，因为反映了一些原始、朴素的辩证法的基本原则，在军事学上作出了突出贡献，所以，得到历代兵家的祖述和称颂。又由于辩证的思想方法是科学的真理，所以《孙子》一书的价值，能够起到超时空、超行业的作用。早在唐代，《孙子》即传入日本，约十八世纪又从日本传入欧洲，于是有英、俄、德、法、捷等多种文字的译本出现。其影响之大之广，可见一斑。今天，随着时代的发展，《孙子》的思想理论，不只应用于战争，还在世界范围内被广泛应用于政治、经济和外交等领域。市场上的商业管理人员、乡镇的农民企业家等，往往把《孙子》的理论，作为竞争中取得胜利的指南。

总之，《孙子兵法》含有朴素辩证法思想，这是使其意义长达两千多年历久不衰的根本原因。

（《孙子学刊》1992 年创刊号。又转载于《孙子与齐文化》1992 年创刊号）

马陵战址之比较

1992 年 9 月，"海峡两岸孙膑兵法暨马陵之战学术讨论会"在山东临沂召开。一百多名专家学者参加会议，并收到学术论文数十篇。讨论的课题基本上是围绕有关孙膑兵法、齐魏马陵之战和古郯文化等三方面的问题，而以第二个问题是讨论的重点。

会后，选编了《孙膑兵法与马陵之战研究》论文集。本书编者要我写几句话。我虽然从事中国古史研究多年，可是对这个学术问题，过去却很少接触。现在读到一些同志的论文，大大地引起我的兴趣，想略述一下，我对马陵之战问题的一些想法，提供给读者参考。

其中一个问题是，马陵之战的战场在什么地方？学者们提出了多种不同的说法，归纳起来不外两大派：一个是西战场，即大名、元城、范县、鄄城、莘县等说，均位于河北、山东两省交界地区；一个是东战场，即认为在山东省东南郯城马陵山地区。两派说法的依据，都是《战国策》《史记》《竹书纪年》等有限的史料，再就是新近出土的《孙膑兵法》。这些贫乏的史料记载当中又矛盾重重。学者间对史料的看法和解释，仁者见仁，智者见智。对这种现象，我曾打过一个比喻，好像一把两边有刃的宝剑，可以两边割。每当我读到两派论争马陵之战的战址问题时，感觉两派的说法，似乎就是可以两边割的剑，两派的说法，都有一定道理。但作为宝剑，总还要比较两边的刃，哪边更锐利些。根据现有的材料，截止到今天，我初步的印象认为郯城说是比较锐利的一面。其中一个根据是，郯城地区历史悠久。早在西周铜器铭文中就记载有周初伐楚国"在炎"（《矢令簋》）。"炎"又名"炎自"（《召尊》《召卣》）。"炎"就是今天的郯城。我们认为楚族的老家（至少统治阶级）那时还没有到达湖北，而是在河南。后来又从河南北部东迁山东南部郯城和江苏北部一带。周初东征伐楚时，就曾在这地区打过仗。郯城的古文化是有名的，春秋时郯国君郯子"以鸟名官"的谈话，曾语惊四座。从而使鸟图腾史迹得以流传下来。当时，孔子对郯子知识渊博，非常赞叹，亲赴郯国，向郯子求教。郯国历史悠久，地势险要，久为兵家必争之地。这无形中使郯城说增重了砝码。郯城地区出土的战国时三棱箭头和"郤氏左"戈，也为马陵之战发生在郯城提供了一个有力的物证。这是我们偏袒郯城说的一个原因。当然，这一说法还需要通过一段时间的争鸣，问题是会越辩越明的。

另外，应当特别注意的是，这次战争最早主动出兵的是哪一国？谁先出兵发动战争？假如是齐国最先出兵攻打魏国，从行军路线上说，战场在郯城就不怎么可能。假如说这次战争是魏国发动的，魏国主动出兵去打齐国，而且其作战目标不是齐都临淄，而是想侵占齐国东南地区，郯城成为战场才有可能。我们看《战国策·卫宋策》载有魏太子申自将攻齐，军至外黄，徐子劝太子勿战。从徐子的话中可知，此次大战是魏国首先发动的，而且攻齐目的是想"并莒"。莒地正位于齐国东南郯城的北面。从外黄进军莒地，必须经过所说的东战场郯城马陵山。只有这种场合，郯城说方占上风。所以，我们一定要抓住这一点，假如能证明这次战争是魏国首先出兵，而且目的又是并莒，那就可以肯定，马陵之战必然发生在东战场了。

以上提供这些想法，谈不上什么研究，献曝而已。

（此文收录于《孙膑兵法暨马陵之战研究》，国防大学出版社 1993 年 5 月版）

西周莽京地望的再探讨

西周金文中的莽京到底位于何处？金文家争论了几十年，仍然莫衷一是。这个难题几乎成了古史界千古之谜。谜底如何揭开？本文试图从另外几个角度去探索。谨以芹献，就正于方家。

一、从《诗经》镐与方的地理说起

西周时狁犬犯周所及之地域，文献中主要的有"镐"与"方"两地。其确实地望，古今学者尚有不同的争论。《诗经》称"狁犬匪茹，整居焦穫，侵镐及方，至于泾阳。"焦在今河南陕县，穫在今山西阳城县西（详另文）。进一步欲知被侵的镐、方地望，必须首先考泾阳所在。由来注疏家多以为泾阳即汉时安定郡之泾阳县。然而西周之泾阳，揆诸当时情势，恐不能如是之远，因汉之泾阳与狁犬之出没路线，绝不相合也。王国维则谓周之泾阳当在泾水下游之北，即今之泾阳县[①]。其说较旧说为合理。现在我们根据已知之焦、穫、泾阳，度狁犬内侵途径，则镐、方二地应于河南陕县（即《诗经》之焦）西至泾阳，沿渭水一带流域以求之（狁犬老根据地太原在今山西临汾一带，非晋北之太原[②]）。

镐、方二地，最初注释者为郑氏《笺》，谓北方地名。王肃以为是镐京。王基则据《诗经》有"来归自镐，我行永久"二语以驳之，认为镐、方不可能是镐京之镐[③]。实则《小雅》之"镐"，应为周之镐京，王肃说不误（详下）。

镐京作为西周王朝的政治和文化中心。经历了二三百年的兴衰历程。自然，这就构成了中国的古代名城。但是，这个城市的具体规模、范围和确切的地址，

---

① 王国维《鬼方昆夷狁犬考》谓先儒以汉时泾阳县属安定郡，在泾水发源之处，为《诗经》之泾阳。而秦时秦灵公所居之泾阳则在泾水下游。秦昭王同母弟曰高陵君、泾阳君，盖一封高陵，一封泾阳，均当在今日之泾阳县。故王氏谓周之泾阳不是汉之泾阳，而似指为秦之泾阳，是也。

② 详证见拙作《太原之地望问题》，刊于《史学论文集》，云南大学出版社 1992 年。

③ 王基驳王肃说见《诗经·六月》孔颖达疏所引。

无论是古文献记载，还是近代的田野考古，只能说提供了一些线索，还不能说都已搞清楚了。

古文献上镐京之镐或作鄗①。以丰、沣古只作丰例之，则镐、鄗本字亦当止作高②。按战国时秦地有高陵，《秦策》三有高陵君即封高陵。《汉志》左冯翊有高陵。《元和郡县志》二："高陵本秦旧县，孝公置。"是高陵之名始自秦孝公。孝公以前固不名高陵。秦地高陵处于泾阳与渭水之间，正在我们前面所推测镐、方二地应在陕县西至泾阳区域之内。因此，颇疑此地附近或即古镐京原址。高陵即承袭镐京或高京之名而来。镐京最初或本在渭北，后来由于形势发展，才逐渐扩大而及于渭南。

按《尔雅·释地》："大阜曰陵"。《释名·释山》："大阜曰陵。陵，隆也，体隆高也。"《尔雅·释丘》："绝高为之京，非人为之丘。"京与丘对言。《说文》云："京，人所为绝高丘也"可见陵、丘、京三字同义。不过丘、陵为自然形成高地，不假人力；而京则多经人力而成之高地，或引申为人力经营而成人居之城市。周之镐京（或高京）逮周东迁，秦人居之。秦都咸阳，渭北之高京之"京"，乃以同义之"陵"字代之，则为高陵矣。

最初之镐京原在渭北，还可以杜伯射东周宣王事证之。此事见之于下列各记载：

> 周宣王合诸侯而田于圃。田车数百乘，从（徒）数千，人满野。日中，杜伯乘白马素车，朱衣冠，执朱弓，挟朱矢，追周宣王，射之车上，中心折脊，殪车中，伏弢而死。③

> 宣王杀杜伯而无辜。后三年，宣王会诸侯，田于圃。日中，杜伯起于道左，衣朱衣冠，操朱弓矢，射宣王，中心折脊而死。④

> 传曰：周宣王杀其臣杜伯而不辜。宣王将田于囿（圃）。杜伯起于道左，执彤弓而射宣王，宣王伏轼而死。⑤

此言周宣王田于圃，为杜伯所杀。而《国语·周语上》记此事则云："杜伯射（周宣）王于鄗。"是则"圃"即"鄗"，而鄗，韦昭注谓："鄗，鄗京也。"

---

① 《国语·周语上》："射王于鄗。"黄丕烈《札记》云："丕烈案：《说苑》作'镐'。"
② 《汉志》常山郡："鄗，高祖即位，更名高邑。"
③ 《墨子·明鬼下》。
④ 《周本纪·正义》引《周春秋》文。
⑤ 《论衡·死伪篇》。

清黄丕烈《韦氏解国语札记》曰:“案《说苑》作镐”。《风俗通·怪神篇》引董无心云:“杜伯死,亲射宣王于镐京。”是《国语》之鄗为镐京也。然则《墨子》所云之圃即指镐京。即不尔,至少圃或为镐京区域内之一小子邑无疑。如吾人能寻圃之所在,则周时镐京之地望,可以踪迹矣。

《春秋左氏传》僖公三十三年有记云:“郑之有原圃,犹秦之有具囿也。”此处“具囿”当系“具圃”之讹[①]。具圃一名阳纡,《淮南子·坠形篇》“秦之阳纡”,高诱注曰:“阳纡盖在冯翊、池阳,一名具圃,《左传》作‘具囿’,疑字误。”阳纡又作杨陓,《尔雅·释地》:“晋有大陆,秦有杨陓”。而《吕氏春秋·有始览》作“秦有阳华”。然则圃、阳纡、杨陓、阳华等为一地之异名,实即战国时秦地瓠口[②],在今三原径阳之间。《史记·河渠书》:“韩闻秦之好兴事,欲罢之毋令东伐。乃使水工郑国间说秦。令凿泾水,自中山西邸瓠口为渠。并北山,东注洛,三百余里,欲以溉田……”瓠口者阳陓、阳华之简称耳。《尔雅》十薮中,周之“焦護”乃后人窜入(容另文探讨)。郭璞不知此,乃误以瓠口(或名瓠中)当焦護。于是“秦之杨陓”不得不另寻一地以充之,乃谓杨陓在扶风汧县西。后人循其说,乃名瓠中为焦穫泽。《大清一统志》焦穫泽下云:“《尔雅·释地》十薮周有焦護。注:今扶风池阳县瓠中是也。《水经注》中山西瓠口所谓瓠中也。《括地志》焦穫薮亦名瓠口、亦名瓠中,在泾阳县城北十数里。”此即误从郭说。实则瓠口即阳陓,在今三原、泾阳间。阳陓既为圃,而圃又为镐京之异名,或说在镐京区域之内,则周之镐京当在渭北高陵附近,此又一证也。

又金文中有“京师”一地,既称之曰“京”,盖亦为镐京之别名[③]。《克钟》云:“王才周康剌宫,王乎士舀召克。王亲令克遹泾,东至于京师。”立厂师云:“夫既云:王在周康剌宫,则王在宗周也。”遹字据《尔雅·释言》曰:“遹,述也。”《释诂》又曰:“遹……循也。”铭文谓王在宗周命克循泾水东至京师,则此京师必在泾水之东,与前所考镐京在高陵、泾阳之间者正合,此三证也。

根据以上三证,则知西周之镐京原来本在渭水北岸泾水之委。后来形势的需要,才逐渐发展而扩大到渭南。《诗经》称玁狁“侵镐及方”之“镐”,就是指滨渭之镐京,本无可疑。只是由于汉刘向引用《诗经·六月》的几句话,而

① 洪亮吉《春秋左传诂》云:“吕览、淮南、水经注、初学记并作具圃。圃、后讹为囿。”此说是。

② 按圃、纡、陓、华、瓠五字古音均在段氏第五部,例可通假。

③《克钟铭》中之“京师”一地,郭沫若认为是晋之首都,又谓即《汉志》太原郡之京陵,《礼记·檀弓》之九京(见郭氏《两周金文辞大系考释》“克钟”下)。按此说非是。因京师若在晋地,与宗周中隔渭水及大河,决无令克遹泾水至晋地之理。

引起后人的疑窦。《汉书·陈汤传》载刘向上疏极言陈汤破郅支单于，立千载之功，建万世之安，勋莫大焉。并引《诗经·六月》所述尹吉甫为宣王诛狁狁事以喻之，其言曰："吉甫之归周，厚赐之。其诗曰：'吉甫宴喜，既多受祉，来归自镐，我行永久'。千里之镐，犹以为远，况万里之外，其勤至矣。"《诗经》中之"镐"，王肃以为是指"镐京"。王基就根据刘向上面这段话，批驳王肃的说法，曰："据下章云：来归自镐，我行永久。言吉甫自镐来归，犹《春秋》'公至自晋'、'公至自楚'，亦从晋、楚归来也。故知向日（当作"刘向曰"。卢文弨云：刘向曰是也）'千里之镐，犹以为远'，镐去京师千里。长安、洛阳代为帝都，而济阴有长安乡、汉有洛阳县，此皆与京师同名也。"①王基的意思是说，尹吉甫征狁狁胜利后，从"镐"来归于王所，有千里之遥。周王居宗周，则此"镐"必然不会是指滨渭之宗周镐京，极为明显。

从表面上看，王基此说似乎比王肃说有道理，易于为人接受。那么，此"镐"既非宗周之镐京，后之学者自然要在距宗周千里之外的远方去找。如清朱右曾即认为此"镐"或为汉朔方郡临戎县北之高阙。其言曰："镐通作鄗，高阙其即镐欤？《方舆纪要》曰：临戎城在废夏州西北，夏州周一千三四百里也。刘向欲言其近，故约举千里耳。"②王国维也缘此而说"镐"在河东之太原。王说曰："案《小雅》云：'薄伐狁狁，至于太原。'又曰：'来归自镐，我行永久。'极其所在之地曰太原，著其所由归之地曰镐。则镐与太原殆是一地。或太原其总名，而镐与方皆太原之子邑耳。"③王氏把镐与太原混为一谈，更为离奇。学者们之所以不相信王肃对狁狁所侵之"镐"为"镐京"者，主要是由于与《诗经》"来归自镐，我行永久"和刘向说"千里之镐，犹以为远"之语不合。但是，考较当时西周之形势，我们却仍然认为王肃以镐方之"镐"为滨渭之镐京为可信，下面我们将作进一步解释。

要解决这个问题，关键在于当时征伐狁狁以何处为根据地？周王是在什么地方发号施令？

按周幽王以前，渭滨之宗周与洛邑成周，实为东西二都。帝王有时住宗周，有时居洛邑。孙海波氏曾著有《成王时已都成周辩》④。略谓："周自成王以来，宗周与成周实为东西两都。非平王以前周都镐京，平王遭犬戎之难，始东迁洛

---

① 王基驳王肃说，见《诗经·六月》孔颖达疏所引。
② 朱右曾：《诗地理徵》四。
③ 《观堂集林》卷十二，《周镐京考》。
④ 见孙氏《周金地名小记》，《禹贡》第七卷六七合期。

邑。东迁者春秋以后之传说。"其言诚是。尤其是在西周中晚期，周王经常驻守东都成周。这是因为成周洛邑位于黄河中游，是"天下之中"，形势险要，进可以攻，退可以守，实为天然的军事战略要地。而且西周时成周陈有重兵，即"成周八师"，为周王直接指挥统率之军事力量。所以，西周时征伐其他少数族，往往是从成周出发的，从下面几个器铭中可证：

> 隹王十月，王在成周。南淮尸（夷）迁及内，伐渼鼎、叁泉、裕敏、阴阳洛。王令敔追御于上洛、烬谷，至于伊班马。（《敔簋》）
> 王令戒曰：叔淮尸敢伐内国，女其以成周师氏戍于葊昌。（《录戒卣》）
> 隹白犀父以成师即东，命伐南尸。（《竞卣》）
> 虢仲以王南征伐南淮尸，才成周。（《虢仲盨》）

凡此均可证，周王征伐南夷或淮夷都是从成周出发。这些史实有力地证明，洛邑是巩固王室统治的军事战略要地和堡垒。他如《穆天子传》称周穆王北征犬戎，亦系自成周出发，史具明文。犬戎即玁狁，以此推之，西周其他帝王征玁狁亦当不例外。郭沫若先生早就说过，周之伐玁狁"乃王在成周所命"①。宣王初年盖即居成周。当时玁狁侵周，乃自山西之太原南犯，循河、渭西指，镐京、泾阳乃被其威胁。王命吉甫先战之于太原，后又曾西追，败敌于泾渭，保护了镐京，大功告成，凯旋返成周。故《六月》之诗曰："薄伐玁狁，至于太原"，又曰："来归自镐，我行永久。"而刘向则说"千里之镐"。此均描述当时实情。前人不知周王当时调兵遣将的根据地是在东都成周，大部分学者都以在西都宗周说之，当然讲不通。于是，有的学者将镐方之镐与镐京误析为二地，或说镐为汉临戎县北之高阙；王国维更把镐方与河东之太原误合为一地；还有的学者干脆"存而不论，不便强作解人"②。盖皆由于不知周王当时所居为成周之故也。

镐方之镐既确知在泾渭之会地区，这就大有助于"方"和"葊京"地望问题的解决。因为《诗经》镐与方相连属，二地必相邻，而"方"盖即金文中之"葊京"也。

①《两周金文辞大系考释》，《不娶簋》下。
② 台湾学者赵铁寒，由于对周军出征玁狁之根据地不明，认为若从镐京出发，则"千里之镐"一语不可解。于是只得存而不论。其说详见所著《太原辨》，载《古史考述》，台北正中书局1965年版。

二、莽京地望的争论

"莽京"一辞见于西周铜器铭文者，至今已不下二十多器。莽京之地望则众说纷纭。按"莽"字不见于《说文》。字从舛从旁，而旁从今，方声，甚为明显。故清人方濬益首先指出，"莽京"即《诗经·小雅》中之"方"，莽、方古今字也①。"莽"或释为"旁"②，王国维谓："当是从舛旁声之字。莽京盖即《诗经·小雅》'往城于方'及'侵镐及方'之方"③。这些解释都是中肯的。至于"莽京"的具体地望在何处？从其称"京"推测，似乎应与周的京都联系起来。文献上周的京都称"京"的，除镐京外，就只有丰京。于是郭沫若主张金文中之莽京即是文献上的丰京。丰、莽古同纽，音亦相近。至于铜器铭文中出现的丰字，他却认为不是丰京之丰，而是丰、沛之丰④。按郭氏此说虽也曾得到一部分人之同意，但实未可信。因铜器中有铭文称"王在丰"，实即文献上的"丰京"⑤。这些丰字均不能解释为丰、沛之"丰"，是很明确的。那么，金文中既已有丰镐之丰，而丰、莽二字写法又不同。则金文中之"莽京"必非丰镐之"丰"明矣。

莽京既不是丰京，是不是镐京呢？

莽京称京，而且从大批铭文记载，又知莽京为周王常居之地，则其确似周人京都之一。现在既已排除其为丰京的可能性，在文献上称京的，就只剩下镐京一地了。因此，不少的学者主张莽京就是镐京⑥，不能说没有这种可能。但是，我们若与《诗经》"侵镐及方，至于泾阳"，联系起来观察，莽京就是《诗经》的"方"，不会是镐京，而只与镐京同位于近泾渭二水相会区域之内。"莽"与"镐"二字之形、声、义均无可通，故不能说莽就是镐，或认为二地为一。只有说是相临的两地，才合乎逻辑。所以，我们认为刘雨同志较早提出的"莽

---

① 《缀遗斋彝器款识考释》13·7。

② 最早见阮元《积古斋钟鼎彝器款识》卷五，《小臣缢彝》《缢彝》；卷六《召伯虎敦》《卯敦》等铭，均释为"旁"。其后学者一直到郭沫若，也多释"旁"。

③ 《周莽京考》，《观堂集林》十二。

④ 见《两周金文辞大系考释》《臣辰盉》下。

⑤ 详见刘雨《金文莽京考》（《考古与文物》1982年第3期）文中列举了不少证据。

⑥ 主张莽京为镐京的学者们，最初为清吴大澂《说文古籀补附录》，谓："古器多莽京，旧释旁京……其为镐京无疑。"以后如容庚说见《金文编》卷十四，"镐"字下所列之金文均为"莽"字；丁山说见《历史语言研究所集刊》第五本一分册；陈梦家说见《西周铜器断代》（二）载《考古学报》1955年第10期。近期还有陈云鸾《西周莽京新考》（《中华文史论丛》1980年第1辑），也同此说。

京是镐京附近的地方"，最为中肯。刘雨同志把此问题正确的解答，归功于唐立厂先生和清人方濬益两人[1]。方氏的莽京为《诗经》之"方"说，确不可易。立厂师早年所作《莽京新考》中说："镐及方之所以称镐京或莽京者，总言之为京或京师；析言之为高及方，是盖其子邑也。"[2]后来又曾明确地指出："这个莽京是和镐京在一起的，是宗周的一部分。"[3]"镐和方是一地，所以铜器铭文一般称莽京。"

综合方、唐，刘三家论述，完全可以证明莽京不是丰京，也不是镐京，而是位于镐京（宗周）附近的某个地方。

我们重新检查金文和文献中有关镐京、莽京的史料后，觉得若从以下三方面去推证，对莽京具体位置的解决，似乎可以向前大大地推进一步。

三、从秦阿房宫的得名推测莽京地望

秦之建阿房宫在秦王政三十五年。《史记·秦始皇本纪》："（始皇）三十五年，……始皇以为咸阳人多，先王之宫廷小。吾闻周文王都丰，武王都镐。丰、镐之间，帝王之都也。乃营作朝宫渭南上林苑中。先作前殿阿房。……周驰为阁道，自殿下直抵南山。表南山之颠以为阙、为复道，自阿房渡渭，属之咸阳。……作宫阿房，故天下谓之阿房宫。"这就是说，阿房宫建筑在渭水南岸的上林苑中《正义》引《括地志》谓："秦阿房宫亦曰阿城，在雍州长安县西北一十四里。按宫在上林苑中，雍州郭城西南面，即阿房宫城东面也。"解放前考古学家曾对周都有过实地考察[4]。那时汉武帝建造的昆明池遗迹尚存。昆明池北面是丰镐村、镐京观。镐京观东北约二公里是阿房宫村，相传秦阿房宫遗址就在这附近。

阿房宫的得名，据《史记正义》引颜师古云："阿、近也。以其去咸阳近。"按"阿"字有近义，又见《广雅·释诂》卷三，也解释"阿"字谓"近也"。所以，颜说"阿"义为"近"说，可取。但他又说近咸阳，则纯系推测。因为"阿房宫"字面上明明说的是近于"房"的宫殿，何干于咸阳？这个宫既是近于"房"，而"房"实即《诗经》所称"侵镐及方"的"方"，二字同为《广韵》阳部字，同声、同韵（均为符方切），完全可以通假。如《史记》称商汤之贤臣"女房"，

---

① 见刘氏《金文莽京考》，《考古与文物》1982 年第 3 期。

② 《史学论丛》第 1 期，北大潜社，1934 年。

③ 见《西周青铜器铭文分代史征》，中华书局 1986 年版，第 251 页。

④ 见《传说中周都的实地考察》，前《中央研究院历史语言研究所集刊》第二十本下册。

而《书序》则作"汝方"①。"房"既与"方"相通，且据方濬益、王国维等以金文中莽京之"莽"即《诗经》中镐方之"方"，则秦之阿房宫便是近于"方"或说近于"莽京"的宫殿。这样的推论应该说是合乎情理的。秦阿房宫遗址已知是在渭水南岸，丰河入渭处。现在我们回过头来，再从近于阿房宫地区内去找莽京，那也就是说，莽京的具体地址，当不出今丰水以东，滈水与皂河之间的渭河南岸。

四、镐京、莽京同建有辟雍的启示

据较早文献记载，西周有两处建有辟雍，均见于《诗经》。《诗经·灵台》称"于乐辟雍，"此周文王在丰邑所建之辟雍，《诗经·文王有声》称"镐京辟雍"，则为武王都镐京时，在镐京所建之辟雍。这种说法历代经学家无异辞。而金文中，除了《麦方尊》清清楚楚地记载着莽京有辟雍，无须阐明外，其它尚有多器也同样透露出，莽京确有辟雍一类的建筑存在（详下）。因此，如果搞清什么是辟雍？其功用又是什么？对莽京地址问题的理解，会有很大帮助。

辟雍的功用、设置、地形状貌等问题，在经学史上争论两千年，往往各执一端，以蔽众说，终难归于一是，使这一问题的研究，几成绝学。其实若从发展上看，这个问题虽不能说不复杂，但并非不能解决。

"辟雍"是什么？《王制》解释说："天子命之教，然后为学，小学在公宫南之左，大学在郊。天子曰辟雍，诸侯曰泮宫。"郑玄注谓"学所以教士之宫。"《白虎通义》"辟雍"条，也说："小学经艺之宫，大学者辟雍乡射之宫。"又曰："天子立辟雍何？辟雍所以行礼乐、宣德化也。"《大戴礼·盛德》："明堂者所以明诸侯尊卑，外水曰辟雍。"汉末的经学家根据他们所见到的古资料，认为辟雍、大学、大庙、明堂、灵台等，是性质相近或同一体的建筑。如郑玄在《驳五经异义》中说道："大学在郊，天子曰辟雍，诸侯曰泮宫。天子将出征，受命于祖，受成于学。出征执有罪、反释奠于学，以讯馘告。然则大学即辟雍也。"卢植《礼记注》也谓："明堂即太庙也。天子太庙上可以望气，故谓之灵台。中可以序昭穆，故谓之太庙。圆之水似辟，故谓之辟雍。古法皆同一处，近世殊异，分为三耳。"他如蔡邕、颖容更从型制和功用上加以说明。蔡邕《月令论》谓："取

---

① 《史记·殷本纪》谓伊尹去汤适夏。后复归于亳，"入自北门，遇女鸠、女房。"而《书序》则作"入自北门，乃遇汝鸠、汝方"。可见女房即汝方。《诗经·小雅·大田》："既方既皁"，郑氏笺："方，房也"，足证方、房通用。

其宗庙之清貌则曰清庙，取其正室之貌则曰大庙，取其室则曰明堂，取其四门之学，则曰大学，取其周水圆如璧，则曰辟雍。异名而同耳，其实一也。"颍容（字子严）《春秋释例》则说："大庙有八名，其体一也。肃然清静谓之清庙。行禘祫，序昭穆，谓之太庙。告朔行政，谓之明堂。行飨射，养国老，谓之辟雍。占云物，望气祥，谓之灵台。其四门之学谓之大学。其中室谓之大室。总谓之宫。"①贾逵、服虔注《左传》，其说也大致相同。汉代学者去古未远，所论周代礼制，谓太庙、大学、明堂、灵台，其用虽不同，但其体为一，可能合乎实际。后世儒者对此却有持反对意见者，认为太庙为鬼神所居，而使众学相处，飨射其中，人鬼慢黩，死生交错，实不可能。因谓曰："明堂者大朝诸侯，讲礼之处；宗庙，享鬼神、岁觐之宫；辟雍，大射养孤之处；大学，众学之居；灵台，望气之观；清庙，训俭之室。各有所为，非一体也。"②这对秦汉以后发展了的宫室制度来说虽然可能是正确的，但以后世繁密的制度去衡量较简朴的西周，则未必合理了。

盖历史上任何礼制或事务，几乎都是由原始的质朴粗陋形式，逐渐进化发展而成为繁华、严密的完美形式。周之"明堂""辟雍"等建筑，素为封建统治者极端重视，其源流经过也无不如此。最初在远古氏族社会时期，建造一所仅足以御寒暑、避风雨的简单居室，已属不易。只是后来社会进化，物质文明日昌，生活条件相应向前发展，宫室制度也由一室变为多室。当时氏族领袖或部族首长所居，为宽敞、明亮的大房子，后来到商周名之为"大室"（甲骨、金文中已有"大室"之名）。更后，或因其光线充足明亮而名曰"明堂"③。西周初物质文化尚属简陋（周先古公亶父时，尚处于"陶复陶穴"阶段，开国初期之简朴可以想象），当时的"大室""明堂"也不过是一间大房子。天子祭祀上帝、祖先，行禘祫、序昭穆，朝见诸侯，处理政务在此；燕飨宾客，养老尊贤，教育国子，习礼学射，亦在此；战时发号施令在此，献俘馘、赏功臣亦在此。一室多用，这是文化简朴的局限性。稍后，文明发展，建筑由简趋繁，各类事务于是分散于不同的室去执行，各室的名号亦因其功用不同而异。经常用来祭祀之室，乃名之为"大庙"；经常用于燕飨、行政、朝见诸侯之室，名曰"大室"或"明堂"；经常用于养国老、习礼学射求知之宫，则曰"小学""大学""学宫"，

---

① 汉末诸经学家郑玄、卢植、蔡邕、颍容、贾逵、服虔等人之著作，大半散佚。前所论均见之于唐孔颖达《诗经·大雅·灵台》疏所引。

② 此论为晋泰始中袁准《正论》，见孔颖达《诗经·灵台》疏所引。

③ 参看汪宁生《释明堂》，《文物》1989 年第 9 期。

又取其建筑形式，"水旋丘如璧曰辟雍"①。从历史发展上看，诸室、诸名及诸室之分合，是自然出现的，义本甚简，而历代经学家却争论不休，实无多大意义。清阮元之言曰："自汉以来儒者惟蔡邕、卢植实知异名同地之制，尚昧上古中古之分。后之儒者执其一端，以蔽众说，分合无定，制度鲜通。盖未能融洽经传、参验古今。二千年来遂成绝学。"②其言诚是。我们综合先秦文献及两汉学者的讨论，得知所谓西周的辟雍、大学、明堂、大室、大庙诸名，在历史发展上和功用上说，可以称为异名同实，当然可以说是一体；但又由于其功用各有重点，所以也可以分立。正由于此，也就不能说"辟雍"等于"大室"，或说等于"太庙"。它们之间不能划等号。分合现象是源与流的变化，还代表着用途的差异。

总之，"辟雍"是在镐京所设的"大学"，是习艺、学射、行飨射礼之宫；而性质又同于"明堂""大室"和"太庙"，因而辟雍又是朝诸侯、献俘馘和祀祖考之处所。辟雍的造型，"水旋丘如璧"，环之以水。所以又是帝王贵族等在水中射猎游宴之地。辟雍的建造，又是比较伟大，与一般堂殿不同，不是很普遍的。从辟雍这些功能、特点看，是与金文记载相合的。西周青铜器《麦方尊》："（邢侯）造王飨菶京，彭祀。雩若翌日，在辟雍，王乘于舟，为大豊。王射大龚禽，侯乘于赤旂舟从……"铭文大意是说，邢侯协助周王在菶京举行裸祭（飨释裸，从立厂师说）和彤祭。第二天王在辟雍的水中，坐在船上举行大豊礼。邢侯坐在红色的船里随从。王捕获了大量禽兽等。从这段记载中可以看出：第一，辟雍建筑有池有水。第二，王侯可以在这里举行大豊礼和游乐活动。第三，菶京是建有辟雍的。另外还有一些铜器铭文，称"王在菶京"，虽然没有提到"辟雍"二字，但有"王渔于囗池"（《攸鼎》）、"乎渔于大池"（《遹簋》、"王令静司射学宫""夷僕学射""射于大池"（《静簋》）等语辞。其中所谓"大池"、在"学宫""学射"，我们就完全可以理解，这也是指周王在菶京的辟雍水中，从事射猎、游宴等活动。

前已说到从文献中的反映，除丰邑外，只有镐京有辟雍建筑。从铜器铭文中又知，只有菶京一地有辟雍。我们又确实知道镐京虽与菶京临近，又不是一地。最合理的解释就只能是：镐京之辟雍，也就是菶京的辟雍，是同一个辟雍，两京处在辟雍池水周围。那么，菶京具体的地理位置，也就可以从这里追踪了。

---

① 《诗毛传》。
② 《揅经室集》一集卷三，《明堂论》。

五、从古都建置的形势上得到的启示

历史上的名都大邑，为了经济生活和交通的需要，大都建立在江河的岸边，还有一些城市，由于政治和军事上的发展，往往由河的一岸扩大到河的对面，使城市分为两区，横跨河的两岸。现在我们举西周的东都洛邑、虢国首都和秦的咸阳为例，借以说明这种形势。

西周初的东都洛邑建立在洛水、瀍水之会，《逸周书·作雒》篇说："周公……乃作大邑成周于土中……南系于雒水，北因于郏山，以为天下之大凑。"《尚书·洛诰》叙述周公往营成周，选择地址时，也说："我乃卜涧水东，瀍水西，惟洛食；我又卜瀍水东，亦惟洛食。"可见东都洛邑的整体建筑规划，是在洛水支流的瀍水、横跨水的东西两岸。自灭殷后，周公辅成王建立的东都洛邑，成为控制东土的政治和军事中心。大规模的朝会诸侯、发号施令，一般的都在此举行。东都也建有王宫、太庙，驻有"成周八师"，周王及大臣经常有人驻守。其城市建筑规模一定不会很小。当时这个新都一开始即占据瀍水东西两岸，统名之为洛邑，又称成周或东都。

再一个横跨河水两岸的历史都城，就是虢国。虢国的历史始自周文王之弟虢仲和虢叔。《左传》僖公五年："虢仲、虢叔，王季之穆也，为文王卿士，勋在王室。"《国语·晋语四》胥臣说周文王"孝友二虢""咨于二虢"，韦昭注："二虢，文王弟虢仲、虢叔"。有关虢的地望，东汉班固《汉书·地理志》弘农郡"陕"下自注曰："北虢在大阳，东虢在荥阳，西虢在雍州。"班固这里虽说虢有三处，但他只在陕县（与河东的大阳同为北虢）一地注有"故虢国"三字。可见班氏认为三虢中只有位于今山西南部的"虢"为"故国"。许慎《说文》在陕字下也注曰"古虢国"。可见此虢立国最早。

过去我曾对山西省姬姓的古国特多的现象曾作过研究。认为姬姓的周族原本为山西境内的古老部族，当周太王率众西迁陕西时，难免有一部分或好多部分族众，没有跟着迁移，而仍留守在原地未动，于是才出现姬姓之国在山西者独多的现象[①]。

这个山西省南部的姬姓"虢国"，恐怕也和山西南部虞国的开国史差不多：周太王之子太伯、虞仲兄弟，当太王西迁岐山时，没有跟随西走陕西，而仍留

[①] 参看拙著《先周族最早来源于山西》，《中华文史论丛》1982年第3辑。

在原来的旧地，成了山西南部虞国之祖。兄弟二人同以虞为名，一为吴太伯（吴、虞二字古通用）、一为虞仲。同样当周太王之孙文王跟随太王西迁时，文王的两弟弟虢仲、虢叔则仍留在原地未走，成了山西南部虢国之祖。由于兄弟二人同居虢，故同以虢为名，一名虢仲，一名虢叔。所以，这个虢国可能在周武王克商之前，即已立国于山西了。

克商之后，为了统治扩大的地盘，周武王、周公、成王曾先后广泛地"封建亲戚，以蕃屏周"。周初大分封时，似乎形成一个不成文的传统，往往是哥哥外封，而弟弟留原地，并在王朝为卿士，辅佐王室[①]。大概虢仲、虢叔也循此例，虢仲东封荥阳，为子男之国，是为"东虢"。虢叔仍留在大阳，因地处荥阳之西，自然便被称为"西虢"了。[②]这个"西虢"的虢叔，世代为王朝卿士，称为虢公。如周夷王时率六师伐太原之戎的"虢公"（见《古本竹书纪年》）周厉王时的"虢公长父"（见《吕氏春秋·当染》，《墨子·所染》误作"厉公"；《荀子·成相》作"郅公长父"，郅或作郭，郭、虢同音）。周宣王时谏宣王不修籍千畝的"虢文公"（见《史记·周本纪》），周幽王时为人"谗谄巧从"的"虢公石父"（见《国语·郑语》）及幽王既死，立王子余臣为携王的"虢公翰"（见《古本竹书纪年》）等一系列的"虢公"，大都是留大阳为西虢的虢叔的后代。

西虢虢叔之后的历代虢公多为王朝卿士，而山西的虢距镐京王朝稍远，且中隔大河、渭水，来往不便。不知哪代的周王，为解决虢公的交通问题，大概在王畿内赐虢公一采地。这个采邑自然也称为"虢"，或称"小虢"。因为这是虢国最西的一地，故也称"西虢"，此即班固所谓西虢在雍州者也。然则雍州这个"小虢"，不过是山西南部"西虢"（班固称之为"北虢"）的一个采邑而已。两虢本系一国，同为虢叔之后嗣。这也就可以说明，为什么小虢地区的陕西与北虢地区的河南三门峡都出土有虢季氏的青铜器，而且两地区又出现了同一人作的青铜器。

山西省南部这个虢国，前面我们已说过，可能在商朝末年就已出现，是三虢中成立最早的一个。地在今山西平陆县，南面逼近黄河，即班固所称在大阳的北虢。大阳取名于大河之阳，即黄河北岸，《汉书·地理志》列在河东郡。又《后汉书·郡国志》谓"大阳"有"下阳城"，故又称"下阳"。《古本竹书纪年》（《水经注·河水》引）谓晋献公十九年献公会虞师伐虢，灭下阳。这个虢都下

[①] 鲁、燕等均为长子外封而成立的封国。周公长子伯禽封为鲁为诸侯，次子仍在原地，并世世辅王室称周公，燕也是召公长子封为北燕国，次子留相王室，世世称召公。

[②] 关于周文王弟虢仲、虢叔的分封，笔者将另有《虢史钩沉》一文详论，此不细辨。

阳发展扩大，即从黄河北岸扩大到南岸的上阳。《水经注·河水》："河南即陕城也……东城即虢邑之上阳也。虢仲之所都为南虢。"《左传》僖公五年孔颖达《疏》引马融云："虢仲封下阳，虢叔封上阳。"从这些史料中即可看出：山西南部近于虞的这个虢国都城，地跨黄河南北两岸，所谓北虢、南虢不是两个虢国，而是指虢国都城的两个区域[①]，也是一个以河水划分为两半的都城。

再举一个例子，是秦都咸阳。

秦都咸阳是以渭水划分为南北二区的城市。《史记·秦本纪》载秦孝公"十二年作为咸阳，筑冀阙，秦徙都之"。这是咸阳定都的开始。地因处于九嵕山之南、渭水之北，山水皆阳，故曰咸阳。秦统一后，都城规模急剧扩大。《史记·秦始皇本纪》谓："徙天下豪富于咸阳十二万户。诸庙及章台、上林皆在渭南。秦每破诸侯，写放其宫室，作之咸阳北阪上，南临渭，自雍门以东至泾、渭，殿屋复道，周阁相属。"又谓："作信宫渭南……自极庙道通骊山，作甘泉前殿。筑甬道，自咸阳属之。"又曰："乃营作朝宫渭南上林苑中。先作前殿阿房……为复道，自阿房渡渭，属之咸阳。"从上面这些史料中，可以看出，秦都咸阳是逐渐扩大的。由最初的渭北，发展到渭南，如咸阳旧城、咸阳宫在渭北，仿造六国宫室之大批建筑也在渭北；而兴乐宫、朝宫、上林苑、阿房宫、章台、信宫、甘泉皆在渭南。善乎王学理同志之言曰："秦都咸阳的发展是经过了由北而南的两个阶段，以渭水又可划为南北二区，其范围包括了以早期咸阳城为中心的渭河两岸一带的广阔地域。所以，《三辅黄图》有'渭水灌都以象天汉，横桥南渡以法牵牛'之赞。"[②]

我们探讨了西周的东都洛邑、虢国的都城和秦都咸阳这几个历史名都，均为横跨于河水两岸；或者是由水的一岸，发展扩大到对岸。一般地说，这也几乎构成了城市发展的一个规律。由此启示，我认为周都镐京也是沿着此路发展变化的。最初，渭北的镐京发展扩大，而到达渭水南岸的"方"（或莽），因而出现了金文中的"莽京"，成为扩大的镐京之一部。扩大的镐京包有渭水南北两岸，即所谓"宗周"。

（该文发表于《历史研究》1994 年第 6 期）

---

① 清人如雷学淇已谓南北二虢为一国，见雷氏《竹书纪年义证》。近人林寿晋《上村岭虢国墓地补记》（《考古》1961 年第 9 期）阐释得更清楚了。

② 王学理：《秦都咸阳与咸阳宫辨正》，见《考古与文物》1982 年第 2 期。

我对抄本"《孙武兵法》82 篇"的看法

近来有些报刊上报道说，西安有人发现了春秋末年孙武写的《孙武兵法》82 篇汉简的手抄本。有人吹捧是学术界的重大发现，有些学者则认为那全是假的、是一个大骗局。同志们问我对此有何看法。由于收藏人对 82 篇全部手抄本原件和残存的"27 支汉简"秘不示人，而我甚至连已经传出的两篇手抄本原件也未接触到。我所了解的内容，大多是通过新闻报道中所引用的几点。对这个所谓"重大发现"，自然没有资格提什么绝对的意见。只觉得这个"发现"越是认为如此"重大"，越应慎重对待。未见到一点原件的我，更不宜轻率地说三道四。对这一事件，只能提一些可疑之点：

首先，比如报道说"《孙武兵法》82 篇"最后一篇《终语篇》汉简上注有："周敬王十六年秋周吴民孙武定简于景林。"这就意味着，这批 82 篇的兵法内容是孙武亲手定稿，时间比孔子作《春秋》还早二三十年（孔子作《春秋》止于鲁哀公十四年"西狩获麟"）。春秋末年，那时的中国文化还很质朴，从那时写成的《春秋》经文看，行文纪事简单得达到极点。最长的也不过 40 多字（如定公四年三月）。最短的每条一句话，甚至仅一个字（如隐公八年云："螟"）。一条仅记一事，条与条之间不相联属。由此可以推知，春秋末年的文化程度、表达运用文字的技术，连博雅卓越的孔夫子，只达到写《春秋》那样的水平。连《论语》也还大致保留着这类文句简短的现象，而《论语》已经是春秋以后孔子的再传弟子完成的。我们怎能相信与孔子同时的孙武，却能写出像手抄本"《孙武兵法》82 篇"那种动辄 14 万言、每篇行文那样洋洋大观之作呢？足证手抄本"《孙武兵法》82 篇"肯定不是春秋末年孙武手著的。

手抄本《孙武兵法》既然不是孙武手著的，是不是至此就肯定是伪的呢？还不能那样说。因为现存的《孙子兵法》13 篇，大家一般也认为非孙武手著，而认为定稿于战国孙武后人兵家之手，没有人说是伪的。只要能证明手抄本"《孙武兵法》82 篇"确实来源于汉前，或说真是从"汉简"抄出的，那也必然会证明这个《孙武兵法》是一个伟大的发现。所以，我们判定手抄本"《孙武兵法》

82 篇"的真伪，它是不是个骗局，主要关键在对残存的 27 支"汉简"的鉴定上。

幸存的"27 支竹简"，据收藏者说，"每件有上、中、下三孔，用绳子串连"。北京大学的李零先生对这种汉简提出质疑，认为目前发现的汉简，均为一侧有三角形切孔用以固定编绳，并没有上、中、下打孔的作品。他的这个质疑，已说到问题的点子上。因为汉时以前的简策制度，由于古代竹简实物的大批出土，大致已搞清楚了。只新中国成立以来出土的战国、秦汉的竹木简已达好几千支。1977 年日本东京堂出版社出版《汉简》12 巨册。其中包括有解放前居延的汉简 1 万支，第 1 到第 8 册；解放后武威出土的 5 百简第 9 册；敦煌、楼兰出土的第 10 到第 11 册；马王堆、云梦出土的第 12 册。大可以拿来与手抄本 82 篇相比较，尤其是可与残存的其中"27 支竹简"相比较。收藏者说，他们收藏的"27 支竹简"，每件有上、中、下三孔，奇怪的是现已发现的这上万支汉简实物，几乎没有一支具备上、中、下三孔的竹简。文献上说到的古书形式，东汉许慎《说文解字》"册"字、蔡邕《独断》的"策书"都说，简牍是把多条竹、木简编在一起，多为丝纶、或为绳编。《太平御览》卷六〇六引刘向《别录》云："孙子书以杀青简，编以缥丝绳。"晋武帝时在河南汲县盗发魏襄王墓得十几万支竹简，当时整理这批竹简的著名学者荀勖在《穆天子传序》中也说"竹简素丝编"。1930 年发现的《居延汉简》约 1 万支竹木简，其中有后汉永元七年的器物薄，由 70 几根木简编成，编简的麻绳依然完好。1959 年在武威汉墓中发现 504 支竹木简，其中有古经书《仪礼》。编绳虽已烂掉，而痕迹犹存。我们差不多能看到古简策的本来面貌。汉简上显淡淡一道绳痕，上面没有文字，从照片上尚可显出。大概汉简文书一般都是先把竹、木简用绳子像竹帘一样编好后，再抄写（也有先写后编的），所以古简凡编绳所过之处，都留有空格不写。竹木简的编纶古籍，大概都类似武威汉墓出土的后汉永元五年到七年的《器物簿》一样，每根竹、木简都用绳子上下固定编好，平时像竹帘一样卷起存放，读时可以展开。假若把每条竹简上、中、下三孔穿绳，如何固定成编？如何展读？每条薄薄的竹简，若上、中、下钻三孔，不要说展读，随便一动即可能使一条裂成数条。所以我们想象，这种上、中、下三孔的竹简古籍，应当是古今世间不存在的。

竹简不能打孔用绳子编住是很明显的，木质的木札、木觚或者可以钻孔穿绳。木质钻孔，不易劈裂，木札、木牍可以厚些，更不易裂。《居延汉简》第 2554 是一根长的四面觚，下端似有一孔，《流沙坠简》杂事类第百十、百十一两简，下端似有一穿孔。当是一编残存的两枚。凡此编觚、编札，系用一根单编穿束若干木札或木觚（据陈梦家《汉简缀述》第312页）。《史记·田敬仲完世家》说："孔子晚而喜《易》。"《孔子世家》也说孔子："读《易》，韦编三绝。"这可能即是指这类木简、木觚的古《易》。敦煌和居延出土的有三面的作三棱形，四面的作四棱立体。这种用绳穿孔的只能是厚重的木简，不会是薄的竹简，并且只能是在木简头上或木简足上钻孔，也不会有两个以上的孔。所以，收藏者说他们残存的竹简，"每件有上中下三孔"，说法令人可疑。

总之，手抄本"《孙武兵法》82篇"是真是假？完全要看手抄本的来源——残存的27支竹简的鉴定结果。如果收藏者确能把这种竹简拿出来，凭汉简专家们对实物的多年目验经验，是真是假，一看立即可辨。一切盲目推测，无济于事也。

（此文发表于《历史教学》1997年第3期）

西周国家的历史作用

我们认为夏和商的前期，阶级和奴隶虽然都已出现，但阶级矛盾尚未发展到不可调和的程度，依照恩格斯对"国家"特征的学说看，那时统治者的政治机构，只能说是"国家"的原始雏形阶段，还不能称之为正式的"国家"。何兹全先生也曾说过："由阶级出现到阶级矛盾不可调和，由国家萌芽到国家产生，有一个过程，而且是一个比较长的过程。不是一有阶级就是阶级社会，就产生了国家。"[①]这话说得极有道理。从中国的具体历史看，一直到商朝末期，阶级矛盾的尖锐化才逐渐达到你死我活的阶段，"国家"也从长期量变达到质变，正式、成熟的作为阶级压迫工具的"国家"应运而生，负起了对社会应有的责任。西周这个正式国家也未超过初期阶段。

"国家"这种新的机构产生之后，它的历史任务是什么？"国家"对社会发展起过什么作用？这是历史学家责无旁贷、需要研究的重大课题。中国漫长的历史上曾出现过许多形形色色的国家，新中国成立以来历史学界确实有不少学者，根据历史唯物主义的新观点，对国家的历史作用进行过研究，取得了可喜的成绩。如对西周国家政治的机构、军队的组织、监狱的设施、刑法的渐密等等，不但有不少研究论文，而且还有一些专著，对国家机器如何对人民大众进行统治和镇压，作出了详尽而完整的描述，这个成绩是巨大的。

但是，"国家"既然是历史发展的产物，又能长期久远地存在下去，那就可能有它历史存在的合理性。过去在以阶级斗争为纲的年代里，对"国家"这个统治、镇压人民的机器，往往只强调了国家对人民进行残暴统治这一方面。国家机器对社会的发展，难道就一无可取之处？事实上恐怕并不是这样。

我们认为马克思主义对一般事物的看法，都是一分为二的。对"国家"的作用，既要看到它对人民的镇压方面，也要看到它对社会发展起过的正面好的作用。关于西周"国家"的进步作用，据我们的研究，大致可以归纳为以下四点：

---

① 《关于古代史的几个理论问题》，《历史研究》1984 年第 1 期。

第一，国家的出现，挽救了社会不致毁灭。人是群体的动物，离开群体，个人几乎无法生存。原始社会时期，个人是依靠氏族血缘组织的群体（或名共同体），到阶级社会就依靠由武装、政治力量组成的"国家"的保护而生存。另外，"国家"对人类的生存、社会的延续，还起过挽救的作用。最明显的是在原始社会的末期，由于社会经济的发展，导致出现了阶级和阶级矛盾，而且劳动者与剥削者两个对立阶级之间的矛盾会越演越烈，达到无法调和的程度，最终酿成阶级之间的战争。劳动者所生产的一切物质财富，都被战争破坏掉。又由于长期斗争或战争的影响，劳动人民失去了从事生产的环境，变成一个只有破坏，没有生产的社会，这是很危险的。假如长期这样下去，两个对立的阶级连同社会，势必会同归于毁灭。只有在"国家"出现后，"国家"的武装与政治力量促使矛盾双方以相互有限度的让步和妥协来打破僵局、形成某种平衡，从而使阶级矛盾维持在"相对和平"的阶段，社会才能继续向前发展。恩格斯就曾明确地指出："为了使这些对立面，这些经济利益互相冲突的阶级，不致在无谓的斗争中把自己和社会消灭，就需要有一种表面上驾于社会之上的力量，这种力量应当缓和冲突，把冲突保持在'秩序'的范围以内；这种从社会中产生但又自居于社会之上并且日益同社会脱离的力量，就是国家。"①由此可见，国家机构挽救了社会的危亡，其历史作用之伟大可以想见。

第二，建立了有利于生产的"和平环境"。人类的历史，主要应是生产劳动的历史。人类可贵的精神，就是不断的生产劳动的精神。如果没有这一宝贵的生产劳动精神，人类将不成为人类。离开这一宝贵的劳动精神，人类一切文明的光辉都将熄灭，人类将永远停留在野蛮、蒙昧的境界。恩格斯在《劳动在从猿到人转变过程中的作用》一文中曾说："劳动是一切财富的源泉。"又说："人类社会区别于猿群的特征又是什么呢？是劳动。"甚至还说"劳动创造了人本身"②。这就足以说明人的劳动之可贵了。但是，生产劳动必须具备一个劳动的环境。若天天处在残酷的战争、你死我活的斗争中，如何能进行生产劳动？这是极为明显的事实，无须多论。所以，凡是能给人以劳动的环境、给人以劳动条件者，起码的前提是使阶级矛盾限制在相对的"和平"阶段，生产劳动才有可能。国家机器对劳动人民除了镇压一面，还有创造"和平环境"以利生产的一面。并且，这才是"国家"职能的主要方面。即便专从统治阶级利用国家机器对人民镇压的目的上论，也同样是为了"和平"。因为劳动人民只有在和平

---

① 《家庭、私有制和国家的起源》，《马克思恩格斯选集》第4卷，人民出版社1972年版，第166页。

② 《自然辩证法》，《马克思恩格斯选集》第3卷，人民出版社1972年版，第508、513页。

环境中才能生产物质财富，社会中有了物质财富，统治阶级才能进行更多的剥削。因之，国家创造"和平"环境的目的，虽然不光彩，但客观上，其历史作用的进步性是不能抹杀的。

关于这个问题，恩格斯所说的"缓和冲突""把冲突保持在'秩序'的范围以内"，就是说的"国家"起到缓和阶级矛盾的作用，使社会出现相对的、有秩序的、可借以从事生产劳动的环境。许多古史研究者对恩格斯这句名言，不知征引过多少次，但对国家这方面的历史作用并未提高到应有的重视程度。据我所知，只有晁福林先生首先明确地运用恩格斯这段"缓和冲突"的理论，说明了殷周时期"国家机构的职能主要应当是两方面的，一是镇压，二是调节。……国家机构通过调节各集团、各阶层的利益和关系，以缓和冲突的作用，远比后代为甚"。又说："其主要职责是联合，而不是镇压。"①这种论断可谓卓识。

社会各阶级在激烈斗争之后，只有协调、联合起来，在相对的和平环境中进行生产劳动，社会才能发展，文明才能昌盛，人类才能延续下来，这是一个不可争辩的事实。

法国有位文学家叫莫罗亚，写过一部《法国战败了》的书，还写过一部《英国史》。这两部书曾轰动了资本主义国家的读书界。莫罗亚有什么神通，竟能使其著作发生如是其大的影响？60 年代时，有学者认为他是在浩如烟海的史料中，通过主观的取舍，选择了丰富的合于自己口胃的史料，用来证明英国人民的历史绝对不是阶级斗争的历史，而是阶级协作的历史；莫罗亚歪曲了历史的真相，借此达到反对马克思主义的历史唯物论的目的，"莫罗亚的反动技术，可谓巧妙已极，其为害就更厉害"②。对莫罗亚的这种批评对不对呢？我认为只说对了一半。莫罗亚是资产阶级学者，夸大了国家机器所具有的阶级调和作用，而掩盖了其残酷镇压的一面。但是也不能否认，他的著作也含有其历史的合理性的一方面。他是不是正确地抓住了国家职能的"协调方面"，并以文学家的叙述故事的天才，娓娓道来，非常动听，从而具有了极大的吸引力呢？我们应做具体的分析，不能简单地加以否定。

资产阶级史学有时也包涵着朴素的唯物主义因素，不管莫罗亚本人意识到没有，他看到了资产阶级"国家"具有协调的职能，这就在客观上与马克思主义的见解一致。

第三，负有对社会事务管理的职能。人是社会性的动物，而社会则是以共

---

① 晁福林：《试探商周史研究中的几个理论问题》，《天津社会科学》1988 年第 4 期。
② 李亚农：《欣然斋史论集·总序》，上海人民出版社 1962 年版，第 19-20 页。

同物质生产活动为基础的、相互联系的人类生活的共同体。人类的生活既是社会性的，自然就会产生很多共同的、必不可少的事务，如共同的社会秩序、共同的社会经济和文化等。这就需要有专人或专职机构去负责管理。任何社会概莫能外。

在原始社会时期，社会的管理是由原始民主制的氏族机关承担。进入阶级社会后，经济发展日盛，社会关系益形繁杂，社会事务愈来愈多，这就更需要有这方面的专门管理。"国家"就成了社会公共事务的管理机构。

前面说过，国家的职能对劳动人民除了统治、镇压的一面，还有创造相对的和平环境以利劳动人民从事生产的一面。在此，我们还应当再举出国家负有对社会的经济、文化、教育以及环境卫生等方面的事务管理的职能。新中国成立以来相当长的时期，只是片面地谈论国家机构对劳动人民的镇压，至于国家对社会的管理职能则很少人论及。只是近年政治理论界才有一些学者提出讨论①。其实马克思、恩格斯并不是把对人民的政治统治职能看成是国家的惟一职能。马克思在论述国家的政治统治职能的同时，也多次地论述了国家还具有社会管理职能。例如在其名著《资本论》中，论述国家职能"既包括执行由一切社会的性质产生的各种公共事务，又包括由政府同人民大众相对立而产生的各种特殊职能"②。所以，探讨国家的职能必须注意其具有的这两重性。当然，这些具有进步作用的职能从根本上讲，也同样是为统治阶级服务的。

第四，为大一统的中国奠定了基石。夏、商时期，以华夏为中心的"天下"，由氏族结合与武力合并，逐渐形成了松散的方国联合共同体。到西周开创、推行分封制度后，大大地加强了天下一家的观念。

周武王以"小邦周"姬姓氏族为中心的军队，与其它众多氏族、部落和方国的联盟大军，合力摧毁了商纣的军队，建立了西周王国。初期的周王国是以"盟主"的地位与其他"友邦"联盟的关系，这和过去夏、商时的所谓邦国联盟式的"国家"形式是一样的。周武王所建的这种初期的王国，与各地方上的诸国是同盟的关系，地位上几乎是平等的，没有什么君臣尊卑、上下的观念。所以，到武王死后，武庚、三监及东方各诸侯发生了大规模的破坏统一的大叛乱，周公率军平叛三年，才把乱事平定。为了巩固周王的政权，使之长治久安，周公才从夏、商、周的兴亡历史中总结出历史经验，创立起一套新的分封制度。

① 例如陈炳辉《国家的管理职能新探》，《福建学刊》1991年第3期；王振海《论国家功能》，《东岳论丛》1995年第6期；王作印《国家社会管理职能初探》，《洛阳师专学报》1997年第6期。

② 见《马克思恩格斯全集》第25卷，第432页。

西周的国家运用这套分封制度，更充分发挥了国家机器缓和冲突的职能，起到协调联合的作用。如对异族武力征服之后，即想方设法予以攻心为上的怀柔政策。如对于齐国故地的大批殷遗和莱夷，"从其俗，简其礼"，从而使其民"归之"①。周公命康叔在卫国要实行"义刑义杀"，要"明德慎罚"；周人犯酗酒罪即"予其杀"，而对殷遗，念其旧习一时未能遽改，则"勿庸杀之，姑惟教之"②。其它如对殷遗较多的鲁、卫二国，则命"启以商政"；对封于戎狄环绕的夏虚之唐叔，则命"启以夏政，疆以戎索"③。其因地制宜对待已服之异族，其为缓和冲突、重在联合的用心可知。

周公制定的分封制度，目的在于"封建亲戚，以藩屏周"④，或谓"并建母弟，以藩屏周"⑤。可见周初受封的诸侯，主要的是周之王室姬姓大宗族中之子弟和异姓功臣。据说周初"立七十一国，姬姓独居五十三人"⑥。这些姬姓同族子弟之分封，是依据宗法制度所规定的"嫡长子继承王位，余子分封外地"的原则分封的。在宗法体系中，周王是姬姓大宗族中之族长，称为"宗主"或"宗子"，其后嗣世代的嫡长子则为世代的"宗子"。这一系列的支族称为"大宗"；世代的次子、庶子为"小宗"。因为只有嫡长子才有权传宗接代，地位自然高于次子、庶子，也就是"大宗"高于"小宗"。由周王分封的诸侯和卿大夫，大都是王的次子、庶子，也就是小宗，小宗对大宗有尊从的义务。所以，周王与诸侯构成双重关系：一方面，从政治上说，周王是各地被封的诸侯的共主；再一方面，从宗族礼俗上说，诸侯既为小宗，就必须尊从周王这个大宗。有的学者指出周的国家政权与宗族组织水乳交融，因而构成"周王室具有宗主国的崇高地位，诸侯形同一个个卫星国，对王室有强烈的向心力，形成了拱卫王室的局面。同时，周人还创设了一系列制度以维系这种政治格局。因此，周代（特别是西周）的诸侯国只是相对独立的国家政权，对宗主国周王室有多方面的从属关系"。又说："周王国与诸侯国的纵向联系和诸侯国之间的横向联系空前加强，为后来封建统一国家的形成奠定了基础。"⑦这种分析、论断是完全正确的。

---

① 《史记》之《鲁周公世家》《齐世家》。

② 《尚书·酒诰》。

③ 《左传》定公四年。

④ 《左传》僖公二十四年。

⑤ 《左传》昭公二十六年。

⑥ 《荀子·儒效篇》。

⑦ 周苏平：《周代国家形态探析》，陕西省博物馆编《西周史论文集》下册，陕西人民教育出版社 1993 年版，第 737 页。

周王室对异姓诸侯的联系，虽不能利用血缘性的宗法制度，但同样也可以用分封制度与之联合。因为分封制度主要的内容是"因生以赐姓，胙之土而命之氏"①。用现在的话说，就是赐给被封者以人民和土地，并承认其建立一独立的分族和国家。立国必须有土地和人民，如周初鲁、卫受封，就由"聃季授土，陶叔授民"②，西周康王时铜器也有"受民受疆土"的铭文③。但这决非周王室单方面的无偿奉送，在举行受封典礼时立有盟誓，载明周王与受封诸侯之间，不管是同姓或异姓，都要建立主从关系。异姓诸侯也同样可以建立一个半独立性的国家政权，有其独立的军队、独立的行政，只有在礼节上与同姓诸侯的先后排列次序稍有不同，"周之宗盟异姓为后"④而已。所有被封诸侯，对王室都负有贡献的义务。如春秋时齐侯以诸侯之师伐楚，楚人质问为何伐楚，管仲即以楚对周室久未贡包茅为由。而楚也感到理亏，答曰："贡之不入，寡君之罪也，敢不共给。"⑤春秋时郑子产也说："昔天子班贡，轻重以列，列尊贡重，周之制也。"⑥东周人说西周事，应当是可信的。足见诸侯纳贡于王室，是周制规定被封诸侯不可回避的义务。周王室对诸侯还有征役的权力，如东周敬王就说过，周成王的东都成周是令各诸侯国派出民役，合力筑成的⑦。

另外，从春秋时的史料看，周室有难，诸侯还有勤王的义务。如周襄王以戎难告急于齐，齐令诸侯各发卒成周⑧；周敬王时有王子朝之乱，也曾征诸侯兵成周⑨。王室有内乱，诸侯有出师平乱的义务。如周襄王时有王子带之乱，周敬王时有王子朝之乱，均赖诸侯之兵，勤王勘乱⑩。据说诸侯对周王还要按时朝聘⑪。战国时孟子甚至说："一不朝则贬其爵，再不朝则削其地，三不朝则六师移之。"⑫这些都反映春秋时诸侯对周室应负的责任和隶属关系。春秋时周室已衰微，而周天子在诸侯的心目中尚且有如此威信，则当隆盛的西周时代，周天子的地位自可想见。

---

① 《左传》隐公八年众仲语。
② 《左传》定公四年。
③ 《大盂鼎》。
④ 《左传》隐公十一年。
⑤ 《左传》僖公四年。
⑥ 《左传》昭公十三年。
⑦ 《左传》昭公三十二年载周敬王说："昔成王合诸侯城成周，以为东都。"
⑧ 见《左传》僖公十六年，《史记·齐世家》，《左传》僖公十三年。
⑨ 《左传》定公六年。
⑩ 周襄王事见《左传》僖公二十四年、二十五年；敬王事见《左传》昭公二十二至二十六年。
⑪ 见《左传》僖公二十八年，襄公二十四年，僖公十三年，襄公二十六年；《国语·周语》。
⑫ 《孟子·告子下》。

总之，周王与各诸侯之间的关系，自从周初实行分封制度以来，出现了一个根本性的大变化，即由过去夏、殷之王以诸侯之"长"或"盟主"的身分，至周则一变而为诸侯之"君"，诸侯对周王是从属关系，毫无平等之可言。这一大的历史变革，近代有些学者早已洞察到了①。这是西周"国家"政权推行分封制度的结果。西周王室与各地诸侯建立的虽然是不平等的从属关系，但另方面却使时人心目中构成一个以华夏文化为中心的整体，使各地居民对周王室有一定的向心力，促进了各民族的融合，广大群众也逐渐形成了"中国"天下一家的观念。春秋时人已有"四海之内皆兄弟也"②的思想，其根源亦应上推到西周。

西周这种大一统的初步格局的形成，使中国历史后来所走的道路与西欧古史便完全不同了。西方古希腊、罗马当时实行的是松散的城邦联盟，加盟的城邦诸国都有很大的自主权。所以，联盟的任务一结束，城邦各盟国很快就分崩离析，后来分裂成许多独立的国家；而西周的各地诸侯国是周室分封的，一开始即与周王维持着从属关系、君臣不平等的关系。周王对各诸侯有巡狩、保护等权力，诸侯对周王有贡赋、朝聘等义务，这种联系一直不断。所以，后来才产生一个地大物博的、统一的东方中华大国。如果没有西周王国，也不会有今天的中国。

从以上所论，我们可以明确地下一结论，"国家"机构对社会发展所负的职能，概括起来不外两个：一个是起"缓和冲突"、促进联合以及对社会的管理等方面的作用；另一个是对人民实行镇压和统治方面的作用。"国家"最大的历史作用是起缓和冲突的方面，而不是镇压和统治的方面。

（该文发表于《历史研究》1999年第2期）

---

① 王国维：《殷周制度论》，《观堂集林》卷一〇；晁福林：《试论西周分封制的若干问题》，载陕西省博物馆编《西周史论文集》，陕西人民教育出版社1993年版，第745-757页；周苏平：《周代国家形态探析》，《西周史论文集》，陕西人民教育出版社1993年版，第731-744页。

② 见《论语·颜渊》子夏语。

先周世系的新构拟

关于西周历史记述得较为系统又较为详明的古文献，当首推西汉司马迁的《史记·周本纪》为最早。但是《周本纪》的基本内容，也不过是根据至今仍存的《诗经》《尚书》《春秋》内外传以及一些谍记和有限的古神话传说追述而成，史实很贫乏而又极不完整，就连历代周王的在位年数都未有清楚的记载，以致使后世学者对西周确实的积年，穷年累月地加以研究，至今还在争论不休，尚难得出一个大家公认的确切数字。这还只是指《周本纪》对克商之后的部分说的，至于谈到克商之前周的先公先王时期的历史，则更似空中楼阁，虚无缥缈，其中一些疑难问题，如周族最早的来源地望到底在哪里？又如周族克商之前的社会性质等一些问题，学者间的说法，至今仍捉摸不定。

第一个问题，过去我们曾有所讨论[①]。现在只就有关的第二个问题的一些方面进行研究，并提出一个初步的看法，就正于并世方家。

周族的始祖据传说是姜原，和商的始祖为简狄一样，都是女的，并且都是无夫而生子，生的孩子只知其母不知其父，这反映出当时还处在母系氏族社会阶段。

据说，周的始祖母姜原，有一天在野外走路，看见路上有大人的脚印，她一时高兴，踏在上面，肚里便怀了孕，足月即生一男孩，以为不祥，把他弃置在一条小巷里，马上就有牛羊来给他吃奶；又要把他掷于树林里，正值有人砍伐平林；又把他改放在寒冰上，就有鸟飞来张开翅膀温暖他。家人认为这孩子奇异，因而收养，又因生而弃之，故名之曰弃。弃长大以后，从事农业生产很有成绩，所以，他的子孙就给他一个农作物的尊号，叫"后稷"[②]。

结合这个故事，我们可以看出：第一，周人认为他们最早的祖先是始祖母姜原，姜原生的儿子后稷是周族的一个男祖，并且是无父而生的，这意味着后

---

① 参看拙作《先周族最早来源于山西》，《中华文史论丛》第 3 期，上海古籍出版社 1982 年版。

② 按周始祖的故事，见于《诗经·大雅》之《生民》《云汉》，《周颂·思文》《鲁颂·閟宫》等诗，和《史记·周本纪》。

稷以前，可能还停留在母系氏族社会阶段，至少是母系氏族的残余还很强的时代。第二，据古史传说，从始祖后稷起一直到克商，周祖便有了以男系相传的十五代的世系。这说明，从后稷开始，便从母系过渡到父系氏族社会了。

后稷的时代，《周本纪》谓"在陶唐、虞、夏之际"。这也就是说，周始祖后稷与虞舜、夏禹同时。这种说法，必然有误。后世学者早就有人对此提出怀疑。如唐人张守节《史记正义》引孔颖达《毛诗疏》谓："虞及夏殷共有千二百岁，每世在位皆八十年，乃可充其数耳。命之短长，古今一也。而使十五世君，在位皆八十许载，子必将老始生，不近人情之甚。以理而推，实难据信也。"因为周的始祖至文王为十五世（见《国语》及《周本纪》），已确实无疑，而夏、商共三十余世，为什么经历相同的时间，而周的世数却少一半？所以，后之史家，只得给这个矛盾弥缝，认为不窋可能不是后稷的儿子，后稷与不窋之间世代失考（参看戴震《戴东原集》及崔述的《丰镐考信录》）。这种说法并无根据，我们当然不能轻信。不过，若后稷至文王确为十五世，则后稷绝不能与虞舜、夏禹同时，则是肯定的。

据《左传》昭公二十九年："有烈山氏之子曰柱为稷，自夏以上祀之。周弃亦为稷，自商以来祀之。"这好像是说周弃为商的稷官，是商时人。《国语·鲁语》上则说，"夏之兴也，周弃继之，故祀以为稷。"按"夏兴"与"周继"，语句不协。此"夏之兴"的"兴"字，或为"衰"字之讹。考《礼记·祭法》完全承用《鲁语》之文，则谓"夏之衰也，周弃继之，故祀以为稷"，其中"夏之兴"正作"夏之衰"，可以为证。所以，我们认为当以夏衰为是。夏衰而周弃才继之而兴。由此观之，周祖弃本为商之稷官，时代大约在夏末商初。这样，史实上的一切矛盾就迎刃而解了。

后稷既是夏末商初时代的人，我们前面又已说过后稷以前，还停留在母系氏族社会阶段，而同时代的夏族，早已是父系氏族社会了。由此可以推证，周虽然与夏为同族（周、夏同族，我别有考证），但其社会发展阶段则相差悬远，所以周族不可能是夏族的正支，很可能是夏族的一个分支。他们从夏族分出之后，夏族正支很快向前发展了，而分出去的这支周族却发展迟缓，长期还停滞于母系氏族社会阶段。一直到夏末，即后稷时期才开始转入父系社会。自后稷开始以下十五世，据《史记·周本纪》所载，都是父子相承、一世一人的父系世系。所以，后稷到周文王时代已是父系社会是没有问题的。

可是过去我们讲殷商历史时，曾经阐明过在父系氏族制中，氏族首领职位的承传，兄弟有优先继承权，儿子则否。也就是说，从亲疏方面讲，至少在形式上，父子关系反不如兄弟关系密切。这是一种母系氏族制的残余形式，被保留在父系氏族社会中的一种比较普遍的过渡阶段。这种过渡形式，就是商代前期"兄终弟及"的继统方式。到了后期才出现了父死嫡长子继承制的苗头。奇怪的是，《周本纪》所述周族在父系氏族社会的先周时代的世系，自始至终都是一世一人，看不见有什么兄终弟及的痕迹。好像自始即实行着父死子继，从母系氏族的兄弟共权一下子就转为私有制社会那种父死子继，没有什么过渡阶段，这是不符合人类社会的发展规律的。

那么，《周本纪》记载的周先公先王这种一世一人的世系，又是怎样出现的呢？

在殷代甲骨卜辞中，学者们发现商王武丁以后的祀典，有一种"特祭其所自出之先王，而非所自出之先王则不与者"。也就是在合祭一系列的直系先祖时，一世只祭一人，而无旁支。若把这种祭祀的卜辞归纳起来，得自上甲到武乙二十世的先公先王，就是一世一人，祖孙父子相承。这些直系先公先王，商人称之为"大示"，祭祀时则在"大宗"（大的宗庙）。而旁支或王的兄弟等先公先王则称之为"小示"。在合祭中远世的旁支小示，凡无特殊德业者，逐渐便被淘汰[①]。我们从这里得到一点启示，就是《殷本纪》所载商汤以前的世系，很可能就是根据这种祀典的大示名单纪录的。假如这种推测正确的话，则《周本纪》所载自后稷下至文王昌的先周诸世系是完整的，惟人数不全。由后稷到文王十五世，继承为首领的不止这十五人。原来也是兄弟相传，不过每世非直系的先公名号未被传下来而已。

那些非直系的先周的先公名号虽然不见于《周本纪》，但是我们从其它载籍中，似乎也还可以钩稽出一些线索来供我们研究。下面我们就对这个问题加以分析、讨论。首先列举见之于《周本纪》的先周诸公名号及其上下的血缘亲属关系，然后再以《世本》《三代世表》《汉书·古今人表》及韦氏《国语注》、晋皇甫谧《帝王世纪》诸书校补，其中颇多异文、异说：

1. 后稷（名弃）。

2. 不窋（后稷子。按日本泷川资言《史记会注考证》根据流传于日本的旧抄本作"不窟"）。

3. 鞠（不窋子。按《周语》宋公序本作"鞠陶"，《世本》亦作"鞠陶"；

---

① 参看拙作《试论商代"兄终弟及"的继统法及殷商前期的社会性质》，《南开学报》（人文科学）1956年第 1 期。

然《三代世表》《汉书·古今人表》皆作"鞠",与《周本纪》同)。

4. 公刘（鞠子）。

5. 庆节（公刘子）。

6. 皇仆（庆节子）。

7. 差弗（皇仆子。按宋明道本《国语》韦注作"羌弗",而公序本作"差弗",与《周本纪》同)。

8. 毁隃（差弗子。按《世本》作"伪榆";《三代世表》作"毁渝")。

9. 公非（毁隃子。按《世本》作"公非辟方",皇甫谧云:"公非,字辟方也。"《汉书·古今人表》以辟方为公非子)。

10. 高圉（公非子。按《世本》作"高圉侯侔"。《汉书·古今人表》谓夷竢、亚圉为高圉子,又以高圉为辟方子)。

11. 亚圉（高圉子。按《世本》作"亚圉云都",皇甫谧云:"云都,亚圉字";《汉书·古今人表》为云都,亚圉弟。《史记索隐》谓"按如此说则辟方、侯侔亦皆二人之名,实未能详")。

12. 公叔祖类（亚圉子。按《索隐》谓:"《系本》云:太公、组绀、诸盩。《三代世表》称叔类凡四名。哲按《史记·三代世表》今所见本作"公祖类",与《索隐》所见本不同。皇甫谧云:"公祖一名组绀诸盩,字叔类,号曰太公也。"《汉书·古今人表》作公祖。《国语·周语》韦注公序本作"公祖"。"公叔祖类"可能为二人)。

13. 古公亶父（公叔祖类子。《汉书·古今人表》作大王亶父)。

14. 太伯（古公亶父长子）。

虞仲（古公亶父次子）。

季历（古公亶父少子,即公季）。

15. 昌（季历子,即文王）。

上面我们把先周的先公作了如上的辑录和补充。可以看出,《周本纪》所记的先公名字与《世本》所记不同,《史记》所记多为两字或一字,只公叔祖类和古公亶父为四字,而《世本》所记的四字名却有多个,有的多达六字。若与其他书所记合起来,一名可以到八个或十个字。（如公叔祖类,《世本》作"太公组绀诸盩",《汉书·古今人表》作"公祖"）。但历史上华夏族人的命名传统均为一个字或两个字,绝对没有四个字或四字以上的。皇甫谧于是为之弥缝,认为那种多字名者乃是一名、一字、一号。按历史上人的字、号始于何时,虽不能确知，但也绝对不会古于西周。所以，我们可以断言，这种很多字的名字既不会是字，也不会是号。况且毁喻以上皆只举其名，并且一人之名字数至多为二字，为什么自公非时起，以下四世的人名有多达六字的？或谓举名兼举其字，从时代上看，确有可疑。总之，皇甫氏之说实难信据。

按《汉书·古今人表》谓："云都，亚圉弟"，"云都"既不是亚圉的字，又不是亚圉的重名，而是亚圉的兄弟，是另外一人。司马贞《史记索隐》已根据《古今人表》这个材料的启发，而想到《世本》所说的"公非辟方"中之"辟方"与《世本》所说的"高圉侯侔"的"侯侔"，大概"亦皆二人之名"。以此推之，我们可以举出，其它如《世本》中的"辟方""侯侔""太公、组绀、诸盩"等，可能都不是字或号，而都应当是别为一人。假如允许我们再进一步推想，凡四个字名的都不是一人，而可能是兄弟俩人。六个字为名的则是兄弟三人。具体地说，周的先公世系，辟方是公非的兄弟，侯侔则为高圉的兄弟，云都为亚圉的兄弟已有明文。公叔祖类、太公、组绀、诸盩、公祖诸名至少是四兄弟。古公亶父是古公和亶父兄弟二人。古公大概得名于古水之地名（《水经注·汾水》："汾水又西与古水合，水出临汾县故城黄阜下"）[①]。亶父则是迁岐山的周太王，古公与太王为二人。上面所述的这些异名的兄弟们当日都曾作过周的氏族首领。可能也是实行的"兄终弟及"，只因为后世子孙举行特祭时，一世只祭一人。有些旁支属于小示，逐渐被淘汰，因而名字未传下来而已。《周本纪》所载的后稷至文王的世系，虽然代数可能完整，但人数不全。所幸还部分地保存于《世本》《三代世表》和《汉书·古今人表》诸文献中，使我们得以钩稽出来。另外，见之于《山海经》的周先公还有"台玺"和"叔均"两世。《大荒西经》谓："稷之弟曰台玺，生叔均"，《海内经》却谓："稷之孙曰叔均"。据《路史·后纪·高辛纪》："后稷勤百谷而山死，取姞人是生檠玺……檠玺生叔均"，"檠玺"大概即"台玺"，则《海内经》所说叔均为稷之孙为是。

现在我们不妨按我们这种新的理解，重新安排一个"先周世系示意表"如下：

---

① 参看钱穆《周初地理考》，《燕京学报》第 10 期；陈梦家《殷虚卜辞综述》，科学出版社 1956 年版，第 292 页。

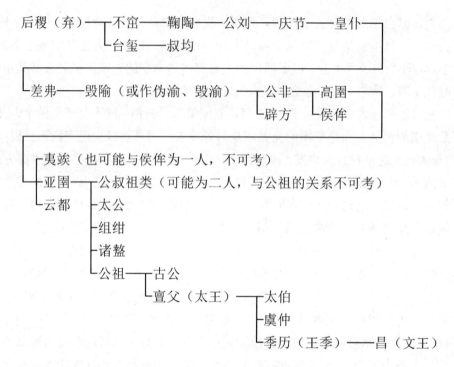

　　上面我们所构拟的这个先周世系表，只是从社会发展的规律理论，根据残缺不全的古文献资料构拟、安排和设想的，肯定会有误排，更可能还有遗漏，由于书缺有间，已不能深考，但其大枝大节可能是一个合理的假说，有待于今后地下发现更多的考古材料，从而再进一步研究考证，以期达到最后可信的定论。这个新构拟的世系就是说，自后稷至文王共有十五世，其中有八世是兄终弟及的。这就与我们所说的后稷至文王是父系氏族社会的说法相吻合了。

　　（该文发表于《中国社会历史评论》第一辑，天津古籍出版社 1999 年版）

六、甲骨金文考释

陕西周原所出甲骨文的来源试探

（一）周原甲骨文出现的意义

周原一带是早周文化的发祥地，1976 年在陕西岐山凤雏村发现先周甲组宫殿基址。在这个基址内，又于 1977 年夏出土了一大批甲骨，估计约有 17,000 多片，绝大部分是龟甲。据初步整理发现刻有文字的卜甲 190 多片，文字数达五六百字[①]。从刻辞所透露的年代和碳 14 的测定，都可以说明这些遗物产生约在商、周之际。所以，这批甲骨的时代基本上是明确的。殷商末年，有关商、周两族的关系的文献记载，我们今天所能见到的，只有《尚书》的有数篇章。另外，就是后人追记的《竹书纪年》一些零星记载，和《史记》的《殷本纪》《周本纪》等，又皆语焉不详。现在发现了这批当时人亲自刻写的文字资料，数量又这么多，这对商周之间历史的深入研究，不言而喻其意义是极为重大的。

这一大批甲骨因为出土于周族祖居地的周原，于是学者们大都认为这是西周或早周周族人的甲骨。解放以来，西周的甲骨文虽然也有多次发现，但数量都是在一片或数片之间[②]，不能说明历史问题。同这次发现相比，在数量和质量上，是不能同日而语的。

但是，这批甲骨文数量这么大，果真会全部出于周族人之手吗？对此我们是抱有怀疑的。通过具体分析，我们认为这批甲骨绝大部分是殷商末年商王室的遗物。

周原甲骨到底是出于周族人之手，还是出于商族人之手？这个问题对商、周两族的历史关系，颇为重大。认为是周族人的甲骨，就可以把商亡之前商、周两族关系说成是极为亲密；若说是商族王室的甲骨，就可以把它说成是商周

[①] 陕西周原考古队：《陕西岐山凤雏村发现周初甲骨文》，《文物》1979 年第 10 期。

[②] 解放以来发现西周甲骨文的有四处：1. 1954 年 10 月山西洪洞坊堆村发现一片刻有八字。2. 1956 年 1 月陕西长安沣西张家坡发现数片，一块刻有两行文字。3. 1975 年北京昌平白浮村发现周初卜甲残片，约有十数字。4. 1979 年 9 月陕西扶风县齐家村发现九片卜骨，其中一片刻卜辞八字，另一块有卜辞约有二十二三字。

敌对的物证。真是一字之异，则千里是谬。所以这个问题不解决，便使一大批极为珍贵的史料，完全变为无法利用的古董。

（二）周原甲骨不是周族的而是商王室的

下面我们从周原甲骨中抽出几片来，作一些具体的剖析。周原甲骨一号卜甲有这样的辞句：

> 癸巳彝文武帝乙宗，贞：王其邘祭成唐（汤）……（H11：1）

这里的"成唐"，就是商族开国的先王"成汤"，这是毫无疑义的。那么，这片卜辞怎样解释，我们可以举亲身参加发掘周原甲骨的学者徐锡台先生的意见为代表。他说：

> 这片甲骨文中的王，当即周文王。
>
> 是周文王祭祀成汤，这反映了周与殷的密切关系。①

周原甲骨八十四号卜甲又有辞：

> 贞：王其桒右（侑）大甲，曹周方白（伯）囗叀正不（丕）左于受又（有）又（佑）。（H11：84）

徐先生说：

> 八十四号卜甲是周王祭祀太甲，祈其祐福。这与文献记载的诸侯咸归殷，可以互为印证。……"曹周方白（伯）"，周方伯仍即周文王。②

有的同志也说：

> 全辞大意是周文王求佑于太甲，太甲告周方伯丰年厚足。③

徐先生和一些同志的意思是说，这批甲骨是周文王时周人的甲骨卜辞。周

---

① 徐锡台：《周原出土的甲骨文所见人名、官名、方国、地名浅释》，《古文字研究》第一辑，中华书局1979年。

② 徐锡台：《周原出土的甲骨文所见人名、官名、方国、地名浅释》，《古文字研究》第一辑，中华书局1979年。

③ 陕西周原考古队：《陕西岐山凤雏村发现周初甲骨文》，《文物》1979年第10期。

文王曾祭祀商的祖先成汤，周人求祐于殷之先王太甲，还祭祀商纣的父亲帝乙等。这样一来，商周的关系不但是亲密无间，而且两个在历史上不同种姓的异族，居然变成同族同宗了。但是，从中国历史传统上看，这种现象是绝对不可能有的事。周原甲骨不可能是周人的，我们可以从四方面加以说明：

第一，商周两族在殷商末年民族矛盾极为严重，他们已处在敌对的地位。《古本竹书纪年》曾记载着，周文王的父亲王季被商纣王的祖父文丁所杀（《晋书·束皙传》所引）。纣的父亲帝乙二年，周人伐商（《太平御览》卷八三所引）。从此，商周两族已构成世仇。但由于力量悬殊，周对商表面上，有时仍服属于商。不过，像祭祀或祈求降福等礼俗是内心的信仰，都不是强迫的，周文王绝对不会自愿地祭祀有杀父之仇的敌人的祖先，也绝对不会祭商先王太甲，向仇人的祖先祈求给自己降福佑。所以，卜甲一号的"王"绝对不是周文王，八十四号卜甲的"王"，也不可能是任何一个周族的王。

第二，从祭祀传统上看，周族绝对不会祭祀商族的祖先。因为商、周时人在丧葬祭奠的礼节上，族与族的界限划分是极为严格的。如《左传》襄公十二年有这样的记载：

> 秋，吴子寿梦卒。临于周庙，礼也。凡诸侯之丧，异姓临于外，同姓于宗庙，同宗于祖庙，同族于祢庙。是故鲁为诸姬，临于周庙。为邢、凡、蒋、茅、胙、祭，临于周公之庙。

按春秋时一个诸侯王死，异姓诸侯吊丧，没有资格进到宗宙之内，只能哭"临于外"。更不要说异姓的祖先之间的互相祭祀了。自古形成了一种祭礼，只能本族的人祭祀本族的祖先，甚至鬼神也不接受异族人的供品。这见于《左传》僖公三十一年：

> 卫成公梦康叔曰：相夺予享。公命祀相。宁武子不可曰：鬼神非其族类，不歆其祀。

这就是说，姬姓的卫成公要祭祀姒姓的夏后相。宁武子根据古传统礼俗加以制止，认为周与夏不同族，即便祭祀，夏后相也是不受享的。《左传》僖公十年狐突更明确地说："臣闻之，神不歆非类，民不祀非族。"意思是说，鬼神不受享异族人的祭品，人民对异族的鬼神也不祭祀。从殷墟卜辞中看，商代祭祀先王，仅限于商王族的直系祖先和非直系祖先，异姓祖先是无权配享的。因为自古就有"非我族类，其心必异"的传统，只有同族人的后代祭祀共同的祖先，不可能自动去祭祀异姓的祖先，更不会去向异族的祖先求福祐。前面我们曾说到在殷灭亡之前，商周两族已构成对抗性的矛盾，周王哪里会向仇敌的祖先求保佑呢？所以，周原甲骨文实是殷商末年商王室的卜辞，其中的"王"是商王，很可能就是帝辛。一号卜甲就是商纣王在其父帝乙的宗庙里祭祀其祖成汤的。八十四号卜辞是商王祭祀其祖大甲、祈求福祐。这些卜辞内容根本与周族无任何瓜葛，更涉及不到商周关系的密切不密切了。

第三，从"晢周方伯"上看，周原甲骨不是周人的卜辞。周原甲骨八十四号卜甲原辞谓："贞：王其萃右（侑）大甲，晢周方白（伯），囗更（惟）足，不（丕）左于受又（有）又（祐）。"前面我们曾说过，这个向商先王太甲祈求福祐的"王"，不可能是周文王或任何一个周族的王。从这条卜辞中"晢周方伯"一辞上看，更可以证明这一点。甲骨文中的晢字，学者大都以为就是《说文》曰部中的"晢"字。许叔重谓"晢、告也，从曰从册，册亦声"。从字形结构上看，甲骨文晢确是《说文》的晢字，不过许氏的说解却不是字的原义，而是后来的引伸义，是流不是源。在殷墟卜辞中有很多"晢牛""晢宰"的辞例：

1. 辛亥卜，王贞：晢父乙百宰。十一月。（乙 5408）
2. 晢且丁十伐、十宰。（丙 29）
3. 贞：晢且乙十伐虫五，卯十宰虫五。（缀 254）
4. 丙寅卜殻……丁卯燎于……丁卯……晢三十宰。（后上 23，11）
5. 丁亥卜，燎于兄，晢二牛。（福 18）
6. 贞：萃年于丁，血三勹牛，晢卅勹牛。九月。（佚 46）

按从卜辞文法看，第一辞"晢父乙百宰"其义不是晢父乙，而是晢百宰于父乙。同样，第二辞第三辞也不是晢祖丁、晢祖乙，而实是晢十伐十宰于祖丁，晢十五伐、卯十五宰于祖乙。"晢"在卜辞里是什么意思，于思泊先生说：

> 甲骨文于祭祀用人牲和物牲之言晢者，凡二百余见。晢从册声，古读册如删，与刊音近字通，俗作砍。商代统治阶级为了乞福于鬼神，砍杀那么多的人牲和物牲，其凶狠残虐已达到无以复加的地步。[①]

于先生认为"晢"在甲骨文中是砍杀的意思，这是很正确的。晢牛、晢宰实即杀牛、杀羊用以祭祖。周原八十四号卜甲之"晢周方伯"，很明显这是以"周

---

① 于省吾：《释晢》，《甲骨文字释林》，中华书局 1979 年版，第 172-174 页。

方伯"作为牺牲，用以祭祀商先王大甲祈求福祐。日本甲骨学者伊藤道治教授也说过，"这个晋字根据卜辞通例，是祭祀时把人作为牺牲之礼——不一定杀死"①。按殷墟卜辞中有"晋千牛、千人"（合 301），"晋百羊、百牛、百豕"（金 670）。所"晋"的数字这么大，伊藤教授的不一定杀死的说法很有道理。晋牛羊或晋人可能最初确是真正杀祭，并把杀的牛羊数字和人牲的名字刻在典册上用以祭祀，后来发现这实在太浪费了，于是逐渐演化为对物牲或人牲不真正杀死，而是只是把数目字或名字登记在典册上用以祭祀。

晋祭不管是对物牲或人牲真正杀死、或者只作为杀的象征的登记，被晋的人或物，总是一种被牺牲的对象。现在回过头来，再审读周原八十四号卜甲，上面说"王"为了向商的先王太甲祈求福祐，于是"晋周方伯"，就是把周方伯作为祭牲。这个周方伯是否即周文王不可知，但必是周族的首领。杀周族的首领作为祭牲去向商先王求福的"王"，绝对不可能是周王，事理至明。所以，周原卜辞中的"王"不是周王而是商王，大部分周原甲骨也是属于商王室的，这本来是没有什么问题的。只是由于发现地在周原，一般人一定把它说成是周族的甲骨，把商王说成是周王，自然这就势必会遇到难以克服的障碍。

第四，周原地处西北丘陵一隅，不是龟甲的产地，同时周族建国之前，人少势弱，也不会有东南沿海产龟的部落向其进贡。胡方恕同志最近在一篇文章中的一个注里说道："说周人在灭商之前就大搞甲骨占卜，并积累了一万六千七百余片龟的腹甲，是不大可能的"②。这疑问提得很好。专从周族的地域和形势上看，也可以推证这批周原甲骨，不会是周族原有的。

从以上四证，我们可以下一结论：周原这批甲骨绝大部分是商王室的，不是周人的。

（三）商王室甲骨为什么会出土于周原？

既是商王室的甲骨，为什么出土于周人发祥地的周原呢？是商灭亡时周族到商王室俘获的胜利品吗？不是，因为若是战利品，理应带到胜殷归来所建京都的丰、镐，不会携带到业已逐渐不是政治中心的周原。

这批商王室的甲骨，可能远在丰、镐建都之前，也就是周灭商之前，已运到周原。殷商灭亡前夕周原是周文王时代周族的政治中心。我们推想，这批甲

---

① 伊藤道治于 1978 年 10 月在天津的学术报告，题为《近几年发现的西周史料的意义和问题》。
② 胡方恕：《周代公社所有制下的贵族私有土地》，1981 年东北师范大学研究生毕业论文打印稿。

骨很可能是在殷商末年商纣王时，掌管占卜的卜人投奔周人时，携带过去的。

文献记载谓在商的末年，纣王暴虐无道，王室的一些贵族大都想逃离殷商，如"微子数谏不听，乃与大师少师谋，遂去"①。

这时周文王、武王却与商纣整整相反，极力在那里招贤下士。《史记·周本纪》说他"笃仁敬老慈少，礼下贤者，日中不暇食以待士，士以此多归之"。我们且看看文献上具体的记载：

> 昔周之将兴也，有士二人处于孤竹，曰伯夷、叔齐。二人相谓曰：吾闻西方有偏伯焉，似将有道者，今吾奚为处乎此哉？二子西行如周，至于岐阳，则文王已殁矣。②

> 伯夷、叔齐在孤竹，闻西伯善养老，盍往归之。太颠、闳夭、散宜生、鬻子、辛甲大夫之徒，皆往归之。③

> 殷内史向挚见纣之愈乱迷惑也，于是载其图法，出亡之周。④

> 微子乃持其祭器，造于军门，肉袒面缚，左牵羊，右把茅，膝行而前以告。于是武王乃释微子，复其位如故。⑤

> （武王）二年，闻纣昏乱暴虐滋甚，杀王子比干，囚箕子。太师疵、少师强抱其乐器而奔周。⑥

从上面这些记载的情况看，在商的末年，这些有远见的殷商贵族或王室大臣们投奔归周，并不是空手去的。他们大都携带着他们在商王国所掌管的部分器物西去，用以邀赏。主持占卜的贞人是掌管甲骨的，他们的投奔周族，必然也会载其甲骨档案，挟以俱来。这就是在周原发现的大批商王室甲骨的主要来源。

这批甲骨文中的卜甲，我们认为绝大部分是商王室的卜辞，但是商王室的卜人既是来到周族，自然他们就要为周族人服务。所以，我们也必须承认周原甲骨中也还有一小部分卜甲，确乎是属于周人的。比如那些刻有西周记时的"既吉"（H11：26，54）"既魄（魄）"（H11：13）、"既死"（H11：55）和刻有西周的人物"毕公"（H11：45），西周的官名"大保"，（H11：50），以及那些刻有

---

① 《史记·殷本纪》。
② 《吕氏春秋·诚廉篇》。
③ 《史记·周本纪》。
④ 《吕氏春秋·先识览》。
⑤ 《史记·宋微子世家》。
⑥ 《史记·周本纪》。

似乎是八卦形象的卜甲（H11：7，81）等等，可能就是属于周人的，时代应当略晚于商王室卜辞。至于卜甲八号和六十四号有"六年"、八十三号有"楚子"，有的同志认为是西周的甲骨，我们还难以同意这种看法。不过这个问题较复杂，当另文讨论，这里就不谈了。

所以，周人的甲骨为数是极为有限的，因为周与商两族在占卜的习俗上不同，所谓"三王不同龟，四夷各异卜"，商人占卜用甲骨，而周人筮卦主要是用蓍草，用龟甲占卜是次要的。所以，有的同志推测将来田野考古或有大批西周甲骨文出现的可能，我们却认为这种希望的可能性是很小的。周人甲骨即便偶有发现，也必然是零星的，不会是大批的。

后记：

关于上面这篇东西，最初是一篇札记，稿成于 1978 年 10 月。那时只根据我们所能看到的有限的一点材料勉强写出。这是由于那年日本神户学术友好访华团来津，我参加了接待工作。神户大学伊藤道治教授作了题为《近几年发现的西周史料的意义和问题》的报告。内容是谈周原甲骨，在座谈会上我曾把我上面所谈的看法，简单地与之交换过意见。另外，1979 年 11 月在天津宾馆一个会议上，我又把这个意见与到会的李学勤同志谈过。学勤同志说他也写了一篇，也认为卜甲中的王不是周王，他并鼓励我把文章正式写出。可是我由于见到的材料太少，一直没有勇气写成正式的文章。现在勉强写出的这篇东西，就是根据 1979 年《文物》第 10 期和《古文字研究》第一辑所发表出来的周原甲骨材料，对我的旧札记作了必要的修正和补充而成的。遗憾的是直到现在也还没有看到周原甲骨的全部材料。所以，我这个初步的看法是否能成立，只有等待将来进一步考古材料的验证了。

1981 年 7 月 21 日写于北戴河东山宾馆

（此文发表于《社会科学战线》1982 年第 1 期）

西周金文中的"贮"和土地关系

一、铜器铭文中出现的"贮"

甲骨文、金文有字作 （《乙》3477 反）、 （《后》2·18·8）、 （《兮甲盘》）、 （《沈子簋》）诸形，字从贝从宁，可以隶定为"賓"。从第一形看，像置贝于宁中，"宁"大概是储贝器。"賓"实即《说文》的"贮"字。许慎说："贮"是"从贝宁声"，我看似应改为"从贝从宁，宁亦声"。这个字在西周到底怎么解释，金文学家的说法是很纷歧的。为了讨论的方便，我们不妨将有关铜器铭文的部分辞句，按其时代的先后，撮录出来。含有"贮"字的西周铜器，截止到现在，据我所知，除了用作人名的不计外，共有下列八器：

（1）周成王时器《中甗》："乎（厥）贮者言曰……"

（2）周昭王时器《沈子簋》："休沈子肇田，歆、狙、贮、賽。"

（3）周共王时器《颂鼎》："王曰：颂，令女（汝）官司成周贮廿家，监司新寤（造），贮用宫御。"（按另外还有五个《颂簋》，铭文与此基本相同，惟贮字下省略"廿家"两字。王国维谓此系"阙夺"，恐非。）

（4）周共王时器《格伯簋》（即《佣生簋》）："王才（在）成周，格白（伯）受良马乘于佣生，乎（厥）贮卅田，则析。……用典格白（伯）田。"

（5）周共王时器《卫盉》："矩白（伯）庶人取菫（瑾）章（璋）于裘卫，才八十朋，乎贮其舍田十田；矩或（又）取赤虎（琥）两、麂菶（韨）两、莽鞈一，才廿朋，其舍田三田。裘卫廼彘（矢）告于白（伯）邑父、婪白（伯）、定白（伯）、琼白（伯）、单白（伯），白（伯）邑父、婪白、定白、琼白、单白廼令参（三）有司……罘（逮）受田。"

（6）周共王时器《五祀卫鼎》（或卫鼎甲）："卫目（以）邦君厉告于井白（伯）、白（伯）邑父、定白（伯）、琼白（伯）、白（伯）俗父曰：厉曰：'父执龚王邮工（功），于邵大室东逆梦二川。'曰：'余舍女（汝）田五田。'正廼讯厉曰：'女（汝）贮田不？'厉廼许曰：'余审贮田五田。'井白（伯）、白（伯）邑父、定白（伯）、琼白（伯）、白（伯）俗父廼購。吏（使）厉誓。廼令参有司……
师履裘卫厉"田"四田。陕……邦君厉眔（逮）付裘卫田……卫用乍（作）朕
文考宝鼎。卫其万年永宝用。隹王五祀。"

（7）周宣王时器《毛公鼎》："王曰：'父厝……勿雝（壅）律庶民；贮，毋
敢龚橐，龚橐廼孜（侮）鳏寡……'"

（8）周宣王时器《兮甲盘》："王令甲政翩（治）成周四方賮（积），至于南
淮夷。淮夷旧我貟晦（贿）人，毋敢不出其貟、其賮、其进人、其贮，毋敢不
即陕（次）、即岑（市）。敢不用命，则即井（刑）屡（扑）伐。其隹我者侯（诸
侯）百生（姓），氒贮，毋不即岑（市），毋敢或入蛮（蛮）安贮，则亦井（刑）。"

这些器铭中的"贮"，或释为"予"，或释为"价"，或释为"租"，或释为
"赋"，还有解释成"奴隶"的。各种说法，似乎都可以据以通读一两处，但都
不能贯通诸铭，

二、"贮"不是予、奴隶、田价、田租，也不是土地的出租

王国维在《颂壶跋》中说："按贮、予古同部字，贮廿家，犹云锡廿家也。
贮用宫御犹云锡用宫御也。"[①]以贮为予在这里似乎可以读通，但与《颂鼎》《颂
壶》同人同时所作的《颂簋》，铭文几乎全同，可是在"贮"字下，没有"廿家"
二字，作"令女（汝）官司成周贮"，这就决不能释贮为予了。

平心和杨宽两先生则认为"贮"是一种成家的奴隶[②]。如平心在《卜辞金
文中所见社会经济史实考释》中说：

> 金文常记锡臣或锡仆，少则四五家，多则三百五十家。奴隶有家，是
> 我国古代蓄奴制的一个特点。贮以家计，当亦为奴隶之类。"官司成周贮廿
> 家"，即是管理成周官徒二十家。……除非解为奴隶，是很难说得通的。

但是，《格伯簋》说："格伯受良马乘于倗生，氒贮卅田。"这个"贮"字若
解释为奴隶，与卅田连在一起，就很难讲通了。平心于是只得把"受良马乘于
倗生"的"于"字训为"与"，又毫无根据地训"倗生"为"贱官"，同时把"氒
贮卅田"的"田"字划到下句，认为整个句子是说"格伯受王所赐良马四匹及

---

① 王国维《观堂集林》附《观堂别集》卷二。

② 平心：《卜辞金文中所见社会经济史实考释》，《中华文史论丛》第 1 辑；杨宽：《论西周时代的奴隶制
生产关系》，《古史新探》，中华书局 1965 年版，第 79 页。

贱官（佣生非人名），并受臣仆三十名"。你看，迂迴委婉绕了那么大弯，问题还是没有解决。第一，怎么知道格伯是受赐于王？铭文中半点迹象也没有。第二，佣生训贱官，有何根据？《曩仲作佣生壶》铭可证佣生确是人名，决非贱官。第三、铜器铭文中凡提到"贮"的往往与田有联系（详后），则"乎贮卅田"的"田"，从文义上说，决不能与"贮"分开。可见释"贮"为奴隶是难以取信于人的。一九七五年陕西岐山新发现的《五祀卫鼎》（或称卫鼎甲）铭文，有"女（汝）贮田不"和"余审贮田五田"，两句话中的"贮"，是动词，当然更不能解释为奴隶了。

还有人把《格伯簋》和《卫盉》中的"贮"读为"价"。最早见于杨树达的《格伯簋跋》中。他说："乎贮卅田，贮疑读为贾，即今价值之价，谓其价三十田也。"[1]林甘泉先生肯定这一读法，认为"这是以四匹马交换三十田。"并又提出：《卫盉》的"矩白庶人取堇章于裘卫，才八十朋乎贮，其舍田十田"，也应读为"才八十朋其价"。即是说，"矩伯庶人向裘卫索取觐见周王的玉璋，价钱相当于贝八十朋。矩伯庶人以田十田作为代价"[2]。

这种说法，在《格伯簋》《卫盉》的铭文中，从文理上看，似乎可通。但是，在其他器铭中，如《沈子簋》《颂鼎》《五祀卫鼎》《毛公鼎》《兮甲盘》等中的"贮"若解释为"价"，都是难以读通的。其中尤其是《五祀卫鼎》中的两个"贮"字都是动词，决不能读为"价"。林先生也看到这一点，所以，他只把《卫盉》的贮释为价，而把《五祀卫鼎》的贮却解作"租"。他说："贮字可以释为租，又可以释为价，并不抵牾。地租从一定意义上说来，就是出让土地的代价。"

应当说明，地租和地价不是一回事（参看《资本论》卷三第911页和第702—703页）。地租和地价既不相等，为什么把《卫盉》的"贮"释为"价"，而把《五祀卫鼎》的"贮"又释为"租"呢？唐兰先生就曾经指出："把卫盉的贮字读为价格的价，而把卫鼎的贮字读为租，这两件器物，制作出于一人，制作时间前后仅隔两年，所记内容又都是土地问题，如果把所用的同一个贮字作两种解释，恐怕是不恰当的。"[3]

郭沫若先生根据《吕览·乐成篇》所引古谚有"我有田畴，子产赋之，我有衣冠，子产贮之"，贮与赋对文，因谓"贮有赋义""贮者赋也、租也"[4]。

---

① 《积微居金文说》，科学出版社1959年版，第27页。
② 《文物》，1976年第5期，第45-49页。
③ 唐兰：《用青铜器铭文来研究西周史》的第五注，《文物》1976年第6期，第36页。
④ 见《两周金文辞大系考释》中的《沈子簋》《毛公鼎》等铭释文。

这种诠释是精当的。他举《颂鼎》"官司成周贮廿家"、《格伯簋》"氒贮卅田"、《毛公鼎》"贮毋敢龚橐"、《兮甲盘》"毋敢或入蠻宄贮"为例。郭先生的说法，反映了部分史实。林甘泉先生也说《兮甲盘》铭文中的贮，是"指淮夷和诸侯百姓向周王缴纳的贡赋"[①]。这也说的很对。不过，这种租赋的性质是什么？如果不进一步分析清楚，也会引起对当时历史的误解。

我们同意把"贮"解释为"租赋"，是说"贮"属于租赋这一范畴，并不认为就是出租土地的"租"，或田租的"租"。有人谓《格伯簋》说的是倗生以三十田的田租去换格伯的良马[②]。既然是拿田租去买良马，为什么还"用典格伯田"呢？

我们认为"贮"作为名词用，不是田租，作为动词用，当然也就不会是出租或承租的"租"了。

近年来，一些学者主张《五祀卫鼎》铭中的"贮田"，是指周共王时贵族私人间出租和承租土地的事[③]。但是，从西周具体的政治经济发展史上看，那时不可能产生贵族之间的租佃关系。马克思从历史上对地租作过全面的科学分析。他说："地租直接就是土地所有者对劳动力的这种超额耗费的占有。""地租的本质就在于地租是剩余价值或剩余劳动的唯一的占统治地位的正常形式。"[④]马克思又指明地租在不同的社会发展阶段上有本质差别，这种差别制约于一定生产方式的基本经济法则的要求。他特别强调要避免"把适应于社会生产过程不同发展阶段的不同地租形式混同起来"的错误[⑤]。

地租虽然早在奴隶制度时就已产生，但那时地租只表现在小农经济对奴隶主的各种不同形态的赋役。到封建制度的初期，才出现了封建主对农奴的剥削形式：劳动地租和产品地租（货币地租产生较晚）。奴隶社会和初期封建社会的"地租"，主要的是存在于直接剥削者与被剥削者之间。一直到封建社会后期和资本主义社会时，土地剥削者中除了土地所有者外，又出现了转手的剥削者，也就是马思所说的"租地农场主"[⑥]。根据马克思的推论，西周的社会不管是奴隶制度，还是初期封建制度，在那个时期决不会出现转手的剥削者，也就是不可能出现贵族之间的出租和承租的租佃关系的。

① 林甘泉：《对西周土地关系的几点新认识》，见《文物》1978 年第 5 期。

② 郭沫若：《两周金文辞大系考释》中《格伯簋》释文。

③ 此说最早正式提出的是林甘泉的《对西周土地关系的几点新认识》，见《文物》1978 年第 5 期。

④《资本论》卷三，第 892-895 页。

⑤ 同上注第 714 页。

⑥《资本论》卷三，第三十七章《导论》，第 693-720 页。

三、西周土地多级所有制和"贮"的贡纳义务

西周既不会出现租佃关系，那末，金文中的"贮田"是属于什么性质呢？要解决这个问题，还须要从土地所有制上说起。

过去，我曾对西周的土地所有制作过研究[①]。对一般人主张西周土地国有制我是不同意的，详细论证在这里就不再重复。简单地说来，他们的所谓西周土地国有制最大的根据，是土地不能买卖和地租与课税的合一。其实，不能买卖的土地不一定就属于土地国有。如明清时封建贵族所占有的庄田，依法是不能买卖的。但是，耕种庄田的农民的剩余劳动，大部归庄田主人所有，而不归国家。这种庄田实质上已为领主贵族所私有。所以，不能一看到西周的土地不能买卖，便认为是土地国有制。至于说到地租与课税的合一，这确是西周土地制度所具有的情况，问题在于这并不是土地国有制的必要条件。因为土地国有制的特征是地主与国家政权的合一，而不仅单单是地租与课税的合一。地租与课税的合一，是由于地主与国家合而为一的结果。西周的具体情况，全国耕地的地租和课税的所有者，既不是周天子，也不是与地主合而为一的各诸侯国政府，而是分散在各地的各级领主贵族们。当时，周天子只是作为一个最大的领主的资格，直接剥削耕种首都附近土地的那部分农民，绝对没有向全国各诸侯领地上的农民进行直接的地租剥削的史实。既然占有全国耕地的课税与地租者，并不是与地主合一的国家，那怎么能说是土地国有制呢？

从历史上看，周人克商后，周天子推行分封制，使土地所有制变成了多级领主贵族所有制。最初的土地分封，是用"采地"的形式赏赐的，而这种"采地"后来才变成"领地"。大的功臣得到领地，便是这个地区的领主，也就是诸侯。后来，诸侯也同样地从其领地中拿出一部分土地，赏赐给他自己的亲属和臣属，使其作为采邑主，即卿大夫。卿大夫也照样在自己采邑中拿出一部分土地赏赐他自己的臣属，是为士。就是这样大小贵族从上到下，一级级地赏赐下去，变成为：一个隶属一个的土地多级所有主。赏赐的采地实际是一种"职田"或"禄田"，是上级官吏对其下级有功者的报酬，所以叫作"采地"。采邑主只能采取其地之租赋，不含有对土地的完全所有权[②]。不过，马克思说："地租的

---

① 王玉哲：《论西周不是土地国有制》，见于杨向奎著《中国古代社会与思想研究》下册，上海人民出版社 1964 年版，第 1038-1049 页。

② 参看《左传》庄公元年正义，《公羊传》襄公十五年何休注和《汉书·琅法志》颜师古注。

占有是土地所有权借以实现的经济形式。"①封邑主在其采地上既可以征收租税，又有权分赐其下级，那就是已具备了部分的所有权了。这种土地占有关系是下级服从上级的必要条件。一块土地不只是一个所有主，而是属于一个隶属一个的多级所有主。在这一系列所有主中，最高的是周天子。因此，当时的诗人说，"溥天之下，莫非王土，率土之滨，莫非王臣"②。多级所有主的土地，当然，也就势必造成"田里不鬻"③了。

这种情况，与西方日耳曼人所建的法兰克王国的历史极相近。法兰克在墨洛温王朝时，查理·马泰尔实行对赐田的改革，创立了采地制。这就是受赐的土地，终生使用，并附有一定的义务。倘若违背应尽的义务，上级便以收回采地相处罚。其从上到下的采邑主的身分等级，据恩格斯在《法兰克时代》一文中说："由采地制所创造出来的社会等级制度，从国王起，经过大采邑主（帝国直属公爵的前身），到中等采邑主（即以后的贵族），并且从这里起，下至生活在马克公社以内绝大多数的自由的与不自由的农民——在这里，我们已经看到了以后闭锁的封建等级的基础。"④这种封建主义土地所有制的等级性质，是阶梯式的。政治上和经济上都有上下级的臣属关系，下级对上级是以负担一定的义务为条件的。

西周和法兰克所实行的这种土地制度，都可以说是领主贵族的多级所有制。受赐者对土地有部分的支配权，对其上级是隶属关系，其义务是矢忠服从、供应赋役、听其政教号令。如果违反了这些条件，就算是非法。西周金文中一些有关"锡田"若干的记载，都是属于这类性质的。所谓"贮"则是属于下级对上一级的一种贡纳义务。

《卫盉》铭文说，周共王三年矩伯庶人赏赐其下级裘卫田十田，裘卫以值八十朋的瑾璋作为贡纳义务（贮），献给矩伯。矩伯又赏赐他田三田，裘卫又以值二十朋的礼物作为贡赋（贮）献给矩伯。又如共王时的《格伯簋铭》说的是格伯赐给佣生三十田，而佣生用四匹良马作为贡赋义务献给格伯⑤。这种赐田邑

① 马克思：《资本论》第三卷，人民出版社1975年版，第714页。

② 《诗经·小雅·北山》。

③ 《礼记·王制》。

④ 恩格斯：《德国古代的历史和语言》，人民出版社1957年版，第83页。

⑤ 按《格伯簋》："格伯受良马乘于佣生"，句法与《左传》襄公八年说晋文公"受彤弓于襄王，以为子孙臧"的句法同。《左传》是说周襄王赐给晋文公彤弓。同样的《格伯簋》说的是佣生给格伯四匹马。过去有些人说成为"格伯付良马四匹于佣生"，认为格伯用良马去换佣生的卅田，这就把文法搞错了。其实佣生是得田者，又是作簋者。所以，唐兰先生把《格伯簋》改名为《佣生簋》是正确的。

因为也是国家的政治制度所规定的，有一定的权利和义务。所以，赐田的仪式往往是在周室的执政大臣主持下进行的。受田邑的一方如果不履行对赐田者的赋役或贡纳义务，赐田者就可以向上级控告。像这类事件在金文中也是有反映的。如周厉王时器《鬲攸从鼎》就是一篇因不履行租赋义务而酿成诉讼的铭文：

"鬲从目攸卫牧告于王曰：'女（汝）□（受）我田牧（亩），弗能许鬲从。'王令省。史南目即虢旅，虢旅廼吏（使）攸卫牧誓曰：'我弗具付鬲从其且（租），射（谢）分田邑，则放。'攸卫牧则誓。从乍朕皇且丁公皇考叀公隣鼎。"铭文中"女"下一字残洇不清，杨树达未释，郭沫若先生释为"觅"，非是。因"觅"不见于《说文》，当为后起之字。细审原铭字的上部残留所从之爪，似为"受"字。"汝受我田牧"之"牧"读为"晦"。牧、晦二字古时互相通用①。声韵上"晦"字在《切韵》时代虽然与入声的"牧"音似较远，但根据古韵学，"晦"字的韵尾古有舌根辅音[-g]，后世失落②，二字的上古音可构拟为："晦[`mwəg]，"牧"[`miwək]。两字同为明纽，而元音与韵尾又极相近。段玉裁的《六书音均表》把这两字同列入第一部，江有诰的《二十一部谐声表》《入声表》把二字同列入"之部"，都是合理的。据此，铭文中"田牧"的"牧"，可能是晦的假借字，我们把"田牧"读为"田晦"应当是可以的。

《鬲攸从鼎》全铭说的是：鬲从封赐给他下级攸卫牧田地，而攸卫牧背约，不肯执行向他交付赋税（租）的义务。于是鬲从把攸卫牧控告到周王那里，说：你接受了我的田晦，可是不履行对我应尽的义务。周王把这个案件交付给虢旅处理。虢旅叫攸卫牧立誓说：如果再不交付给鬲从租赋，情愿受罚。鬲从于是作这个鼎以为纪念。

另外，如周共王时器《五祀卫鼎》铭也是一篇因为一个贵族对其上级不履行贡纳义务，而受到控告的铭文。不过，这篇铭文还需要解释一下。因为现在学者都把这篇铭文误认为是土地出租或土地交易的记事③。

怎么知道《五祀卫鼎》铭是记载打官司的铭文呢？

第一，铭文云："卫以邦君厉告于井伯、伯邑父、定伯、㻚伯、伯俗父曰"，这种句型与《曶鼎》的"以限讼于井叔""以匡季告东宫"，和《鬲攸从鼎》的

---

① 《尚书·牧誓》及《诗经·大明》文中的"牧野"，《说文》（坶字下）及《水经注·清水》作"晦野"。郑氏《书序注》谓"《礼记》及《诗经》作坶野，古字耳。"（见《诗经·大雅·大明》的《正义》引），是牧、坶、晦三字可通转。而"坶"字从每得声，则牧、晦同音，当可通假。

② 参看高本汉（B. Karlgren）《分析字典》绪论，英文本第 27—29 页。

③ 见《文物》1976 年第 5 期、第 6 期有关文章。

"以牧卫攸告于王曰"的句法相同。《曶鼎》是说曶和限诉讼于井叔前,曶第二次又向东宫告了匡季一状。《鬲攸从鼎》我们在前面已谈了是篇有关诉讼的铭文。以此类推,可知《五祀卫鼎》是指的卫向井伯等执正大臣控告邦君厉。

第二,铭文中一则曰"厉逎许",再则曰"使厉誓"。厉一定是对卫有什么亏理的事,或有什么义务未履行,所以他才在执政大臣面前又"许"又"誓"。杨树达说在金文中"许为诉讼之恒用语"[①]。

第三,如果是一般的土地出租或土地交换,牵涉不到周王的利害,周王没有必要派遣五名执政大臣监督执行,也没有使厉立誓的必要。如果把厉看成是被告,而执政大臣乃是案件的处理者,一切问题就涣然冰释。

《五祀卫鼎》全铭的意思是说,裘卫控告他下级邦君厉于执政大臣前。卫说,厉以协助共王勤政有功,我(裘卫)曾封赐他田五田(余舍女田五田)[②]。邦君厉因未履行贡纳义务,所以裘卫控告了他。执政大臣讯问厉说:"你履行贡纳吗?"(汝贮田不?)厉许诺诺:"我一定交纳五田的贡赋。"(余审贮田五田。)执政大臣命令厉立下誓言,并勘查了裘卫赐给厉的四田,余下一田叫邦君厉交还裘卫,以示惩罚(邦君厉眔付裘卫田)。卫胜诉了,于是作鼎以为纪念。

从金文中所透露的这些锡田的事例看,受田者必须履行贡纳义务,而"贮"是贡纳义务中的一项,另外还有"賮"(《沈子簋》《兮甲盘》)、"貟"(《兮甲盘》)、"且"(《鬲攸从鼎》)等等,其具体内容虽然不一样,但性质是相同的。《周礼》说,诸侯向天子纳贡有九种不同的品种:祀贡、嫔贡、器贡、币贡、材贡、货贡、服贡、斿贡和物贡[③]。低级贵族间贡纳的品种,当然不会这样复杂,有的只有几种,最少的或者只有"贮"一项。

四、小结

通过上面的讨论,我们可以简单地归纳为以下几点:

第一、从金文史料中看,贮既不能释为予,又不能释为奴,它虽然和田地有联系,但不能说是田价、田租,更不能说是土地的出租。因为依照马克思主义的理论看,春秋以前,还没有产生租佃关系的历史条件。

① 杨树达:《鬲攸从鼎跋》,见《积微居金文说》卷一一,科学出版社1959年版,第28页。

② 按《五祀卫鼎》铭文中的"曰:余舍汝田五田",这个"曰"字的主辞是谁?有的说是周王,认为周王赐给厉田五田。其实这个"曰"和第一个"曰"相同,主辞都是裘卫。

③ 见《周礼·天官·大宰之职》。

第二、西周在分封制度下，土地变为多级的领主贵族所有制。土地的授受关系和政治上的君臣隶属关系是一致的。"贮"就是受田的下级向赐田的上级履行的封建贡纳义务。如果违反了这种贡纳义务，就要受到控告、遭到判刑或被迫退还赐田等等的惩罚。在这种条件下，自然就形成了"田里不鬻"。

第三、"贮"既确定是属于贡赋性质，这就牵涉到对西周社会经济上的一些具体问题的看法。比如有人根据《格伯簋》认为西周已有用马和田的等值交换，或根据《卫盉》认为当时每田的田值为八朋到七朋等等，这些说法是否合适，由于对"贮"的理解不正确，都值得重新考虑了。

以上这几点粗浅的看法，是在各家的基础上提出的，不见得完全合理。目的不过是抛砖引玉，提供学术界进一步商榷而已。

附记：

于省吾先生的《甲骨文字释林》一书于 1979 年出版，其中有《释心》一篇，纠正了过去有人把甲骨文中的"心"与"贝"二字混淆为一的错误，这是非常正确的。但是，这两字在甲骨文中字形确极相近，也不能排除当时即有混用的可能。卜辞中"𧴪"字，从各辞文义观之，有些辞条似仍以释贮为是。

此稿成于 1978 年 1 月。近两年报刊上也出现过几篇讨论本问题的文章，我已写了再论贮田问题的小文，打算在适当的时候陆续提出来。

（此文发表于《南开学报》1983 年第 3 期）

论《琱生簋》铭没有涉及诉讼问题

——跋朱凤瀚《琱生簋铭新探》

《琱生簋》铭学者历来认为奇古难读，其主要原因是铭文中人物众多，如琱生、召伯虎、君氏、妇氏、宗君、伯氏、伯、幽伯、幽姜等人之间是什么关系？这个问题搞不清楚，文中的人称代词公、余、汝代表的是谁，也就因之不明，而其"曰""告曰"，到底是谁对谁讲话，就更不能明确了。解释者多家，真是言人人殊，存在的共同问题是，通于此者，不通于彼；通于彼者，又难以通于此。求一全篇贯通、曲畅旁达之论，戛戛乎难哉！

近读朱凤瀚同志的《琱生簋铭新探》一文，能在前人研究的基础上，提出一些新理解，令人耳目一新。虽然不能说他把所有疑难问题都解决了，但能做到自圆其说，确是难能可贵的。如说器主琱生与召伯虎为同宗，召氏之君氏及召伯虎称琱生为"公"，因而"仆庸土田"是属于琱生的，认为铭文说的是琱生依靠本宗族的势力，在土田诉讼中赢得了胜利。这比有些同志说田属于止公要合理些。

凤瀚同志的文章中之最大收获，是他第一次提出，以"余老止"断句，认为"止"是语气助词，举《三百篇》诸诗作证，很有说服力。从而破了旧释"止公"说，可谓卓识。过去大都以"止公"二字连读，因而凭空构出一个"止公"其人。于是，"仆庸土田"当然就变成属于止公的了。这样一来，就会出现一系列的问题：既然是止公的土田狱讼，为什么不说"止公有事"，而却说"琱生有事"？琱生为什么要替止公行贿打官司？官司打赢了，应当是止公的喜事，为什么不是止公，而是琱生为此作器以为纪念呢？这些问题都是不好回答的。如果把"止"字定为语助词，根本没有"止公"其人，以上诸疑难问题，也就化为乌有。

另外，我对《琱生簋》铭文还有些与诸家不同的看法，想借此提出来参加讨论。主要的问题有三：

第一，本铭不存在土田诉讼问题。

在《珷生簋》考释中，有一个大家认为不成问题的问题，就是大多数考释者，包括朱凤瀚同志在内，几乎都一致认为本铭是记述有关土田的诉讼纠纷。但是，我却觉得此说极为可疑。因为"诉讼"最基本的要素，必须含有构成诉讼的原告和被告两方。例如有关诉讼的器铭《曶攸从鼎》中的原告是曶从，被告是攸卫牧；《曶鼎》中的原告是曶，被告是匡季。其它器如《卫鼎》《散氏盘》等，亦莫不皆有诉讼相对的两造。可是，从《珷生簋》两篇铭文中，看不出谁是原告、谁是被告，到底是谁和谁打官司，过去研究者都没有能明确地指出来。不具备打官司的主要条件，怎么能说是诉讼问题呢？并且从两铭中看，事件的开始是五年正月，终结在六年四月，近一年半的时间。说在质朴的西周时代已有历时那么久的诉讼案件，也是不好理解的。

诸家之所以定为诉讼的惟一根据，是由于六年簋中有一"狱"字，说成是狱讼的"狱"。但"狱"字据字书诠释，其义甚多。作为讼解，仅是其中之一。《说文》和《释名》（"释宫室"条）释"狱"均以"确"为第一义，而"讼"义可能是较后才引申出来。本铭中的"狱"字是否含有诉讼之义，是不能轻易作出肯定的判断的。

细读两篇《珷生簋》铭文，我认为其中心内容盖为珷生记述召氏宗族对其土田产品之分配问题，是本族内部的事务，并没有扩大到诉讼问题上去。

第二，几个人物的相互关系。

铭文中有历史上久已著名的人物召伯虎，其他如君氏、妇氏与召伯虎是什么关系，我们可以从他们在这次事件所处的关系来分析。铭文透露，君氏本人在处理珷生的事中没有亲临参予，而是委派召伯虎作代表。当时珷生当场献妇氏以壶，接着妇氏便宣读了君氏的命辞说："余老止。"这三个字很明显是妇氏传达君氏的原话。"余"是君氏自称。三字意思是君氏说，他年已老，不能亲自出场办事。君氏不来的原因既然是由于年老的关系，其夫人必然也是同样年老，更不会来。到场的是召伯和妇氏。这个妇氏当然也就不会是君氏的夫人了。铭文说召伯来"合事"，而珷生却行贿予妇氏，可见与召伯同来的这个妇氏，从年龄上看，他们不可能是母子关系，倒似夫妻关系。珷生为了讨好召伯，首先向其妻送礼，也是事理之常。至若召伯称君氏令为"我考"令，这表明君氏是召伯的父亲，妇氏便是君氏的儿媳、召伯的妻室了。君氏、召伯、妇氏是一家人，儿子可以代表父亲，儿媳当然也有资格传达舅氏的命令了。

第三，"仆庸土田"的主属问题。

铭文中"仆庸土田"四字是先秦成语，义指耕者和耕田。铭文如读为"止公仆庸土田多諫"，则这块土地当然是属于"止公"的。但是我们赞成"止"字归上句读，根本没有"止公"这个人。下句是"公仆庸土田多諫"，则仆庸土田便自然属于"公"的了。问题是此"公"到底指的是谁？朱凤瀚同志谓"公"是指瑚生，于是仆庸土田的主人便成为瑚生。但是君氏、召伯虎在宗族中的地位显然比瑚生要高，上级称其下级用尊称的"公"字，是有问题的，不能不加以考虑。至于说瑚生在王朝中地位显贵，身份甚尊，但能说其官位高过君氏和历史上显赫人物召伯虎吗？当然不会。即拿铭文中这件事来说，有权处理仆庸土田问题的不是瑚生，而是君氏和召伯，专从此点上看，瑚生的地位必在君氏和召伯之下。那么，君氏口中所称的"公"，不会是指瑚生，因而"仆庸土田"也就不会属于瑚生了。

按先秦"公"字的用法是尊称。一般王者或诸侯贵族之后称"公"，如"公子""公孙"。诸侯贵族的家族称"公族"。我因而认为《瑚生簋》铭中的"公"，均义为"公族"。君氏说的"公仆庸土田多諫"，是指君氏、召伯他们公族的田地说的。瑚生也是召氏族的人，而且可能是具体经营这部分土地的人。

林沄同志把"仆庸土田多諫"的"諫"字，读为"刺"，谓有刺探之意。于是便把这句话解为，土田多次遭到司法方面的调查；朱凤瀚同志则读"諫"为《说文》中的"讀"字，他说"讀从言賣声，賣从贝束声，故嘖、諫读同"。这本是正确的，但他又认为是"嘖"（啧）字，并委曲婉转地说啧为争言，而争言之义同于讼，"多諫"便是"多讼"。于是，他们两人当然也主张诉讼说了。

其实"諫"字从言束声，应读为"賚"（责），即《兮甲盘》之"成周四方责"之"责"，也就是"積"字。諫、责、積古音同在段氏十六部，三字完全可以通转。《说文》说"積，聚也"，段玉裁注谓"禾与粟皆得称積"。所以，君氏命辞"公仆庸土田多諫"，说的是族田出产的大批粮食。

田中这些产品如何分配呢？君氏命辞接着说："弋伯氏纵许。公宕其叁，汝则宕其贰；公宕其贰，汝则宕其一。"其中之"公"既是指公族，整个意思是君氏命召伯按他所许诺的办法去分配：公族当有三分，汝（指瑚生）即可有二分；公族若有二分，汝即可有一分。这样分配，瑚生是满意的。于是瑚生再以财帛酬谢妇氏和召伯。

六年簋铭中召伯虎说："公厥禀贝用狱諫，为伯有底有成，亦我考幽伯幽姜命。"这段话如何诠释，颇费解。"公"是召氏公族，"禀"，《说文》谓"赐谷也"。"狱"字当采其朔义，义为确实。召公这几句话勉强地解释，似乎是说：族田的出产得到公正确实的处理，是我（伯氏）的功劳，也是我父母的意旨。

总之，本器铭文没有牵涉到什么诉讼问题，而是瑚生记述他们召氏家族对其族田产品的分配问题。他是农田的具体管理者。这样处理，碉生觉得对他有利，所以，他颇为满意，故作簋以为纪念。

（此文发表于《中华文史论丛》1989年第1期）

甲骨、金文中的"朝"与"明"字及其相关问题

一

甲骨文习见"𣎳"字，或作𦫼、𣂤、𣂥、𣂦、𣂧、𣂨、𣂩诸形。过去学者释为楙或檪，均难通读。于省吾先生始把所从之𣂧释为屯，因而释上字为萅，并谓卜辞中之屯或从屯之萅均即春秋的春字[1]。但是，卜辞中出现了下列辞例，却不好解释：

1. 戊寅卜，争贞：今𣂥坐舌，十一月。（《外》452）
2. ……𣂤令般□商，十三月。（《簠·人名》52）
3. 甲子□贞：今𣂧受（？）年，九月。（《前》4·6·6）
4. □□卜㱿□□𣂧亡□，六月。（《粹》1388）
5. ……五𣂧，十二月。（《存》1·83）

按上举五辞的占卜时间，分别在十一月、十二月、十三月、九月和六月。若把𣂤、𣂧释为春，不论商代到底实行的什么历法，但总不该在十一月、十二月、十三月、九月和六月期间，称呼象征百物萌生的春季吧？这个矛盾现象如何解释，只有两种可能：一个是，这个字并非"春"字；另一个可能是商代所行的历法与一般人所说的不一样。我倾向于前一种可能，即该甲文不是"春"字。

对释"春"最初提出怀疑的是陈梦家先生。他虽然也同意于先生释春，但对上面第三辞则说：

称今春而系以九月，甚不可解。[2]

尤其是卜辞中有"用𣂧""多𣂧""示𣂧"，有的称示多少𣂧，从"一𣂧"多至"五

---

[1] 于省吾：《甲骨文字释林·释屯萅》，中华书局 1979 年版，第 1-2 页。
[2] 陈梦家：《殷虚卜辞综述》，科学出版社 1956 年版，第 227 页。

十🔆"（见《京》308）。🔆字若释为春，均成不辞。于先生对此，也不认为是春季，而谓"存以待考"[1]。可见🔆释屯及🔆释暜，还难以视为最后定论。

按学者之所以释春，是由于暜字从屯得声。但🔆字是否屯字，尚有可疑。丁山就认为🔆为朝夕之"夕"的或体。卜辞中经常有"今🔆""来🔆"，丁山说这就是他辞所习见的"今夕""来夕"。"师🔆不屖"，就是他辞所习称的"今夕师不屖"[2]。丁谓🔆若释为夕字，凡含有🔆字作时间解的辞例，几乎都可以通读。

甲骨文中"夕"与"月"是同一字，则🔆、🔆等形体正像太阳初升或初降于草木中，而残月尚存的晨昏情景。这两形体可以隶定为"鞊""朝"，此不正是《说文》解作"旦也"的朝夕的"朝"字吗？其左旁所作的🔆、🔆或🔆，像日在草木间，是"朝"字之本体。这三个形体即后来的"草""杲""早"三字，在文字的形声义上与"朝"都相近[3]。其为一字之孳乳，极为明显。这三个阴韵字，绝对不能读为阳韵字（收鼻音）的"屯"，甲骨文习见的这个🔆字，也就不会演变为后世的"春"字了。

二

"朝"字原作🔆，根据甲骨文作字原则，有时为了简化的目的，也可以把其中的部分符号略为增减。若把日符省掉作🔆、🔆、🔆，应当也同样是"朝"而不是"暜"。卜辞有：

> 乙亥卜，争贞：今🔆王往田，若。（《缀》20）
> 丁酉卜，争贞：今🔆王勿黍。
> 今🔆王黍于南……（《续》1·53·3）

这两条都是武丁第一期有关田猎和农业的卜辞。如果把🔆解为春，第一条就成为卜问今年春季王出去田猎顺利吗？第二条则是问今年春季不出去种黍好吗？今春王到南地去种黍好吗？这就令人不好索解。因为商人占卜习惯，对一般行止吉凶的占卜，最多的是卜旬，问十天以内的吉凶。而春季在商代包有多长时间，虽然不能确定，但总不会少于六个月或三个月。商王的每日行止都要

---

①《甲骨文字释林》，第 2 页。

② 丁山：《甲骨文所见氏族及其制度》，科学出版社 1956 年版，第 5 页。

③ 按草、杲、早三字在《广韵》是同为皓韵字。早字从日从中，《说文》把日在草木上义为"晨也"之"早"，说成从日在甲上，是错误的。"草"与"早"原为一字，《周礼·大司徒》"早物"，此"早"即假为"草"。

占卜。王在出去田猎之前，只会卜问当日的吉凶，怎么会问三个月以上的吉凶祸福呢？也不会卜问在三个月内去不去种黍，或三个月之内到不到南方种黍，只能问当天出去种黍好不好。所以，上面这两条卜辞之 ⚏ 释为春字是不够妥贴的。假如照我们解释为朝夕的朝字，这两条卜辞就可以顺理成章了。

另外，甲骨文中还有字作 ⚏（《后》2·3·8）、⚏（《库》1025）、⚏（《佚》292）。这三字形与前面我们讨论过的"朝"字，其形体几乎全同，小有不同的是，一个从夕，一个从夕的或体。所以这一字也应是"朝"字。原来罗振玉最早就释此字为"朝"，唐立厂先生从之[1]。这本来是对的。但后来孙海波改从王襄释为"萌"，于是以后一些学者把这类形体的字，强分为二：从 ⚏ 者释春，从 ⚏ 者释萌[2]。于是甲骨文字典中便再也找不到"朝"字了。

古人对一天时间的划分，往往前后二分，互相对照。甲骨文中已有代表日出时的"旦"（《粹》700，702），与它相对的有日入时的"莫"（《库》1025）或"昏"（《京津》4450）；有代表夜晚时间的"夕"（《续》1·6·17；《粹》668），怎么能够没有与它相对、代表早晨时间的"朝"呢？现在我们既认为甲骨文中的 ⚏、⚏、⚏ 和 ⚏、⚏、⚏ 诸形都是"朝"字，这一疑问就解决了。

周金文中潮汐的"潮"和作早晨解的"朝"，都作"⚏"（《孟鼎》）、"⚏"（《矢方彝》）、"⚏"（《陈侯因𰯼錞》）。盖原为日出草间之 ⚏，有早晨之意，加水或川旁，而义为潮水之潮。《魏三字石经·无逸篇》朝夕的朝之古文作 ⚏，《汗简》误作 ⚏，也是朝、潮通用。许氏《说文》潮与朝分为二字，潮作淖而朝则错误地变为形声字，作"⚏"从倝舟声，完全远离了古人造字的原意。

三

我们所说的甲骨文中"朝"字 ⚏、⚏ 等形，根据古文字简化原则，省去"草木"即成了 ⚏、⚏。这两个简化了的字，都见于甲骨卜辞（第一形见《戬》22·2），可以隶定为"明"。但这个字不可能是作为明亮解的"明"字，因为明亮的"明"，甲骨文、金文都作从囧从月的"朙"形。近今学者已经有人指出，从日月作之"明"，商代甲文及西周金文均无。秦绎山碑仍作朙，秦度亦作朙。高鸿缙说：

---

① 唐兰：《殷虚文字记》，中华书局1981年版，第61—63页。

② 中国科学院考古研究所编：《甲骨文编》，中华书局1965年版，第20页、第22页；岛邦男：《殷虚卜辞综类》，1977年增订本，第180页、第190页。

商周文字皆只有窗牖朙，而无日月明。今查甲文中有⊡字者，实非明字，乃日夜二字之合文也。①

高氏虽不知甲文中的日、月构成的"明"是什么字，但指出它不是明亮的"明"，则颇具卓识，因为很多人都已错误地认为是明亮的明了。

《甲骨文编》卷七"明"字下，列举了两类不同形象的字：

1. ⊙ (《前》4·10·4) ⊕ (《乙》3200) ⊙ (《乙》64)
2. ⊡ (《甲》3079) ⊙ (《乙》6664) ⊙ (《后》2·20·16)

第一类字从囧从月之朙，与《说文》明的小篆同。第二类作从日从月之明，则与《说文》明字的古文同。

按"囧"偏旁，据《说文》谓窗牖之象形，从囧之"朙"字象月光从窗牖中照入。这是商周时代明亮的明字。李平心则主张"朙"所从之"囧"，"殆即目（眼睛）之初文"②。其说甚是。则朙应作"明"。

第二类从日从月的"明"，我们同意不是明亮的明字，而主张这是朝夕的"朝"的简化形体。因为很明显，᛬、⊙等朝字省去"草木"不是就成了ᛁ、⊙的"明"字了吗？

可见甲骨文ᛁ、⊙、⊙的"明"应读"朝"，不是明亮的"明"。除了从字形简化上推知外，还可以从朝夕对文的习惯用语上证之。在古文献和西周金文中，朝与夕对文的辞句是极为普遍的。试举几个例子以见一般：

朝不谋夕。（《左传》昭公元年赵孟语）

天子大采朝日……少采夕月。（《国语·鲁语》）

夜考之极星，以正朝夕。（《考工记》匠人建国）

朝不食，夕不食。（《孟子·告子下》）

敏朝夕入谰（谏）。（《盂鼎》）

用朝夕飨氒多朋友。（《先獸鼎》）

克其用朝夕享于皇祖考。（《克盨》）

其朝夕用享于文考。（《事族簋》）

其于之朝夕监。（《史䀈簋》）

用朝夕享考宗室。（《仲殷父簋》）

---

① 高鸿缙：《中国文字例二篇》，第202—203页，转引自周法高：《金文诂林》第九册，第4333页。

② 李平心：《者汈钟铭考释读后记》，《中华文史论丛》第三辑，中华书局1963年版。

这种朝夕连语和对文的用法，可能源于殷商。在甲骨卜辞中，我们可以找到类似的语句。试择录几条于下，然后加以解释：

1. ……固曰：易日，其明（朝）雨，不其夕……（《乙》6419 反）

2. 癸亥卜，贞旬，乙丑夕雨，丁卯明（朝）……小采日雨口风，己明（朝）启。（《合》78）

3. 三月乙丑夕雨，丁卯明（朝）雨，戊小采日雨风，己明（朝）启，壬申大风自北。（《乙》163，参《乙》6386、6644）

上所引都是朝夕对文。第一条已残缺，其中大概是说，早晨下雨，不到晚上就停止了。第二条大意是说，癸亥这天占卜一旬中的天气，第三天是乙丑，夜晚有雨。第五天丁卯早晨有雨。辞中"小采"之含义，可能与风雨云气有关，也可能就是前所引《鲁语》的"大采朝日""小采夕月"。"己明（朝）启"是说，到第七天己日早晨天晴。第三条是说乙丑这天晚上有雨，到第三天丁卯早晨也有雨，第四天戊日有风雨，第五天己日早晨天晴。第八天壬申日，自北方吹来大风。

这三条卜辞中的"明"，都和"夕"对举，所以这里的"明"字，我们认为是作为早晨讲的"朝"字。这样解释起来，文从字顺。如果直读为明亮的明，辞句变为毫无意义了。并且"明"与"夕"连用，在古文献中从来没有这种传统。而《说文》中，许氏对"明"字的解释只谓"照也"，没有早晨的释义。许氏对"朝"字虽误作从倝舟声，但解作"旦也"，仍是正确的。

为了进一步证实卜辞中的"明"读作"朝"的正确性，不妨再引几条卜辞：

1. 丙申卜，㱿贞：来乙巳酚下乙。王固曰：酚，隹有希，其坐设。乙巳酚，明（朝）雨。伐，既雨，咸伐，亦雨。㱿。卯鸟星。（《合》481）

2. 贞，翌庚申，我伐，易日。庚申明（朝）雈（雾）。王来途首，小雨。（《乙》6419）

3. 丙申卜，翌丁酚、伐，启。丁明（朝）雈（雾），大食，日启。（《库》209）

4. 乙未卜王，翌丁酚、伐，易日。丁明（朝）雈（雾）大食……（《续》6·11·3）

这些条的"明雨""明雈"都应读为"朝雨""朝雈"。"雈"字从郭沫若、于省吾先生说，当读为"雾"①。第一条是说乙巳这天酹祭下乙，早晨下雨。第二条是说，庚申这天举行伐祭，受到锡日。这天早晨有雾，这是天晴前的现象。所以，虽然有小雨，王还是外出了。第三条是说丙申占卜，第二天丁酉举行酹、伐祭祀，天晴。丁酉早晨有雾。在吃早饭后，太阳露出了。第四条和前条全同。诸条互相对照，既可证知"易日"等于"启"，即天放晴，说明吴其昌释"易日"为"锡日"为"赐霁"，为"祈锡日光"（《殷墟书契解诂三续》230）之说为不可易；又可推知卜辞中的"明"读为"朝"是合理的。

甲骨卜辞中凡有从日从月之"明"，都是朝夕的"朝"字。其形体与作明亮解的从囧从月之"朙"（明）字形体很相近，极易混淆。大概到战国时，就有人错误地以"明"（实朝字）代替朙（明）字。许慎作《说文解字》，又从壁中书录"明"字附于"朙"下，误以为是朙（明）字之古文，遂使作早晨解之"明"（朝）不传，而误解"明"为明亮，与"朙"（明）字一同流传下来。

综合以上材料，可证甲骨文的 𦥑、𦥑、◑、𦥑 形确是"朝"字，应该没有什么问题了。可是为什么西周金文"朝""潮"等字，那么多资料，都是从水偏旁，从无一个从月的呢？甚至以"朝"为偏旁的"庙"字也大都从水。这确是一个值得令人深思的问题。所幸二十年代在陕西凤翔出土一个《周公东征鼎》（或名《𡔢鼎》），其铭文中有"庙"字，所从之"朝"是从月。从铭文字体和辞句看，这个鼎确系周初器，无可怀疑②。如此，这个朝字的问题，是不是就算解决了呢？希望专家同志们惠予指正。

附记：

此稿论"朝"字，成于1980年。因与于省吾先生释蕾论点相左，不敢自信。曾提出几条含此字、又具备月份的卜辞，致书于先生请教。旋于当年即接到11月10日的复信。略谓所举诸片，有的残泐不全，"无法知其辞句"；有的影拓不清，"殊不可据"；还有的"只有存疑"。并谓"凡契文之无残缺者，其中有蕾字，皆文从字顺无可置疑"。读到先生的教诲，疑团仍未得冰释。总想在与先生会晤时，再当面交换意见。谁知与先生南北睽隔，两三年的时间，从未能谋面，而

---

① 郭沫若：《殷契粹编》，考释611；于省吾：《甲骨文字释林·释霍》，第108页。
② 《周公东征鼎》铭文影拓见吴其昌《金文历朔疏证》卷一，第10页。

先生于 1984 年 7 月溘然长逝，不禁令人怅怅久之。今天把此稿正式公布，谨以此纪念先生。

玉哲 1987 年 8 月识于天津

（此文刊发于《殷墟博物苑苑刊》创刊号，中国社会科学出版社 1989 年 8 月版）

"箕子之明夷"与朝鲜

　　"箕子之明夷"是《易经》中的一句爻辞。其中"之"字古文字像人趾在地上行走，所以《尔雅·释诂》说："之，往也。"这句爻辞已经很清楚地是说箕子这个人走往明夷。这就是史书上记载的周武王封箕子于朝鲜的故事。

　　但是，自汉至今两千多年，经历了许许多多的经学家、史学家，对《易经》这句爻辞，还没有一个人是这样解释的。这也难怪，"明夷"怎么就会是"朝鲜"呢？两个名词，从文字形体到声音训诂，无论如何也联系不起来。原来，这里面有个不易解释的"明夷"二字的曲折过程横亘其中。我们为了解释清楚，下面得先从过去学者对这句爻辞是如何解释的说起。

　　箕子是殷末周初的一位名人，孔子就曾称颂他为殷的三仁之一（《论语·微子》）。可是有的人却不承认箕子是人名。如自西汉时就有蜀人赵宾认为"箕子"是"荄兹"二字的借字，"明夷"是说阴阳气亡，"箕子之明夷"是说，"阴阳气亡，而根荄方滋茂也"。对此，唐代颜师古已讥其"妄为说耳"①。奇怪的是无独有偶，到清代的大经学家们，如治学谨严的惠栋，也把"箕子"一词拆散，以"箕"为"荄"，说什么"坤终于亥，乾出于子"②；另一大经学家焦循，则以"箕子"即"其子"，同于《中孚》卦的"其子和之"、《鼎》卦的"得妾以其子"两爻的"其子"③。这也同样是牵强附会之谈。

　　"箕子"是历史上有名的人物，一般人还是易于承认的。惟独"明夷"一词，可以说大都不同意是名词。最早解经的以《彖》《象》二辞时代较早，但也不会早于战国④。二辞把"明夷"一个词拆开解释，说什么"明入地中，明夷内文明而外柔顺，以蒙大难……晦其明也……"（《彖》）；又谓"明入地中，明夷，

---

　　① 以上均见《汉书·儒林传》及师古注。
　　② 惠栋：《周易述》。
　　③ 焦循：《易通释》。
　　④ 传说孔子作《十翼》以解《易经》文。其中《彖》《象》二辞是最有系统之著作，今文经学家认为是孔子作的。经过现代学者的考证，大都认为最早不出于战国末年以前，决非孔子的作品。参看李镜池《周易探源》及《古史辨》第三册有关文章。

居子此莅众,用晦而明"(《象》)。一直到唐人作《疏》又说,"夷者伤也……闇主在上,明经在下,不敢显其明智"①。这种拆词解经,到近代犹然。因为对"明夷"一词还是不敢承认是一个名词,于是仍沿袭着以训诂释字的老方式去解读,如顾颉刚先生就说"明夷"卦是"离下坤上,明入地中……夷者灭也,明灭故暗晦。箕子之明夷……仿佛现在人说的某人的晦气而已"。又说:"这个猜想不知对否?"②可见顾先生虽然这么解释,也还犹豫不决,未敢坚信。

本来"明夷"是一个名词,并不难解,只是由于古今学者都把这个具有两字的名词破开解释,自然就越解越糊涂了。

学者中只有李镜池:敢于把"明夷"认定是一个名词,不过他把这一名词解为多义词:有时认为是"鸟名",有时认为是"太阳下山",有时又说是"鸣弓或"大弓",又有时说是"国名"。而"箕子之明夷"的"明夷"就是"国名",是指箕子到东方日出明夷之国去③。我们认为利用训诂解释一个词,是可以有多义,本无可厚非,但在一个卦内,只能用一个义去解释,因为每一卦有一个中心思想内容,若在一个卦内用多个意义随机应变地去运用,似乎是不够科学的。不过李先生是第一个把"六五"爻辞的"明夷"解为国名或族名,确是个新创,其功不可没,遗憾的是只到此为止了。至于"明夷"到底是什么族或什么国仍是个问题。经我们分析考证,箕子所到的明夷国,其实就是《史记》所说的周武王"封箕子于朝鲜"④的朝鲜国。

史学家对此大多不相信。这主要是认为周武王刚灭商时,周人所能控制的地盘很小,绝对无力远达朝鲜。这种想法是完全正确的。那么,这个问题如何解决呢?我们觉得应该与箕子最初封地的前后变动、转移有关系。箕子是殷王的贵戚,卜辞中有"老量侯"(《前》2·2·6),"量"字从"其",实即"箕"之本字。所以,丁山就认为这位"老量侯","非箕子不能当之"⑤。文献上的"箕子",甲骨、金文作"量侯",已取得史学家的共识⑥。箕子的"箕"盖即其原封地,当在今山西榆社县之箕城镇。在殷商末年箕子被纣王囚禁,周武王克

---

① 见孔颖达《周易正义》。

② 顾颉刚:《周易卦爻辞中的故事》,《古史辨》第三册。

③ 李镜池:《周易探源》,中华书局1982年版,第273—276页;李镜池:《周易通义》,中华书局1981年版,第71—73页。

④ 见《史记·宋微子世家》。

⑤ 丁山:《商周史料考证》,龙门联合书局1960年版,第109页。

⑥ 按"箕子"的"子"在甲骨文中作"侯",可见箕子之称"子",不是子爵,而是一般的"王子""公子"的简称。箕子之爵在商代是侯爵。辨见丁山氏同上书。

商后，令召公奭释放他出狱。箕子为了感激召公解救之恩，箕子及其族众即从殷改服属于周召公了。迨武庚禄父及三监畔周时，周公、召公平乱。史载："王子禄父北奔。"[①]召公奭率领其族兵及服属于他的殷遗，北逐至河北省的北部，召公奭当于这时才从原居地山西的北部，改封于今北京一带，建立了燕国（燕，金文作匽）[②]。箕子族众由于帮着匽侯打仗，因而也到了北方。近年来在北京、辽宁凌源、喀左北洞等地，都出土了一些殷遗所作的铜器，几乎都与匽侯有关联。所以，箕子原封地所谓朝鲜，也应当在燕国近郊范围内去寻觅才合情理。

我们认为箕子之朝鲜，可能就在燕下都易水流域。《说文》"易"字下，许慎采纬书说，谓"日月为易，象阴阳也"。唐陆德明引虞翻注："《参同契》云，字从日下月，作昜。"按古文字结构原则，"易"既可作日下月，当然也可作为日旁月，即成"明"字了。可见"易"与"明"为一字。春秋战国时燕地货币，主要的是明刀。刀币上铭文有日旁月的"明"字，也有学者释为"易"，认为是指燕地易水流域，这也正是《易经》"箕子之明夷"的"明夷"之地。

"明夷"之"明"也就是明刀币铭文之"明"，是一古地名。这个"明"并不是作为明亮解的古文字"朙"字，因为甲骨文、金文作明亮解的是"朙"字，不作"明"。甲骨文中作"明"字形的实为作朝夕解的"朝"的简化字[③]。所以，"明夷"就是"朝夷"（夷为东方人）。箕子最初被周所封地，可能与封召公一样，同被封在燕山易水流域。

燕国货币明刀在今朝鲜岛西北部平安道、慈江道等地区发现有十五处遗址。这和箕子之族后来移徙有没有关系呢？大可引起注意。另外，相当于清朝初年，高丽人韩百谦，曾到朝鲜平壤，见到当地人相传箕子井田的旧遗迹，"阡陌皆存、整然不乱"。韩氏记其所见并画有"箕田图"，作《箕田考》一书流传至今[④]。从上面这两件事，也可以联系起推想，殷人箕子后裔，可能有一支在春秋、战国期间，从北京燕山地区，逐渐东徙辽东，再徙始到达今之朝鲜半岛。

附记：

按本篇原系为天津《今晚报》编者辑印一部专书而写的一篇征文，由于先

---

① 见《逸周书·作雒解》。

② 参看王玉哲《中华远古史》，上海人民出版社 2000 年版，第 449 页。

③ 详见拙作《甲骨、金文中"朝"与"明"字及其相关问题》，载于《殷墟博物苑苑刊》创刊号 1989 年，中国社会科学出版社出版。

④ 按韩百谦所撰《箕田考》一书，有《别下斋丛书》本及《丛书集成》本。

在报上刊登，故每篇限定在 1500 字之内。这个题目内容较复杂，字数少又怕说不清楚。初稿勉强写出，字数已超过很多。于是大力删简，把注释全部删去。于 1997 年 8 月 19 日《今晚报》刊出。又辑印为《博导晚谈录》一书，天津人民出版社 1998 年出版。这次印刷乃把初稿的注释完全补入。

玉哲记于 2000 年 11 月

（此文初发于《今晚报》1997 年 8 月 19 日"日知录"栏目，后又收入《博导晚谈录》一书，天津人民出版社 1998 年版）

我对《甲骨文自然分类简编》的认识

——唐兰《甲骨文自然分类简编》序

一

甲骨文字的研究在历史学、考古学中是有其一定的地位的。甲骨文字的辨识，必须要形、音、义三者综合考察；必须与古代社会经济、风俗习惯等各方面结合起来，建立科学的古文字学的体系和研究方法，才能顺利和正确地释读出来。足见辨识古文字确实不是一件轻而易举的事。有时为了弄通一条卜辞，即便是一名专家学者，也经常要用大量的时间，花费在翻检寻找有关籍以论证的资料上。往往穷数日之力，始得供一朝之用，临渴掘井，劳而鲜功。许多人年复一年地重复同样的劳动，这是一个多么大的人力浪费！"工欲善其事，必先利其器"，由此也反映出人们对于这类"器"的工具书的迫切需要。因而像孙海波的《甲骨文编》、日人岛邦男的《殷墟卜辞综类》等书，几乎成了学习甲骨文、殷商史者案头必备的参考书。唐立厂（兰）先生这部《甲骨文自然分类简编》（以下简称《简编》），也就是这类工具书之一。

《简编》原稿是立厂先生生前于 1976 年唐山大地震期间写成的一部遗稿。先生在原稿中自谓，1976 年 8 月 8 日在宁夏西大滩开始撰写，"万里长征，此方举步，虽在旅中，未废笔札"。8 月 29 日从宁夏返京后，一直到 9 月 27 日此书初稿写毕。自称"全书四卷，已略具规模。此为草创，还有许多工作要做"[①]。可惜这一遗稿，他说的需要做的"工作"，先生生前，一直未再动手，竟溘然长逝。现在我们见到的这部遗稿，是经过唐先生哲嗣唐复年先生整理，又经李连仲先生缮写誊清之本。

复年先生对其父遗稿的整理，我们相信，确能做到保持手稿原意并忠实地

---

① 1976 年 7 月 28 日晨，唐山大地震，波及京津两市。当时人心惶惶，大部分居民纷纷搬到防震棚居住。唐先生的第三子唐豫年乃接其父母到宁夏暂住。唐先生赴宁夏时，一定携带有经过他整理过的大批甲骨文的资料，所以才能在旅居地也能从事这一课题的研究。

反映立厂先生对甲骨文的独立见解。因为过去立厂先生遗稿，如 1981 年中华书局出版的《殷墟文字记》、1986 年中华书局出版的《西周铜器铭文分代史征》等书，都是经过复年先生之手整理发表的。从这些已发行的、经他整理过的书的表现上，完全可以证明复年先生对原稿整理的忠实可靠性。

立厂先生这部《简编》是一部以每个甲骨文字为单位，按一定次序编排的字典。这类古文字的工具书的编撰，过去学者大都依照许慎《说文解字》的五百四十部首分类排列。《说文解字》是把"小篆"字体依其"六书说"分的类。严格地说，《说文解字》分类法的本身，即有很多可议。所分的五百四十个部首，有人说是字原，以为只要认识这五百四十个基本字，就可以认识所有的字了。可是，部首中既有"中"字，是初文（基本字），为什么又有从中的"艸"部，还有从艸的"舜"字也列为部首？最无道理的是，部首中还有明明是形声字的"蓐"字，也列为部首。可见《说文解字》部首根本不是字原。还有些文字的隶属也不当，例如"盩"字理应入"皿"部，而却误入"幸"部，这类例子也不少。《说文解字》对字的分类，是根据晚周的小篆形体划分的，有些字也不够恰当，若移用于更古的殷商甲骨文字，必然更显其方枘圆凿了。比如甲骨文的"祖"字作"且"不从"示"，而必须列入示部；"妣"字作"匕"不从"女"，而必须列入女部，这是一个多么不合理的"以类相从"？可是过去甲骨学者编撰的辞书，如利用率最高的《甲骨文编》《续甲骨文编》，以及李孝定数百万言的皇皇巨著《甲骨文字集释》等书，其分别部居，无不悉从《说文解字》，致使之达不到简便地检核古文的作用。

甲骨辞书中据我们所知，敢于打破《说文解字》始一终亥的分类体系的，只有日人岛邦男《殷墟卜辞综类》和立厂先生这部《甲骨文自然分类简编》两书，是根据甲骨文字自身形体结构的特点来分类的。《殷墟卜辞综类》分为一百六十四部，《简编》分为二百三十一部，不可识之字或未成为定论者另为《待问编》以容之。把约三千多的甲骨文字，真正做到了以类相从。检查任何一个甲骨文，都可以按形追索，这在一定程度上，比旧辞书方便多了。尽管他们所分的部类，未必完全恰当或合理，但学术界对这种突破旧框框、重新分部的做法，肯定会取得一致的欢迎。这也构成了《简编》的优点之一。顺便应当再提一句，创造这种对甲骨文新的分类法，立厂先生是第一人（详后），并不是模仿他人的。

另外本辞书的字序，在眉端首列隶定之楷书，次列甲骨文诸异体，然后加以按语或考释，定以己意。说解取其简，每字的诠释大部分是依先生个人研究所得，有的也吸收他人成果，还有些易知的甲骨文，则直不加注，不欲其繁也。

唐先生对古文字学钻研多年，融会贯通，凡所折衷，悉有依据，汇为《简编》，既可为初学治甲骨文者导其先路，亦可为绩学之士商榷之资，至其省检索之劳又其次者也。

立厂先生在甲骨文字的研究上，虽然取得了辉煌成就，但他并不固执己见，遇到别人有较好的说法，善于吸收他人的长处，进一步改正自己的旧说。如关于他那部早已蜚声甲骨学界的名著《殷墟文字记》，而于1977年该书跋中说："此书第一字即错，后曾改写，惜已入造纸厂。思泊（即于省吾先生，字思泊）所说屯字固不误，然屯豚固一字，思泊尚未达一间耳。"在其致友人书中也说："此是四十余年旧作，当时自诩真确，但开卷第一字便错了。后来写《中国文字学》第二卷时，曾作自我批判。在文化大革命中被收去送入造纸厂了。"[1]从这些话里我们可以看到先生的治学，确实具有虚怀若谷、从善如流的品德。但是立厂先生对哪些甲骨文字认错了，最后的看法、结论又是如何？由于"文化大革命"的破坏，有些遗稿荡然无存，这不能不说是一个很大的遗憾。所幸这部《简编》是立厂先生的晚年之作，也可以反映出立厂先生对甲骨文字最后的结论。

关于《简编》我们还应说明，这是立厂先生一部尚未圆满完工的初稿。1976年9月27日他在原稿上写道："初稿完成。全书四卷，已略具规模。此为草创，还有许多工作要做。但国庆（节）后拟治西周金文，不得不暂搁矣。"可惜从此之后，这一工程在先生生前，再未动手。因而这部书的发凡起例没有说明，他如引书目录、甲骨文索引，均尚阙如。尤其是所举之甲骨文下面尚未注出处。这些大概都是先生所说的"要做"的"许多工作"。所以，本书凡遇未能尽如人意之处，当以未完稿视之可也。

二

立厂先生是我国著名的古文字学家、历史学家，对考古学、古文献学以及书法、艺术等学科无不精通。他做过很多方面的研究工作，不过致力最久、贡献最大的还是在古文字学方面。他对古文字学多年刻苦钻研，摸索出一套认识古文字必要的偏旁分析与历史考证相结合的科学研究方法。因之，他对甲骨文字的辨认，颇多新的发现。其最著者如甲骨文中意为时间解的"龝"即"秋"

---

[1] 唐兰：《殷墟文字记》，中华书局，1981年版，第120页说明。

字；作为扑伐解的"璞"，即"扑"，"璞周"即"扑周"①，早已为中外学术界公认为具有很大贡献。他也常自称为认识甲骨文字字数最多的人之一。

立厂先生对古文字学最大的贡献，我们可以试举以下三个方面：

第一，创立偏旁分析与历史考证相结合的研究方法。过去研究古文字，因为没有较好的理论和方法，长期以来，往往任意猜测。比如在甲骨文字研究的初期阶段，甚至有些文字学大师有时也难避免，何况其他。用当时叶玉森的话说，辨认甲骨文如同"射覆"。于是，异说纷纭，几乎没有什么是非标准了。立厂先生为了纠正这种不科学的研究学风，乃于1935年公开发表其科学的研究方法，把偏旁分析与历史考证相结合。其言曰：

> 偏旁分析方法研究横的部分，历史考证法研究纵的部分。这两种方法是古文字研究里的最重要的部分。②

所谓偏旁分析就是把已知和未知的字，分析成若干单体（偏旁），各单体认识了，再合起来认那个字，往往就可以解决问题。这就是偏旁分析及其作用。如果偏旁分析后，仍解决不了问题，再用历史考证以济其穷。因为一个字的产生，是源远流长的，其早期和晚期往往意义不同。文字是活的，其意义是不断变的。在对一个字分析偏旁之后，还不能认识，就得去追求它的历史。如"毓"（育）字本为生育之形，但在卜辞中必须读为"后"，不从字的历史上考察，就解决不了问题。可见这种偏旁分析与历史考证，在古文字研究上的作用是明显的。这两种方法，过去学者，从汉代许慎到清代孙诒让都曾运用过，尤其是孙诒让，是最能用偏旁分析法的人。不过，作为研究古文字的原则，明确地提出两种方法相结合，并能大量地加以运用，立厂先生却是第一人。

第二，创立了古文字的"三书说"与"自然分类法"。前面我们已谈到，过去甲骨文、金文等古文字的辞书、字汇，大都是依照《说文解字》不合理的分类法分类排列的，只有日人岛邦男的《殷墟卜辞综类》一书，才打破了长期以来按《说文解字》部首排列的旧框架，根据甲骨文自身形体结构特点，分成一百六十四部。这种新的自然分类的方向，是很正确的，也曾获得同行专家们的赞许。但是，我们应当指出，这种敢于大胆地突破旧的分类体系而按古文字自身形体特点的自然分类法的发明者却是唐立厂先生。

1935年，立厂先生在《古文字学导论》中曾说，过去对古文字的分类，向

---

① 均见唐兰先生于1934年出版的《殷墟文字记》，中华书局1981年版，第6-10页，第45-47页。

② 唐兰：《古文字学导论》，齐鲁书社1981版，第198页。

来没有精密的方法，除了用"义"或"音"类次之外，只有《说文解字》以六书为基础的分部。但用《说文解字》的分部来排比古文字，是很不妥当的，"既不能看出文字的发生和演变，又不能藉以作同类文字的比较研究，在最低限度内，也不能予一般人以检查的便利"①，于是立厂先生才提出他的"自然分类法"。时间比岛邦男的《殷墟卜辞综类》早三十多年。其言曰：

> 在"九一八"惨变那一年（1931 年）的春天，我在沈阳一家小旅馆里，创始用自然分类法来整理古文字……创立自然分类法的目的，是要把文字的整部的历史用最合理的方法编次出来。因此，我决定完全根据文字的形式来分类，而放弃一切文字学者所用的勉强凑合的旧分类法……我们的新分类法和文字发生的理论是一贯的……编辑古文字字汇的合理的方法，当然只有自然分类法了。②

立厂先生这种"自然分类法"正式公布出来，是在 1935 年出版的《古文字学导论》上，也比岛邦男的《殷墟卜辞综类》早三十二年。

立厂先生这个"自然分类法"是建立在他的"三书说"的理论基础上的。过去《说文解字》的分类是依据"六书"。但对"六书"的理解，各人有各人的说法，用"六书"分类，常常对一个字不能断定应属哪一类。所以，"六书说"亟须修正。立厂先生的"三书说"是废弃"六书"而根据比《说文解字》更古的甲骨文、金文等古文字，重新构拟一种新说。他在《古文字学导论》中说道：

> 我把中国文字分析为三种，名为三书：第一是象形文字。第二是象意文字……第三是形声文字……这三种文字的分类，可以包括尽一切中国文字，不归于形，必归于义（意），不归于意，必归于声。③

三书中象形、象意、形声，从发生、发展的先后说，象形最早，其次是象意，最后由象形、象意孳乳出形声字。因为最早的文字与图画同源，所以凡是画出像事物的形状，就是象形。若除形外还包含某种意义，即成为象意字了。因而，最初单纯的象形字很少，大部分成了象意文字。例如"人"字像人形，是象形字。而也像人形的"尸"，"身"两字，一个像人蹲形，一个像人大腹形，这就成为象意字了。因而，象意字从性质上说，也属象形一类。至于三书中的

---

① 唐兰：《古文字学导论》（下编），齐鲁书社 1981 年版，第 278-279 页。

② 唐兰：《古文字学导论》（下编），齐鲁书社 1981 年版，第 279-286 页。

③ 唐兰：《古文字学导论》（下编），齐鲁书社 1981 年版，第 401-403 页。

形声字，则是复合体的字，是两个形合在一起，一个形代表意，一个形代表声。如"江"字，是水意，工声；"河"字，是水意，可声，这就是形声字。这种形声字是三书中最后发生的。

包有形、意、声的三书，可以涵盖所有中国汉字，这就是所谓"不归于形，必归于意，不归于意，必归于声"。古文字是记录语言的符号，有固定的读音，所以，古文字有表音的一方面；但古文字又是以图像开始的，没有固定的图像，就谈不到固定的读音，有图像就必包有意、形，所以古文字又必包有表意的一方面。声、意两个方面，缺一不可。有的人认为甲骨文是一些符号记音的语言文字，是表音文字，不是表意文字。看来这种说法是不妥当的。

从古文字发生、发展上看，三书是统一的。象意、形声两类统统来自象形，若能真正把"象形"掌握、精通了，对古文字即已提纲挈领，一以贯之矣。所以，立厂先生对古文字的自然分类，是以象形字作为部首来划分的。最初分为三类：即第一，人形、人身；第二，是属于自然界；第三是属于工具和文化[①]。后来于1949年8月出版的《中国文字学》中，又把古文字改分为四类：

一、象身：即郑樵所谓"人物之形"；《易·系辞》说："近取诸身。"

二、象物：凡自然界的一切所能划出的象形字。

三、象工：一切人类文明所制成的器物。

四、象事：凡是抽象的形态、数目等属之。[②]

这个分类与本书《甲骨文自然分类简编》的分类，除次序与用字不同外，内容基本上是相一致的。

甲骨文的自然分类法是以"三书说"为根据，构成了立厂先生在古文字学上一套新的理论贡献。

第三，主张古文字学研究的目的在于今天的文字改革。现在研究古文化的人，坚持只为了尊古或仿古，而致玩物丧志者，已经很少。大家都明白，研究"古"是为了"今"。但如何为今服务，每个人所走的道路，又各不相同。有的是把"古"的真实性，或古文化发展规律研究出来，以利今人借鉴或参考，这当然也是正确的。比如大多数研究古文字的人，往往一辈子局限在古文字范围的研究中，乐而忘返。立厂先生则不同，他时时刻刻没有忘记，研究古文字的最终目的是为创造一套合乎今天需要的新文字。他说：

---

① 唐兰：《古文字学导论》（下编），齐鲁书社1981年版，第280-283页。

② 唐兰：《中国文字学》，开明书店1949年出版，1979年上海古籍出版社重印版，第87-88页。

　　　　我们研究古的，要用以建设新的，我们希望能研究出最合理的文字，可用以建设伟大的新文化，因为这是文字最后的目的。[①]

　　这种研究古文字的目的性，从某种角度上看，要比一般人明确，也高尚多了。

　　文字是一个国家或民族的文化里最重要的工具，中国的文字复杂、难写、难识、难记。大家都承认中国文化不易普及，是和中国通用的文字难认有关。所以，中国文字改革的声浪此起彼伏。自清末到民国时代，有识之士都在想法改革汉字。有的主张用"简字"（劳乃宣），有的主张用"注音符号"（黎锦熙），有的主张用"国语罗马字拼音文字"（钱玄同），还有一些人主张用拉丁化新文字。经过几十几年的提倡、实践，惜没有一种能代替现行的汉字。

　　立厂先生多年研究文字学，从中国文字的发展规律看，他觉得推翻汉字不如改革汉字，主张对汉字的优点要保留，而修正其弱点。他在 1935 年写《古文字学导论》时，提出一个《新形声文字方案》，主张保留汉字的形式，改革汉字的声符；保留一部分意符字，作为基本文字，只改动形声文字，把旧声符改为新的拼音符。

　　立厂先生对中国文字的改革的看法，随着研究的深入，也经常在变动。1973年我到北京去看望先生，他交给我一篇手写的关于文字改革的稿件，题目是《用毛泽东思想解决关于中国文字改革的几个理论问题》。在这篇文章中，他提出六个问题。其中有：文字必须改革，要走世界各国文字的拼音方向；要创造出科学的、民族的、大众的新文字，关键在于民族形式。他主张汉字现代化应采取逐步过渡的方式；主张对原有汉字通过限制、利用和改造，使汉字获得新的生命。目的在于从汉字内部孕育出拼音文字，走向拼音化的道路。

三

　　立厂先生名唐兰，字立盦（立庵），浙江嘉兴县人。先生的大名我早在卢沟桥事变、中日战争之前，就已熟知。那时我是北京大学历史系的学生，在开学选课期间，看到历史系的选修课中，列有先生在中文系开的《古文字学导论》《甲骨文字研究》和《钟鼎文字研究》等课程。我虽然是学历史的，但我学习的兴趣在中国上古史，与这些古文字的课程大有关系，当时计划在第二年一定要

---

① 唐兰：《古文字学导论》，齐鲁书社 1981 年版，第 300 页。

选修。可是谁料到过了一年，即 1937 年 7 月 7 日中日大战爆发，京津沦陷。我跟随学校南迁，先在长沙临时大学，后到昆明西南联合大学读书。而立厂先生则迟至 1939 年夏，才从沦陷的北平，辗转从海路经越南来到昆明。那时我已经是本科四年级，只选修了先生讲的《甲骨文字研究》一科，就毕业了。

1940 年秋，我考入北京大学文科研究所做研究生，立厂先生是我的导师。先生当时已是我国古文字学界一代宗师，著名的甲骨文、金文专家，在学术上的造诣和成就，早已蜚声海内外，为世人所公认。我是学习先秦史的，立厂先生指导我利用甲骨文、金文等地下材料，指导我如何具体地与古文献材料打成一片。耳提面命，受益良多。我在古文字学方面也有一知半解的知识，这是与先生对我的亲自授业、答疑分不开的。

先生思想开朗，为人处世，光明正大，不计较个人得失。而其对学生诲人不倦，乐于提携的高尚风格，更是为人所乐道。其中有两件事，使我终生难忘。

一件事发生在 1940 年。由于过去我写过一篇讨论《庄子》的论文，曾引起了一场风波，在我的学习生活史上，划了一道伤痕。我在北大文科研究所做研究生时，作为我的导师的立厂先生第一次与我谈话，他诚恳地告诫我说："研究学问，正面的题目很多，还是以少写批评别人的文章为好，以免引起想象不到的麻烦。"先生是很同情我的，因为先生很早就说过："治学问至不敢明是非，还成什么学问。"对先生的同情和劝告，我深受感动。

另一件事发生在 1942 年。那时我研究古史，牵涉到古汉字的读音有没有复辅音问题。现代一些语言学家，由于看到印欧语系一般都有复辅音，于是遇到汉字一些不好理解的问题，他们就立刻想到运用复辅音去加以解释。最早提出这一问题的是瑞典汉学家高本汉（B·Kanlgren）和我国语言学家林语堂先生。他们都是主张中国古汉字有复辅音。但是他们所举的例证并不充分。比如他们看到古汉字的一些谐声字，"来纽"与"见纽"的字相通转[①]，但在语言学上，来纽[l]与见纽[K]发音部位不同，一舌尖一舌根，一前一后距离很远，是难以通转的。遇到这个讲不通的问题，他们才想到用西方拼音文字的复辅音现象去解释。认为这些字的辅音，古读[Kl-]变为[gl-]，浊纽[g]在音韵史上易失落，

---

① 例如谐声字中"各"[Kak]字：从各得声的有"络"[lak]"略"[liak]"路"[luo]等字；"柬"[Kan]字；从柬得声的有"阑"[lan]、"炼""练"[lian]等字；"兼"[Kiem]字：从兼得声的有"廉""镰"[lian]等字。这些谐音字都是"见纽"与"来纽"构成的谐声。高本汉（B. Karlgren）的《分析字典》（Analytic Dictionary of Chinese and Sino-Japanese）第 141 页"各"字下与第 186 页"路"字都说到"各""路"古读复辅音[Kl-]或[gl-]。

故后来变成[l-]。这一解释好像通了，但是，绕这么大弯、迂曲婉转地说明古有复辅音，能有多大的说服力呢？不能不引起人们的疑虑。

我是不赞成古汉字有复辅音的。比如一般人常举舌根音与边音所组成的谐声字为复辅音的例证，我却认为古时"见纽"与"来纽"的通转，完全可以不用复辅音的理论，而仍用音韵学的一般规律也可解释清楚。因为我发现现代汉语方言中，"来纽"的字有两种读音：一种是大部分汉语区读[l-]，可是还有另外一些汉语区方言读[ʃ-]。如山西大同、文水、平阳和甘肃的兰州等地区，就读[ʃ][1]。[ʃ]在国际音标里是[l]的浊音，发音部位是口齿边音，同时舌背的后部高起来，等于波兰文的[ʃ]字，国际音标即以此字定为代表符号。在英语里的L字母也有两读：一般L与元音拼者读[l]，后面不与元音相拼者，都读为[ʃ][2]。我们可以推论，汉字上古音，属于"来纽"的字，其声母原来也有两类：一为[l-]，一为[ʃ]。而[ʃ]是加舌根作用的辅音，与舌根音"见纽"[K-]发音部位极相近，当然可以通转，又何必用与汉语系统完全相悖的复辅音的理论去通其邮呢？1942年在昆明时，我曾以此请教过当时著名的古音韵学者罗常培、魏建功两位先生。他们虽然对此也感到有道理，但由于这仅是一个方面，还有其他方面的问题解决不了，所以他们对有复辅音还是采取肯定的态度，对我的理论不予支持。后来我与立厂先生讨论及此，他对我的古汉语无复辅音的见解，则极表赞成，屡次鼓励我把文章写出来。他说他还可以给我一些材料，证成我的说法。可惜我对这个问题，一直没有再动手。

立厂先生这种提拔后进、愿为人梯的精神品德，是值得我们好好学习的。

立厂先生在治学上，博览群书，才华横溢；在科学研究上，方面既广，头绪又多，自谓"往往削稿未半，已别肇端绪"，但这不利于集中精力，把几十年研究古文字的成果，统统整理出来。据说，他1977年已开始着手写《殷墟文字综述》和《西周青铜器铭文分代史征》两部大书。甲骨文、金文是先生一生致力最勤、贡献最大的两个方面。大概他是想在这两部书中，对甲骨文、金文作最后的总结和定论。第一部书可能尚未及动笔，第二部书预计写三卷二百万字，上卷刚写完初稿，不幸致疾竟不起。若天假以年，使其两部大书顺利完成，必有非常之观。无奈大变猝作，赍志而殁。痛哉！惜哉！

---

① 高本汉：《中国音韵学研究》，赵元任等译，商务印书馆版，第175页，第349页。

② 参看 Daniel Jones: An Outline of English Phonetics 中之 "Examples of Historical Assimilation Type V"。

现在先生的晚年遗著《甲骨文自然分类简编》出版有日，这对先生既是一点安慰，也是对先生的一个很好的纪念。

于 1998 年 7 月 10 日南开大学学不厌斋

（此文为唐兰《甲骨文自然分类简编》一书所写序言，山西教育出版社 1999 年版）

七、著作自序

《宋代著录金文编》自序

钟鼎之学，兴于赵宋，迄清而始发皇广大，金文乃能与古经古史互相发明。清季吴大澂依许书之五百四十部，汇排已出之器铭文字，成《说文古籀补》，取材谨严，考订精详，金文之用益著。降至近代，古器出土又倍往昔，而吴书不及备载，学者渐感其疏。东莞容希白先生，乃仿其例以补辑之，著《金文编》一书，较吴书赅博而审慎，世之治金文者，取其易于考索，便于参较，几人手一编，足证为学一道，综合之功亦非细也。然吴、容两氏之书，均限于有拓片或影印之器铭，以为汇录之准，其矜慎之意，实有可取。惜宋代著录之器，已逾六百余件，皆无拓片，若悉数弃之，无乃甚为可惜乎！（容氏书虽间有补入，亦十不及一。）

余既从秀水唐立厂师治吉金文字，先生曾教以编辑宋代著录金文，乃仿吴、容二氏之例，取宋代吉金书籍，一一编集之，并于每字之下注出词句。未及一载而书成，所谓继事者易为功也。

辑纂宋器文字以为专书，亦肇于有宋吕与叔，既图古器物，以为《考古图》，复取其文字，以韵隶字，成《考古图释文》。稍后如王楚、薛尚功、杨鈞诸人，皆有补作。除《考古图释文》佚而复出外，余皆不传。至清汪西亭作《钟鼎字源》，虽较吕书稍详，踳讹简陋，仍多未当。然其创始之功，不可没也。即余之汇录此编，皆承前贤绪余，遵轨旧辙，董而理之，不足以言著述。至若铭文句读，多本于省吾氏《吉金文选》。甄择条例，是正文字，则唐先生之助为多。今全书摹录既竟，爰略陈原委，惟览者详焉。

民国三十年九月十四日王玉哲序于昆明龙泉镇宝台山

（王玉哲《宋代著录金文编》，天津古籍出版社 2010 年版）

《中国上古史纲》自序

这本《中国上古史纲》是企图阐述自"中国猿人"至秦统一中国这一时期中国历史发展过程的一般情况。着重说明我们祖先的创造力量，说明人民群众在生产斗争和阶级斗争中的历史实践，从而证明劳动创造历史这一无可怀疑的真理。也只有这样，才能够使读者充分认识到中华民族是勤劳的、勇敢的、富有创造力的；使人认识到这些辉煌灿烂的古代文化，正是我们祖先长久以来，克服了无限的艰难困苦，积累起来的生产经验与科学活动的总结。

虽然上古史距离我们这个时代十分遥远，但是近现代的文化是从古代发展而来的，我们学习古代史，当然就具有现实意义。毛主席教导我们说："中国现时的新政治新经济是从古代的旧政治旧经济发展而来的，中国现时的新文化也是从古代的旧文化发展而来，因此，我们必须尊重自己的历史，决不能割断历史。但是这种尊重，是给历史以一定的科学地位，是尊重历史的辩证法的发展，而不是颂古非今，不是赞扬任何封建的毒素。对于人民群众和青年学生，主要地不是要引导他们向后看，而是要引导他们向前看。"[①]这一英明的指示是我们学习古代史的人应当奉为圭臬的。今天我们对待古代史的态度，和过去有着本质的不同。以前是把古代美化成象牙之塔，作为知识分子逃避现实的场所；恰恰相反，我们现在研究古代却正是为了现实。今天我们的口号是"厚今薄古"，其主要精神在于动员一切力量为今天社会主义建设服务。历史是一条砍不断的长流，今日的文化是经历了若干年月的积累与发展而成的，没有"古"就没有"今"，"薄古"并不是"废古"；"今"虽然是"古"的否定，但同时又是"古"的发展。所以"今"和"古"是对立的统一，只有以"古"为"今"服务，"今"和"古"才能统一起来。我们研究古代史必须为今天的经济基础服务，为当前的阶级斗争和生产建设服务。恩格斯的《劳动在从猿到人转变过程中的作用》与《家庭、私有制和国家的起源》这两个有名著作，就是把古代的研究和现实

---

① 《毛泽东选集》第 2 卷，人民出版社 1952 年版，第 679 页。

斗争密切联系起来的典范，是完全为无产阶级的解放事业服务的具有重大现实意义的斗争武器。

摆在我们面前的某些重大问题，如果追溯到遥远的古代，就能得到完满的解答。例如，为什么社会主义制度必胜，资本主义制度必亡？阶级和国家何以发生，何以要消灭？人类是怎样来的？人类的劳动有何伟大意义？对这些问题有了正确的认识，人们对今天的社会建设，就会更有信心，更有热忱和干劲。所以上古史的研究与学习，也是需要的，问题在于是否有正确的立场、观点和方法。

《中国上古史纲》是根据我在南开大学历史系讲授中国上古史的讲稿整理而成的。其范围包括原始公社制度、奴隶制度及初期封建制度的发生、发展和转变的过程，内容较为复杂，争论的问题也较多。其中尤其是商周的社会性质问题，目前史学界正在展开热烈的讨论。随着争辩的深入，学者之间在某些问题上产生很大的分歧，这是走向真理和取得一致结论的必经途径。关于这个问题，史学家们基本上有三种不同的意见[①]。自然，他们还有不少共同的观点。例如，中国是经过了奴隶时代的，奴隶制残余在奴隶社会崩溃以后仍然长期存在等等；另外，关于殷代社会属于奴隶制这一点，大部分史学家的意见，也渐渐趋于一致，或达到接近的程度。只有西周是大家争论的焦点，本书同意并主张西周是初期封建社会。学术研究是需要争论来推动的。"如果没有不同意见的争论，没有自由的批评，任何科学都是不可能发展，不可能进步的。"[②]因此，作者在本书中也对其他有关问题提出一些自己的看法和意见。

全书完稿已逾三载。虽然在写作时，曾力求运用马克思列宁主义来进行分析，并尽可能采用过去和现在史学家们关于这一段历史的研究成果，但由于作者的政治理论水平和业务水平都很低，所以理论上和史料上的错误，定所难免。为了少犯错误，这几年在教学的实践中曾屡次加以补苴和校订。随着全国大规模基本建设的进行，大批新的考古学上的发现，使我们对于整个中国古代史范围内的知识，大大充实起来。新材料的出现，往往推翻旧说；新理解的获得，也可以修正原先的错误。特别是第一章关于原始社会，不单是大大扩充，而且经过很大程度的改写。本书的最后写成，应当感谢南开大学历史系的同志们和上海人民出版社编辑同志们，他们在我写作过程中，曾不断地给我以热心的鼓

[①] 参看江泉《关于中国历史上奴隶制和封建制分期问题的讨论》，载 1956 年 7 月 4 日《人民日报》；转载《中国古代史分期问题讨论集》，三联书店 1957 年版，第 574-584 页。

[②] 斯大林：《马克思主义与语言学问题》，人民出版社，1953 年版，第 29-30 页。

励、督促和指导。另外，书中的图版有一大部分是北京历史博物馆供给的，在这里应特别向热情的史树青先生致谢。本书如有一些可取之处，都应该归功于诸先进史学家的劳动成果和这些友谊的帮助。

现在这本书就要出版了，我诚恳地期待着史学家们严正的批评和指教。

1958 年"五一"劳动节于天津

（王玉哲《中国上古史纲》，上海人民出版社 1959 年版）

《中国古代物质文化》前言

一

我国史学界在过去一二十年的研究工作中，多倾向于只注意各时期人际之间的阶级斗争，而对人类的物质与精神方面的活动、人与自然的斗争等，则重视不够。把几千年的历史全部归结为以阶级斗争为纲上，读者眼中见到的是一片杀气腾腾，很难想到我们的祖先在古代还创有灿烂文化的一面，并且还曾一度以此著称于世界。不突出描绘文化方面的成果，就不能培养我们广大人民，对自己民族的自尊心、自信心和自豪感，当然更谈不到爱国主义的教育了。即使从历史学的角度说，只讲阶级斗争，也同样欠妥当。因为历史是个有机的整体，孤立地夸大某一部分，会使读者陷于"瞎子摸象"，难以捉摸其真实面貌。

近来，谈中国传统文化的又好集中大谈其消极面。一般说来，传统文化是过去人类社会精神活动升华的产物。后来社会每前进一步，原有文化或多或少地就与当时发展了的社会经济不那么适应，于是就对这些传统文化来一次冲击、批判，这也是一般规律。如清末的洋务运动、戊戌变法、辛亥革命等，和直到民国时期的"五四"运动以后的文化大论战，都是对传统文化的大冲击，而给人们带来了思想上的更新。所以，历次的批判运动是合乎历史发展规律的。不过，有些人却做得矫枉过正，也不正确。尤其是近年来，这种批判风很炽热，如有人把中国几千年的文化说得漆黑一团，认为全是糟粕，没有什么好东西。把我们文化摇篮的黄河流域看成是一片黄色世界，是黄水、黄土、黄种人；把在这里产生的文化，说成是注定落后的黄色文化，是悲剧。

我们确实属于黄色人种，我们的领土上有黄河、黄土高原，历史传说又有黄帝。我们和黄色结的这个不解之缘，是历史地和自然地造成的客观现实，而且是人力无法改变的。这是不是由此而注定，中国前途永无出路、是悲剧？恐无是理。黄色又有什么不好？它与文化之进步与落后又有什么必然的联系？主要原因是他们过分看重外国某些东西，认为西方文化是属于蔚蓝色的，似乎永远先进。于是又一再重复民国初年一些改革家那种不顾中国实际、全盘西化的老调。

当然，任何一个人都有权对西方文化有所偏爱，每人理解也应有各人的自由。但是，一个中国人，对中国的传统文化与西方的文化，最低限度应持一种平等看待的态度吧！中国人应该立足于中国文化的基点上（这点很重要），去吸取西方文化中好的部分加以改造，用以补充、培育我们固有的文化，使之更发扬光大。我们提倡学习外国有用的东西，但是不应忘掉，学习别人，正是为丰富我们自己的文化这个根本任务，而不能喧宾夺主，本末倒置。

我们中国的传统文化确实有缺点、有糟粕部分，这是事实。世界上任何一个民族的传统文化都含良莠的二重性，有好的方面，同时也存在坏的方面。中国几千年的传统文化，当然也不例外，有优点，也有缺点。我们应当对过去的历史文化，认真地反思、实事求是地进行科学的分析，揭露那些黑暗面，使读者了解我们社会长期停步不前之症结所在，激发群众忧国忧民的政治热情，鼓起全民族对祖国命运的关心，坚决改掉或清除那些缺点，改弦更张，向先进者学习。通过赞扬传统文化的优点，固然有利于继承其中应当继承的部分；通过批判、扬弃其缺点，也同样有利于正确地继承传统文化中好的东西。

中国传统文化有不少消极的东西，需要我们去批判、清除，这是肯定的。但是，我国作为东方的文明古国，在世界历史发展进程中，也曾作出过杰出的贡献，某些方面甚至走在世界民族发展的前列。有些影响深远的旧传统，确系中华民族数千年生活文化与科学实践经过我们的祖先多年检验、筛选出的结晶，形成我们自己的民族形式或民族风格的部分，历代的学者都在自觉或不自觉地吸吮着这部分民族文化的精华，并在此基础上创造他们时代的新文化。

我们应当慎重地对待这部分精华，而不宜采取简单地抹杀态度。

同时，也要实事求是，一是一，二是二，不宜过分夸大、盲目吹捧。若总一味地颂扬，陶醉于古代的"四大发明"，有的甚至于片面地说，西方的某些现代事物，我们古代早就有过，这也是我们祖先发明的，那也是我们早巳领先，无视我们的落后面，尾巴翘得高高的，总认为"老子天下第一"。这就不利于虚心向先进国家的长处学习。长期闭关自守，孤芳自赏的结果，势必使社会文化停滞萎缩，中国前途还有什么希望可言呢！

我们应当承认，过去我们的传统文化基本上是在自然经济的社会里产生的，对封建社会是适应的，它与我们今天的社会势必存在着时代的差距和矛盾。因此，我们今天对传统文化，哪怕是精华部分，也都应当置身于当今时代的基点上对它进行历史主义的分析，经过改造，才能汲取其有用部分。而不应当简单地、原封不动地全盘肯定或继承。我们认为，这才是今天对传统文化应当采取的正确看法和处理态度。

二

众所周知，传统文化涵义甚多，广义上是指我们的祖先在长期历史实践过程中，所创造的物质财富和精神财富的总和。因而，物质文化和精神文化两方面便构成了史学工作者主要的研究对象。但是，我们还必须承认：物质文化是精神文化产生的基础。马克思在述说历史发展的最终原因和条件时，指明"人们为了能够'创造历史'，必须能够生活。但是为了生活，首先就需要衣、食、住以及其他东西。因此第一个历史活动就是生产满足这些需要的资料，即生产物质生活本身。"（《马克思恩格斯选集》第 1 卷，第 32 页）有了物质生产，然后才有人类的历史，人们才能够"创造历史"。任何伟大的政治家，或天才的科学家，如果整天赤着身体、饿着肚子、蹲在露天里，就是经过 100 年也决然创造不出任何出色的历史来的。可见，物质生产就成了创造历史的前提，而物质文化当然也就成了精神文化的基础。物质文化不发达，精神文化是不会独自发达的。研究物质文化史的重要性，不待辨而明了。

中国的物质文化史丰富多彩，而且在世界史上较之其他各国，决不逊色，已为世界著名史学家所承认[①]。我们作为中国人，对自己祖先所创造的光辉灿烂的文化，更应重视，更应加倍努力地进行研究，这是责无旁贷的。因此，我们南开大学历史系从 1980 年起，在博物馆专业就设置了《中国物质文化史》一课。从那时起，我们就进行资料的搜集和整理，也进行了一些探索工作，初步地写出一部百万字的讲稿。从教学实践中，我们了解到治理中国物质文化史，确实不易。因为这是一门新兴学科，无前例可循。我们在筚路蓝缕地开创过程中体会到，物质文化史并不是各类文化内容简单的相加，不是衣、食、住、行等物质文化，以及各类瓶瓶罐罐的生活器物的现象罗列，而应更进一步深入研究其中的有机联系，及其所构成的那个完整的体系。通过对具体器物的研究，对人、对社会关系和社会生活以及与之相联系的社会条件、社会问题等作出解释，这样才能真正发挥出中国物质文化史应有的历史作用。

---

① 参看英人贝尔纳《历史上的科学》，伍况甫等译，科学出版社 1959 年版；美人拉铁摩尔《中国简明史》，陈芳芝等译，商务印书馆 1962 年版。

我们所悬拟的这个目标，也许太高，以我们的理论水平和学术水平而论，要想达到这个目标，实是力不从心。然而"高山仰止"，但愿今后与史学同道，共同努力继续攀登！

三

这部《中国古代物质文化》，已列为国家教委七·五规划高校选编教材，1986年高等教育出版社表示接受该教材出版任务。为此，我们在讲义的基础上重新编写。旧讲稿为适应博物馆专业学生的需要，内容比较繁琐。现在，删繁就简，使本书读者对象扩大到一般文史工作者。在行文风格上增加可读性，力求引人入胜，雅俗共赏。但是，学术著作和文学作品毕竟有质的区别。引人入胜，不应局限于遣词造句的文采，而关键在于对史实的深刻分析。我们强调了实事求是的严谨学风，忠实于历史的真实，这是任何一种历史著作都必须遵守的原则。没有实事求是的原则，就根本不会有真正的学术著作。

本书的具体分工是：第一章（导论）由傅玫执笔；第二章（原始社会）由张锡瑛执笔；第三、第四、第五章（夏、商、周至秦汉）由傅同钦执笔；第六、第七、第八、第九章（魏晋至明清）由傅玫执笔。全书纲目、内容、各章安排，都由我们四人共同讨论决定。为了尽量减少一些缺点和错误，我们还特别敦请南开大学历史系朱凤瀚同志审阅原稿原始社会至春秋战国部分，冯尔康同志审阅了明清部分，都提出了不少宝贵意见。最后由傅玫、张锡瑛负责从头至尾通读全稿。傅玫在反复审读全稿、进一步加工润色上，付出了辛勤的劳动，使全书在体例上、文字上尽量作到了"一以贯之"。张锡瑛对全书的插图，也费了不少力气。

另外，我们在编写过程中，历史系刘毅同志曾协助并参与了对明清部分初稿的写作工作；博物馆专业的一些研究生和本科生也做了一些核实和增补资料工作。对此我们应当表示感谢。

总之，这本书是我们很多同志集体劳动的成果，由于我们的学术水平所限，必然还会存在许多疏漏之处。希望并世专家不惜珠玉，凡遇此书纰缪，赐予纠弹。俾令此书再版时，一一刊正，则是我们之大望也。

最后还应当提出的是，高等教育出版社文科部政史编辑室的同志们始终给我们以热情的支持，并提出了修改意见。在此我们表示由衷的谢忱。

1989 年 7 月 14 日于南开大学

（王玉哲主编《中国古代物质文化》，高等教育出版社 1990 年版）

《中华远古史》自序

一

《中华远古史》是从中国的原始社会至西周末这一段的"断代史"。所谓"断代史",就不是一般目的仅在于传授历史知识的"通史",而是要按今天人们所需要的新的"断代史"的原则去写作。我们认为新的断代史的写作与一般通史的区别,不仅仅在其内容详略的不同,更重要的是至少应当按以下三个原则去写作:

第一,新的断代史要侧重介绍历史研究方面如何思考问题、解决问题的过程,意在给予读者这方面能力的锻炼。因为断代史面对的读者,是那些对历史已有一定的基础知识,而想进一步深入研究的人。所以,本书便把古史上一些重大的历史问题提出来供大家讨论,使读者可以借此作为进一步研究的阶梯。不过具体到我们这一断代,由于内容是讨论古代的东西,总难免反复征引古文,这样便会在行文上出现不够通顺的晦涩形式;有些古史问题至今还没有达到下结论的时候,也就不免要用辩证的笔调加以解释,会出现拖泥带水,使人有不太干脆的感觉。最后,我们还应当把自己的一些看法尽可能地反映出来,以便使全书一以贯之,自成体系。

第二,要做到尽量将历史文献与田野考古、民族学、古文字学等有关的资料结合起来,交相印证,并注意吸取近年来学术界研究的新成果,尽量使其不至于落后于现代新的学术水平。

第三,我们认为首先要做到"实事求是",做到理论性与科学性的统一,认真地运用马克思主义的立场、观点和方法[①],去搜集史料、分析史料和最终进行综合、论定。我们主张通过具体史实,从错综复杂的历史现象中去发现和阐

---

① 具体地说,就是要站在大多数人的立场,不是站在少数人的立场;用唯物主义的观点,不用唯心主义的观点;以及辩证的方法。

明历史发展的规律；而不是从定义或从原则出发，把历史史实仅仅借用来作为说明历史发展规律的材料。这样做才是真正的"实事求是"，而"实事求是"正是马克思主义的精髓。

以上三个原则，只是我自己在写《中华远古史》这部断代史前，所构拟、追求的一个高目标。但是，像我这样学识浅陋、理论水平不高，对这个高标准能否做到，能达到多少？自己却毫无把握。也许仅仅是高山仰止，心向往之而已。

二

这部《中华远古史》在内容叙述上比过去也有些新的变革，举其荦荦大端，约有下面五个方面：

（一）关于有重大影响的历史人物

新中国成立以来，为了贯彻马克思主义认为人民群众是推动历史的重要力量，有一个时期，史学界写历史书因为怕冲淡了人民群众的作用，往往忽略了历史人物这方面的叙述，即使叙述也只是着重于批判，如对旧史书批判其宣扬帝王将相，对旧史学看不到人民群众的作用，批判得更是不遗余力了。当然，这种批判是对的，也是应该的。但是，不要矫枉过正，误认为马克思主义就不重视历史人物。在很长一段时期内所写的历史书中，除了农民起义的领袖外，看不到一个历史人物了。其实，马克思主义认为历史人物的好坏对历史的进程都起到一定程度的推动或阻碍作用。马克思对历史人物绝对没有漠视。以此，在本书中对有过重大影响的历史人物，包括帝王将相在内，都适当地给以评述。

（二）着重"过渡时期"

过去有些学者对社会发展的质变和量变的看法和处理有些不妥当，比如奴隶、私有、剥削、阶级等奴隶社会的主要现象，在原始社会的末期都已出现。但是，这些现象的出现，并不等于奴隶社会已经出现。因为那还只是这些因素在量变的过程。一种社会过渡到另一种新社会，并不像刀切斧砍那样两段截然分明，而是经过一个相当长的过渡阶段。在这个过渡时期，前后两种社会的因素是犬牙交错的。具体地说，就是原始社会的若干现象，如公有制因素，还在继续，但同时奴隶社会的若干新因素——奴隶、阶级、私有、剥削等也已经出现。这时并不等于就是奴隶社会正式出现了，应该是属于量变的过程。一俟这些新因素增长到一定的程度，这些新因素的分量压倒或超过了旧因素时，才由量变转为质变，这才由原始社会正式变为奴隶社会。同样，由奴隶社会转变为封建社会也是如此。研究历史对量变固然要注意，但更重要的是要抓住这个质变。不能看到量变一出现，就误认为质变了。商末周初的社会，我们认为就是一个量变的过渡时期。

（三）提出远古时中原是诸氏族或民族杂处的时代

中国的中原地区（黄河中下游），战国以后基本上已是清一色的华夏族的天下。可是在春秋以前中原地区除了华夏族人建立的几个或几十个据点（城邑）外，周围环绕着的还有不少不同种姓、文化高低不同的少数民族杂处其间，这是一种"华戎杂处"的局面。这种现象，越往上推就越普遍。

西周时期和其以前的夏、商，在中原的黄河南北两岸同时并存着无数的小氏族、部落。当时的所谓"国"，实际是一个大邑，所谓"王朝"（如夏、商）也不过是一个大邑统治着在征服各地后建立的若干据点小邑。大邑与其统治的小邑之间的地区，还分布着许多敌对的不同种姓的小方国。它们中有些还没有文字，与华夏语言也不同。所以，它们之间以及与华夏之间，都各自为政，互不干犯，有时又相互战争。它们只有势力大小的不同，还没有谁服从谁的一统的思想。所以，当时人所想到的王朝国土，只会有分散在各地的几个"据点（小邑）"的概念，还没有以大邑为中心的"整个面"的概念。在这种群"点"并立的情况下，自然更不会有"王朝边界"的概念了。

商王朝大邑商（殷墟）的周围就散布着很多少数民族部落，如鬼方、吾方、土方、羌方、虎方、夷方和周方等。甚至周克商时所联合的八个氏族，如庸、蜀、羌、髳、微、卢、彭、濮等，也大都是近在中原的少数民族（旧注以为在四川、湖北等地，不可信）。这些大小不同的氏族方国（当时的商或周也包含在内）之间，还存在着不属于任何方国的广大空旷的荒野地带。对当时这种具体情况了解了，就有助于了解远古时的许多历史大事，例如商汤前后夏、商、周是三个大小不同的民族同时并立，它们之间的地位是平等的，没有后人所想象的那种君、臣隶属关系。商汤灭夏，仅仅是把夏桀赶跑了，夏都邑为商族所占领，而散居在各地的夏族人仍独立存在。周武王灭商也同样仅仅是把商纣杀掉，占领了商都殷墟，仍令商纣的儿子武庚统治着殷民，只派遣三监对他实行监督而已。那种君臣上下隶属的体系，是从周公东征胜利，占领了广大地区，创立了一套完整的"分封制度"以后，才逐渐形成的。

（四）应辨明"夏文化"与"夏时文化"这两个不同的概念

中国历史上在商代以前有一个夏代，这是从传世的古文献，尤其是《史记》中得知的。《史记·殷本纪》中所记的商代历史，已被安阳出土的甲骨文所证实，太史公的《殷本纪》既被确认为信史，由此，联想到《史记·夏本纪》所记的夏史也许同样有其根据，而并非虚构。所以，考古学界希望也用考古手段来证实夏史，这种做法是完全合理的。

据古文献传说，夏族人的活动最初是在山西南部的汾水下游地区，但其后期在灭亡时已转移到河南西北部的伊、洛下游一带（有所谓"伊、洛竭而夏亡"）。

考古工作者在山西南部夏县的东下冯遗址与河南西北部偃师二里头遗址，发现其文化面貌有很多相似之处，这两个地区又是夏族人活动的地方，经过碳14测定，其年代大约在公元前1900—1600年，与夏代纪年大致一致。于是大家便认为这可能就是夏代的文化遗址。

但是，二里头遗址文化层有四期，它们是否都属于夏文化呢？学术界的看法历来有分歧，我们赞成一、二期是夏文化；但在三期遗存中明显地出现了一种新的文化因素，到第四期就更为显著，而且三、四期遗存与商代二里冈期文化有很多相同之处，则三、四期属于商族文化可能是没有问题的。

这里遇到一个问题，到底什么是"夏文化"？什么是"夏时（或夏代）文化"？这两个词组的内容、含义很不相同，若不先辩明白，在讨论历史或考古学问题时，很容易由于误解对方而辩论不休。

我们认为所谓"夏文化"主要是指夏族人自己的文化，尤其是自夏禹至桀这一特定的历史阶段夏族人所创造的文化，强调的是"夏族"；而"夏时文化"则是指夏禹至桀这一时期内与夏族并存的许多文化高低不同的氏族（包括夏族、先商族以及其他族）所创造的文化，这一词组强调的是"夏时"。

现在史学界和考古学界都希望多找些"夏文化"遗址，用以弥补或丰富对"夏文化"的认识，重点是指夏族人所创造的文化。这确是一个比较困难的历史研究课题。

至于"夏时（代）文化"，因为着重的是"夏时"，所以似乎比较易于解决，只要把某一文化遗址，经过碳14的测年方法，证明其时代在夏代（公元前1900—1600年）范围之内，就是"夏时文化"了。这个文化到底是什么族人创造的，则是另外的问题。

前面我们已谈过，中原地区在夏、商、周三代时是群族杂处的时代，除了夏族、商族以外，不要忘记还有不少其他族在内，所以在审核文化遗址时，不要轻易地认为不是商文化就是"夏文化"。在寻找"夏文化"遗址的今天，我们强调首先要对"夏文化"与"夏时文化"两个含义不同的概念分辨清楚，其意就在于此。

（五）研究先秦史利用文献资料与考古资料的主次问题

研究先秦史这一历史阶段，除了最古的原始社会由于当时尚无文字，当然不会有古文献资料，只能依据田野考古所发现的地下材料去构拟和论述。其他如商代史，由于从殷墟发现大批商代晚期的甲骨文资料，不但证实了《史记·殷本纪》对商代史的简陋记述基本可信外，更重要的是大大丰富了商代史在社会、经济、政治各方面的面貌，使商代史的研究起了一个根本性的变化，足见甲骨文资料对研究商代史的重要意义。

但是，我们设想假如没有《史记·殷本纪》对商代史的简陋记载，只凭地下发现的甲骨文资料，任你是伟大的古文字学或古史学大家，是否能顺利地把甲骨文资料整理成系统而丰富的商代史还是个疑问。因为《殷本纪》虽然简陋，但它是讲"历史"，而甲骨文资料，丰富则丰富矣，但却属于"史料"。历史和史料不同："历史"是讲"发展过程"的，是个有系统的整体；而"史料"则是一盘散沙，是零散的。打个比喻，"历史"好像"一吊钱"，用线绳把一个个零散的制钱（史料）穿起来，才构成完整的"一吊钱"（历史）。由此可知，我们研究商代史，对地下发现的甲骨文资料当然必须重视，但对简陋的传世文献《殷本纪》的价值也绝对不能低估，或弃之不用。

至于西周史的研究，最感困难的还是史料不足。因为西周史料存世的古文献，只有《诗经》《尚书》中的一部分及春秋战国时人追述西周的一点点材料。能补充的考古材料，只有传世的铜器铭文。新中国成立几十年来，田野考古发现了大批西周的文化遗址、遗物，尤其是大量的西周铜器铭文，这无疑大大丰富了西周史的资料。因此，唐兰先生70年代就开始撰写《用青铜器铭文来研究西周史》[①]。接着日本的白川静先生继起，也大量地利用金文资料写出了《西周史略》一书，这是一种对西周史的新的研究方向，是开拓性的，是大有前途的。

---

① 唐兰：《用青铜器铭文来研究西周史》，《文物》1976 年第 6 期。

西周的铜器铭文保持了当时第一手史料的原貌，没有经过后人戴着有色眼镜的加工润色，具有绝对的可靠性。所以，依据铜器铭文重新构筑西周史，有些地方确实可以纠正传统史观之偏见和弥补文献之不足，确有其很大的优点。但是，能否做到像白川静先生所说的那样"要代替依据文献而编纂的周王朝史"①，我却持怀疑态度。因为传世古文献史料与青铜器铭文史料各有其优缺点和局限性。从作为史料的高低看，铜器铭文因为是第一手资料，确高于几经后人加工、传抄的古文献资料。但铜器铭文作为史料用，也同样有其不足之处。

例如，铜器铭文自古就被认为是后世子孙有意识地颂扬其先祖而作的褒辞，所谓"孝子孝孙之心"对其先祖只"称美而不称恶"(《礼记·祭统》)，其所称颂者未必属实，更何况铜器铭文的内容涉及的社会面较窄，其行文格调几乎千篇一律，其内容也远比甲骨卜辞贫乏②。史学工作者若只依据铜器铭文构筑西周史，实难达到完美的西周信史。

本书《中华远古史》在讲西周史时，则是以传统文献、田野考古和铜器铭文三类资料互相印证、分析、综合而后着笔的。我很同意美国芝加哥大学夏含夷先生在《西周之衰微》一文中所提出的理论。他说研究西周史，"应以传统史料为基础……同时也当然需要尽量利用出土文物来弥补其不足之处"③。我在本书中也是仍以贫乏的传统古文献资料为本，并利用铜器铭文补苴其罅漏，只不过利用的数量很有限而已。这是因为截止到今天，学术界对西周青铜器的断代问题，仍很有分歧。例如《大丰簋》这样一件西周重器，有人认为是周克商前文王所作（孙作云）；有人认为是克商后武王所作；又有人认为是康王时所作（白川静）。一件重要铜器铭文没有十分肯定的年代学来系属，几乎就难以很好地利用。我们写一部正式的史书，与写学术论文不同，学术研究应当贯彻"百花齐放，百家争鸣"，这有利于对真理的追求、探索，真理是越辩越明；而一部正式的史书或教科书，在立说上则应当慎重其事，对一件铜器铭文，非有十分之见，不敢轻易利用④，稍一粗心，就难以避免"张冠李戴"，对史实不但没有增补，反而又造出新的混乱。因此，我写本书时对铜器铭文利用不多。我主张写史书可以"宁缺毋滥"。由于这种考虑而造成的疏漏，必然会冒"保守""老

① [日本]白川静：《西周史略》，袁林译，三秦出版社 1992 年版，第 7 页。

② 由于殷商人迷信，日常生活做任何事都要算卦来决定，所以甲骨卜辞的内容包括了当时人们的社会生活中一切方面的事，内容是丰富的。

③ 夏氏论文载《尽心集：张政烺先生八十庆寿论文集》，中国社会科学出版社 1996 年版。

④ 对上面我们说的《大丰簋》的时代，从铭文内容和器物的作风、形式考虑再三，我们同意是武王时器，与新出土的《利簋》同时或稍后。

一套"之讥，只有请读者体谅作者之苦心了。

以上五个方面，是我在写本书时注意的重点，这也是与现在流行的史书稍微不同之处，是否正确，只有留给读者去品评和批判了。

三

1999 年 11 月中旬，《中华远古史》的最后一章写完，全书总算基本告成。抚今追昔，感慨万端。盖多年所怀之愿望，日萦回于梦寐间者，仅完成其半（原《先秦史稿》之一半），并且草创伊始，即非一帆风顺，而是经过了一番曲折的过程。

本书写作的缘起，早在 1977 年秋，那时"文化大革命"刚过，我住在北京的人民出版社，修改我们集体编写的一部书稿时，忽然接到上海人民出版社的一封信，要求我把 50 年代出版的《中国上古史纲》稍加修改，他们将重新出版。当时我写信提出：那部书在古代史分期问题上，与"文化大革命"长期必须遵从的说法不合，若必须改成那种流行的说法，我就不打算再版了。很快我便得到出版社的复信谓，出版社主张百家争鸣，完全可以按自己的看法去整理。这样，我便接受了修改《中国上古史纲》的任务。

《中国上古史纲》原为中国通史的第一段，修改应按通史的原则，以简明、通俗为主。可是，我制订修改计划时，却偏大了，逐渐使我产生了一个想法：与其修改旧书受到必须简明的限制，何如另写一部材料较丰富的断代史呢？于是，我提出这个改写成断代史的计划，与出版社联系、商议后，不但得到出版社的完全同意，而且还得到大力支持和鼓励。我乃于 1979 年下半年开始准备编写。这部断代史，从远古到秦末，预计约一百多万字，书名为《先秦史稿》。

在编写这部新的断代史的过程中，当时自己总感到年富力强，同时还接受了校内外许多别的任务，除了在校内负责培养硕士生和博士生之外，曾南北奔波足迹遍及半个中国，最远的是于 1983 年应教育部之聘出国访问了联邦德国，这些当然占去了我的很多时间，所幸在 1980 年我编写的《先秦史稿》草稿，已写到西周中段。这时，我曾与出版社商定，因《先秦史稿》全书分量大，可以分上、中、下三册先后分册出版。于是，我回过头来首先整理上册草稿（自中国猿人至商代），修改、誊清后交出版社审查。大约在 1986 年获知出版社同意上册先出版，告诉我将《先秦史稿》上册修改稿和所附的图片都准备好，寄来即可排印出版。

　　就在我准备图片期间，出版社又开会研究，发现过去出版社分上下册的书分期出版会影响销路，决定今后该社取消分期出版的计划，凡分上下册的书必须一次发稿出版。这样一来，像我这部《先秦史稿》本计划先出上册的打算，自然也就落了空。

　　由于我考虑到这部《先秦史稿》若上、中、下三册全部完稿，还不知到何年何月，当时我手头还有一部民族史书稿，正在完成阶段，无形中我就把《先秦史稿》的写作暂时停顿下来。没想到时间过得这样快，一停就是十年，虽然每年经常收到出版社的催稿信件，我的写作还是毫无进展。在这些年中，史学界一些朋友见面经常问我：《先秦史稿》写完了吗？我只有惭愧，无言以对。

　　1992 年 9 月出版社鉴于《先秦史稿》迟迟未能交稿，责任编辑亲自来天津与我商量有关《先秦史稿》如何能早日出版的问题。因为出版社知道我的草稿已写到西周，所以认为从原始社会到西周末也是一个完整的历史段落，建议能否加一个新的书名首先出版，后面部分写好后，再用另一书名出版。出版社提出的这个办法，我认为可以同意，问题是这一段历史的书名不容易定。最后，我们商定可以按出版社提出的意见，截取西周末以前部分作为一个完整的断代史先出版，书名问题可以从长考虑。

　　1994 年责任编辑来信，建议这部断代史是否可以命名为"远古史"，我考虑"远古"一词是个通名，没有具体年代的限制，可以采用。于是，我又加了"中华"两字，书名就确定为《中华远古史》了。

　　接着，我开始把《先秦史稿》拿出来重新整理时，察觉到原稿毕竟是十年以前写成的，近十年来中国境内又出土了不少重要的古文化遗址和文物，尤其是原始社会部分，必须根据新出土的材料，再一次修改、增订后，才可心安。这一任务，我曾取出前三章誊清稿，请朱彦民同志代我重新审查、修订。所幸我的《先秦史稿》前十章（到商末）都有整理过的誊清稿，现在进一步整理较易。但是，西周部分已写出的约 20 万言仍为草稿，整理起来，就遇到一个问题，我本人主要的力量是继续写下面尚未写完的部分，一身不能二用，哪有时间再去誊清旧稿！这个问题解决不了，这部断代史要急于在近一两年内出版，几乎是不可能的。

　　正在一筹莫展之中，1996 年德国 Trier 大学的教授、汉学家乔伟博士来南开大学历史系进行短期讲学，他是位热心于中国学术事业、倡导中德文化交流的学者，凡是有助于弘扬中国学术的活动，他都乐于支持。当他听说我有几十万言的草稿一时尚无力誊清，当即主动提出解决方案，并大力支持，使这一难题很快就得到了解决。

那时我正决计谢绝一切外务，潜心写作，打算快点写完尚未完成的书稿。但是，在写作的过程中，我的妻子张景巧女士长年抱病，于 1997 年病情加重，接着不幸逝世。老年丧偶，使我情绪一直波动，坐卧不宁。记得在第二年亡妻周年忌日，我所写的《悼景巧》诗中，有"弦崩遽尔成孤雁，步月清宵影自怜"之句，可以想见当时遭到这一巨变的打击。

一直到 1998 年底，我的心情才逐渐地安定下来，觉得《中华远古史》的写作不能再拖了。于是，开始重理旧稿，对所积史料分析排比，按计划进行。原稿已写有五十多万，预计再写十万字，全书即可告竣。可是朋友们怜见我年老体弱，总劝我赶紧收缩一下就成了，不要铺开大写。出版社也希望能尽快出版。可是，我要写的部分包括社会、经济，是西周的重要部分，哪能简单？所以我还是照计划进行。同时，我也不愿意拖以时日，于是加倍努力。有时写到酣处，真是欲罢不能，穷竭所有，日力不足，继之以夜。当时写作已很顺手，进度也很快，估计若按这个速度，一鼓作气，很快就可以完稿。但就在 1999 年 5 月的一天，我的右脚被一根电线绊倒，造成右胯骨骨折，大夫告以回家卧床三个月到半年。静养床上，写作计划自然完全中断。

在骨折卧床期间，正值酷暑的三伏天，连续高温达 37 度以上，而心中还惦记着尚未写完的书稿。这时，不要说铺开大写，就连小写也力不从心了。我曾写过一首小诗《自遣》，诗曰：

> 耄耋老翁犹膑脚，
> 踉跄史海益低迷。
> 蓬莱未卜何方是？
> 几变航标东与西。

这足以想见当时我对史稿写作的焦虑和彷徨的心情。

卧床三个月后，未经大夫的允许，我试着开始坐起和站立活动。可是，长期卧床后一时想立起来，当然是难以如愿的。但我还是坚持每天锻炼。一二十天后，我虽然还不能站稳，可是却能在床上安稳地坐着了。9 月 20 日让家人把书桌放在我的床前，开始我的书稿写作工作，计划每天上午坚持写三小时，下午卧床。这时，由于身体活动不便，只能听从朋友们的劝告，尽量收缩着写。事实上也无力大写，因为自己不能行动，完全依靠别人从书架上寻取所需要的参考书，是很困难的。只能依据自己过去手头已搜集到的材料和几本笔记、卡片等，勉强写作了。

说来还算顺利，自 9 月 20 日到 11 月 11 日不到两个月的时间，我将最后两章写完。至此，《中华远古史》全书全部完稿。

四

本书内容第一部分原始社会，非余所专，且有些问题，考古学者论证已详，折衷取舍，择善而从，其为己说者不多；夏史文献不足，只能依靠地下考古，但二者如何结合，实非易事，凡所论列，至为疏阔，实亦无以加详。商、周部分，亦多根据前人和并世学者的研究成果，推其未竟之绪，而我自己对其中一些问题，经多年的探讨，也建立了一个新体系，提出了一些新看法，谈不上什么成就。但既然与别人有所不同，也可能有其一得之愚，应当提供别人参考。任何一部新著，肯定都是在综合多人的成果基础上，提出自己的新说，或使别人的说法更加明确，这对学术均是有利的（当然，综合前人的成果，使之更深入、更明确，也是一种创造）。尤其是先秦史，由于史料的残缺，坚定不移、合乎客观真理的结论是不多的，大多是一种暂时的说法，或者说是一种"假说"，因为有一些大家长期认为坚不可摧、颠扑不破的说法，到后来，由于新资料的发现，却一个个又被新的结论所取代。我在书中提出的所谓新说，只能是我对此问题的一种理解、看法，是我暂时认为比较心安理得的、暂时性的结论，仅足聊备一说而已。

做任何学问，必须具备两个条件：第一要尽量占有全部有关问题的资料，包括前人的研究成果；第二要有所创新。这两者缺一，就够不上是研究学问了。研究学问好比接力赛跑，是在前人创造的成果基点上前进。所以，我们对前人的任何些微成绩都应当尊重，不能抹杀。一切问题的解决，都有一个过程。最初总是有筚路蓝缕的创说人，他们虽然从古人或别人的旧说中解脱出来，发明一些新看法，但仍不免有些地方受到时代的局限或束缚，因而又可能出现另外的错误，我们绝对不能对前人或别人要求过严。所以，我在本书中本来是想只谈自己的理解，尤其是不要批评前人的说法，不过这是极难办到的，有时想绕弯走，也绕不过去。对前人的有些不妥当或错误如不明确地指出，自己的意见也就无从表达。我们为了真理的探求，只能实事求是，打破"为贤者讳"的旧框框。对前贤一些不妥当的论点，应适当地加以说明。不然的话，会使读者迷惘而不知所从。

总之，这部小小的《中华远古史》的完成，绝对不能看成是我个人的功劳，除了得助于前贤积累的成果外，还得到一些师友的大力支持，才能使本书顺利地与读者见面。在此书行将出版之际，哪能忘掉他们过去付出的劳力和所作出的无数功德呢？

他们中如德国汉学家乔伟先生、历史系刘泽华先生，在我写作的过程中，经常给以关怀和帮助。

其他如在本书内容方面，常得到朱凤瀚、朱彦民两先生的具体协助，尤其是朱凤瀚，有些我需要的资料或科研信息，很多是他供给的，遇到一些犹豫不决的问题，往往是我们共同讨论而后定。

再如赵伯雄、张荣明、陈絜、张经、阎爱民诸先生，有的协助誊清底稿，有的负责对清样的审阅，凡于此书出版有益，均使我衷心感谢，拜嘉无极。

最后，还应一提的是在我患病后期，虽然已勉强恢复了写作工作，但两腿还不能下地行动，生活不能自理，都是靠我女儿、女婿的服侍，我写作时需要的书籍，基本上也是依靠他俩代为寻取。没有他们的帮助，这部书是不能这样顺利地完成的。在美国工作的儿子，于返国探亲的短短十数天中，也帮我誊清部分稿件。在本书即将问世之时，对家人适当地提一笔，恐怕也是应当的。

五

这部《中华远古史》经过多年的惨淡经营，终于全书告竣，自己也获得不少新的体会：第一个就是觉得写书也是一种学习，或者说在一定意义上是一种更重要的学习，它比一般学习更严格地要求我们对问题要从各个角度去考虑，对史实与理论的全部结合和贯通的重述，更能深入地理解所述的理论和阐述的逻辑性。多年来史稿的写作，对我的思维能力、思维方式和研究方法也是一种宝贵的训练，这方面的收获也是很大的。比如我一向欣赏清儒乾嘉学派的治学谨严，并推崇王国维的研究方法，而未陷入旧的一味考据而不能自拔的传统。一个很大的原因，是我学习了马克思主义，提高了认识所致；另一方面也是因为写书要时时刻刻不忘记其目的性，不仅仅是为了给人以狭义的历史知识，而且应当使人学会利用史实，如何追求真理的方法。

长期的写作锻炼给我的第二个体会是：使我真正理解了"学而后知不足"。学习越深入，越发现自己的知识之不足，真像有人比喻学如登山观海，自叹未能穷其涯涘。余幸生于今日，得据时贤之成说勉强完成此书，偶有一得之愚，也常犹豫于取舍之间。有时，稿甫就，却又旋觉其误者。而其未自觉，未能自己删正者，必所在多有；还有一些自己认为是新论点，今天却发现前贤已先我言过，而自己却矜为新创；或者学者早已提出正确的结论，而我孤陋寡闻，尚妄自停留于旧说者。总之，学习越深入，越能发现自己的诸多毛病。只因年已老迈，常以不能完稿是惧。若必待一切完备无误而后发稿，必然是白头可期，杀青无日。今幸得诸君子的扶翼，而完成此苟合之稿，虽多有未惬，而亦决定公布之，聊偿昔日之夙愿也。所以，更望并世宏达匡其不逮，纠其剌谬，以待异日修订补苴，或可稍舒作者寸心之内疚。今此书出版有日，即拉杂书此以为序。

1999 年 11 月于南开大学寓所

（王玉哲《中华远古史》，上海人民出版社出版 2000 年版）

我和中国上古史研究

——《古史集林》代序

大学里的历史系在近年来是比较清冷的，真正愿意学历史的人不多。而且，即便学历史也多半喜欢学近现代。尤其在文化大革命中提出"厚今薄古"的口号后，古代史几乎没有人愿学。而我过去一直学习古史，我是如何走上了这条道路的？说起来话长，这得从我的青少年时代说起。

一、青少年时代

我是 1913 年生的，那时正是推翻清朝建立民国的第二年。我的家乡是河北省深县张邱村，地处河北省的中部。河北省的地势，从地图上看，西北山岭绵延，东南河流交错，是原野坦荡的华北大平原的中心地带。深县东有津浦、西有平汉两条南北纵贯的大铁路；河流方面则是南有滏阳、北有滹沱，深县正处在两条铁路和两条河水的中间。按理说这确是个水陆交通便利、文化开放的地区，何况清末又有桐城派古文大师吴汝纶曾在此建有"博陵书院"讲过学，文质彬彬的文风遗俗在焉，不能说是穷乡僻壤、文化闭塞之地。但事实上，这里民风朴实，安土重迁。尤其是乡下广大农民，更是各自局促在自己农村，很少与外界交往，大有古代那种"至死而不远徙"的质朴遗风，村与村之间，好像是"邻国相望，鸡犬之声相闻，民至老死不相往来"。我自小就是一直生活在这个环境中，到长大成人。

我出生于一个世代务农的封建家庭。我所在的农村约百户人家，大部分是自食其力的自耕农民。农民间的贫富差别不很大。全村没有佃户，没有地主，没有豪富人家，只有几家富农和贫下中农。我家因为平时雇有雇工帮忙，所以，解放后土地改革时被划为富农。我村中的土地比较贫瘠，没有水利灌溉，完全是靠天吃饭。我从记事时起，就遇到过好几次的久旱不雨酿成的大旱灾，渡过几次吃糠咽菜的饥荒生活。我八岁入小学。当时村中有两类初级小学：一类是沿袭清朝读书人自己私办的名为"私塾"的，课程是四书、五经；另一类是民国建立后农民集资创办的，教师是县教育局派来的，课本也由国家规定。这种官办性质的新式小学，当时村人名之为"洋学"，课程有国文、算术、修身等。我上的是这种"洋学"。这种初级小学，在偏僻农村中没有正规学制的限制，爱念几年就念几年。我有一个堂弟弟，与我同年生。他不喜欢念书，经常逃学，念四五年就停学，出外学徒作生意去了。我自幼喜欢念书，在这个初级小学念了六年，实在没有什么可读的了。听说邻村"私塾"的老师姓刘，是前清的老秀才，很博学，于是我又到邻村私塾从刘老师学习。一入学即插入高年级，讲了半部《诗经》。1928 年春才由一个亲戚偕同到县城进入高等小学。

到城中高等小学读书后，仿佛到了一个新天地，课程有国文、英文、算术、自然、地理、历史等，思想开阔多了，知识视野也扩大，知道了我国的国土、历史，尤其是我国近百年来受到各帝国主义的欺凌、压迫。一连串的丧权辱国的国耻，深深刺伤了我的幼稚心灵，爱国主义思想油然而生。

我因为平时喜欢读书，不管什么书，只要能看懂的我都读。所以，在小学读书期间，我的作文成绩是较好的。老师每次在我的作文本上，遇到好的句子，往往用红笔划圈圈，还高声给同学朗读。有一次，县城高等小学全校的学生，不分年级会考作文与书法，我以一个一年级的学生，居然名列全校第一。

小学毕业后升入本县城河北省立第十中学。当时中学学制刚从四年制改为三三制（即初中三年、高中三年）。省立十中是初级中学。我在这里念书时，对文科、理科的功课都喜欢，各科成绩都很好，经常是全班之冠。

二、走上文史之路

初中毕业之后，因十中没有高级中学，若想继续考高级中学，就必须到外地去投考。像我家的经济情况，继续攻读是困难的。我家是以农业为主兼营小商业，比一般只靠农业为生的农业户，生活上略好一点，只供给我一人上本地的中、小学，已不容易，若再继续让我到外地去读书，自己也感到有点内疚。所以，我从小在农忙时，就主动下地帮家大人干农活，什么锄地、收割、拔草等都干过。艰苦生活磨炼了我刻苦学习的意志，也真实地体会到读书之不易。当时祖父、祖母是家长，下面我父亲是长子，还有两个叔父。家中一切事务，祖父、祖母说了算数。对我是否还继续到外地读书，祖父母召集我父亲、二叔、三叔和我本人，在祖父房间开了个家庭会议。祖母首先发言，略说一下商谈的内容，接着述说她和祖父的意见，是支持我继续到外地去念书，问他们有什么意见。当时屋内陷入一片沉寂，无人发言。最后还是祖母说，大家没有意见，就这样定了。两个叔父虽然心中不愿意，因这是老人的决定，也不好反对。于是在 1933 年秋，我到北京考入了北京市立第四中学高中部。从这时起决定了我后来走向文史研究的道路。

我前面说过，我在中小学时，对文理两科都爱好，可是到北京上高中，开始接触大代数、解析几何、球面三角等较深的数学，渐渐感到吃力，久而久之，我对理科逐渐产生了厌烦心理。我上的北京市立第四中学，在北京是个有名的高水平的中学，教我们班数学的马文元老师是北京市有名的数学老师，教学很负责、很严格。记得当年我因读书兴趣对文科功课有所偏爱，不喜欢理科。一次期末考试，我的代数考了个不及格，马先生特地把我叫去质问，当时我支支吾吾地进出一句："将来我考大学文科的。"先生表情立刻变得很严肃，诚恳地对我说："你考文科，数学不好也不成啊！不信你可以去问问胡适（胡适那时是北大文学院院长）。"我当时表情尴尬，窘极了。

自受到这一刺激后，一个强烈的念头激励着我，下决心非把数学拿下来不可。功夫不负有心人，1936 年高中毕业，在北京市举行高中会考，我的数学考了满分。同年投考北京大学，入学考试时，考了九十多分，使我顺利地进入北京大学历史系。

我对文史方面的爱好是怎么产生的呢？回想起来，有两个来源，都是在高中时形成的。一个是高中教我们语文的教师白希三和程金造两位老师的引导。尤其是程金造老师布置我们的课外读物是《史记》。我记得最初看的是一部影印殿版《史记》上下两函。程先生督促我们用了一年多的时间阅读和背诵（程先生现在是研究《史记》的专家）。其中有些列传直到现在我还能背得朗朗上口，这是我后来对学历史感到兴味的诱力。

再一个诱惑我走文史研究道路的是梁启超所写的读物。那时我有个本家叔父名王雨字子霖，在北京琉璃厂从事古旧书生意。他是同行业的版本鉴定专家。每当古书肆中遇到古钞秘籍或宋元旧椠，多请其寓目。所以他能很早结识了政界和学界最负盛名的梁启超。他开的书店也是由梁氏资助建立起来的。可惜在"文化大革命"中，由于康生的点名，被造反派定为"反动学术权威"，被逐回农村迫害至死。这位叔父对梁氏很崇拜。我每逢礼拜天或假期到书店去看书时，这位叔父总是对我讲述过去梁氏的趣闻轶事。他家中的日用品如折扇、砚台、墨盒等物，多存有梁氏的书法笔迹。连其书店的匾额"藻玉堂"三个大字也是梁启超书写的。我经常在这个环境中，耳濡目染，自然会受到一定影响。当年曾把梁氏的一些著作，如《中国历史研究法》《要籍解题及其读法》《古书真伪及其年代》《国学入门书目及其读法》等等，翻阅过不知多少遍。对梁启超有关古典的著作及文史方面的论文，产生了无限的喜爱。

有一次，在读梁氏的《要籍解题及其读法》时，发现他对司马迁开始作《史记》的年代，完全同意王国维的《太史公行年考》，定在汉武帝太初元年的说法。我当时就觉得可疑，因为我正通读《史记》，自然取出《太史公自序》与之相互对照，《自序》明明说"（其父）卒三岁而迁为太史令，紬史记石室金匮之书"，这就是说其父司马谈在元封元年卒后三岁即元封三年，他开始为太史令，当即在"石室金匮"这个国家藏书之处去编辑史书。这也就是说，司马迁是在元封三年即开始撰写《史记》，而不是又五年之后的太初元年才开始。但是，王国维、梁启超皆为当代最负盛名的学者，又是国学大师，怎么会有此疏失？细读《太史公自序》，才发现这是由于王、梁二氏误解了《自序》的一段话引起的。

我们且看看原文：

《太史公自序》："五年而当太初元年，十一月甲子朔旦冬至，天历始改，建于明堂，诸神受纪。"这只是说太初元年这一年"天历始改'，改行"太初历"这件改正朔的大事而已。至于下面的"太史公曰"云云，根据今天所见最古的南宋黄善夫刻本和最普通的如清代的殿版《史记》，都是另起一段，是记太史公与壶遂的问答，述说他撰《史记》之用意，最后说"于是论次其文"，与其前的太初元年这一年毫无关系。并且原文说"于是论次其文，七年而太史公遭李陵之祸"。按李陵之祸在天汉二年秋，上推七年是元封五年或六年，并不是太初元年。可见王国维、梁启超的说法之未可信。我的新说认为司马迁在元封三年即开始撰写《史记》；从天汉二年上推到元封三年，也不是七年，而是十年。因而我怀疑《自序》之"七年"的"七"，可能是"十"字形近而讹。查《汉书》本传，班固全采用史公之文，惟此处作"十年而遭李陵之祸"。至此，我才肯定《史记》盖属稿于元封三年，而非太初元年也。当时我草拟了一篇《司马迁作史记的年代考》。这篇小文的原委是根据现在残存的日记记载，是1934年在高中念书时写成的，也是我从事学术活动的第一篇论文。遗憾的是这篇小文从未发表，而原稿散佚。

三、古史研究的开始

1936 年我高中毕业考入了北京大学历史系，正式学习历史科学。那时，顾颉刚先生的《古史辨》是我最喜欢读的一种读物。因而对古史的辨伪、疑古，产生了极大的兴趣。同时在北京大学历史系讲"中国上古史"课的，是当时古史名家钱穆先生。而钱先生的《先秦诸子系年》也于这时出版，成了我手不释卷的读物。钱先生讲上古史与别人不同，不是从远古讲起，而是先讲战国，再逆向讲春秋。并且也不是一章一节、面面俱到地讲，而是以学术问题为中心，发现问题、解决问题，层层剖析，讲得娓娓动听，很能启发人深入思考。我爱听他的讲课，从不缺席。钱先生的文章和教学，对我的影响颇大。这些因素都在引导着我走向古史研究之路。

在上大学一年级时，一入学我就作过一个课外读书计划，写了一个书目，打算此后按所列书目先后，依次攻读。首先通读《左传》和《国语》，并时时与《史记》中有关篇章对照。最初因受梁启超今文学派的思想影响，服膺刘逢禄、康有为之说，认为《左传》《国语》原为一书，《左传》解经之文为刘歆所伪窜。在阅读《左传》时，总想从中找出一些具体资料，用以证明这种说法的正确性。可是读来读去，在《左传》书中，不但一点线索也找不出来，相反的倒是对今文家这种说法逐渐产生了怀疑。而认为《左传》解经语非刘歆所能伪，《左传》自《左传》，《国语》自《国语》，两书体裁不同、行文各异，决非一书。在细读时也陆续搜集了一些例证，打算写一篇《左传》与《国语》的关系的文章。可是草创未就，一日到北大图书馆，无意中看到当时"北平研究院"出版的《史学集刊》第二期，载有杨向奎《左传之性质及与国语之关系》一文，其论点看法与我的基本相同，而且辨析之缜密，材料之丰富，远远超过我所达到的水平，在佩服赞叹之下，所要写的文章，也就因而终止了。

我在大学历史系一年级的第二学期（1937 年春）半年之内，写过好几篇论文。第一篇是《评孙海波国语真伪续考》，约七千字，1937 年春假完稿，当即向《文哲月刊》投稿（因孙氏文章即刊登在《文哲月刊》第一卷第十期）。未久，收到该刊主编张东荪先生来信，略谓此刊于第十期停刊，稿件奉还（后来我之此文发表在昆明 1939 年益世报《读书周刊》）。第二篇是《晋文公重耳考》，是在 1937 年夏北京上空日机隆隆的威胁声中，勉强完稿，约一万五千言（后来发表于《治史杂志》第二期）。未久，"七七事变"，中日大战爆发。日寇大举入侵，先京、津沦陷，继家乡不保。这时清华大学、北京大学和南开大学，为了不使教育中断，决定迁往湖南长沙，三校联合成立了"长沙临时大学"。

那时，我是北大的学生，我们两三个同学通过华北的敌占区家乡，历尽千辛万苦，经过一个多月的奔波流离，才辗转来到长沙，入了"临时大学"。自以为虽然日寇猖狂，国难日深一日，我们这些莘莘学子，也许可以暂时安静地学习。可是不到半年，长沙也连日遭到日机的狂轰滥炸。一日数惊的校园里，师生们哪能安心上课？临时大学又不得不决定从长沙迁往昆明。

一个庞大的学校长途迁徙，而且又是交通不便的大西南，谈何容易。当时既无铁路可通，又无现代化的汽车公路，只有简陋的土公路，汽车很难通行。惟一的通道是乘粤汉路火车到广州，出香港，航海道越南，再改乘滇越路火车到昆明。一个教育单位，在国内搬迁，还要借道外国，在国际上说也太丢脸。于是学校决定：女生及年老体弱者可以走海路，男生和身体健康的教师组成"湘、黔、滇步行团"步行入滇。当时参加步行团的学生三百多人，我是其中之一。

1938 年 2 月间，步行团从长沙启程，三千六百里的长征便从此开始了。

由长沙西行经贵州、云南，都是崇山峻岭，尤其是贵州境内，真是"天无三日晴，地无三尺平"，我们几乎天天处在万山环抱中。有的山岭高可参天，形势险峻，翻越一座高山，需要一整天。记得在攀越贵州的高山关索岭时，登上陡峭的山顶，向下一望，看到四围山峦起伏，绵延不断，真是气象万千。当时我曾写下"仰登飞鸟道，俯视万峰低"的诗句，记下了在抗日烽火中，我们这支学子大军长征途中，战胜险阻的胸怀和情景。

我们当时虽然经历了一段艰辛生活，但也领略到祖国西南的大好河山，尤其走到风光优美的湘西，远望是青山隐隐，近听则流水潺潺，真是"无山不绿，有水皆清"，景致美极了。有时雨后初霁，更显得山明水秀。当时我有诗句为："山草才经新雨绿，夕阳红处绽桃花"，盖写实也。可是在这个风景如画的环境中，一想到我们之所以至此，实是日本帝国主义入侵造成的，我们的大好山河已成半壁，怎不令人悲愤！我曾写过《湘西行》一诗，记录了当时的心情："客路湘西界，傍山伴水行。山山鸣翠鸟，涧涧响泉声。国破花犹泪，月残猿亦惊。疾时清寇虏，也欲请长缨。"

经过长途跋涉，四月底我们终于到达昆明。那时"临时大学"已改名"西南联合大学"，全程三千六百里的长征，至此结束。

在联大期间我为了研究中国上古史打好基础，广泛选修文史、诸子、音韵、训诂等课程。学中国哲学史于冯友兰先生，学《庄子》于刘文典先生，学《诗经》《楚辞》于闻一多先生，学声韵学、训诂学于罗常培、魏建功两先生，学古文字学于唐兰、陈梦家两先生。我后来在科学研究上作出些许成就，是与这几位专家学者的教导、启迪，给我打下了深厚基础分不开的。

四、一段小小的波折

在大学本科四年的学习期间，总感到自己对中国史知识贫乏，根底浅薄，仅就我所喜好的上古史这个断代上说，也同样如此。有些古史问题，若想深入研究，经常感到吃力。所以，下定决心，大学毕业后要投考研究院作研究生，继续学习。

1940 年从联大毕业后，立即投考北大文科研究所。根据学校规定，必须交一篇论文，经审查合格，才有资格考试。我把论文交上，在等候通知考试期间，忽从联大同学中传来流传的谣言，说北大研究所已决定，不录取刘熊祥、王玉哲……等三名学生。刘熊祥是我的同班同学，他来找我商量说，学校既已有此决定，不如自觉地撤回论文改考别校，以免将来名落孙山很不光彩。我犹豫了很久，决定还是试一试（刘熊祥后来考取浙大研究生）。

无风不起浪，这个谣传怎么起的呢？

在 1938 年春，西南联大文法学院因校舍问题，改在云南蒙自上课，我是历史系二年级的学生，选了刘文典先生的"庄子"一课，作了一篇读书报告，题为《评傅斯年先生〈谁是《齐物论》之作者〉》一文。我对傅先生认为《齐物论》是慎到的著作，不是庄周的说法，提出异议。当时颇得刘文典先生的赏识。当年秋后文法学院从蒙自又回到昆明。我这篇文章在联大教师间有所传阅。联大教师如冯友兰、闻一多等先生都读到我的原稿，极为称赞。顾颉刚先生以前同意傅斯年的说法，在读了我那篇文章后，也改变过来，并主动推荐寄到《逸经》杂志。因为傅先生是我最尊敬的学者之一，未经他同意我暂不发表。所以，我又请顾先生把稿子索回。罗常培先生正主编《读书周刊》需要稿件，对我说，他想把我的文章拿去请傅先生作个答辩，与我的文章同时刊出，我同意了。可是傅先生看到我那篇文章后很生气，不但不写答辩文章，而且对我的意见很大。因此，我之此文便一直庋置箱底，至少在傅先生在世时我不打算发表了。

这个事件在联大师友之间颇有流传。我在报考研究生之前，曾在昆明报刊上发表过几篇小文，在识与不识的老师和同学之间，认为我的学习成绩是较好的。中文系主任罗常培先生在讲课时就曾举例说，历史系有个学生王玉哲爱作翻案文章；又如朱自清先生在课堂上讲到《左传》时，也曾提过我讲《左传》性质的一篇文章；冯友兰先生在课堂上讲庄子时也提出我论《齐物论》的那篇文章。这都是听课的同学后来向我透露的，有的还向我借那篇文章去读。1940年暑假前，我是在这种气氛中报考北大文科研究所的。有的同学对我说，你的成绩好，考取绝对没有问题；有一个教过我日文的老师对我说，只要不是傅斯年看考试卷，就一定会考上。我也被这些称赞冲昏了头脑，也认为考试很有把握。

当时北大文科研究所所长是胡适先生，副所长是郑天挺先生，胡先生在美国未归，由傅斯年先生兼代理所长。听说傅先生在审查我的论文时，一看我的名字，就把我的报考论文提出来，对别的老师说，这类学生我们不能录取，他的城市气味太浓，不安心刻苦读书，专写批驳别人的文章。可是其他审核论文的老师，老给我说好话，并大力推荐。于是论文一关算通过。另外还有笔试，也勉强通过。最后是口试一关。面试我的老师，正是我最怕见到的傅先生。傅先生问我几个问题，记得全很难回答，其中有一问题是：《秦公簋》铭文中"十有二公"是哪十二公，是从非子算起，还是从秦仲算起？还是从襄公算起？该器是什么时代作的？这一连串问题，问得我张口结舌，汗流浃背。我完全没料到会问金文上这些问题。

当天考试下来，我自然是捏着一把汗，对我今后的去向渺茫了。

后来听说在录取会议上，傅先生本来主张不录取我，为了照顾其他先生的意见，最后把我录为"备取生"（过去学校招生，在正式录取名额以外，还录取数名，以备正取生不到时递补）。并且说，他还要到四川去招生，如果招不到更好的，再把我由备取转为正式生。

这段经过对我的打击很大，使我在联大同学中抬不起头来。这时联大已放暑假，同学们都尽情地享受轻松愉快生活，而我则愁眉不展，坐立不宁。我的同班好友李埏，这次已经金榜题名，他是云南路南人，就要束装返里，对我处境很同情，对我说，备取生递补的机会很大，叫我不必过虑，他说等开学后，一有喜讯他会马上通知我。他又强挽我随他一同到路南他的老家去，顺路去游览全国闻名的"石林"名胜。

那年暑假一晃即过，学校也开学了。幸运得很，开学不久，李埏即去告诉我说，我已被正式递补。就这样，我才正式入了北大文科研究所。

五、研究生的生活

北大文科研究所原设在昆明城内靛花巷。后来因为日机经常轰炸，为了让研究生安静地读书，所以又迁到昆明北郊区龙泉镇外宝台山上，与中央研究院史语所为邻。我到靛花巷入学不久，便也搬到宝台山上，安顿完后即由两位老同学带我去拜见我们的所长傅先生，傅先生家就住在宝台山下，见面之后傅先生非常客气，对我问长问短，旧事一字未提。这时我已正式成了他的学生，变成师生关系了。

我的专业是先秦史，听说傅先生本来是作我的导师的，由于这时中日战事、昆明吃紧，傅先生专职负责的中央研究院史语所，于 1940 年冬从昆明迁往四川李庄。我没有随傅先生到四川，仍留在昆明，我的导师就改由唐兰先生担任。唐先生第一次同我谈话，即告诫我说："可研究的题目很多，今后还是以少写批评别人的文章为好。"这个善意的教导给了我很深的印象。唐先生在当时已是古文字学的权威，甲骨、金文专家，正好指导我试闯古文字关，作为我深入研究古史的基石。

入研究所的第一年，在导师的指导下，广泛接触金文、甲骨。1940 年冬唐先生教我把宋代著录的金文，仿吴大澂、容希白两氏之书例，编集起来，并于每字之下，注出其辞句。未及一载而书成，名为《宋代著录金文编》（稿本上下两册），所谓继事者易为功也。接着我即以《獯狁考》为硕士学位论文选题，开始了我的学术研究生活。

当时研究所座落的龙泉镇宝台山，距昆明城约二十里，几乎受不到日机的威胁。昆明历次被轰炸时，我们往往仰卧在山坡上，看到敌机飞临昆明上空，一阵俯冲投弹，只听轰然一声，整个昆明城，被一团翻滚的茫茫烟雾笼罩得完全看不见了。

平时我们所居的小乡镇龙头村，人口仅数十户，荒僻清冷，几不闻人声。附近风景宜人，南有"黑龙潭"，北有"金殿"诸名胜，读书之余，可以纵情游赏。当时我们的研究所与清华文科研究所在司家营，北平研究院历史研究所在洛索坡，都相距不过二三里。这一带自然形成了一个小小的文化区。我们研究所的部分导师如罗常培、汤用彤、姚从吾、郑天挺诸先生，后来也迁到这里来，除了到联大上课时进城外，一般都和我们研究生共同生活，朝夕相处。我们隔壁还有一个破落寺院"响应寺"（冯友兰先生家住在这里），仅住着一老僧，从不见他拜佛诵经，而外面香客亦复鲜过。这真是一种近乎旧式书院的清静生活。几十个同学每天除了各自读书和写作外，便促膝互相切磋或辩论，为了一学术问题，有时争得面红耳赤。当时那种切磋之乐，现在回想起来，仍令人为之憧憬不已。

我是学古史的，深入研究，有时必须借助于古文字学与古声韵学两门学科。其中古文字学，亲炙于导师唐兰先生，受到耳提面命，获益良多；而古声韵学一门，多少带有一些口耳之学的性质，没有师友亲自指导，专靠课堂听讲或自学是困难的。我后来在这方面有一知半解，很大程度上是与一些专攻语言、音韵学的同学——马学良、周法高和殷焕先等对我不厌其烦的亲口指点分不开的。当时我们同学住的是临时建的小土屋，我住的是一间较大的房子，房子一分为二，一半是研究所的藏书，是用书箱砌成的几个书架；另一半住着汪筱、周法高、殷焕先和我四个同学。所以我们这个屋既是图书室，又是研究室和宿舍，周法高说是"三位一体"。简陋是够简陋，但对我们来说，想看什么书，随手取来，非常方便。乡下没有电灯，晚上我们是在一盏如豆的菜油灯下攻读的。我们的读书和研究很自由，导师只是宏观地指导，没有严格的作息时间，同学们学习起来都很努力。有的同学喜欢开夜车，都是夜间学习，在昏暗的油灯下，用毛笔抄写成蝇头小楷，一叠叠的学习卡片，都是夜间的产品。一干起来就是连着几个通宵。但我们也不是天天干巴巴地死读书。有时也聚在一室开玩笑取乐。比如有一次，因为当时正所长虽然是傅斯年先生，但真正关心我们生活和学习的却是副所长郑天挺先生，于是有人戏编一副对联，上联是："傅所长是正所长，郑所长是副所长，正副所长掌研所"，下联是"贾宝玉乃真宝玉，甄宝玉乃假宝玉，真假宝玉共红楼"。作者是谁，我不知道，后来听周法高说，作者是刘念和同学，可见当时我们也够调皮了。

就在这个学术环境中，经过一年多的日日夜夜的努力，到1942年10月23日，我的学位论文《猃狁考》，始底于成，参考文献一百三十多种，都十余万言。过去古史界凡谈到古代少数民族猃狁的历史，都跳不出王国维《鬼方、昆夷、猃狁考》的说法，认为猃狁与鬼方、昆夷为一族，至其出没地望，多谓在宗周之西，或谓在宗周之西、北、东三方等。这些说法皆有可议。王氏对鬼方、猃狁的历史研究有一定收获，其开创之功不可没，但时至今日，甲骨、金文材料日富，王氏的说法，已感到有些龃龉。我的研究完全打破了过去之成说，提出猃狁一族在殷商时名"吕方"，而鬼方则为另一族。至于与猃狁有关的地域，如古之"太原""焦、获"，"洛之阳""镐、方与荍京"等之地望，"罍虖"与"余吾"的关系等,无不为之重加论证,广征博引,条分缕析,使猃狁历史的来龙去脉比过去完全改观了。

1943 年春我年满三十,研究所于 3 月 3 日为我举行了硕士学位毕业论文答辩会议。我的论文得到答辩委员们的一致肯定,顺利地通过了,我的研究生的学习生活,至此结束。

六、大学中的教读生涯

1943 年秋,我受聘为私立华中大学历史系副教授,开始进入我的科研与教学相结合的终身事业。

华中大学原来校址在湖北武昌,中日战争爆发后,迁到云南大理。大理地处名胜苍山、洱海之间,风景优美,但僻在滇西,交通不便,文化闭塞,即便是在战争高峰期,也从来见不到日机肆虐的踪影,倒是个宁静的读书环境。可惜华中大学所藏图书贫乏,教学还勉强凑合,进行科学研究,就有点捉襟见肘、困难重重。在居留大理期间,我就写过一篇稍像样的文章《鬼方考》,是《猃狁考》的姊妹篇,曾获得当时教育部 1945 年度学术发明奖金。就在这年的八月份,日军投降。长达八年的抗日战争结束了。翌年 1946 年 4 月随华中大学复员迁回湖北武昌原校址。我又在武昌呆了一年,在华中大学任副教授已满四年。1947 年秋长沙国立湖南大学来函商聘我为正教授。于是我又南赴长沙湖南大学历史系教书。1948 年暑假前,接家书,得知我父亲在天津病危,要我回北方去照顾。这时正处在如火如荼的解放战争,期间北去的火车,早已不通。我向湖大辞职时,湖大就以交通不便为由,不接受我的辞呈。后来见我北返省亲之意已决,这才允许我北返,但叫我必须接受湖大下年的聘书,说希望我北返探亲后再回湖大。如到那时实在不能回来,也就算了。当时北返的陆路不通,于是决定先到上海,改乘轮船航海北上。7 月 25 日从长沙首途,辗转至 8 月 3 日始到达天津。到津后,看看我父亲病势危殆,短期内是离不开天津的,乃于 9 月改应天津南开大学之聘。在南大历史系教学仅半年,天津就解放了。

1949 年 1 月 14 日天津解放,10 月 1 日中华人民共和国成立。

我是从旧社会过来的"知识分子",受旧思想文化的影响,对这场改朝换代的时局巨变,在很长一段时间内是抱着疑惧心理的。因为过去在旧社会里,长期面临帝国主义的猖獗侵凌,政要当局不是励精图治,而是上下贪污,腐败无能。各党派斗争日烈,谁是谁非,令人眼光缭乱。自己于是下定决心,今后要一心一意把书读好，不谈政治，要以治学许国。可是这种想逃避政治斗争、洁身自守的想法是与新社会格格不入的。从 1952 年以来，党中央发动的大规模的"政治运动"，如"肃反""整风""反右""四清"等，"思想改造运动""兴无灭资""大跃进""拔白旗""大鸣大放""大辩论"等，一个接一个如狂风暴雨般地袭来，"自我批判""自我检查""交心""人人过关"等，几乎连年不断，一直到 1966 年开始的"文化大革命"的十年浩劫，极"左"思潮可以说走到了极端。

在以"阶级斗争"为纲的年代里，任何工作都是以"政治"第一，其他都应是第二位的。当然，学历史、进行科学研究，是为了政治的需要，这本来并不错。我也反对那种所谓"纯客观"的看法。那种以为学历史、进行科研仅仅为了求真实，这还是为学习而学习的"客观主义"，学习历史既与政治、与当今现实毫无关系，我们又何必吃饱饭无事干、去浪费那么多人力物力搞古代那些闲事？学"古"还应当是为了"今"，鉴往知来嘛！历史发展是有规律可循的，前车之覆，为后车之鉴。所以，我们研究历史，就是为了政治，为了当今现实，在这一点上没有错。不过，任何"真理"，说过了头，也会变成荒谬。多年以来强调搞政治学习、搞阶级斗争，长年累月不分具体时间地搞，肯定会挤占了搞其他工作的时间。记得前两年，有一次与我的朋友胡厚宣先生闲谈。我问他，为什么我们在台湾的一些老同学都是著述等身，都有成本大套的著作出现，而我们的成绩显得可怜了？他说，我们这多年天天搞政治运动，在这方面他们又望尘莫及了。当然我们是在当笑话讲，但从中不是也多少反映出一些值得反思的问题吗？

历史发展是错综复杂、充满着矛盾的。任何问题都不是绝对的。说好就是绝对的好，说坏就是绝对的坏，这种绝对主义的看法，是错误的。历史事物都是一分为二，往往是好中有坏，坏中有好。新中国成立以来我们从事政治运动是多了一些，从时间上影响和耽误了做别的必要工作，但也正是在这个长期浓厚而严肃的政治空气中，我才能够扎扎实实、死心塌地地读了一些马克思主义的重要著作。如恩格斯的《家庭、私有制和国家的起源》、马克思《资本论》中讲地租的部分，不知翻阅了多少遍，使我多少学会运用马克思主义的立场、观点和方法处理历史问题，使我的古史研究，能站得更高些，观察问题更能深入些。这一方面在我的科研生活中不能忽视。

七、古史上的点滴耕耘

我对古史的学习和研究，新中国成立以来，可以"文化大革命"为断限划分为前后两个阶段。前期是从 1949 年到 1976 年文化大革命终止。这二三十年期间正是政治运动频繁，学生、教师都强调以政治为主，业务为次。所谓科研只有领导上提出与当前政治运动密切相关的题目，和为了教学编写教材，有些是集体编写。至于其他内容的科学研究，根本谈不上。在这个经常下乡"劳动一个月，胜读十年书"的年代里，我也半偷偷摸摸、半公开地写过一些论文。有关社会史方面，主要的有：（1）《试论商代"兄终弟及"的继统法与殷商前期的社会性质》（1956 年），其中较新的论点是认为商的前期还未正式进入奴隶社会，而是正处在两种社会的过渡阶段。（2）《有关西周社会性质的几个问题》（1957年），该文仍坚持西周不是奴隶制，而是已进入初期封建制。（3）《中国上古史纲》（1959 年），这是我的上古史课的讲稿。上海一个出版社在"反右"过后索去打算出版，这时与我要好的一位四年级同学，特别来劝告我，最好不要出版，说过不了一两年对老师的讲义还会要批的。可见那时出书是要冒风险的。

我的古史研究工作，除了上面提到的有关社会史的之外，还有民族史方面，也是我的研究重点。举两篇有代表性的：《楚族故地及其迁徙路线》（1951 年），和《论先秦的戎狄及其与华夏的关系》（1955 年）。另外，还有一些讨论孔子的、讨论土地国有制的、讨论让步政策的文章。其中关于让步政策问题，在"文化大革命"期间，一直是我的所谓"罪行"之一，受到批判。可是，我读马克思、恩格斯的著作，明明也说过"统治阶级被迫让步"一类的话，并且不止一次，但是不敢辩。一个朋友忠告我，不能辩，一辩就被认为你是顽固不化反动分子，更不得了。

"文化大革命"以前，我正当四五十岁，精力旺盛，应当正是出学术成果的时期，可惜我却在极"左"思潮中，一大半时间白白地混过去了。

自 1976 年 10 月粉碎"四人帮"，"文化大革命"结束以后，久被禁锢的思想界开始解放，我的学术生涯才从前期转入后期，在学术上可以大踏步前进了。可是我的年龄已 65 岁，要把以前浪费的时间赶回来。这时也可以说是整个学术界到了黄金时代。比如对古史分期问题，由来很纷歧，未能统一。五十年代开始编写全国统一的历史教材，决定采用郭沫若先生的说法，即：战国以前为奴隶社会，以后为封建社会。在课堂教学时，教师最初还可以申述自己不同的观点，到后来便只能照本宣科，不敢透露自已不同的主张了。"四人帮"被粉碎后，学术界在学术问题上，又可以自由研究、自由讨论了。1978 年《历史研究》编辑部和《社会科学战线》编辑部联合在长春召开中国古史分期问题学术讨论会，我被邀请参加，并被选为大会主席团成员。开幕当天，我曾在大会上宣读题为《西周春秋时期的民的身分问题》的论文，再一次论证我所坚持的西周为初期封建社会的说法，对多年来社会流行的西周奴隶说提出异议。又在 1983 年发表了《西周金文中的"贮"和土地关系》，以期解决西周初期封建制下土地制度史上一些关键性问题。

我多年所致力的另一科研项目，是中华民族的早期的一些疑难问题。如对夏、商、周三族早期的居地及其迁徙活动的轨迹，从 1982 年到 1985 年先后发表过三篇文章：《夏文化研究中的几个问题》《商族的来源地望试探》和《先周族最早来源于山西》，发表在《历史研究》和《中华文史论丛》等杂志中，引起史学界的注目。关于如商、周时期的少数民族鬼方、猃狁、犬戎等的学术问题，也是我多年来研究的问题之一。其中部分成果，曾分别在《历史研究》《考古》等杂志上发表过。从事民族史的研究时，我试图尽力阐扬如何认识民族的自我价值和怎样增强民族的自尊心、自信心，增强中华民族的凝聚力等问题，使这项研究具有时代意义和现实意义。近几年我曾计划出一部《中华民族的早期源流》，已成稿约三十万字。全书虽大致完稿，但誊清整理，尚需时日。一俟有暇当克期完成。

目前，正在撰写的断代史《先秦史稿》，计划为一百万字，殷商以前已交稿，西周部分也接近尾声。第一册约五六十万言，名为《中华远古史》先期出版。以后还要写下去。

在几十年的教学与科研中，也逐渐摸索出了一些治学经验，曾写过两篇文章：《漫谈学习中国上古史》（1984 年）和《学习历史科学应具备的态度》（1983 年），总结治上古史应具备的态度和方法。发表后，颇受学界欢迎。

回顾自己教学和科研，已经几十年了，时间不为不长，也经过了兢兢业业的不懈努力，但读书与写作的计划，还是百不一酬。所作出的成绩或成果，仍寥寥无几，却赢得了不少社会的认可与职称、地位，如南开大学教授、博士生导师，中国先秦史学会副理事长，中国孔子基金会会副会长，还有其它一些学会聘我为名誉理事或顾问等等，感到真是妄得虚名。所以，总想在科研路上贾其余勇，继续拼搏下去。可是，今年（1998 年）我已 85 周岁，虽身体尚健，但已感到力不从心，工作效率大不如前。我深切感到为学无涯，而韶光易逝。

计划 90 岁以前把所要写的几部书完成后，上古史的研究即告一段落。我的业余爱好是书法和绘画艺术，到 90 岁以后，我就要纵情书画，以娱晚年了。

王玉哲于 1998 年 2 月 24 日

附记：

按本文第四节谈到顾颉刚先生对我写的关于《庄子》的一篇文章"主动推荐寄到《逸经》杂志"。近翻阅我保存的顾先生于民国二十八年（1939 年）3 月 26 日写给我的信中谓"大作《齐物论》作者一文，此间未易发表，适重庆《经世》半月刊来征稿，因以付之，未及事前征求同意为歉，想承允可也"，可见原文所说"逸经"当为"经世"之误，特此更正。

1998 年 8 月 18 日玉哲记

（此文初载于《学林春秋——著名学者自序集》，中华书局 1998 年版。又转载于《学林春秋·初编》，北京朝华出版社 1999 年版。再刊于王玉哲《古史集林》（南开史学家论丛第一辑）代序，中华书局 2002 年 9 月版）

附录 《古史集林》跋

《南开史学家论丛》编委会负责同志为了表明南开大学多年来在学术科研方面作出的成绩，要给我出一本史学论文选集。我过去虽然作过一些学术研究论文，并且也自我感觉在一定程度上，每篇都有些创新，但是值不值得出"选集"，却毫无自信。后来想到借这种方式，让学术界对我的研究成果再一次地给以批评、验证，不也是一个很好的机会吗？所以答应下来。

为人质地鲁钝的我，写出的论文，自然不会有什么高深的理论创造。不过我总认为搞历史科学，起码的必要条件之一是求其真实。只有历史的真实，才可以起到借鉴作用。史实不真实，历史就成为毫无意义的东西了。所以，我的历史研究，只不过是"实事求是"，求其"真"而已。

本集共选论文三十八篇，按其内容性质，大致分为六组：第一组一篇，属于总序性质。第二组八篇，是讨论有关社会阶段性的诸问题。第三组、第四组各八篇，是几个为解决重大历史事件的古史地理问题。第五组十一篇，是有关古民族、古文化中的问题。第六组两篇为古史鳞爪。

上面我说过，所选的每篇，在一定程度上都有些创新，但是，这些新的说法能否站得住脚，完全要依靠广大读者的评判和赐教了。顺便举其中两个例：比如"太原"与"大卤"的问题。我认为远古的"太原"（亦即"大原"，大、太古为一字）是周族人祖居之地，戎狄就以周族的族名名其地，于是"大原"出现了"大周"之名。又因古文字"周"字与"卤"字形体相近，因而又错误地出现了"大卤"之名。这也就是《春秋经》晋败狄于"大卤"，而《三传》则皆作"大原"的由来。并且，我认为大原、大周、大卤、周原四名原是一地，实乃异名同实。这个说法我正式公之于世已有多年，可惜到现在仍未见到学术界的反应。

又如另一有关周平王东迁的重大历史事件，传统的说法谓：西周亡于犬戎之祸，周平王得到秦襄公的护送，为了远避犬戎，才东徙洛邑建国，东周于是开始。这是根据司马迁《史记》的记载，大家信而不疑。其实这是错误的。我认为真实的历史与此正相反。周平王东迁，不是为了避犬戎，而实是为了远避秦襄公的武力威胁，才不得不东迁洛邑。这是件重大的历史是非问题，是需要学术界的讨论、批评和赐教的。

至于本集最后两篇，是我在读大学本科一、二年级时的学习报告，与我从事学问的成长有关。如第一篇考晋文公年寿，曾得到当时著名的古史专家顾颉刚先生称赞为"详征博辩"，谓"虽子长复生亦无能自解辩矣"，对我很有鼓励作用。第二篇论庄子《齐物论》的作者问题，虽然我一直没有正式公开发表，但它也曾引起了部分学者的重视。这两篇幼稚的作品，为了保存我在为学成长过程中一鳞半爪的脚印，也就"过而存之"了。

余游学于文史之林，迄今垂六十余年，而所得仅区区若此。琐屑史点，如不及时搜集起来，亦可能将散失于无何有之乡。因而效"敝帚自珍"，卒允而集印之。

王玉哲识于学不厌斋

2001 年 7 月

《中华民族早期源流》自序

先秦民族史写作的宗旨

"中华民族"是以汉族为主体、结合着全国五十多个少数民族的统一的多民族国家。这个多民族国家的特征，既是统一的，而各个民族又都保持着各自民族的特色的社会结构。那么，这种类型是怎么形成的？经过了什么样的具体复杂的过程？必须从历史上去追究。又因为它根植于遥远的先秦时期，所以，对中华民族早期这段历史的深入研究，对理解我们中国的现实问题极有帮助。因而，对先秦民族史的学习和探索，也应当是当今史界一项严肃的历史任务。谚语有云："知今宜鉴古，无古不成今"，此《中华民族早期源流》之所为作也。

一、"中华民族"的内涵

"中华民族"包括当今中国境内 56 个民族多元统一体的实体。这 56 个民族从历史上形成了他们之间既互相斗争、又互相依存统一，而又不能分割的整体。从远古的历史上看，在"中华民族"出现以前，中原及其周围地区，星罗棋布似的居住着无数的不同种姓的氏族和部落。他们的社会组织和文化的高低各不相同。在夏、商、周三代长期历史发展过程中，一些血缘关系密切和虽无血缘关系、而交往比较密切的氏族、民族，例如夏族、商族与周族三族，通过斗争和交往逐渐融合与陶铸，形成"华夏族"这一民族和文化圈。"华夏族"就是秦汉以后的"汉族"。

其他一些少数民族的文化圈也在同时或稍后的朝代里，以同样方式形成另一个或几个少数民族的文化圈。同时也还有一些少数民族在互相斗争中，从历史上消失了；又有一些新的民族出现了。所以，中国在各个时代中，民族成分是不同的。今天我们所谈的"中华民族"或"中华民族文化"①，应该是现代中国各族人民的祖先共同创造的几个文化圈之总和的统一文化。其文化源头因而是多源的。有的来源于华夏族，有的则发生于中国各时代的其他少数民族中。因此，说到"中华民族文化"的构成因素也是个多元的统一体，绝不是只由华夏人独创的，而是除了华夏族，还包含着有些古老的少数民族文化在内。许多古老的少数民族当时都有其自己的古老文化传统，其祖先也创造过具有其地方特性的古文化。后来这些古文化传统，在华、戎杂处的局面下，诸族文化互相交往、渗透、融合，逐渐演变形成了"中华文化"中的部分内容。"中华文化"这种"兼收并蓄"的特点，也是使"中华民族"之所以能长期永存的原因之一。

历史上各民族发展的速度、快慢不同，其跨入"中华民族"文化这个门槛的步伐，有先有后，但都以自己特有的文化传统组成并丰富了"中华民族"总的文化内容，都是"中华民族文化"的缔造者。

"中华民族文化"内，诸族只保持着相对的共同性，但各族之间同时仍保存着各自的相异性。大家均以华夏族的文化生活（语言、风俗、习惯、心理状态）为主干，长期的经济往来，构成较稳定的一种整体文化。尤其在秦、汉以来各世代中，中国就形成以汉族为主干的、比较稳定的共同文化。这些不同的民族，不管是在同一政权或在同时并存的其他政权下，各个民族为了共同利益和愿望，对这种相对统一的"中华文化"有意无意地产生一种一致的凝聚力。这种凝聚力的心理，促使着同时并存的对立的政权，迟早也会逐渐统一起来。

二、文化上统一性的重要

从历史上看，文化上的统一对历史的发展、形成和定型起着重要的作用。最明显的如中国历史上的夏、商、周三代形成"华夏文化"以来，经历了群雄并立的春秋、战国，走向秦、汉大一统的帝国，政治上完成了一统局面的定型。后来，虽然又出现过一度的分裂，如三国、魏、晋，以及稍后的五代、十国，接着又经历了辽、宋、金各代，都是几个不同民族政权同时并立。这时老百姓尽管居住在不同的分立国度里，他们所奉行的生活习惯却仍是同一个"中华文化"。所以，当时国家政权分裂，而"中华文化"仍是统一的。这种比较稳定的多民族共同的统一的"中华文化"，使他们为了共同利益有着浓厚的一致性和向

---

① 关于"中华民族"或"中华民族文化"的基本内涵和概念，我们多采纳费孝通先生的说法和意见。见费氏所著《我的民族研究经历和思考》，《新华文摘》1997 年第 6 期。这是原文的简化稿。原文见于《北京大学学报》1997 年第 2 期。费氏的很多说法是完全正确的。

心力。作为一个国家，政治上当然需要统一，而政权上的统一则必须有文化上的统一作为后盾才能巩固。因而，文化上的统一的重要性，从某种意义上说，并不亚于政权上的统一。而文化上的一统，是历史上通过民族间的交往而自然形成的。

三、"民族意识"与"中华民族"多元统一体的形成

任何一个民族的形成，其成员对其本族共同体必须有一种强烈的"休戚相关、荣辱与共"的一体感。凡属于同一个民族的人们的认同感和一体感，是这个实体在人们意识上的反映，这就是"民族意识"。

"民族意识"的定义，最初是从苏联引进来的，经过中国人的加工、改进而完成。最初苏联人的定义是："人们在历史上形成的一个有共同语言、共同地域、共同经济生活以及表现于共同文化的共同心理素质的稳定的共同体。"苏联传入的这个定义有其优点，但也含有不妥之处。如其中的"共同地域"就是一例。因为提出"共同地域"极容易与"国家"的特征相混（因为"国家"是和领土密切结合在一起的）。近年来西方有些地区、国与国之间因此就出现了一些民族纠纷，民族战争连绵不断，这是一个主要的原因。费孝通先生建议对从苏联输入的这个定义加以修正，用"民族聚居区"代替"共同地域"①，这就免除了这个后患。

"中华民族"包括中国境内 56 个民族的实体。依据费孝通先生的说法，也不仅仅是 56 个民族加在一起的总称，而是指这 56 个民族从历史上已经形成了相互依存的统一而不能分割的整体。其中每个人都视为"我们是中华民族"，都有这个"共同意识"，也就是：共休戚、共存亡、共荣辱、共命运的情感和道义。56 个民族之间当然也有矛盾。因为各民族之间，语言不同、生活习惯有差异，"差异就是矛盾"，这只是内部矛盾，是对立的统一体。这个多元的统一体，通过多年来的矛盾与交往、逐渐互相适应于多变不息的内外条件而获得这个共同体的生存和发展，形成了现在这个"中华民族多元的统一体"。

四、对学术上不同的争论应正确对待

"民族"问题是个政治问题，从史学上说，它又是个复杂的学术问题，是需要通过大家研究、集思广益，才能正确解决的。本书《中华民族早期源流》是

---

① 参看费孝通《我的民族研究经历和思考》，《新华文摘》，1997 年第 6 期。

笔者对先秦民族史长期从事研究、提出的一部较有系统的学术论著。它既不是单纯的论文汇集，也不是一部对中国所有的民族，面面俱到、系统的民族史，而是多少保留着若干学术研究的痕迹。笔者对先秦史较重要的几个民族的一些重大问题，做出了较为深入细致的研究，提出自己的看法，自成一家之言。因而所见每与时贤不同，有些浅陋或错误的论点，必不可免。所以，我诚恳地欢迎学术界提出讨论或批评指正。

任何一种新学术观点的出现，在开始时难免有一些不成熟之处，但新的说法与传统的说法不一致、甚至互相抵触，这也是科学研究发展过程中难以避免的，或者说也是应当出现的现象。当然，对过去已经明确的学术结论或历史规律，我们必须予以充分尊重。但是这些旧的学术结论或历史规律，当在新的情况下或新发现的资料前，似乎已不能用旧的结论或说法去解释时，应当允许提出修正意见。纵使新的修正意见还不够成熟、圆满，也应当允许其存在，留待以后补充。对那些与传统的结论相反或抵触的新说，一般的说，不只是应允许人家存在，而且应当欢迎新说的提出。因为任何科学的发展或进步，必须通过"百家争鸣"，才能发展壮大。若长期舆论一致，死水一潭，学术是不会向前发展的。

也会遇到另一情况，有时即使作者本人对自己新说有较大的信心，也不能担保它能得到所有读者的赏识。因为在不同的人的眼里，对同样材料可能看成一幅不同的图景，作者和读者不可避免地要随时受到个人先入为主的成见和个人感情的不同，而产生不同的看法。本书所用的研究资料，在别人手里，也可能得出完全不同的处理和应用，而且也很可能得出截然不同的结论。可能有一方的作者对材料的处理有所不当，而不自觉造成了分歧。所以，对不同的看法，总是要抱以欢迎的态度。在这种情况下要求人家接受你的新说很难，有时甚至要求人家平心静气地来讨论，也很不容易。只要读者能耐心地阅读完笔者的论点，并对本书作一个比较全面的理解和评价。我就感到心满意足了。

本书个别章节写于几十年前，当时的提法有的不妥当，或征引有错误，后来有的已经陆续随加改正。还有些论点，过去颇自矜为新创，但在正式公布之前，却发现已有人先我而发之。自己深喜与时贤遥符冥契，然其论点既与余说一致，乃将余说径自删去，而改从之。若偶对余说保留，则必将人家说法加以注册，以避有掠美之嫌也。

钻研古史越深入，越感到其无尽无休。余幸生于诸同道学者之后，能得据人家之成说以推其未竟之绪。然此稿整理甫就，仍有旋觉其误，其不自觉而有待纠正、补苴于后人者，殆必有倍蓰焉！对自己的点滴成说，岂敢侈望以自足邪！

本书所讨论的四大问题

本书讨论的是先秦民族史，其中疑难问题太多，我们只能重点地挑些与传统看法不同的部分问题，提出来向读者请教。

一、夏、商、周三族是同时并立的三个氏族

我们认为：夏、商、周三代是同时并立的三个不同的氏族或民族，他们只有势力大小的不同，没有像后世朝代那样的君臣、服属的上下级别的关系。在这种历史条件下，我们读"夏文化"时，必须先把"夏族人的文化"与"夏时的文化"两个完全不同的内容和概念分清楚，以免在讨论时会产生一些不必要的争论。比如，有人认为：夏族人、先周人当时还没有产生"文字"和"青铜器"（我就是这种主张者之一），可是却有人不同意。他们举出一些商朝建立以前的先商已有原始文字和原始的青铜来，认为这些不是在夏时已产生了文字和青铜器吗？我们说"对，这些文字和青铜器确是夏时的文化，确是夏朝那个时代的先商人创造的文字和青铜器，但并不是夏族人的文化"。"夏时"和"夏族"，是内容不同的两个概念。

二、研究历史问题，不要孤立地只从一个问题看，要尽可能地与有关联的其他历史问题互相比证

在处理某一历史问题时，有时只孤立地看这一问题，似乎可通，但与有关的其他问题，比而观之，往往乖戾自见。例如有关先周人原先居地，传统的说法认为自始一直在今陕西渭水以北；但也有人认为在今之河东汾水流域。我们采纳并也主张这后一说法，认为是正确的。因为今汾水流域不但存有大批史料可以证实，而且在历史上先周族是夏族的一个分支，夏族原本在今山西省的南部，说先周族原亦在今山西省的南部，不是更顺理成章吗？殷商末年周人因与狄人（獯狁）有矛盾，才从汾水流域西迁到今陕西的岐山。这不是也很容易理解吗？

再有就是我们认为西周时的獯狁（犬戎）居地在今山西省南部。这也是通过排比其历史发展及其与先周族原居地同在晋的史迹，及西周王室与獯狁历次

战地以及犬戎在《穆天子传》①中反映的犬戎居地等等，互相联系，一以贯之。很自然地说猃狁居地当西周时期是在晋地，而不是旧说多谓在陕、甘之间。这也是从诸种历史事实证成一史实的实例。用这种从互有联系的诸史证成一史的方法，所得之结论理应较为真实可信。

《诗经》谓"薄伐猃狁，至于太原"。太原的地望在哪里？经学家、史学家争论千百年，一直纷纭莫定。其实西周时的太原在河东，把有关周族与猃狁的历史一排比，即可得出。这又是一例。

又如姜姓与姬姓的周族，由来就关系密切（自始祖开始就是姜、姬通婚），历史上姜姓的齐、许、申、吕四国，我主张原本就与先周族同居山西南部的太岳（今霍太山）附近。许、申、吕三国在周宣王时才从山西南部迁往河南，史有明文。这也是用互相联系的方法得出的。

三、《易经》称"（殷）高宗伐鬼方，三年，克之"，如何正确地解释

《易经·既济》的"九三"爻辞："（殷）高宗伐鬼方，三年，克之。"这句话关系到殷商时鬼方势力大小的问题。据千百年来传统的说法，是指在殷王最盛时期武丁对鬼方打了三年的战争，才把鬼方攻克。足证当时鬼方是殷商时一个强大的敌国。但是，在出土的大量甲骨文中，所反映的鬼方却极小。一个弱小的小方国，同强大的商王作战。绝对不会出现打三年的大战役。由于地下的卜辞与文献上记载不一致，于是使有些学者造出一些另外的错误联想。其实，文献上的记载与卜辞上记录的内容是相合的，两者并无分歧。只是过去人对"三年克之"的"三年"解释错了。

按《易经》的"三年"，不是指打了三年的仗。而是说，在高宗即位的第三年中，与鬼方进行的那一次战争，攻克了鬼方。

这是依据古文献现有的最早的历史记录的体裁，大多是纪年体。我们曾对比了其他的古史纪年，发现这条《爻辞》应当是记录攻克鬼方的时间，是在殷高宗在位的第三年中，而不是打了三年的仗。我们在本书中列举了大批证据，读者阅读后自会明白。

四、西周末年秦族与西周王室从服务、友好转变为敌对、仇杀的关系

西周末年周幽王婆爱褒姒及其所生子伯服。幽王欲废太子宜臼的母亲申后

---

① 按《穆天子传》与《古本竹书纪年》同出汲冢，大概同为战国时代记述的古史作品，同有其一定的史料价值，《穆天子传》中除去神话部分外，仍存有可以征信的资料。

（申侯女），改立褒姒为后。太子宜臼怕被杀，乃逃奔其舅父申侯之国。这时周室由于后位、太子更替事件，王室内讧，分裂为敌我矛盾的两方：一方是以周幽王为首，包括褒姒及其子伯服、卿士虢石父和"将兵救周"而且战甚力、"有功"的秦襄公等（参看《史记·秦本纪》）；另一方则是以太子宜臼（后来的周平王）及其母申后为一方。拥护他的而且有兵权的包括其舅父申侯、同盟军缯与犬戎等。双方打了几场恶仗。史载秦襄公出兵救周幽王，对周王室有功，是站在幽王、伯服一方。而与太子宜臼（周平王）处于敌对的地位。两方敌友分明。

经这么一分析，太子宜臼与犬戎是友邦，而非敌人，而太史公《秦本纪》则说周平王避犬戎难，东徙洛邑。并且犬戎居地在晋境，距东都比西京还近。周平王避犬戎为什么不西避，反而东迁更近犬戎之地？秦襄公是助幽王往杀太子宜臼的死对头。而太史公却称秦襄公以兵送周平王？而又称平王封襄公为诸侯？你看这有多大的矛盾？

我们考察秦襄公过去列祖辈，从孟增开始，差不多世世都效忠周王室，秦襄公在周幽王时必然也是效忠的。史载其将兵保驾，抗击太子宜臼、申侯、犬戎之合兵。在幽王被杀，申与犬戎乃"取周赂而去"。这时宗周畿内必然成了秦襄公的势力范围。太子宜臼因惧怕秦兵，当然不敢再回西京建都，乃从申国联兵的武力返申暂立国，再从申北迁洛邑建都。

上面只简单地对这四大问题提出来，要想详细地了解内容，只有请参阅本书有关的章节了。

中国这一文明古国能长期生存、发展的原因

中国是一个多民族的文明古国，而且又是在世界诸文明古国中，唯一持续延长、未曾中断的一个文明古国。这与埃及、巴比伦、印度、希腊、罗马等文明古国不同。中国至少从大约公元前 2070 年①的远古时期，经过了夏、商、西周、春秋战国、秦、汉一直发展到现在，没有中断过。而且又有与此时间并行记录的一部庞大的二十四史等古文献遗存。这是世界上绝无仅有的。

---

① 1996 年 5 月，中国的历史学、考古学、天文学和科技测年学等学科门类 200 多名专家学者联合对"夏商周断代工程"的总目标攻关、交叉研究，从不同角度、不同侧面，以不同的方法进行全面的研究。工程首席科学家李学勤对研究成果"夏商周年表"在新闻发布会上已正式宣布。详情请参看《夏商周断代工程 1996—2000 年阶段成果报告》，世界图书出版公司北京公司 2000 年 10 月版。

中华民族久已号称具有五千年的历史，但在长期发展过程中，确也不是一帆风顺的，而是在坎坷不平、艰苦奋斗中走过来的。尤其近百年来，遭到帝国主义者的侵略，使中国出现了一连串的"国难""国耻"，把中华民族压得喘不过气来。

今天，中华民族已从长期挨打受气、抬不起头来的状态下站立起来，能与世界诸先进强国平起平坐了。过去一些世界文明古国，有的先后退出历史舞台，而中华民族这一文明古国，虽然也经历了一段曲折过程，但一直走到了今天。中华民族所赖以能长期生存发展的原因是什么？经过我们的研究探索，至少有下面三个方面的原因，起到重大作用。

一、西周的"天命观"的优越

西周时人的"天命观"是在殷人的"天命观"的基础上，进一步发展的产物。从殷墟卜辞中看，殷人最高的天神是"上帝"，上帝具有无限权威，她掌握着世间人的一切吉凶祸福。所以，殷人对上帝非常敬畏。为了趋吉避凶，他们对上帝经常祭祀[①]。殷人心目中的"上帝"，只是殷族人的保护神，始终没有超出宗族神的性质。有时对异族也不是漠不关心，但总不能与对殷族一样一视同仁。所以，殷人的"上帝观"，多少含有排外性质[②]。

周族以"小邦周"却能一举而战胜大邦殷而有天下，万能的上帝为什么没有对殷商加以保护，而却改为保护周了呢？再从历史上夏、商、周三代的更迭上看，上帝最早既然把"天命"给了"夏"，为什么后来又改给了"商"？而现在又改给了我们"有周"呢？可见"天命"是无常的。《诗经·大雅·文王》就明白地说过"天命靡常"。周人这时已认识到，"上帝"不是一族的宗族神，而是对所有夏、商、周以及其他族的氏族负有保护的责任。周人心目中的"上帝"，便由殷人含有排外性的"上帝观"，逐渐发展为具有兼容并包、开放性的"上帝观"了。这是一个大的突破。"上帝"对诸族的保护，一视同仁，都负有保护之责。不过对保护的对象还是有选择的。从《尚书·多方篇》可以看出，周人认为"上帝"因为看到夏朝末年的王，骄奢淫逸，于是便废除了夏的"天命"，改令商的成汤革夏命而天下，并历有年所。可是到了商的末世，商王也走向不注意天道和民事。"上帝"于是对殷不再保护。周人这才奉"上帝"之命"割殷"，把"天命"又给了周。足见"上帝"只保护那些畏"天命"、勤民事、行德教的

---

① 参看王玉哲《中华远古史》．上海人民出版社 2000 年 7 月版，第 402-407 页。

② 参看许倬云《西周史》，台北联经出版事业公司 1984 年 10 月版，第 309-311 页及第 96 页。

王。如国王一旦陷入淫逸昏虐，则天必降下灾难，并将王位转与他姓之"有德者"。所以必须顺着"天意"，也即是顺着"上帝"的意旨办事，才能得到上帝的保护。

但是，"上帝"之为物，谁也看不见、摸不到，如何探知他的意旨呢？西周人认为当时部分哲人已体会到"天视自我民视，天听自我民听"①，"民之所欲，天必从之"②，"上帝"的意旨来自民意，天是跟着人民走的。这里的"天"也就是指"上帝"。意思是说，凡是"老百姓"想要做的事，"上帝"一定答应去办。一直到春秋时，还有人说，"夫民，神之主也"③，认为"神"是依民而行的。可见"上帝"与"民"是息息相关的。做人民首领，只要体察民情，重视民意，做到保民，就能得到"上帝"的保佑。

但是施行什么样的政策，才能算是重视民意和保民呢？周人提出就是合乎"德"的政策④。如周公在封康叔于卫时所作的《康诰》的诰辞中，就明确地提出要康叔实行"明德慎罚"。在《召诰》中周公、召公再一次地诰以"王其疾敬德"。又举史例谓夏之末世，因"惟不敬厥德，乃早坠厥命"。又谓殷之末世，也同样由于"不敬厥德"，同样地走向"早坠厥命"。这样反复强调行"德"政的重要。

周初一些先进首领们所谓的"德"政是什么呢？已有些学者曾归纳周初有关史料，认为不勤政、不爱民、不敬事祖先、不重用老成典型，而只荒淫奢侈，这就是"失德""无德"；那么，反转来说，勤政、爱民、敬事祖先、重用老成人等也就是有德的"德"政的思想内容了⑤。

其实"德政"简明地说，就是爱护老百姓的政策。这可以从"民情"中反映出来（《康诰》中有"民情大可见"）。所以周公在《酒诰》中诰诫康叔曾引古语曰："人无于水监，当于民监。"从"民情""民监"中可以知其是否"德"政。

从西周人"天命观"认为周人心目中的"上帝"已超出了殷人那种狭隘的宗族神的性质，而扩大、开放到保护天之下所有族类。在这种"天命观"引导下制定的政策，出现了"上帝"保护行德政、爱民的人，把"天命"与"民情"联系起来，自然就扩大了团结面，使很多族众、不管你是哪一族，只要你顺从

---

① 见于《孟子·万章上》引《泰誓》语。
② 见于《国语·周语》所引《太誓》；《左传》襄公三十一年穆叔所引《大誓》及昭公元年子羽所引《大誓》都是同一语。
③ 《左传》桓公六年随国季梁语。
④ 见《尚书》的《康诰》《梓材》《召诰》《多士》《君奭》等篇。
⑤ 见斯维至《说德》，油印本。

德政，就能被凝聚在一起。团结、友爱自然比分裂、仇视要好。所以，周人"天命观"的优越和进步性是极为明显的。

二、周之"宗盟"组织代表进步方向

西周、春秋以来，周人为了团结更多的群体，除了用以血缘为纽带的"宗法组织"把姬姓同族的人群组成一个大的群体以外，最重要的还创造出一种"宗盟"组织，用以团结那些与周没有血缘关系的其他群体。"宗盟"组织不知初起于何时，至少自周时即已广泛流行了。用这种组织去团结，不是靠血缘关系，而是依靠向鬼神盟誓，请鬼神作保证。《礼记·曲礼下》曰：

> 约信曰誓，涖牲曰盟。

《疏》解释说："盟者杀牲歃血，誓于神也……盟之为法，先凿地为方坎上，割牲牛耳，盛以珠盘，又取血，盛以玉敦。用血为盟书，成乃歃血而读书。"这些解释对盟誓说，大致是可信的。其实这种类似的社会风俗，以后历代都在流行。例如三国时刘、关、张桃园结义就是个典型。旧社会称之为"拜把子""拜盟兄弟"。从社会学、历史学上看，社会越是原始、时代越是远古，这种组织所起到的历史作用就越大。古人质朴，重视盟誓，已诺绝不反复。尤其在结盟仪式上多含有一些迷信色彩。近现代中国西南少数民族还流行着一种用"吃鸡血酒"的神盟誓的礼俗。已盟的双方都坚信：若一方背叛了自己的盟誓，必将受到鬼神的惩罚[1]。这都可以印证历史上的大批古俗，还有所谓"割臂"[2]、"契臂"[3]等等，以及春秋时期大批的"歃血"的"宗盟"组织。对这些史实深入研究，必然会对古代社会的纵深理解大有助益。遗憾的是过去长期以来，学术界对这方面未能重视[4]。这只是刚刚开始，希望能继续深入下去。

"宗盟"的"宗"是指"宗法"的"宗"，大家都清楚，而"盟"字其实就是春秋时大为流行的一些"盟会"的"盟"，这也是毫无问题的。由"宗盟"的名字，也可联想到其组织对当时社会各方面，如平静、骚乱、前进、后退，起到无与伦比的作用了。

---

① 参看汪宁生《古俗新研》，台北兰台出版社 2001 年版，第 190-193 页。

②《左传》庄公三十二年："割臂盟公。"

③《淮南子·齐俗训》："越人契臂。"

④ 1997 年巴新生先生提出来，作为专题加以研究，作《西周"宗盟"初探》（《东北师范大学学报》1997 年第 2 期）。

我们经初步研究认为周之"宗盟"组织是代表着进步的方向，我们且从春秋战国的历史上加以证实和说明。

首先从宗盟组织的规章说起。《左传》隐公十一年，滕侯与薛侯到鲁国去朝见时，两国争长。长即指各国在行礼时，国家按高低行辈排列前后次序。薛侯说他的国家被封的时代比滕国要早，所以理应列在前；而滕侯则说，薛是庶姓，滕国与周、鲁为同姓（姬），所以滕国应列在前。当时鲁隐公乃使羽父对薛侯说道："周之宗盟，异姓为后。"意思是说，按"宗盟"规定的组织成法，还是应以滕国列在前吧！薛侯也同意了。可见周的"宗盟"组织的大致规范，是当时同盟的诸侯国已理解和同意的，一般的说，也是所有参与盟会者对盟誓的内容都遵守奉行的。可见当时这种"宗盟"的联合，纵然是松散的，但还是促进了团结和联合，因而起到减少战乱流血的作用。

西周以来，周人为了扩大其势力范围，尽一切可能去联合同时并存的诸多方国。除了用血缘宗法关系联合同姓诸方国外，又用婚姻关系联合少数的异姓方国。这是主要的、可以依靠的国家力量。再有就是用"盟会"这种方式，也可能把其他各类型的诸方国都联合起来。周人这种用"盟会"或"宗盟"组织联合方式，一般的说，是代表着一种社会进步的趋势，尤其是周之"宗盟"的宗旨，贵在"尚德"，而不在国家资历厚薄，或势力大小。这就更突出地表明它代表社会进步的方向了。

《左传》定公四年，记载着卫国祝鮀（子鱼）在周敬王十四年三月里，晋于召陵召集的盟会前夕，对于这次盟会把蔡侯排列在他们卫侯的前面不满，而提出质疑。苌弘解释说，蔡和卫两国初封时，蔡叔是康叔的长兄，蔡先卫后不是可以吗？卫祝鮀不同意，历举周的历史，认为过去先王都是贵"德"而不贵年，例如周武王克商，成王定之，即"选建明德，以藩屏周"，选择有"明德"的人进行分封，分赐给鲁公以大路、大旂、玉、弓等和殷民六族，以及其他的什么"土田陪敦、祝、宗、卜史"等等，用以宣扬周公的明德。分赐给康叔以大路、少白、绩茷、旃旌等旗帜和大吕钟等，还赐有殷民七族。分赐给唐叔大路、鼓、甲和姑洗，另外还有怀姓的九个宗族。这三个被封的都是天子的兄弟，并有美好的德行。用分赐东西来宣扬他们的明德。文、武、成、康诸王的兄弟们很多，而都没有得到这些封赐，这就是不崇尚年龄，而只崇尚"明德"的先例。祝鮀又举出春秋时晋文公为践土会盟的"载书"有：王若曰，晋重、鲁申、卫武、蔡甲午、郑捷、齐潘、宋王臣、莒期等盟誓，均藏在周府，可以复查。这些盟会，都是尚德而不尚年。

　　诸国盟会，其目的是团结起来。如何才能长期团结，是借诸国在会上当众各自向鬼神盟誓。为了表示诚意，一般的是以"歃血为盟"。歃血的先后次序，代表国家地位的高低，所以诸侯国均希望名次排列在前面。而歃血的先后，是按周之"宗盟"的标准。从上面我们已从古文献上所看到的至少有两个标准。第一个是"周之宗盟，异姓为后"，以周姬姓国列在前；第二个标准是崇"尚德"，有"德"者排在前，而不崇尚资历或势力大小。这就可以团结更多的群体。所以周人开创的这种"宗盟"的做法，在当时起到很大的历史推动的作用。

三、孔子的"仁"——由亲及疏的"仁爱"思想之伟大

　　孔子的核心思想是"仁"，这是大多数人所认同的。"仁"是什么？孔子说："仁者爱人"（《颜渊》），"仁者人也"（《中庸》，孔子在回答鲁哀公问政语）。孔子私淑弟子孟子对"仁"阐释得更明晰，他说"仁也者人也"（《孟子·尽心下》），又说"仁，人心也"（《孟子·告子》）。意思是说"仁"就是"人"，就是"人心"，是人身之主。一个人，不"仁"，就等于没有人心、也就不是"人"了。孔、孟把"仁"认定作为人的本质。

　　"仁"这个字孔子以前久已有之，其原义只是指两个人相向而立、互相问候，略有亲密之义。汉儒郑玄谓"仁"字是"相人偶"，是人与人互相存问、相亲相爱之义①。到了孔子才特别强调其亲、爱的这一点上，并提出以"仁"作为"爱人"的最高道德标准，"仁"自然便成为做人的本质了。

　　"仁"即是"人"的本质，是作为"人"的最高的道德标准。孔子被大多数人称为圣人，他当然已达到"仁"字，但他却谦虚地说："若圣与仁，则吾岂敢？"（《论语·述而》）足见孔子把"仁"看做是很高的道德修养。孔子论仁之处很多，可见"仁"的内涵是多种多样的，但同归之于"爱人"这个基础上。孔子说"吾道一以贯之"（《论语·里仁》），这个"一"的"道"就是"仁"，也就是"爱人"。孔子的全部学说都是从"仁""爱人"的角度上逐步推衍出来的。

　　孔子的学生有子说："君子务本，本立而道生。孝弟也者，其为仁之本与？"（《论语·学而》）这就是说，有道德的人是专心于"仁"这个根本。根本既立，其"仁"之道，也会自然产生。"仁"主于"爱"，而"爱"莫大于爱亲。故曰："孝弟也者，其为仁之本与？"可见孔子说的"爱"是始于爱父母的"孝"。而孝敬、爱护父母，却是与生俱来的人之天性（连鸟兽也不例外）。因而先秦诸子

---

　　①《礼记·中庸》孔子答鲁哀公问政曰："仁者人也。"汉儒郑玄以汉代流俗语注曰："人也读如相人偶之人。"孔《疏》无说。其义为两人相向互相存问。

大多有关于爱人的言论，试举例以证明。

如儒家的对立面墨子主张"兼爱""非攻"，道家的杨朱主张"为我"，甚至"拔一毛而利天下不为也"（《孟子·尽心上》）。或谓之"全生保真"（《淮南子·氾论训》）。杨朱这种"爱"不是爱别人，爱的是自己，对自己的身体做到"全生保真"。稍后的老子也有"贵生轻利"之说，《老子》谓"贵以身为天下，若可寄天下；爱以身为天下，若可托天下"（《老子》上篇第十三章）。这就是从贵贱上看，自己的身体贵于天下；从爱护上看，对自己的身体的爱，要重于对天下。这也同样是把自己身体的安危，看得比天下要重。老子等为了保护自己的身体不受伤害，可以运用"隐者""避世"等方式。但是人世万变无穷，终有难以逃避的劫数或灾难。这方面老子也看出来，其言曰："吾所以有大患者，为吾有身，及吾无身，吾有何患？"（《老子》第十三章）这就是说，人之所以有患难，全在于因为有自己的身体，假如没有"吾身"，我就永远不会患什么灾难了。但是怎么才能没有"吾身"呢？可惜老子对这一问题一直没有提出什么办法，当然也就无法摆脱灾难。这个问题，到了庄子才得到解决。庄子主张"方生方死，方死方生"，"死生无变于己，而况利害之端乎？"（《庄子·齐物论》）《天下篇》也说庄子"外生死""不谴是非"。一个人能把"生"与"死""是"与"非"都看成"齐一"，把生死置之度外，哪里还会顾到有什么祸或福呢？假如庄子果真不是自欺欺人，真能做到这样大彻大悟，当然可以免除他的一切祸福之累。但真能做到的能有几人？因为人既然属于生物，而生物的本性和发展规律，都有"求生"的本能。求生自然也就包含着爱护自己。庄子这种主张却违反了生物的自然发展规律，当然是行不通的。

其他诸子之中，如名家的惠施主张"泛爱万物"（《庄子·天下篇》），农家的许行站在农民立场，主张"君与民并耕"（见《孟子·滕文公》），自然更明显地表示他的爱护劳动人民的思想。甚至连严而少恩的法家如韩非，也主张"立法术，设度数，所以和民萌，便众庶之道也"（《韩非子·问田篇》）。

由上所述，先秦诸子大都有对"爱"的论述，不同的只是其"爱"的对象不同而已，但总未超出"爱己"与"爱他"两种。足见"爱"，尤其是"爱己"是人的本质了。连孔子的"仁爱""孝弟""爱父母"等等，寻根溯源，无不是从"爱己"这个源头本质上推衍出来的。孔子说："为仁由己，而由人乎哉！"（《论语·颜渊》）"仁远乎哉？我欲仁，斯仁至矣。"（《论语·述而》）这就是说，"仁爱"不必远求，就在我们自己身上。要不要得到它，主动权在自己。

孔子在与子贡论"仁"时说，"夫仁者，己欲立而立人，己欲达而达人"（《论语·雍也》)。意思是以自己所愿意得到的或达到的，去给予别人。这样从自己的欲望出发向外延伸、推己及人的做法，是孔子乃至所有的儒家的主要思想方法①。孔子认为做一切事情都必须从自身开始。自身是根基，不管是伦理道德的说教、治国平天下的政治，还是对国家的经济、财政措施等等，无不应当首先从自身做起。以身作则，先正己，而后人自正。大而至于治国平天下亦莫不皆然。运用这种推己及人的思想方式办事，才能把事办好，更有成效。

孔子对"仁爱"的逻辑看法，就是先从自己再向外推广到对其他人的爱。与自己最亲近者，莫过于父母，首先要爱自己的父母。孔子说："孝弟也者，其为仁之本与！"（《论语·学而》）爱父母的"孝"成为行"仁"之本。又教训他的学生，"弟子入则孝，出则弟，谨而信，泛爱众，而亲仁"（《论语·学而》）。这就是说，从爱自己父母，向外延伸到爱众人。孟子更明确地阐发曰："老吾老以及人之老，幼吾幼以及人之幼。"（《孟子·梁惠王上》）"亲亲而仁民，仁民而爱物。"（《孟子·尽心上》）这也是说首先爱自己的老父母和自己的孩子，是"亲亲"，然后向外扩大到爱人民，再扩大到"爱物"。有的学者认为这一由亲及疏扩大的方式，显示出孔子的"仁爱"是"对狭隘族类意识的突破与超越"②。这个论断是正确的。

孔、孟对人的"爱"，因为是由亲及疏、由近及远地依次爱下去，所以对其中人与人之间的爱，就有轻重、厚薄的不同。孔子讲"泛爱众"固然是爱到一切人，但与墨子主张打破亲疏关系，对任何人都一视同仁"兼而爱之"的"兼爱"是大不相同的。两家比较起来，墨子的"兼爱"不符合生物的天性，是难以办到的。而孔子的由亲及疏的"泛爱众"合乎人性，顺应"生物"的本性，完全可以行得通。

中国自汉代开始，即独尊儒术、罢黜百家，两千多年以来，历代的国策基本上也是采纳儒家的思想为国策，奉行孔子的"仁爱"，因而能够团结更多的不同的民族，对"中华民族"这个多民族统一的国家的完成，起过很大的凝聚作用。

我们一再说过，"中华民族"既不是单一、也不是一线的，而是"多元的统一体"，是一个统一的多民族国家长期发展而完成的。为什么各地区不同的民族

---

① 参看王玉哲《从推己及人的思想方法论证孔子的思想核心是仁不是礼》，《古史集林》，中华书局 2002 年版，第 430—434 页。

② 参阅巴新生《孔子"仁"的泛血缘文化特征及其在先秦儒家仁学史上的地位》，《历史教学》2002 年第 6 期。

和文化，能够长期合而不同，互相依存、共同发展？这当然是由多种因素促成的。从上面所述，可以清楚地看出其原因，就是由于从西周以来，政治上执行一种优越的"天命观"，又创造一"宗盟"组织，再加上历代政治上大都采用以孔子的"仁爱"为国策，使全国人民自然产生一种凝聚力，使我们这个中华民族产生民族意识，维系团结，长盛不衰。

学习、研究民族史得到的启示

我们学习和研究中华民族史，从历史发展的客观规律和从总的趋势看，至少可以得到两点启示：

第一，在各民族之间长期的矛盾斗争和友好往来的发展过程中，我们发现每一民族均有吸收对方进步方向的文化，用以改进自己落后不足的这种本能。从诸族间交往发展中总的趋势看，诸族间必然从排外性逐渐走向融合，这是人之本性。

第二，世界诸国的历史发展变化，也必然走与中国诸民族同一个路程的规律。各国也是从古代互不相闻问的闭塞状态下，走向全球各国的信息、交往越来越频繁，从"尔虞我诈"、互相敌对的时代，逐渐走向"天下一家"、世界大同的社会。

八、附录

王玉哲教授论著目录

（以时间先后为序）

1.《评傅斯年先生〈谁是《齐物论》之作者〉》，1938 年上半年写成，后收录于王先生《古史集林》，第 480-494 页，中华书局 2002 年版。

2.《晋公子重耳考》，北京大学（昆明）《治史杂志》第二辑，1939 年 6 月。

3.《评孙海波先生〈《国语》真伪续考〉》，《益世报》"读书周刊" 1939 年。

4.《晋惠公未逾年改元考》，《益世报》"史学周刊" 1939 年。

5.《宋代著录金文编》（上下册），1940 年写成，后由天津古籍出版社 2010 年出版。

6.《猃狁考》，1943 年作为硕士研究生毕业论文通过答辩，后收录于王先生《中华民族早期源流》，第 152-251 页，天津古籍出版社 2010 年版。

7.《鬼方考》，《华中大学国学研究论文专刊》第一辑，1945 年。

8.《从种族与地理环境之关系论到我国夷狄观念》，北京《经世日报》1946 年 9 月 25 日，"读书周刊"第 7 期。

9.《论中国先史文化及其来源》，长沙《社会评论》1947 年 11 月。

10.《楚族故地及其迁徙路线》，《周叔弢先生六十生日纪念论文集》，1950 年 7 月。

11.《两周社会形态的检讨》，《历史教学》1951 年第 5 期。

12.《关于范著"中国通史简编"修订本第一册的几点意见》，《历史研究》1954 年第 6 期。

13.《论先秦的戎狄及其与华夏的关系》，《南开学报》（人文）1955 年第 1 期。

14.《试论商代兄终弟继的继统法与殷商前期的社会性质》，《南开学报》1956 年第 1 期。

15.《有关西周社会性质的几个问题》，《历史研究》1957 年第 5 期。

16.《〈左传〉解题》，《历史教学》1957 年第 1 期。

17.《从两周、秦汉的战争目的之演变上看两汉的社会性质》,《天津日报》1957 年 2 月 22 日"学术"第 10 期。

18.《试述殷代的奴隶制度和国家的形成》,《历史教学》1958 年 9 月号。

19.《中国上古史纲》,上海人民出版社 1959 年 7 月版。

20.《试论刘知幾是有神论者——兼与侯外庐、白寿彝两先生商榷》,《文史哲》1962 年第 4 期。

21.《从客观影响上看孔子的历史作用》,《天津日报》1962 年 12 月 12 日。

22.《略谈文化遗产的继承与历史人物的评价》,《天津日报》1963 年 10 月 16 日"学术"第 130 期。

23.《注意培养学生的独立工作能力》,《光明日报》1964 年 4 月 28 日。

24.《跋杨向奎〈中国古代社会与古代思想研究〉——兼论西周不是土地国有》,载杨书,上海人民出版社 1964 年 8 月版。

25.《如何正确理解"让步政策"》(与陈振江合作),《光明日报》1956 年 11 月 3 日"史学双周刊"第 318 号。

26.《天津市史学界座谈"让步政策"问题发言摘要》,《历史教学》1966 年第 4 期(王玉哲、陈铁卿、钱君晔、陈振江、刘泽华、巩绍英)。

27.《西周春秋时"民"的身份问题——兼论西周春秋时的社会性质》,《南开学报》1978 年第 6 期。

28.《研究历史应当实事求是——驳孔子主张人殉说》,《历史教学》1979 年第 2 期。

29.《中国古代史》(上下两册,与人合著),人民出版社 1979 年 7 月版。

30.《中国古代史上的民族问题》,《南开学报》1980 年第 2 期。

31.《陕西周原所出甲骨文的来源试探》,《社会科学战线》1982 年第 1 期。

32.《一部新的古史分期问题的专著——读赵著〈周代社会辨析〉》,《历史教学》1982 年第 4 期。

33.《殷商疆域史中一个重要问题——"点"和"面"的概念》,《郑州大学学报》1982 年第 2 期。

34.《先周最早来源于山西》,《中华文史论丛》1982 年第 3 辑。

35.《研究远古文化的几个问题》,《中州学刊》1982 年第 6 期。

36.《研究历史必须以马克思思想作指导》,《天津社会科学》1983 年 3 月"纪念马克思逝世一百周年"专号。

37.《〈中原远古文化〉序言》,许顺湛《中原远古文化》,河南人民出版社

1983 年 6 月。

38.《西周金文中的"贮"和土地关系》,《南开学报》1983 年第 3 期。

39.《学习历史学科应具备的态度》,《文史知识》1983 第 12 期。

40.《商族的来源地望试探》,《历史研究》1984 年第 1 期。

41.《漫谈学习中国上古史》,《历史教学》1984 年第 7 期。

42.《周公旦的当政及其东征考》,《西周史研究》,《人文杂志》丛刊第二辑,1984 年 1 月版。

43.《联邦德国博物馆考察散记》,《博物馆通讯》1984 年第 3 期。

44.《西德高等院校的历史教学——联邦德国访问散记》,《历史教学》1985 年第 1 期。

45.《夏文化研究中的几个问题》(《夏民族与夏文化》),《夏史论丛》,齐鲁书社 1985 年 7 月版。

46.《尧舜禹"禅让"与"篡夺"两种传说并存的新理解》,《历史教学》1986 年第 1 期。

47.《为什么说中国有五千年的文明史》,《文史知识》1986 年第 5 期。

48.《周平王东迁乃避秦非避犬戎说》,《天津社会科学》1986 年第 3 期。

49.《鬼方考补证》,《考古》1986 年第 10 期。

50.《从推己及人的思想方法论证孔子思想的核心是仁、不是礼》,《孔子研究论文集》,教育科学出版社 1987 年 11 月版。

51.《周代"大武"乐章的来源和章次问题》,《先秦史研究》,云南民族出版社 1987 年 10 月版。

52.《〈尉缭子浅说〉序言》,《晋阳学刊》1989 年第 2 期;徐勇《尉缭子浅说》,解放军出版社 1989 年 2 月版。

53.《论〈琱生簋〉铭没有涉及诉讼问题——跋朱凤瀚〈琱生簋铭新探〉》(《琱生簋铭新探跋》),《中华文史论丛》1989 年第 1 辑。

54.《甲骨、金文中的"朝"与"明"字及其相关问题》,《殷墟博物苑苑刊》创刊号,中国社会科学出版社 1989 年 8 月版。

55.《〈商周家族形态研究〉序》,《历史教学》1990 年第 6 期;朱凤瀚《商周家族形态研究》,天津古籍出版社 1990 年 8 月版。

56.《中国古代物质文化》(主编),高等教育出版社 1990 年 5 月版。

57.《周初的三监及其地望问题》,《郑天挺纪念论文集》,中华书局 1990 年 3 月版。

58.《秦人的族源及其迁徙路线》，《历史研究》1991 年第 3 期。

59.《弘扬民族文化，振兴历史学科——王玉哲教授谈我国古代文化遗产的"抢救"问题》，《历史教学》1992 年第 1 期。

60.《孙武的历史意义为何能经久不衰》，《孙子学刊》创刊号，1992 年 3 月版。

61.《西周时太原之地望问题》，《纪念李埏教授从事学术活动五十周年史学论文集》，云南大学出版社 1992 年 9 月版。

62.《马陵战址之比较》，《孙膑兵法暨马陵之战研究》，国防大学出版社 1993 年 5 月版。

63.《西周莽京地望的再探讨》，《历史研究》1994 年第 6 期。

64.《卜辞吾方即玁狁说》，《殷都学刊》1995 年第 1 期。

65.《〈商品经济与战国社会变迁〉序言》，邵鸿《商品经济与战国社会变迁》，江西人民出版社 1995 年 9 月版。

66.《〈中国早期姓氏制度研究〉序言》，赵艳霞《中国早期姓氏制度研究》，天津古籍出版社 1996 年 8 月版。

67.《中国历史大辞典》（"先秦史卷"主编），上海辞书出版社 1996 年 12 月版。

68.《我对抄本"〈孙子兵法〉82 篇"的看法》，《历史教学》1997 年第 3 期。

69.《〈西周伦理形态研究〉序言》，巴新生《西周伦理形态研究》，天津古籍出版社 1997 年 8 月版。

70.《〈中国古代文明之起源与发展〉序言》，张光直《中国古代文明之起源与发展》（印群译），辽宁大学出版社 1997 年 1 月版。

71.《"箕子之明夷"与朝鲜》，《博导晚谈录》，天津人民出版社 1998 年 2 月版。

72.《如何正确对待中国传统文化》，《光明日报》1998 年 12 月 18 日第 7 版以《发掘文化资源、推动文化建设》为题，摘录刊登了王先生发言的主要部分。

73.《〈先秦儒家仁学文化研究〉序言》，商国君《先秦儒家仁学文化研究》，陕西师范大学出版社 1998 年 11 月版。

74.《我对〈甲骨文自然分类简编〉的认识——唐兰〈甲骨文自然分类简编〉序》，唐书，山西教育出版社 1999 年 3 月版。

75.《西周国家的历史作用》，《历史研究》1999 年第 6 期。

76.《先周世系的新构拟》,《中国社会历史评论》第一卷,天津古籍出版社1999年8月版。

77.《〈殷墟都城探论〉序言》,朱彦民《殷墟都城探论》,南开大学出版社1999年12月版。

78.《〈两周土地制度新论〉序言》,袁林《两周土地制度新论》,东北师范大学出版社2000年1月版。

79.《中华远古史》,上海人民出版社2000年7月版。

80.《〈炎黄虞夏根在海岱新考〉序言》,景以恩《炎黄虞夏根在海岱新考》,中国文联出版社2001年6月版。

81.《古史集林》,中华书局2002年9月版。

82.《〈周易道术通解〉序言》,章克明《周易道术通解》,天津人民出版社2005年8月版。

83.《中华民族早期源流》(遗作),天津古籍出版社2010年1月版。

84.《宋代著录金文编》(遗作),天津古籍出版社2013年11月版。

85.《玉品集——王玉哲先生序跋、评论汇编》(徐勇、朱彦民主编),中国文史出版社2014年12月版。

编后记

南开大学将要迎来隆重的百年诞辰庆典了。去年学校就开始了部署编辑出版代表学校百年来学术成果的"南开百年学术丛书"。历史学院响应这一号召，江沛院长与出版社商议，拟出历史学科十位学术先辈文集。我敬爱的先师、著名先秦史学家王玉哲教授就在此十位先辈之列。作为王先生年龄最小的授业弟子，我荣幸地接受了领导安排的任务，负责搜集王先生论文，编辑王先生文集。

王玉哲先生 1936 年考入北京大学历史系就学，在钱穆等史学名师的引导下，进入了史学研究的领域。1940 年在西南联大本科毕业，当年又考入北大文科研究所，师从著名古文字学家唐兰先生治先秦史。1943 年研究生毕业，先后受聘于华中大学、湖南大学，1948 年开始在南开大学历史系任教，直至 2005 年逝世。王先生在南开大学从教近六十年，先后开设过中国通史、先秦史、秦汉史、地理沿革史、殷周史、历史文选、甲骨史料选读、史学名著选读、殷周史专题等课程，培养了一大批先秦史学研究的人才，学生如今已是桃李满天下，其中不乏名家学者。因为有了王先生，南开大学已经成为公认的先秦史研究重镇之一。王先生治学严谨，勤奋钻研，在古文献、古文字、古音韵等方面有非常深厚的功底，治学主张实事求是，从不随波逐流，立论坚实，观点新颖。在诸如商族起源、商代社会史、先秦民族史、西周社会性质等研究领域，都不拘成说，另辟蹊径，形成了自己的一家之言，为推动这些问题的进一步研究作出了重要贡献。王先生先后出版有《中国上古史纲》（上海人民出版社 1959 年版）、《中国古代物质文化》（主编，高等教育出版社 1999 年版）、《中国历史大辞典·先秦史》（主编之一，上海辞书出版社 2000 年版）、《古史集林》（中华书局 2002 年版）、《中华远古史》（上海人民出版社 2003 年版）、《中华民族早期源流》（天津古籍出版社 2010 年版）、《宋代著录金文编》（天津古籍出版社 2013 年版）、《玉品集——王玉哲先生序言、跋语、评论汇编》（中国文史出版社 2014 年版）等重要学术著作。

为这样一位成绩卓著、影响较大的学界先辈编辑文集，委实不是一件容易的事情。我在王先生晚年有幸拜在门下学习，耳提面命，受益匪浅，但是限于眼界和阅读兴趣，并没有遍读王先生所有的论著，尤其是他早年的学术论文，无由得见。如今有了这样一个机会，全面搜集先生论著，遍读先生论文观点，不仅可以将先生的较全论著呈现于学界，而且这对自己来说也是一个学习和进步的机缘。

因为有范曾先生支持的《南开史学家丛书》，王先生生前曾经有过一个自编的论文集《古史集林》，于 2002 年由中华书局出版。在这本论文集中，可能是限于篇幅，王先生选取了论文 38 篇，这应该是王先生自己认可的得意之作，这些论文也颇能展示王先生的学术观点，反映王先生的学术体系。不过，经过这次搜集编辑王先生更多的论文，尤其是拜读了他的一些早期论文，觉得这些论文也都非常难得，对于学术界更加全面地了解王先生的治学思想和学术观点，都是不可忽视的内容。因此，在《古史集林》基础之上，就有了这本篇幅更大、内容更全的《王玉哲文集》。

在论文集的编排方面，这本《王玉哲文集》也不同于《古史集林》。《古史集林》从目录中的行间空格来看，王先生是把他的论文分为四组，如此安排，可能王先生有其分组论文间的学理逻辑。这次编辑的《王玉哲文集》，按照内容的不同分类，依照王先生着眼于这些问题研究的时间早晚为序，分为早期民族探源、古史分期论争、史学理论思考、孔子思想研究、先秦历史探索、甲骨金文考释、著作自序等七个部分，可以说基本涵盖了王先生学术研究的主要方面。比如第一部分的早期民族探源，是王先生早年就关注的课题，而且持续到晚年一直都在从事这方面的研究和探索，所以把它们放在第一部分。古史分期论争，是王先生在上世纪五十年代以后国内学术界古代社会史分期争论中，积极投身其中发表的论文，形成了自己的学术观点"西周社会封建说"，这是奠定王先生在先秦史研究领域地位的重要内容，所以放在第二部分。其他部分的排列，以此类推。其实，王先生还有一些观点不是以论文形式出现的，比如在王先生为许多人著作撰写的序言中，往往就有王先生大量的精彩观点。但我们已经为王先生编辑出版了《玉品集——王玉哲先生序言、跋语、评论汇编》一书，在此就不在重复编辑了，只将王先生著作自序六篇，放在最后作为这一部分内容的代表。

对于王先生这些论文的内容，大都一遵原文，不做改动，保留论文的本来面目。不过对于个别的字词还是做了些校改，比如猃狁的"猃"字，王先生早期论文作"玁"，后来发表的论文有的地方则写成了简体字"猃"，也有的地方写作"猃",此次为了统一起见,除了引用古文献或他人观点之外,正文都统一用"犳"字。类似的情况还有一些,比如注释格式的统一,数字格式的统一,引文格式的统一,标题格式的统一等等,兹不一一。

文集编在一起之后,就有一个征集序言的问题。几位大师兄均学殖深厚,地位较高,都可担此重任。鉴于学院对此稿追得较紧,不容宽待,想到 2013 年纪念王先生百年诞辰时,我曾约请师兄邵鸿教授写了一篇总结王先生治学特点的稿子,当时邵师兄在座谈会上宣读后,大家都认为总结得比较全面、比较深入,现在完全可以作为王先生文集的序言,不必再另起炉灶。在与兰珍师姐、兰仲等几位师兄商量以后,并征得邵师兄的同意,以此作为此书序言。邵师兄做事认真不苟,在原文基础上又有所修改补充。邵师兄不仅学问有成,而且位高望重,如今已经是全国政协副主席,以此文作序言,庶几可以告慰先师王先生在天之灵矣。

在论文搜集和文本转换、整理、校对及造字过程中,曾经烦扰多人,在此略表谢忱。大师兄朱凤瀚、赵伯雄教授等人都曾对该书编辑、内容取舍提出了建设性的意见,对我很有启发,令我感佩无似;我的博士和硕士研究生邓国军、杨弃、邓玉凯、滕兴建、徐锦博、张鑫、左勇、张鹏波、尹昊文等,以及选我课程的研究生成桉、周颖眹、陈曦、谷永宁、李佳骐、高子谦、李昱君等同学,也都曾施以援手,助力良多,在此一并致谢。

朱彦民

2018 年 6 月 26 日于津南怀醰堂